세계화와 한국지방자치

Globalization and Korean Local Autonomy

안 광 현 지음

청목출판사

서 문

최근에 행정학 분야뿐만 아니라 많은 사람들에게 관심을 받고 있는 것이 세계화(globalization)와 지방화(localization)이다. 미래를 예측하기 힘든 급격한 변화에 있는 현 21세기의 핵심 키워드는 '세계화', '정보화', '지방자치', '분권화', '시민참여', '거버넌스', '유비쿼터스' 등이다. 이러한 핵심 키워드는 현대사회를 살아가는 현대인들에게 복합적으로 작용하고 어우러져 하나의 현상(phenomenon)이나 문화(culture)를 만들어가고, 시민들의 관심과 참여, 다양한 행동양식들로 나타난다. 특히, 21세기의 출발과 함께 지구촌화, 세계화가 놀라운 속도로 확대되고 지구촌의 생활과 지구촌 경제는 예측하기 힘든 상태로 급변하고 있다.

이러한 시대의 흐름과 환경변화에 대응하기 위해서 한국 지방자치의 현실과 문제점을 분석하고 세계화 시대에 필요한 지방자치를 연구해야 한다. 이러한 연구를 통한 지방자치의 체계적인 업무의 합리화와 적극적인 주민의 참여는 국가발전의 기초가 될 수 있기 때문이다.

우리나라의 지방자치는 대한민국정부가 세워지고 1952년 처음으로 선거가 실시되었으나 박정희 군부세력의 5·16 사건 이후 군사정권이 들어서면서 중단되었다. 그 후 30년이 지난 1991년 지방의회선거와 1995년 6월 27일 지방 동시선거 실시로부터 새롭게 출발하였다. 그 후로 2010년 6월 2일에 제5차 지방 동시선거가 실시되어 완전한 지방자치 17년의 역사를 가지게 되었다. 그러나 현재 우리나라 지방자치의 현실은 민주정치의 기반과 틀을 완전하게 갖춘 상태는 아니며, 운영 측면에서도 미숙함을 나타내고 지방선거와 지방공무원 부패 문제 등은 심각한 상태이다. 이러한 문제는 중앙정부와 지방정부 및 정치인과 공무원, 지역주민 모두가 함께 개선하고 해결해야 할 책임과 의무를 가지고 있다.

최근 들어와 우리나라 지방자치에 큰 변화가 일어나고 있다. 2012년 7월에는 세종특별자치시가 출범하게 되었고, 18대 대통령선거에서 여야를 불문하고 대통령후보들은 지방선거에서 기초자치단체장과 기초의원들의 정당공천제 폐지를 공약으로 제시하였다. 앞으로 많은 변화들이 예상된다.

지방자치와 세계화라는 책을 출간한지 어느덧 3년이 지났는데 시대와 사회의 변화에 따라 책의 수정보완이 필요하게 되었고, 학생들의 학습에 더 큰 도움이 되기를 소망하는 마음으로 이번에 세계화와 한국지방자치라는 제목으로 새롭게 출간하게 되었다. 특히 책의 구성은 한 학기 일정인 14주에 맞추었고, OCU강의 교재로도 활용할 수 있도록 책의 내용을 구성하여 편집하였다.

이 책은 학생들이 지방자치에 대해서 좀 더 쉽게 이해할 수 있도록 저술하였다. 지방자치의 가장 기본적인 부분인 본질과 역사 및 이념으로부터 지방자치단체의 구조 및 주민과의 관계, 지방선거에 관련된 부분에 이르기까지 논의하였다. 더불어 세계화 현상과 특징, 세계화와 관련된 기구들과 행정개혁, 혁신사례에 대해서도 논의하였다.

각 장마다 시작부분에는 학습목표 및 목차와 사전학습을 통해 열린 마음으로 학습을 시작하게 하였고, 각 장이 끝나는 부분에는 연습문제와 핵심정리를 통해 각 장을 정리하여 마무리할 수 있도록 하였다.

이 책은 다음과 같이 열네 장의 순서로 14주 강의에 맞게 구성하였다.

1장 지방자치의 본질과 이념, 2장 외국의 지방자치와 우리나라 지방자치의 역사, 3장 중앙집권과 지방분권, 4장 지방자치단체의 종류와 계층구조, 5장 지방자치단체의 기관구성과 주민, 6장 지방의회와 자치단체장, 7장 지방선거와 정당참여, 8장 국가균형발전과 공공기관 지방이전, 9장 지방자치와 부패, 10장 세계화의 본질과 지방자치, 11장 세계화 현상, 12장 세계화 시대에 나타난 문제들(1), 지적재산권, 식량위기, 13장 세계화 시대에 나타난 문제들(2), 에너지문제, 세계화와 시민사회, 14장 지방행정개혁과 미래

이 책의 발간을 위해 힘써 주신 청목출판사 유성열 사장님과 최명성 이사님을 비롯한 관계자 여러분들에게 깊이 감사드리며, 이 책으로 함께 공부하고 연구하는 분들의 꿈이 꼭 이루어지길 소망한다. 당신의 건강을 챙기셔야 함에도 불구하고 오히려 부족한 아들을 위해 기도하시는 어머니와 사랑하는 가족들에게 감사의 마음을 전한다.

언제나 선한 길로 인도하시는 하나님께 모든 영광을 돌린다.

2013년 3월

저자 안광현 드림

차 례

제 1 장

지방자치의 본질과 이념

♧ 들어가기 : 학습목표 및 목차

학습 목표	1. 지방자치의 의의와 목적을 이해한다. 2. 지방자치의 이념에 대하여 이해한다. 3. 지방자치의 구성과 유형에 대하여 이해한다.
학습 목차	1. 지방자치의 의의 2. 지방자치의 이념 3. 지방자치의 구성과 유형

☞ 사전학습

1. 지방자치란?
〈정답〉 지방공공단체를 구성하는 일정지역의 주민이 스스로 또는 대표자를 통해 지역 내의 사무를 처리하여 궁극적으로 주민의 복리를 실현하는 것
〈해설〉 지방자치의 정의를 이해하고 설명할 수 있어야 한다.

2. 지방자치의 필요성은 무엇인가?
〈정답〉 독재 또는 전제 정치에 대한 방파제, 정치의 지역적 실험, 민주주의 학교, 민주적 사회개혁
〈해설〉 지방자치가 왜 필요한지를 설명할 수 있어야 한다.

3. 지방자치의 유형에는 어떤 것이 있는가?
〈정답〉 주민자치와 단체자치
〈해설〉 지방자치의 유형에는 주민자치(영미형-민주화), 단체자치(대륙형-분권화)로 구별할 수 있다.

제1절 지방자치의 의의

1. 지방자치의 의의

1) 지방자치의 정의

지방자치는 지방의 조직특성이나 여건, 지방의 대비 개념인 중앙의 조직화 과정과 관련하여 다양하게 정의되어 오고 있다. 나라마다 역사와 공간적 특성은 정부의 필요성에 해당하는 공공부문이 한 국가의 경제 · 사회 · 문화적 배경과 밀접하게 관련되어 있어서 지방의 조직화 과정, 규모 및 자치의 정도가 다르다는 것은 너무 당연하다.

이제까지 많은 학자들이 지방자치를 정의하면서 사용했던 개념요소들은 지방자치의 본질과 관련한 외연(外延)을 이해하는 데 도움이 된다. 또한 지방자치 활성화는 바로 이러한 지방자치 개념요소들의 역동성에 대한 가치판단을 의미한다. 즉, 어떠한 요소들이 지방자치의 본질을 구성하고 있고, 그러한 요소들이 어느 방향으로 어떻게 변화할 때 지방자치가 활성화된다고 보아야 할지에 관한 판단준거의 정립은 이 시대 지방자치 발전을 운운하기에 앞서 필요한 작업이다(소진광, 2008).

지방자치의 개념은 '지방(地方)'과 '자치(自治)'라는 두 가지 성분의 결합방식에 따라 다양하게 정의할 수 있다. 이에 학자들은 다양하게 정의하고 있다.

노융희(1987: 13)는 지방자치의 사상적 지주로 지방분권과 민주주의를 들고 있는데, 이는 '자치'라는 성분을 강조하여 지방자치를 이해하고 있다. 김안제(1995: 64)는 지방자치의 성립요건으로 구역, 주민 및 자치권을 들고 있는데, 이 중에서 구역과 주민은 '지방'의 성분으로 자치권은 '자치'의 성분으로 분류할 수 있다.

김영기(1999: 13)는 지역(구역), 주민과 지방자치단체, 자치권, 자치기관, 자치사무, 자치재원을 지방자치요소로 들고 있는데, 이것 역시 지역(구역), 주민과 지방자치단체, 자치기관, 자치사무는 '지방' 성분으로, 자치권과 자치재원은 '자치' 성분에 포함시키고 있다고 볼 수 있다.

결국 지방자치(地方自治)의 개념은 '지방(地方)'과 '자치(自治)'라는 두 단어가 결합한 것이다. 즉, 지방에서 이루어지는 자치를 말한다. 여기서 지방(地方)이란 국가의 한 부분으로서 지역을 의미하는 것이고, 자치(自治)란 자기 일을 스스로 다스림을 말한다. 좀 더 구체적으로 정리해 보면 다음과 같다.

지방자치란 "지방공공단체를 구성하는 일정지역의 주민이 스스로 또는 대표자를 통해 지역 내의 사무를 처리하여 궁극적으로 주민의 복리를 실현하는 것"이라고 할 수 있다.

〈표 1-1〉 지방자치의 개념

지방자치란 Who -「지방공공단체를 구성하는 일정지역의 주민이」 How -「스스로 또는 대표자를 통해」 What -「지역 내의 사무를 처리하여」 Why -「궁극적으로 주민의 복리를 실현하는 것」

2) 지방행정의 정의

(1) 지방관치행정과 지방자치행정

지방행정은 중앙행정기관에 의하여 수행되는 중앙행정에 대응하는 개념이다. 즉, 지방행정기관에 의하여 수행되는 행정을 말한다.

지방행정이 자치행정이라고 할 때에는 이와 대립되는 지방관치행정과 함께 동시에 검토해야 한다. 지방관치행정(地方官治行政)과 지방자치행정(地方自治行政)은 주체, 특성, 권한, 통제, 사무처리라는 측면에서 근본적으로 상이한 차이점을 지니고 있다. 즉, 지방관치행정은 그 주체가 국가 또는 중앙정부로서 중앙의 의사에 의해 운영되며 법인격을 부여받지 못한 타율적 행정인 데 반해, 지방자치행정은 지역주민 또는 지역주민의 대표자에 의해 구성되는 자치단체가 법인격을 갖고 자율적 행정을 도모하는 것이라 할 수 있다(〈표 1-2〉 참고).

〈표 1-2〉 지방관치행정과 지방자치행정의 차이점

	지방관치행정(地方官治行政)	지방자치행정(地方自治行政)
주체	국가의 기관 또는 공무원	지역주민, 주민 대표자와 지방공무원
특성	관료적 · 타율적 행정	자주적 · 자율적 행정
권한	독자적 과세권이나 소송의 능력 또는 기관의 자기조직권 부재	행정상 · 재정상 독립성을 인정받은 법인격이 있는 조직체
통제	국가의 의사에 의한 행정운영	지역주민의 의사에 의한 행정운영
사무처리	지역주민의 참여와 통제 배제	지역주민의 참여와 통제 전제

(2) 지방관치행정과 지방자치행정의 관계

지방에서 처리되어야 할 공적 사무를 처리하는 방식은 국가나 시대적 상황, 즉 환경에 따라 다양하다. 집권적 전통이 강한 나라는 중앙정부의 일선기관에 의해 처리해야 하는 사무가 많고, 분권적 전통이 강한 나라는 지방자치단체가 처리해야 하는 사무가 훨씬 많기 때문이다.

그러므로 지방의 공적 사무를 지방자치나 지방관치의 어느 한 가지 방식에 의해서만 처리하는 경우는 없고 두 가지 방식이 모두 이용된다. 실제로 전국적으로 통일이 필요한 사무와 지방의 자주적 판단에 의해 처리하는 것이 필요한 사무가 공존하고 있다.

〈표 1-3〉 관치적 지방행정과 자치적 지방행정의 구분

관치적 지방행정	반자치적 지방행정	완전 자치적 지방행정
• 중앙집권적 지방행정 또는 비민주적 지방행정 • 지방의 행정을 중앙정부 또는 국가가 자기의 지방하급기관을 통하여 직접 수행하고 지역주민의 참여나 통제를 인정하지 않음	• 자치권을 갖는 지방자치단체를 통하여 지방행정이 운영되나 자치의 범위가 협소하고 사무의 많은 부분이 국가 사무임 • 지방자치단체 내에 중앙정부의 관료도 배치됨 • 지방자치단체에 대한 중앙정부의 통제 · 감독이 비교적 엄격함 • 지방행정조직이 피라미드형의 획일적 · 정형적 · 고정적으로 구성되어 있음	• 지방자치단체의 자치권이 광범위하고 행정사무의 대부분이 지방자치단체의 책임하에 있음 • 지방자치단체 안에 중앙정부의 관료 또는 국가공무원이 없음 • 지방행정에 지역주민의 폭넓은 참여가 인정됨 • 지방제도가 다양성 · 탄력성 · 개별성을 지니고 있음

출처: 안용식 외(2006: 23).

2. 지방자치의 목적

지방자치는 "지방공공단체를 구성하는 일정지역의 주민이 스스로 또는 대표자를 통해 지역 내의 사무를 처리하여 궁극적으로 주민의 복리를 실현하는 것"이라고 앞서 논한 바 있다. 이러한 지방자치의 목적에는 학자들마다 다양한 입장을 표명하고 있다.

토크빌(A. de Tocqueville)은 "지방자치는 자유를 국민의 손에 맡기는 것에 있다. 국민은 다양한 정치제도가 없어도 자유로운 정치를 할 수 있다. 그러나 지방자치제도가 없이 국민의 자유로운 정신을 소유하기는 어렵다. 지방자치제도는 국민에게 자유를 평화적으로 행사하는 흥미를 갖도록 하는 것이고 자유의 활동을 습득하게 한다."고 하여 지방자치의 목적을 민주주의 근본이념인 '자유 실현'으로 바라보았다.

조창현(2000: 321~322)은 지방자치를 "국민의 기본적인 생계를 보장하고 생활의 질적 향상을 도모함으로써 모든 국민이 인간다운 삶을 누릴 수 있도록 하는 것"으로 규정하여 궁극적으로 지방자치의 목적을 지역주민의 복리증진으로 바라보았다.

최창호(2006: 58~62)는 지방자치의 효용을 정치 · 행정적인 것과 경제 · 사회적인 것으로 크게 구분하고, 정치적 측면에서는 민주주의 이념 실현, 민주주의 훈련장, 전제정치의 방파제, 정국마비의 방지를 행정적인 측면에서 지역실정 적응행정, 정책의 지역적 실험, 분업을 통한 효율행정, 지역 안의 종합행정을 들었다. 다른 한편 경제적 측면으로는 자원배분의 효율성, 후생의 극대화, 소비자 선호성의 구현, 지역 특수 산업의 발전을 들고, 사회적 측면으로는 경쟁성과 창의성의 제고, 주체의식 · 책임의식의 함양, 다원적 사회의 형성, 인구의 균등분산을 들고 있다(소진광, 2008).

그러므로 지방자치의 목적은 주민복지 증진 혹은 삶의 질 향상이라고 할 수 있다. 다만, 이와 같은 주민복지 증진과 삶의 질 향상은 추상적인 개념으로 그 지표화가 어렵기 때문에 목표달성 정도를 가늠할 수 없어서 행정 서비스의 수급 불균형과 낭비가 은폐되기 쉽다. 그러므로 구체적이고 실천적인 목표 선정을 통해 정책수단 및 결과의 투명성을 향상시키고, 나아가 지방자치 활성화 및 지방자치 발전을 이끌어가야 할 것이다.

3. 지방자치의 필요성

1) 독재 또는 전제정치에 대한 방파제

중앙집권적 국가에는 지방자치가 없으며, 지방자치가 있다는 사실은 중앙집권이 되는 것을 방지한다는 뜻이고, 국민 한 사람 한 사람이 지방자치를 방파제로 삼아 독재 또는 전제정치를 방어하는 것을 말한다. 옛말에 "자유나 자치단체를 갖지 않은 자유국가는 없다"고 했다. 이것은 민주적으로 선출된 중앙정부일지라도 인간인 이상 권좌에 앉게 되면 대중의 의사와 정반대되는 행동을 하는 경우가 있기 때문에 삼권분립과 같은 제도가 필요했듯이 행정권이 비대해지면 수평적 삼권분립에 못지않게 수직적인 지방분권이 필요하다는 의미이다.

지방자치란 다름 아닌 바로 이러한 권력의 수직적 분권을 통해서 지방자치단체가 주민의 지지와 배경을 가지고 중앙정부가 국민의 의사에 반해서 수행하는 것을 비판하고 그 실정을 개정토록 촉구하는 것이다.

2) 정치의 지역적 실험

지방자치는 문자 그대로 일정한 지방에 한해서 그 주민이 독립적으로 맡겨진 사무를 처리하는 것을 뜻하는 것으로, 각 지방에 따라서 여러 가지의 정치적 · 행정적 실험이 중요한 것은 사회 · 경제가 변하여 정치 · 행정도 구태의연하기만 할 수는 없지만 이러한 실험을 일제히 전국적으로 실시하는 것은 위험부담이 너무 커서 정치와 행정이 흔히 보수적으로 나아가는 경향이 있기 때문이다. 즉 이러한 실험이 귀중함은 기업과 산업에 있어서의 창의적 노력이 중요시되는 것과 똑같은 맥락인 점에 유의해야 하겠다.

3) 민주주의의 학교

지방자치가 민주주의의 학교라는 말은 두 가지 측면에서 이해되어야 하는데, 그 첫째는 주민 자신의 입장에서 민주주의에 대한 교육을 받는다는 의미이며, 둘째는 지방자치단체의 대표자가 받는 민주주의 교육을 말한다.

먼저, 주민의 입장에서 보면 지방자치를 통하여 정치의 실태를 직접 체험할 수 있는 기회가 된다는 점이다. 물론 지방정치라는 것이 중앙정치와는 차이가 있지만 지금까지 '정치'라고 하게 되면 자기와는 먼 곳에 있는 것으로, 그리고 자기와는 직접 관계가 없는 것으로 인식되던 것에서 탈피해서 자기 신변에서 생겨나고 자기와 직접적 관계가 있는 것으로 인식하게 된다는 것은 정치에 대한 올바른 인식이라는 맥락에서 매우 중요한 계기가 아닐 수 없다. 즉 지방자치를 통해서 자신이 던진 한 표가 어떠한 결과로 이어지는 것에 대한 새로운 인식이 결과적으로는 국정에 대한 비판력과 저력을 함양시킨다는 뜻으로서 이것은 곧 국민의 정치의식 함양이라는 결과로 이어진다고 할 수 있다.

이러한 민주주의의 훈련과 교육은 비단 국민의 정치의식을 고양하는 차원보다 한 걸음 더 나아가서 지방자치단체의 대표자에 대한 학교로서의 역할을 한다. 지방선거에 의하여 당선되는 각급 지방자치단체의 장과 지방의원들은 사실상 작은 규모의 나라살림을 배울 수 있다는 것이다. 이렇게 배운 지식과 경험은 점차 축적이 되어서 나중에는 국가를 대표하는 국회와 행정부에 진출할 수 있는 능력을 갖추게 된다.

특히 현대국가는 정치와 행정 역시 전문적 지식과 경험 등 고도의 전문성을 요구하는 바, 하루아침에 훌륭한 정치가가 등장하리라고 막연히 기대하기보다는 착실하게 미래의 훌륭한 정치가들을 지방자치를 통해서 양성한다고 하는 것은 이론적으로나 실증적으로 부인할 수 없는 지방자치의 필요성이자 당위성이라 하겠다.

4) 민주적 사회개혁

오늘날 세계의 여러 나라 가운데 군사혁명(쿠데타)이 일어나고 있는 대부분의 나라는 주로 강력한 중앙집권적 독재 내지는 전제국가였다는 사실에 주목할 필요가 있다.

이러한 국가에서 군사혁명이 자주 일어나는 까닭은 독재나 전제정치를 하는 중앙집권적 중앙정부를 견제할 지방정부가 없기 때문에 필요한 사회개혁에 중앙정부가 적절히 대응하기보다는 중앙정부를 수호하고 유지하기에 급급하게 된다. 국민의 불평불만은 날로 고조되나 이것을 적절히 대처하기보다는 오히려 더 억압적으로 나가기 쉽고, 그러한 억압정책을 집행하기 위해서는 원리원칙을 무시한 인사정책으로, 주로 정권에 맹종하는 사람들로 정책결정 요직을 채우는 등 국민의 뜻을 무시한 정치와 행정을 파행적으로 펴 나가기 때문에 결국은 힘을 가진 군인들이 혁명을 일으키게 된다.

4. 지방자치의 근거

일정지역의 주민이 지방공공단체를 구성하여 지역 내의 사무를 자기 부담에 의해 스스로 또는 대표자를 통해 처리하여 주민의 복리를 실현하는 것이 지방자치인데 이를 이해하기 위해서는 먼저 자치권을 보는 입장들에 대해서 이해를 해야 한다. 지방정부는 지방자치단체, 주민, 자치권으로 구성되기 때문에 지방자치의 핵심이 되는 자치권을 어떻게 이해하느냐에 따라서 지방자치에 대한 이해도 달라질 수 있다. 자치단체의 권능, 즉 자치권은 개인의 천부인권적 기본권에 해당하는 자치단체의 고유권인가 또는 국가로부터 수여된 전래권인가에 대하여 학설의 대립이 있다. 그리고 제도적 보장설적 입장과 기능적, 자치행정관념적 입장도 있다. 지방자치의 모국이라고 하는 프랑스와 영국 모두 19세기에 기본적인 지방자치의 형태가 나타나기 시작했다(Ashford: 1982).

사전적 의미로의 자치권은 지방자치단체가 그 구역 안에서 가지는 공적 지배권 또는 넓은 의미로 공공단체의 자주적 사무처리 기능을 말하는 것을 말한다. 즉 자치권이란 국가로부터 독립한 법인격을 가진 지방자치단체가 그 소관업무를 자신의 창의와 책임하에 자율적으로 처리할 수 있는 권한을 말한다. 이러한 자치권은 자치입법권, 자치행정권, 자치재정권, 자치사법권 등이 해당된다. 다만 이와 같은 자치권한의 범위 및 행사의 정도는 국가간 또는 시대적으로 차이가 있다. 이러한 차이점이 발생하는 근거를 고유권설, 전래설, 제도적 보장설로 나누어 살펴보도록 하겠다.

1) 고유권설

고유권설은 지방자치단체의 고유한 인격과 고유한 지배권을 주장한다. 즉 국가와 관계없이 인간이 태어나면서부터 천부의 인권을 갖는 것처럼 지방자치단체도 고유한 권리를 갖는다는 주장이다. 따라서 지방자치단체는 독자적인 고유의 정치적 지배권을 갖고서 국가, 기타 모든 외부적 권력으로부터 독립하여 활동한다는 것이다.

다시 말해서 국가권력은 지방자치단체의 정치적 지배권을 승인할 뿐, 자치권을 제한하거나 외부로부터 창조하거나 부여받을 수 없다는 것이 핵심이다.

다만, 고유권설은 지방자치단체의 자치권을 자연권적 고유권으로 이해하는 입장이지만, 실질적으로 고유권이 무엇인가에 대한 불충분한 논증과 자치권을 헌법에 명시된 개인의 기본권과 동일시한다 하더라도, 자치권을 지방자치단체의 고유의 기본권이라고 확대 해석하는 것은 무리라는 비판도 제기되고 있다.

2) 전래설

전래설은 고유권설을 배척하고 이를 비판하는 데서 시작이 되는데, 이는 지방자치가 민족적 통일국가의 성립을 그 전제로 하는 까닭에 국가가 자치단체에 일정한 지방사무를 이양하여 지방주민 스스로 처리하도록 허용할 때 비로소 가능했던 것이라는 주장이다. 따라서 자치권은 고유한 권리, 즉 천부적 권리가 아니라 통치구조의 일환으로 형성된 국법으로 부여된 권리를 말한다.

요약하면 법인격으로서의 지방자치단체는 법의 규정으로 존재의 의미를 부여받게 되는데, 법은 국가의 법인 헌법 또는 지방자치법 이외에는 존재할 수 없다. 따라서 법인격으로서의 지방자치단체는 국가가 창조한 것이고 공법인격의 내용인 정치적 지배권, 기타 정치적 능력의 행사는 국법이 규정하는 바에 의하며, 이런 의미에서 자치권은 국가로부터 부여받은 것이고 지방자치단체의 고유한 것은 아니라고 주장한다.

3) 제도적 보장설

제도적 보장설은 헌법에 지방자치 규정이 있으므로 지방자치가 제도적으로 보장된다는 주장이다. 즉 지방자치의 조직과 운영에 대한 기본 원칙을 헌법에 보장함으로써 법률로는 절대로 파괴할 수 없다는 것이다. 이러한 제도적 보장설은 독일의 바이마르헌법을 그 논거로 하고 있으며, 슈미트(C. Schmidt)에 의하여 확립되었고 오늘날 많은 학자들이 이에 따르고 있다.

우리나라에서도 제도적 장치로서 지방자치제도는 헌법상 자유민주주의 원리(대한민국 헌법 제8장 제117조, 제118조), 권력분립의 원리, 보완의 원리 및 기본권의 보장을 내용으로 하고 있다(김성호, 1994).

그러나 제도적 보장설은 지방자치권의 보장이라는 소극적 기능을 갖지만, 국법의 입법에 대한 승인을 인정하게 되므로 시대에 따라 변천하는 지방자치제도의 탄력성과 발전이라는 적극적 기능을 해친다는 비판을 받고 있다.

제2절 지방자치의 이념

이념(理念)이란 '이상적인 것으로 여겨지는 생각이나 견해'로 철학적으로 보자면 '순수한 이성에 의하여 얻어지는 최고 개념'을 뜻한다. 영어로 이념은 'ideology'라고 표현되는데, 이는 독일어인 'idea'에서 파생된 단어로 사상이나 관념형태의 내용을 순수하게 내면적으로 이해하는 방법인 '이데아적 견해'에서 파생되었다. 이러한 사전적 의미를 통해 유추해 볼 때 일반적으로 말하는 이념이란 데카르트나 영국의 경험론에서는 인간의 주관적인 의식내용을 뜻하며 본인의 사회적 존재에 따라 결정되는[1] "의식이 존재를 규정하는 것이 아니라 존재가 의식을 규정한다"라는 유물론적 이해를 바탕으로 출발해야 할 것이다.

이러한 장황한 사전적 이념에 대해서 설명하고 강조하는 것은 우리가 지방자치의 이념이라고 할 때 지칭하는 이념(이상적인 것으로 여겨지는 생각이나 견해)이 단순히 인간 내면의 순수이성에 의한 것이 아닌 사회적 변화와 그에 따른 인간 내면의 요구 및 가치변화에 따른 것이라고 생각해야 하기 때문이다.

이렇듯 이념을 사회적 이데올로기의 개념으로 정의할 때 지방자치가 추구하는 이념은 무엇이며 그것을 나누는 기준과 그에 따른 효용 및 장단점, 더 나아가 그 기저에 깔린 사회적 요구에 대해서 이해하고자 하는 노력이 필요하다.

1. 지방자치와 민주성

지방자치와 민주주의의 상호 관계성에 대한 상이한 두 개의 관점의 검토를 통해 지방자

1) Marx, Engels.

치의 본질을 이해하는 데 한 걸음 더 다가갈 수 있다. 이 상이한 두 가지 주장 중 하나는 지방자치와 민주주의가 상호 밀접한 불가분의 관계라고 주장하는 상관성 긍정론이고, 다른 하나는 지방자치와 민주주의가 관계가 없거나 멀다고 주장하는 상관성 부정론이다.

1) 상관성 긍정론

상관성 긍정론은 지방자치와 민주주의를 상호 필연적이며, 상호보완적인 불가결 관계로 보는 주장이다. 즉 지방자치는 민주주의의 필수불가결의 요인으로 작용하며 민주주의를 부단히 육성하고 발전시키는 통치방식이라는 것이다(최봉기, 2006: 15). 이러한 주장을 하는 대표적인 학자들로는 벤담(J. Bentham), 밀(J. S. Mill), 라스키(H. J. Laski), 토크빌(A. de Tocqueville), 브라이스(J. Bryce), 팬터-브릭(Keith Panter-Brick) 등이 있다.

(1) 방파제설

방파제설이란 지방자치는 전제 또는 독재정치에 대한 방파제 역할을 수행하여 민주주의를 구현하는 것을 말한다. 좀 더 구체적으로 지방자치는 전제 독재정치 시대는 물론 공선(公選)에 의한 중앙정부와 삼권분립이 확립된 현대 국가에서도 그 의의가 한층 중요하고 어떤 정치체제에도 적응할 수 있을 뿐만 아니라 국가 전체의 민주화에 기초가 된다는 것이다. 즉 상관성 부정론에서는 공선의 국회와 삼권분립에 의한 중앙정부의 성립에 절대적 보장과 신뢰를 두고 있지만, 방파제설에서는 헌정상의 민주적 형태에 불비점을 인정하고 널리 지방자치를 통하여 민주주의를 실현하고자 하는 것을 말한다(안용식 외, 2006).

(2) 독립설

독립설은 상관성 부정론에 대한 반론에서 논의를 전개한다. 즉 상관성 부정론은 민주적 중앙정부의 성립에 의하여 지방자치가 소멸할 것을 주장함으로써 민주주의를 지나치게 평등한 획일성에서 찾고 있다는 것이다. 또한 상관성 부정론은 일부 지방 이익의 주장을 반민주주의라고 주장하고 있으나, 독립설은 지방자치에 의한 다양성과 지방적 이익의 주장 가운데 민주주의의 본질이 있다고 주장한다(안용식 외, 2006).

(3) 지방자치와 민주주의 이념

지방자치는 "지방공공단체를 구성하는 일정지역의 주민이 스스로 또는 대표자를 통해 지역 내의 공동사무를 처리하여 궁극적으로 주민의 복리를 실현하는 것"이라고 앞에서 정의한 바 있다. 이처럼 지방자치는 궁극적으로 주민의 복리를 실현하여 민주주의의 이념과 원칙을 구현하는 제도이며 사상인 것이다.

이러한 지방자치는 자유사상, 평등사상, 인간존엄사상 등의 민주주의 이념과 원칙을 다음과 같이 실천할 수 있다.

첫째, 지방자치는 자유사상을 실천할 수 있다. 지방자치는 중앙의 집권적 통치를 벗어나 지역주민들 스스로 자유의사에 의한 자율통치를 말한다. 따라서 주민들로 하여금 주민들의 자유의사에 기초를 두고, 자신들의 문제에 결정권을 갖고, 책임을 짐으로써 민주주의의 이념 중 하나인 자유사상을 실천할 수 있게 한다.

둘째, 지방자치는 평등사상을 실천할 수 있다. 지방자치는 지방관치행정을 통해 중앙이 지방을 종속관계로 지배해서 나타난 불평등관계로부터 벗어나, 지방자치행정을 통해 지방자치단체가 각자의 의사와 능력을 통해 주민들이 법적, 정치적, 사회적 평등한 대우를 받을 수 있도록 함으로써 평등사상을 누릴 수 있게 한다.

셋째, 지방자치는 인간존엄사상을 실천할 수 있게 한다. 지방자치는 지역 내의 문제를 주민 스스로 처리하기 때문에, 모든 주민들은 자신의 생각과 뜻을 자유로이 제시할 수 있으며, 주민들의 의사는 동등하게 취급받고 존중된다. 이처럼 지방자치는 주민들 개개인의 인격과 가치를 존중하는 인간존엄사상을 실천할 수 있게 한다.

결론적으로 지방자치는 민주주의를 실현하고, 이를 실현하는 민주시민을 양성하는 배움터라고 할 수 있다.

2) 상관성 부정론

상관성 부정론은 지방자치와 민주주의는 필연적인 관계가 아니며, 상호 보완적인 불가결한 관계가 아니라는 주장이다. 즉 지방자치는 민주주의와 필연성이 있는 것이 아니라 유럽대륙(대륙계)에서의 역사적 우연으로 보는 것이다. 이러한 주장에는 켈젠(H. Kelsen), 랭그로드(G. Langrod), 벤슨(G. C. S. Benson), 모울린(Moulin) 등이 있다.

(1) 사적 변모설

사적 변모설이란 지방자치의 사적(私的) 변모에 중점을 두고 있는데, 이는 민주적 중앙정부의 성립에 따라 그 상관성을 상실했다는 입장과 사회 · 경제 등의 근대화에서 상관성을 부정하는 입장에서 살펴볼 수 있다.

먼저 민주적 중앙정부의 성립에 따라 그 상관성을 상실했다는 주장은 전제 군주정 시대에 대항하는 지방자치의 민주적 의의는 충분히 인정되나 공선에 의한 민주적 중앙정부가 성립한 현대 국가에서는 지방자치의 민주적 의의는 상실되고 소멸할 운명에 있다고 보는 주장이다.

다음으로 사회 · 경제 등의 근대화에서 상관성을 부정하는 주장은 근대화에 의하여 이미 지방자치의 기반인 지방적인 지역사회로서의 성격이 상실되고 행정적으로 오히려 지방자치의 존재가 장애가 된다는 주장이다.

그러나 오늘날에는 민주적 중앙정부의 성립과 사회 · 경제 등 근대화를 지방자치와 민주주의의 상관성 부정 근거로 보지 않고, 다음의 두 가지 사정의 변화 때문에 민주주의와 지방자치의 상관성이 상실되고 있다고 주장한다. 첫째, 지방자치를 곤란하게 하는 사정 때문이다. 즉 사회 · 경제 기능의 광역화에 의하여 행 · 재정 규모의 광역화가 필요해지고, 행정의 균등화 현상과 국가 역할의 증대 등으로 지방자치의 필요성이 반감되고 있다는 것이다. 둘째, 지방자치의 존재 이유를 약하게 하는 사정 때문이다. 일반적으로 행정이 민주화되어, 관료정치에 대립하는 것으로서의 지방자치의 매력이 감소되고 있다는 것이다(안용식 외, 2006).

(2) 한정적 부정설

한정적 부정설은 지방자치가 행해지는 범위 한계에 주목한다. 즉 지방자치와 민주주의의 상관성을 전면적으로 부정하는 것이 아닌, 순수하게 지방적 · 지역적 문제에 대해서는 결합성을 인정하고, 그 밖의 사항에 대하여 지방자치가 행해지는 것에 강력히 반대하며, 지방적 문제 이외의 사항에 대하여 지방자치를 실시하는 것은 오히려 반민주주의라고 주장한다. 따라서 지방적 문제 이외의 문제에 한정하여 그 상관성을 부정하고 있기 때문에 한정적 부정설이라고 한다(안용식 외, 2006).

3) 지방자치의 장단점(민주성을 중심으로)

풀뿌리 민주주의라고 표현되는 지방자치는 도입과 실시에 있어서 동전의 양면처럼 장점과 단점을 지니게 되는데 그 특징은 다음과 같다.

(1) 지방자치의 장점

지방자치는 먼저, 권력의 집중을 방지할 수 있다. 지방자치는 분권을 전제로 이루어질 수 있는 제도이다. 권력의 집중은 남용될 가능성이 많은데, 지방자치의 실시는 분권을 통해서 집권화된 권력의 횡포를 방지할 수 있다.

둘째, 정치교육을 할 수 있다. 지방자치는 지방의원이나 단체장의 선출, 조례 제정, 개정 및 폐지의 청구, 주민투표 등과 같이 주민이 정치에 참여하는 기회를 제공한다. 정치 참여의 기회는 주민들로 하여금 지역의 공적 문제에 대한 관심을 제고시키고 이것들에 대해 생각하고 토론하게 만드는 계기를 마련한다. 이러한 정치교육을 통해 민주주의를 발전시킨다.

셋째, 정치인의 교육과 훈련이 가능하다. 정치인은 지방자치를 통해 정치에 대한 교육과 훈련의 기회를 갖게 되고, 지방에서 쌓은 경험과 기술은 중앙정치에 진출할 수 있는 역량이 된다. 또한 유권자의 입장에서는 정치인의 능력과 자질을 검증할 수 있는 기회가 된다.

넷째, 민주적 사회로 발전할 수 있다. 지방자치가 실시되면 각종 선거와 투표 등으로 정치 참여의 기회가 확대되어 사회적인 불만과 요구를 반영시킬 기회가 많아진다. 따라서 지방자치는 급진적인 정치적 변화를 피하고 사회를 점진적이고 민주적으로 변화·발전시키는 데 꼭 필요한 제도이다.

(2) 지방자치제도의 단점

지방자치는 첫째, 지역이기주의를 심화시킬 우려가 있다. 지방자치는 일정 지역을 기반으로 행정이 이루어지기 때문에 편협한 지방적 이해관계를 강화하게 되어 쓰레기 소각장, 장애인 시설, 노숙자 시설, 화장터, 교도소와 같이 많은 주민들이 혐오하는 특정한 시설의 설립을 반대하는 NIMBY현상이나, 학교·은행·공원 등의 특정 시설의 설립만을 선호하는 PIMFY현상과 같은 집단이기주의 내지 지역이기주의를 심화할 수 있다.

둘째, 지역갈등이 고조될 수 있다. 지방자치를 통해 지역주민들은 자기 지역의 문제에 대한 관심과 협력으로 문제를 해결하다 보면, 지역 간의 선의의 경쟁이 자칫 지역 간 감정대립으로 비화될 수 있다. 또한 지역 간의 견해 차이에 따른 대립이 지방자치를 통해 더욱 악화될 우려가 있다.

셋째, 소수 엘리트에 의한 독선이 나타날 수 있다. 이상적인 지방자치를 위해서는 주민들의 적극적인 참여와 협력이 필요한데, 주민의 참여와 협력이 저조할 경우 지역의 소수 엘리트에 의한 지역의 문제 결정 및 처리와 같은 독선이 나타날 수 있다.

넷째, 폐쇄적 지방주의가 나타날 수 있다. 지방자치의 중요한 이념인 자율성과 주체성을 지나치게 강조하여, 지역적 특수성만 강조하게 되면 우물 안의 개구리가 될 수 있다. 즉 지나친 지방주의는 무한경쟁시대의 오늘날 지역의 역량을 떨어뜨리고, 지역발전을 방해할 뿐만 아니라 나아가 지방자치의 발전을 저해하게 된다.

〈표 1-4〉 지방자치와 민주성

비 교	장 점	단 점
특 성	1. 권력 집중 방지 2. 정치 교육 3. 정치인의 교육과 훈련 4. 민주적 사회 발전	1. 지역이기주의 2. 지역갈등 3. 소수 엘리트의 독선 4. 폐쇄적 지방주의
사 례	청주시의회의 행정 정보공개조례 제정[2)]	부안 방사능폐기장 유치의 백지화[3)]

2. 지방자치와 효율성

지방자치의 본질을 이해하기 위해서는 지방자치와 효율성에 대한 검토가 필요하다. 개념적으로 지방자치의 궁극적 목적은 주민의 복리실현이라 할 수 있기 때문에 민간 부문에서 제기되는 효율성의 개념과는 상이하다. 이는 민간 부문에서는 사적 이윤 증대가 그 목적이지만, 지방정부는 사적 이윤 증대보다는 공익을 추구하며 공익을 위해 정책을 결정하고 집행하기 때문이다.

이렇게 지방정부와 민간 부문의 운영원리가 근본적으로 상이함에도 불구하고 민간 부문에서와 같은 효율성의 개념이 중요한 것은 지방정부에 있어서도 인사행정, 조직행정, 재무행정 등의 분야에서 효율적인 관리 과정이 빠뜨릴 수 없는 중요한 기본적 기능이기 때문이다.

1) 지방자치의 효율성

(1) 맞춤형 행정 서비스

지방자치는 다양한 지역적 특성과 주민들의 요구에 적절하게 부응할 수 있는 행정을 가능하게 한다. 다시 말해 지역사회의 생태적 · 문화적 차이에 따라 발생하는 지역의 특수성 · 다원성의 이해를 통해 중앙정부가 지방행정수요를 일일이 파악하고 처리할 수 없는 한계를 극복하고, 나아가 맞춤형 행정 서비스를 가능하게 한다.

---

2) 1991년 지방자치의 부활과 더불어 구성된 청주시의회에서 주민의 알 권리를 보장하고 책임 행정의 진작을 통하여 주민복지의 증진과 민주적인 시정 발전에 기여함을 목적으로 제정(한국행정연구원, 1992: 92).

3) 2003년 7월 전북 부안군수가 위도에 방사성폐기물 관리시설을 유치한다고 발표하였으나 주민들과 단 한 차례의 의견수렴 과정도 거치지 않은 채 군의회의 반대결정도 무시하고 원전수거시설 단독 유치신청을 한 것은 민주주의(지방자치의 본질)를 짓밟는 처사.

(2) 신속한 지역문제 처리

지방자치는 기존의 중앙집권적 통제 관리에서 벗어나 주민의 행정수요에 민감·신속하게 반응할 수 있다. 또한 중앙과 지방의 상호 협력적인 분업체계를 통한 기능적 분화로 중앙정부는 국가 전체에 이해관계를 가진 행정에 전념할 수 있고, 지방정부는 지역문제에 전념함으로써 신속한 처리를 할 수 있게 된다. 이는 궁극적으로 국가 전체적인 행정의 효율을 증진시킨다.

(3) 지방공무원의 발전

지방자치는 지방공무원들의 사기를 증진시키고 그들의 능력을 발전시킨다. 지방자치를 통한 지방의회의 구성과 의원들의 행정사무에 대한 조사 및 감사활동과 지역주민들의 통제 및 감독을 통해 지방공무원들은 자기 업무에 대한 전문가적 자질함양을 자극·촉진시키게 된다. 또한 지방분권에 따른 지방공무원들의 재량권 증대는 지방공무원들의 역량과 책임을 향상시켜 궁극적으로 지방공무원들을 발전시키게 된다.

(4) 예산 절감과 효용 극대화

지방자치는 지역주민이 직·간접적으로 예산의 편성 및 지출 과정을 가까이에서 감시 및 통제하기 때문에 예산의 낭비를 줄일 수 있다. 또한 주민들은 자신의 세금이 낭비 또는 오용되는 것을 원치 않기 때문에 신중한 예산의 결정 및 집행을 원하고 이는 궁극적으로 예산의 절감과 효용의 극대화를 얻을 수 있다.

(5) 지역행정 서비스의 향상

지역주민은 지방자치를 통한 공공 서비스를 구매하는 고객이며 소비자이다. 따라서 공공서비스의 만족은 지방자치단체장이나 지방의원을 선택할 때 가장 중요한 기준이 된다. 즉 지방자치단체장이나 지방의원은 고객인 지역주민에게 품질 좋은 행정 서비스를 제공하기 위해 경쟁하게 되고 나아가 지역행정 서비스의 향상을 이끌어 낸다.

행정적 측면에서 지방자치를 통해 얻는 유용성은 지방자치의 효율성에 대한 논의로 이해할 수 있다. 모든 조직의 행정 과정에 있어 효율성은 중요한 가치이나 지방자치의 궁극적 목적이 주민의 복리실현인 만큼 민간부문의 효율성과는 상이한 개념이라는 것을 명심해야 한다. 요컨대, 행정적 측면에서 지방자치의 유용성은 국가-지방사무의 분업과 독자적 자치행정권을 향유함에 따른 효율적 공공 서비스 제공을 뜻한다.

지방자치의 사회·경제적인 근거는 중앙정부가 지방정부보다 비효율적이기 때문이다. 물론 반드시 중앙정부가 지방정부보다 비효율적인 것은 아니지만, 경제학적 판정에서 중앙정부는 지방정부보다 비효율적이다. 흔히 말하는 'Near is better'의 원칙으로 이 같은 주장의 경제학적 근거는 오츠(Oates, 1972)의 분권화정리[4)]나 티부(Tiebout)모형[5)]을 통해 설명할 수 있다. 오츠와 티부의 이론은 각 지방정부가 독립적인 판단에 의해 그 지역에 공공재를 공급하는 것이 지역 고유의 특성을 잘 알지 못하는 중앙정부에 의한 획일적인 공급보다 효율적일 수 있는 것이다. 이러한 경제학적 관점에서 지방자치는 공공재의 효율적 공급 및 지역특성에 맞는 서비스 제공을 통한 효율성을 제고할 수 있으나, 현실적으로 경제이론에서 제시하는 많은 가정들이 준수되지 않으므로 그 한계를 가지기도 한다.

2) 지방자치의 비효율성

(1) 비효율 행정

지방자치는 중앙정부와 지방정부 또는 광역정부와 기초정부 간의 기능배분이 분명하지 못하면, 중앙정부와 지방정부 간 또는 광역정부와 기초정부 간에 중복행정 내지 이중행정이 되어서 자원을 낭비 또는 오용할 우려가 있다. 그리고 행정 수준이나 기술 수준에 있어서 각종 자원의 부족, 권력의 한계 등의 이유로 지방정부가 중앙정부보다 불가피하게 열등할 수밖에 없다.

(2) 국가행정의 통일성 및 효율성 저해

중앙정부의 권한이 지방정부로 분산(이양)되는 과정 중에 나타나는 행정의 중복 · 혼란 현상은 효과적이고 일관된 정책집행을 어렵게 하고, 전국적 규모의 각종 개발계획 또는 경제사회적 발전을 위한 정책 및 법률 등 국가행정의 통일성 및 효율성을 저해한다.

(3) 무기력한 지방행정

전통적인 지방행정은 투입 요소와 행정절차에 있어서 명령과 통제를 중심으로 행정을 수행해 왔다. 즉 지방정부는 목표에 의한 행정이 아닌 규칙과 예산에 의한 운영을 하게 된다. 물론 규칙과 예산은 행정의 오용, 남용 등의 부정적인 측면을 방지할 수 있지만, 창의적이고 생산적인 행정의 결과를 방해하거나 지방정부를 무기력하게 만들 수 있다.

---

4) 지역공공재의 생산을 어느 단계의 정부가 담당하든 동일한 비용이 들어갈 경우, 각 지방정부가 스스로의 판단에 의해 그 지역에 적정한 양의 지역공공재를 공급하는 것이 중앙정부에 의한 공급보다는 효율적이다.

5) 다수의 지방정부로 구성되어 있는 나라가 있다고 가정할 때, 이 나라의 각 지방정부가 지역주민의 선호에 따라 지방세와 지방공공재의 공급 수준을 결정하고 개인의 지역 간 완전이동성이 보장된다면 각 지역에서 지방공공재가 최적 수준으로 공급될 뿐만 아니라 국민들은 효율적으로 거주지를 결정하게 된다.

(4) 지역 간 불균등

지방자치는 지역의 행정을 주민 스스로 처리하기 때문에 국가적으로 일정한 수준을 유지해야 할 행정 서비스가 지방자치단체의 재정력 격차로 행정 서비스를 제공하지 못하거나 미약할 경우 지역 간 불균등이 발생하게 된다. 또한 지방자치단체 간 재정력 격차의 심화는 행정 서비스 제공의 불균등뿐만 아니라 도시이탈, 상대적 소외감 등 심각한 사회문제를 발생시킬 우려가 있다(〈표 1-5〉 참조).

재정자립도는 재정수입의 자체 충당 능력을 나타내는 세입분석지표로 일반회계의 세입 중 지방세와 세외수입의 비율로 측정하며, 일반적으로 비율이 높을수록 세입징수기반이 좋은 것을 의미한다. 재정자립도 = (지방세 + 세외수입) × 100 / 일반회계 예산규모

〈표 1-5〉 지방자치단체의 재정자립도

단위: %

	2004	2005	2006	2007	2008	2009	2010	2011	2012
전국	57.2	56.2	54.4	53.6	53.9	53.6	52.2	51.9	52.3
특·광역시	81.4	80.3	78.5	73.9	73.8	72.7	68.3	68.6	69.1
도	41.3	36.6	36.1	34.9	39.5	33.3	31.6	33.0	34.8
시	38.8	40.6	39.4	39.5	40.7	40.7	40.0	38.0	37.1
군	16.6	16.5	16.1	16.6	17.2	17.8	18.0	17.1	16.4
자치구	42.6	44.3	40.5	37.5	37.1	37.3	35.4	36.6	36.0

자료: 행정안전부. 2013. 행정안전부 통계연감 참조

〈표 1-6〉 지방자치와 효율성

비 교	장 점	단 점
특 성	1. 맞춤형 행정 서비스 2. 신속한 지역문제 처리 3. 지방공무원의 발전 4. 예산 절감과 효용 극대화 5. 지역행정 서비스의 향상	1. 비효율 행정 2. 국가행정의 통일성 및 효율성 저해 3. 무기력한 지방행정 4. 지역 간 불균등
사 례	*강원도 인제군의 출산 보조금[6)] *인천광역시의 출산장려 보육료 지급[7)]	*허술한 환경오염 단속 실태[8)]

6) 강원도 인제군의 의회에 제안에 따라 농어축산 전업 가정의 임산부에게 보조금을 지급하고 있음, 1997년부터 1인당 10만 원씩 35명을 지원했고, 1998년에는 20만 원씩 40명에게 전달하였으며, 늘어나는 수요에 발맞춰 보조금과 수혜자가 증가함.

7) 인천광역시는 2004년부터 3명 이상의 자녀를 둔 가정에 5세까지 1인당 매달 24만 3천원의 출산 장려 보육료를 지급.

8) 2001년 감사원의 감사에 따르면 지난 5년간 폐수배출 업소의 수는 2.3배가 증가했지만, 점검 인원은 업소당 2.53명에서 1.51명으로 오히려 줄어들어 실질적인 단속이 이루어지지 않는 것으로 분석.

제3절 지방자치의 구성과 유형

1. 지방자치의 구성요소

지방자치의 실체를 구성하는 단위를 지방자치의 구성요소라고 할 수 있는데, 여기서는 지방자치의 주체 요소와 객체 요소로 구분(강용기, 2008: 34~37)해 보기로 한다.

1) 지방자치의 주체 요소

지방자치의 주체(主體)라 함은 지방자치 과정에서 의사결정력을 행사하고, 그를 통해 특정한 이익을 실현하고자 하는 의사 능력과 행위 능력의 주체를 의미한다. 여기서는 국가, 지방자치단체, 주민을 지방자치의 의사 능력과 행위 능력의 주체로 파악하고자 한다.

(1) 국가(중앙정부)

지방자치에서 국가(國家, state, nation)는 지방과는 독립된 실체이지만, 지방과 관련된 의사결정에 항상 관여하여 나름대로의 의사결정권을 가진다. 국가는 지방의 전체적 연합체로서 지방자치의 문제는 항상 국가의 의사와 이익과 연관되어 존재한다. 따라서 지방자치와 관련된 의사결정에서 국가의 존재가 무시될 수는 없다.

국가와 유사한 의미로 중앙정부(central government) 혹은 그냥 정부(government)라는 용어를 사용하기도 한다. 특히 우리나라나 일본의 지방자치법에서 사용하는 '국가'라는 개념은 실질적으로 '중앙정부'와 동일한 의미로 사용된다.

(2) 지방자치단체(지방정부)

지방자치단체(地方自治團體, local state, local government, local authority)는 지방자치를 수행하는 기본 단위이며, 지방자치의 법적인 권리와 의무의 주체이다.

지방자치단체는 주민, 구역, 자치권을 기본 요소로 형성된 법인격을 갖는 지역의 공공단체라는 면에서 국가 내의 부분 영토에 형성된 지방 국가(local state)적 성격을 가지고 있다. 이 밖에도 지방자체단체는 국가 내의 부분 영토에 형성된 주민들의 주권을 위임받은 통치기구라는 의미의 지방정부(local government)로 이해되기도 한다. 또한 가장 좁은 의미로 지방자치단체를 '지방자치단체장을 중심으로 한 지방행정부 혹은 집행부'로 인식하기도 한다.

우리나라의 경우 법 · 제도적 측면에서는 지방자치단체라는 용어를 정치 · 경제 등의 영역에서는 지방정부라는 용어를 주로 쓴다. 우리나라 헌법이나 지방자치법은 지방자치단체라는 용어를 사용하고 있는데, 여기서 지방자치단체는 통상 지방정부와 동일 개념으로 이해된다.

(3) 주민(시민)

주민(住民, citizen, resident)은 지방자치의 실질적 주체이며 주권자이다. 지방자치법상 주민은 해당 주소지에 주민등록이 되어 있어야 한다. 주민은 또한 지방자치단체가 제공하는 행정 혜택을 받을 권리를 가지며, 그에 따른 의무도 부담한다. 주민은 개별적 지위로서 혹은 주민집단으로서 다양한 방식으로 참여할 수 있으며, 국가와 지방자치단체에 의사결정권을 행사할 수 있는 독자적인 의사결정과 행위의 주체이다.

주민이란 용어 대신으로 시민이란 표현을 쓰기도 한다. 주민은 헌법 · 지방자치법상에 규정된 법 · 제도적 의미를 가지며, 시민은 근대 시민사회의 성립과 함께 형성된 정치적 개념으로 근대 민주국가에서 주권자라는 역사적 · 정치적 의미를 내면에 지니고 있다.

2) 지방자치의 객체 요소

지방자치의 객체(客體)란 지방자치의 주체들이 추구하는 대상에 관한 것이다. 지방자치의 행위자인 국가, 지방자치단체(지방정부), 주민(시민)은 궁극적으로 지역의 문제를 해결해 주민의 복지와 이익을 향상시키고자 노력한다.

(1) 지역문제

지역문제(local problem)는 지방자치가 담당하는 고유 사무의 영역이다. 지방자치는 이러한 지방적 사무, 지역의 문제를 해결하고자 한다. 지역의 거리를 편리하게 만들고, 가로등을 관리하며, 청소를 하고, 공원을 관리한다. 또한 지역의 경제와 주민의 복지에 대해 고민하고 지역의 문화를 발전시키고자 노력하는 것이다.

지방의 사무는 국가나 중앙정부가 관여해 해결하는 것보다는 일상생활 속에서 경험하고 문제를 느끼고 있는 지방주민에게 맡겨 처리하는 것이 효과적이다. 지방자치는 거시적이고 국가적인 사무에 관여하기를 원하는 것이 아니다. 우리 자신의 문제, 우리 동네의 문제를 우리 자신이 주도해 처리하고자 하는 것이다.

(2) 주민복리

지방자치는 궁극적으로 행복한 지역 만들기를 추구한다. 우리나라 헌법에는 인간의 존엄과 가치 행복추구권을 보장하고 있다. 지방자치는 주민 스스로 참여와 노력에 의해 행복한 지역을 만들려고 노력한다. 주민이 행복하기 위해서는 제도적이고 평화적으로 갈등을 해결할 수 있는 합리적 통치 시스템구축과 지역경제와 문화의 발전 및 여타 지역복지 여건이 충족되어야 한다. 또한 지역주민이 거주할 수 있는 쾌적한 거주공간과 환경이 정비되어야 한다.

그러나 지방마다 지리적 여건이 다르고, 경제적 · 재정적 · 사회문화적 배경이 다르기 때문에 살기 좋은 지방, 살고자 모이는 지방이 있는가 하면, 살기 힘든 지방, 떠나가는 지방이 있을 수 있다. 그러나 이러한 현실 속에서도 주민이 필요로 하는 여건, 주민이 좀 더 행복할 수 있는 환경을 만들기 위해 최선을 다하는 것이 지방자치의 궁극적 존재 이유라 할 것이다.

2. 지방자치의 유형

지방자치의 개념을 좀 더 구체적으로 이해하기 위해서는 지방자치제도의 역사적 발전과정에 따라 유럽에서 형성되어 영국을 중심으로 발달된 주민자치와 프랑스와 독일을 중심으로 발달된 단체자치 이 두 가지 형태의 자치제도를 살펴봐야 한다. 다만 오늘날에 이르러 실제로 주민자치와 단체자치가 명확하게 구분되는 것은 아니고, 양자의 장점을 조화시켜, 상호 협력적인 방향으로 나가려는 노력이 나타나고 있다.

1) 주민자치와 단체자치의 의의

(1) 주민자치(민주화): 영미형

주민자치란 지방의 행정을 그 지방주민의 참여와 의사에 기초하여 그들의 판단과 책임에 의해 처리하는 것을 말한다. 이때 주민은 직접 스스로의 의사를 실현하거나 대표자를 선출하여 이들에게 행정 처리를 맡기기도 한다.

이러한 주민자치는 일찍이 영미 지역에서 발달하였다. 역사적으로 영미 지역은 중앙정부보다 지방정부가 먼저 발달하였으며, 따라서 지방의 사무는 당연히 지방정부가 이를 처리하는 것으로 정착되었다. 이로 인해 지방사무에 대한 중앙정부의 관여나 개입은 당연히 고려되지 않았고, 제도적으로도 지방정부가 존재하는 곳에 유사한 업무를 관장하는 중앙정부의 지방행정기관이 공존하는 일은 없었다.

(2) 단체자치(분권화): 대륙형(독일 · 프랑스 등)

단체자치란 국가로부터 독립된 인격을 인정받은 지역적 단체가 국가 내부에 일정 지역을 자신의 권능과 책임 아래 원칙적으로 국가의 간섭과 감독을 받지 않고 행정을 처리하는 것을 말한다.

이러한 단체자치는 강력한 통치권을 가진 독일 · 프랑스 등의 대륙계형 국가에서 발달하였다. 유럽의 국가들은 대개 중앙집권적 정치체제를 가지고 있었다. 그래서 정치적 권력은 중앙정부에 속하는 것으로 간주되었으며 지방사무의 처리도 원칙적으로 중앙정부의 소관사항이었다. 그러나 국가는 공간적으로 떨어져 있고, 지역에 따라 여건이 다른 지방의 사무를 효율적으로 처리하기 위해서 일정한 범위의 권리와 책임을 지방정부에 부여하지 않을 수 없었다. 따라서 단체자치 아래서 지방자치단체가 수행하는 자치사무는 국가로부터 부여된 것이다.

2) 주민자치와 단체자치의 비교

주민자치와 단체자치는 핵심이념, 자치권에 대한 인식, 지방사무의 처리 경향, 권한 부여 방법, 감독 방법, 권한 배분, 기관 구성, 국가공무원의 배치 등에서 상이한 측면이 있다.

첫째, 주민자치는 지방정부가 주민과의 관계에서 지방의 문제를 주민과 협의하여 주민의 의사에 따라 처리하는 '민주화'가 핵심이념인 반면에, 단체자치는 국가와의 관계에서 일정한 독립적인 지위에서 그 지방의 문제를 자주적으로 처리하는 '분권화'가 핵심이념이다.

둘째, 자치권에 대한 인식에 있어서 주민자치는 주민 스스로의 처리가 당연하며, 국가 성립 이전부터 존재했다고 바라보는 반면에, 단체자치는 중앙정부의 필요에 따라 국가에서 주어지는 권리로 바라보았다.

셋째, 지방정부의 사무에 대해서 주민자치는 중앙에 의지하지 않고, 주민 스스로 또는 대표자에 의해 사무 처리를 하지만, 단체자치는 국가와 별개의 법인격을 갖는 지방단체가 자율적으로 사무 처리를 한다.

넷째, 권한 부여 방법에 있어서 주민자치는 권한의 범위가 법이 지정하는 기능에 한정되어 있는 개별적 지정(specific grant)주의인 반면에, 단체자치는 국가나 다른 단체의 권한 외에 자방자치단체와 관계있는 사무를 처리할 수 있는 포괄적 위임(grant of general powers)주의이다.

다섯째, 감독 방법에 있어서 주민자치는 입법적 통제와 사법적 통제가 주된 통제의 방식이 되어서 자치권을 강하게 보장하는 반면에, 단체자치는 입법적 통제와 사법적 통제가 아닌 허가·명령·취소 등의 행정적 통제 수단을 이용하여 지방자치단체에 관여하므로 자치권에 대한 제약이 크다.

여섯째, 권한 배분에 있어서 주민자치는 법률에 의해 권한이 명시적·한시적으로 규정되어 사무를 자주적으로 처리할 수 있는 재량권의 범위가 큰 데 비하여, 단체자치는 권한 한계가 불명확하여 권한상의 마찰과 중복이 많다.

일곱째, 기관의 구성에 있어서 주민자치는 대체로 의결기관과 집행기관이 통합된 기관통합형을 채택하여 지방의회가 입법과 집행을 책임지는 반면에, 단체자치는 의결기관과 집행기관이 분리된 기관분립형을 채택하여 지방의회가 입법을 집행기관은 집행을 책임지고 있다.

〈표 1-7〉 주민자치와 단체자치의 차이

	주민자치	단체자치
핵심이념	민주화	분권화
자치권에 대한 인식	국가 성립 이전부터 존재	국가에서 주어진 권리
지방사무 처리 경향	주민 스스로(대표자) 사무 처리	자율적 사무 처리
권한 부여 방법	개별적 지정(specific grant)주의	포괄적 위임 (grant of general powers)주의
감독 방법	입법·사법적 통제	허가·명령·취소 등의 수단
권한 배분	법률에 의해 권한 규정	권한의 한계가 불명확
기관 구성	기관통합형	기관분립형

3) 주민자치와 단체자치의 조화

세상의 모든 제도에는 기회비용이 있게 마련이다. 주민자치의 전통이 강한 영미 지역도 지방적 사무가 전국적 사무화됨에 따라 중앙정부의 지방자치단체에 대한 행정적 통제의 필요성이 강화되므로 단체자치적 요소의 도입이 필요하며, 관료주의적 절대군주제 국가에서 생성 및 발전된 단체자치도 중앙정부와 지방정부가 모두 민주적 성향을 갖게 됨에 따라 양자 간에 동질성을 유지하게 되어 중앙정부가 지방자치단체를 통제할 필요성이 약화되고, 주민 참여의 증대를 통해 주민자치적 요소의 도입이 필요하다.

다시 말해서 주민들의 정치적 참여와 행정에 대한 통제에 있어 지방자치단체라는 법인격을 갖는 지방자치단체는 주민 없이 존재할 수도 구성되어 운영될 수도 없다. 즉 완전한 지방자치는 주민의 참여를 강조하는 주민자치와 중앙정부로부터의 독립을 강조하는 단체자치의 조화와 균형을 통해서 실현될 수 있다.

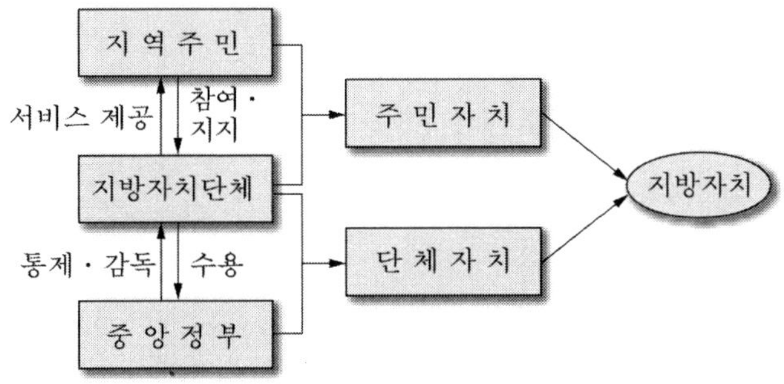

〈그림 1-1〉 주민자치와 단체자치의 조화

연 습 문 제

1. 지방자치를 실시하는데 확보해야 할 가장 중요한 요소는?(2007 울산 9급)

① 지방재정 ② 지방인사

③ 지방조직 ④ 지방의회

〈정답〉 ① 지방재정
〈해설〉 지방자치는 자주적인 지방재정을 기본조건으로 한다.

2. 지방자치의 장점이 아닌 것은?(2004 경남 9급)

① 지방의 균형적 발전 ② 지방행정의 효율성 증진

③ 주민참여와 향토애의 증진 ④ 지방행정의 안정성 확보

〈정답〉 ① 지방의 균형적 발전
〈해설〉 지방자치는 자치단체가 자신들의 관점에서 독자적으로 지역개발을 하므로 전국적인 균형발전을 저해할 소지가 있음

3. 주민자치에 대한 설명 중 옳은 것은?(2004 경기 9급)

① 풀뿌리 민주주의를 실현하기 용이하다.

② 자치단체의 권한이 국가로부터 전래된 것으로 본다.

③ 고유사무와 위임사무로 구분된다.

④ 자치단체의 독립된 법인격을 강조한다.

〈정답〉 ① 풀뿌리 민주주의를 실현하기 용이하다.
〈해설〉 주민자치는 자치권의 모든 것이 주민으로부터 나온다고 전제한다. 나머지는 단체자치에 관한 설명이다.

4. 우리나라 지방자치단체가 수행하는 지방자치방식을 가장 정확하게 표현한 것은?(2005 한국수력원자력)

① 자치행정 ② 자치행정+위임행정

③ 관치행정 ④ 자치행정+관치행정

〈정답〉 ② 자치행정+위임행정
〈해설〉 우리나라 지방자치는 자치행정과 중앙정부에서 위임한 행정을 수행하는 방식으로 수행되고 있다.

핵심정리

지방자치(地方自治)의 개념 – '지방(地方)'과 '자치(自治)'라는 두 가지 성분의 결합방식에 따라 다양하게 정의함. 즉, 지방에서 이루어지는 자치를 말하며, 여기서 지방(地方)이란 국가의 한 부분으로서 지역을 의미하는 것이고, 자치(自治)란 자기 일을 스스로 다스림을 말한다. 구체적으로 정리하면 지방자치란 "지방공공단체를 구성하는 일정지역의 주민이 스스로 또는 대표자를 통해 지역 내의 사무를 처리하여 궁극적으로 주민의 복리를 실현하는 것"

지방행정 – 중앙행정기관에 의하여 수행되는 중앙행정에 대응하는 개념으로 지방행정기관에 의하여 수행되는 행정을 말함.

지방자치의 필요성 – 첫째, 독재 또는 전제정치에 대한 방파제 둘째, 정치의 지역적 실험 셋째, 민주주의의 학교 넷째, 민주적 사회개혁

지방자치의 근거 – 고유권설, 전래설, 제도적 보장설

지방자치의 구성요소 – 지방자치의 주체 요소는 국가, 지방자치단체, 주민이며, 지방자치의 객체 요소는 지역문제와 주민복리

지방자치의 유형 – 주민자치와 단체자치로 구분

주민자치 – 지방의 행정을 그 지방주민의 참여와 의사에 기초하여 그들의 판단과 책임에 의해 처리하는 것을 말하며, 이때 주민은 직접 스스로의 의사를 실현하거나 대표자를 선출하여 이들에게 행정처리를 맡기기도 한다. 주민자치는 일찍이 영미 지역에서 발달

단체자치 – 국가로부터 독립된 인격을 인정받은 지역적 단체가 국가 내부에 일정 지역을 자신의 권능과 책임 아래 원칙적으로 국가의 간섭과 감독을 받지 않고 행정을 처리하는 것을 말하며, 단체자치는 강력한 통치권을 가진 독일 · 프랑스 등의 대륙계형 국가에서 발달

제 2 장

외국의 지방자치와 우리나라 지방자치의 역사

♧ 들어가기 : 학습목표 및 목차

학습목표	1. 지방자치의 유형을 이해한다. 2. 외국의 지방자치를 이해한다. 3. 우리나라 지방자치 역사를 이해한다.
학습목차	1. 지방자치의 유형에 따른 분류, 미국의 지방자치 2. 외국의 지방자치(유럽, 영국, 독일, 프랑스, 일본) 3. 우리나라 지방자치의 역사(삼국시대 – 현재)

☞ 사전학습

1. 게마인데, 크라이스 등의 지방자치단체의 종류를 가진 나라는?
   〈정답〉 독일
   〈해설〉 독일은 게마인데, 크라이스, 독립시, 관구 등의 자치단체를 가지고 있다.

2. 갑오경장 시기에 고을의 일을 의논하기 위한 모임의 제도는?
   〈정답〉 향회제도
   〈해설〉 향회는 갑오경장 시기에 고을의 일을 의논하기 위한 고을 사람들의 모임의 제도이다.

3. 우리나라 최초의 지방의회선거는 언제 실시되었는가?
   〈정답〉 1952년 4월 25일
   〈해설〉 1952년 4월 25일에 제1회 시, 읍, 면 의원선거가 최초로 실시됨

제1절 외국의 지방자치

1. 지방자치 유형에 따른 분류

1) 영국형

영국을 위시하여 영국에서 이민하여 나라를 구성한 캐나다, 호주, 뉴질랜드, 남아프리카공화국 등과 과거 대영제국의 식민지였던 인도, 파키스탄, 스리랑카, 말레이시아, 미얀마, 수단 등이 이 유형에 속하는데 이 경우에도 구 영국식민지국가들은 제2차 대전 후 영국의 영향에도 불구하고 중앙집권적 관치의 색채가 강한 나름대로의 전통을 갖고 있다.

영국형의 특징은 다음과 같다.

첫째, 주민자치의 관념이 정착화 되어 있거나 그것을 지향한다.

둘째, 자치사무와 위임사무의 구별 없이 지방정부가 그 지역 내의 대부분의 공공사무를 결정 · 집행한다.

셋째, 지방의회가 자치행정의 중심이 되고 모든 권한이 지방의회에 속한다.

넷째, 지방의회는 의결기관인 동시에 집행기관으로서 의결과 집행이 통합되어 있다.

다섯째, 지방의회의 각 위원회가 의회의 예비심사기관으로서 뿐만 아니라 의회에서 의결된 사항의 집행을 담당한다.

여섯째, 따라서 집행기관이 따로 존재하기보다는 각 국장은 각 소관위원회의 지휘에 따라 행정을 집행하며 책임도 소관위원회에 대해서 진다.

일곱째, 시장은 있으나 행정수반이 아니고 시를 의례적으로 대표하는 상징적 존재에 불과하다.

여덟째, 중앙정부의 감독이 권력적 감독보다는 대등한 입장에서 상호 협동하며, 기술적 서비스 제공 등에 치중한다.

2) 미국형

미국을 위시한 필리핀, 일본, 독일의 일부 등이 포함되는 유형인데, 이 유형의 기원은 영국계로서 초기엔 영국제도를 그대로 답습했으나 세월이 지남에 따라 미국 특유의 제도를 개발한 것이다. 미국형의 특징은 다음과 같다.

첫째, 지방자치에 관한 기본관념은 영국형과 마찬가지로 넓은 범위의 지방분권주의, 높은 주민참여, 의회중심주의이다.

둘째, 권력분립주의에 입각한 의회와 장의 분리, 즉 기관대립형이 채택되어 있다.

셋째, 의원과 장을 모두 주민이 직선한다.

넷째, 장 이외의 집행기관을 다수 직선한다.

다섯째, 직접 민주주의제도, 즉 주민발안, 주민표결 및 공직자의 소환제가 채택되어 있다.

3) 독일형

독일을 위시하여 오스트리아, 스위스, 벨기에, 네덜란드, 룩셈부르크 등이 이 유형에 속하는데, 독일도 제2차 대전 이후에 점령국의 영향을 받아 전통적 독일식에 영국, 미국, 프랑스식이 많이 가미되어 있음을 알 수 있다. 특히 전후 독일은 연방제의 채택으로 각 주가 지방자치제도를 독자적으로 채택함으로써 종래의 획일성이 없어지고 상당히 다양한 특색을 갖는 제도로 변모하였다. 그러나 이러한 제도상, 외형상 차이에도 불구하고 기본관념과 근본적 제도에는 큰 변화가 없다. 독일형의 특징은 다음과 같다.

첫째, 기초자치단체인 시 · 읍 · 면(Gemeinde)은 따로 규정하지 않는 한 주민의 일반적 이익을 위하여 필요한 모든 사항을 처리할 수 있도록 비교적 넓게 지방분권이 되어 있다.

둘째, 지방자치단체에 대한 권한부여방법은 포괄적 위탁주의를 채택하고 있다.

셋째, 중앙정부의 감독 · 통제는 최소한에 그치고 있으며, 자치사무에 대해서는 위법성의 감독에 그친다.

넷째, 집행기관의 구성이 독특한데 의회가 선출한 행정위원회(magistrate)가 의회의 통솔하에 행정집행의 책임을 지며, 대부분의 경우 시 · 읍 · 면장은 의례적인 명예직이다.

다섯째, 지방자치단체의 사무는 국가사무와 자치사무로 구별되며, 국가사무는 중앙정부가 자치단체의 집행기관에 위임하여 처리한다.

여섯째, 지방행정에 주민이 참여할 수 있는 폭이 넓고 지방분권의 범위도 비교적 넓어 주민자치와 단체자치의 요소가 가장 잘 결합되어 있는 제도라 하겠다.

4) 소련형

이 유형은 소련을 위시하여 폴란드, 불가리아, 유고슬라비아 등 기존의 동유럽국가와 쿠바, 베트남 등이 속한다. 중요한 것은 형식상으로는 지방행정이 인민에 의하여 선출된 대통령으로 구성되는 지방소비에트 또는 인민위원회(일종의 지방의회)에 의하여 통치되는 것으로 되어 있으나 실제 운영 면에서는 민주적 중앙집권제(democratic)를 채택하고 있는 공산당의 지휘와 지도하에 있기 때문에 상급소비에트 집행위원회의 지휘 · 감독을 받고 있어 지방자치가 아닌 중앙통제임을 알 수 있다. 소련형 특징은 다음과 같다.

첫째, 인민의 대표기관이라고 하는 지방소비에트(인민위원회)는 명목상의 존재이며, 모든 사항은 민주적 중앙집권제에 의해 공산당이 통제 · 지배한다.

둘째, 하급지방행정기관이 상급기관의 지시 · 감독 하에서 움직이는 까닭에 독자적인 의사결정권이 없는 완전한 계층제적 중앙집권이 형성되고 있다.

셋째, 모든 공직선거에 있어서 공산당의 추천을 받은 단일후보자에게 표를 던진다.

넷째, 기관대립형이 아닌 형식적으로는 인민이 직선한 인민위원회를 정점으로 하여 권력통합주의를 채택하고 있다.

다섯째, 다수위원으로 구성되는 소비에트 또는 인민위원회는 명목상의 존재에 지나지 않고 인민위원회가 선임하는 집행위원회 또는 집행위원회 간부회(의장, 부의장, 서기 등 소수로 구성)의 지휘하에 각 부문별 행정위원회가 거의 모든 사항을 집행한다.

2. 미국의 지방자치

미국에 있어 지방자치단체는 주의 창조물(Creature of The State)이며, 따라서 주마다 지방자치의 유형이 다르다.

1) 미국 지방자치의 역사

(1) 식민지 시대

1607년 버지니아에 영국의 식민지가 최초로 형성되면서 미국의 역사는 시작되었다. 이후 17세기 초부터 18세기 초반까지 13개 주[1)]의 식민지가 형성되면서 식민지 시대가 시작되었고, 각각의 주는 종주국이었던 당시 영국의 지방자치제도를 모방하여 자치적 생활을 시작하였다. 이 당시, 이들 13개 주를 통틀어 24개의 시가 존재하였고, 이들 시는 인구나 규모에 의해 인정되기보다는 헌장 또는 특허장에 의해 자격이 부여되었다. 식민지 시대의 지방자치는 영국의 제도를 모방하는 형태가 일반적이었으며, 시의 자치는 자율성과 독립성을 띠지 못하였다.

1) 13개 주는 버지니아, 매사추세츠, 메릴랜드, 로드아일랜드, 코네티컷, 뉴햄프셔, 노스캐롤라이나, 사우스캐롤라이나, 뉴욕, 뉴저지, 펜실베이니아, 델라웨어, 조지아 등이다.

(2) 독립과 자치제도의 형성

당시 영국은 프랑스와의 전쟁이 끝나지 않았기 때문에 식민지의 반란을 미연에 방지하기 위한 신생식민지에 대해 강력한 통치권을 수행하지 못하고 형식적인 자치형태와 타운으로 한정된 실질적 자치를 부여하였다. 프랑스와의 전쟁이 종결되자 영국은 식민지에 대한 통제를 강화하기 시작하였다. 반면, 프랑스와의 전쟁을 겪으면서 식민지 미국은 영국에 대한 의존도가 낮아지고 외국과의 무역 및 자치정부 운영에 대한 자유에 익숙해져 식민지민들의 의식이 변화하기 시작했다. 그러한 의식의 변화를 바탕으로 영국인, 영국의 식민이라는 의식에서 미국인으로의 자각이 생겨나기 시작했고, 무역과 경제에 관한 영국의 통제에 반발하기 시작했다.

1773년 '보스턴 차사건'을 계기로 영국과 미국은 극도의 대립상황으로 치닫게 되어 결국 1775년 미국의 독립전쟁이 시작되었다. 1776년 7월 4일 제2차 대륙회의 중 독립선언문을 채택하고, 독립전쟁을 승리로 이끌고 1783년 파리조약으로 미국은 독립국가로 인정받게 되었다. 1776년 독립 이후 미국의 지방자치제도는 민주적으로 재편성되어 영국의 모방에서부터 탈피하여 독자적인 지방자치제도를 형성하기 시작했다. 삼권분립, 견제와 균형의 원칙 등이 지배적 원리로 채택되었고, 선거권과 피선거권이 확정되었다. 이 시기에 가장 대표적인 변화인 '잭슨 민주주의'의 탄생(1828년)은 잭슨 대통령의 강력한 정치개혁으로 시민적 평등과 기회의 균등이라는 원칙을 낳았다.

(3) 남북전쟁과 연방정부의 강화

남북전쟁의 주된 원인으로는 노예제를 포함한 경제적 이해관계를 꼽을 수 있겠지만 합중국이라는 정부형태와 주의 자치에 대한 해석적 견해 차이도 존재하였다. 북부인들은 미 합중국을 국민의 창조물로 보아 분열될 수 없는 대상으로 여겨 각 주는 연방법을 준수해야 하며 합중국에서 탈퇴할 수 없다고 생각하였다. 반대로 남부인들은 합중국 형태는 각 주 간의 협약일 뿐, 만약 각 주가 연방법에 동의하지 않을 경우에는 그 법을 준수하지 않거나 연방을 탈퇴할 수 있는 권리가 있다고 생각하였다. 연방에 대한 주의 도전이라고 할 수 있는 남북전쟁은 남부의 패배로 막을 내렸고 관대한 남부 재건안[2])은 묵살됐다. 이에 남부는 북부의 식민지 형태로 전락하게 되었다. 이후 주정부에 대한 연방정부의 권한강화가 본격적으로 등장하게 된 것은 세계대전 시기로 제1차 세계대전, 제2차 세계대전을 겪으

2) 링컨은 남부에 관대한 재건안을 마련하였으나, 그가 1865년 4월 14일, 남부군 지지자 부스에게 암살되어 공화당의 강경파가 남부에 대한 압박정책을 실시하게 되는 계기가 되었다.

면서 연방정부가 주정부를 이끌게 되었다.

(4) 신연방주의

제2차 세계대전을 겪으면서 급속도로 강화된 연방정부의 권한은 1960년대 이후 시련을 맞이하게 되었다. 연방정부에 의한 중앙집권적 현상은 행정의 효율성을 제고시킨 반면, '거대한 정부'의 폐해를 드러냈다. 특히 1970년대 오일쇼크를 동반한 심각한 인플레이션은 연방정부의 재정 면에 심각한 우려를 가져왔고, 연방정부의 위상이 변화할 필요가 있음을 인식하게 되었다. 연방정부의 정치형태를 탈피하기 위한 첫 시도는 닉슨에 의해 있었으나 워터게이트 사건으로 실패하였다. 그 후 레이건이 신보수주의 정책의 일환으로 내세운 신연방주의인 '레이거노믹스'라는 강력한 경제정책은 미국경제의 부흥을 가져왔고 신지방분권 정책으로 평가되고 있다.

2) 미국의 연방제도

(1) 연방제도

미국에는 애초부터 국가가 없었고 주(state)만 있었다. 주가 모여서 연방국가를 만들어 미국이 되었다. 미국의 지방자치를 제대로 알기 위해서는 연방제도를 이해해야 하고 이를 위해선 다른 정부형태에 대해 알아야 한다.

현재 정부형태로는 대체로 단일정부체제, 연합정부체제, 연방정부체제라는 세 가지가 있다. 단일정부체제는 강력한 중앙정부가 있어 지방자치단체를 통합하며, 궁극적으로 국가권력은 중앙정부에 귀속되어 있는 정부형태이다.

연합정부체제는 연합규약하의 미국 초기 정부형태인데 정부의 주축은 주정부이며 연합정부는 주정부가 부여하는 한정된 권한만 행사할 수 있는 형태이다. 연합정부는 법률 제정권이 없기 때문에 어떤 면에서는 오늘날의 국제연합(UN)과 비슷하다.

연방정부체제는 단일정부체제와 연합정부체제의 중간 형태로 국가권력은 헌법에 의해 중앙정부와 지방정부에 배분되어 있다. 미국의 경우 역사적으로 볼 때 13개 주가 합의하여 연방정부를 창설한 것인 만큼, 양 정부는 대등한 관계에 있으며, 각 정부는 그 구성원에 대하여 각각 권력을 행사한다. 어느 정부형태도 그렇겠지만 연방정부체제도 각기 장단점[3]

---

3) 연방정부체제의 장점: ① 정치권력이 각급 정부 간에 골고루 분산되어 있기 때문에 사회 · 정치적 갈등을 효율적으로 관리할 수 있다. ② 행정의 효율성을 증진시킨다. 즉 단일정부의 거대한 관료제에서 파생되는 폐해를 막을 수 있다. ③ 혁신을 촉진한다. 주정부와 지방정부는 주민의 다양한 욕구를 수용하는 새로운 정책을 끊임없이 수립 · 시행하면서 각종 시책의 '실험실' 역할을 하고 있다. ④ 주민의 정치 참여를 극대화한다. 주정부－지방정부로 이어지는 여러 단계의 정치행사에서 주민은 충분히 주권을 행

이 있다.

(2) 연방정부와 주(State) 간의 관계

연방정부는 국가로서의 고유권한을 갖고 있다. 다시 말해, 조폐, 외교, 주간 통상규제, 조세 부과 · 징수, 선전포고, 군대 양성 · 지원 등의 권한을 배타적으로 행사할 수 있다. 연방헌법이 금지하고 있는 권한은 주 간 거래에 관한 관세 부과, 권리장전 침해, 주 경계 변경 등이 있으며 연방헌법은 주정부에 대하여 주내 통상규제, 선거관리, 지방자치단체 설립, 헌법 수정 비준, 주 방위군 설치 등의 권한을 배타적으로 인정하고 있다. 연방헌법은 연방정부와 주정부에 대하여 동일한 권력을 부여하고 있기도 한데, 조세권과 법률 제정 및 집행 등의 권한을 예로 들 수 있으며 권력의 공유 외에도 정치적, 행정적 차원에서 연방정부와 주정부는 서로 밀접한 관계를 유지하고 있다.

(3) 주(State)와 지방정부의 관계

① 주(State)와 주(State) 간의 관계

주는 원칙적으로 대등한 관계에 있다. 연방헌법은 다음과 같은 조항을 두어 주(State) 간에 상호 협조할 것을 요구하고 있다.

첫째, 주는 신뢰와 존중의 원칙에 입각하여 타 주의 행정행위, 기록, 사법행정 등에 있어 협조해야 한다. 그리고 타 주에서 이루어진 사인 간의 계약도 인정하도록 하고 있다.

둘째, 주(State)는 자기 주 주민들에게 부여되는 특권과 특전을 다른 주 주민들에게도 동등하게 부여하여야 한다. 이것은 특정 주에서 재산을 취득하거나 계약을 맺은 것이 문제가 되면 다른 주에서 민사상 다툴 수 있다는 의미이다.

셋째, '범인 인도 협정'으로 모든 주는 범인을 관할권이 있는 주에 인도하여야 한다.

넷째, 주는 연방정부가 인준하는 경우 '주 간 협약'을 맺을 수 있다. 물론 공식적인 협조체계가 있음에도 주(State) 간의 관계는 항상 경쟁과 갈등이 많다. 그래서 누군가는 획일적인 잣대로 전국적인 통일 기준을 제정하면 안 되느냐고 반문할 수 있다. 그러나 연방주의란 이름 아래 미국 국민들은 주와 지방정부의 다양성과 자치를 지지하고 이로부터 파생되는 불편함은 기꺼이 감수하고 있다.

사할 기회를 가진다. ⑤ 중앙정부의 독단이나 정치적 이데올로기에 대항할 수 있는 제도적 장치를 갖고 있기 때문에 개인의 자유를 보호하는 데 유리하다. 연방정부체제의 단점: ① 갈등을 관리하기도 쉽지만 악화시킬 위험도 있다. ② 행정의 효율성 대신 많은 정부가 난립함에 따라 중복과 혼란이 야기될 수 있다. 혁신을 촉구하는 면도 있지만 국가정책과 그 우선순위를 저해할 수 있다. ③ 주민의 정치 참여 기회가 많이 주어지는 것은 사실이나 국가 이익보다 지방적 이익이 우선시되는 우를 범하기 쉽다.

② 주와 지방정부의 관계

주와 지방정부는 상 · 하 주종관계가 명확한 단일정부체제이다. 주정부는 산하 지방정부로 하여금 주의 정책목표를 충실히 이행하도록 강제할 수 있다. 지방정부는 주의 지시에 복종할 의무가 법적으로 규정되어 있다. 연방정부의 행정명령이 비용을 많이 소요하는 경우, 주는 이를 바로 지방정부로 떠넘기는 일도 있다. 행정명령의 남발로 지방정부에 과중한 부담을 지우지 못하도록 하는 법률을 제정하게끔 지역 단위에서 정치적 압력을 행사하는 경우도 많다. 그러면서도 지방정부는 행정적 · 경제적인 능력의 한계 때문에 주정부의 재정지원에 기대지 않을 수 없어 주의 행정명령을 따를 수밖에 없다. 그러나 현재는 분권화가 많이 진전되어 지방정부에 권한이 많이 위임되고 재정지원이 많이 늘어나는 형태로 변화하는 추세이다.

3) 미국 지방자치의 역할

미국의 지방정부는 그 형태나 기능 면에 있어서 역할이 매우 다양하나 일반적으로 그 역할을 크게 다섯 가지로 구분하고 있다.

(1) 민주정치의 단련장

미국이라는 국가는 너무 크고 광범위하기 때문에 국민들이 그들 지도자를 잘 알지도 못하고 정치에 참여할 기회도 좀처럼 없어 정치지도자들의 책임을 묻기 어려운 실정이다. 이에 반해 시, 카운티 등의 지방정부는 민주정치의 이상적 단위로서 주민들의 생활의 질에 직접 영향을 미치는 현안, 즉 교육, 치안, 보건, 직업훈련 등을 다루기 때문에 정책결정에 중요한 영향을 미치고 주민의 정치 참여가 자연스레 이루어진다. 즉 미국의 지방자치는 주민들의 정치참여 기회와 정부정책에 대한 영향력, 지도자들과의 접촉 · 친밀도를 높이는 역할을 한다.

(2) 대규모 지출 및 고용자

주와 지방정부는 1조 달러 이상을 지출하고, 지방정부에 근무하는 공무원은 1,100만 명 이상으로 주정부 공무원보다 3배 빠른 증가를 보이고 있다. 또한 미국의 지방정부는 지역경제의 주역으로 기능하고 있으며 국가경제에 미치는 영향력도 중요하여 민간기업으로부터 구매하는 물품이나 서비스의 종류, 공무원의 봉급 수준, 조세부담률 등이 민간기업이나 개인 및 지역경제에 직접적인 영향을 미치고 있다.

(3) 연방제도하의 주요 행위자

공공 분야의 전 분야에 있어 정책제안과 이에 따른 책임은 균형 있게 갖는 것이 지방정부에 요구되고 있으며 연방정부와 주 및 지방정부는 동반자로서 계획 수립 단계부터 집행까지 공동보조를 취하고 있다. 지방정부 기능인 교육이 대표적 예로, 주와 지방정부는 연방정부와 때로는 독자적으로 때로는 협조적으로 연방제도하에서 핵심적인 역할을 하고 있다.

(4) 민주주의 실험실

경제 대공황기에 몇 개 주가 사회 · 경제 정책을 용기 있게 도입, 추진함으로써 국가의 다른 부문에 위험을 초래하지 않고, 또 시행착오도 줄이는 실험실로 기능한 바 있다. 이것은 연방제도가 갖는 장점 중의 하나로서 연방정부가 시행하기 전 몇 개 주가 도입했던 실업보상, 고령보험, 은행예금보험 등이 그러한 주장의 근거가 되고 있다. 오늘날에도 지방정부는 여전히 여러 부문에서 민주주의의 실험실로 기능하고 있다.

(5) 일일 행정 서비스 제공자

일반 시민들이 접하는 지방정부의 행정 서비스는 아침에 등교하는 통학버스에서부터 저녁 때 쓰레기 치우는 것까지 계속되며 심지어 자고 있는 동안에도 시민들은 경찰, 소방관, 응급의료팀의 행정 서비스를 받고 있다. 지방정부의 결정은 주민의 삶의 질에 바로 영향을 미치고 있다.

4) 미국의 지방정부

(1) 지방정부의 종류

미국의 지방정부는 우리나라의 기초지방자치단체에 해당한다. 지방정부의 종류는 카운티, 시, 타운 및 타운십, 학교구, 특별구 등이 있다. 지방자치단체는 일반자치단체와 준자치단체로 분류된다. 일반자치단체로서는 시(city), 읍(Incorporated Town), 면(Village)이 있으며 주로부터 헌장(Charter)을 부여받고 있는 완전 법인체이다. 준자치단체는 카운티(Country), 읍(Township, Town), 특별구(Special District) 등으로, 특별구는 특히 한정적 자치단체이기도 하다.

준자치단체는 주정부의 기능을 보완적으로 집행하며 주에 의하여 설립된 것으로 주민의 요청에 따라 설립되고 법인격을 갖는 자치단체와는 구분된다. 그러나 준자치단체는 점차 주민을 위한 자치기능을 확충해 감에 따라 자치단체로서의 성격을 강하게 가지게 되었다.

지방자치단체의 설치는 주에 따라 다르나 단체의 종류, 권한, 처리사무, 설치절차 등은 주 헌법에 보통 규정되어 있다. 일반자치단체인 시읍면의 설치에는 인구 요건을 두는 주도 있으나 모두가 헌장 부여방식에 의거하여 설립된다. 헌장 부여방식에는 개별적 헌장, 일반적 헌장, 계층적 헌장, 선택적 헌장, 자치적 헌장 방식이 있다.

자치적 헌장(Home Rule Charter)은 사무, 권한, 기구 등에 관하여 주 헌법 또는 주법에 일정한 제한을 두고 기타의 사항에 관해서는 모두 관계주민의 자주적 결정에 맡기는 방식이다. 주법에 의해 금지되거나 제한되어 있지 않는 한 여하한 사무도 자치단체(시읍면)의 재량에 의하여 그 권한으로 할 수 있기 때문에 자치권이 확대되는 이 방식을 채택하는 경향이 늘고 있다.

지방자치단체의 사무는 주에 따라 다르나 교육, 도서관, 사회복지, 의료, 소방, 병원, 보건관계, 도로관리, 주차장 등이 주 업무가 되고 있다. 도(County)는 주행정의 보조적 성격의 기능으로 전통적인 사무로서 주로 교육, 경찰, 소방, 도로 등 업무를 담당하고 있으며 시·읍·면은 도시적 지역에 설치됨으로써 수도, 가스, 전기사무 등과 그 지역의 도 업무의 대부분을 이관 받아 처리하고 있다. 특별구는 주로 교육업무를 목적으로 설치되며, 그 밖에 병원, 보건, 주택, 도시재개발 업무를 위해 설치되기도 한다.

근래 50년간 가장 큰 변화는 학교구 수가 급감한 것과 특별구의 수가 급증한 것이다. 미국의 지방정부는 당초 원대한 기본 계획 하에 설립된 것이 아니라 그때 그때 시민의 요구나 이익집단의 압력, 주정부의 승인 하에 설립되었던 것이기 때문에 지방정부의 구성이나 정부형태가 각양각색이고 준거가 될 만한 원칙이 없다. 따라서 지방정부의 수는 주에 따라 많은 차이가 나며 재량권과 독자성 역시 주나 지방정부의 종류에 따라 서로 다른 모습을 보이고 있다. 시는 일반적으로 카운티나 기타 지방정부보다 자율성의 범위가 크고 정부조직 및 구성권에 있어 보다 많은 재량권이 부여되고 있다.

〈표 2-1〉 미국 지방정부의 종류 및 수(2002년)

종 류	2002	1992	1982	1972	1962	1952
계	87,849	84,995	81,780	78,218	91,186	116,756
카운티	3,034	3,043	3,041	3,044	3,043	3,502
시	19,431	19,279	19,076	18,517	18,000	16,807
타운 및 타운십	16,506	16,656	16,734	16,981	17,142	17,202
학교구	13,522	14,422	14,851	15,781	34,678	67,355
특별구	35,356	31,555	28,078	23,885	18,323	12,340

① 카운티(County)

카운티는 주정부의 업무를 일선 지방단위에서 집행하여야 할 필요성에 따라 설립되었다. 독자적으로 행정관청을 이루는 경우도 있지만 대부분 시, 타운, 타운십, 학교구 등을 묶은 하나의 행정청으로서의 지방자치단체이며 가장 큰 지역을 관할하는 자치단체이다. 카운티와 시, 타운, 타운십은 경계가 완전히 떨어져 있는 것이 아니라 카운티가 몇 개의 시, 타운을 포괄하고 있으며, 카운티 정부가 끊임없이 노력하고 발전하지 않으면 폐지될 수도 있다. 미국의 전 국토는 3,043개의 카운티로 나누어져 있는데 카운티의 크기와 수는 주에 따라 엄청난 차이[4]를 보이고 있다. 카운티의 기본적인 역할은 재산세 평가 및 징수, 법 집행, 선거관리, 각종 기록관리 등이고 최근에는 주민 건강관리, 환경오염 방지, 대중교통, 산업발전, 사회보장, 소비자보호 등으로 그 역할이 증대되고 있다. 이에 따라 주정부는 카운티에 대하여 자치권을 확대시켜 주고 있다. 그럼에도 불구하고 모든 지방정부는 주정부에 대하여 불만을 갖고 있는데, 그 이유는 재정보조 없이 기능만 확대하고 있기 때문이다.

② 시(Municipality)

역사적으로 시는 가장 전형적이고 오래된 지방정부형태로서 설립경위나 역할이 카운티와는 많이 다르다. 시는 주민이 사실상 거주하고 있는 데 대해 법적으로 그 법인격을 인정받았으며 시 정부의 자치권은 크게 확대되어 왔다. 시는 카운티보다 더 넓은 범위의 행정서비스를 시민들에게 제공하고 치안, 토목건설, 공원, 쓰레기 수거, 교통 신호등 관리, 시립묘지, 시영주택, 시립항만 등의 업무를 담당하고 있다.

③ 타운 및 타운십(Town & Township)

영국 식민지시대에 타운은 마을과 이들 주위의 농장을 포괄하고 있었다. 모든 주민이 직접 참여한 가운데 관리를 선출하고, 조례를 제정하며, 예산을 통과시키는 지방정부형태로서 오랜 전통을 갖고 있다. 타운 및 타운십은 근래에 오면서 시민의 직접 참여를 유도하기가 어려워짐에 따라 자치권의 상당 부분을 카운티나 시에 맡기고 있지만, 어떤 타운십은 대규모 시와 마찬가지의 완전한 자치체로서 모든 행정업무를 담당하는 경우도 있다. 카운티가 설립되고 시자치제가 구성되면서 타운의 역할은 감소되었다. 타운과 유사한 형태로 타운십이 있다. 몇몇 타운십은 지금도 연례 타운미팅을 소집하고 별도의 주민대표를 선출하고 있다. 농촌 타운십은 많은 기능을 카운티로 이관하고 도시지역의 타운십은 카운티 의

---

4) 하와이 주와 델라웨어 주에는 3개의 카운티밖에 없으나, 텍사스 주에는 245개의 카운티가 있다. 인구 300만 명이 넘는 카운티가 있는가 하면(로스앤젤레스, 쿡, 해리스), 1만 명 미만의 카운티도 700여 개나 된다.

회에 대표를 보내는 단위로밖에 남아 있지 않은 곳이 많다.

④ 특별구(Special District)

특별구는 일반적인 지방정부가 할 수 없거나, 하려고 하지 않거나, 하지 않는 업무를 담당하기 위하여 설립된다. 일부 특별구는 조세 부과·징수권을 가지며, 그 외에는 사용자 수수료, 보조금, 수익채권 등으로 세입을 충당한다. 조세 징수권을 가진 특별구는 주민 직선의 집행위원회를, 그렇지 못한 특별구는 임명된 위원회에서 관리를 맡는다. 특별구의 수는 계속 늘어나고 있으나 모두 같은 형태는 아니다. 특별구는 설립목적에 따라 다양한 업무를 수행하며 천연자원 관리, 소방, 주택 및 지역개발, 지하철, 공항, 도서관 등이 가장 보편적인 업무이다. 특별구가 설립되는 주된 이유는 일반 지방정부가 갖고 있는 기술적·재정적 한계와 정치적 요인 때문이다. 특별구의 예산 및 공무원의 수는 단체별로 많은 차이를 보이며 특별구는 책임성이 약하기 때문에 많은 비판이 있다.

⑤ 학교구(School District)

학교구는 교육이라는 단일 목적을 가진 지방정부로서, 광의의 특별구의 일종이다. 학교구의 최고 의사결정기구는 '학교위원회'이며 보통 5~7명의 위원으로 구성되고 비선거구방식에 비정당 선거로 주민이 직접 선출한다. 학교구의 행정집행은 교육장이 총괄한다. 1980년대에 들어서면서 학교구는 학교선택권 부여, 교육재정과 관련하여 교육의 형평성 문제가 논쟁이 되어 감소추세에 있다. 현재는 '평등화 공식'을 도입하고 가난한 학교구에 보다 많은 재정지원을 하여 교육 기회의 평등을 도모하고 있다.

이외에 미국의 자치단체는 서로의 원활한 업무 협의, 정보교류, 능력개발을 위한 협력 등을 위해 연합기구를 다양하게 결성, 운영하고 있다. 주요 단체를 보면 다음과 같다.

첫째, NLC(National League of Cities): 미국의 많은 도시 단체들이 가입, 활동하고 있는 미국 도시연맹.

둘째, NACo(National Association of Counties): 대부분의 카운티들이 가입하고 있는 미국 카운티 연합.

셋째, NATaT(National Association of Town and Townships): 소규모 자치단체들이 주로 가입하고 있는 미국 시읍연합.

넷째, USCM(Unites States Conference of Mayors): 인구 3만 이상 시장들이 가입하고 있는 미국 시장연합회.

한편, 미국의 주 단위 연합체로 미국 주정부협의회(CSG: The Council of State

Government)와 전미주의회회의(NCSL: The National Conference of State Legislature) 등이 있다.

(2) 지방정부의 형태

① 카운티 정부형태

카운티 정부형태의 전형은 〈그림 2-1〉과 같다. 주민 직선으로 구성되는 의회 또는 감독위원회가 의회기능을 하며, 최고 정책결정권을 행사한다. 그리고 조례제정권과 예산 승인권, 주민이 직선하는 보안관, 재무관, 검시관, 검찰관 등을 제외한 국 단위, 즉 건설토목국, 교통국 등의 국장 임명권을 갖는다. 이러한 카운티의 정부형태는 미국 카운티의 3분의 2가 채택하고 있는 형태이다. 의회기능을 맡는 감독위원회는 통상 3~5명의 위원으로 구성되며, 회기는 한 달에 두 번 정도 정기적으로 소집된다. 집행부는 주민이 직선하는 관리들이 각기 자기 분야의 행정책임을 담당하는 외에 일반적인 집행기능은 감독위원회가 임명하는 국장들이 담당하고 있는데 이러한 집행부의 이원적 정부형태는 많은 비판을 받아 두 가지 형태의 개선안[5])이 도출되고 있다.

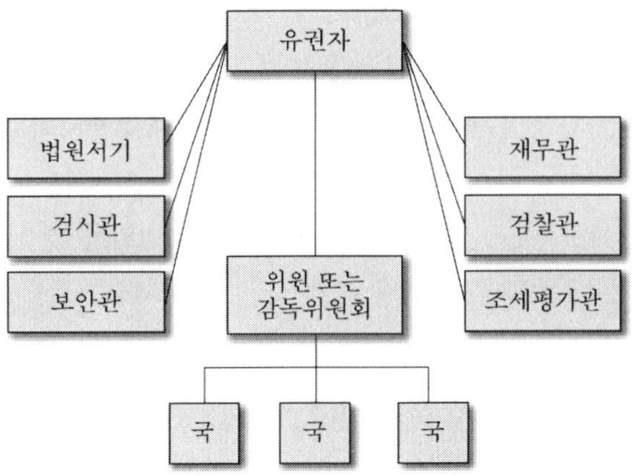

〈그림 2-1〉 카운티 정부형태

② 시 정부형태

시의 정부형태는 크게 시장-의회 모델, 의회-지배인 모델, 위원회 모델 세 가지로 나누

5) 두 가지 개선안: ① 카운티의회-직선 집행관 모델: 주민이 의회의원 외에 집행관을 직선하는 것으로 시정부의 시장-의회 모델처럼 의회와 집행부 간에 권력분립이 이루어지고 있다. 집행관은 집행기능을 총괄하고 국장 임명권을 가진다. ② 의회-행정관 모델: 의회 또는 위원회가 시 지배인처럼 전문적인 행정관을 임명하고 집행부의 행정책임을 맡기는 유형이다. 이 형태는 행정집행을 보다 능률적이고 전문적이며 효과적으로 이끌 수 있다는 장점이 있다.

어진다. 미국 전체로 볼 때 각 모델별 분포는 시장-의회 모델이 54%, 의회-지배인 모델이 40%, 위원회 모델이 2% 정도 되며, 나머지는 타운 등의 형태를 취하고 있다.

첫째, 시장-의회 모델(Mayor-Council Model)은 시 정부형태 중 가장 보편적인 유형으로서 직선된 시장과 의회가 각각 집행부와 입법부의 기능을 수행하고 있다. 이 정부형태는 시장이 집행권을 행사할 수 있는 파워를 기준으로 '약시장-의회 모델'과 '강시장-의회 모델'로 나누어진다. '약시장 체제(Weak-Mayor System)'는 시장이 집행권의 전부를 행사하지 못하고 여타 선거직 공무원과 나누어 갖고 있으며 의회에 대해서도 영향력이 그다지 크지 못하다. 1870년대 이전까지만 해도 미국 시는 시장 1인에게 모든 권력을 집중시키는 데 두려움을 가지고 있었기 때문에 약시장 체제의 정부형태를 취하고 있었다. 의회는 입법부와 행정부를 겸하였고 의원들은 행정관리를 임명하였으며 정책을 입안하고 각종 위원회의 예산을 편성, 의결하였다. 시장은 공직임명권도 해임권도 조례거부권도 없어 힘을 쓸 수가 없었다. 한마디로 이 유형은 시장의 부당한 압력으로부터 행정권을 지키기 위한 것이었다. 반면, '강시장 체제(Strong-Mayor System)'하에서는 주민이 직선한 시장이 집행권과 예산권을 행사한다. 강시장은 의회와는 별도로 산하 집행 부서를 통할하고 있으며 주민 직선으로 선출되어 임기 4년에 연임을 할 수 있다. 이 제도하에서 시민들은 시장에게 많은 것을 기대하고, 그에 따라 시장이 잘못할 경우 비난의 표적이 되기도 쉽다는 것이 특징이다. 이러한 문제점을 해소하고 일상적인 행정집행을 총괄하기 위하여 최고행정관을 두기도 하는데 이때 최고행정관은 시장이 임명하며 시 재정을 비롯한 광범위한 관리 책임을 맡게 된다.

둘째, 의회-지배인 모델(Council-Manager Model)은 20세기 초 지방정부 개혁운동[6]의 일환으로 도입되었다. 유권자는 의원들만 선거하고 시 지배인은 행정전문가로서 의회가 임명하며 시 행정 전반에 관해 집행권을 행사한다. 의원은 전체 선거구에서 비정당 선거로 선출되며, 직업공무원제도는 잘 확립되어 있다.

셋째, 위원회 모델(Commission Model)로 위원회 정부는 대선거구방식으로 선출되는 3~9명의 위원으로 구성되며 위원들은 입법권과 행정권을 동시에 행사한다. 즉 시정부의 부서 책임자가 되면서 시 조례나 예산안을 통과시키는 것이다. 이러한 위원회 정부형태는 급감하고 있는 추세[7]이다.

---

6) 개혁운동가들은 당시 시정부의 부정부패를 일소하기 위해 시 행정을 정당정치로부터 분리시켰다. 정치적으로 선출되는 시장 대신 의회가 행정전문가를 임명하였다.

7) 위원회 정부형태가 급감하고 있는 이유: 첫째, 권력분립이 이루어져 있지 않고, 재정 지출과 행정집행에 대한 통제기관이 없다. 둘째, 아주 유능한 인재를 위원으로 끌어들이기가 어렵기 때문에 지방행정이 아마추어의 손에서 다루어지게 되었다. 셋째, 최고 행정책임자가 없기 때문에 책임소재가 불분명하다. 넷째, 소규모 위원회 체제는 토론과 논쟁, 비판보다는 화합 분위기에 안주하기 쉽다. 다섯째, 위원들 간

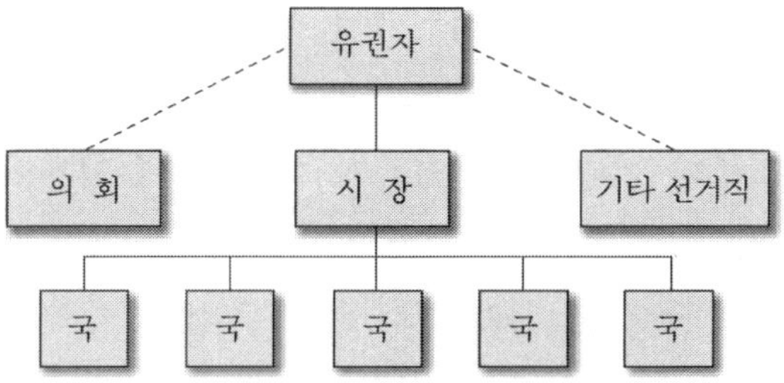

〈그림 2-2〉 약시장-의회 정부형태

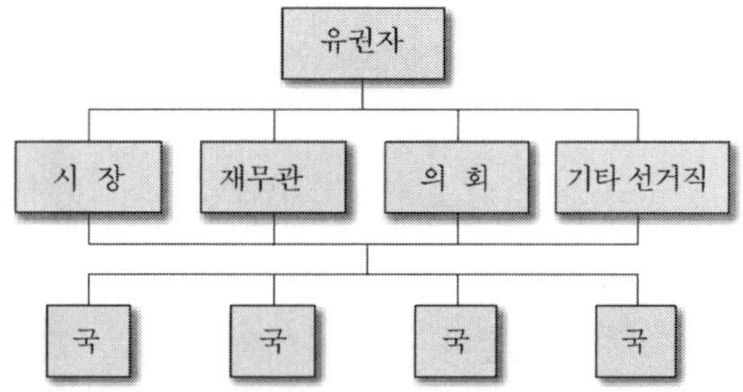

〈그림 2-3〉 강시장-의회 정부형태

이와 같은 자치단체 조직이 일반적 유형이나 단체에 따라 상이한 점이 있으며, 특히 카운티에는 행정사무를 독자적으로 분담하는 공선된 직위가 많다. 즉 검찰총장(County Attorney), 보안관(Sheriff), 서기관(County Clerk), 재무관(County Treasurer) 등이 선출되고 있다.

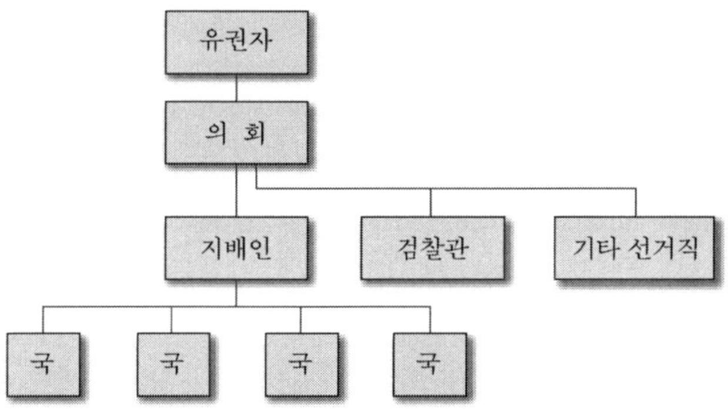

〈그림 2-4〉 의회-지배인 모델

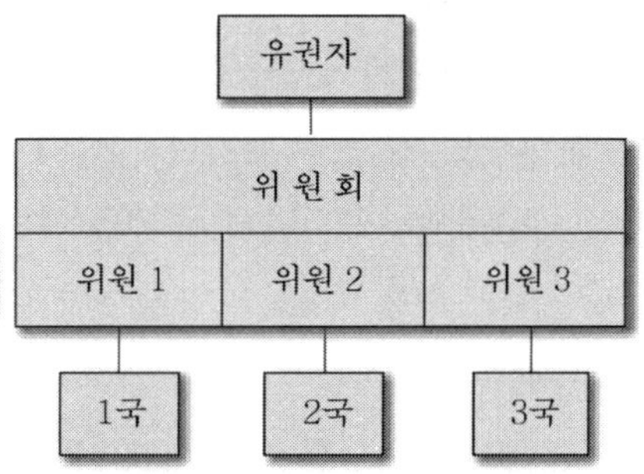

〈그림 2-5〉 위원회 모델

(3) 지방공무원제도

① 직업공무원제도

미국정부 초기의 공무원들은 부유하고 훌륭한 교육을 받은 상류층 인사들이 맡았다. 잭슨 대통령 시절(1829~1837) 정부 공직을 백인 남성들에게 개방했던 '정실주의'[8]가 도입되었고 이것은 주와 지방정부의 공직임용에 있어 원칙이 되었다. 이 제도는 일반 시민에 대한 봉사나 정직성, 성실성과는 거리가 멀었으며, '엽관주의'[9]라고 불리는 공무원 채용 방식

에 타 위원 소관업무에 대해서는 서로 눈감아 주고 불간섭함으로써 업무의 조정 · 통제가 어렵기 때문이다.

8) 정실주의: 공직이 요구하는 소양보다는 정치성, 개인의 친소관계, 혈연, 정치자금 기부 등의 정도에 따라 공무원을 채용하는 것을 말한다.

은 선거운동에 대한 보답으로 공직을 수여했다. 이러한 이유들로 인해 공공 서비스의 질이 형편없게 되었다. 1883년 펜들턴법의 제정으로 '실적제도'가 도입되면서 공무원 임용을 객관적이고 실적 위주로 하기 위한 독립적이고 양당적인 '공무원 인사위원회'가 정부 내에 설치되었다. 실적제도의 도입으로 객관적이고 검증된 가장 능력 있는 자가 공직에 임용되었고 승진과 장기간 근무에 있어서도 실적 위주로 하게 되었다. 실적위주의 승진과 장기간 근무가 이루어졌다. 오늘날에도 주 및 지방정부는 인사제도 개혁을 위해 끊임없이 노력하고 있다.

② 지방공무원의 권리와 의무

공무원의 정치활동 제한[10)]은 주 법률에 규정되어 있다. 이러한 제한 조치는 공무원을 벌하기 위해서가 아니라 정치적 압력으로부터 그들을 보호하고 정치적 중립성을 지켜 주기 위해서이다. 공무원의 임용, 승진, 기타 인사제도 운용 시 기회균등[11)]은 연방 법률에 의해 보장되고 있는 것으로서 주나 지방정부는 물론 민간 기업까지 적용되고 있다.

③ 지방공무원의 수와 보수

주와 지방정부에 근무하고 있는 공무원 수는 2000년에 1,798만 명으로 조사되었으며 꾸준히 증가하고 있는 추세이다. 공무원 고용에 따른 인건비 지출은 공무원 수보다 더 빠른 속도로 증가하여 2000년에 주 및 지방정부의 공무원 인건비는 총 467억 달러로 집계되었다. 공무원의 수는 주나 지방정부별로 많은 차이를 보이는데, 인구수가 많거나 주민 1인당 소득수준이 높을수록 그렇지 않은 정부보다 많다. 평균적으로는 대략 미국의 직장인 6명 중 1명은 공무원인 셈이다. 2000년 자료에서 주정부와 지방정부의 공무원 평균 월 보수액을 비교하면 주정부 공무원이 3,374달러, 지방정부 공무원이 3,169달러로 격차가 있는 편이다. 2012년 10급에 해당되는 연방공무원은 약 5,000달러가 조금 넘는다. 그 밖에 공무원의 보수는 지역의 인구규모와 지리적 위치에 따라서도 달라지며 보수 이외에 연금, 유급휴가, 병가, 의료보험 등 부가급부도 중요한 의미를 갖는다.

9) 엽관주의: 주지사의 소속 당이 바뀔 때마다 거의 모든 공무원이 교체되는 것으로 잭슨 대통령과 그의 추종자들은 "한 사람이 공직에 오래 근무하게 되면 부패하거나 국민들과 멀어진다"는 말로 이 관행을 합리화하였다.

10) 제한하고 있는 공무원의 정치활동: 선거직에의 출마, 특정 후보나 정당을 지지하는 선거운동, 정치적 페레이드에의 참가, 정당 및 특정 후보를 위한 정치자금 모금활동의 전개 등이다. 때로는 정당이 개입되어 있지 않은 선거운동이나 활동에의 참여도 금지되고 있다.

11) 여기서 말하는 기회균등은 인종, 성별, 종교 등에 의한 인사상의 차별을 금지하는 것을 말한다.

④ 지방의회

첫째, 의회 역할 및 구조를 살펴보면 오늘날 지방의회의 모습은 정부형태와 자치제의 크기에 따라 많이 다르다. 작은 의회(5~9명)는 의회-지배인 체제에서 보편화되어 있고, 의원의 수가 많은 대도시 의회는 시장-의회 체제를 채택하여 연방의회나 주 의회처럼 주민대표 기능과 집행부 견제 기능을 충실히 수행하고 있다. 오늘날의 시의회는 모두 단원제이며 시 전체를 선거구로 하는 대선거구제로 이행하는 추세이고 정당관여도 배제되었다.

둘째, 지방의원들은 대부분 파트타임으로 근무하며 본업은 따로 갖고 있다. 파트타임의 의원들이 갖는 특징은 정보와 정책개발을 집행부 관리들에게 주로 의존한다는 것이다. 의원보수는 파트타임인 만큼 미미하지만 큰 도시의 경우 의원들은 풀타임으로 일할 것이 요구되며 보수가 높다. 의원으로서의 자격은 미국시민으로서 투표권이 있고 선거일 전 1년 또는 2년 이상 해당 시의 주민이면 된다. 의원의 임기제한은 두고 있지 않지만 최근 임기제한 움직임이 나타나고 있으며 의원 구성의 다수 계층은 백인 남성이다. 근래에 들어오면서 흑인과 히스패닉계가 의원으로 많이 진출하고 있다.

셋째, 의회 운영을 살펴보면 정기회기는 주 법률이나 의회 회의규칙에서 정해진다. 대체로 대도시의 경우 주 1회 이상 소집되며 중소도시는 월 1회로 소집된다. 정기회기 이외에 연구회기, 특별한 경우 소집되는 특별회기와 위원회회기가 있다. 위원회회기는 정기회기 전에 소집되는 것으로 비공개로 진행된다. 시의회는 주 의회나 연방회의와는 달리 공청회를 마친 다음 바로 의사결정을 하는 경우가 많으며 공청회가 의원들의 표결에 미치는 영향은 집행부의 의견이나 각종 연구보고서보다 큰 경우가 많다. 의회의 기능은 도시규모에 따라 각기 다른 모습을 보이고 있다. 대도시 의원들은 작은 시나 타운 의원들보다 도시계획이나 집행부가 제안한 안건을 검토하는 데 많은 시간을 보낸다. 반면에 소도시 의원들은 집행부의 행정집행 상황을 감독하고 지역주민들의 요구에 응답하며, 직원채용, 해고 등에 더 많은 관심을 가진다. 지방의원들의 전문성이 낮을수록 시장을 비롯한 집행부가 정책결정을 주도하기가 용이해지며 시의원들은 통상 시의 정책결정 때에 부동산업자, 상인 등의 지방적 이익을 위해 활동하고 있다. 시의회의 정책결정 참여 정도는 시 정부형태에 의해 크게 좌우되며 대부분의 시의회는 수동적이고 정책제안을 하기보다 반대하는 것이 보편적이다.

5) 미국의 지방재정

미국은 연방제 국가로 사무 처리에 소요되는 세원이 각기 정하여지고 있으며 자치제도와 지방세원도 주에 따라 다르다. 지방재정 규모는 전체재정 규모 중 65%를 차지하고 있으며(주 재정을 포함), 국가재정보다 규모가 더 크다. 지방세입의 구성은 지방세를 포함하여 자주재원의 비중이 더 크다. 세출에 있어서는 교육, 공공질서, 보건 및 사회복지, 운송통신 등에 주로 지출되고 있다.

지방세로는 재산세가 주 세원이며 그 밖에 판매세, 소득세(개인) 등이 있다. 주는 판매세와 소득세를 주로 하고 일부 재산세도 부과한다. 재산세(Property Tax)는 과세대상이 주나 자치단체에 따라 다르나 토지, 건물 등 부동산이 중심이 되고 있고 일부 주에서는 유체동산과 무체동산도 일부 포함하고 있다. 그러나 평가액으로 보면 80~90%가 부동산이 되고 있다.

2013년 미국 정부는 심각한 재정난에 허덕이고 있다. 많은 지방정부가 심각한 재정적자로 인해 약 60만 명의 공무원을 대폭 줄이고 예산을 삭감하고 있는 실정이다.

(1) 지방재정의 특징

① 정부지출의 팽창

21세기에 들어서 미국 각급 정부의 재정지출은 급격히 팽창되어 왔다. 이처럼 정부지출이 계속 증가하고 있는 원인은 인플레이션, 인구 증가, 국민소득 증가 및 유권자들의 행정욕구 변화, 선거직 정치지도자들의 행태 등에서 찾아볼 수 있다.

② 상호 의존성

미국정부의 재정규모는 세계 최강의 부국답게 엄청난 규모를 자랑한다. 2001 회계연도의 세입예산 규모를 보면, 연방정부가 1조 8,350억 달러이고, 주정부와 지방정부는 1조 8,909억 달러이다. 대부분은 조세, 사용자 수수료 등 자체세입으로 이루어져 있다. 미국은 연방정부이기 때문에 각 주는 연방헌법이 연방정부의 권한으로 규정한 것 이외에는 당연히 권한 행사를 할 수 있는 독립된 정부형태이다. 그러나 재정적 측면에서는 연방-주-지방정부 간에 대단히 긴밀한 관계를 유지하고 있다. 지방정부는 지방재정제도와 운용에 있어 연방정부보다는 주정부에 크게 의존하고 있다. 지방정부의 조세 및 사용자 수수료 징수, 채무부담 등에 관한 권한의 범위는 주정부만이 정할 수 있기 때문이다. 참고로 2013년 미국의 연방정부 예산은 약 3조 8천억 달러이다.

③ 다양성

연방정부, 주정부, 지방정부는 각자 하나 이상의 주된 세입원을 갖고 있다. 연방정부의 개인소득세와 사회보장세, 주정부의 개인소득세와 판매세, 지방정부의 재산세가 그것이다.

(2) 지방세입 징수의 개관

주와 지방정부의 주요 세입원은 정부 간 수입(연방 및 주정부의 보조금), 조세, 사용자 수수료 등 세외수입, 공공시설수입, 보험신탁수입 등이 있다. 보조금은 연방정부로부터 지원되는 것으로서 대부분은 주정부로 지원되지만 지방정부로 직접 지원되는 경우도 극히 일부 있다. 지방세 수입은 일반판매세, 개인소득세, 선별적 판매세와 소비세, 법인세, 재산세 등이 있다.

3. 유럽의 지방자치

1) 유럽에 대한 이해

유럽은 유라시아 대륙 북서쪽에 돌출한 여러 개의 반도와 섬으로 구성된 주로서 오세아니아주보다 약간 크고 세계에서 두 번째로 작은 주이다. 지형적으로는 유라시아 대륙의 커다란 반도에 불과하나, 정치적 · 인종적 · 언어적 개념으로는 아시아 대륙과는 다른 하나의 뚜렷한 특성을 갖는 지역이다. 유럽을 지리적 위치 · 정치 · 인종 · 문화적 지표에 의해 다시 나누면 서부유럽, 북부유럽, 중부유럽, 남부유럽, 동부유럽 등으로 구분할 수 있으나 이러한 구분은 편의적인 것이지 엄밀한 구분 방법은 아니다. 유럽연합국가 25개국은 프랑스, 스페인, 독일, 핀란드, 폴란드, 이탈리아, 영국, 그리스, 헝가리, 포르투갈, 오스트리아, 체코, 아일랜드, 리투아니아, 라트비아, 슬로바키아, 에스토니아, 덴마크, 네덜란드, 벨기에, 슬로베니아, 키프로스, 룩셈부르크, 몰타 등이며 현재의 국제관계에서 유럽 여러 나라들의 정치적 · 경제적 비중은 제2차 세계대전 전에 비해 떨어졌으나, 문화적으로는 아직 다른 어느 대륙보다 앞섰다고 할 수 있다.

2) 유럽지방자치헌장

(1) 서문과 제1조

서문: 유럽회의의 목적이 구성국가들 사이의 긴밀한 결합을 통하여 공동의 유산을 형성하고 지키기 위한 기본원칙을 세우는 데 있음을 밝히고 있다.

제1조: 계약당사국들이 계약 조항의 선택을 결정함에 있어서 일정한 구속을 받음을 규정하고 있다. 이는 헌장이 국제조약으로서 계약당사자들을 구속하는 국제법상의 기본원칙임을 선언함과 동시에 헌장조항의 의무를 융통성 있게 수용할 수 있는 가능성을 동시에

열어 주는 의미를 가진다.

(2) 지방자치에 대한 국내법적인 규정에 대한 요구

① 지방자치원칙의 제도화

헌장 제2조에 따라 계약의 당사국들은 지방자치의 원칙을 국내법으로 인정하고 가능하면 헌법으로 보장해야 한다. 지방자치를 국가의 최고규범인 헌법으로 보장하는 것은 지방정부와 그의 활동을 국가 활동, 특히 입법부에 대하여 법적으로 보장하는 의미를 가진다.

② 지방자치의 개념

헌장 제3조 제1항에서는 지방자치의 개념을 정의하는데 이는 지방자치는 주민의 복리를 위한 공공사무의 본질적인 부분을 법률의 범위 안에서 공공사무를 자기 책임하에서 규율하고 형성할 수 있는 지방자치단체의 권리와 사실상의 능력을 의미한다. 제2항에서는 권한행사기구에 대하여 규정하였는데 이는 자유, 비밀, 평등, 직접선거에 의해서 선출된 의원으로 구성된 의회나 회의에 의하여 행사되어야 한다. 또한 이들 대표기관은 그에게 책임을 지는 집행기관을 가질 수 있다고 명시되어 있다. 이러한 조항은 유럽회의의 민주주의 원칙에 대한 구속을 명시한 것으로 볼 수 있다.

③ 지방자치단체의 권한

헌장 제4조 제1항은 계약당사국이 지방자치단체의 기본적인 권한을 헌법이나 법률에 규정할 의무를 부과하고 있다. 이 조항은 지방자치의 내용적인 보장을 의미하는 것은 아니지만 보장의 법적인 형식을 규정한 것이라 볼 수 있다.

(3) 구체적인 보장

① 기능의 보장

헌장 제4조 제2항은 지방자치단체의 사무에 대한 일반적인 규정을 하고 있다. 이에 의하면 지방자치단체는 관할이 배제되어 있거나 다른 기관에 배정되어 있지 않는 한 법률의 범위 안에서 모든 사무를 수행할 권한을 가진다. 제3항에서는 "공공사무는 일반적으로 주민에 가장 가까운 행정청에 의해서 우선적으로 수행된다"라고 했는데 여기서 행정청은 지방자치단체를 의미하며 이는 명시적이진 않지만 국제법적 수준에서 보충성의 원칙을 최초로 언급한 것이 된다.[12)]

---

12) 보충성의 원칙이 명백하게 등장하는 것은 1992년 마스트리히트조약 제5조 제2항이다.

② 조직의 보장

조직권은 헌장 제6조 제1항에 명시적으로 규율되어 있다. 이에 따르면 지역적 필요에 적응하고 사무의 효율적인 추진을 위하여 지방자치단체는 행정 내부 구조를 스스로 결정할 수 있어야 한다는 것이다. 헌장 제10조 제1항에 의하면 자치단체가 그 권한을 행사함에 있어서 공동의 이익을 실현하기 위해 협력할 수 있고, 법률의 범위 안에서 조합을 만들 수 있다. 여기서 보장된 권한은 지방자치단체의 관할상의 변화를 가져오지 않는 지방자치단체의 특수한 조직권에 관한 것이다.

(4) 헌장준수에 대한 국제적인 통제

헌장에 의한 통제는 실효성을 높이는 데는 기여하지만 내정간섭으로 비춰질 수 있고 이 때문에 가입이 꺼려질 수도 있다. 유럽회의는 1994년부터 헌장당사국에 의한 헌장의 실현을 감시하는 절차를 도입하여 실시하고 있다. 여기서 두 가지 통제시스템이 만들어졌는데 직권통제와 지방자치단체의 이의제기가 그에 속한다.

① 직권통제

위원회는 계약당사국에 의한 유럽지방자치헌장의 실천을 직권으로 검사하는 지속적인 과제를 부여받았다. 이를 위해 전문가그룹이 조사하기 위한 질문지를 만들고 수집된 정보에 근거한 연구를 위탁한다.

② 지방자치단체의 이의제기

위원회와 전문가그룹은 당사국으로부터 헌장위반에 대해 이의가 제기되면 기준에 적합하여 허용되는지 판단하여 판단된 경우 위원회의 권고를 준비하기 위한 상세한 보고서를 작성하게 한다.

4. 영국의 지방자치

1) 영국 지방자치의 역사

영국의 지방행정조직은 원시 튜톤족의 관습을 무의식적으로 채택한 것으로서 적어도 500년 이상 오래된 것이다. 11세기에 이미 타운(town)과 컨트리(country)가 구별되고 오늘날의 지방정부조직의 토대가 되는 지방자치의 뚜렷한 형태가 존재했다. 18세기에는 중앙정부가 주로 외교정책에 많은 관심을 기울였고, 국왕과 의회는 국내문제에 있어서 지방정부에 많은 재량권을 부여하면서 지방자치의 진정한 모습을 보여 준다. 이와 같은 18세기적 구조는 산업혁명의 경제적·사회적 변화에 의하여 도전받게 되었고 상업의 번영, 인구의 증가, 전원적 공동체의 도시사회로의 급격한 전환과 같은 현상들은 주종관계를 지탱시키고 있었던 종래의 사회구조를 해체시키며 지방조직의 기반을 심하게 흔들었다. 이러한 도전에 대한 대응으로 특별기구를 지방법에 의하여 설립하였고 이 단계에서 종래의 지방자치단체는 단지 의례적인 의미에서만 지방을 대표하고 이 특별기구가 지방의 공공적인 기능을 담당하게 되었다. 이 시기에 신흥부자들은 '모든 신분의 동등한 권리'라는 기치 아래 지방자치제도에 대한 개혁을 요구하고 나섰다. 이러한 개혁에 벤담이 앞장섰다. 그 이후 영국의 의회는 옛 조직의 조심스러운 조합과 개선을 통하여 역사와 관습에 기초를 둔 지역 제도를 창설해 나갔다.

2) 영국 지방자치의 헌법상의 지위와 그 법적 기초

(1) 영국 지방자치의 헌법상의 지위

영국헌법의 특징은 영국이 단일국가형태를 이루고 있다는 것이다. 즉 영국에는 오직 하나의 주관적 기관이 있는데, 의회로부터 권한을 위임받은 중앙정부는 헌법적으로 최고이며 지방자치단체는 단지 중앙정부의 대리인에 불과하다. 의회주권과 아울러 영국헌법의 두 번째 특징은 권력 집중적 정부형태를 가지고 있다는 것이다. 세 번째 특징은 영국헌법이 일정한 시점의 날에 제정·공포되지 않았으며 오랜 시간 동안 점진적으로 진화되어 왔다는 것이다. 영국의 헌법은 '헌법'이라는 기본적인 법전이 없는 불문이며 비체계적이다.

(2) 영국 지방자치의 법적 기초

영국에서는 대륙 국가들과는 달리 위계적이고 획일적인 행정개념이 발생하지 않았다. 중앙의 국가가 지방제도에 대하여 고유하고 우월적인 권한을 행사하지 않았다. 지방제도는 단순히 중앙국가의 산물이 아니라 국왕과 지방 모두가 구속되는 국법의 구조 안에서 역사적 공동체의 대표로 발생했다.

3) 중앙정부와 지방자치단체 간의 권한 및 기능의 배분

(1) 일반적 원칙

영국에서 지방정부는 법적으로 중앙정부에 종속되어 있다. 그러나 중앙정부가 최종적인 법적 통제권을 갖는다고 할지라도, 지방자치기관은 상당한 정도로 실제적 주도권을 가지고 있다. 그들은 궁극적으로 광범한 범위에 걸쳐 공공역무에 대한 효율적인 책임을 맡고 있다.

(2) 중앙정부의 개입과 통제

입법, 행정, 사법의 세 가지 방면에서 지방자치단체에 대한 중앙정부의 개입과 통제가 이루어진다. 입법적 통제는 중앙정부가 지방자치단체를 통제하기 위한 가장 기본적인 형태이다. 양자 간의 기본적 관계는 전적으로 의회제정법에 의하여 변경될 수 있다. 또 행정적으로는 환경부장관, 웨일스와 스코틀랜드 장관, 교육부장관, 사회보장부장관, 내무부장관 등은 지방정부에 대한 교부금이나 차관의 통제를 통하여, 그리고 지방정부기관의 회계검사를 통하여 영향력을 행사한다. 사법적 통제는 개인이 법원의 관할권에 복종하는 것과 같이 지방정부에 행사된다.

(3) 영국지방자치의 정책적 변화

영국의 정치문화를 일관하고 있는 하나의 뚜렷한 경향은 법적 권한과 정치적 관습과의 상호작용에서 찾을 수 있다. 법적 권한은 정치적인 협상과 설득, 양보에 의하여 중화되며 항상 극단적인 권한 행사로 치닫지 않는다. 이러한 현상은 지방자치에 있어서도 그대로 발견된다. 그러나 2차 대전 이후 영국에는 관습적 다원주의로부터 법적 권위주의로의 변화가 나타나고 있다.

4) 영국지방자치의 조직, 기구 및 구조

(1) 지역적 구조

〈표 2-2〉 영국지방자치의 조직, 기구 및 구조

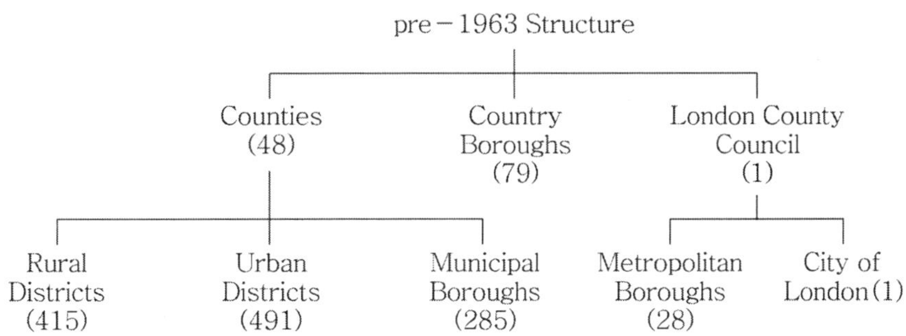

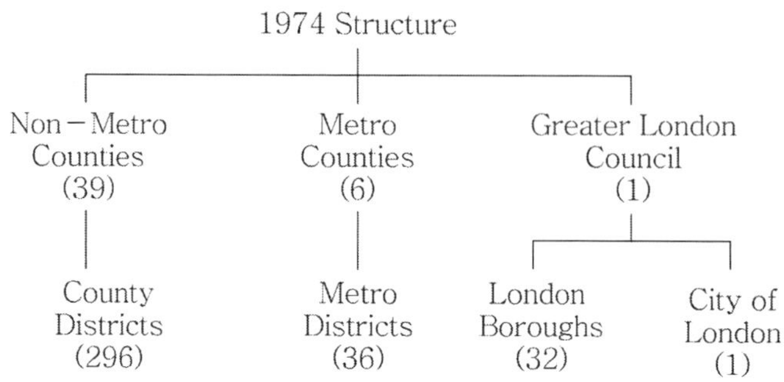

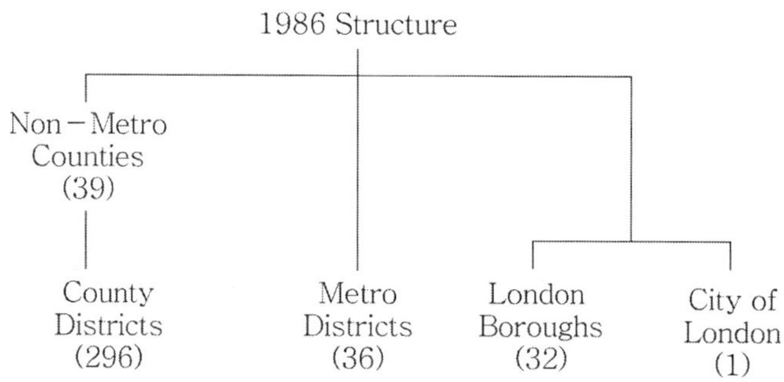

(2) 지방자치단체의 기구

영국의 지방자치단체 기구는 내각형의 조직 원리에 기초를 두고 있다.

① **의회**: County council은 60명에서 100명, District와 Borough council은 50명에서 80명의 의원들로 구성되며, 전부 26,000명 정도의 의원들이 있다. 의원의 임기는 4년이다.

② **자치단체공무원**: 의회에 의하여 이루어진 정책결정은 지방자치단체의 공무원들에 의하여 수행된다. 자치단체공무원들은 Chief Executive Staff로부터 학교의 교사, Transport staff, 자치단체가 경영하는 기업의 임원, 자치단체가 고용하는 단순 노동자에 이르기까지 다양하다. 자치단체는 법적으로 어떤 특별부문의 장과 같은 공무원을 임명할 의무가 있다.

③ **의회와 위원회**: 대부분의 지방자치단체에서는 의회와 위원회의 업무가 정당조직에 의하여 지배된다. 의회의 결정은 실제로 정당단체들의 회합에 의하여 조종된다.

5) 지방자치단체의 재정

지방자치단체는 매년 약 500억 파운드의 예산을 사용한다. 이러한 비용을 충당하기 위한 세입의 주요 원천은 지방세와 정부교부금 그리고 차관이다. 또한 기업으로부터 세입을 얻고 있다. 여기에는 상업이윤을 내는 기업으로부터 얻는 수익과 상업적 성격을 갖지 않는 수수료 또는 부담금과 같은 수입이 포함된다. 1977년부터는 지방자치가 복권을 이용함으로써 세입을 늘릴 수 있게 되었다.

5. 독일의 지방자치

1) 독일의 지방자치 역사

독일에서 지방자치의 근원은 고대 도시국가에서부터 중세 도시국가까지 소급하여 논의되는 경우도 있으나, 19세기 초 프로이센의 행정개혁을 지방자치의 역사적 배경으로 보는 것이 지배적[13]이다. 프로이센은 나폴레옹 1세와의 전쟁 패배에 따라 국가적으로 많은 어려움에 직면하게 되었다. 그 전쟁의 결과는 국가경제와 국민 부담에 심각한 재정적 고통을 안겨 주었다. 그 당시 슈타인[14]은 국가재건을 위한 수단으로 시 조례를 만들어 광범위한 행정개혁을 시도하였다. 그 후 지방자치의 역사적 배경은 1808년 11월 19일 발표된 '슈타인 도시조례'[15]를 그 기원으로 보고 있다. 슈타인은 지방자치의 원활한 발전을 위하여 중앙정부로부터 정치적 자유와 재정적 독립을 주장하였고, 필요한 지방재원을 독자적으로 조달할 수 있도록 재정조달의 탄력성을 강조하였다. 지방정부가 지방정책에 대한 자율성과 독립성을 부여받아 민주적인 절차에 따라 정책집행을 하길 바라는 슈타인의 행정 철학은 1831년과 1853년 사이에 여러 차례 행정개혁이 이루어지는 과정에서 국가가 다시 지방정부를 통제하는 방향으로 개편되어 좌절되게 되었다.

그 당시 지방자치의 권력구조는 수직적 권력구조에 의한 중앙집권화로 볼 수 있으며 자치권에 대한 자율성은 거의 인정되지 않았다. 또한 재정적으로 어려움을 겪고 있는 지방자치단체는 자율적인 지역 활동과 자치업무를 집행하는 데 많은 어려움이 있었다. 그 후 나치정권에 의해 만들어진 1935년 1월 30일 독일통합지방자치법의 제정은 지방자치의 전통

13) 독일은 이미 17~18세기에 지방자치 발전을 위한 제도로서 '시장과 도시구조' 및 '지방법규'가 제정되었다. 또한 1794년 프로이센지방법이 통과됨으로써 최초로 도시와 지방자치단체에 대한 통합이 이루어졌다.

14) 하인리히 슈타인(Heinrich Friedrich Karl vom und zum Stein)은 당시 프로이센의 유명한 정치개혁자로서 독일지방행정개혁에 지대한 영향을 주었다.

15) 시 조례의 목적은 정부와 지방 간 정책적 갈등을 조정하는 동시에 국가와 시민의 관계를 좀 더 참여적 관계로 정립하자는 데 그 의의가 있었다. 그 당시의 지방자치는 주민들의 자발적인 참여를 통한 지역현안과 정치적 문제에 관심을 갖도록 하는 것이었다. 따라서 시민들이 자연스럽게 프로이센 국가의 재정적 부담을 줄이고 국가재건을 위하여 적극적으로 동참할 수 있도록 유도하는 데 그 목적을 두고 있었다.

이 사라진 '지방자치의 붕괴'[16]라고 볼 수 있다. 제2차 세계대전 이후 연방정부는 중앙집권적 권력구조에서 나타난 문제점들을 보완하기 위하여 지방정부에 권한, 책임을 위임하고 행정의 효율성을 극대화하는 방안을 추진하는 등의 노력을 하였다. 이러한 노력으로 지방정부는 다양한 행정사무와 정책과제를 수행하는 과정에서 권한과 책임의 투명성을 중요시하게 되었고, 지역특성에 맞는 정책개발과 독창적인 모델을 강조하게 되었다.

2) 독일의 지방계층구조

독일정부의 형태는 기본적으로 순수의원내각제를 바탕으로 연방정부와 주정부 간 기능배분을 통한 국정관리의 분권화 및 상호 협력적 관계를 중시한다. 연방정부와 주정부는 국가 관리를 하는 데 있어서 최대한 독립성과 자율성을 인정하고 있다. 연방정부 아래 독일 행정체제는 3단계 즉, 연방정부, 주정부, 지방자치단체로 분류된다. 원칙적으로는 3계층제로 구분하나 실제로 도시국가나 소규모 주정부의 경우 행정단계가 축소되고 있으며 규모가 큰 주정부들은 행정단계를 더욱 세분하는 경향이 있다. 일부 주정부들은 하급구조로 관구행정구를 가지고 있으며 지방행정의 하위단계인 광역자치단체의 성격을 가진 군과 자치시 성격을 갖는 독립 자치시, 그리고 기초자치단체로 구성되어 있다. 독일지방자치의 계층구조는 단층제를 기본으로, 광역군이 있는 경우는 부분적으로 2층제를 겸하는 독특한 행정체제라 할 수 있다. 연방주의 아래 독일 행정체제의 전체 구성은 다음과 같다.

〈표 2-3〉 독일의 행정체제 형태(2003년)

제1단계	연방정부(Bundesregierung)	1개
제2단계	주정부(Landesregierung)	16개
제3단계	주정부관구(Regierungsbezirk)	26개(구서독 23개+구동독 3개)
제4단계	광역군(Kreise)	총 439개[17]
제5단계	기초자치단체(Gemeinde)	총 12,436개

3) 독일의 지방자치단체 조직유형

지방자치단체의 조직유형은 각 주정부에 따라 크게 4가지 유형으로 분류할 수 있다. 이러한 유형은 각 주정부에 따라 약간의 차이가 있으며, 기본적으로 역사적 · 정치적 · 문화적 환경과 밀접한 관계가 있다고 볼 수 있다.

16) 독일지방자치는 지역의 특성에 따라 그 다양성이 인정되어 왔으나 1935년에 제정된 독일의 통합 자치법은 지역특수성을 고려하지 않고 획일적으로 광범위하게 적용되었기 때문이다.

17) 이 숫자는 자치시 116개와 지역군 323개를 합한 것이다.

(1) 북독 의회형

북독 의회형 제도는 지방의회가 행정 전반에 걸쳐서 강력한 권한을 가지고 있으나 집행부는 지방의회에 비하여 권한이 약한 것이 특징이라 할 수 있다. 특히 주민의 직선으로 구성된 지방의회가 자치단체에서 강력한 권한을 가지고 있으며 의회에서 선출된 대표는 의회의장과 시장을 겸하면서 외부를 대표하는 자치단체를 대표한다. 또한 의회는 지방자치단체를 관리하는 행정책임자를 선출하며 이는 행정집행관으로서 집행부의 법적인 대표자인 동시에 전문행정관리인으로서 행정업무를 수행한다. 여기에서 행정집행관은 행정에 관련된 정치적 결정권이 없으며 의회의 결정에 성실히 수행하는 단순한 도구적 기능을 하고 있다. 이 제도의 특징은 의회가 행정의 중요한 정책 사항을 관장하면서 행정에 많은 영향력을 행사할 수 있는 강력한 권한을 가지고 있다는 데 있다.

(2) 남독 시장형

남독 시장형에서 지방의회는 주민의 대표기관으로서 지위와 자치단체의 최고의사결정기관으로서의 지위를 가지며 주마다 의원 임기는 다르다. 지방정부의 집행기관인 시장은 행정집행을 위한 강력한 권한을 가지고 있고 행정의 최고책임자이자 의회의장과 위원회의 위원장을 겸하기 때문에 강력한 행정추진력을 발휘할 수 있다. 또한 시장의 임기 역시 주마다 다르다. 이 유형의 특징은 일반적으로 지방의회와 시장의 관계에서 상호 견제와 균형을 강조하고 지방의회의 권한보다 시장의 권한이 강력하다는 것이다. 때문에 시장이 원하는 방향으로 정책집행을 추진하는 데 많은 장점이 있다.

(3) 의회 참사형

의회 참사형은 전통적인 프로이센의 슈타인 시 조례를 많이 답습하고 있는 유형이다. 지방의회와 참사회가 자치단체의 권력배분을 이원적 체제로 운영하고 행정사무에 대한 처리를 의회와 참사회가 적절히 역할 분담을 하도록 한다. 여기서 자치단체의 최고의사결정은 주민에 의해서 선출된 의회가 행사하며, 동시에 지방의회는 행정에 대한 주요 정책결정과 정책집행을 원활히 수행할 수 있도록 지원하며 행정집행의 감시자로서 역할을 성실히 수행한다. 또한 의회는 주요 정책에 대한 사무를 처리하기 위하여 위원회의 형태로서 구성되며, 위원회의 역할과 기능이 강조되고 있다.

4) 독일의 지방자치단체의 종류

독일 지방자치단체의 종류에는 기본적으로 기초자치단체인 게마인데와 광역자치단체인 독립시, 크라이스가 있다. 각 주 공통의 자치단체는 군(Kreis) 및 시읍면(Gemeinde)의 2층제이며 군에 속하지 않는 특별시(Kreisfreie Stadt)는 단층제로 되어 있다. 그 밖에 특별 지방자치단체로 광역자치단체연합과 시읍면연합체를 들 수 있다.

시・읍・면은 법률의 범위 내에서 지역사회에 관계되는 모든 사무를 처리할 수 있으나, 시・읍・면 연합체는 주 법률이 정한 기준에 따라 설치되며, 법률이 정한 기준이나 관계 시읍면의 협의에 의해 위임된 범위 내의 사무를 처리할 수 있는 한정적 자치권만 부여받고 있다.

〈표 2-4〉 독일 지방자치단체의 종류(2005년)

명 칭	성 격	수
크라이스(Landkreis)	광역자치단체(도)	323개
독립시(Kreisfreie Stadt)	광역자치단체(광역시), 보통 인구 20만 명 이상의 광역시	117개
게마인데(Gemeinde)	기초자치단체(시, 보통 인구 20만 명 이하)	12,477개
	기초자치단체(군, 게마인데)	

(1) 게마인데

게마인데(Gemeinde)란 일차적으로 기초자치단체를 총칭하는 개념이다. 즉, 광역자치단체인 독립시 또는 크라이스까지도 포함하는 독일 지방자치단체의 대표적 개념이다. 시읍면과 같은 게마인데는 기초적 자치단체로서 광범위한 사무를 처리하는 지역의 중추적 단체이다. 게마인데는 대부분 소규모(72%가 2,000명 이하)로 통합이 꾸준히 이루어져 오고 있다. 게마인데는 크라이스 소속으로 분담금을 납부하고 있는바, 인구규모가 큰 단체는 분리 독립을 추진하고 있어 이에 대처하여 사무위임 및 감독 면에서 특별한 지위를 부여함으로써 이탈을 방지하고 있다.

게마인데는 기초자치단체로서 주민들의 생활과 직접 관계가 있는 사무를 담당하고 있으며 주민들에게 직접 조세권을 행사한다. 게마인데의 종류에는 규모가 작은 시가 있으며, 한국의 군과 같이 농촌 지역 게마인데도 있다. 게마인데의 규모는 일률적으로 말하기 어려우며 큰 게마인데도 있고 작은 게마인데도 있다. 현재에는 행정개혁의 일환으로 인구가 적은 게마인데를 통폐합해서 그 수가 점차 줄어드는 추세이다.

(2) 크라이스

크라이스(Kreis) 혹은 란트크라이스(Landkreis)는 주의 관할지역에 있는 광역자치단체이다. 한국의 도 단위 광역자치단체와 비슷한 기능을 하는 지방자치단체로서 관할지역에 여러 개의 게마인데를 두고 이들 게마인데의 사무를 지원하고 광역행정체제를 구축하는 기능을 수행한다. 게마인데가 단독으로 추진하기 어려운 대형 사무를 지원하고 감독하는 기능을 담당하며 관할지역에 있는 게마인데의 경제·사회·문화 발전을 지원하고 후원하는 기능을 수행한다. 크라이스는 게마인데와 달리 주민들에 대한 조세 징수권을 행사할 수 없으며 주 또는 연방으로부터의 지원으로 재정을 충당한다.

(3) 독립시

독립시(Kreisfreie Stadt)란 크라이스로부터 독립된 중·대도시를 의미하며 규모는 주마다 다르나 보통 인구 20만 명 이상의 도시를 말한다. 독립시는 게마인데보다 인구가 많고 행정규모도 커서 한국의 광역시와 비슷한 성격을 가지고 있다고 할 수 있다. 독립시는 재정적으로 비교적 안정되어 있고 크라이스의 감독과 지시를 받지 않기 때문에 게마인데보다 훨씬 독립적인 행정을 펼 수 있다. 다만 독립시도 다른 지방자치단체와 마찬가지로 때에 따라 주로부터 사무 감독은 물론 행정적 지원도 받는다.

(4) 관구

독일의 지방자치단체를 설명할 때 빠뜨릴 수 없는 행정 단위의 하나가 관구(Bezirk)이다. 관구란 원칙적으로 지방자치단체가 아닌 주의 일선 행정구역이다. 독일 대부분의 주정부는 행정 서비스 제공을 위하여 주를 3~7개 구역으로 분할해서 그 지역의 중심 도시에 각각 관구청을 설치하여 주 행정을 담당하게 하고 있는데, 이 구역이 관구이다. 따라서 관구는 광역자치단체인 크라이스보다 관할지역이 넓은 편이다. 이러한 관구가 독일의 지방자치제도에서 가지는 중요한 의미는 마치 광역자치단체와 같이 관할지역에 있는 지방자치단체를 지원하고 있다는 점이다.

5) 독일의 지방행정 특징

독일의 지방정부는 상호 수직적·지배적인 관계가 아니라 수평적·협조적 관계를 중시하고 있으며, 지역주민들에게 많은 영향을 미치는 정책결정은 민주적 절차, 주민참여, 공개토론 및 여론수렴 등을 통하여 사전에 정책적 검증을 받고 있다. 이와 같이 지방정부는 권력자의 일방적인 정책결정이 아니라 주민에 의해서 정책심의를 받아야 하는 민주적인 절차와 결정을 중시하고 있다. 현재 독일의 지방정부는 가능한 한 모든 지방정책들을 투명하게 공개하고 정치인에게 필요한 정부를 제공함으로써 정책오류를 최소화하는 데 노력하고 있다.

6) 독일의 지방세원 조정제도

독일정부의 주요 재정수입은 조세수입, 세외수입, 공기업 수입이나 부동산 매각 등과 같은 경제활동을 통한 재정수입, 채권발행, 교부금 등을 들 수 있다. 지방재정의 조정제도는 연방정부와 주정부 간 재정조정 및 주정부와 지방자치단체 간 재정조정으로 분류될 수 있다. 또한 재정조정의 성격에 따라 연방정부와 주정부 간 수직적 재정조정, 주정부 상호 간 수평적 재정조정으로 구분된다. 전자의 경우 연방정부와 지방정부 간의 세원배분, 지방정부에 대한 연방정부의 재정보조 등을 들 수 있고(수직적 재정조정) 후자의 경우에는 주정부 간 재정형평성을 위한 역교부금(수평적 재정조정)이라 할 수 있다. 이런 재정조정제도는 연방 · 지방정부와 지방자치단체 사이의 재정 불균형을 조정하고자 도입한 제도이다. 세수입체제는 재정조정제도[18]를 통하여 어느 정도 균형을 이루어가고 있으며 독일지방재정의 수평적 · 수직적 조정제도를 세분화하면 다음과 같다.

〈표 2-5〉 독일지방재정의 수평적 · 수직적 조정제도의 4단계

단계	내용
1단계	연방정부와 각 주정부 간의 수직적 조세수입배분인데 공동세인 소득세, 법인세 및 부가가치세를 연방정부와 지방정부 간에 일정비율에 따라 배분하고 기타 세수입은 분리방법에 따라 각각 배분한다.
2단계	주정부 상호 간 수평적 부가가치세수입 배분인데 배분과정은 3단계로 나누어진다. ① 세원의 공동이용방법에 따라 1~3년 기한으로 총부가가치세 수입 중 연방정부에 65%, 전체 주정부에 35%가 배분된다. ② 전체 주정부에 배분된 35% 세수입 중 75%는 주민수의 기준에 따라 각 주정부에 배분된다. ③ 전체 주에 배분된 35% 세수입 중 25%는 지방정부 간 재정력 격차를 해소하기 위하여 배분된다.
3단계	주정부 상호 간에 조세수입의 재분배(제2차 수평적 재정조정)인데 주정부 상호 간에 재정적 격차를 줄이기 위한 제도이다. 재정력이 전체 주정부의 평균치 이하에 있는 주정부는 전체 평균치 이상의 재정력을 가진 주정부에 의해서 제공되는 재정조정교부금을 배분받게 된다.
4단계	연방정부와 주정부 간 제2차 수직적 재정조정인데 1~3단계까지 재정조정을 실시했지만 아직도 해결되지 못한 각 주정부 간 재정적 격차를 줄이기 위한 방법으로 연방정부는 교부금을 지급한다.

지방자치단체의 주요 세입은 조세와 요금수입 그리고 연방 및 주의 보조금이다. 지방단체조합이나 크라이스(Kreis)는 관내 자치단체의 분담금수입에 의존하고 있다. 독일의 지방

18) 지방재정조정제도의 주요 조정기능: ① 주정부는 모든 지방자치단체의 평균 과세부담을 고려하여 재정적인 최소비용을 보존해 주는 재정기능을 한다. ② 각 지방자치단체는 불균형한 재정력 차이를 균형있게 조정한다. ③ 재정능력이 부족한 지방자치단체는 재정이 건전한 지방자치단체의 조세수입보다도 많은 지원금을 받는다. 여기서 재정조정의 효과는 조정제도의 재정규모에 따라 강화될 수 있다.

세입 구성은 지방세를 포함한 자체수입이 78% 수준이며 그 밖에 교부금으로 운영된다. 세출은 사회보장 및 복지, 주택건설 및 지역개발, 보건사업 등의 순으로 되어 있다.

기초자치단체(Gemeinde)의 주 세목은 영업세와 부동산세이며 그 밖에 소득세 참여 등 공동세 배분이 있다. 공동세란 일정률에 따라 국가와 주, 자치단체가 세원을 공유하는 세원배분제도이다. 공동세는 소득세(국가, 주, 지방단체에 42.5%, 42,5%, 15%로 배분), 법인세(국가와 주 간 50:50), 매상세(국가와 주 간 50.5:49.5로 배분)가 된다(1996년 이후).

주의 세목으로는 재산세, 자동차세, 음료(Beer)세, 상속증여세가 있다. 특히 과세표준의 평가는 재산세, 부동산세 등에 공통으로 적용되는 통일평가법에 따라 평가되며 부동산세의 경우 일정률(농림업용 부동산 0.6%, 일가족용 주택 0.26%)을 곱하여 주 세무관서에서 조세예정액을 산정, 자치단체에 통보하며 단체별 재정수요에 따라 세율을 적용, 세액이 산출된다. 그 밖에 주간 수평적 재정조정제도가 있어 재정균형화에 기여하고 있다.

6. 프랑스의 지방자치

1) 프랑스 지방자치에 대한 이해

(1) 프랑스 지방자치의 역사

프랑스는 지중해와 대서양 사이에 위치하는 서유럽으로 수도는 파리이고 인구는 6천만 명인 공화국이다. 프랑스 지방정부는 19세기에 많은 사건 등이 발생했음에도 코뮌(commune)의 형태를 기초로 한 그들의 지방정부구조는 거의 변하지 않아 왔다. 나폴레옹이 지금의 체제를 고안했고 지방의 독립성 유지와 함께 중앙통제를 조화시켰으며 군주제의 형태로 수세기 동안 진화해 왔다.

(2) 프랑스 지방정부에 대한 이해

프랑스 지방정부의 본질을 이해하기 위해서는 중앙집권화된 공식적인 체제와 필적할 만한 비공식적인 후원자-수혜인 관계를 제대로 파악해야 한다. 이러한 비공식 제도의 존재는 명백하게 역설로 이해될 수 있다. 비록 프랑스 지방정부체제가 중앙집권화되어 있음에도 불구하고 국회의원의 80% 이상이 지방정부의 직위를 가지고 있기 때문이다. 적어도 1982년 개혁 전까지 프랑스 지방정부의 표면적인 법적 해석은 완전히 지배적인 각부의 정책결정을 제안하고 tutelle[19]의 원리를 통하여 코뮌에 중앙의 명령을 강제할 수 있게 되어 있

19) 지방정부에 대한 국가의 감독.

었다. 현실에서 중앙정부의 정책은 지방정부의 정책만큼 지방정부의 이익과 직결되어 있었다. 이러한 연결이 지속된 중요한 요인은 중앙정부의 잠재적인 힘이었는데, 법적으로 지방정부의 많은 측면이 내무부에 의해 명령되는 관료 연계망에 의해 조정되고 있는 만큼 정치인들에게는 자신들의 지역에 대한 이익을 중앙정부 의사결정에 영향을 끼치기 위해선 중앙에서 두각을 나타낼 필요가 있었기 때문이다. 상원의원과 하원의원으로서, 지방이익과 함께하는 정치인들은 장관이나 고위 공무원이 자신들 지역의 요구를 반영하도록 위협하거나 감언으로 속일 수 있었다. 정치인들은 중앙으로부터 자신들의 지방에 얼마나 많은 지원을 받아낼 수 있는지 능력에 따라 상당한 지방유권자들의 지원을 얻을 수 있었기 때문에 '후원자-수혜인 제도'는 항상 프랑스 지방정부의 중심에 놓여 있다. 이러한 시스템의 결과로 능력 있는 국회의 구성원(국회의원)인 시장에게 직접적인 호소를 해야지만 코뮌에 정책이 부과될 수 있게 되었다.

2) 프랑스 지방정부의 구조

프랑스는 지방정부의 목적에 따라 5개 층으로 세분화되어 있다. 레지옹, 데파르트망, 아롱디스망, 캉통, 코뮌이 그것이다. 프랑스에는 지방행정기관의 가장 중요한 3개의 층이 있는데 레지옹, 데파르트망, 아롱디스망이다. 레지옹은 광역도로서 몇몇 데파르트망을 포함하고 데파르트망은 도로서 다수의 코뮌을 포함한다. 코뮌은 기초자치단체로서 시, 읍, 면을 지칭하고 이 세 층(레지옹, 데파르트망, 아롱디스망)은 주민들의 직선에 의한 의회를 가지고 재정적 자치권을 부여받는다. 아롱디스망과 캉통은 정부에서 제한된 역할만을 수행하는데 그들은 자치권이 없으며 단순히 특정목적이나 사무수행을 위한 행정적 지역이다. 따라서 그들은 재정적 자치권이 없다. 프랑스의 지방행정 구조는 밑의 〈그림 2-6〉과 같다.

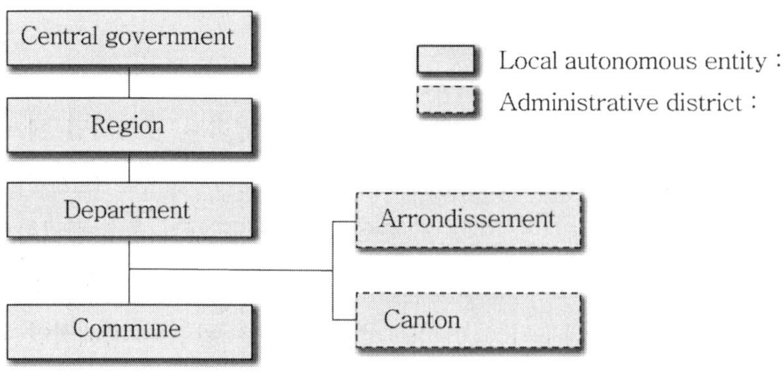

〈그림 2-6〉 프랑스의 지방정부 구조

(1) 레지옹

레지옹은 광역단위의 국가행정단위로 자치권을 가지며 몇몇 데파르트망을 포함한다. 레지옹은 전체 26개이며 본토에 21개, 해외영토에 4개, 그리고 코르시카 섬으로 구성되어 있다. 레지옹의 주요 권한의 분야는 계획, 지역적 마을과 시골 계획, 경제적 발전, 직업훈련 그리고 건설, 장비 그리고 학교 기금 운영 등이 있다.

(2) 데파르트망

데파르트망은 중요한 행정적 단위로 자치권이 있다. 데파르트망은 전체 100개이며 본토에 96개, 해외영토에 4개가 있다. 데파르트망은 독립적 법적 권한을 가지고 있고 국가의 행정적 그리고 지리적 조직에서 두드러진 역할을 한다. 건강과 사회적 서비스, 시골의 수도 업무, 수도 비용 등에 권한을 가지고 있다.

(3) 아롱디스망

아롱디스망은 지방자치단체가 아닌 데파르트망의 행정적 편의를 위한 보조적 행정지역이다. 예외적으로 파리, 리옹, 마르세유는 준자치단체적 성격을 지니고 있는데 이는 그들이 직선에 의해 구성된 의회를 가지고 있기 때문이다. 데파르트망은 329개의 아롱디스망으로 나누어지며 아롱디스망은 다양한 분야의 행정적 사무를 조정하는 역할을 한다.

(4) 캉통

캉통은 아롱디스망과 코뮌 사이에 위치하는 행정적 지역으로 지방자치단체가 아니다. 아롱디스망은 3,879개의 캉통으로 나누어지고 캉통은 지방의회의 의원이나 국회의원을 선출할 때 선거구의 역할을 하며 징병업무를 담당한다.

(5) 코뮌

코뮌은 최하위 행정적 단위이고 자치권을 가지고 있다. 코뮌의 전체 수는 36,779개이며 본토에 36,564개, 해외영토에 196개가 있고 특별자치구에 19개가 있다. 코뮌은 지나치게 세분화되어 있어 자치단체들 사이의 주민분포는 불균형적이다. 코뮌의 90%가 2,000명 이내의 주민수로 이루어져 있고 오직 108개의 코뮌만이 프랑스 코뮌들의 전체 인구 중 24%를 차지한다. 이러한 이유로, 코뮌은 작은 코뮌들을 합칠 것이 제의되어 왔다. 하지만 이러한 합병의 시도들은 지역연합체의 강한 반대에 의해 거부되었고 개혁제안은 제한적 성공만을 거둬 프랑스에는 대다수가 2,000명 이내의 주민들로 구성된 코뮌이 약 36,000여 개가 남아 있다.

3) 프랑스 지방정부의 재정

프랑스는 단방국가이기 때문에 재정은 중앙정부의 통제에 놓여 있지만, 1982년 지방분권 이후 법률의 범위 내에서 예산을 자율적으로 편성하고 집행할 수 있게 되었다. 그래서 중앙정부와 지방정부는 동일한 세원을 이용하지 않고, 이들 간의 세원을 분리한다. 지방정부의 주요 세원으로는 지방세가 있고, 그중 재산세와 사업세가 가장 많은 비중을 차지한다. 총경상교부금은 지방세수 부족을 보충하기 위해 국가가 지급하는 것이고 지방분권일반교부금은 1982년에 지방분권에 따른 지방자치단체에 관한 법률이 규정되면서 이에 따른 지방예산의 증가를 보완해 주기 위한 목적으로 설치되었다. 총설비교부금은 자금배분의 불확실성과 복잡함 등을 내포한 특수보조금을 대체하기 위한 것으로 이것은 지방자치단체가 그들에게 맞는 시설물 설치에 관해 강력한 결정권을 행사할 수 있게 된 점에 의의가 있다. 그동안 지방재정의 문제점으로는 중앙정부에서 지방정부로의 권한이양이 실질적으로 이루어지지 않는다는 것이었으나 1980년대 이후 자치정부의 역할은 증대되었고 정부의 재원이 지방정부로 많이 이전되면서 지방정부의 경쟁력은 높아졌다.

7. 일본의 지방자치

1) 일본 지방자치의 역사

(1) 메이지유신 이전

전란의 참화를 피하기 위해 공동의 방호를 할 필요성에 의해서 견고한 단결성을 가진 자치조직을 갖춘 곳이 적지 않았다. 많은 지방에서 정촌의 장이 공선에 의해 추대되었으며 내부조직으로 5인조 제도[20]가 발달되었다.

(2) 메이지유신 이후

1871년 호적법, 1878년 삼신법[21]을 시행하였고, 1888년 시제 · 정촌제인 군구정촌편제법을 수정하였으며 1890년 부현제 · 군제를 시행하였다.

20) 5인조제도는 다섯 가족을 하나의 집단으로 묶어 상호원조, 징세, 사회통제의 목적을 달성하기 위한 행정적, 법적 기본단위이다

21) 삼신법: 군구정촌편제법, 부현회규칙, 지방세규칙.

(3) 2차 대전 후

1947년 지방자치법 시행, 1995년 지방분권추진법을 제정하였다. 구제도가 독일의 제도에서 대륙계인 프로이센형의 중앙집권적 관치형의 지방자치제도였다면, 전후 미국의 점령하에서부터 관치방식을 지양하면서 미국식 주민자치형이 도입되어 자치단체장의 주민직선과 지방의회의 권한 강화 그리고 주민의 직접청구제도 등 제도의 민주적 개혁이 이루어졌다. 그러나 실질적으로는 중앙 성청에 의한 중앙통제가 강하였다고 할 수 있다. 이에 대한 반성으로 그간 일본에서는 새로운 지방자치의 형성을 위한 다양한 논의가 이루어져 왔고, 그 결과로 1995년 지방분권추진법이 제정되고 이를 기반으로 지방분권추진위원회가 구성되어 5차에 이른 권고안을 발표하고 1999년 지방분권에 관련된 550여 개의 법을 일괄 개정하여, 1999년 지방분권 일괄법을 제정하였다.

2) 지방자치의 역할과 중요성

일본의 현 지방자치는 제국주의 시절에 최고조에 달한 중앙집권적 성향의 지방자치를 지방분권적인 주민자치의 확충을 통해 민주정치의 실현을 꾀하고 있다고 할 수 있다. 이를 위해선 지방자치가 존중되지 않으면 안 되기 때문에 일본국 헌법 제92조 "지방공공단체의 조직 및 운영에 관한 사항은 지방자치의 취지에 의거하여 법률로 이를 정한다."라고 헌법에 제정하여 그 중요성을 강조하고 있다. 지방자치제도의 역할은 크게 3가지 기본원칙에 의해 생각해 볼 수 있다.

(1) 주민 참정권의 확충

지방자치제도를 제정함에 있어서 가장 중요한 것이 지방행정을 주민의 손에 의해 행하는 것, 즉 주민자치를 실현하는 것이다. 주민들에게 원칙적으로 모든 행정에 참여할 수 있도록 선거권을 부여하고 주민의 직접선거에 의해 여러 기관의 장들을 선임하도록 하며, 직접청구나 주민투표 등 주민의 직접 참정제도들도 제정하였다.

(2) 지방공공단체의 자주성 · 자율성 강화

지방공공단체에 가능한 한 많은 권한을 주어서 국가의 관여를 최소한으로 하여 자주적으로 처리할 수 있도록 하는 것이다. 다시 말해 단체자치의 강화라고 할 수 있다. 이를 위해 국가의 지방공공단체에 대한 감독권을 축소하거나 경찰, 소방, 교육 등 중요한 국가사무를 지방공공단체에 이양했다.

(3) 지방공공단체의 행정의 능률화와 공정성 확보

앞서 말한 두 가지 원칙을 시행함에 있어서 그 밑바탕에 깔려야 할 행정의 능률성과 공정성이 침해를 당해선 안 될 것이다. 이를 위해 선거관리위원회나 감사위원제도가 시행되었고, 단체의 조직 및 운영의 방식에 있어서 간소화, 합리화가 도모되었다.

3) 일본의 지방정부

(1) 일본 지방자치단체의 구조와 형태

일본의 지방자치제도는 도도부현과 시정촌 두 단계의 지방자치단체에 의해 구성되어 있다. 지방자치법은 지방자치단체를 보통지방자치단체와 특별지방자치단체의 두 종류로 나누고 있다.

① 보통지방자치단체

도도부현과 시정촌이 이에 속해 있다. 이 중에서 도도부현 즉 광역자치단체가 47개이고, 기초자치단체가 시 671개, 정 1,990개, 촌 568개로 합계 3,229개이다. 47개의 광역자치단체는 1도(도쿄도), 1도(북해도), 2부(오사카부, 교토부), 43현으로 구성되어 있고, 1947년 지방자치법 시행 이래 변함이 없다. 기초자치단체는 지방자치법 시행 당시 10,505개에서 이후 합병을 거듭하여 현재에 이르고 있다. 최근에는 인구가 감소한 농촌, 어촌, 산촌 지역에서 효율적 행정 운용을 위하여 합병을 희망하는 자치단체가 많이 증가하고 있다. 광역자치단체의 구역 내에 기초자치단체가 포함되어 있다. 제도적으로는 대등관계이지만, 현실적으로 한국과 마찬가지로 교부세나 보조금의 지원, 인허가권의 승인 등으로 기초자치단체는 광역자치단체의 통제를 받고 있다.

② 특별지방자치단체

특별자치단체는 도쿄도의 23개 구, 지방자치단체의 조합, 재산구, 지방개발 사업단 4가지가 있다. 이 중에서 도쿄도의 23구는 일종의 기초자치단체로서 주민으로부터 공선된 집행기관의 장과 의결기관이 있다. 참고로 '도쿄도'에는 23개 특별구 외에 27개의 시, 5개의 정, 8개 촌이 있다. 통상적으로 도쿄라고 하면 23구를 말한다. '재산구'는 기초자치단체의 일부에 있는 재산을 관리하기 위해 만들어진 것이다. 기초자치단체가 불가피하게 합병될 때, 특별조치로서 재산구가 설치되는데, 도시지역에서는 거의 없고 농촌, 산촌, 어촌 지역에서 많이 볼 수 있다. '지방개발사업단'은 어떤 지역을 종합적으로 개발하기 위해서 복수의 자치단체가 참가하는 일종의 조합 형태이다. 일부 사무조합보다 일을 하기 쉬운 장점도 있지만, 거의 활용되고 있지 않다. 지방개발사업단보다도 제3섹터나 조인트섹터가 더 많이 활용되고 있다.

③ 지방정령도시

기초지방자치단체이면서 정령지정도시라는 것이 있는데, 인구 50만 이상으로 도시의 규모 및 행·재정능력이 큰 도시를 정령으로 지정해서 특별 취급하는 경우를 말한다. 다시 말해서 대도시의 특수성을 인정해서 광역자치단체로부터 많은 권한을 이양받아 자주적으로 업무를 처리하도록 하기 위한 제도이다. 일반시가 정령지정도시로 승격되면, 광역자치단체에 준하는 기능을 할 수 있다. 즉 사무에 따라서는 도부현의 감독이나 허가를 받을 필요가 없고, 필요에 따라서는 구(행정구)를 만들어 운영할 수 있고, 중앙으로부터 직접 재원을 지원받을 수 있는 장점이 있기 때문에 많은 도시들이 희망하고 있다. 현재 12개의 정령지정도시가 있다.

(2) 일본의 지방공무원제도

지방공공단체에 근무하는 의회의원, 지사, 부지사, 출납장, 시정촌장, 조역, 수입역, 교육위원회 등 행정위원회 위원을 비롯한 업무를 보조하는 직원 및 기타 직원(부장, 과장, 계장, 계원)은 모두 지방공무원이다. 지방공무원의 신분취득에 관해서는 지방공무원법을 비롯한 각종 법령에 그 근본기준이 정해져 있으며, 또한 각 지방공공단체가 법령의 규정에 의거하여 정하는 조례 및 규칙에 의해 그 구체적이고 상세한 취급이 정해져 있다. 지방공무원법은 지방공무원 중에 일반직에 속하는 모든 지방공무원에게 적용되도록 되어 있으며, 특별직에 속하는 지방공무원에 대해서는 법률에 특별한 규정이 있는 경우를 제외하고는 적용되지 않도록 되어 있다.

① 특별직

주민 또는 그 대표의 신임에 의해 취임하는 직, 주민의 직접선거에 의해 혹은 지방공공단체 의회의 선거 결의 동의 등을 얻는 것에 의해 취임하는 직을 말하며, 구체적으로 의회의원, 지사, 부지사, 출납장, 시정촌장, 조역, 수입역, 교육위원회 위원 등을 가리킨다.

② 비전문직

지방공공단체의 사무에 전업으로 종사하는 것이 아니라 특정한 지식, 경험을 바탕으로 수시로 지방공공단체의 행정에 참여하는 자 또는 다른 생업을 가지는 것을 전제로 하여 일정한 경우에 한하여 지방공공단체의 업무를 행하는 직을 말하며, 구체적으로는 임시 또는 비상근무 위원, 고문, 참여, 조사원 등을 가리킨다.

③ 자유 임용직

특별한 지식, 경험 혹은 인간관계, 정책적 배려 등에 의거하여 임용하는 직을 말한다. 구체적으로는 지방공영기업의 관리자, 기업단의 기업장 등을 가리킨다. 한편, 일반직은 특별직에 속하는 직 이외의 일체의 직이 이에 해당한다. 따라서 지사, 시정촌장의 업무를 보조하는 직 외에 교원, 경찰직원, 소방직원, 버스 운전기사 및 수도국 직원 등의 기업직원 등은 일반적으로는 일반직으로 분류된다.

(3) 일본의 지방의회

일본의 지방자치제도는 수장제라고 하는 제도를 취하고 있다. 이것은 대통령제와 같이 수장이 주민의 직접선거로 선출되어 의회와 대등한 입장에 서서 양자가 제각기 직접 주민에 대하여 책임을 갖는 제도로 중앙정부가 취하고 있는 의원내각제와는 다르다. 그리고 의회와 수장이 서로 견제하고 조정해 가면서 행정을 추진해 주민의 의사에 보다 충실하고 공정한 행정이 이루어지도록 배려하고 있다.

① 의회

지방공공단체의 의회는 그 단체의 최고 의사결정기관이다. 의회의 권한으로는 조례 제정과 예산 결정이 무엇보다 중요한데 그 밖에 부지사 또는 조역(부시장, 부정장, 부촌장) 그리고 교육위원회, 공안위원회 등 위원의 임명에 동의하거나 결산을 인정하는 권한도 지니고 있다. 의원은 그 단체의 선거권을 갖는 25세 이상의 일본국민 중에서 주민의 직접선거에 의해 선출되고 임기는 4년으로 되어 있다. 의원의 정수는 인구 규모에 따라 법률로 정해진 수 혹은 조례에서 정해진 그 이하의 수로, 예를 들면 도쿄도는 127명, 도쿄도 도시마촌 등은 6명으로 되어 있다. 그리고 2003년 이후는 인구규모에 따라 법률로 정해진 수를 상한으로 하여 각 지방공공단체의 조례로 정하도록 되어 있다. 의회는 매년 4회 이내로 소집되는 정례회와 필요에 따라 열리는 임시회에서 조례안이나 예산안 등을 심의하고 다수결 원칙에 의해 의결한다. 개별적인 의안에 대한 세세한 심사는 의회 내부에 둔 소인원의 의원으로 구성되는 몇 개의 의원회에서 실시되는 것이 통례이다.

② 수장

수장은 지방공공단체 집행기관의 중심인물로 주민의 직접선거에 의해 선출되고 임기는 4년으로 되어 있다. 수장은 그 단체를 대표하고 그 단체의 사업 전반을 관리 및 수행한다. 의회의 의안을 제출하거나 예산을 조정하고 집행하기도 하며 지방세나 시설의 사용료를 징수하고 재산을 취득, 관리, 처분한다. 수장은 이러한 일들을 수행하기 위하여 규칙을 정하고 직원을 임명하고 지휘 감독하거나 필요한 사무 조직을 제정할 수 있는 여러 가지 권한을 가지고 있다. 또한 그 단체의 사업 전반에 대해 일체성, 종합성을 확보하기 위해 보조 기관으로서 부지사, 조역, 출납장, 수입역 등이 있다. 이 중에서 부지사, 조역은 수장의 직무를 대리한다. 또한 출납장, 수입역은 그 단체의 회계 사무를 주관한다. 이들 모두가 의회의 동의를 얻어 선임되며 임기는 4년으로 되어 있다. 또한 수장의 업무를 분담하기 위해 부, 과, 계 등의 조직이 설치되어 있다.

(4) 일본 지방자치단체의 집행기관

지방공공단체의 사무 중에서 특히 정치적 중립성이 강하게 요청되는 일이다. 공정한 판단을 내리기 위하여 지방공공단체에는 수장으로부터 독립된 지위 권한을 지닌 위원회나 위원이 있다.

〈표 2-6〉 일본 지방자치단체의 집행기관

교육위원회	도도부현, 시정촌 등에 각각 설치되어 있으며 교육, 학술, 문화에 관한 행정에 대해 책임을 지며 이를 집행하는 권한이 부여되어 있다. 위원은 수장이 의회의 동의를 얻어 임명하며 임기는 4년이다.
공안위원회	도도부현에만 두고 있으며 경찰행정 및 운영을 관리한다. 위원은 지사가 의회의 동의를 얻어 임명하고 임기는 3년이다.
선거관리 위원회	도도부현, 시정촌 등에 각각 설치되어 있으며, 그 지방공공단체의 선거 외에 국회의원 등의 선거를 관리 집행한다. 위원은 선거권을 갖는 자 중에서 의회가 선출하며 임기는 4년이다.
감사위원	도도부현, 시정촌 등에 각각 두고 있으며 재무에 관한 사무의 집행 및 경영하는 사업의 관리에 대해 감사함과 동시에 필요하면 그 단체의 사무집행에 대하여 감사한다. 또 주민의 청구에 의한 감사도 실시한다. 위원은 수장이 의회의 동의를 얻어 선임하며 임기는 4년이다. 감사위원은 원칙적으로 합의제가 아니며 각각 독립해서 권한을 행사한다. 1997년에 변호사, 공인회계사 등이 감사를 실시하는 외무감사제도가 도입되었다. 그 외에 인사위원회, 지방노동위원회, 농업위원회 등 각종 위원회가 설치되어 있다.

4) 일본의 지방재정

일본의 지방재정은 자체수입인 지방세 · 사용료 · 수수료 등에 덧붙여 국가로부터 배포되는 재원을 기초로 하여 세입을 계상하고 이것에 의해 자치단체의 인건비, 공공시설유지관리비, 행정 서비스를 위한 세출계획을 세우는 것이다. 그러나 자체수입이 30%를 차지하는 자치단체가 상당수이고 세입의 나머지 70%를 외부보조라는 형태를 취하는 자치단체가 많아 3할 자치라는 말로서 표현되기도 한다. 국가재정에서 기본이 되는 것이 조세가 되듯이 지방재정에서도 기본이 되는 것은 지방세이다. 평균적으로 국민이 국세 · 지방세 합해서 납부하는 세금총액 가운데 65%가 국세이며 35%가 지방세이다. 그러나 세출 면에서는 국가가 30% 정도이며 지방이 70%를 차지해 세입과 세출이 역전되고 있다. 이것은 국가재정이 지방재정에 대해서 다액의 재정지출을 하고 있다는 것이 되나 국가재정으로부터 배분율이 높다는 말도 된다. 즉, 세제의 구조가 중앙에 집중되어 있으며 그 가운데 지방재정에의 배분방식은 지방을 통제하는 수단으로 이용되고 있는 것이다.

제2절 우리나라 지방자치의 역사

지방공공단체를 구성하는 일정지역의 주민이 스스로 또는 대표자를 통해 지역 내의 공동사무를 처리하여 궁극적으로 주민의 복리를 실현하는 지방자치는 시작부터 완벽한 것은 아니었다. 하지만 지방자치의 근본정신인 주민의 복리실현을 위한 노력은 오래된 역사 속에서 찾아볼 수 있다.

1. 근대 이전의 지방자치

1) 삼국시대

우리나라의 지방제도 및 지방행정을 잘 살펴보면 그 시작은 지금으로부터 약 1500~2000년 전인 삼국시대에서부터 찾아볼 수 있다. 고구려 · 백제 · 신라는 모두 부족국가에서 출발하여 고대국가에 이르기까지 모두 각 지방의 행정을 귀족 및 왕족을 임명하여 각 지역의 특수성에 맞게 다스리게 하였다. 또한 삼국통일 이후의 신라도 전국을 9주 5소경 117군 283현으로 재편성하고, 말단 행정구역으로 향읍과 촌락을 구성할 뿐만 아니라 특별행정구역으로 부곡을 설치하여 지방자치 초기 모습을 보여 주었다(최봉기, 2006: 44). 다만 이러한 행정단위의 지방사무는 지방주민의 삶의 질 향상 및 주민의 복리증진과 같은 지방자치의 본질적 정신을 구현하는 것이 아닌 왕권에 의한 직접 또는 간접적인 지방의 통제수단의 일환이라는 한계를 가지고 있다.

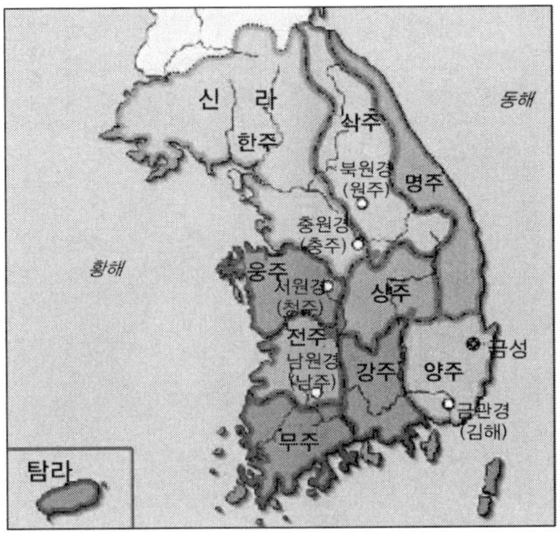

〈그림 2-7〉 통일신라의 9주 5소경

2) 고려시대

고려는 건국 초기까지는 통일신라의 지방제도를 답습하다가 제6대 성종 때부터 중국의 당나라 제도를 도입함으로써 중앙집권적 관료제와 더불어 지방제도를 정비하였다. 지방은 초기의 제도가 몇 차례 바뀌어 제8대 현종 때에 전국을 5도 양계로 나누고 그 밑에 경·도호부·목·부, 그리고 군·현·진을 두게 되었다. 그중 지방자치의 모습을 잘 살펴볼 수 있는 행정제도 두 가지는 다음과 같다. 첫째, 건국공신에게 출신지방의 통치를 맡겨 상당한 정도의 독립성을 가지고 지방행정을 수행하는 사심관제를 운영하였다. 둘째, 지방세력가들을 중심으로 주·목·군·현 등에 지방행정을 수행하는 향직단체를 운영하였다.

하지만 이 두 행정제도도 주민복지보다는 착취와 수탈이라는 폐해로 인해 지방자치의 정신을 구현하지 못하였다(최봉기, 2006: 44).

〈그림 2-8〉 고려의 5도 양계

3) 조선시대

조선시대는 유교를 통치이념으로 삼아 강력한 중앙집권체제를 확립하였기 때문에 지방자치가 발달할 여지가 없었다. 가산국가(家產國家)적 중앙집권체제 아래서 지방에는 왕의 대리인으로서의 지방관이 파견되어 지방행정을 담당하였고, 이들은 엄격한 중앙의 통제를 받았다.

조선시대는 지방행정구역으로 전국을 8도로 나누고 그 밑에 부 · 대도호부 · 목 · 도호부 · 군 · 현을 설치하였다. 대개 품격에 따라 이런 지방단위에 관찰사나 수령은 모두 왕의 대리인으로 간주되었으며, 이들은 주로 농민으로부터 세금을 받아 주민교육이나 민생구휼사업에 주력하였다.

그러나 조선시대의 지방행정도 지역주민의 권익보다는 지방의 토호세력과 문벌의 집단이익을 옹호하는 데 치우쳐 있다는 점에서 오늘날의 지방자치제도와 거리가 멀다(최봉기, 2006: 44～45).

이러한 가운데 지방행정의 효율성을 높이기 위하여 유향소 · 향청 · 향약과 같은 일종의 자치제도를 채택·운영하였다. 다음의 〈표 2-7〉은 조선시대의 가장 대표적인 지방행정제도를 말한다.

8도[경기, 충청, 경상, 전라, 황해, 강원, 영안(함경), 평안]

4부(경주, 전주, 영흥, 평양)

4대 도호부(안동, 강원, 안변, 영월)

20목 44도호부 82군 175현

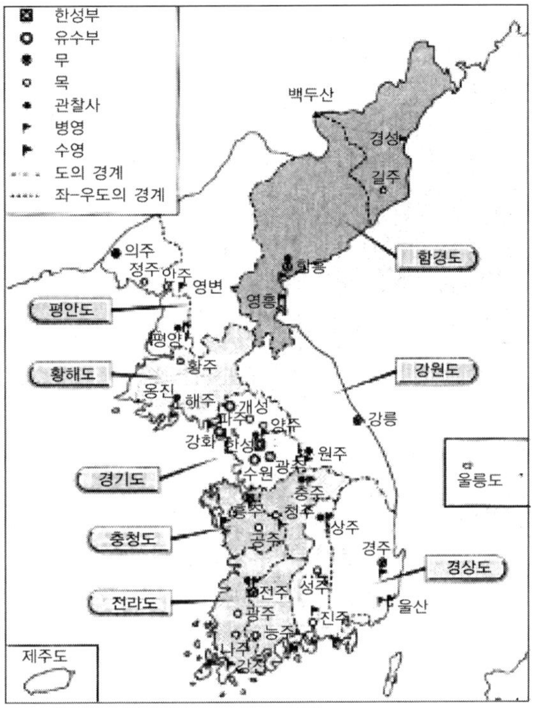

〈그림 2-9〉 조선시대의 행정구역도

〈표 2-7〉 조선시대의 지방행정 제도

향청제도	지방민을 대표하는 자치기구로 지방 수령을 보좌하고 향리의 악행을 감시하며 백성을 교화하기 위해 설치되었다. 조선 초기 유향소, 향소 등으로 불렸으며 조선 후기로 갈수록 우두머리인 좌수의 부패와 비리가 늘고 위엄을 세우는 기관으로 변모하면서 악폐를 낳았다.
향약(鄕約)	조선 중기 이후 지방의 토착세력 및 유생들로부터 자발적으로 시작된 향촌사회의 자치 규약과 그 규약에 근거한 행정조직체를 뜻한다. 중국 송나라 때의 여씨향약(呂氏鄕約)을 본뜬 것으로 조선 중종 때 조광조를 비롯한 사림파의 주장으로 추진되어 영·정조 때까지 전국 각지에서 실시하였고, 덕업상권, 과실상규, 예속상교, 환난상휼[22]을 이념으로 하였다. 실제 운영에 있어 형벌권 남용으로 주민을 괴롭히는 기관으로 변질되었다.
향회제도	조선 중기 지방에 거주하는 양반, 사족이 중심이 되어 운영한 지방자치회의이다. 수령의 권한을 통제하고 지방 사족의 내부 결속 및 지방민의 부역체제에 관여했다. 19세기에는 향회의 참여층이 지방 사족이 아닌 일부 평민층으로 확대되었으며 19세기 말에는 지역민 모두가 참가하는 도회개념으로 변모하였다.

22) 첫째, 지역주민의 덕행을 장려하고 서로 근면·성실하도록 하고(덕업상권)
둘째, 과실에 대해서는 서로 경계하여 고치도록 하며(과실상규)
셋째, 예의와 풍속을 서로 나누어 생활을 바르게 하고(예속상교)

2. 근대 이후의 지방자치

1) 갑오경장시기의 지방자치

조선 말기에 향회제도가 있었는데 향회는 군 · 면 · 리에 각각 그 지역주민으로 구성되는 군회 · 면회 · 리회를 설치하고 의결권을 부여했으며, 면 · 리의 집행기관으로 임기 1년의 집강 · 존위를 주민이 선출하였다. 임무를 제대로 이행 못할 경우에는 임기 중이라도 개선토록 한 오늘날의 지방의회와 유사하다. 집행기관의 주민선출제도 역시 근대적 지방자치제도와 유사하였으나 1910년 한일합방으로 폐지되었다.

또 다른 하나는 민회가 있었다. 조선 후기 행정적 질서의 혼란으로 인한 국가와 일반백성 간의 긴장관계가 고착화되자 농민들을 중심으로 민회가 성립되어 정부관리 및 지방수령들에 대응하였다. 민회를 통한 의사수집 · 관리들에게 대책을 요구하였으며, 봉기집행 및 행정기구를 형성하였다. 1894년 갑오농민혁명 시 발전된 형태의 자치행정조직으로 발전하였고 일반 백성들의 자발적 조직 및 행정권 행사라는 측면에서 지방자치적 요소를 지니고 있다.

1894년 갑오년에는 중국식 가신국가체제가 서구식 근대국가체제로 바뀌는 대규모의 개혁이 단행되었다. 개혁에서는 23개의 부와 336개의 군을 두는 것과 새로운 향회제도[23]와 면과 리에서의 자치를 실시하는 것을 주 내용으로 하였다.

그러나 개혁파의 이러한 개혁은 당연히 보수 양반세력을 중심으로 한 기존 지배집단의 강력한 반발에 부딪치게 되었다. 개혁 주도세력 또한 일본 세력과 협력하고 그 힘을 빌려 오히려 농민군을 진압하면서 그 정당성을 잃어 갔다.

결국 갑오개혁의 실패와 함께 지방행정제도도 구체제와 유사한 형태로 환원되고 말았다. 즉 1896년 8월, 23부가 폐지되는 대신 과거의 8도 체제를 일부 변형시킨 13도제가 다시 들어서 지방행정제도는 13도 7부 1목 331군이 되었다(김택 외, 2003).

2) 일제강점기의 지방자치

일제강점기의 행정제도는 식민통치를 위한 것으로 개편되었다. 즉 중앙에 조선총독부를 설치하면서 지방제도도 개편을 단행하였는데, 지방에는 도 · 부 · 군 · 면을 두고 그 아래 동

넷째, 질병과 재난에 대하여 서로 돕도록 한다(환난상휼).

23) 고을의 일을 의논하기 위한 고을 사람들의 모임의 제도.

·리를 두었다. 이런 지방단위의 주요사업이 국민교육과 지역복지였음은 과거와 다름이 없으나, 행정의 초점은 한국인을 일본에 동화시키는 것과 경제적 착취에 맞추어져 있었다는 문제점이 있었다.

그러나 형식적으로 지방자치의 면모를 갖추었는데, 1930년 지방제도를 전면 개정하면서 지정면을 읍으로 승격시키고, 도와 읍에는 공법인 자격을 부여하였다. 그리고 도·부·읍에는 의결기관으로서 도회·부회·읍회를 설치하였으며 면에는 자문기관으로서 면협의회를 두도록 하였다.

하지만 이 역시 주민에 의한 자발적 운영을 통한 주민의 복리향상과는 거리가 먼 지방통제의 일환이었다(최봉기, 2006: 46).

다음의 〈표 2-8〉은 1914년 3월 1일 일제강점기의 지방행정 구역표를 나타내고 있다.

〈표 2-8〉 일제 강점기의 지방행정 구역표(1914. 3. 1)

시대	일자	도(道)	부	목	군	도(島)	면	지정면(읍)	보통면
조선	1896. 8. 4	13	9	1	329	–	4,338	–	–
일제	1914. 3. 1	13	12	–	218	2	2,518	23	2,493

출처: 임승빈, 2006: 120

3) 미군정시대의 지방자치

1945년 일제로부터의 해방 이후 허울 좋은 지방제도의 개편이 막을 내리고 3년간 과도기적인 미군정시대로 이어지게 되었다. 미군정시대에는 서구식 자유민주주의의 정치·행정제도를 도입하려고 하였다. 즉 대의적 민주주의와 분권화된 행정체제를 이식하려고 하였다. 그러나 과도기적 군정이 갖는 한계로 인하여 일제강점기의 통치기구는 거의 그대로 존속하였으며 정치·행정제도상 발전보다는 오히려 도회·부회·읍회·면협의회를 폐지하여 지방자치제도의 후퇴를 가져오게 되었다(최봉기, 2006: 46~47).

다음의 〈표 2-9〉는 미군정시대의 지방행정 구역표를 보여 주고 있다.

〈표 2-9〉 미군정시대의 지방행정 구역표

구분	직할시	도(道)	부	군	도(島)	읍	면
일제	–	13	22	218	2	107	2,246
미군정시대 (남한기준)	1	8 (9)	12	134	2 (1)	76	1,475
북한	–	5	10	84	–	31	768

비고 1. 1946. 7. 2 제주도 승격: 남한(9)으로 됨.
2. 직할시는 서울시를 말함.
출처: 임승빈, 2006: 121

3. 현대의 지방자치

우리나라의 현대적이고 실질적인 지방자치는 1995년 6월 27일 제4대 지방선거를 통해 시작되었다. 이 선거는 지방자치단체장과 지방의회를 지역주민이 직접 선출했다. 다시 말해 중앙집권적 통치체제를 지방분권적 자치체제로 전환시킨 창조적 의미를 갖는다.

1) 제1공화국

(1) 지방자치법 제정

1948년 건국헌법 제96조와 제97조에 의거하여 1949년 7월 4일 법률 제32호로 우리나라 최초의 지방자치법이 제정 · 공포되었다.

① 지방자치단체의 주체

서울특별시와 도를 광역자치단체로, 시 · 읍 · 면을 기초자치단체로 했다.

② 지방자치단체의 구성

서울특별시와 도는 정부의 직할에 두어 대통령이 각각 임명하였으며, 시 · 읍 · 면은 도의 관할하에 시 · 읍 · 면장을 지방의회에서 무기명 투표로 선출하였다.

③ 지방자치단체의 성격

서울특별시와 인구 50만 명 이상의 시에는 구를 두며, 도에는 군을 두었다. 또한 시 · 읍 · 면에는 동과 리를 두었다. 덧붙여 군수와 구청장은 국가공무원으로 임명하였고, 동 · 리장은 주민이 선출하였다.

④ 지방의회의 성격

선거의 4대 원칙인 보통 · 직접 · 평등 · 비밀로 선출하였으며, 의원의 임기는 4년으로 하는 명예직으로 구성하고 의원의 수는 인구를 기준으로 정해졌다.

이렇게 제정된 지방자치법은 부칙 제1조의 규정에 의해 1949년 8월 15일부터 실시하도록 되어 있었으나, 대한민국 정부 수립 이후에 안정되지 못한 행정체제와 불안정한 국내 정세 등의 이유로 지방의회의원선거가 연기되어 실질적인 지방자치는 이루어지지 못했다.

(2) 지방자치법 제1차 개정(1949년 12월 15일)

지방자치법이 제정 및 공포되었으나 현 상황에 적합하지 못한 지방자치법의 모순 및 미비, 누락 등을 극복하기 위해 1949년 12월 15일 제1차 개정을 하였다.

① 지방자치의 연기

대통령은 천재지변, 기타 비상사태로 인해 선거를 실시하기 곤란하다고 인정할 때에는 지방자치단체의 전부 또는 일부의 선거를 연기 또는 정지할 수 있다는 규정을 신설하였다.

② 지방자치단체의 구성

서울특별시와 도는 정부의 직할에 두어 대통령이 각각 임명하는 것은 동일하였으나, 시장은 대통령이, 읍 · 면장은 도지사가 임명하도록 하였다.

③ 지방자치단체의 성격

지방의회가 설립될 때까지 의회의 의결을 요한 사항은 특별시와 도는 내무부(현 안전행정부)장관의 승인을 필요로 하고, 시 · 읍 · 면은 도지사의 승인을 얻도록 했다.

(3) 제1회 지방선거

이승만 정부는 지방자치법의 제정 및 개정 이후에도 국내 정세의 불안을 이유로 지방선거를 하지 않았다. 그러다가 1952년 한국전쟁 중임에도 불구하고, 대통령선거를 앞두고 당시 국회의 중심세력이었던 한민당과의 대립으로 제2대 대통령으로 재선될 가능성이 없자, 국회의 간선제를 폐지하고 국민에 의한 직선제로의 개헌을 추진하였다. 하지만 정부가 제출한 개헌안이 국회에서 부결되자 국회의 무력화를 위해 1952년 4월 25일은 시 · 읍 · 면 의원선거를, 5월 10일에는 도의회의원선거를 각각 실시했다.

다음의 〈표 2-10〉은 1952년 4월 25일 시 · 읍 · 면 의원선거 결과와 5월 10일 도의회의원선거 결과를 동시에 보여 주고 있다.

① 지방자치단체의 구성

서울특별시와 도는 정부의 직할에 두어 대통령이 각각 임명하였으나, 시 · 읍 · 면은 의원 선거를 하여 선출하는 간선제로 개정했다.

② 지방자치단체의 성격

서울특별시장 및 도지사는 대통령의 허가를 얻어 의회를 해산할 수 있는 권한을 가지게 되었으며, 시 · 읍 · 면장은 도지사의 허가를 얻어 의회를 해산시킬 수 있는 권한을 각각 가지게 되었다.

③ 지방의회의 성격

지방의회는 1949년 지방자치법 제121조 지방자치단체장을 불신임할 수 있는 권한을 통해 정치목적에 따라 많은 수의 단체장들이 퇴직을 거듭해 혼란을 야기했다(강용기, 2008: 90).

〈표 2-10〉 지방의회의원선거 현황(1952년)

도명	시·읍·면								도		
	시		읍		면		당선 의원 계	투표율 (%)			
	선거구	당선 의원	선거구	당선 의원	선거구	당선 의원			의원 정수	입후보 자 수	투표율 (%)
계	95	378	238	1,114	3,930	16,052	17,544	91	306	824	81
경기	17	48	20	105	306	1,376	1,529	88	-	-	-
충북	5	20	22	78	368	1,227	1,325	93	28	63	86
충남	6	22	33	165	482	2,001	2,188	89	46	128	78
전북	14	61	18	91	477	1,976	2,128	91	32	86	83
전남	19	83	40	166	692	2,823	3,072	94	59	129	86
경북	17	69	36	189	680	2,938	3,196	91	61	166	80
경남	18	75	39	206	660	2,736	3,017	90	60	195	78
강원	-	-	27	92	247	812	904	91	-	-	-
제주	-	-	3	22	18	163	185	89	20	54	85

출처: 정일섭, 2007: 41 표를 수정 보완함.

이처럼 제1회 1952년 4월 25일 시 · 읍 · 면 의원선거와 5월 10일 도의회의원선거는 지방자치의 현대적 시작을 알리는 역할을 하였다. 하지만 한국정치사상 최초의 근대적 지방의회의 구성이라는 역사적 의미의 내면에는 다음과 같은 결점을 내재하고 있었다.

첫째, 지방의원선거 과정에 있어서 혈연주의와 지역주의가 심각하게 나타나 주민들 간의 불화 및 갈등이 심화되었다. 당시 지방자치의 미경험자들인 주민들의 정치역량과 민주주적 정치의식이 매우 낮았으며, 지방자치의 도입이 국민들의 염원이 아닌 이승만 정부의 재집권을 위한 정치적 책략의 일환이었기 때문이다.

둘째, 지방자치단체장의 간선제로 인한 폐해 발생이다. 지방자치법 제1차 개정에 따르면 시·읍·면은 지방의원선거를 통한 지방자치단체장의 임명이 간선제를 통해서 이루어졌다. 이로 인해 주민들에 의해 실시되는 민주정치와는 거리가 있었을 뿐 아니라, 지방의회의 파벌문화, 의회 내에서의 폭력사태 및 지방자치단체장 선출을 위한 뇌물 및 비리 부패가 발생하는 많은 폐해가 나타났다.

셋째, 단체장 불신임권과 의회해산권의 남용 및 오용이다. 1952년 제1회 지방의원선거가 이루어졌던 당시에는 지방자치법에 지방의회와 지방자치단체장의 상호견제와 균형을 위한 제도적 권한이 있었다. 하지만 이 단체장 불신임권과 의회 해산권은 자신들의 정치적 목적으로만 사용되어 오히려 민주정치사회로 나아가는 데 걸림돌로 전락하고 말았다. 이로 인해 1956년 2월 13일 지방자치법의 개정에서는 의회의 지방자치단체장에 대한 불신임 의결제도와 지방자치단체장의 의회에 대한 의회해산제도를 폐지하게 된다.

(4) 지방자치법 개정(1956년 2월 13일)

① 지방자치단체의 구성

제1회 지방선거에서와 같이 서울특별시와 도는 정부의 직할에 두어 서울특별시장과 도지사는 대통령이 각각 임명하였으나, 시·읍·면은 주민의 직접선거를 통해 선출되는 직선제로 제2차 개정에 따라 선거를 실시했다.

② 지방자치단체의 성격

1956년 2월 13일 지방자치법 제2차 개정에서 서울특별시장 및 도지사는 대통령의 허가를 얻어, 시·읍·면장은 도지사의 허가를 얻어 의회를 해산시킬 수 있는 의회해산제도는 폐지되었다.

③ 지방의회의 성격

지방의회의 지방자치단체장에 대한 불신임 의결권은 지방자치단체장과의 상호균형을 위한 민주사회로의 발전을 위한 제도로 사용되지 못하고, 자신들의 정치적 목적으로 사용함으로써 오히려 자치단체장의 잦은 교체를 통한 행정의 비효율을 발생시켜 1956년 2월 13일 지방자치법 제2차 개정에서 폐지되었다.

(5) 제2회 지방선거(1956년 8월)

1952년 제1대 지방의회가 구성된 후에 1956년 2월 13일 제2차 지방자치법 개정, 1956년 7월 8일 제3차 지방자치법 개정을 거쳐 1956년 8월 8일에는 제2대 시 · 읍 · 면 의원선거 및 제1대 시 · 읍 · 면장 선거가 이루어졌으며, 동년 8월 14일 제2대 도의원선거 및 제1대 서울특별시의원선거가 실시되었다.

다음의 〈표 2-11〉은 1956년 지방의회의원선거 결과를, 〈표 2-12〉는 지방자치단체장 선거 결과를 각각 보여 주고 있다.

〈표 2-11〉 지방의회의원선거 현황(1956년)

(단위: 명, %)

도명	시 · 읍 · 면					도와 서울특별시		
	시 · 읍 · 면 수	선거구 수	당선자 수	후보자 수	시의 투표율(%)	선거구 수 (당선자 수)	후보자 수	투표율 (%)
계	1,481	4,415	16,954	27,524	79.5	437	1490	86.0
서울	-	-	-	-	-	47	280	75.0
경기	195	517	2,245	3,276	77.0	45	169	840
충북	107	380	1,231	1,813	87.0	30	86	89.0
충남	171	506	2,001	3,187	76.7	45	114	87.0
전북	166	498	1,926	3,465	86.0	44	141	90.0
전남	235	716	2,747	3,465	86.0	58	197	89.0
경북	248	727	2,891	4,651	77.0	61	180	81.0
경남	237	715	2,746	4,833	76.0	67	229	84.0
강원	86	342	1,003	1,546	87.0	25	72	90.0
제주	13	50	164	271	88.9	15	32	90.0

이처럼 제2대 지방의원 및 제1대 지방자치단체장 선거는 대한민국 지방자치사상 시 · 읍 · 면장을 주민들이 직접 선출하는 민주사회로의 진입을 알리는 신호탄을 발사했다. 이를 구체적으로 살펴보면 다음과 같다.

첫째, 지방행정의 효율성과 민주성을 회복할 수 있었다. 폐단으로 가득 찬 지방자치단체장에 대한 불신임 의결제도와 지방의회의원에 대한 지방의회해산제도를 폐지함에 따라 지방자치단체장과 의회와의 마찰이 줄어들고, 주민의 복리증진을 위한 일관성 있는 지역정책이 이루어질 수 있었다.

둘째, 지방의원의 정수 과다의 선출을 통한 의원의 질적 저하 및 의회 운영비 증가 등 지방의회 구성 및 관리에 있어서 지방의회의원의 정수를 감축함으로써 지방의회의원의 경쟁력을 높이고 나아가 지방의원의 자질을 향상시킬 수 있었다.

하지만 오랜 세월 동안 관존민비의 사회문화 및 미흡한 민주주의 사회의 지방자치문화는 제2대 지방의원 및 제1대 지방자치단체장 선거에서 다음과 같은 문제점을 나타내고 있다.

〈표 2-12〉 지방자치단체장 선거현황(1956년)

(단위: 명, %)

구분/도별	시장				읍장			면장		
	시 수	선거를 실시한 시 (당선자 수)	후보자 수	투표율 (%)	읍 수	선거를 실시한 읍 (당선자 수)	후보자 수	면 수	선거를 실시한 면 (당선자 수)	후보자 수
계	26	6	24	86.8	76	20	102	1,389	544	1,797
경기	2	-	-	-	8	4	14	185	106	323
충북	2	2	8	87.3	5	3	8	100	42	132
충남	1	-	-	-	11	5	21	161	81	275
전북	3	2	10	85.7	8	2	6	166	43	168
전남	4	1	3	85.0	13	4	14	221	42	145
경북	4	-	-	-	13	5	17	233	98	318
경남	6	-	-	-	11	3	12	224	68	273
강원	3	1	3	92.0	4	3	7	89	59	149
제주	1	-	-	-	3	1	3	10	5	14

출처: 정일섭, 2007: 42 표를 수정 보완함.

첫째, 지방재정의 낭비이다. 주민들이 직접 선출하는 직선제는 재선을 위한 지방의원과 지방자치단체장의 무분별한 선심정책을 통해 지방재정의 악화 및 파탄을 초래하여 오히려 민주사회로의 발전을 저해했다.

둘째, 공정한 선거의 부재이다. 지역주민들에 의한 직접선거에 있어서 당선을 위한 각종 비리와 부패로 공정한 선거가 이루어지지 못하였을 뿐 아니라 당선된 이후에도 각종 비리와 부패는 만연하였다.

(6) 지방자치법 개정(1958년 12월 26일)

① 지방자치단체의 구성

서울특별시와 도는 정부의 직할에 두어 서울특별시장과 도지사는 대통령이 각각 임명하고, 시·읍·면은 주민의 직접선거를 통해 선출되는 직선제를 폐지하고 임명제로 개정하였다. 또한 주민이 직접선거를 통해 선출하였던 동·리장의 직선제도 폐지하고 임명제로 개정하였다.

② 지방자치단체의 성격

1956년 2월 13일 지방자치법 제2차 개정에서 행정의 비효율과 비민주성을 초래했던 의회해산제도는 부활되었으며, 이는 지방의회의 불신임 의결권을 견제하는 정치적 기능을 하게 되었다. 다만 무분별한 지방의회의 해산을 방지하기 위해 불신임 의결이 있을 때에 도지사 또는 서울특별시장은 내무부 장관의, 시 · 읍 · 면장은 도지사의 허가를 받아 15일 이내에 의회를 해산할 수 있도록 했다.

③ 지방의회의 성격

행정의 비효율과 비민주화를 발생시켜 1956년 2월 13일 지방자치법 제2차 개정에서 폐지되었던 지방의회의 지방자치단체장에 대한 불신임 의결권은 재적 의원 3분의 2 이상의 출석과 출석 의원 3분의 2 이상의 찬성이 있어야 하는 제도적 보완을 하여 부활하였다.

2) 제2공화국

(1) 지방자치법 개정(1960년 11월 1일)

이승만 정권하에서 지방자치법의 개정은 민주주의 사회의 기본이념인 주민의 의사에 따라 보완 및 수정하는 개정을 한 것이 아니라, 정치적 목적에 의해 네 차례나 개정되었다. 그로 인해 행정의 비효율을 야기했을 뿐 아니라, 행정의 비민주화를 야기했다.

이를 극복하려는 국민들의 염원과 노력 아래 1960년 4월 19일 혁명이 이루어졌고, 1960년 6월 15일 내각책임제로의 개헌을 통해 지방자치는 다음과 같은 새로운 모습을 갖게 된다.

하지만 제5차 지방자치법 개정을 통한 지방자치의 이상향은 1961년 5 · 16 군사 쿠데타를 통해 수립한 박정희 정권에 의해 모두 무산된다.

① 지방자치단체의 구성

지방자치단체장의 선출 방법을 기존의 간선제에서 직선제로 개정하였다. 이로써 서울특별시장 · 도지사, 시 · 읍 · 면장을 주민이 직접 구성하게 되었다. 또한 선거 시 유권자가 후보자의 이름을 한자 또는 한글로 직접 작성하는 기명제를 채택하였고, 선거권자의 연령을 기존의 만 21세부터 20세로, 피선거권자의 연령은 지방의원 및 시 · 읍 · 면장은 만 25세 이상, 서울특별시장 · 도지사는 만 30세 이상으로 개정했다.

② 지방의회의 성격

인구 비례에 따라 서울특별시 의원은 민의원선거구마다 3인으로, 도의원의 경우 민의원

선거구마다 2인으로 개정했다.

(2) 제3회 지방선거(1960년 12월)

민주화 사회를 갈망한 전 국민의 노력으로 1960년 이승만 정부는 문을 내리고, 1960년 6월 15일 제2공화국헌법에 따라 지방자치법은 제5차 개정을 하게 되었고, 1960년 12월 12일 서울특별시와 도의회의원선거, 1960년 12월 19일 시 · 읍 · 면 의회의원선거, 1960년 12월 26일 시 · 읍 · 면장 선거, 1960년 12월 29일 서울특별시장 및 도지사 선거가 이루어졌다.

다음의 〈표 2-13〉은 1960년 지방의회의원선거 결과를, 〈표 2-14〉는 지방자치단체장 선거 결과를 각각 보여 주고 있다.

〈표 2-13〉 지방의회의원선거 현황(1960년)

(단위: 명, %)

구분 시 · 도별	시		읍		면		시 · 읍 · 면	도 · 서울특별시	
	당선자수	투표율	당선자수	투표율	당선자수	투표율	투표율	당선자수	투표율
계	420	62.6	1,055	77.5	15,376	83.7	78.9	487	67.4
서울	–	–	–	–	–	–	–	54	46.2
경기	35	58.1	117	63.4	2,091	7.42	70.2	46	62.9
충북	30	70.1	66	76.3	1,130	83.0	81.0	26	72.8
충남	18	56.4	157	73.5	1,841	81.1	77.9	48	68.8
전북	48	67.3	92	80.1	1,762	86.5	83.0	48	71.8
전남	52	70.0	170	85.6	2,511	88.5	85.5	66	74.1
경북	69	62.8	174	80.0	2,581	84.4	80.0	73	67.3
경남	106	58.1	159	82.6	2,473	87.6	76.5	80	68.3
강원	45	73.7	78	71.6	880	79.9	77.6	28	75.9
제주	15	82.5	42	84.6	107	88.2	85.9	18	84.3

이처럼 3대 지방선거는 자유민주주의에 대한 국민의 열망을 수용한 민주적 지방선거라고 할 수 있다. 이를 구체적으로 살펴보면 다음과 같다.

첫째, 지방행정의 자유민주주의이다. 제3회 지방선거는 정치적 목적 달성을 위한 단순한 수단과 도구가 아니라, 주민들 스스로가 지역사회의 주인이 되고, 주권을 행사할 수 있었다. 즉 지방자치단체장 및 지방의회의원 전 분야의 첫 직접선거를 통해 진정한 자유민주주의 사회를 구현할 수 있는 초석이 되었다.

둘째, 공명선거의 시작이다. 제3회 지방선거는 제5차 지방자치법 개정에서 보완된 공명선거를 위한 노력이 반영되었다. 즉 공명선거를 위해 부재자 선거제도가 도입되었으며, 선거운동 기간의 단축 및 선거운동 공영제 등 다양한 노력이 동반되었다.

〈표 2-14〉 지방자치단체장 선거현황(1960년)

(단위: 명, %)

구분 / 시·별	시장		읍장		면장		시·읍·면 투표율	도·서울특별시				
	당선자수	투표율	당선자수	투표율	당선자수	투표율		입후보자수	정당별 당선자			투표율
									민주당	신민당	무소속	
계	26	54.6	82	72.7	1,359	81.6	75.4	83	6	3	1	38.8
서울	-	-	-	-	-	-	-	15	1	-	-	36.4
경기	2	52.6	9	63.1	184	74.6	69.7	9	1	-	-	32.8
충북	2	65.3	5	75.2	99	81.3	78.9	5	1	-	-	44.5
충남	1	45.2	12	74.4	160	81.8	77.7	5	-	1	-	39.8
전북	3	58.9	8	72.5	164	83.7	79.2	7	1	-	-	42.7
전남	4	58.1	13	77.0	218	83.0	78.8	9	-	1	-	44.2
경북	4	52.7	13	72.2	227	81.5	74.3	14	1	-	-	35.8
경남	6	51.6	13	74.0	220	84.5	71.9	8	-	1	-	33.2
강원	3	66.6	6	70.4	77	79.5	76.0	6	1	-	-	47.8
제주	1	75.5	3	81.2	10	81.7	80.1	5	-	-	1	62.2

출처: 정일섭, 2007: 46 표를 수정 보완함

그러나 민주주의 갈망에 대한 이상적인 제3회 지방선거는 다음과 같은 한계를 지니고 있다.

첫째, 공명선거를 위한 선거운동과 부재자 선거제도 및 선거공영제 등 다양한 노력에도 불구하고 지방 곳곳에서는 각종 비리·부패가 끊이질 않았으며, 무엇보다 투명한 선거를 위해 감시·감독할 기관이나 단체도 존재하지 않았다.

둘째, 민주주의적인 선거를 통해 당선된 지방자치단체장 또는 지방의원일지라도 정치적 대립으로 인해 그 임기를 마치지 못하고 중도 하차하는 경우도 적지 않았다.

하지만 무엇보다 1961년 5월 16일 군사 쿠데타를 통해 수립한 박정희 정부에 의해 지방자치는 무기한 중단에 들어가게 되고, 결국 지방자치는 암흑기에 접어든다.

3) 제3공화국

제3공화국은 지방자치의 암흑기라고 할 수 있다. 민주화 사회에 대한 열망으로 수립한 제2공화국은 불과 몇 개월도 되지 않아 1961년 5월 16일 군사 쿠데타로 수립한 박정희 정부에 의해 문을 내리게 된다.

① 군사혁명위원회 포고 제4호 및 제8호(1961년 5월 16일)

1961년 5월 16일 군사 쿠데타로 정권을 잡은 박정희는 군사혁명위원회 포고 제4호를 통해 지방자치법에 의해 성립된 지방의회를 강제 해산하였고, 1961년 5월 22일 군사혁명위원회 포고 제8호에 의해 서울특별시와 도는 내무부장관의, 시는 도지사의, 읍 · 면은 군수의 승인을 얻어 집행하도록 했다. 이는 지방자치라기보다 상급기관장의 승인에 의한 집행, 즉 강력한 중앙집권적 정부의 명령에 움직이는 지방행정만이 존재했다.

② 지방자치에 관한 임시조치법 제정(1961년 9월 1일)

박정희 정부는 지방의회의 해산에 그치지 않고, 지방자치에 관한 임시조치법을 제정하여 군자치제(郡自治制)로 개정했다. 즉 군(郡)을 자치단체로 규정하면서 읍 · 면 중심의 지방자치를 폐지하였다. 또한 지방자치단체장은 기존의 주민선거를 통한 직선제가 아닌 국가공무원으로 충당하는 임명제를 실시하였고, 서울특별시의회 권한은 서울특별시장이 국무총리의 승인을 받아서 집행해야 했다. 그리고 시 · 도지사는 내무부 장관의, 시장 · 군수는 도지사의 승인을 받아 의회의 권한을 집행해야 했다.

4) 제4공화국

제4공화국은 지방자치와 유신헌법이 주요사항이다. 1972년 12월 27일 개정된 제4공화국 헌법은 부칙 제10조에 "지방의회는 조국 통일이 이루어질 때까지 구성하지 아니 한다"고 규정하여 현실적으로 지방자치를 할 수 없도록 해 놓았을 뿐 아니라, 지방자치법 또한 아무런 효력을 지니지 못하게 된다. 나아가 자유민주주의 사회로의 발전은 말할 것도 없이 자유민주주의 자체가 소멸되어 갔다.

5) 제5공화국

1979년 10월 26일 박정희 대통령의 사망과 1980년대 새로운 정부 속에서 지방자치의 새싹은 트게 된다. 제3공화국과 제4공화국에서 지방자치는 완전한 소멸의 위기에까지 이르렀지만, 제5공화국 헌법은 지방자치의 시행 시기에 대해 헌법 부칙 10조에 "지방의회는 지방자치단체의 재정자립도를 감안하여 순차적으로 구성하되, 그 구성 시기는 법률로 정한다." 라고 규정하여 지방자치 부활의 헌법적 근거를 마련한다.

6) 제6공화국(노태우 정부)

1988년 2월에 출범한 제6공화국은 1987년 10월 29일 제9차 대한민국헌법 제117조[24]와 제118조[25]에서 지방자치의 부활을 찾아볼 수 있다.

(1) 지방자치법 개정(1988년 4월 6일)

① 지방자치단체의 구성

지방자치단체는 광역자치단체(특별시 · 직할시 · 도)와 기초자치단체(시 · 군 · 자치구)의 2종류로 대별했다. 또한 지방자치단체는 상호 관련된 업무의 공동처리를 위해서 행정협의회를 구성할 수 있고, 협의사항 조정 등에 관한 규정을 두었다.

② 지방자치단체의 성격

지방자치단체장의 명령이나 처분이 법령에 위반되거나 현저히 부당하여 공익을 해할 경우에는 시 · 도에 대해서는 주무부 장관이, 시 · 군 · 자치구에 대해서는 시 · 도지사가 각각 시정을 명령하고 이를 이행하지 않을 때에는 취소 및 정지할 수 있도록 했다.

지방자치단체의 사무 범위는 포괄적 수권 방식으로 하되 예시주의를 채택했고, 지방자치단체의 종류별로 사무배분 기준을 정했다. 다만 자치구 자치권의 범위는 시 · 군과 다르게 할 수 있도록 했다. 그리고 지방자치단체장에게 지방의회 의결사항에 대한 재의요구권과 선결처분권을 부여했다(정일섭, 2007: 49~50).

선거권자는 만 20세를 유지하였으나, 시장 · 군수 · 자치구 구청장의 피선거권은 만 30세 이상으로, 시 · 도지사의 피선거권을 만 35세 이상으로 하였다.

③ 지방의회의 성격

지방의회의 행정사무감사권을 삭제하고 행정사무조사권을 신설하였으며, 지방의회의원의 정수는 행정구역을 기준으로 일정한 범위 내에서 정하도록 하였다. 그리고 지방의원의 선거권은 역시 만 20세로 유지하였으나, 피선거권은 만 25세 이상으로 하였다.

(2) 제4회 지방선거(1991년 3월)

제4회 지방선거는 1961년 5월 16일부터 1991년까지 30년이란 지방자치의 암흑기를 지나 1991년 3월 26일 기초의원선거를, 1991년 6월 20일 광역의원선거를 각각 실시하였다.

---

24) 제117조 ① 지방자치단체는 주민의 복리에 관한 사무를 처리하고 재산을 관리하며, 법령의 범위 안에서 자치에 관한 규정을 제정할 수 있다. ② 지방자치단체의 종류는 법률로 정한다.

25) 제118조 ① 지방자치단체에 의회를 둔다. ② 지방의회의 조직 · 권한 · 의원선거와 지방자치단체의 장의 선임방법 기타 지방자치단체의 조직과 운영에 관한 사항은 법률로 정한다.

다음의 〈표 2-15〉는 지방의회의원선거 결과를 나타낸다.

〈표 2-15〉 지방의회의원선거 현황(1991년)

(단위: 명, %)

구분 시별	자치구 · 시 · 군				특별시 · 광역시 · 도			
	선거구 수	의원정수 (당선자 수)	선거인 수	투표율	선거구 수	의원정수 (당선자 수)	선거인 수	투표율
서울	494	778	7,202,903	42.3	132	132	7,212,887	52.4
부산	222	303	2,513,245	49.7	51	51	2,519,619	57.7
대구	141	182	1,431,789	44.4	28	28	1,439,609	53.0
인천	106	153	1,217,001	42.6	27	27	1,243,072	53.9
광주	92	110	704,790	50.8	23	23	712,477	55.5
대전	76	91	661,953	49.1	23	23	671,919	59.4
경기	409	526	3,984,615	52.2	114	117	3,958,349	55.4
강원	223	240	1,020,833	68.7	54	54	1,016,647	68.5
충북	158	173	890,907	64.9	38	38	892,420	65.7
충남	206	223	1,227,338	67.3	53	55	1,180,314	68.9
전북	367	280	1,306,100	65.2	52	52	1,304,059	63.5
전남	325	337	1,531,081	69.4	73	73	1,522,590	65.5
경북	380	404(403)1)	1,909,081	70.2	82	87	1,804,859	68.7
경남	420	453	2,387,727	64.5	85	89	2,319,521	64.8
제주	43	51	312,217	70.1	15	17	284,682	74.7
계	3,562	4,304(4,303)	28,301,580	55.0	850	866	28,083,024	58.9

주: 1) 경상북도 구미시 선주동 선거구(1인 선출구)는 등록된 후보자(2명)가 모두 사퇴하여 당선자가 없었음.

출처: 정일섭, 2007: 62 표를 수정 보완함.

30년 만의 부활을 맞은 제4회 지방선거는 국민들의 관심과 기대가 매우 큰 지방선거였다. 이를 구체적으로 살펴보면 다음과 같다.

첫째, 지방행정의 주인의식 향상이다. 제4회 지방선거는 지방의회의원선거만 하여 지방자치단체장은 중앙정부의 임명제가 유지된 상황이었다. 이러한 중앙정부의 강력한 집권 아래서 명예직제도의 지방의원들은 주인의식을 가지고 행정의 낭비 · 오용을 막고자 주어진 임무를 다하려고 노력하였다.

둘째, 주민의 복리증진이다. 제4회 지방선거를 통해 선출된 지방의원들은 주민들의 민원을 파악하고 그 해결을 위해 예산의 결정 및 집행에 있어서 끊임없는 감시 · 감독을 통해 주민의 대표기관으로서의 역할을 충실히 하여, 궁극적으로 주민의 복리를 증진시켰다.

하지만 지난 30년 동안의 지방선거 및 지방자치의 미실시로 인한 미흡한 점은 다음과 같이 나타났다.

첫째, 지방의원들의 나눠 먹기식 예산분배이다. 지방의원들은 자신의 지역에 선거공약사업을 추진하기 위해서 예산에 집착하게 되고, 이는 지방의원들 간의 예산심의 과정에 있어서 서로 나눠 가지는 문제점을 지니고 있다.

둘째, 지방의원들의 지방자치단체장과의 실질적 권한 차이이다. 지방의회의원들은 주민들이 직접 선출한 주민의 대표자이기는 하지만, 실질적인 예산의 집행 및 모든 권한은 지방자치단체장을 중심으로 집중되어 있기 때문에 행정이 주민의 의사를 대표하는 지방의회의원들 중심으로 이루어지기보다는 지방자치단체장 중심으로 이루어진다.

7) 문민정부(김영삼 정부)

1992년 12월에 대한민국 14대 대통령으로 당선된 김영삼은 문민정부를 수립하였다. 특히 1995년 상반기 이전에 지방자치단체장 선거를 실시하겠다는 그의 선거공약은 1995년 6월 27일에 지방자치단체장을 포함한 제4회 지방선거를 실시하였다. 이로써 지난 30년간 지방의회의원선거 및 지방자치단체장 선거가 존재하지 않았던 지방자치의 암흑기는 막을 내린다.

(1) 지방자치법 개정(1994년 3월 16일)

① 지방자치단체의 구성

1994년 3월 16일 개정한 지방자치법 제7조[26]에서처럼 시와 군을 통합한 지역이나, 인구 5만 이상의 도시 형태를 갖춘 지역이 있는 군은 도농복합형태의 시를 둘 수 있고, 이러한 시에는 읍 · 면 · 동을 둘 수 있다.

또한 기존의 읍 · 면 · 동장은 별정직의 지방공무원에서 일반직 지방공무원으로 전환하였으며, 지방자치단체 간의 분쟁을 조정하기 위해 내무부 및 시 · 도에 분쟁조정위원회를 설치하고, 그 구성 및 운영은 대통령령에게 위임했다.

② 지방자치단체의 성격

주무부장관 또는 시장 및 도지사는 당해 지방자치단체장이 기간 내에 이를 이행하지 아니할 때에는 당해 지방자치단체에 대집행을 하거나 행정 및 재정상 필요한 조치를 할 수 있다. 단, 이 경우 행정대집행에 관해서는 행정대집행법을 준용한다.

---

26) 지방자치법(1994년 3월 16일 개정) 제7조
① 市는 그 大部分이 都市의 形態를 갖추고 人口 5萬 이상이 되어야 한다.
② 第1項의 規定에 의하여 設置된 市와 郡을 統合한 地域이나, 人口 5萬 이상의 都市形態를 갖춘 地域이 있는 郡을 都農複合形態의 市로 할 수 있다.

③ 지방의회의 성격

지방자치단체장 및 그 장이 위임받아 처리하는 국가사무와 시 · 도의 사무에 대하여 국회와 시 · 도의회가 직접 감사하기로 한 사무를 제외하고는 그 감사를 각각 당해 시 · 도의회와 시 · 군 및 자치구의회가 행할 수 있다. 이 경우 국회와 시 · 도의회는 그 감사결과에 대하여 당해 지방의회에 필요한 자료를 요구할 수 있으며, 감사를 위하여 필요한 사항은 국정감사 및 조사에 관한 법률에 준하여 대통령령으로 정한다.

또한 지방의회의원은 명예직으로 하되, 의정자료의 수집 및 연구와 이를 위한 보조 활동에 소요되는 비용은 매월 의정활동비로 지급하도록 개정하였다.

하지만 무엇보다 1994년 3월 16일 제13차 지방자치법 개정의 주 핵심은 지방자치단체의 장은 지방자치단체의 폐치 · 분합 또는 주민에게 과도한 부담을 주거나 중대한 영향을 미치는 지방자치단체의 주요 결정사항 등에 대하여 주민들의 의견을 물어볼 수 있는 주민투표제도의 도입이라 할 수 있다.

(2) 제1회 동시지방선거(제5회 지방선거－1995년 6월 27일)

1995년 6월 27일에는 지방자치의 중대한 역사적 의미를 지니는 제1회 동시지방선거(제5회 지방선거)가 실시되었다. 기존의 지방선거는 지방의회의원과 지방자치단체장 선거가 각기 다른 날에 실시되었으나, 제5회 지방선거에서는 같은 날에 지방의회의원과 지방자치단체장 선거가 모두 동시에 이루어짐으로써 대한민국 지방자치의 역사상 최초라는 큰 의미를 갖고 있다. 또한 동시지방선거를 통해 선거에 사용되는 인적 · 물적 · 기술적 행정의 오용과 남용을 절감했다는 데 그 의미가 더욱 특별하다.

다음의 〈표 2-16〉은 1995년 6월 27일 기초자치단체장 및 지방의회의원선거 결과를, 〈표 2-17〉은 광역의회의원선거 결과를, 〈표 2-18〉은 광역자치단체장 선거 결과를 각각 나타낸다.

〈표 2-16〉 기초자치단체장 및 지방의회의원선거 결과(1995년)

(단위: 명, %)

구분	기초자치단체장					자치구 · 시 · 군 의원	
	민자	민주	자민련	무소속	당선자 수	선거구 수	당선자 수
합계	70	84	23	53	230	3,750	4,541
서울	2	23			25	526	806
부산	14			2	16	239	320
대구	2		1	5	8	159	203
인천	5	5			10	146	206
광주		5			5	101	125
대전		1	4		5	84	107
경기	13	11		7	31	464	599
강원	9	1	1	7	18	227	245
충북	4	2	2	3	11	163	180
충남			15		15	209	223
전북		13		1	14	270	283
전남		22		2	24	326	343
경북	8	1		14	23	374	399
경남	10			11	21	419	451
제주	3			1	4	43	51

자료: 중앙선거관리위원회, 1995, 『제1회 전국동시지방선거당선자명부』.

〈표 2-17〉 광역의회의원선거 결과(1995년)

(단위: 명, %)

시 · 도	민자	민주	자민련	무소속	정원
합 계	286	352	86	151	875
서 울	11	122			133
부 산	50			5	55
대 구	8		7	22	37
인 천	13	18		1	32
광 주		23			23
대 전			23		23
경 기	52	57		14	123
강 원	27	6	1	18	52
충 북	12	10	4	10	36
충 남	3	2	49	1	55
전 북		49		3	52
전 남	1	62		5	68
경 북	50	1	2	31	84
경 남	52			33	85
제 주	7	2		8	17

자료: 중앙선거관리위원회, 1995, 『제1회 전국동시지방선거당선자명부』.

〈표 2-18〉 광역자치단체장 선거 결과(1995년)

(단위: 명, %)

시·도	민자	민주	자민련	무소속
합 계	5	4	4	2
서 울		1		
부 산	1			
대 구				1
인 천	1			
광 주		1		
대 전			1	
경 기	1			
강 원			1	
충 북			1	
충 남			1	
전 북		1		
전 남		1		
경 북	1			
경 남	1			
제 주				1

자료: 중앙선거관리위원회, 1995,「제1회 전국동시지방선거당선자명부」.

1995년 6월 27일 대한민국 최초의 동시지방선거는 지방자치에 있어서 중대한 역사적 의미를 갖고 있다고 앞서 논한 바 있다.

덧붙여 공직선거 및 부정선거의 방지 측면에서 제1회 지방공동선거는 다음과 같은 의미를 지니고 있다. 기존의 대통령선거법, 국회의원선거법, 지방의회의원선거법, 그리고 지방자치선거법 등 4개의 선거법을「공직선거 및 부정선거방지법」으로 통합 및 운영하여 비리·부패가 만연한 선거의 폐단을 방지하고 공정한 선거문화를 선도하였다.

이처럼 새로운 변화와 창조를 이끌어 간 문민정부의 제1회 지방동시선거도 다음과 같은 한계점을 극복하지는 못하였다.

첫째, 중앙정부와 지방정부의 갈등 심화이다. 제1회 지방공동선거가 실시되던 시기는 여야를 불문하고 중앙정당이 지방자치 관여를 심하게 하여, 지방자치가 중앙정치에 의해 오염되었던 시기로 볼 수 있다. 또한 여당의원들이 중심 권력을 지닌 지방정부와 야당의원들이 중심 권력을 지닌 지방정부 간의 대립도 매우 심각해져서 지방정부 간 견제와 균형은 극히 약화되었고, 정치적 야합과 담합에 의한 부조리 현상이 나타났다(최봉기, 2006: 63).

둘째, 지역할거주의의 폐해이다. 제1회 지방공동선거는 민주화 사회로의 진입이라는 큰 의미를 내포하면서도 정작 선거 결과를 보게 되면, 지역별로 정당에 따라 당선자 수가 극단적으로 나타났다. 이는 지역할거주의를 벗어나지 못한 지역주민들의 민주성에서도 그 한계성을 찾아볼 수 있지만, 무엇보다 선거후보자들의 선거운동에 있어서 지역감정을 조성 및 악용한 데서 그 문제점을 찾아볼 수 있다.

그 밖에도 상대후보에 대한 비난과 모함, 흑색선전 등의 혼탁한 선거 분위기도 문민정부의 제1회 지방공동선거의 한계점이라고 할 수 있다.

8) 국민의 정부(김대중 정부)

기업구조조정, 금융개혁, 외환위기 탈출 등의 경제적 난국을 타개하는 한편, 민주주의와 시장경제의 병행 발전을 바탕으로 협력의 시대를 여는 데 주력한 대한민국 국민의 정부(김대중 정부)는 지방자치에 관한 주민의 직접 참여 확대를 위해 주민의 조례 제정 및 개폐 청구제와 주민감사청구제 등 다양한 제도적 노력과 기존의 미흡하고 현실에 부적합한 지방자치제도의 개선 및 보완에 힘쓴 정부이다. 이처럼 한국의 지방자치는 점차 주민의 복리증진이라는 지방자치의 기본 이념을 실현할 수 있는 자질을 높이게 된다.

(1) 제2회 동시지방선거(1998년 6월 4일)

제2회 동시지방선거는 IMF라는 국가적 위기 속에서 1995년 6월 27일 제1회 동시지방선거가 있은 후 3년 만에 실시되었다. 그 이유는 선거일이 각기 다른 대통령 임기 5년, 국회의원 임기 4년, 지방의원과 지방자치단체장 임기 4년으로 선거가 매년 거듭 실시되어 정치·경제·사회 등 국민생활과 행정의 혼란과 낭비를 막고자 하는데 있었고, 이에 1998년 6월 4일 제2회 동시지방선거가 실시된 것이다.

다음의 〈표 2-19〉는 1998년 6월 4일 기초자치단체장(정당별) 및 지방의회의원선거 결과를, 〈표 2-20〉은 광역단체장 및 지역구 의회의원선거 결과를 각각 나타낸다.

이처럼 국가적 위기 속에서 지방선거로 인한 지속적인 전 국민적 혼란과 행정의 낭비를 막기 위해 실시된 제2회 동시지방선거 약칭 6·4지방선거는 다음과 같은 특징을 지닌다.

첫째, 지방선거의 기능 저하이다. 제2회 동시지방선거는 무투표당선자 즉 후보자가 한 명뿐인 경우 선거구에서 모두 당선되는 현상이 나타났다. 이처럼 주민의 복리증진을 위해 봉사할 지방자치단체장 및 지방의회의원 선출에 있어서 단일 후보의 출마는 자치단체장 및 지방의원의 자질을 확인할 수 있는 지방선거의 기능은 제대로 작동하지 못했다.

둘째, 독선적 지방행정의 속출이다. 국가적으로 어려운 상황에서 지방자치에 대한 주민들의 관심은 낮아져 있었고, 이는 상대적으로 집행기관의 권한 강화를 초래했다. 그 결과 지방자치단체장과 지방의회 간의 견제와 균형은 무너지고 오히려 지방의회가 지방자치단체장에 포섭되는 등의 문제점이 속출하였다. 다시 말해 주민들의 직접적인 참여와 관심, 즉 자율적인 노력이 없는 지방선거는 지방자치단체장의 독선적인 행정처리를 심각하게 만들어 갔다.

〈표 2-19〉 기초자치단체장(정당별) 및 지방의회의원선거 결과(1998년)

(단위: 명, %)

시·도	당선인 수		장의 정당별 당선인 수										의원 당선 인수	
	인원	%	한나라당		새정치국민회의		자민련		국민신당		무소속		선거구수	당선인 수
계	232(23)	100.0	74(7)	31.9	84(13)	36.2	29(2)	12.5	1	0.4	44(1)	19.0	3,467	3,489[2)]
서 울	25(2)	100.0	5	20.0	19(2)	76.0	1	4.0					520	520
부 산	16	100.0	11	68.8							5		222	224[2)]
대 구	8	100.0	7	87.5							1		146	146
인 천	10(2)	100.0			9(2)	90.0	1	10.0					135	135
광 주	5(3)	100.0			5(3)	100.0							81	81
대 전	5	100.0			1		4	80.0					75	75
울 산	5	100.0	3	60.0							2	40.0	59	59
경 기	31(1)	100.0	6	19.4	20(1)	64.5	2	6.4			3	9.7	462	466
강 원	18	100.0	13	72.2	1	5.6	2	11.1			2	11.1	187	195
충 북	11(1)	100.0			2	18.2	6(1)	54.5			3	27.3	146	146
충 남	15(1)	100.0					11	73.3	1	6.7	3(1)	20.0	206	206
전 북	14(1)	100.0			9(1)	64.3					5	35.7	248	249
전 남	22(4)	100.0			15(4)	68.2					7	31.8	295	295
경 북	23(5)	100.0	14(4)	60.9	1	4.3	2(1)	8.7			6	26.1	337	342
경 남	20(3)	100.0	14(3)	70.0							6	30.0	309	309
제 주	4	100.0	1	25.0	2	50.0					1	25.0	39	41

주: 1) ( )는 후보자가 1인인 지방자치단체 수이며 전체에 포함됨.
2) 후보자 없는 선거구(부산 금정구 부곡 제1동 선거구)는 당선인 수에서 제외.
자료: 중앙선거관리위원회, 1998, 『전국동시지방선거당선자명부』.

〈표 2-20〉 광역단체장 및 지역구 의회의원선거 결과: 정당별(1998년)

(단위: 명, %)

시·도	당선인 수			장의 정당별 당선인 수											
	지사	의원	%	한나라당			새정치국민회의			자민련			무 소 속		
계	16	616(49)	100.0	6	224(12)	36.4	6(2)	271(25)	44.0	4	82(6)	13.3		39(6)	100.0
서 울	1	94	100.0		15	15.9	1	78	83.0		1	1.1			
부 산	1	44(2)	100.0	1	43(2)	97.7					1	2.3			
대 구	1	26	100.0	1	26	100.0									
인 천	1	26(1)	100.0		4	15.4		20(1)	76.9	1	1	3.9		1	3.9
광 주	1	14	100.0				1	14	100.0						
대 전	1	14	100.0							1	14	100.0			
울 산	1	14	100.0	1	9	64.3								5	35.7
경 기	1	88(4)	100.0		18	20.5	1	61(4)	69.3		9	10.2			
강 원	1	42(2)	100.0	1	21(1)	50.0		12	28.6		3	7.1		6(1)	14.3
충 북	1	24(1)	100.0					3	12.5	1	17(1)	70.8		4	16.7
충 남	1	32(4)	100.0					1	3.1	1	30(4)	93.8		1	3.1
전 북	1(1)	34(10)	100.0				1(1)	32(10)	94.1			2.0		2	5.9
전 남	1(1)	50(9)	100.0				1(1)	42(9)	84.0		1	9.3		7	14.0
경 북	1	54(7)	100.0	1	44(3)	81.5					5(1)			5(3)	9.3
경 남	1	46(7)	100.0	1	41(5)	89.1								5(2)	10.9
제 주	1	14(2)	100.0		3(1)	21.4	1	8(1)	57.2					3	21.4

주: ( )는 무투표 선거구의 당선인 수 또는 단독 입후보 수
자료: 중앙선거관리위원회, 1998, 『전국동시지방선거당선자명부』
출처: 정일섭, 2007: 62 표를 수정 보완함.

(2) 지방자치법 개정(1998년 8월 31일)

① 지방자치단체의 성격

1998년 8월 31일 지방자치법 개정에서는 지방지치단체의 20세 이상 주민은 주민 총수의 20분의 1의 범위 안에서 대통령령이 정하는 20세 이상 주민 수 이상의 연서로 당해 지방자치단체의 장에게 조례개정 및 개폐를 청구할 수 있다(지방자치법 제13조의 3).

그리고 20세 이상 지방자치단체 주민은 주민 총수의 50분의 1의 범위 안에서 조례가 정하는 주민 수 이상의 연서로 당해 지방자치단체와 그 장의 권한에 속하는 사무의 처리가 법령에 위반되거나 공익을 현저히 해한다고 인정되는 경우에는 감사를 청구할 수 있도록 했다(지방자치법 제13조의 4).

지방자치단체의 장이 궐위 또는 공소 제기된 후 구금상태에 있거나 의료법에 의한 의료기관에 60일 이상 계속하여 입원한 경우에는 부지사·부시장·부군수·부구청장이 그 권한을 대행한다(지방자치법 제102조의 2 ①).

또한 지방자치단체 상호 간 또는 지방자치단체의 장 상호 간 사무를 처리함에 있어서

의견을 달리하여 분쟁이 있을 때에는 다른 법률에 특별한 규정이 없는 한 행정자치부장관 또는 시 · 도지사가 당사자의 신청에 의하여 이를 해결할 수 있다. 다만, 그 분쟁이 공익을 현저히 저해하여 조속한 해결이 필요하다고 인정되는 경우에는 당사자의 신청이 없는 때에도 직권으로 이를 해결할 수 있다(지방자치법 제140조 ①).

② 지방의회의 성격

지방의회는 매년 2회 정례회를 개최하고(지방자치법 제38조 ①), 정례회의 집합일 기타 정례회의 운영에 관하여 필요한 사항은 대통령령이 정하는 바에 의해 당해 지방자치의회 단체의 조례로 정한다(지방자치법 제38조 ②).

9) 참여정부(노무현 정부)

2003년 3월 1일에 창립한 참여정부는 원칙과 신뢰, 공정과 투명, 대화와 타협, 분권과 자율의 4대 국정 원리를 국가 운영의 기본 가치로 삼아 국민과 함께하는 민주주의 실현, 더불어 사는 균형발전사회 건설, 평화와 번영의 동북아시아 건설이라는 3대 국정목표를 실현하고자 했다. 이러한 참여정부는 지방분권의 원활한 추진을 위해서 중앙의 권한과 재정을 지방에 획기적으로 이양하는 정책을 추진했다. 이로 인해 지방자치에서 주민의 참여 확대가 확대되고 이는 점차 주민의 복리증진이라는 지방자치의 기본 이념을 실현하게 되었다.

(1) 지방자치법 개정(2005년 1월 27일)

① 지방자치단체의 성격

2005년 1월 27일 지방자치법 개정에서는 1998년 8월 31일 지방자치법에 신설된 조례개정 및 개폐청구권의 법률적 합법성을 위해 법령을 위반하는 사항은 조례개정 및 개폐청구권의 대상이 될 수 없도록 했다(지방자치법 제13조의 3 제1항 ①).

또한 지방자치단체 주민(시 · 도는 500명, 제161조의 2의 규정에 의한 50만 이상 대도시는 300명, 그 밖의 시 · 군 및 자치구는 200명을 초과하지 아니하는 범위 안에서 당해 지방자치단체의 조례가 정하는 20세 이상의 주민)의 연서로 시 · 도에 있어서는 주무부장관에게, 시 · 군 및 자치구에 있어서는 시 · 도지사에게 당해 지방자치단체와 그 장의 권한에 속하는 사무의 처리가 법령에 위반되거나 공익을 현저히 해한다고 인정되는 경우에는 감사를 청구할 수 있다(지방자치법 제13조의 4 ①).

② 지방의회의 성격

지방의회는 운영의 자율성을 위해서 지방의회의 개회 · 휴회 · 폐회와 회기는 지방의회가 의결로 정하는 것으로 개정했다(지방자치법 제41조 ①).

③ 주민소송제도의 도입

2004년 1월 29일 주민투표법의 제정에 이어 2005년 1월 27일 제26차 지방자치법 개정에서는 주민소송제도가 도입되었다.

주민소송제도란 지방자치법 제13조 4 제1항의 규정에 의하여 공금의 지출에 관한 사항, 재산의 취득 · 관리 · 처분에 관한 사항, 당해 지방자치단체를 당사자로 하는 매매 · 임차 · 도급 그 밖의 계약의 체결 · 이행에 관한 사항 또는 지방세 · 사용료 · 수수료 · 과태료 등 공금의 부과 · 징수의 해태에 관한 사항을 감사 청구한 주민은 다음 각 호의 어느 하나에 해당하는 경우에 그 감사 청구한 사항과 관련 있는 위법한 행위나 해태사실에 대하여 당해 지방자치단체의 장을 상대방으로 소송을 제기할 수 있는 것을 말한다(지방자치법 제13조 5).

(2) 지방자치법 개정(2006년 1월 11일)

① 지방자치단체의 구성

2006년 1월 1일 지방자치법 개정에서는 제111조에 지방자치단체는 조례가 정하는 바에 의하여 자치구가 아닌 구와 읍 · 면 · 동에 그 소관행정사무를 분장하기 위하여 필요한 행정기구를 둘 수 있다고 개정하여 지방자치단체의 조직 운영 및 관리에 있어서 자율성을 확대하였다.

② 지방자치단체의 성격

2006년 1월 1일 지방자치법 개정에서는 조례의 제정 및 개폐의 요건을 완화하였다. 지방자치법 제13조의 3 제1항에 따르면 지방자치단체의 19세 이상의 주민은 시 · 도 및 제161조의 2의 규정에 의한 50만 이상 대도시에 있어서는 19세 이상 주민 총수의 100분의 1 이상 70분의 1 이하, 시 · 군 및 자치구에 있어서는 19세 이상 주민 총수의 50분의 1 이상 20분의 1 이하의 범위 안에서 당해 지방자치단체의 조례로 정하는 19세 이상의 주민 수 이상의 연서로 당해 지방지단체장의 장에게 조례의 제정이나 개정을 청구할 수 있다.

③ 제주특별자치도의 설치

2006년 1월 11일 지방자치법에서는 지방자치단체장 외에 특정한 목적을 수행하기 위하여 필요한 경우에는 별도의 특별지방자치단체를 설치할 수 있다고 개정하여 제주특별자치도를 신설하는 법적 근거를 마련했다(지방자치법 제2조 ③ 및 ④).

(3) 제4회 동시지방선거(2006년 5월 31일)

제4회 동시지방선거는 선거일정이 시작되기 전부터 지방자치와 관련된 각종 제도개편이 대대적으로 추진되고 있었다. 즉 지방자치 발전을 앞당길 수 있는 제주특별자치도제(2006년 7월부터 실시)와 경찰자치제(2007년 하반기 실시), 주민소환제도(2007년 하반기 실시) 등 각종 법률안들이 국회를 통과하거나 국회에 상정되어 있었다(최봉기, 2006: 71).

다음의 〈표 2-21〉은 지방자치단체장 및 지방의원의 정당별 분포현황을, 〈표 2-22〉는 지방자치단체장과 지방의원의 성별 및 연령별 선출 현황을 각각 보여 준다.

지방자치의 발전을 촉진시킨 제4회 전국동시지방선거의 특징은 다음과 같이 요약할 수 있다(최봉기, 2006: 79).

첫째, 지방의회의원들의 유급제와 기초의원후보자에 대한 정당공천제 그리고 기초의회의 비례대표제 실시이다. 이로 인해 젊은 층과 후보자들이 많이 선거에 나섰다는 점과 6가지 투표를 동시에 실시함으로써 주민들의 후보자 선택에 어려움이 많았고, 투표절차도 그 어느 때보다 복잡한 선거였다.

둘째, 대규모 여성의원의 진출이다. 지난번 제4회 동시지방선거는 유례없는 대규모의 여성들이 지방의회에 진출함으로써 자유민주주의 사회의 남녀평등 이념이 실현된 지방선거였다(〈표 2-21〉 참고).

〈표 2-21〉 단체장 및 지방의원의 정당별 분포현황

(단위: 명)

유형별 \ 정당별		열린우리당	한나라당	민주당	민주노동당	국민중심당	무소속
계		3,867	702	2,345	378	81	89
광역단체장	16	1	12	2	0	0	1
기초단체장	230	19	155	20	0	7	29
광역의원 (지역)	655	33	519	71	5	13	14
광역의원 (비례)	78	19	38	9	10	2	0
기초의원 (지역)	2,513	543	1,401	233	52	56	228
기초의원 (비례)	375	87	220	43	14	11	0

자료: 행정안전부, 2008, 『행정안전부 통계연보』.

〈표 2-22〉 단체장과 지방의원의 성별/연령별 현황

(단위: 명)

유형별 \ 성별/연령별		성별		연령별					
		남	여	30세 미만	30~39세	40~49세	50~59세	60~69세	70세 이상
계	3,867	3,339	528	13	250	1,538	1,581	501	15
광역단체장	16	16	0	-	-	2	9	5	
기초단체장	230	227	3	-	-	36	120	71	3
광역의원(지역)	655	623	32	1	44	278	286	75	1
광역의원(비례	78	21	57		8	27	27	15	1
기초의원(지역)	2,513	2,403	110	6	165	1,061	996	277	8
기초의원(비례)	375	49	326	6	33	134	143	58	2

자료: 행정안전부, 2008, 「행정안전부 통계연보」.

끝으로, 지방자치단체장 중심의 지방선거이다. 지방자치의 핵심은 주민들의 의견을 지방의회가 대표하여 이를 지방자치단체의 정책에 반영하는 것이라 할 수 있음에도 불구하고, 지방선거에서는 지방의회의원의 선거보다는 지방자치단체장 선출을 중심으로 이루어지고 있어 아직은 지역주민들에 의한 지방자치의 미흡한 점을 찾아볼 수 있다.

10) 이명박 정부(실용정부)

선진화를 통한 세계일류국가, 곧 경제의 선진화와 삶의 질의 선진화 그리고 국제규범의 능동적 수용과 창출 등을 통하여 세계에서 인정받는 고품격 국가를 만들겠다는 실용정부는 발전과 통합이라는 시대적 요구 아래 2008년 2월 25일 출범하였다. 이러한 실용정부는 2008년 2월 29일, 그동안 국회에서 정체되었던 정부조직법 개정안 등이 통과되면서 지방자치법과 주민투표법, 지방분권특별법을 개정하였다.

이명박 정부 들어 처음으로 개정된 지방자치법의 대부분은 '행정자치부', '행정자치부장관'이 들어갔던 조문을 '행정안전부', '행정안전부장관'으로 고친 것이었다. 또한 민주주의 사회 지방자치의 실현을 위한 주민투표법 개정도 마찬가지로 행정안전부 및 행정안전부장관으로의 명칭 개정이 전부였으며, 지방분권특별법의 경우는 지방분권촉진특별법으로 명칭이 개정되었다.

이처럼 실용정부에 있어서 지방자치의 구현에 관한 노력은 그 시작 단계에 있다. 특히 지방자치의 구현에 있어서 지방자치단체들의 낮은 재정자립도와 지방자치단체와 지방의회

간의 갈등, 그리고 무엇보다 지방선거에 대한 지역주민들의 낮은 참여율은 앞으로 우리나라 지방자치 발전에 있어서 중심적으로 해결해야 할 과제이다.

이명박 정부에서 실시된 제5회 전국동시지방선거(2010년 6월 2일) 각종 통계결과(선거관리위원회 선거관리보 제66호)를 살펴보면 다음 〈표 2-23〉부터 〈표 2-29〉와 같다. 선거결과의 특징으로는 기존 정권에서 치러진 지방선거와 마찬가지로 현 정부의 중간평가라는 의미가 부각되고 여당의 참패를 가져왔다. 기존의 선거처럼 지역정당의 문제점이 심각하였고, 정책대결보다는 이념적 갈등과 지역갈등, 계층 간의 갈등이 표출된 선거였다. 특히 단순히 천안함 사건이라는 북풍, 노무현 추모 1주년의 노풍이라는 선거이슈를 통해 치러진 선거였다. 이러한 선거 결과가 시사해 주는 점은 우리나라의 지방선거는 민주주의를 향해서는 아직 갈 길이 먼 위치에 있다는 것이다.

〈표 2-23〉 인구수 및 선거인 수

구분	합계	서울	부산	대구	인천	광주	대전	울산
인구수	49,974,331	10,235,742	3,540,100	2,491,069	2,725,344	1,437,277	1,489,112	1,115,736
선거인 수	38,851,159	8,211,461	2,849,895	1,928,835	2,096,853	1,064,913	1,127,547	838,805
선거인 수 비율(%)	77.7	80.2	80.5	77.4	76.9	74.1	75.7	75.2
경기	강원	충북	충남	전북	전남	경북	경남	제주
11,579,190	1,514,377	1,531,512	2,049,761	1,856,871	1,912,349	2,670,771	3,259,928	565,192
8,761,840	1,190,509	1,183,811	1,595,587	1,442,805	1,504,902	2,122,905	2,506,393	424,098
75.7	78.6	77.3	77.8	77.7	78.7	79.5	76.9	75.0

〈표 2-24〉 연령별 선거인 수 현황

선거명	계	19세	20대	30대	40대	50대	60대 이상
제4회 지선	37,064,282	616,844 (1.7%)	7,527,199 (20.3%)	8,755,193 (23.6%)	8,382,988 (22.6%)	5,400,228 (14.6%)	6,381,830 (17.2%)
제5회 지선	38,851,159	652,135 (1.7%)	6,933,838 (17.9%)	8,319,786 (21.4%)	8,710,931 (22.4%)	6,681,400 (17.2%)	7,553,069 (19.4%)

〈표 2-25〉 선거별 후보자 경쟁률 비교

선거명		선거구 수	정수	후보자 수	경쟁률	제4회 동시지방선거 후보자등록상황		
						정수	후보자 수	경쟁률
계		2,307	3,991	10,020	2.5:1	3,872	12,227	3.2
시 · 도지사		16	16	58	3.6:1	16	66	4.1
구청장 · 시장 · 군수		228	228	780	3.4:1	230	848	3.7
시 · 도의원	지역구	680	680	1,779	2.6:1	650	2,068	3.2
	비례대표	16	81	267	2.3:1	78	211	2.7
구 · 시 · 군의원	지역구	1,039	2,512	5,862	3.3:1	2,513	7,995	3.2
	비례대표	230	376	919	2.4:1	375	1,025	2.7
교육감		16	16	81	5.1:1	–	–	–
교육의원		82	82	274	3.3:1	5(제주)	14	2.8

〈표 2-26〉 정당별 후보자

선거명		계	한나라당	민주당	자유선진당	미래희망연대	민주노동당	창조한국당	진보신당	국민중심연합	건국당	국민참여당	국제녹색당	미래연합	사회당	자유평화당	친박연합	평화민주당	무소속
계		10,020	3,154	2,222	440	0	452	15	175	56	1	305	2	182	23	1	92	73	2,827
시 · 도지사		58	15	13	3	0	6	0	9	0	0	3	0	1	0	0	0	4	4
구청장 · 시장 · 군수		780	192	154	36	0	25	3	7	7	0	29	1	27	0	1	8	12	278
시 · 도 의 원	지역구	1,779	573	451	78	0	73	5	26	14	1	54	1	37	0	0	17	11	438
	비례대표	267	72	54	16	0	33	0	22	0	0	27	0	12	16	0	6	9	0
구 · 시 · 군 의 원	지역구	5,862	1,905	1,294	244	0	224	6	88	33	0	145	0	88	7	0	47	29	1,752
	비례대표	919	397	256	63	0	91	1	23	2	0	47	0	17	0	0	14	8	0
교육감		274	–	–	–	–	–	–	–	–	–	–	–	–	–	–	–	–	274
교육의원		81	–	–	–	–	–	–	–	–	–	–	–	–	–	–	–	–	81

〈표 2-27〉 성별 · 연령별 후보자

선거명		후보자수	성별		연령별					
			남	여	30세 미만	30세 이상 39세 이하	40세 이상 49세 이하	50세 이상 59세 이하	60세 이상 69세 이하	70세 이상
계		10,020	8,343	1,677	55	618	3,331	4,085	1,827	104
시 · 도지사		58	54	4	0	1	18	20	19	0
구청장 · 시장 · 군수		780	754	26	0	11	171	323	253	22
시 · 도 의원	지역구	1,779	1,622	157	5	100	694	727	238	15
	비례대표	267	87	180	10	47	110	74	24	2
구 · 시 · 군 의원	지역구	5,862	5,299	563	27	351	1,979	2,498	958	49
	비례대표	919	184	735	13	108	343	348	101	6
교 육 감		81	76	5	0	0	2	34	43	2
교육의원		274	267	7	0	0	14	61	191	8

〈표 2-28〉 정당별 당선인 현황

선거명		계	한나라당	민주당	자유선진당	민주노동당	창조한국당	진보신당	국민중심연합	국민참여당	미래연합	친박연합	무소속
계		3,991	1,623	1,484	172	142	1	25	3	29	13	22	477
시 · 도 지 사		16	6	7	1	0	0	0	0	0	0	0	2
구청장 · 시장 · 군수		228	82	92	13	3	0	0	1	0	1	0	36
시 · 도 의 원	지역구	680	252	328	38	18	0	3	0	3	1	1	36
	비례대표	81	36	32	3	6	0	0	0	2	0	2	-
구 · 시 · 군 의 원	지역구	2,512	1,087	871	95	90	1	22	2	17	10	12	305
	비례대표	376	160	154	22	25	0	0	0	7	1	7	-
교육감		16	-	-	-	-	-	-	-	-	-	-	16
교육의원		82	-	-	-	-	-	-	-	-	-	-	82

〈표 2-29〉 성별 · 연령별 당선인 현황

<table>
<tr><th colspan="2" rowspan="2">선거명</th><th rowspan="2">합계</th><th colspan="2">성별</th><th colspan="6">연령별</th></tr>
<tr><th>남</th><th>여</th><th>30세 미만</th><th>30세 이상
39세 이하</th><th>40세 이상
49세 이하</th><th>50세 이상
59세 이하</th><th>60세
이상
69세
이하</th><th>70세
이상</th></tr>
<tr><td colspan="2">계
(구성비율, %)</td><td>3,991
(100.0)</td><td>3,244
(81.3)</td><td>747
(18.7)</td><td>10
(0.3)</td><td>197
(4.9)</td><td>1,373
(34.4)</td><td>1,759
(44.1)</td><td>635
(15.9)</td><td>17
(0.4)</td></tr>
<tr><td colspan="2">시 · 도 지 사</td><td>16</td><td>16</td><td>0</td><td>0</td><td>0</td><td>4</td><td>4</td><td>8</td><td>0</td></tr>
<tr><td colspan="2">구청장 · 시장 · 군수</td><td>228</td><td>222</td><td>6</td><td>0</td><td>0</td><td>39</td><td>114</td><td>72</td><td>3</td></tr>
<tr><td rowspan="2">시 · 도
의원</td><td>지역구</td><td>680</td><td>625</td><td>55</td><td>0</td><td>31</td><td>282</td><td>282</td><td>84</td><td>1</td></tr>
<tr><td>비례
대표</td><td>81</td><td>23</td><td>58</td><td>0</td><td>8</td><td>34</td><td>30</td><td>8</td><td>1</td></tr>
<tr><td rowspan="2">구 ·
시 · 군
의원</td><td>지역구</td><td>2,512</td><td>2,238</td><td>274</td><td>8</td><td>128</td><td>881</td><td>1,140</td><td>349</td><td>6</td></tr>
<tr><td>비례
대표</td><td>376</td><td>24</td><td>352</td><td>2</td><td>30</td><td>129</td><td>159</td><td>55</td><td>1</td></tr>
<tr><td colspan="2">교육감</td><td>16</td><td>15</td><td>1</td><td>0</td><td>0</td><td>0</td><td>7</td><td>8</td><td>1</td></tr>
<tr><td colspan="2">교육의원</td><td>82</td><td>81</td><td>1</td><td>0</td><td>0</td><td>4</td><td>23</td><td>51</td><td>4</td></tr>
</table>

연 습 문 제

1. 지방정부에서 카운티, 시, 타운, 타운십, 특별구 등으로 구성된 국가는?

① 영국 ② 프랑스
③ 미국 ④ 독일

〈정답〉 ③ 미국
〈해설〉 미국의 지방정부는 카운티, 시, 타운 및 타운십, 특별구, 학교구 등으로 구성되어 있다.

2. 독일의 지방자치단체 중 기초지방자치단체를 총칭하는 개념은?

① 크라이스 ② 게마인데
③ 독립시 ④ 관구

〈정답〉 ② 게마인데
〈해설〉 게마인데는 일차적으로 기초자치단체를 총칭하는 개념이다. 시읍면과 같은 지역의 중추적 기초자치단체이다.

3. 제1회 동시지방선거는 언제 실시되었는가?

① 제1공화국 ② 제2공화국
③ 제6공화국 ④ 문민정부

〈정답〉 ④ 문민정부
〈해설〉 제1공화국은 시읍면의원선거와 도의회의원선거를, 제2공화국은 제3회선거로 의회의원과 자치단체장 선거가 따로 치러졌다. 제6공화국은 1991년 기초의원과 광역의원선거가 있었다. 1995년 6월 27일에 동시지방선거가 실시되었다.

4. 다음 중 지방화의 동력을 설명하는 내용과 거리가 먼 것은?(2008 서울 7급)

① 중앙정부의 과부화 ② 참여욕구의 증대
③ 지방시민사회의 활성화 ④ 정부실패

〈정답〉 ④ 정부실패
〈해설〉 지방화는 원활한 정책집행을 방해하고 재정적 외부효과를 발생시키며, 주민의 선호에 따르는 지역 간 이동이 재정적 비용을 초래할 수도 있다. 지나친 분권화는 정부실패를 야기할 수도 있다. 정부실패란 공공부문의 비효율을 의미하는 것으로 공공부문을 민간으로 전환하는 방안이 요구된다.

핵심정리

외국의 지방자치(지방자치 유형에 따른 분류) – 영국형은 영국을 위시하여 영국에서 이민하여 나라를 구성한 캐나다, 호주, 뉴질랜드, 남아프리카공화국 등과 과거 대영제국의 식민지였던 인도, 파키스탄, 스리랑카, 말레이시아, 미얀마, 수단 등이 이 유형에 속하는데 이 경우에도 구 영국식민지국가들은 제2차 대전 후 영국의 영향에도 불구하고 중앙집권적 관치의 색채가 강한 나름대로의 전통을 갖고 있다.

미국형은 미국을 위시한 필리핀, 일본, 독일의 일부 등이 포함되는 유형인데, 이 유형의 기원은 영국계로서 초기엔 영국제도를 그대로 답습했으나 세월이 지남에 따라 미국 특유의 제도를 개발한 것이다.

독일형은 독일을 위시하여 오스트리아, 스위스, 벨기에, 네덜란드, 룩셈부르크 등이 이 유형에 속하는데, 독일도 제2차 대전 이후에 점령국의 영향을 받아 전통적 독일식에 영국, 미국, 프랑스식이 많이 가미되어 있음을 알 수 있다. 특히 전후 독일은 연방제의 채택으로 각 주가 지방자치제도를 독자적으로 채택함으로써 종래의 획일성이 없어지고 상당히 다양한 특색을 갖는 제도로 변모하였다.

소련형은 소련을 위시하여 폴란드, 불가리아, 유고슬라비아 등 기존의 동유럽국가와 쿠바, 베트남 등이 속한다. 중요한 것은 형식상으로는 지방행정이 인민에 의하여 선출된 대통령으로 구성되는 지방소비에트 또는 인민위원회(일종의 지방의회)에 의하여 통치되는 것으로 되어 있으나 실제 운영 면에서는 이른바 민주적 중앙집권제(democratic)를 채택하고 있는 공산당의 지휘와 지도하에 있기 때문에 상급 소비에트 집행위원회의 지휘 · 감독을 받고 있어 지방자치가 아닌 중앙통제임을 알 수 있다.

일본의 지방자치제도는 도도부현과 시정촌 두 단계의 지방자치단체에 의해 구성되어 있다. 지방자치법은 지방자치단체를 보통지방자치단체와 특별지방자치단체의 두 종류로 나누고 있다.

우리나라 현대 지방자치의 역사 – 제1회 1952년 4월 25일 시 · 읍 · 면 의원선거와 5월 10일 도의회 의원선거는 지방자치의 현대적 시작을 알리는 역할을 하였다.

제4회 지방선거는 1961년 5월 16일부터 1991년까지 30년이란 지방자치의 암흑기를 지나 1991년 3월 26일 기초의원선거를, 1991년 6월 20일 광역의원선거를 각각 실시하였다.

1995년 6월 27일에는 지방자치의 중대한 역사적 의미를 지니는 제1회 동시지방선거(제5회 지방선거)가 실시되었다. 기존의 지방선거는 지방의회의원과 지방자치단체장 선거가 각기 다른 날에 실시되었으나, 제5회 지방선거에서는 같은 날에 지방의회의원과 지방자치단체장 선거가 모두 동시에 이루어졌다.

제 3 장

중앙집권과 지방분권

♧ 들어가기 : 학습목표 및 목차

학습 목표	1. 집권과 분권에 대하여 이해한다. 2. 중앙집권과 지방분권의 장 · 단점에 대하여 이해한다. 3. 한국의 집권과 분권, 신중앙집권과 신지방분권에 대하여 이해한다.
학습 목차	1. 집권과 분권의 의의 2. 집권과 분권의 특징과 장 · 단점 3. 한국의 집권과 분권, 신중앙집권과 신지방분권

☞ 사전학습

1. 우리나라 최초의 동시지방선거는 언제 실시되었는가?
   〈정답〉 1995년 6월 27일
   〈해설〉 1995년 6월 27일에 우리나라 최초로 지방의회선거와 지방자치단체장 선거가 동시에 실시되었다.

2. 의사결정 권한이 중앙, 상급기관 또는 조직의 상층부에 집중되는 것을 무엇이라 하는가?
   〈정답〉 집권화(centralization)
   〈해설〉 집권화는 의사결정 권한이 중앙, 상급기관 또는 조직의 상층부에 집중되는 것을 말한다.

3. 영국과 미국 등 전통적으로 지방자치의 기반을 갖춘 나라에서 지방분권화가 이루어졌다가 다시 중앙집권화되는 현상을 무엇이라고 하는가?
   〈정답〉 신중앙집권(new centralization)
   〈해설〉 신중앙집권은 영국과 미국 등 전통적으로 지방자치의 기반을 갖춘 나라에서 지방분권화가 이루어졌다가 다시 중앙집권화되는 현상을 말한다.

제1절 집권과 분권

오늘날 행정은 무수한 행정수요를 충족시키기 위해서 그 기능과 역할이 매우 복잡 다양하다. 이러한 환경에서 행정은 집권과 분권을 적절히 활용함으로써 고객만족을 구현해 나가고 있다.

1. 집권과 분권의 의의

1) 집권의 개념

집권(集權)이란 사전적 의미로 '권력을 한군데로 모으는 것'을 말한다. 이를 좀 더 구체적으로 살펴보면 행정적 측면과 정치적 측면으로 나누어 볼 수 있다.

먼저, 행정적 측면에서의 집권이란 '동일 조직 내에서 존재하는 상하계층 간의 권한 집중' 또는 '상하급 행정기관 간 권한의 집중'을 말한다. 다음으로 정치적 측면에서 집권이란 중앙집권(中央集權)을 의미하는 것으로 '중앙정부에 권한이 집중된 정치상 집권' 또는 '국가의 통치 권력이 지방에 분산되어 있지 아니하고 중앙정부에 집중되어 있는 통치 형태'를 말한다.

2) 분권의 개념

분권(分權)이란 사전적 의미로 '권리나 권력을 분산하는 것'을 말한다. 이는 위의 집권과 같이 행정적 측면과 정치적 측면으로 나누어 살펴볼 수 있다.

먼저, 행정적 측면에서의 분권이란 '동일 조직 내에서 존재하는 상하계층 간의 권한 분산' 또는 '상하급 행정기관 간 권한의 분산'을 말한다. 다음으로 정치적 측면에서의 분권이란 지방분권(地方分權)을 의미하는 것으로 '지방정부에 권한이 위임·분산된 자치상 또는 정치상의 분권' 또는 '통치 권력이 중앙정부에 집중되지 아니하고 지방자치단체에 분산되어 있는 것'을 말한다.

3) 집권(중앙집권)과 분권(지방분권)의 장단점

(1) 집권(중앙집권)의 장단점

① 집권(중앙집권)의 장점

가. 행정의 통일성

중앙집권에서는 전국이 하나의 대상지역으로 한 몫에 행정이 계획되고 집행되기 때문에 전국적인 동일기준에 의한 행정이 가능케 되어 지역 간의 갈등을 해소할 수 있다. 그러나 지역개발의 문제에 있어서는 국토개발의 입지적 여건에 따라 또는 정치적 역학관계에 의해서 지역적 불균형이 나타날 수도 있는데, 이것을 제외한 분야에서는 대체적으로 동일한 수준의 행정이 유지된다고 할 수 있다. 그러므로 근로기준의 설정, 징병연령의 결정 등과 같은 전국적인 통일성이 요구되는 행정사무에 적합하며, 조직의 모든 구성단위가 같은 시기에 같은 조치를 취해야 할 경우에도 집권화가 요구된다.

나. 행정의 강력성

급변하는 현대사회 속에서 긴박한 상황에 직면했을 때 이에 적절히 대처할 수 있는 방안은 정치행정체제가 중앙집권적인 것이 훨씬 용이하다. 그리고 행정에 있어서는 당초 방침의 계속적인 추진을 통해서 예정하였던 결실을 정확히 거두는 것이 매우 중요하다. 중앙집권에서는 일단 정하여진 행정방침을 어떠한 난관에 봉착하더라도 계속 강력하게 추진해 나갈 수 있게 된다.

다. 행정의 능률성 증진

중앙집권에 있어서는 규모의 법칙, 수급의 탄력성, 훈련된 관료 등을 통하여 행정의 능률성을 확보할 수 있다. 이 경우 능률은 최소의 노력과 시간과 비용으로 최대의 효과와 소득과 만족을 산출하는 기계적 능률을 말한다.

라. 행정관리의 전문화

오늘과 같은 사회, 경제의 전문화 시대에 있어서, 특히 중앙집권은 유능한 인재와 최신식 기계 등을 동원하여 고도의 행정능력을 발휘할 수 있으며, 각 부처별로 전문적인 행정을 분담, 발전시켜 나가기 때문에 행정의 기능별 전문화를 심화시킬 수 있다.

마. 전국적 규모의 대규모적 사무에 적합

계획행정 및 통제행정이 가능하므로 고속도로의 건설, 대하천의 개발 등 전국적 규모의 대규모적 사무와 철도, 우편 등의 현업 등에 적합하다. 예컨대 지역개발은 지역특성을 잘 알고 있는 지방정부에서 추진하는 것이 효과적이지만 지역이익의 극대화라는 목적 아래 마구잡이로 개발하는 것은 타당하지 못하다. 이것은 어디까지나 전체적 조화 속에서 개발되어야 한다. 즉 중앙정부의 종합적 국토개발계획 아래 지역개발이 이루어질 때 지역 간의 불균형을 해소할 수 있다.

② 집권(중앙집권)의 단점

가. 행정수요의 지역적 특수성을 무시하기 쉽다. 즉 전국을 대상으로 한 획일적 행정이 실시됨으로써, 그 지역의 사정에 적합한 행정을 펼칠 수 없다.

나. 행정구역의 확대로 자치의식이나 공동체의식이 희박하게 된다.

다. 중앙정부의 과도한 업무부담으로 인해 행정능률의 저하를 초래하기 쉽다.

라. 강력한 통제행정으로 인해 상대적으로 민주적 통제는 약화되어 관료주의와 전제적 경향을 초래하기 쉽다.

마. 중앙정부의 감사 통제의 강화로 사무처리가 매우 복잡하게 되어 지방정부의 자치적이고 효율적인 사무가 이루어지지 못한다.

〈표 3-1〉 집권(중앙집권의)의 장단점

비교	장점	단점
특성	1. 행정의 통일성 2. 행정의 강력성 3. 행정의 능률성 증진 4. 행정의 전문화 5. 전국적 규모의 대규모적 사무에 적합	1. 지역의 특수성 무시 2. 자치의식 및 공동체의식 결여 3. 과도한 업무부담 4. 관료주의 및 전제적 경향 5. 지방정부의 자치적 사무 훼손

(2) 분권(지방분권)의 장단점

① 분권(지방분권)의 장점

가. 지방의 특수성과 실정에 맞는 행정

지방분권은 중앙정부에 의하여 행해지는 획일적 행정의 폐단을 막고, 대도시행정은 대도시의 특수한 행정수요에, 농촌행정은 농촌의 실정에, 공업도시행정은 공업도시의 특수한 여건에, 관광도시행정은 관광지로서의 특수한 행정수요에 각각 적합하도록 그 지역의 특수성을 살려 수행할 수 있다.

나. 지방공무원 및 지방주민의 창의력과 사기, 의욕증진

지방정부에 보다 많은 권한이 주어진다면 지방정부는 그만큼 자주성이 제고되어 진정한 의미의 지방자치를 실시할 수 있게 됨으로써, 지역주민은 지방의회에 진출하여 지방사무를

수행하고 지방정부가 임용한 공무원들은 이들이 정해 준 테두리 내에서 지방사무를 자주적으로 다루게 되어 정치적 욕구를 충족하고 창의성과 사기를 진작시킬 수 있다.

다. 행정 분업으로 국가 전체의 업무능률 향상

중앙정부의 권한집중은 행정의 경직성, 권위주의적 행정 행태 등으로 인하여 행정능률을 저하시키게 되는데, 중앙정부의 일부 업무를 지방정부가 분담함으로써 능률성을 제고할 수 있고 중앙과 지방의 계획과 집행이라는 수직적 분업을 통해 보다 높은 능률을 확보할 수 있다. 이때의 능률은 경제적 능률관에 대비되는 사회적 능률을 의미한다.

라. 시행착오의 최소화

중앙정부의 사무는 대부분 전국적 규모업무이므로 시행에 착오가 발생한다면 이에 따른 피해는 막대할 것이다. 이러한 피해의 최소화를 위해 지방정부 수준에서의 시험적 과정이 필요하며, 이 경우 만약 여기에서 오류가 발생된다 하더라도 피해는 당해 지역에 국한될 뿐이다.

마. 지방공무원을 유능한 관리자로 양성

지방자치제도가 본래의 목적대로 충실히 실시될 때 지방사무에 정통한 관리자를 양성할 수 있음은 물론, 전국무대에서 활동할 수 있는 인재도 양성할 수 있다.

② 분권(지방분권)의 단점

가. 정치적 통일성 및 안정성의 확보가 곤란하다.

나. 행정 수준의 통일적 유지가 곤란하다.

다. 중앙과 지방 간에 행정사무가 중복되기 쉽다.

라. 국가적 위기에 신속한 동원태세를 갖출 수 없다.

마. 부분적 이익을 전체 이익에 종속시키기 곤란하다.

〈표 4-3〉 분권(지방분권의)의 장단점

비교	장점	단점
특성	1. 실정에 맞는 행정 2. 창의력과 사기 증진 3. 국가 전체 능률성 향상 4. 시행착오의 최소화 5. 유능한 관리자 양성	1. 정치적 통일성 및 안정성 곤란 2. 행정의 통일적 유지 곤란 3. 행정사무의 중복 4. 신속하지 못한 위기대처 능력 5. 이익의 분배성 저하

2. 집권화와 분권화

집권화(centralization, 集權化)는 의사결정 권한이 중앙 · 상급기관 또는 조직의 상층부에 집중되는 것을 말한다. 이에 반해 분권화(decentralization, 分權化)란 의사결정의 권한이 지방 또는 하급기관에 위임되는 것을 말한다. 덧붙여 집권과 분권은 상대적인 개념으로 현실에서 완전한 집권과 완전한 분권은 존재하지 않으며, 집권과 분권의 적절한 조화와 균형을 통한 행정 서비스가 필요시된다.

1) 집권(중앙집권)과 분권(지방분권)의 촉진요인

(1) 집권화의 촉진요인

집권화의 촉진요인은 그 체제의 성격과 환경에 결정지어지는 것으로 다음과 같이 정의할 수 있다.

첫째, 소규모 조직이거나 신설조직인 경우 집권화의 필요성이 높아 집권화가 촉진된다.

둘째, 비용이 많이 소모되는 문제인 경우 이를 능률적으로 처리하고자 할 때 집권화가 촉진된다.

셋째, 조직이나 국가 전체에 위협을 주는 난국이나 사건 · 사고 등 외부환경의 변화에 따른 위기를 극복하고자 할 경우 집권화가 촉진된다.

넷째, 행정의 계획적 · 통제적 · 통일적 처리가 요구되는 경우 집권화가 촉진된다.

다섯째, 개인적 리더십이 강하거나 하위층의 능력이 부족할 경우 또는 특정인이나 특정기관에 정보가 집중될 경우 집권화가 촉진된다.

여섯째, 국가발전목표의 조속한 구현과 같은 행정의 능률화가 요구되거나 강력한 행정력이 필요한 경우 집권화가 촉진된다.

일곱째, 특정 활동으로 분산 · 처리할 경우 인력과 장비 · 기술의 분산으로 전문화가 곤란할 때 집권화가 촉진된다.

이 밖에도 과학기술의 발전으로 인한 통신 · 교통수단의 발달, 규모의 경제가 필요한 경우에 집권화가 촉진된다.

(2) 분권화의 촉진요인

분권화의 촉진요인 또한 집권화와 같이 그 체제의 성격과 환경에 따라 다음과 같이 정의할 수 있다.

첫째, 고위층의 일상적 업무부담을 감소시키려는 경우 또는 상하 간 업무 분담을 하려는 경우 분권화가 촉진된다.

둘째, 오래된 조직이나 대규모 조직의 경우 전문화된 많은 양의 업무를 신속하게 처리하기 위해 분권화가 촉진된다.

셋째, 부하의 사기 앙양, 관리자 양성, 하위층의 책임감을 강화, 하위층의 능력발전을 도모 등의 하위층에 적응하는 관리를 할 경우 분권화가 촉진된다.

넷째, 일선지역에서의 신속한 행정처리가 필요한 경우 분권화가 촉진된다.

다섯째, 특정지역에서의 문제점을 미리 점검 · 개선한 후 국가 전체에 적용하는 정책의 지역적 실험이 필요한 경우 분권화가 촉진된다.

여섯째, 지역주민의 참여와 통제를 동반하는 행정의 민주화가 요구되는 경우 분권화가 촉진된다.

이 밖에도 주민과 가까이서 지역실정에 적응하려는 경우 또는 자기 지역의 업무는 주민 스스로 처리해야 한다는 시민정신이 구현될 때 분권화가 촉진된다.

제2절 한국의 집권과 분권

1. 중앙집권과 지방분권의 한국적 상황

1) 한국 행정 이념상의 문제

중앙집권의 문제점에 대한 정치경제학적 견해에 따르면, 한국은 권력이 소수의 응집성 강한 엘리트집단에 집중되어 있으므로 기존의 정치지도력을 위협하지 않는 범위 내에서 사회 제 세력의 권력배분을 조정한다는 조합주의적 성향이 강하다. 이러한 조합주의적 성향은 추상적이고 평균적인 시민이라는 애매한 개념이 아닌 정작 누구의 의사와 이익이 결정에 어떻게 반영되었으며 누구를 위한 정책인가라는 물음을 던지게 된다. 이른바 군사정권 이후 내세운 근대화의 추진과 경제성장, 이를 위한 강력한 중앙집권적 행정체제의 형성, 행정의 능률성, 효과성의 강조는 질서의 유지와 정권의 정당성 확보방법의 일환으로 내세운 경제성장을 감싸기 위한 이데올로기적 수단이었다는 것이다.

2) 과도한 중앙집권의 문제점

(1) 중앙집권화의 배경

영미의 경우와는 달리 우리나라는 전통적으로 지방자치의 기초 없이 주로 지정학적 또는 정치적 이유에서 강력한 관료주의적 중앙집권체제가 형성되어 왔고, 외국의 문물을 수입하면서 근대화되고, 현대 테크놀로지와 과학이 유입되어 전문화가 촉진됨에 따라 공공행정부문에 중앙집권화 현상이 현저히 나타났다. 특히 유교의 사상적 배경이 중앙집권적 성장의 기반을 제공하였고 국가안보와 경제발전이라는 현실적 국가목표가 다시 체제 내의 중앙집권화 노력의 필요성을 강조하여 지방분권에 대한 중앙집권의 상대적 우세가 계속되게 되었다.

(2) 문제점

과도한 중앙집권체제하에서 중앙·지방정부 사이의 권한과 책임은 심한 불균형관계를 이루어 업무와 분업을 이루지 못하였고, 지방공무원의 사기를 저하시켜 능률성도 기대하기 힘들게 하였다. 중앙과 지방정부 간의 계층구조는 행정조직 내에서 정보를 왜곡시키기 쉽도록 되어 있어서 행정정책이 계층구조를 경유할 때마다 정보는 왜곡되고 그 처리 결과도 조작 보고된다. 조작 보고된 자료에 따라 다시 만들어진 행정결정은 더욱 왜곡되어 이러한 악순환은 반복하게 된다.

2. 중앙집권과 지방분권의 조화

우리나라의 행정은 역사적으로 강력한 중앙집권체제를 유지해 왔다. 하지만 오늘날의 무수한 행정수요를 충족시키기 위해서 나름대로의 이점을 가지고 있는 집권과 분권의 조화가 절실히 필요하다. 아울러 과거의 지나친 중앙집권을 반대하는 경향에서 분권에만 집중하는 것도, 앞에서 지적한 것처럼 위험이 크기 때문에 더욱더 집권과 분권을 적절히 활용하는 것이 필요하다.

1) 중앙과 지방 간의 적절한 재정조정

지방자치단체가 필요로 하는 재정은 가능한 한 그 전액을 자체재정으로 충당하는 것이 지방행정의 안정화, 자율화 및 자주성 확보를 위해서 바람직하다. 지방자치단체가 수행하는 자치사무에 소요되는 재정을 직접 지역주민으로부터 각출된 자체재정으로 충당해야만 중앙정부 및 상급자치단체로부터의 지나친 간섭을 배제할 수 있고, 행정운영에 지역주민의 관심을 높일 수 있을 뿐만 아니라 자율성을 확보할 수 있기 때문이다. 그러므로 우리나라와 같이 재정적 기반이 취약한 각각의 지방자치단체는 재정의 상당 부분을 중앙정부의 지원에 의존하게 되어 중앙정부의 권한이 상대적으로 강화되는 반면에 지방자치단체는 독자적이고 창의적인 지방행정을 할 수 없게 된다.

이러한 지방자치단체의 재정자립을 위한 노력은 다음과 같다.

(1) 과세자주권의 확립

지방세입의 확대는 제한세율제도를 활용하여 주민세, 도시계획세 등을 자치단체별로 재량권을 갖고 신축성 있게 운용할 수 있도록 함으로써 지방에의 자율성을 제고하며, 지역특유의 또는 지역특성에 맞는 새로운 세원을 자주적 · 자율적으로 개발할 수 있도록 하여, 지방자치단체로 하여금 특수목적이나 용도에 충당하도록 하여야 할 것이다. 과세자주권의 확립이야말로 지방정부의 자주성을 확립하는 핵심적 요소이고 지방재정이 당면하고 있는 문제들에 보다 효과적으로 대처하는 길이 되기 때문이다. 또한 세수의 신장이 저조한 재산세의 적절한 세율인상을 통해 세수증대를 꾀함은 물론, 지가인상과 부동산투기억제의 효과도 동시에 도모할 수 있어야 할 것이다.

(2) 국세의 지방세로의 전환

재정적 측면에서 중앙정부가 직접 집행해 오던 기능 중 성질상 지방기능으로 전환되어야 한다고 인정되는 기능은 먼저 지방으로 이양하고 동시에 이에 소요되는 재원도 이양하여야 하며, 국세 중 지방세적 색채가 강한 전화세, 입장세, 통행세, 주세 등도 지방세로 전환해야 할 것이다.

(3) 금융 · 세제상의 지원 확대

지방자치단체의 특화산업에 대해서는 금융 · 세제상의 지원을 확대하여 지역개발을 통한 투자기반을 강화하고 특히 지방에서 조성된 자금의 역외유출을 방지하여 당해 지방에 투자함으로써 지역산업의 활성화를 통한 세수의 확대를 도모하여야 할 것이다.

2) 중앙과 지방 간의 사무배분의 효율화

행정사무배분의 효율화 문제는 중앙과 지방과의 관계를 어떻게 보느냐와 관계되는데 집권과 분권의 효율적 조화점의 기준이 바로 사무배분에 있다. 그러나 어떤 기능이 전국적 이해관계에 관한 것이고, 어떤 기능이 지방자치단체가 처리하여야 할 사항인가, 지방적 공공사무에는 어느 것이 포함되는가 하는 문제가 아직도 명확히 밝혀지지 않고 있다. 더구나 기능배분은 항상 고정불변한 것이 아니라 시대와 국가에 따라 각각 달라진다.

이러한 행정의 효율화를 위한 노력의 구체적인 방향은 다음과 같다.

(1) 사무배분 기준의 구체화

자치단체에 사무를 배분하는 기준을 개괄적으로 규정할 것이 아니라 이를 상세하고 구체적으로 규정하여야 한다. 중앙과 지방 간의 관계는 기능배분과 재원분담 및 국가관여에 있어 명백하고도 합리적으로 규정된 법률에 의해 이루어져야 하는 바, 이들 관계의 근원이 되는 것이 기능, 곧 사무의 배분이 되기 때문이다.

(2) 국가의 지방자치단체에 대한 감독의 제한

국가의 지방자치단체에 대한 감독은 어디까지나 위임사무에 국한해야 하며, 일반적 지휘감독권은 인정되지 않아야 한다.

(3) 주민과 지역에 관련된 기능 배분

지방자치의 활성화를 통하여 지방분권화를 도모할 수 있게 하기 위하여 주민참여와 주민통제가 용이한 기초자치단체에 되도록 많은 기능을 배분하고, 특히 주민편의와 지역경제의 발전을 도모할 수 있는 기능을 지방자치단체에 배분하여야 한다.

(4) 기관위임사무와 단체위임사무의 전환

현재 지방자치단체가 처리하는 사무 중에서 지나치게 많은 비중을 차지하고 있어 결과적으로는 지방자치를 명목화하고 중앙집권의 가속화를 초래하고 있는 기관위임사무는 가능한 한 단체위임사무로, 단체위임사무는 자치사무(고유사무)로 각각 전환시켜야 한다.

3) 지방정부에 대한 중앙통제의 완화

우리나라는 오랜 정치 · 행정문화가 권력적이었으며, 중앙집권적 체제를 유지하여 민주주의가 미성숙했으므로 중앙정부는 권력화되어 우월한 의사결정력을 가지고 지방자치단체를 일방적으로 지배, 억압, 강요하는 광범위하고 강력한 통제가 허용되는, 이른바 통제 지향적 지방행정으로 변질되어 자치권한은 극도로 제한되어 왔으나 이제는 관리적 통제로 전환하고 이 또한 필요한 최소범위에 머물러야 한다.

이러한 중앙정부의 통제를 벗어나 지방정부의 자치행정을 위한 노력은 다음과 같다.

(1) 행정통제의 방향

진정한 행정통제의 방향은 지식과 기술의 조언 및 정보제공의 차원에서 이루어져야 한다. 지방정부는 그 규모가 다양하고 인적 · 물적 자원이 고르지 못하여 지역 간 행정 수준의 불균형을 초래할 것이 우려되기 때문에 중앙정부가 보유하고 있는 고도의 전문지식과 기술 및 경험을 지방행정 수준을 향상시킬 수 있도록 제공할 때의 중앙통제야말로 자치행정을 발전시킬 수 있는 가장 이상적인 방법이라 할 수 있다.

(2) 재정적 원조

국민적 최저행정 수준의 확보를 위한 재정적 원조이다. 중앙정부는 모든 국민에게 생활의 기본적 수요를 충족시키고 균형적 지역발전을 위하여 재정력이 부족한 지방자치단체에 재정원조를 해야 한다. 국민적 최저 수준을 유지하기 위한 행정적 재화와 서비스를 제공할 의무는 1차적으로 지방자치단체에 있지만 지방재정의 부족은 비단 지방정부 자체만의 책임은 아니기 때문에 국가적 차원에서 중앙정부가 이것을 책임지는 것은 당연한 것이다.

(3) 협력 및 분업체계의 확립

국가와 지방자치단체 간의 협력 및 분업체계가 확립되어야 한다. 중앙정부가 지방정부를 통제한다는 것은 지방정부를 중앙정부에 예속시키기 위한 수직적 관계를 설정하는 데 목적이 있는 것이 아니라 국가기능의 분담이라는 수평적 관계의 측면에서 파악해야 한다.

(4) 광역행정방식의 활용

광역행정은 중앙집권과 지방분권 또는 능률성과 민주성을 조화하는 유효한 수단으로 행정의 능률성을 강조한 데서 비롯된 신중앙집권의 차원에서 이해되어야 하므로 마땅히 민주성 또한 고려된다. 따라서 광역행정은 중앙정부와 지방정부를 수평적 협력관계로 보고 중앙집권과 지방분권의 조화와 균형에 의하여 행정의 능률성도 높이면서 행정의 민주화 내지 지방자치를 보장하고 민주적 통제를 모색하려는 방법으로서 현대행정의 중요한 일부가 되고 있다.

제3절 신중앙집권

지방자치를 통한 민주주의의 실질적 구현이라는 현시대적 흐름에 있어서 종전의 중앙집권과 지방분권은 각각의 기능을 단독으로 수행하기보다는 정치 · 사회 · 경제 · 문화 등 여러 가지 여건과 역사적 · 관습적 전통 등의 배경에 따라 크게는 나라마다, 작게는 지역마다 이상적인 균형 및 조화를 통하여 민주주의로 한 걸음 나아가는 데 큰 도움을 주고 있다. 이러한 경향 아래 국가적 사무의 증대, 생활권역의 확대, 빈민구제 등 중앙정부의 권한이 확대됨에 따라 중앙집권이 요구되는데 이를 신중앙집권(新中央集權)이라 한다.

1. 신중앙집권의 의의

1) 신중앙집권의 개념(new centralization, 新中央集權)

신중앙집권(new centralization, 新中央集權)이란 사전적 의미로 '영국과 미국 등 전통적으로 지방자치의 기반을 갖춘 나라에서 지방분권화가 이루어졌다가 다시 중앙집권화되는 현상'을 말한다. 즉 국가의 조정적 권한과 계획적 기능을 강조하지만, 주민의 자치권을 옹호하면서도 행정을 균질적 · 광역적 · 효율적으로 처리하는 것이다(안용식 외, 2006). 덧붙여 20세기 들어 교통통신이 발달하고 중앙정부의 기능이 확대 · 강화됨에 따라 지방이 중앙정부에 대한 의존이 오히려 심화되고 있는 현상을 말한다.

2. 신중앙집권의 특징

1) 신중앙집권의 촉진요인

지방분권의 체제가 사회 · 문화 · 경제 등 환경의 변화 및 행정수요의 변화에 따라 중앙정부로 권한과 기능이 집중되는 촉진요인은 다음과 같다.

첫째, 과학기술의 발달이다. 과학기술의 발달은 인사행정 · 재무행정 · 조직행정 등 행정의 전 분야에 있어서 인력과 재정력이 강한 중앙정부의 능력을 향상시켰으며, 이는 중앙정부의 권한을 급격히 향상시킴으로써 신중앙집권화를 촉진시키는 요인으로 작용하였다.

둘째, 교통통신의 발전으로 인한 생활권의 확대이다. 교통통신의 발달은 공간적 · 시간적 장벽을 극복하여 한 지역의 문제는 전 지역적인, 다시 말해 전국적인 문제로 확대되었다. 그 결과로 특정지역의 문제를 지방자치단체가 아니라 중앙정부가 처리하는 것이 효과적인 신중앙집권화를 촉진시켰다.

셋째, 지방의 행정 및 재정력 부족이다. 상대적으로 중앙정부에 비해 행정 및 재정력이 부족한 지방정부는 형식적으로 지방자치를 한다고 하여도 행정 및 재정적으로 중앙정부에 많이 의존하고 있어서 실질적인 권한은 중앙정부가 유지하게 된다. 이처럼 지방정부의 중앙정부에 대한 의존의 심화는 신중앙집권화를 촉진시키는 요인으로 작용하였다.

넷째, 국제 정세의 불안이다. 오늘날의 전쟁은 단순한 국가 대 국가의 분쟁이 아닌 전 세계적인 위험으로 확대될 수 있다. 이와 같은 국가 존망의 위기 상황에서 효과적으로 대처하기 위해서는 강력한 중앙정부 권한을 필요로 한다. 즉 중앙정부의 권한을 강화시키는 신중앙집권화가 나타났다.

2) 신중앙집권의 성격

신중앙집권화는 과거 절대적 중앙집권이 이루어지던 군주주의 시대처럼 지방분권 · 지방자치 자체를 부정하는 것이 아니라 행정국가의 능률향상과 고객만족의 사회적 요구에 부응하기 위한 권력의 조정이나 재편성을 의미한다.

이러한 신중앙집권의 성격을 기존의 중앙집권과 비교해 보았을 때 신중앙집권의 특징을 더욱 잘 이해할 수 있을 것이다.

첫째, 과거의 중앙집권이 지배적 집권인 반면에, 신중앙집권은 지도적 집권이다.

둘째, 과거의 중앙집권이 일방적 집권인 반면에, 신중앙집권은 협동적 집권이다.

셋째, 과거의 중앙집권이 관료적 집권인 반면에, 신중앙집권은 사회적 집권이다.

넷째, 과거의 중앙집권이 윤리적 집권인 반면에, 신중앙집권은 기술적 집권이다.

다섯째, 과거의 중앙집권이 수직적 집권인 반면에, 신중앙집권은 수평적 집권이다.

3) 신중앙집권의 형태

국가의 조정적 권한과 계획적 기능을 강조하지만 주민의 자치권을 옹호하면서도 행정을 균질적 · 광역적 · 효율적으로 처리하는 신중앙집권의 형태는 다음과 같다.

첫째, 지방사무가 중앙정부로 이관된다. 즉 지방자치단체의 사무가 중앙정부의 사무로 흡수되는 형태이다. 과학기술의 발달 및 지방자치단체의 행정 · 재정력 부족 등의 다양한 신중앙집권 촉진요인은 지방사무와 중앙사무 간의 재분배를 필요로 하게 되었으며, 이는 결국 지방자치단체의 사무를 중앙정부로 상향적 이관하게 되었다.

〈표 3-3〉 이관사무의 특성

1. 다양화 · 복잡화 경향이 강한 사무
2. 전국적 통일성이 필요한 사무
3. 사무의 효과가 국가 전체에 미치는 사무
4. 대규모 행정 · 재정이 필요한 사무

둘째, 지방사무가 광역정부로 이관된다. 단일한 광역지방계획체제를 구축하여 행정 서비스의 효율성을 추구하면서도 지역주민의 자치권을 보장하는 광역행정은 지방자치단체 간의 중복투자로 인한 예산의 낭비를 방지할 수 있다. 또한 지방자치단체 간의 행정 · 재정적 격차로 인한 주민의 상대적 박탈감 및 불만을 해소시켜, 지역 간 균질화와 주민복지의 국민적 평준화를 가져오기 때문에 지역사무가 광역정부로 사무를 이관하게 된다.

4) 신중앙집권의 한계

지도적, 협동적, 사회적 그리고 기술적 집권이라는 특징을 지닌 신중앙집권은 중앙과 지방을 새로운 협력관계로 보면서 중앙의 조정과 계획적 기능을 수행해야 함에도 불구하고 다음과 같은 한계점을 나타내고 있다.

첫째, 신중앙집권의 지나친 집권으로 인해 전통적인 중앙집권적 권력행정으로 돌아가려는 경향이 나타날 수 있다. 그러므로 지나친 집권을 통해 지방자치가 배제 또는 형식화되지 않도록 주의해야 한다.

둘째, 지방정부에 행정 및 재정의 지원이 통제와 감독의 도구로 여겨질 수 있다. 그러므로 중앙정부는 지방정부에의 행정과 재정을 지원하고 정보를 전달하는 데 있어서 강압적이고 권위적이기보다는 지방정부의 행정역량을 발달시키는 지원자의 역할을 해야 한다.

셋째, 지방의 사무에 있어서 전국적 이해관계를 위해 지역의 특수성이 경시될 수 있다. 과학기술 및 교통기술의 발전으로 인해 지역 간의 문화 · 사회 · 경제 등 여러 측면에서 공통적 특성이 나타나고 있기는 하지만, 각 지역의 고유한 특수성 측면을 고려해야 한다.

제4절 신지방분권

지방자치의 역사가 하루하루 그 깊이를 더해 가는 현시점에서 오늘날의 중앙집권제의 폐해를 제거하기 위한 부단한 노력의 하나로 신지방분권화가 나타났다. 좀 더 구체적으로 말하면 신지방분권화는 기존의 지방분권이 아닌, 역사적 시행착오를 방지하고 새로운 시대적 요구에 부응하기 위하여 신중앙집권화의 부정적 측면을 극복하기 위한 상대적인 의미이다. 덧붙여 신지방분권화를 실현하는 노력으로서 그 예로 프랑스의 분권화 개혁, 미국의 신연방주의같이 신지방분권화가 세계의 도처에서 나타나고 그 중요성은 더욱 빛을 발하고 있다.

1. 신지방분권의 의의

1) 신지방분권(新地方分權)의 개념

지방행정의 능률성과 국민최저 수준을 확보하기 위해서 신중앙집권화가 강력하게 주장되었으나 이는 긍정적인 면뿐만 아니라 부정적인 면을 동시에 갖고 있기 때문에 신중앙집권화에 대한 비판과 함께 그 대안으로서 제시된 것이 새로운 지방분권 즉, 신지방분권이다. 덧붙여 신지방분권은 신중앙집권과 단편적으로 배치되거나 모순되는 개념이 아니라, 중앙집권과 지방분권을 조화 · 협력하여 다양 · 복잡한 행정 수요를 만족시켜 주는 행정 서비스이다.

2. 신지방분권의 특징

1) 신지방분권의 촉진요인

행정의 획일성과 경직성 등 행정의 비효율 및 지방분권의 정신을 저해한 중앙집권화로 인해 신지방분권의 필요성은 다시 증대되고 있다.

첫째, 중앙집권의 폐해이다. 중앙집권에 의한 행정은 지방정부의 자주성과 창의성을 잃게 하고, 특정지역에 편중되는 국가의 개발정책은 지역 간 불균형과 개발격차 심화 등의 각종 폐해를 발생시켰다. 이러한 문제점을 극복하기 위해 신지방분권화를 추진하게 되었다.

둘째, 세계화 시대에 경쟁력 있는 지방정부의 필요이다. 세계화 시대는 시 · 공간의 한계가 극복되고 인위적인 무역장벽이 철폐되어, 국가 간 및 지방 간 상호관계가 강화되고 복합적인 상호 의존성이 심화된다. 이러한 세계화 시대에 이르러 지방정부는 단순히 중앙정부의 보호 아래 생존만을 목적으로 존재할 것이 아니라, 세계의 국가 및 지역들 속에서 경쟁력 있는 지방정부가 되어야 할 것이다. 즉 진정한 민주주의를 구현할 수 있는 기지와 역량을 강화 및 확대해야 한다. 이러한 취지 하에 신지방분권화가 필요하게 되었다.

셋째, 행정수요의 다양 · 복잡성이다. 지방행정의 수요는 그 지역의 사회 · 경제 · 문화 등 환경 및 특성에 따라 매우 다양 · 복잡하다. 따라서 중앙정부의 획일화되고, 통제적인 비효율적 행정보다는 지역의 특성에 맞는 행정 서비스가 다양 · 복잡한 지방행정의 수요를 충족시킬 수 있을 것이다. 이러한 이유로 신지방분권화가 촉진되었다.

넷째, 민주주의 의식의 향상이다. 21세기 오늘날 행정의 집행 및 결정에 있어서 주권자인 국민의 참여는 매우 큰 비중을 차지한다. 이러한 경향은 지방정부에서도 지역주민의 참여요구의 증대 및 지방의 실정에 맞는 행정수요 등 지역주민의 민주주의 의식을 매우 향상시켰다. 이처럼 민주주의 의식 향상은 신지방분권화를 촉진시켰다.

2) 신지방분권의 성격

신지방분권의 성격을 기존의 지방분권과 비교하여 설명하면 신지방분권의 특징을 더욱 잘 이해할 수 있을 것이다.

첫째, 과거의 지방분권이 절대적 분권인 반면에, 신지방분권은 상대적 분권이다.

둘째, 과거의 지방분권이 항거적 분권인 반면에, 신지방분권은 수용적 분권이다.

셋째, 과거의 지방분권이 배타적 분권인 반면에, 신지방분권은 협력적 분권이다.

넷째, 과거의 지방분권이 소극적 분권인 반면에, 신지방분권은 적극적 분권이다.

다섯째, 과거의 지방분권이 회피적 분권인 반면에, 신지방분권은 참여적 분권이다.

3) 신지방분권의 형태

신지방분권은 신중앙집권의 정당성의 근거라고 볼 수 있는 국민적 최저 수준(National Minimun Level)의 확보와 신지방분권의 논거로 볼 수 있는 국가균형발전과 국민적 삶의 질 향상이라는 두 가지 측면을 동시에 확보할 수 있는 방향으로 추진되어야 할 것이다. 이러한 신지방분권의 형태는 다음과 같다(최봉기, 2006).

첫째, 주요 국가정책의 중앙과 지방의 공동결정 및 집행이다. 행정의 정책결정 및 집행에 있어서 결정권이 중앙정부에 있는 경우라 할지라도 그 정책의 이해관계가 지방자치단체와 직접적으로 있는 경우에는 정책의 결정 및 집행 과정에 지방자치단체를 참여시키도록 해야 한다. 결과적으로 지방자치단체와 중앙정부 모두의 이해관계를 충족시킬 수 있는 공동정책 결정 및 집행이 이루어져야 할 것이다.

둘째, 중앙정부와 지방정부 간 합리적인 기능 분담이다. 신지방분권은 신중앙집권으로 인한 폐해를 사전에 방지하기 위해 중앙정부의 정책결정 및 집행권한을 지방정부로 환원하자는 것이다. 다시 말해 정책의 결정 및 집행권을 지방자치단체가 모두 가지는 것이 아니라, 주요 계획업무 및 평가업무 등 전국적 입장에서 기본정책이나 기준을 설정하는 것은 중앙정부가 관할하고 중앙정부가 제시한 정책이나 기준의 범위 내에서 지방의 실정에 맞게 창의적으로 결정 및 집행하는 것을 지방정부가 해야 한다.

셋째, 중앙정부의 지방정부에 대한 적극적인 협력과 지원이다. 지방정부가 자율적이고 지역 실정에 맞는 지방행정을 수행한다 하더라도, 실질적으로 중앙정부의 지방정부에 대한 지적 · 인적 · 물질적 등 자원의 지원과 협력은 불가피하다. 즉 지방정부는 전국적 기준이나 정책 등의 행정 서비스에 있어서 기술지원 및 정보제공 등 중앙정부의 각종 지원과 협력이 필요하다. 단, 중앙정부는 각종 지원과 협력을 지방정부를 통제하는 수단으로 활용해서는 안 될 것이다.

4) 신지방분권의 한계

성숙한 지방정부의 출현과 자율적인 국민의 참여를 전제로, 중앙정부의 획일 행정에 의해서 훼손된 자유민주주의의 회복과 동시에 전국적인 성격을 가지는 행정사무를 처리하여 국가와 지방자치단체가 공동 목표를 향해 협력해 나가는 신지방분권도 다음과 같은 한계점을 지니고 있다.

첫째, 신지방분권의 지나친 분권으로 인해 지역이기주의 현상이 나타날 수 있다. 지방의 이해와 행정수요를 지나치게 강조하다 보면 쓰레기 소각장, 장애인 시설, 노숙자 시설, 화장터, 교도소와 같이 많은 주민들이 혐오하는 특정한 시설의 설립을 반대하는 NIMBY현상이나, 학교 · 은행 · 공원 등의 특정 시설의 설립만을 선호하는 PIMFY현상과 같은 집단이기주의 내지 지역이기주의를 증가하게 할 수 있다.

둘째, 중앙정부에의 지원과 협력을 받는 지방정부는 피동적이고 수동적인 행태를 나타낼 우려가 있다. 앞에서 언급한 것처럼 지방정부는 전국적 기준이나 정책 등의 행정 서비스에 있어서 기술지원 및 정보제공 등 중앙정부의 각종 지원과 협력이 필요함은 틀림없다. 그러나 중앙정부의 지원과 협력만을 기대하는 지방정부는 경쟁력 있는 발전과 변화를 하지 못할 뿐만 아니라, 나아가 세계화 시대의 무한경쟁 사회에서 낙오자로 몰락할 수 있다.

셋째, 지나친 지방의 특수성 고려는 통합 및 전국적인 행정사무를 변질시킬 수 있다. 행정이 효율적으로 운영되기 위해서는 사회와의 유기적인 연계하에 신속하고 적절하게 대응해야 한다. 그러나 지방의 유기적인 연계성, 즉 특수성을 지나치게 고려하다 보면 각 지방들의 이해관계 조정에 소요되는 인적 · 물적 · 지적 등 자원의 낭비를 통해 전국적 수준의 계획 및 평가업무 등 전국적인 행정사무를 불가능하게 만들 수 있다.

연 습 문 제

1. 지방분권의 촉진요인이 아닌 것은?
   ① 업무수행에 있어서 지역적 특성을 고려할 수 있다.
   ② 행정업무에서 창의성을 발휘할 가능성이 높아진다.
   ③ 위기 또는 긴급사태를 쉽게 극복한다.
   ④ 행정과 주민과의 관계를 개선시킨다.

〈정답〉 ③ 위기 또는 긴급사태를 쉽게 극복한다.
〈해설〉 위기나 긴급사태는 집권화를 촉진시키는 요인이 된다.

2. 지방분권의 발달을 저해하는 요인이 아닌 것은?
   ① 국가에 의한 감독과 통제 ② 지방주민의 행정통제
   ③ 위임사무의 확대 ④ 광역행정의 발달

〈정답〉 ② 지방주민의 행정통제
〈해설〉 주민에 의한 행정통제와 참여는 지방자치와 지방분권을 발전시키는 전제조건이다. 다른 예는 중앙집권과 관계가 있다.

3. 신중앙집권에 대해서 가장 잘 설명하고 있는 것은?
   ① 전통적인 중앙집권화보다 그 범위가 훨씬 확대된 것이다.
   ② 민주화된 정부가 개혁을 위해 실시하는 국가발전전략의 하나다.
   ③ 관료적, 권력적 집권이 아니라 비권력적, 지식적, 기술적 집권현상이다.
   ④ 지방분권화가 지니고 있는 문제점에 대한 반발로서 나타난 현상이다.

〈정답〉 ③ 관료적, 권력적 집권이 아니라 비권력적, 지식적, 기술적 집권현상이다.
〈해설〉 신중앙집권화는 권력적, 관료적 집권이 아니라 비권력적, 지식적, 기술적 집권현상이라는 점에서 기존의 전통적 중앙집권과는 다르다.

4. 다음 중 지방분권의 효용을 설명하는 것과 거리가 먼 것은?(2008 서울7급)
   ① 혁신적 정책의 채택빈도를 높임
   ② 행정의 반응성을 증대시킴
   ③ 생산적 능률(productive efficiency)의 증대에 기여함
   ④ 시민참여를 확대시킴

〈정답〉 ① 혁신적 정책의 채택빈도를 높임
〈해설〉 J. Wilson은 지방분권 하에서는 혁신적 정책의 제안은 용이하나 채택빈도는 낮아진다고 한다. 분권체제에서는 효율성이나 생산성 능률이 실현가능하다고 본다(티부가설).

핵심정리

집권(集權) – 사전적 의미로 '권력을 한군데로 모으는 것'을 말한다. 행정적 측면에서의 집권이란 '동일 조직 내에서 존재하는 상하계층 간의 권한 집중' 또는 '상하급 행정기관 간 권한의 집중'을 말한다. 정치적 측면에서 집권이란 중앙집권(中央集權)을 의미하는 것으로 '중앙정부에 권한이 집중된 정치상 집권' 또는 '국가의 통치 권력이 지방에 분산되어 있지 아니하고 중앙정부에 집중되어 있는 통치 형태'를 말한다.

분권(分權) - 사전적 의미로 '권리나 권력을 분산하는 것'을 말한다. 행정적 측면에서의 분권이란 '동일 조직 내에서 존재하는 상하계층 간의 권한 분산' 또는 '상하급 행정기관 간 권한의 분산'을 말한다. 정치적 측면에서의 분권이란 지방분권(地方分權)을 의미하는 것으로 '지방정부에 권한이 위임 · 분산된 자치상 또는 정치상의 분권' 또는 '통치 권력이 중앙정부에 집중되지 아니하고 지방자치단체에 분산되어 있는 것'을 말한다.

집권화(centralization, 集權化) – 의사결정 권한이 중앙 · 상급기관 또는 조직의 상층부에 집중되는 것을 말한다.

분권화(decentralization, 分權化) – 의사결정의 권한이 지방 또는 하급기관에 위임되는 것을 말한다.

신중앙집권(new centralization, 新中央集權) – 사전적 의미로 '영국과 미국 등 전통적으로 지방자치의 기반을 갖춘 나라에서 지방분권화가 이루어졌다가 다시 중앙집권화되는 현상'을 말한다. 즉 국가의 조정적 권한과 계획적 기능을 강조하지만, 주민의 자치권을 옹호하면서도 행정을 균질적 · 광역적 · 효율적으로 처리하는 것이다.

신지방분권(新地方分權) – 신중앙집권화에 대한 비판과 함께 그 대안으로서 제시된 것이 새로운 지방분권 즉, 신지방분권이다. 신지방분권은 신중앙집권과 단편적으로 배치되거나 모순되는 개념이 아니라, 중앙집권과 지방분권을 조화 · 협력하여 다양 · 복잡한 행정 수요를 만족시켜 주는 행정 서비스이다.

제 4 장

지방자치단체의 종류와 계층구조

♧ 들어가기 : 학습목표 및 목차

학습 목표	1. 지방자치단체의 정의와 특성을 이해한다. 2. 우리나라 지방자치단체의 종류와 현황을 이해한다. 3. 지방자치단체의 계층구조에 대하여 이해한다.
학습 목차	1. 지방자치단체의 의의 2. 우리나라 지방자치단체의 종류 및 현황, 지방자치단체의 구역 3. 지방자치단체의 계층구조

☞ 사전학습

1. 지방자치단체의 3가지 구성요소는 무엇인가?
   〈정답〉 주민, 구역, 자치권
   〈해설〉 지방자치단체의 3가지 구성요소는 주민, 구역, 자치권이다.

2. 일반지방자치단체라고도 불리는 종합적이고 일반적 기능을 수행하는 자치단체는?
   〈정답〉 보통지방자치단체
   〈해설〉 지방자치단체의 기능과 설립 목적을 기준으로 종합적이고 일반적 기능을 수행하는 자치단체를 보통지방자치단체라고 한다.

3. 지방자치단체의 자치권이 미치는 일정한 지역에 2개 이상의 지방자치단체가 존재하는 것을 무엇이라고 하는가?
   〈정답〉 다층제
   〈해설〉 지방자치단체의 자치권이 미치는 일정한 지역에 1개의 지방자치단체가 존재하는 것을 단층제, 2개 이상의 지방자치단체가 존재하는 것을 다층제라고 한다.

제1절 지방자치단체의 의의

1. 지방자치단체의 의의

1) 지방자치단체의 정의

지방자치단체(地方自治團體)는 국가 아래에서 일정한 지역적 범위를 그 구역으로 하고 그 구역 안의 모든 주민들에 의해 선출된 기관이 법률이 정하는 범위 안에서 자주적으로 지방 사무를 처리할 수 있는 권한을 가진 공법인[1])이다.

좀 더 구체적으로 지방자치단체는 국가와 같은 모습의 통치단체 성격을 가진다. 따라서 그 권능으로는 지방의 공공사무를 처리하는 자치행정권은 물론이고 조례(條例)를 제정·개폐하는 자치입법권과 지방세 과징, 사무처리 경비를 수입·지출하는 자치재정권 등이 인정된다. 지방자치단체의 종류는 보통지방자치단체와 특별지방자치단체로 대별하는데, 보통지방자치단체는 다시 상급지방자치단체(특별시·광역시·도)와 하급지방자치단체(자치구·시·군)로 나뉜다. 지방자치단체의 기관에는 의결기관인 지방의회가 있고, 집행기관으로 지방자치단체의 장, 보조기관(부지사·부시장·부군수·부구청장·행정기구), 소속행정기관(직속기관·사업소·출장소·합의제 행정기관을 설치할 수 있다), 하부행정기관(구청장·읍장·면장·동장·하부행정기구)이 있다. 덧붙여 지방자치단체는 그 사무를 처리함에 있어서 주민의 편의 및 복리증진을 위하여 노력하고, 조직 및 운영의 합리화와 그 규모의 적정화를 도모하며, 법령이나 상급지방자치단체의 조례에 위반되지 않아야 한다.

2) 지방자치단체의 특성

(1) 지방자치 구현의 주체

지방자치단체는 지방자치를 구현하는 가장 기본적이면서도 핵심적인 주체이다. 지방자치는 지방자치단체를 중심으로 이루어지는데 상급지방자치단체인(특별시·광역시·도) 서울

---

1) 법인은 자연인에 의해서는 목적을 달성하기 어려운 사업을 수행할 수 있게 하기 위하여 사람의 결합이나 특정한 재산에 대하여 자연인과 마찬가지로 법률관계의 주체로서의 지위를 인정한 것이다. 덧붙여 법인은 크게 공법인(公法人)과 사법인(私法人), 영리법인(營利法人)과 비영리법인(非營利法人), 사단법인(社團法人)과 재단법인(財團法人), 내국법인(內國法人)과 외국법인(外國法人) 등으로 나누어진다.

특별시, 대구광역시, 경기도와 하급지방자치단체인(자치구 · 시 · 군) 서울특별시 동작구, 경기도 안양시, 충청남도 태안군 등이 지방자치를 구현하는 지방자치단체의 예이다.

(2) 지방자치단체와 자치구역

지방자치단체는 국가 내의 일정한 지역에 설치된다. 이때 지방자치단체가 관할하는 일정 지역을 자치구역이라고 하는데, 서울특별시는 서울특별시만의 고유 구역을, 경기도는 경기도의 고유 구역을, 부산광역시는 부산광역시만의 고유 구역을 가지고 있다.

지방자치단체의 구역을 강용기(2008: 139)는 하천, 산지 등 자연적 조건, 인종이나 종교 등의 사회적 조건, 기타 정치 · 행정적 필요성 등에 의해 설정된 지역이나 영토로 이해하고 있으며 자치구역은 정치구역임과 동시에 행정구역으로서의 성격을 동시에 지닌다고 바라보고 있다.

다만, 지방자치단체의 구역은 시대를 초월하여 항상 동일한 것이 아니라 역사나 시대적 조건 등 다양한 환경의 변화에 따라 합병되거나 분할되는 등 다양한 변천이 이루어진다.

(3) 지방자치단체의 주체

지방자치단체는 그 구역 안의 주민들에 의해 선출되어 지방자치를 수행하게 되므로, 주민들은 지방자치단체의 구성원이자 운영과 관리의 주체이다. 무엇보다 주민들은 지방자치단체장 및 지방의회의원을 선출할 수 있는 투표권을 통해 자신들의 이해를 실현하고 의사를 표현한다. 이에 지방자치단체장 및 지방의회의원은 주민들을 위한 지방자치를 구현하게 된다. 즉 지방자치단체의 주체는 지방자치단체장, 보조기관, 소속기관, 하부기관 등 이전에 주민이 실질적 주체이다.

(4) 지방자치단체의 자치권

국가로부터 독립한 법인격을 가진 지방자치단체는 그 소관업무를 자신의 창의와 책임하에 처리할 수 있는 법률적 능력인 자치권을 가지고 있다. 이러한 자치권은 자치기관을 조직하는 자치조직권, 자치조직을 구성 및 구성원을 배치하는 자치인사권, 지방의 세입 · 세출을 통해 독립적인 재정 운용을 하는 자치재정권, 지방의 사무에 관한 조례와 규칙 등을 제정하는 자치입법권 등이 있다.

(5) 법인(法人)으로서의 지방자치단체

지방자치단체는 법인격이 있는 단체, 즉 독자적인 법적 권리 · 의무의 주체인 법인(法人)으로서의 지위를 가진 단체이다.[2)] 이처럼 국가와는 독립적 별개의 권리의무 주체인 지방자치단체는 법인으로서 여러 가지 독자적인 의사결정의 주체가 될 수 있으며, 스스로 재산의 취득 및 관리가 가능하여 행정 및 재정적 독립성을 지닌 단체이다.

따라서 지방자치법 제3조 제3항에서 규정한 행정사무의 처리상 편의를 위하여 설치되는 행정구와는 법적 권한 및 의무 지위가 확연히 구분된다.[3)]

덧붙여 지방자치단체는 법인격이 있는 단체 즉 법인(法人) 중에서도 공법인(公法人)이다. 즉 그 지역의 공공사무를 처리함을 목적으로 하는 점에서 사법인(사단법인, 재단법인)과 구별된다.

〈표 4-1〉 법인의 정의

-법인이란-

민법상 권리와 의무의 주체가 될 수 있는 자는 자연인(自然人)과 법인(法人)이 있다. 자연인은 일반적으로 살아 있는 사람을 의미한다. 따라서 사람은 출생과 동시에 권리 능력을 가지며 사망과 동시에 권리 능력이 소멸된다. 즉 법인이란 사람이 아니면서 사람과 같은 능력이 인정되는 기관이나 단체를 의미한다(강용기, 2008: 141).

1. 공법인 & 사법인

법인은 설립 목적에 따라 공법인과 사법인으로 대별할 수 있다.

먼저 공법인(公法人)은 독립된 권리주체라는 점에서 사법인과 동일하나, 사법인이 사적 목적을 위하여 설립된 법인인 데 대하여 공법인은 특정의 공공목적을 위하여 설립된 법인이다. 그 결과 공법인은 사법인과는 달리 보통 그 목적이 법률로서 정해져 있고, 목적 달성에 필요한 한도에서 행정권이 부여되고(예: 公共組合·公社團), 공과금(公課金)의 면제 등의 여러 특혜가 인정되며, 또한 국가의 특별한 감독을 받고 있다.

사법인(私法人)은 사인 간의 관계를 통해 설립 운영되는 것으로 사적 자치의 원칙이 적용되는 법인이다. 회사, 사립학교, 자선단체 등이 사법인이다.

덧붙여 사법인은 많은 점에서 공법인과는 다른 법률적 규율을 받는다. 설립에 있어서 공법인은 공법(公法)에 의하나 사법인은 사법(私法)에 의하고, 목적에 있어서 공법인은 공익(公益)을 추구하나 사법인은 사익(私益)을 추구하고, 설립과 해산의 자유에 있어서 공법인은 그 자유가 인정되지 않으나 사법인은 그 자유가 인정되고, 권리의 성질에 있어서 공법인은 국가적 공권(公權)을 가지나 사법인은 개인적 사권(私權)을 가진다.

2. 영리법인 & 비영리법인

법인은 이익 추구의 여부에 따라 영리법인과 비영리법인으로 대별할 수 있다.

먼저 영리법인이란, 법인이 수익사업을 영위할 뿐만 아니라 이윤을 이익배당, 잔여재산의 분배 등 어떤 형태로든지 구성원에게 귀속시키려는 것을 말한다. 그와 같이 영리법인은 구성원의 존재를 전제로 하므로 사단법인에 한하고 재단법인에는 인정되지 않는다.

반면에 비영리법인이란 영리 아닌 사업을 목적으로 하는 법인을 말한다. 즉 학술(學術), 종교(宗敎), 자선(慈善), 기예(技藝), 사교(社交) 기타의 영리 아닌 사업을 목적으로 하며(민법 제32조), 비영리사단법인과 비영리재단법인이 있다. 덧붙여 이윤을 구성원에게 분배하지 않는 한 비영리사업의 목적을 달성하기 위하여 본질에 반하지 않는 정도의 수익행위를 하는 것은 허용된다. 사용료를 받는 시설의 임대, 기금의 마련을 위

2) 현행 지방자치법(일부개정 2008.2.29 법률 제8852호) 제3조 제1항은 "지방자치단체는 법인으로 한다"고 규정하고 있다.

3) 현행 지방자치법(일부개정 2008.2.29 법률 제8852호) 제3조 제3항은 "특별시 또는 광역시가 아닌 인구 50만 이상의 시에는 자치구가 아닌 구를 둘 수 있고, 군에는 읍·면을 두며, 시와 구(자치구를 포함한다)에는 동을, 읍·면에는 리를 둔다"고 규정하고 있다.

한 자작도예품(自作陶藝品)의 판매, 입장료를 징수하는 전시회의 개최 등이 그 예이다. 수익행위를 하였을 때에는 그 수익은 반드시 법인의 사업목적 수행에 충당되어야 하며, 어떠한 형태로든지 구성원에게 분배되어서는 안 된다.

2. 지방자치단체의 구성요소

지방자치단체의 구성요소는 지방자치단체의 개념 정의를 통해서 이해할 수 있다. 지방자치단체(地方自治團體)란 국가 아래에서 일정한 지역적 범위를 그 구역으로 하고 그 구역 안의 모든 주민들에 의해 선출된 기관이, 법률이 정하는 범위 안에서 자주적으로 지방사무를 처리할 수 있는 권한을 가진 공법인으로 정의하였는데, 이를 분석해 보면 지방자치단체의 구성요소를 다음과 같이 주민, 구역, 자치권 이상의 3요소라 할 수 있다.

1) 주민(住民)

주민이란 지방자치단체의 기본적 구성요소로서 지방자치단체의 주민은 "지방자치단체의 구역 내에 주소를 가지고 있는 자"라고 지방자치법 제12조에서 명하고 있다. 예를 들어 시·읍·면의 구역 내에 주소를 가지는 자는 그 시·읍·면과 그것을 포괄하는 군·도의 주민이 된다. 또한 주민은 인종·국적·성별·법인의 구별을 불문한다. 이러한 주민은 주민으로서의 일정한 권리·의무를 가진다. 즉 주민은 법령이 정하는 바에 의하여 소속 지방자치단체의 재산과 공공시설을 이용할 권리와 그 지방자치단체로부터 균등하게 행정의 혜택을 받을 권리가 있고, 그 지방자치단체에서 실시하는 지방의회의원 및 지방자치단체의 장 선거에 참여할 권리가 있다(지방자치법 제13조).

이처럼 지방자치단체에서 주민은 지방자치단체의 기본 구성요소이자 지방자치단체를 운영하는 지방자치단체장 및 지방의회의원을 선임하는 최고기관이라 할 수 있다. 즉 주민은 지방자치단체의 존립요소임과 동시에 핵심 주체이다.

2) 구역(區逆)

지방자치단체의 구역은 국가의 일정한 지역적 범위로 지방자치권이 미치는 지역을 말한다. 따라서 지방자치단체의 구역은 단순한 행정구역과 달리 자치단체 구성의 기초가 되는 지역이며, 적극적으로는 그 지역 내에 주소를 가진 자는 당연히 단체의 구성원으로 하고, 그 지역과 일정한 장소적 관계를 가진 국민은 그 단체의 권능(權能)에 복종시키는 동시에 그 자치단체의 권능을 지역적으로 한정시킨다. 우리나라에서는 구역과 명칭(名稱)을 변경하거나 분합하고자 할 때에는 법률로 사전에 관계 지방의회나 주민의 의사를 청취하여 처리하도록 되어 있다(최봉기, 2006: 185).

덧붙여 지방자치의 구역에 대하여 현 지방자치법 제4조 제1항은 "지방자치단체의 명칭과 구역은 종전과 같이 하고, 명칭과 구역을 바꾸거나 지방자치단체를 폐지하거나 설치하거나 나누거나 합칠 때에는 법률로 정하되, 시 · 군 및 자치구의 관할구역 경계변경은 대통령령으로 정한다"라고 규정하고 있다.

3) 자치권(自治權)

지방자치단체의 자치권이란 국가로부터 독립한 법인격을 가진 지방자치단체가 그 소관업무를 자신의 창의와 책임하에 처리할 수 있는 법률적 능력을 말한다. 즉 지방자치단체가 국가가 위임하거나 허용한 일정한 범위 내에서 갖는 권한을 말한다. 이러한 자치권에는 자치입법권, 자치행정권, 자치재정권, 자치사법권 등이 해당된다. 다만, 이와 같은 자치권의 범위 및 행사의 정도는 국가 간 또는 시대적으로 차이가 있다.

제2절 우리나라 지방자치단체의 종류 및 현황

1. 지방자치단체의 종류

지방자치단체의 종류는 지방자치단체를 분류하는 기준에 따라 다양하게 구분된다. 여기서는 지방자치단체의 기능과 설립 목적을 기준으로 하여 종합적이고 일반적 기능을 수행하는 보통지방자치단체(일반지방자치단체)와 특정한 목적을 수행하기 위해 설립된 특별지방자치단체를 각각 설명한다.

1) 보통지방자치단체(일반지방자치단체)

보통지방자치단체(普通地方自治團體)는 흔히 일반지방자치단체라고도 불리며, 그 존립의 목적과 기능이 일반적인 성격을 지니고, 종합적인 지방사무를 처리하는 지방자치단체를 말한다. 이러한 보통지방자치단체는 그 관할 영역에 따라 광역지방자치단체, 중간지방자치단체, 기초지방자치단체로 구분되며 이는 영국의 카운티와 뮤니시 팰리티, 일본의 도 · 도 ·

부 · 현(都道府縣), 프랑스의 레지옹과 데파르트망, 그리고 우리나라의 특별시 · 광역시 · 도와 시 · 군 · 자치구 등이 그 예이다.

우리나라의 현 지방자치법 제2조 제1항[4]은 "지방자치단체는 다음의 두 가지 종류로 구분한다."라고 명문 규정하고 있다.

(1) 광역지방자치단체(regional government or metropolitan government)

광역지방자치단체(廣域地方自治團體)란 더 넓은 지역을 담당하는 지방자치단체로 국가와 기초지방자치단체의 중간에 위치하고 있는 지방자치단체로서 상급지방자치단체를 의미한다.

좀 더 구체적으로 광역지방자치단체는 수자원개발, 도로, 교통 등 두 개 이상의 기초지방자치단체가 관련된 광역적 처리 내지 계획과 조정이 필요한 사무와 같이 몇 개의 지방자치단체가 기존의 행정구역을 넘어서 발생하는 공동의 수요에 대응하는 기능을 하는 지방자치단체이다.

① 특별시(特別市)

특별시란 수도(capital city)행정의 특수성을 고려하여 그 지위나 조직 및 운영상에 특례를 인정하고 있는 도시로서 서울특별시가 유일하다. 서울시의 법적 지위와 위상은 정부변천과 관련 법령의 개정 및 그 적용 여부에 따라 변화해 왔다. 즉 현재의 서울특별시는 조선시대에는 중앙정부직할의 한성부였고, 한일합방 이후에는 경성부로 개칭됨과 함께 일반부와 함께 경기도 관할에 소속되었다. 해방 후 미군정시대에는 경기도에서 분리하여 도와 동등한 지위로 승격되었으며 정부직할에 두면서 서울특별시로 개칭되었다(최봉기, 2006: 187).

이러한 서울특별시는 현 지방자치법 제174조 제1항에 "서울특별시의 지위 · 조직 및 운영에 대해서는 수도로서의 특수성을 고려하여 법률로 정하는 바에 따라 특례를 둘 수 있다"고 규정하여 특례를 인정하고 있다.

② 광역시(廣域市)

광역시(metropolitan city)란 대도시 중에서 법률에 의하여 도(道)로부터 분리되어 도와 동등한 지위를 부여받은 자치단체를 말한다. 광역시제도는 인구가 100만을 초과하는 대도시를 농촌중심의 도로부터 분리하여 도와 동등한 자격을 부여함으로써 대도시문제의 특수

---

4) 지방자치법 제2조 제1항.
지방자치단체는 다음의 두 가지 종류로 구분한다. 1. 특별시, 광역시, 도, 특별자치도 2. 시, 군, 구.

성을 효율적으로 처리하도록 한 것이었다(최봉기, 2006: 187).

이러한 광역시는 초기에는 직할시라는 명칭을 사용하였으나 1995년 1월 1일부터는 광역시(metropolitan city)로 개칭되어 사용되고 있다.

③ 도(道)

도(province)는 중앙정부와 기초지방자치단체(시 · 군 · 자치구) 사이에 위치한 중간적 자치단위로서 가장 전통적인 광역지방자치단체이다. 우리나라에서 도는 지방자치단체 중 가장 광범한 구역을 가진 지방자치단체이다. 우리나라의 도는 고려 현종시대에 전국을 경기와 5도 양계로 구분한 것으로부터 비롯되었으며, 지금의 도는 조선 태종시대의 8도제에서 출발하였으며, 갑오경장을 거쳐 1896년에는 전국을 13도로 분할하였다(최봉기, 2006: 188).

④ 세종특별자치시(世宗特別自治市)

세종특별자치시는 대한민국 중부에 있는 특별자치시이다. 국토 균형발전의 가치를 실현하고, 서울의 과밀화를 해결하기 위해서 혁신도시 사업과 연계하여 참여정부 시절부터 추진된 행정복합도시이다. 서울과 과천에 분산되어 있던 9부 2처 2청의 정부기관이 이전되며, 옛 충청남도 연기군 전체와 공주시 일부, 충청북도 청원군 일부를 편입하여 2012년 7월 1일에 출범하였다. 시의 이름은 조선 제4대 왕인 세종에서 따왔다. 하위 행정구역에 시군구를 두지 않는 단층제 자치단체이므로 기초자치단체의 기능을 병행하는 광역자치단체이다. 행정중심복합도시건설청은 대평동에 있고, 정부세종청사 소재지는 어진동이다. 시청 소재지는 보람동(옛 금남면 호탄리)으로 계획되어 있고, 행정구역은 1읍 9면 1동이다.

(2) 기초지방자치단체(municipalities)

기초지방자치단체(基礎地方自治團體)란 주민과 가까운 곳에서 주민의 일상생활에 필요한 공공 서비스를 제공하는 최소 단위의 지방자치단체이다. 우리나라에는 시 · 군 · 자치구가 기초지방자치단체이다.

① 시(市)

시는 그 대부분이 도시의 형태를 갖추고 인구가 5만 이상인 지역으로 군부의 읍에서 승격한다. 즉 시는 인구가 조밀하고 주민의 대부분이 2차, 3차 산업에 종사하며, 사회경제적 생활양식이 농촌과는 현저히 다른 일정한 지역(도시)에 대하여 행정수요의 특성에 부합하는 행정을 수행할 수 있도록 군에서 분리하여 별도의 자치단체로 하고 있다. 그리하여 군의 하부행정기관에 불과하던 읍이 시로 승격된다는 것은 읍이 군과 동등한 자치단체로 승격된다는 것을 의미하므로 시로 승격되는 읍과는 달리 시로 승격되고 남은 잔여 군에 대해서는 여러 가지 문제점을 야기하고 있다(최봉기, 2006: 188).

② 군(郡)

군은 원래 도(道) 관할구역 내의 농촌지역에 설치된 기초지방자치단체이다. 즉 군은 1949년 지방자치법에서는 도의 관할하에 있는 지방행정구역이었다. 그리하여 제1·2공화국의 지방자치제도하에서는 기초지방자치단체가 아닌 행정구역에 불과하였다. 그러나 1961년 5·16 군사쿠데타 이후 지방자치제도를 중단시키고 제정했던 "지방자치에 관한 임시조치법"에 의하여 읍·면 자치제가 폐지되면서 최초로 법인격을 부여받아 기초지방자치단체가 되었다. 하지만 실질적으로 군은 1991년 지방자치의 부활과 함께 역사상 처음으로 기초지방자치단체가 되었다(최봉기, 2006: 189).

③ 자치구(自治區)

자치구는 대도시 지역의 특수성과 특별시 광역시의 자치구조가 단층제임을 고려하여 1988년 제7차 지방자치법 개정에서 그전까지만 해도 행정구역에 지나지 않았던 특별시와 광역시의 구(區)에 법인격을 부여함으로써 기초지방자치단체가 되었다. 자치구는 원래 대도시행정을 효율적으로 수행하기 위해 인위적으로 획정해 놓은 구역이었다. 하지만 현 지방자치법 제2조 제2항에는 "지방자치단체인 구(이하 '자치구'라 한다)는 특별시와 광역시의 관할구역 안의 구만을 말하며, 자치구의 자치권의 범위는 법령으로 정하는 바에 따라 시·군과 다르게 할 수 있다"라고 명문 규정하여 자치구의 특수성에 맞는 행정을 제공하도록 하고 있다.

2) 특별지방자치단체

특별지방자치단체(特別地方自治團體)는 자치행정을 수행하는 과정에서 보편적으로 존재하지 않고, 특정한 목적을 수행하거나 특정한 사무 처리를 하기 위해 설치된 지방자치단체를 말한다.[5] 따라서 그 설립 목적이나 기능 및 구역 등이 예외적이고 특수적이다. 다만, 특별지방자치단체도 보통지방자치단체와 같은 규율을 따르는 것이 원칙이지만, 보통지방자치단체의 기본원칙을 적용하는 것은 특별한 예외 규정을 적용한다.

우리나라의 경우 특별지방자치단체의 성격을 지니는 조직은 '지방자치단체조합'[6]이 있는

5) 지방자치법 제2조 제3항: 제1항의 지방자치단체 외에 특정한 목적을 수행하기 위하여 필요하면 따로 특별지방자치단체를 설치할 수 있다.
지방자치법 제2조 제4항: 특별지방자치단체의 설치·운영에 관하여 필요한 사항은 대통령령으로 정한다.

6) 지방자치단체조합이 자치조직의 구성, 주민의 참여 등의 여건을 볼 때 자치단체로 보기에는 문제가 있다는 시각도 있으나, 여기서는 특별한 목적을 위해 형성된 자치단체 간의 공동 법인이라는 면에서 특별자치단체의 한 유형으로 다루기도 한다(최봉기, 2006: 151).

데 이를 현 지방자치법에서는 "2개 이상의 지방자치단체가 하나 또는 둘 이상의 사무를 공동으로 처리할 필요가 있을 때에는 규약을 정하여 그 지방의회의 의결을 거쳐 시 · 도는 행정안전부장관의, 시 · 군 및 자치구는 시 · 도지사의 승인을 받아 지방자치단체조합을 설립할 수 있다. 다만, 지방자치단체조합의 구성원인 시 · 군 및 자치구가 2개 이상의 시 · 도에 걸치는 지방자치단체조합은 행정안전부장관의 승인을 받아야 하며(지방자치법 제159조 제1항), 지방자치단체조합은 법인으로 한다"(지방자치법 제159조 제2항)라고 명문 규정하고 있다.

(1) 지방자치단체조합(association of self-governing body, 地方自治團體組合)의 의의

지방자치단체조합이란 두 개 이상의 지방자치단체가 하나 또는 둘 이상의 사무를 공동으로 처리할 필요가 있을 때 설립하는 조합이다. 이때 지방자치단체조합을 설립하기 위해서는 지방의회의 의결을 거쳐 행정안전부장관 또는 시 · 도지사의 승인이 있어야 하며, 지방자치단체조합은 법인으로 설립된다. 즉 특정한 사무의 공동처리를 위한 지방자치단체 상호 간의 협력방식이라는 점에서 행정협의회와 비슷하지만, 독자적인 법인격을 가진 법인이라는 점에서 차이가 있다.

〈표 4-2〉 지방자치조합의 설치운영 현황

명칭	구성원	목적	승인 일자
자치정보화 조합	광역시 · 도 (서울 제외 15개 지역)	지방자치단체 정보화 지원	2003년 1월 21일
부산 · 거제 간 연결 도로 건설 조합	부산광역시, 경상남도	부산 · 거제 간 연결 도로 민간 투자 사업 총괄	2003년 6월 4일
부산 · 진해 경제 자유구역청	부산광역시, 경상남도	부산 · 진해 경제자유구역 내 각종 인 · 허가 사무처리 및 외자 유치	2004년 1월 20일
광양만권 경제자유구역청	전라남도, 경상남도	광양만권 경제자유구역 내 각종 인 · 허가 사무처리 및 외자 유치 등	2004년 1월 20일
부산 · 김해 경량 전철조합	부산광역시, 김해시	부산 · 김해 경량 전철 건설, 운영 총괄	2004년 2월 16일
수도권 교통조합	서울특별시 · 인천광역시 · 경기도	수도권 광역교통시설 설치 및 운영 총괄	2005년 2월 4일

출처: 강용기, 2008: 152 표를 수정 보완함.

2. 우리나라 지방자치단체의 현황

우리나라의 지방자치단체는 2012년 7월 현재 1특별시, 6광역시, 8도, 1특별자치도, 1특별자치시의 17개의 광역자치단체와 74시, 84군, 69자치구의 227개 기초지방자치단체로 구성되어 있다(〈표 4-3, 표 4-4, 표 4-5〉 참고).

〈표 4-3〉 우리나라 지방자치단체의 종합 현황

구분	총계	현황
광역자치단체	17	특별시(1), 광역시(6), 도(8), 특별자치도(1), 특별자치시(1)
기초지방자치단체	227	시(74), 군(84), 자치구(69)
계	244	

자료: 행정안전부, 2012, 「행정안전부 통계연보」.

〈표 4-4〉 우리나라 기초지방자치단체의 세부현황

구 분	시 · 군 · 구(지방자치단체)				행정시 (자치구가 아닌 구)	
	계	시	군	구	시	구
계	227	74	84	69	2	26
서울	25			25		
부산	16		1	15		
대구	8		1	7		
인천	10		2	8		
광주	5			5		
대전	5			5		
울산	5		1	4		
경기	31	27	4			20
강원	18	7	11			
충북	12	3	9			2
충남	15	8	7			
전북	14	6	8			2
전남	22	5	17			
경북	23	10	13			2
경남	18	8	10			
제주					2	

자료: 행정안전부, 2012, 지방자치단체 현황, 「행정안전부 통계연보」.

〈표 4-5〉 우리나라 지방자치단체의 변화

구 분		1999	2000	2001	2002	2003	2004	2005	2006	2007	2008
시·도	계	16	16	16	16	16	16	16	16	16	16
	시	7	7	7	7	7	7	7	7	7	7
	도	9	9	9	9	9	9	9	9	8	8
	특별자치도	–	–	–	–	–	–	–	–	1	1
시·군·구	계	253	253	251	251	253	256	256	260	258	258
	시	72	72	74	74	74	77	77	77	75	75
	군	91	91	89	89	89	88	88	88	86	86
	자치구	69	69	69	69	69	69	69	69	69	69
	행정시	–	–	–	–	–	–	–	–	2	2
	일반구	21	21	19	19	21	22	22	26	26	26
읍·면·동	계	3,516	3,511	3,512	3,519	3,527	3,571	3,573	3,585	3,584	3,562
	읍	195	196	200	205	208	209	211	209	212	212
	면	1,230	1,229	1,223	1,217	1,214	1,211	1,209	1,208	1,206	1,205
	동	2,091	2,086	2,089	2,097	2,105	2,151	2,153	2,168	2,166	2,145

자료: 행정안전부, 2008, 「행정안전부 통계연보」.

우리나라의 행정구역 변동현황을 정리하면 다음과 같다. 자치단체는 2010년에 230개 시·군·구 3,474개 읍·면·동, 2011년에 228개 시·군·구 3,477개 읍·면·동, 2012년에 227개 시·군·구 3,485개 읍·면·동으로 변화가 있었다.

인구수 및 세대수 변동현황은 다음과 같다. 2011년에 인구 50,516천명에서 2012년에는 50,734천명으로 218천명이 증가되었다. 세대수로는 2011년에 19,865천 세대에서 2012년 20,033천 세대로 168천 세대가 증가되었다.

지방자치단체의 공무원 수는 2011년에 281,173명에서 2012년 283,477명으로 변화가 있었다.

제3절 지방자치단체의 구역

1. 지방자치구역의 의의

1) 지방자치구역(地方自治區域)의 정의

지방자치단체의 구역(circonscription: area or district)이란 국가 내의 일정한 지역으로 지방자치단체의 자치권이 미치는 지역을 말하는 것으로 '지방자치구역'이라고도 말한다. 지방자치단체의 구역은 단순한 행정구역과 달리 자치단체의 기초 구성요소이다. 이와 같은 지방자치구역에 대해 현 지방자치법 제4조 제1항은 "지방자치단체의 명칭과 구역은 종전과 같이 하고, 명칭과 구역을 바꾸거나 지방자치단체를 폐지하거나 설치하거나 나누거나 합칠 때에는 법률로 정한다. 다만, 지방자치단체의 관할구역 경계변경과 한자 명칭의 변경은 대통령령으로 정한다."라고 규정함으로써 우리나라 국토의 모든 토지는 특정한 지방자치단체의 구역에 소속되어야 하며 어느 지방자치단체에도 속하지 아니하는 토지는 존재하지 않음을 보여주고 있다.

2) 지방자치구역의 기능

지방자치단체의 자치권이 미치는 국토의 일부분인 지방자치구역은 계층을 이루어 존속하는 결과로 전국은 중복적으로 둘 이상 지방자치단체의 구역에 속하고 있다. 즉 구역 및 주민에 대해서는 이중성을 지니고 있는 것이다(안용식 외, 2007: 89).

이러한 지방자치단체의 구역은 법적·경제적·정치적·사회적 등 다양한 기능을 가지고 있지만, 주로 다음과 같은 기능을 한다.

첫째, 지방자치단체 자치권의 영향 범위를 확정한다. 지방자치단체의 자치권은 지방자치단체 구역에만 효력이 있기 때문에 해당 지역에만 조례와 규칙이 적용된다.

둘째, 지역 특성이 반영된다. 지방자치단체의 구역은 그 지역의 주민의식 또는 향토의식을 기초로 형성됨과 동시에 국민의 사회적·문화적·경제적 활동이 구역에 한정될 가능성이 있다.

셋째, 지방선거의 기준이 된다. 지방자치단체의 구역은 지방의회의원 및 지방자치단체장 선거에 있어서 선거구를 선정하는 데 기준으로 사용된다.

끝으로 각종 직능단체의 결성 활동 단위가 된다. 지방자치단체의 구역은 민간기업이나 지점, 정당 등 각종 직능단체의 결성 활동 단위로서의 기능을 한다.

2. 지방자치구역의 설정요인

일정한 경계 범위 내에서 존재하는 지방자치구역의 설정요인은 다음과 같다(강용기, 2008: 165).

1) 지리적 요인

지방자치단체의 구역은 자연적·지리적 조건의 동질성을 가진 공동체를 중심으로 자치단체구역이 설정된다. 초기에는 산, 강, 바다, 호수 등을 경계로 씨족 집단을 형성하고 국가를 형성하였지만, 오늘날에는 교통통신 및 도로 시설의 발달로 지역 간의 자연 지리적 환경이 변화하여 지방자치단체의 구역 설정도 재조정의 필요성을 느끼고 있다.

2) 지역공동체 요인

지방자치단체의 구역은 자연 지리적 공간을 동시에 공유한다 하더라도 지역공동체가 유지 못 하면 자치구역으로 설정되기 어렵다. 즉 인종·언어·역사·문화·종교 등이 유사하거나, 경제생활권역을 공유할 때 주민 간의 공동체가 형성되고 나아가 지방자치단체 구역으로 선정되기 때문이다.

3) 능률성 요인

지방자치단체의 구역은 공공사무를 처리하는 행정구역으로서의 성격도 가지고 있다. 그렇기 때문에 지방자치단체의 구역은 공공사무 관리의 능률성과 경제성을 확보할 수 있는 적정하고 적절한 규모 등을 확보해야 한다.

우리나라에서도 동일한 생활권을 가지고 있는 두 지역이 도시와 농촌이라는 기준하에 불필요한 이분법적 관리를 하던 것을 탈피하고 도농통합시를 추진함으로써 인적·물적 등 국가관리 비용을 절감하여 능률성을 향상시킨 예가 있다.

4) 자치능력 요인

지방자치단체의 구역은 지방자치의 책임과 의무를 동반하고 있기 때문에 지방자치를 수행할 수 있는 적정 인구 규모를 확보해야 한다. 여기서 적정 인구 규모란 자치 정신을 훼손하지 않으면서도 인적자원의 동원이나 자치 재정의 능력을 가질 수 있는 규모이다. 왜냐하면 너무 큰 규모의 지방자치단체는 주민의 참여기회가 제한되는 문제점을 발생하고, 너무 작은 규모의 지방자치단체는 스스로 이끌어 갈 만한 인적 · 재정적 능력의 한계가 있기 때문이다.

따라서 지방자치구역으로 설정되는 영역은 최소한의 자치능력, 즉 지방자치를 수행할 수 있는 인적 · 재정적 능력을 갖추고 있어야 한다.

〈표 4-6〉 구역설정의 여러 기준

학자	기준
리프먼(V. D. Lipman)	1. 유사한 면적이나 인구의 구역 2. 지리적 요인, 경제적 요인, 전통적 요인 3. 교통 및 주민의 소비 동향
밀스퍼(Arthur C. Millspaugh)	1. 공동사회 2. 행정능률 3. 자주적 재원 조달 능력 4. 주민의 접근 용이성
페슬러(James W. Fesler)	1. 자연적 · 지리적 조건 2. 행정의 능률성 3. 자주적 재원 조달 능력 4. 주민 통제의 활성화
영국 지방자치위원회 (Local Government)	1. 효과성 2. 편의성
UN 보고서	1. 기초자치단체 구역의 기준 2. 제2차적 자치단체 구역의 기준
와다 히데오	1. 지리적 조건 2. 면적 인구 · 재정능력 3. 사회 · 경제적 권역 4. 교통 · 통신 수단의 발달단계 5. 행정의 능률성과 민주통제

3. 지방자치구역의 조정

1) 지방자치구역 조정의 의의

오늘날 지방자치단체의 구역은 일반적으로 그 획정의 역사가 오래된 것들이 많다. 따라서 대부분의 자치구역들은 현대사회의 급격한 환경변화를 수용하지 못하고 있다. 그리하여 오늘날의 지방자치구역은 환경변화에 대응하고 자치행정의 능률화와 민주화를 충족시키기 위해서 필요한 경우 언제든지 조정 혹은 개편해 나가야 한다(최봉기, 2006: 460~462).

즉 지방자치단체의 구역은 행정 서비스를 제공하는 지역적 단위이기 때문에 행정 서비스에 대한 수요의 변화에 따라 구역을 조정하는 것이 필요하다.

(1) 행정수요의 증가

지방자치단체에 행정수요가 지속적으로 변화하였고, 이러한 수요의 변화에 대응하기 위해 서비스를 제공하는 지방자치단체의 구역도 변화되어야 한다. 또한 행정에 대한 지식과 기술의 발달을 통해 기존보다 업무처리능력이 매우 향상되어, 비슷한 인력과 기구로 기존보다 대규모의 자치구역을 수용할 수 있게 되었다. 즉 광역행정에 대한 수요를 충족시키기 위해서라도 자치구역의 조정이 필요하다.

(2) 현대적 구역설정 기준에 부합되는 자치구역의 설정

기존 지방자치단체의 구역은 강, 하천, 해안선 등이 구역설정의 주요 기준이었다. 그러나 현대사회에서는 생활권역, 경제권역, 행정권역 등 지역의 특성이나 규모 등의 기준을 고려해야 한다. 또한 2개 이상의 지방자치단체들이 공동으로 사무를 처리해야 하는 광역행정에 대한 수요가 증가하고 있다. 이처럼 지방자치단체의 구역은 전통적인 구역에서 현대적 구역설정 기준에 부합되게 구역이 조정되어야 한다.

(3) 교통과 통신의 발달

오늘날은 교통과 통신의 발달에 따라 생활권과 경제권은 확대되었고, 이는 지방자치단체의 관할구역도 확대될 수 있게 한다. 즉 지방자치단체 간의 행정 서비스 격차를 줄이고, 그 특성에 맞는 행정 서비스가 제공되도록 지방자치단체의 구역이 조정되어야 한다.

(4) 계층구조의 축소조정

지방자치단체의 계층구조가 다층제일 경우 지방자치단체의 업무 중복, 책임회피 등의 문제로 인적 · 물적 자원이 낭비되고 있다. 그렇기 때문에 자치구역의 조정을 통해 현재의 3층제, 4층제와 같은 행정의 비능률을 개선해야 한다.

제4절 지방자치단체의 계층구조

1. 지방자치단체 계층구조의 의의

1) 계층구조의 의의

일반적인 지방자치단체는 일정한 구역과 주민을 구성요소로 하며, 비교적 사무 처리의 범위가 제한되어 있지 않는 일반적 단체인 까닭으로 일정한 구역에 1개만 설치되어 있으면 된다. 그러나 실제적으로는 지방자치단체가 그 구역의 일부를 구성요소로 하는 다른 일반지방자치단체를 가지고 있어서 지방자치단체가 중첩되는 경우가 많다.

이처럼 현실에 있어서 단층제와 다층제는 그 나라의 정치 · 경제 · 사회 · 문화 등 특수성에 따라서 각기 다르게 사용되고 있으며, 3층제 이상을 채택하고 있는 나라[7]도 있다.

2. 계층구조별 특징

1) 단층제 장단점

지방자치단체의 자치권이 미치는 일정한 지역에 1개의 지방자치단체가 존재하는 것을 단층제라 한다. 이러한 단층제의 장단점은 다음과 같다.

(1) 단층제의 장점

첫째, 지방자치행정의 신속성이 증진된다. 단층제의 경우 기초지방자치단체가 중간지방자치단체인 광역지방자치단체를 거치지 않고 직접 중앙정부와 연결되어 신속한 행정을 가능하게 한다. 또한 중간지방자치단체를 거치지 않는 단층제는 기초지방자치단체와 중앙정부와의 상호 보완 · 협력의 관계를 긴밀하게 한다.

둘째, 지방자치행정의 오 · 남용을 예방한다. 단층제의 경우 동일한 행정기능을 2개 이상의 자치단체에서 관할하는 다층제와는 달리, 단일한 행정을 수행함에 따라 행정계층이 많

7) 그리스, 레바논, 이탈리아, 프랑스 등은 3층제를 채택하고 있으며 미얀마, 터키, 포르투갈, 페루 등은 4층제를 채택하고 있으며 에티오피아와 콜롬비아 등의 국가는 5층제를 채택하고 있다.

은 다층제에서 나타나는 사무 처리의 지연 및 불가피한 인적 · 물적 자원의 낭비 등의 문제점들을 예방한다.

셋째, 지방자치행정의 책임성을 확보한다. 단층제는 다층제에 비하여 책임소재가 명확하기 때문에 다층제에서 나타나는 행정책임의 불명확으로 나타나는 책임전가 또는 사각지대의 행정문제 등을 예방할 뿐 아니라, 중앙정부와 지방자치단체 간의 행정기능을 적절하게 배분할 수 있으며, 갈등 또는 문제발생 시 조정이 쉽게 이루어져 행정의 효율성도 증진시킬 수 있다.

넷째, 주민의 신뢰성을 향상시킨다. 단층제는 지방자치단체가 중앙정부의 위임사무를 처리하는 경우 먼저 중앙정부의 정책이나 계획을 신속하고 정확하게 주민들에게 전달할 수 있고, 그 사무에 관한 주민들의 의사 또한 지체 · 왜곡 없이 신속하게 전달할 수 있어 중앙정부와 지방자치단체에 대한 주민들의 신뢰성이 향상된다. 덧붙여 다층제에서 나타나는 광역자치단체의 중앙정부와 기초지방자치단체의 의사소통 왜곡과 누수현상도 해결할 수 있다.

끝으로, 지방자치단체의 특수성을 고려할 수 있다. 단층제는 다층제에서 나타나는 획일적이고 일반적인 행정기능이 아닌 각 지방자치단체에 적합한 행정기능을 수행할 수 있게 한다. 즉 획일화된 광역자치단체의 행정이 아닌 개별성과 특별성을 존중받는 지방자치단체의 행정이 가능해진다.

(2) 단층제의 단점

첫째, 중앙정부 통솔능력의 한계이다. 국토가 광활하고 인구가 많은 나라에서 단층제를 채택하게 되면 중앙정부의 통솔범위가 너무 넓어 비효율적일 뿐 아니라, 오히려 지방자치단체의 특수성과 개별성을 고려하지 못하는 중앙정부의 획일화된 행정이 수행될 우려를 낳는다.

둘째, 광역적 행정 처리의 부적합이다. 도로개발, 운수(運輸), 관광개발 등 광역적 행정이나 개발에 관한 사무의 경우 소구역을 기초로 하는 지방자치단체는 사실상 수행이 어렵다.

셋째, 지방자치단체의 중앙집권화이다. 단층제에서는 지방자치단체가 중앙정부의 직접적인 지시와 감독을 받기 때문에 자칫하면 지방자치단체의 능력부족이라는 명분 아래 중앙정부에 의해 지방사무 중앙집권화가 나타날 수 있다.

2) 다층제의 장단점

지방자치단체의 자치권이 미치는 일정한 지역에 2개 이상의 지방자치단체가 존재하는 것을 다층제라 한다. 여기서 주민들과 직접 접촉하여 가장 소구역을 기초로 하는 자치단체를 기초지방자치단체라고 하며, 중앙정부와 기초지방자치단체의 중간에 위치하는 자치단체를 광역지방자치단체 또는 중간지방자치단체라고 한다. 이러한 다층제의 장단점은 다음과 같다.

(1) 다층제의 장점

첫째, 기초지방자치단체의 보완이 가능하다. 단층제에서는 기초지방자치단체가 행정 수행능력이 부족한 경우 중앙정부의 중앙집권화 우려가 있었지만, 다층제에서는 기초지방자치단체가 본연의 기능을 제대로 수행하지 못할 경우 광역단체가 이를 보완할 수 있다.

둘째, 광역적 행정업무의 처리 가능이다. 단층제의 경우 그 능력과 기능 부족으로 도로개발, 운수(運輸), 관광개발 등 광역적 행정이나 개발에 관한 사무의 처리가 불가능했지만, 광역지방자치단체는 그 능력과 기능을 보충하여 이를 처리할 수 있을 뿐 아니라 기초지방자치단체들 사이의 분쟁 및 갈등을 조정하는 역할도 수행하여 원활한 지방자치를 가능하게 한다.

셋째, 행정기능의 효율적 분업이 가능하다. 오늘날의 복잡하고 고도화된 행정 수요는 일정구역 내의 모든 사무를 1개의 지방자치단체가 종합적으로 충족시키기에는 매우 부족하여 효율적 분업이 필요하다. 이러한 필요를 다층제에서는 주민들의 일상생활과 직결되는 기능 등은 소구역의 지방자치단체인 기초지방자치단체가 담당하고, 대규모 사업인 광역적 행정업무는 중간지방자치단체 즉 광역지방자치단체가 담당함으로써 충족시킬 수 있다.

넷째, 기초지방자치단체에 주민들의 참여가 용이해진다. 다층제에서는 중간지방자치단체가 있어 기초지방자치단체의 지리적 규모는 상대적으로 작아진다. 이로 인해 주민들의 참여는 용이해지고 나아가 지방행정의 민주성과 효율성을 향상시킬 수 있다.

(2) 다층제의 단점

첫째, 모호한 책임소재이다. 다층제에서는 기초지방자치단체와 광역지방자치단체 사이의 중복되는 행정업무로 인해 2중 행정이라는 폐단이 생기고 이는 인적 · 물적 자원의 낭비를 초래한다. 또한 모호한 책임소재로 문제발생 시 서로에게 책임을 전가하거나 책임을 회피하는 경우가 나타난다.

둘째, 지방자치단체의 지역적 특색이 획일화될 우려가 있다. 다층제에서는 광역지방자치단체가 관할 기초지방자치단체들의 통합적인 행정업무를 수행하기 때문에 자칫 기초지방자치단체들의 개별성과 특별성을 무시할 수 있다. 또한 우리나라의 특성상 농촌자치단체인 군의 수가 많으므로 농촌 위주의 행정을 수행하게 되어 자연히 도시행정의 특성을 소홀히

하기 쉽다(최봉기, 2006).

셋째, 지방자치사회의 비민주화가 초래된다. 다층제에서는 중앙정부와 주민들 사이의 의사소통이 중간지방자치단체를 통해 이루어지기 때문에 누수 또는 왜곡현상이 나타나기 쉽다. 또한 많은 계층은 주민들과 중앙정부 사이의 신속·원활한 의사소통을 방해하여 지방자치사회의 비민주화를 초래한다.

3. 한국의 지방자치단체 계층구조

1) 우리나라 계층구조의 변화

지방자치단체의 계층구조는 각 나라의 정치, 경제, 문화, 제도 등 다양한 환경에 따라 급변한다. 우리나라의 경우는 제도적·법적 변화에 따라 다음과 같은 역사를 가지고 있다(정일섭, 2007: 146~147).

(1) 건국 초기: 1961년 지방자치에 관한 임시 조치법 공포 전

서울특별시는 단층제, 그 외의 지역은 도와 시·읍·면의 이층제로 이중적 자치계층구조로 되어 있었다. 그러나 행정 계층은 서울특별시는 '서울특별시-구-동'으로, 도는 '도-시·군-읍·면'으로 모두 3층제를 유지했다.

(2) 1961년 지방자치에 관한 임시조치법

1961년 9월 지방자치에 관한 임시조치법이 제정됨에 따라 종래의 기초지방자치단체였던 읍·면이 자치단체의 지위를 상실하고, 군이 지방자치단체의 지위를 갖게 되었다. 이에 따라 도의 경우 도와 시·군의 2층제 자치계층이 되었다. 그 외 지역의 변동은 읍·면이 군의 하급행정기관으로 전환되어 행정계층은 종전과 같은 3층제를 유지했다.

(3) 직할시의 설치

1963년 1월 1일 법률 제1173호로 부산시가 직할시가 된 이래 인구의 증가 등에 따라 대구, 인천, 광주, 대전이 직할시가 되었고, 기존의 직할시를 광역시로 명칭을 바꾸었고 1997년 7월 15일 울산이 광역시가 되었다. 이에 따라 특별시와 직할시는 자치구가 설치되기 전까지는 단층제를, 그 외 지역은 2층제를 유지했다.

(4) 자치구의 설치

1988년 4월 특별시와 직할시[8]의 구를 자치구로 개편하여 특별시와 직할시 등의 대도시도 2층제의 자치 계층이 되었다.

(5) 특별자치도의 설치

2006년 1월 11일 제주도를 폐지하고 제주특별자치도를 설치할 수 있도록 지방자치단체의 종류에 특별자치도를 신설한 지방자치법이 개정되었다.

(6) 특별자치시의 설치

2012년 7월 1일부터 행정복합도시의 기능을 담당하는 세종특별자치시를 설치할 수 있도록 지방자치단체의 종류에 특별자치시를 신설한 지방자치법이 개정되었고 세종특별자치시가 7월 1일자로 설치되었다.

〈표 4-7〉 우리나라 지방 계층구조의 변화

시기	지방행정 계층구조		
	상층	중층	하 층
1949년 이후	[특별시], [도]	[시], 군 · 구	[읍 · 면] 동
1961년 이후	[특별시], [도]	[시], [군] · 구	읍 · 면 · 동
1963년 이후	[특별시], [직할시], [도]	[시], [군] · 구	읍 · 면 · 동
1988년 이후	[특별시], [직할시], [도]	[시], [군] · [자치구], 구	읍 · 면 · 동
1995년 이후	[특별시], [광역시], [도]	[시], [군] · [자치구], 구	읍 · 면 · 동
2006년 7월 1일 이후	[특별시], [광역시], [도], [특별자치도],	[시], [군] · [자치구], 행정시, 구	읍 · 면 · 동
2012년 7월 1일 이후	[특별시], [광역시], [도], [특별자치도], [특별자치시]	[시], [군] · [자치구], 행정시, 구	읍 · 면 · 동

* 진하게 표시된 계층은 시기별 지방자치단체를 의미함.

2) 우리나라 계층구조의 문제

우리나라의 계층구조 문제를 살펴보면 다음과 같다(정일섭, 2007: 148).

(1) 계층 수의 과다

우리나라의 지방자치단체 간의 계층은 일반적으로 2층 또는 3층(특별시 · 광역시 · 도→시 · 군 · 자치군→읍 · 면 · 동), 4층(도-시-구-동)으로 지방자치단체 간의 기능상 중복으로

8) 1995년 광역시로 변경.

인한 예산의 낭비와 다계층으로 인한 책임의 회피, 지방자치단체 간의 마찰 등 행정 낭비가 초래되고 있다.

(2) 계층 간 상하 관계의 엄격성

중앙정부와 지방자치단체 간의 관계는 수직적 상하의 관계에 있다. 먼저 지방자치법을 비롯한 법령을 통해서 지방자치단체의 자치권에 제약을 가함으로 수직적 상하의 관계를 유지하고 있으며, 예산의 분배를 통해 중앙정부는 광역자치단체를, 광역자치단체는 기초지방자치단체를 각각 통제하기 때문에 수직적인 상하 관계가 나타난다.

(3) 광역행정상의 제약

대도시행정은 도시 전체를 하나의 단위로 수행할 필요가 있을 때 계층에 따른 자치구제로 인해 전체적인 행정 수행에 제약을 가져온다.

연 습 문 제

1. 지방자치단체의 3가지 구성요소가 아닌 것은?

① 주민 ② 구역

③ 자치권 ④ 재정

〈정답〉 ④ 재정

〈해설〉 지방자치단체의 3가지 구성요소는 주민, 구역, 자치권이다. 국가의 구성요소가 영토, 국민, 주권 이듯이 3개의 구성요소로 이루어진다.

2. 다음 중 광역지방자치단체가 아닌 것은?

① 특별시 ② 광역시

③ 군 ④ 도

〈정답〉 ③ 군

〈해설〉 광역지방자치단체는 특별시, 광역시, 도로 구성된다. 군은 기초지방자치단체이다.

3. 지방자치단체의 계층구조에서 단층제의 장점이 아닌 것은?

① 지방자치행정의 신속성이 증진된다.

② 지방자치행정의 오, 남용을 방지한다.

③ 주민의 신뢰성을 향상시킨다.

④ 광역적 행정업무의 처리가 가능하다.

〈정답〉 ④ 광역적 행정업무의 처리가 가능하다.

〈해설〉 광역적 행정업무의 처리 가능은 다층제의 장점이다.

4. 제주특별자치도에 대한 설명 중 틀린 것은?(2007 대전9급)

① 서귀포시와 제주시는 지방자치단체가 아니다.

② 제주특별자치도는 다른 자치단체와 구별되는 많은 특별한 다른 조치가 행해지고 있다.

③ 제주특별자치도는 특별시, 광역시, 도와는 다른 특별한 다른 지방자치단체이다.

④ 감사위원회는 도지사 소속으로 따로 둔다.

〈정답〉 ③ 제주특별자치도는 특별시, 광역시, 도와는 다른 특별한 다른 지방자치단체이다.

〈해설〉 제주특별자치도는 특별시, 광역시, 도와는 다른 일부 특례가 인정되고 있지만, 특별한 지방자치단체가 아닌 광역자치단체의 일종이다.

핵심정리

지방자치단체(地方自治團體)의 정의 – 국가 아래에서 일정한 지역적 범위를 그 구역으로 하고 그 구역 안의 모든 주민들에 의해 선출된 기관이 법률이 정하는 범위 안에서 자주적으로 지방사무를 처리할 수 있는 권한을 가진 공법인이다.

지방자치단체의 구성요소 – 주민, 구역, 자치권 3요소이다.

지방자치단체의 종류 – 지방자치단체를 분류하는 기준에 따라 다양하게 구분된다. 지방자치단체의 기능과 설립 목적을 기준으로 하여 종합적이고 일반적 기능을 수행하는 보통지방자치단체(일반지방자치단체)와 특정한 목적을 수행하기 위해 설립된 특별지방자치단체로 구분한다.

보통지방자치단체는 그 관할 영역에 따라 광역지방자치단체, 중간지방자치단체, 기초지방자치단체로 구분되며, 특별지방자치단체(特別地方自治團體)는 자치행정을 수행하는 과정에서 보편적으로 존재하지 않고, 특정한 목적을 수행하거나 특정한 사무 처리를 하기 위해 설치된 지방자치단체를 말한다. 우리나라의 경우 특별지방자치단체의 성격을 지니는 조직은 '지방자치단체조합'이 있다.

지방자치단체의 구역(circonscriptionl area or district)의 정의 – 국가 내의 일정한 지역으로 지방자치단체의 자치권이 미치는 지역을 말하는 것으로 '지방자치구역'이라고도 말한다. 지방자치단체의 구역은 단순한 행정구역과 달리 자치단체의 기초 구성요소이다.

지방자치단체 계층구조 – 일반적인 지방자치단체는 일정한 구역과 주민을 구성요소로 하며, 비교적 사무 처리의 범위가 제한되어 있지 않는 일반적 단체인 까닭으로 일정한 구역에 1개만 설치되어 있으면 된다. 그러나 실제적으로는 지방자치단체가 그 구역의 일부를 구성요소로 하는 다른 일반지방자치단체를 가지고 있어서 지방자치단체가 중첩되는 경우가 많다. 현실에 있어서 단층제와 다층제는 그 나라의 정치 · 경제 · 사회 · 문화 등 특수성에 따라서 각기 다르게 사용되고 있으며, 3층제 이상을 채택하고 있는 나라도 있다.

우리나라의 계층구조 문제는 첫째, 계층 수의 과다 둘째, 계층 간 상하 관계의 엄격성 셋째, 광역행정상의 제약 등이 있다.

제 5 장

지방자치단체의 기관구성과 주민

♧ 들어가기 : 학습목표 및 목차

학습목표	1. 지방자치단체의 기관구성 형태에 대하여 이해한다. 2. 지방자치단체와 주민의 의의와 주민참여에 대하여 이해한다. 3. 주민참여의 단계 및 효과와 한국의 주민참여에 대하여 이해한다.
학습목차	1. 지방자치단체의 기관구성 형태 2. 지방자치단체와 주민의 의의와 주민 참여 3. 주민참여의 단계 및 효과와 한국의 주민참여

☞ 사전학습

1. 지방자치단체의 기관구성에서 선거방식에 의한 분류는 무엇인가?
   〈정답〉 직선형, 간선형, 임명형
   〈해설〉 지방자치단체의 기관구성에서 선거방식과 권력분산 형태로 분류되는데 선거방식에 의한 분류는 직선형, 간선형, 임명형이 있다.
2. 권력분산 형태에 따른 지방자치단체 기관구성은 무엇인가?
   〈정답〉 기관통합형, 기관분리형, 절충형
   〈해설〉 지방자치단체 기관구성에서 권력분산 형태에 따라 분류하면 기관통합형, 기관분리형, 절충형이 있다.
3. 지방자치단체의 중요 사항에 대하여 주민으로 하여금 결정할 수 있게 하는 권리는 무엇인가?
   〈정답〉 주민투표권
   〈해설〉 주민투표권은 지방자치단체의 중요 사항에 대해서 주민으로 하여금 결정할 수 있게 하는 권리이다.

제1절 지방자치단체의 기관구성 형태

지방자치단체의 기관구성은 각 나라마다 정치 · 경제 · 사회 · 문화 등의 각기 다른 환경에 따라 매우 다양하게 나타나고 있다. 여기서는 선거방식에 의한 분류로 직선형, 간선형, 임명형으로, 지방자치단체의 의사결정 및 집행기능의 주체 여부에 따라 기관통합형, 기관분리형, 절충형으로 분류해 설명한다.

1. 선거방식에 의한 분류

지방자치단체의 기관을 구성하는 공직자들에 대한 선거방식에 의한 구분으로 직선형, 간선형, 임명형이 있다. 대부분 나라의 경우 주민의 직선에 의해 지방자치단체장과 지방의회의원을 선출한다. 우리나라 또한 1952년 4월 25일 최초의 지방의회의원선거를 시작으로 현재 직선형을 유지하고 있다.

다만 지방의회의원은 직선제로 선출하는 국가에서도 지방자치단체장은 주민의 직선으로 구성되는 경우와 의회에서 간선으로 선출되는 경우 또는 상위정부 책임자에 의해 임명되는 경우로 구분된다(강용기, 2008: 270).

예를 들어 우리나라의 경우 직선형으로 지방자치단체장 또한 1995년 6월 27일을 시작으로 직선형을 실시하고 있다. 반면 영국이나 프랑스의 경우 시장은 의회의 의장이 겸임함으로 간선형을 실시하고 있으며, 우리나라도 최초의 지방자치단체장 선거가 있기 전에는 상위정부 책임자에 의해 지방자치단체장이 임명되는 임명형을 실시했었다.

2. 권력 분산 형태에 의한 분류

지방자치단체의 기관을 구성하는 형태는 각 나라의 정치 · 경제 · 사회 · 문화 등의 각기 다른 환경에 따라 매우 다양하게 나타난다고 앞서 논한 바 있다. 이처럼 각 지방의 역사적 전통과 문화적 특성에 따라 다양한 형태를 가지고 있는 지방자치단체 기관은 지방 의사결정 및 집행 기능의 권력 주체에 의해 다음과 같이 기관통합형, 기관분리형, 절충형으로 구분할 수 있다.

1) 기관통합형(機關統合形)

(1) 기관통합형의 의의

기관통합형(機關統合形)은 지방자치단체가 가지고 있는 자치권인 의결기능과 집행기능을 지방의회에서 모두 가지고 있는 형태를 말한다. 즉 지방의회에서 지방자치단체의 의결기관인 동시에 집행기관의 역할을 모두 수행하는 것이다. 이로 인해 기관통합형은 권력통합형이라고도 불리며, 대표적으로 미국의 위원회형(committee system), 영국의 의회-위원회형(council-committee system), 프랑스의 의회-의장형(council presidential system) 등이 있다. 이러한 기관통합형 지방자치단체들은 권력구조에 있어서 중앙정부의 의원내각제와 매우 유사하며, 지방의회의원들의 의장이 지방자치단체의 장을 겸임하고 있다. 다만 지방의원 의장이 지방자치단체장을 겸임하고 있더라도 이는 상징적인 존재일 뿐 실질적인 집행은 의회에서 행사된다.

따라서 지방자치를 위한 선거는 지방자치단체장 선거는 실시하지 않고 지방의회의원선거만 실시한다.

(2) 기관통합형(機關統合形)의 장단점

① 기관통합형의 장점

기관통합형의 장점은 다음과 같다.

첫째, 민주주의 사회의 구현이다. 기관통합형은 주민의 생활과 삶에 가장 밀접한 지방의 행정과 정치에 대한 권한이 주민을 대표하는 지방의회에 있기 때문에 민주주의 사회를 구현하는 데 가장 이상적이다.

둘째, 안정적인 지방자치 구현이다. 기관통합형은 지방자치단체의 의결기관과 집행기관이 하나이기 때문에 대립이나 갈등의 소지가 적어 정책의 결정 및 집행이 원활하다. 이는 정책의 안정성을 가져올 뿐 아니라, 정책의 결정 뒤에 집행기관의 반대 또는 갈등에서 발생되는 인적 · 물적 자원의 낭비를 예방하여 행정의 효율성도 향상시킬 수 있다.

셋째, 주민에 의한 지방자치이다. 물론 지방자치는 주민에 의해서 운영되고 주민을 위해 운영된다. 하지만 실질적으로 지방자치는 지방자치단체를 구성하는 공직자에 의해 운영된다고 볼 수 있다. 이처럼 업무지침 또는 규정에 따라 수행하는 공직자들의 정책집행은 주민들의 의사반영이 상대적으로 낮지만, 기관통합형의 경우 정책집행을 하는 집행기관의 주민 직선에 의한 다수의 의원으로 구성되기 때문에 주민의 의사가 잘 반영되어 궁극적으로 주민에 의한 지방자치를 구현하게 한다.

② 기관통합형의 단점

기관통합형(機關統合形)은 위에서처럼 장점을 갖는 반면 다음과 같은 단점을 지니고 있다.

첫째, 지방자치단체의 통일성 및 일관성 결여이다. 지방자치단체의 정책결정 및 집행 등의 지방사무 전체에 있어서 총괄 및 조정을 수행하는 단일한 지도자의 부재로 지방자치의 통일성과 일관성이 부족하게 되어 지방행정의 비효율을 초래한다.

둘째, 권력의 남용 및 부패 증가이다. 기관통합형의 경우 정책결정권 및 집행권을 의회 또는 위원회가 모두 가지고 있기 때문에 기관분리형에서의 상호 견제와 균형은 존재하지 않아 지방자치단체의 인적 · 물적 자원을 낭비하게 될 뿐 아니라, 정책결정 및 집행자들의 권력남용 및 부패가 증가하게 된다.

셋째, 정치적 경향이 강한 정책결정 및 집행의 증가이다. 기관통합형의 경우 정책결정 및 집행권한을 지방의회의원 또는 위원회에서 모두 가지고 있기 때문에 정책의 결정 및 집행에 있어서 주민들의 삶과 관련한 정책이 자신들의 정치적 수단으로 사용될 수 있다.

(3) 기관통합형(機關統合形)의 유형

① 미국의 위원회(committee system)

미국의 지방자치단체들은 의회가 아닌 위원회 형태로 지방자치단체를 구성 및 운영하고 있다. 위원회형이란 주민에 의해 선출된 의원(elected commissioners)을 중심으로 공공정책을 의결하고 시행하는 지방정부를 말한다. 〈그림 5-1〉에서처럼 지방자치단체장은 의원 중에서 호선하고 위원회를 대외적으로 대표하는 의례적인 기능만을 수행한다.

이러한 위원회형은 1900년 텍사스 주 갤버스턴(Galveston)에서 처음 채택되었으며 기관분리형의 갈등과 책임회피 등 각종 폐해를 시정하기 위한 목적으로 시작되었다.

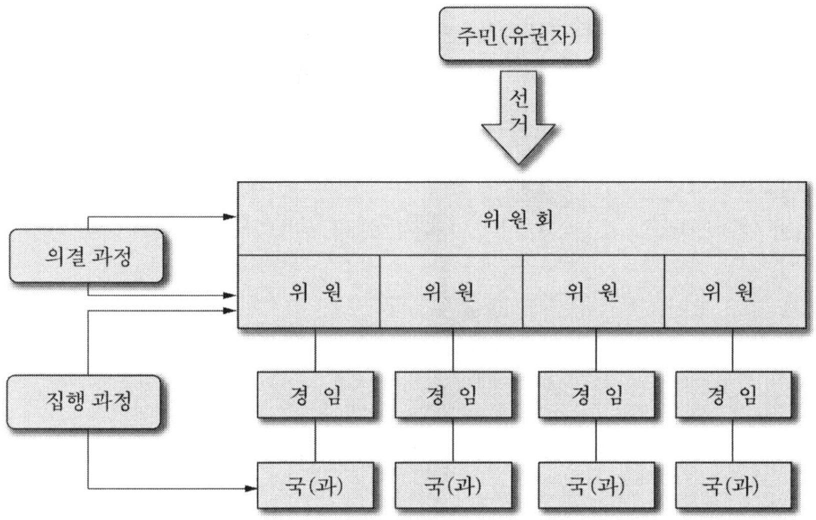

〈그림 5-1〉 미국의 위원회형

② 영국의 의회-위원회(council-committee system)

영국의 기관통합형 유형은 지방의회가 의결기관인 동시에 집행기관이다. 광역지방자치단체와 기초지방자치단체를 대표하는 지방자치단체장은 존재하지 않는다. 대신 행정집행을 수석행정관(Chief Executive)이 담당한다. 즉 수석행정관이 지방자치단체의 공무원을 지휘하고, 지방자치단체의 운영 관리에 대한 책임을 지며, 의장은 공식적으로 지방자치단체를 대표하지만 의전적 · 상징적인 역할만을 수행한다(〈그림 5-2〉 참고).

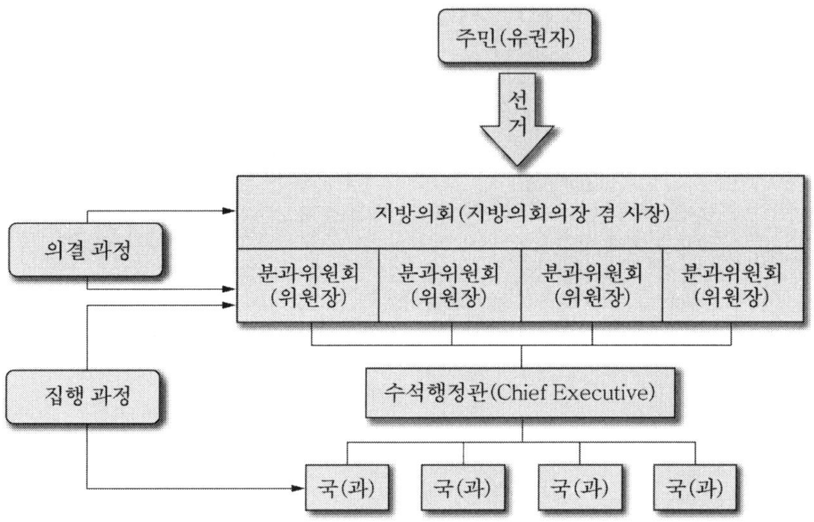

〈그림 5-2〉 영국의 의회-위원회형

③ 프랑스 의회-의장형(council presidential system)

프랑스의 의회-의장형은 지역, 도, 시 · 읍 · 면의 의회는 주민 직선에 의해 선출된 의원들로 구성되고, 의원들은 의장 겸 단체장을 선출한다. 또한 프랑스의 모든 지방자치단체들은 주민의 규모, 의원의 수, 행정조직 등 주로 규모 면에서만 차이가 있을 뿐 그 기본은 모두 동일하게 지방자치단체장 겸 지방의원에 의해 운영된다(〈그림 5-3〉 참고).

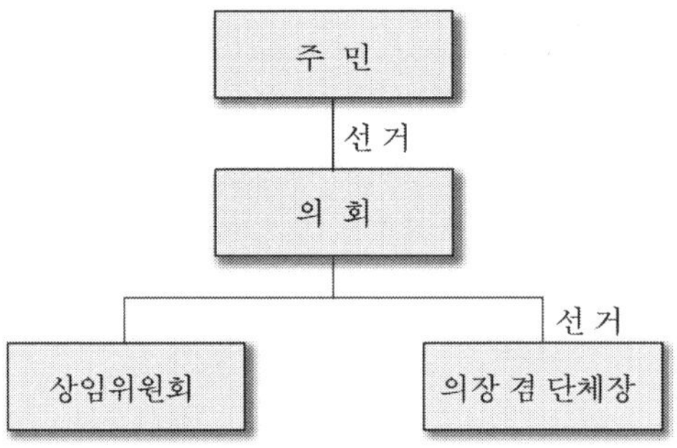

〈그림 5-3〉 프랑스 의회-의장형

2) 기관분리형(機關分離形)

(1) 기관분리형의 의의

기관분리형(機關分離形)은 지방자치단체가 가지고 있는 자치권인 의결기능과 집행기능을 서로 다른 기관에 부여하여 기관 상호 간에 견제와 균형을 통하여 업무를 수행하도록 하는 기관구성이다. 즉 국가의 정부형태 중 대통령 중심제와 유사한 것으로 권력분립주의 원칙에 입각하여 의결기관과 집행기관을 각각 분리하여 설치하고 양 기관이 상호 견제와 균형을 하며 지방자치단체를 운영하는 유형이다.

이러한 기관분리형은 집행기관의 선임 방법에 따라 임명형과 선거형으로 나눌 수 있으며, 선거형은 주민들의 직접선거에 의한 주민직선형과 의회에 의한 간선형으로 나누어진다(〈그림 5-4〉 참고).

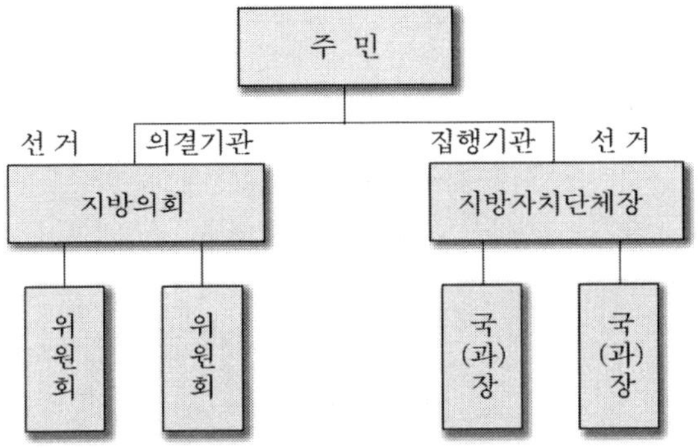

〈그림 5-4〉 기관분리형의 원리

(2) 기관분리형(機關分離形)의 유형

① 집행기관 직선형(直選形)

집행기관 직선형이란 지방자치단체의 장, 즉 집행기관을 주민이 선거를 통해 직접 선출하는 유형을 말한다. 이러한 예로는 미국의 시장-의회형(약시장형, 강시장형), 강시장-수석행정관형, 수장-의회 분리형이 있으며 이를 구체적으로 설명하고자 한다.

가. 미국의 시장-의회형(약시장형, 강시장형)

시장-의회형은 미국 대부분의 시가 채택하고 있으며, 주민이 직접 선출한 시장과 의결기관인 지방의회를 분립시킨 형태이다. 이때 의결기관과 집행기관의 구성 방법과 상호 관계 및 권한 등에 따라 약시장형과 강시장형으로 나뉜다.

가) 약시장형(의회 우위형)

약시장-의회형(weak mayor form)은 주민을 대표하는 의회가 집행기관보다 우위라는 의회 우월주의에 입각하여 의회 우위형이라고도 불리는 유형이다. 다시 말해 집행기관인 시장보다 의결기관인 의회에 우월한 권능을 인정하는 형태로 집행권에 대한 깊은 불신을 전제로 한다. 덧붙여 약시장-의회형은 미국의 남북전쟁 이전까지 미국의 읍·면(town and villages)에서 보편적으로 채택되었고, 아직도 널리 채택되어 운영되는 한 유형이다(최봉기, 2006: 208).

이러한 약시장-의회형 지방자치단체 기관구성은 다음과 같은 특징을 지니고 있다(강용기, 2008: 112).

첫째, 시장과 의회의원을 주민이 직접 선출하되 시장이 의회 의장을 겸임한다. 즉 주민들의 직접선거로 집행기관에 주민의 의사가 많이 반영되기도 하지만, 의장을 겸임하는 시장은 정책의 집행에 있어서 정치적 주장을 반영하기도 한다.

둘째, 시장은 명목상 시를 대표하며, 의회 의결에 대해 거부권이 없다. 이는 의회가 집행기관보다 우월한 권능을 가지고 있다는 것을 증명한다.

셋째, 의회는 의결기능과 집행 기능을 가지고 있으며 주요 공무원을 임명하고 행정권에 대한 감독을 한다. 즉 의회의 강력한 권한 아래 집행 또한 이루어진다(〈그림 5-5〉 참고).

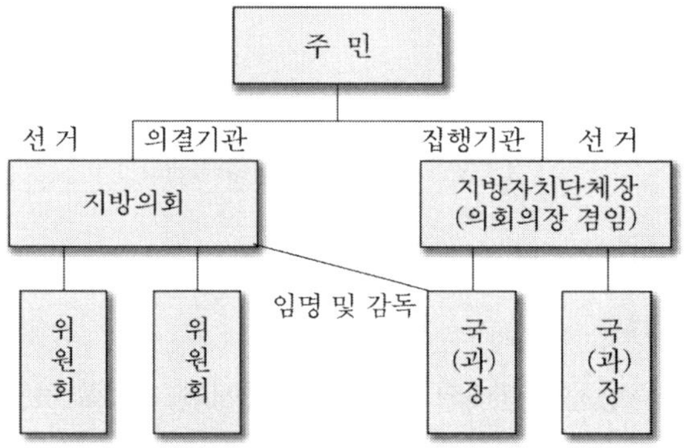

〈그림 5-5〉 약시장형(의회 우위형-미국)

나) 강시장형(시장 우위형)

강시장-의회형(strong mayor form)은 시장에게 공무원의 임명 및 폭넓은 전 실권을 부여하고 정책안의 발의를 할 수 있는 제도화된 기회를 부여함으로써 시장의 권한을 강화하는 유형이다(최봉기, 2006: 208). 이러한 강시장-의회형은 시장이 행정 전반에 대해 강력한 권한을 가지고 지방자치단체를 운영하기 때문에 다음과 같은 특징을 지니고 있다(강용기, 2008: 113).

첫째, 시장은 의회에 예산안 및 법률안 제출 및 거부권 행사 등 지방행정에 대한 책임과 통제권을 행사한다. 즉 약시장형에서의 의회의 의결에 대한 절대적 수용과는 다르게 집행기관으로서의 의결기관과 상호 견제와 균형이 가능하다.

둘째, 시장에게 폭넓은 인사권 및 정책발의권을 부여한다. 즉 지방자치에 있어서 시장은 리더십을 발휘하여 지방자치단체를 운영 및 관리할 수 있다. 다만, 폭넓은 인사권 및 정책발의권과 같은 시장의 권한 밖에 법안의 제정 및 예산안 의결 등은 의회에서 결정한다(〈그림 5-6〉 참고).

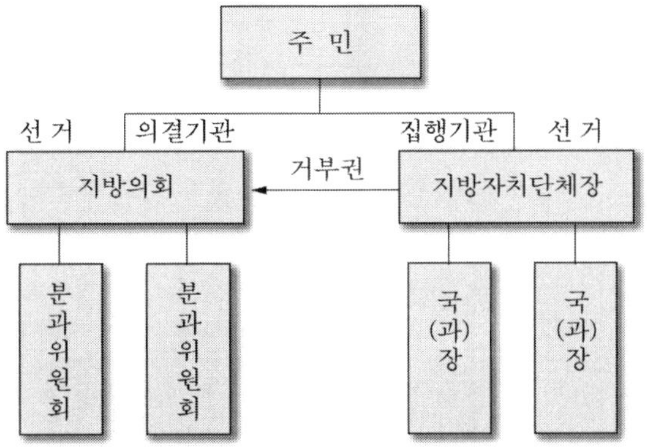

〈그림 5-6〉 강시장형(시장 우위형-미국)

나. 강시장-수석행정관형(strong mayor-chief administrative officer form)

강시장-수석행정관형[1] 또는 강시장-총괄관리형(strong mayor-general manager plan)은 시장이 집행부의 장이면서 시정부의 행정을 지휘 및 감독하는 수석행정관 또는 총괄관리관의 임면권을 가지고 있는 유형이다(최봉기, 2006: 208). 즉 수석행정관이 시장의 지휘감독을 받으면서 지방사무를 처리하는 형태이다.

이러한 강시장-수석행정관형의 특징은 다음과 같다.

첫째, 시장이 정치적 기능과 행정적 기능을 모두 담당해야 하는데, 현실적으로 두 능력을 모두 갖춘 인물이 선출되기는 어렵기 때문에 전문성을 가지고 행정에 대한 수요를 충족시키기 위해 수석행정관이 도입되었다.

둘째, 수석행정관이 조직 · 인사 · 재무 등 행정 전 분야에서 시장을 보좌함으로써 시장은 원활한 정책을 가능하게 하는 시민들의 지지를 획득하는 데 전념할 수 있다.

셋째, 수석행정관은 행정의 전 분야를 총괄 및 종합하기 때문에 시장이라 하더라도 그 임명 및 해임을 하기 위해서는 주민소환투표나 의회의원 3분의 2 이상의 찬성이 있어야 한다. 수석행정관을 통하여 원활한 정책을 가능하다(〈그림 5-7〉 참고).

1) 수석행정관의 명칭은 지역별로 상이하다. 미국의 대표적인 대도시인 Boston의 경우 Director of Administrative Services, Los Angeles는 City Administrative Officer, New York은 City Administrator로 사용한다.

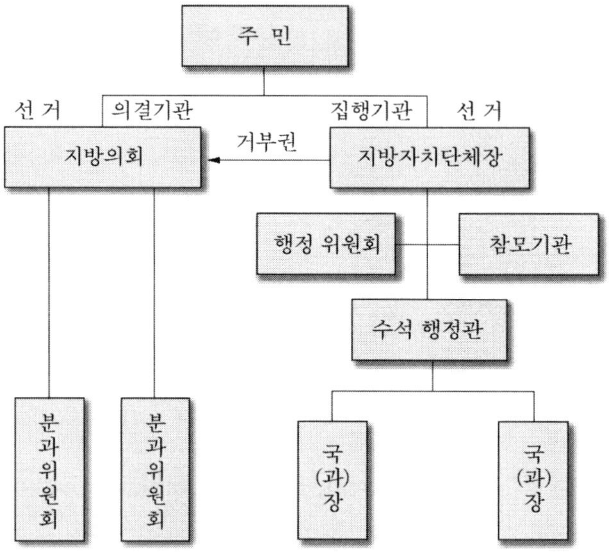

〈그림 5-7〉 강시장-수석행정관형

다. 수장-의회 분리형

수장-의회 분리형은 일본의 대표적인 기관분리형 기관구성 형태로서 일본의 도·도·부·현과 시·정·촌에서는 집행기관의 장을 주민이 직접 선출한다. 이처럼 일본의 경우 국가의 통치구조는 의원내각제로 중앙행정기관 구성 형태는 기관통합 형태이지만, 지방자치단체 기관 구성 형태는 단체장과 의회를 분리시킨 기관분리형을 채택하고 있다.

이러한 수장-의회 분리형의 특징을 살펴보면 다음과 같다.

첫째, 상호 견제와 균형이 가능하다. 지방자치단체장과 지방의회의원은 의회 해산권과 불신임 의결권을 가지고 상호 견제와 균형을 통해 바람직한 지방자치를 구현하는 데 협력하게 된다.

둘째, 주민의 주체성 강화이다. 지방자치단체장과 지방의회의원을 모두 주민이 직접 선출하기 때문에 지방선거를 통해 지방행정에 대한 주민들의 의사를 반영하는 것이 용이하지만, 결국 그 책임도 주민이 가진다. 즉 지방자치에 대해서 주민들의 주체성과 책임성이 증진된다.

셋째, 다원주의의 증진이다. 지방자치단체의 사무 중 정치적 중립을 확보하고 공정한 판단을 필요로 하는 사무 처리의 경우 지방자치단체장으로부터 독립된 행정위원회(교육위원회, 선거관리위원회, 인사위원회, 공안위원회, 감사위원회, 수용위원회 등)를 설치 및 운영함으로써 지방자치의 진일보를 창출한다(〈그림 5-8〉 참고).

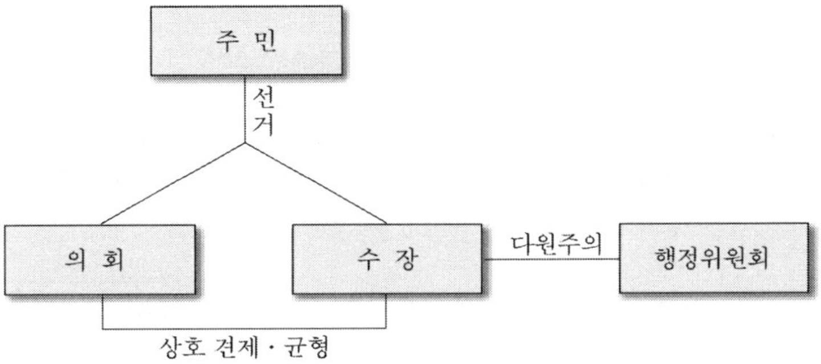

〈그림 5-8〉 수장-의회 분리형(일본)

② 집행기관 간선형(間選形)

집행기관 간선형이란 지방자치단체의 장, 즉 집행기관을 주민이 선거를 통해 선출하는 것이 아니라 지방의회에서 간접 선거하여 선출하는 형태를 말한다. 즉 지방의회의원은 국민이 직접 선출하고, 그 선출된 지방의회의원이 지방자치단체의 장을 선출하는 것이다(〈그림 5-9〉 참고). 따라서 의원들 가운데에서 선출되는 시 · 읍 · 면장은 지방의원의 임기 동안 지방자치단체장과 지방의회의원을 겸임한다(최봉기, 2006: 210).

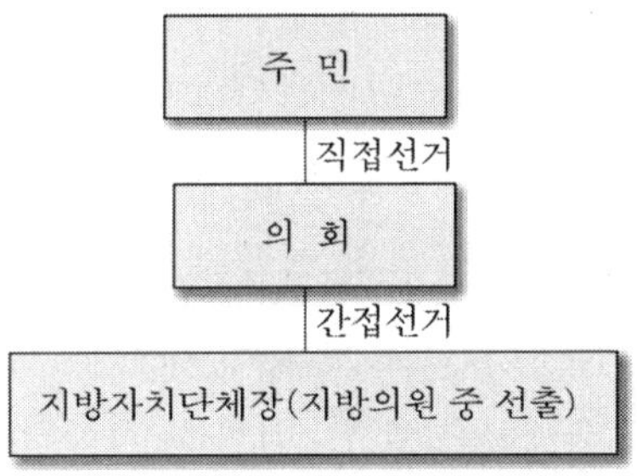

〈그림 5-9〉 집행기관 간선형

가. 프랑스의 시 · 읍 · 면장-의회형

프랑스의 시 · 읍 · 면장-의회형은 집행기관인 시 · 읍 · 면장과 의결기관인 의회를 분리시키고 있다. 하지만 시장과 보좌역(부시장)을 시 · 읍 · 면의회가 지방의회의원 중에서 선출한다. 이 선거는 시 · 읍 · 면의회의 첫 번째 회기에 실시하며, 보좌역의 수는 당해 시 · 읍 · 면의회의 정원의 30% 이내에서 그 시 · 읍 · 면의회가 자유로이 결정한다. 덧붙여 시장과 보좌역의 임기는 의원의 임기와 같이 6년이며 시 · 읍 · 면의회의 의장을 겸하게 되어 있다(〈그림 5-10〉 참고).

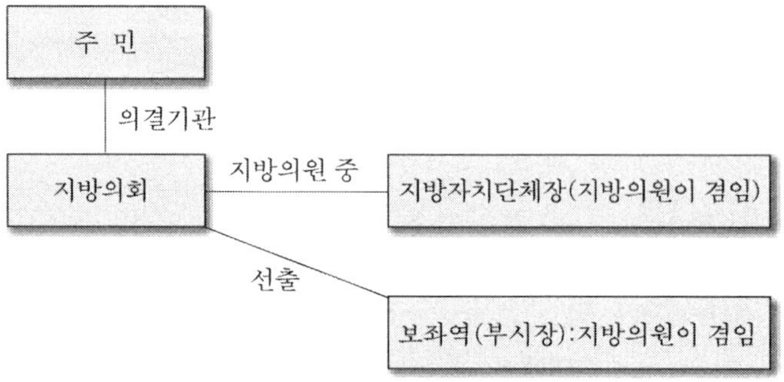

〈그림 5-10〉 프랑스의 시 · 읍 · 면장-의회형

③ 집행기관 임명형(任命形)

집행기관 임명형이란 지방자치단체 집행기관의 장을 중앙정부 혹은 상급지방자치단체에서 임명하는 기관구성 형태로 지방자치의 민주성보다 능률성을 강조하며 지방의회가 집행기관인 관리관을 임명하는 미국식 제도와 중앙정부가 집행기관을 임명하는 프랑스식 제도가 있다(최봉기, 2006: 211).

가. 지방의회 임명형: 의회-관리형(미국식 제도)

지방의회 임명형은 행정을 관리할 시정관리관(city manager)을 임명하는 유형으로, 행정에 대해 풍부한 경험과 전문적 지식을 가진 시정관리관이 행정에 대한 일체의 책임을 담당하는 유형이다. 시정관리관은 의회가 임명하며, 의회가 정해 주는 범위 내에서 구체적인 정책결정과 집행을 담당하고 그 결과에 대해 책임을 진다.

이러한 지방의회 임명형은 전문행정인을 행정에 대한 책임자로 임명하여 행정의 능률성을 향상시키고, 정치적 압력을 배제하고 소신 행정을 가능하게 하지만, 현실적으로 전문행정인의 임명은 의회가 임명하기 때문에 취약한 정치적 지지 기반으로 강력한 행정이 어려우며, 의례적인 시장과 전문행정인 간에 갈등이 발생할 우려가 있다(〈그림 5-11〉 참고).

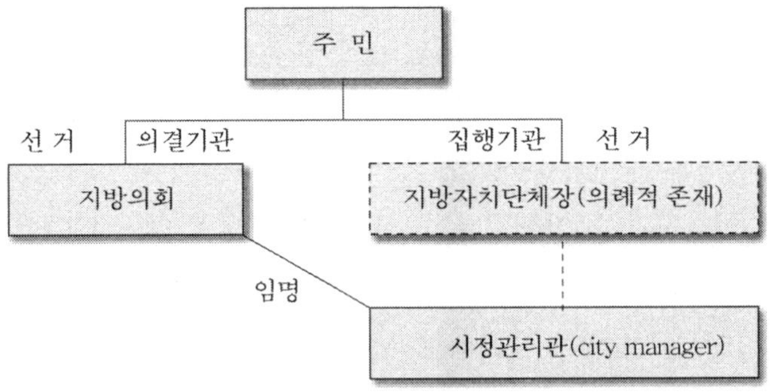

〈그림 5-11〉 지방의회 임명형

나. 중앙정부 임명형: 국가공무원으로 지방자치단체장 임명(1995년 이전의 우리나라)

중앙정부 임명형은 의결기관과 집행기관을 분립시키되, 지방의회의 의원은 주민이 직접 선출하고 집행기관의 장, 즉 지방자치단체장은 중앙정부가 국가공무원으로 임명하는 형태를 말한다. 중앙정부가 지방자치단체장을 임명하기 때문에 행정의 민주성보다는 능률성을 더 중요시하며, 1995년 6월 27일 최초의 지방자치단체장 지방선거가 있기 전까지 우리나라에서도 이 유형을 채택하고 있었다.

중앙정부 임명형은 행정에 대한 전문가를 임명하기 때문에 행정의 능률성과 전문성을 향상시킬 수 있었으며, 지방자치단체장이 선거를 의식하여 선심성 정책이나 인기 위주의 행정을 수행할 우려가 적었다. 그러나 지방자치단체장이 주민의 의견보다 중앙정부의 입장을 우선시하며, 중앙정부의 편의와 입장에 따라 지방의 문제가 결정되고 처리되는 문제점을 가지고 있어 중앙정부에 의한 임명형 제도는 점차 적어지고 있다(〈그림 5-12〉 참고).

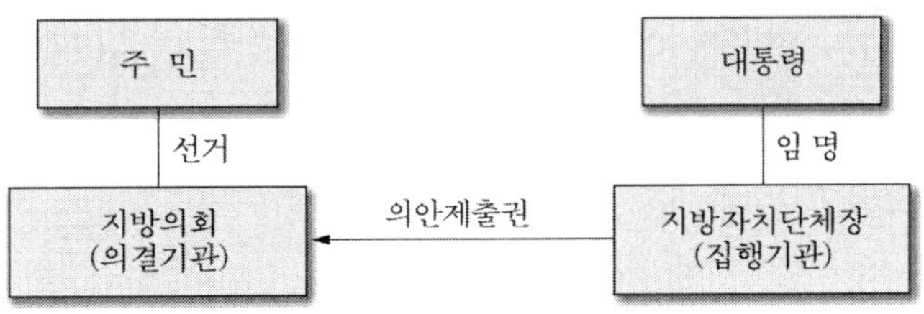

〈그림 5-12〉 지방의회 임명형

3) 절충형(折衷形)

절충형 기관구성 형태는 의회-집행위원회형(council executive committee)이라고도 불리며, 의결기관과 집행기관을 분립시킨다는 점에서 기관분립형의 요소를 갖고 있으나, 서로 대립시키지 않고 기관통합형의 요소도 갖추고 있어 절충형이라고 한다. 좀 더 구체적으로 절충형은 의결기관과 집행기관을 분리시키면서도 집행기관을 합의제로 운영한다는 점에서 기관분립형과 구별되며, 집행위원회가 의회를 모체로 하면서도 독립된 집행기능을 수행한다는 점에서 기관통합형과 구별된다.

이러한 절충형은 의결기관과 집행기관이 서로 대립하지 않아 원만한 협조가 가능하며, 집행기관이 합의제로 운영되므로 주민의 의견을 충실히 반영할 수 있고, 행정이 좀 더 신중하게 이루어질 수 있다. 그러나 합의제로 인해 책임의 소재가 불명확해지며, 행정의 신속성이 저해되고, 무엇보다 주민의 직선이나 의회의 간선에 의해 위원이 선출되기 때문에 행정에 대한 전문성이 부족할 수 있다(〈그림 5-13〉 참고).

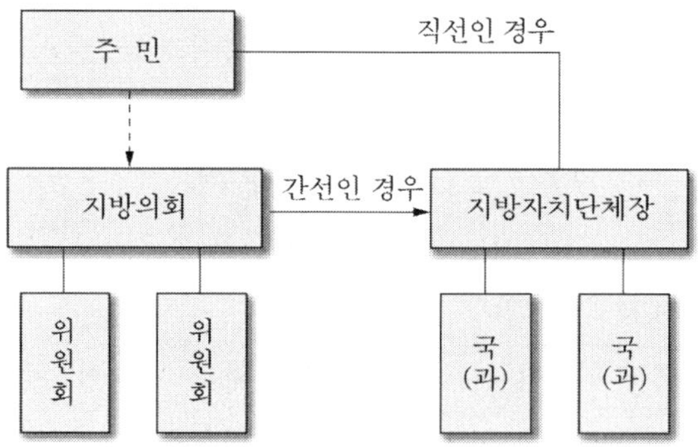

〈그림 5-13〉 절충형

제2절 지방자치단체의 주민

1. 주민의 의의

1) 주민의 개념

지방자치단체를 구성 및 운영하는 주민은 지방자치의 가장 근본적인 구성요소이다. 현 지방자치법 제12조에서는 "지방자치단체의 구역 안에 주소를 가진 자는 그 지방자치단체의 주민이 된다"고 명문 규정하고 있다. 따라서 광역자치단체인 특별시 · 광역시 · 도 및 기초지방자치단체인 시 · 군 · 자치구에 주소를 가진 자는 성별, 국적, 자연인, 법인을 불문하고 당해 지방자치단체의 주민이 된다.

덧붙여 주민은 주민(resident)과 시민(citizen)으로 구분되기도 한다. 주민은 일정한 구역에 거주하는 사람이라는 의미로 제도적 · 법적 관념으로 주로 사용되지만 시민은 근대 시민사회의 정치권력의 주체인 주권자 개인을 의미하는 정치적 관념으로 사용된다(강용기, 2008: 199). 하지만 지방자치의 영역에서는 주민과 시민은 동의어로 이해되며, 우리나라의 현 지방자치법과 같은 제도 및 관행에서 주민이라는 표현을 사용하고 있으므로 시민이라는 용어보다는 주민을 사용해야 할 것이다.

2) 주민의 지위

주민은 앞에서 정의한 것처럼 지방자치단체를 구성하는 가장 근본적인 구성요소이자 지방자치의 주체이다. 이러한 주민의 지위는 다음과 같다.

(1) 지방자치의 주체

지방자치단체의 주민은 지방자치를 중심으로 지방자치단체의 기관구성을 할 수 있다. 특히 주민은 지방자치단체를 구성하는 의결기관과 집행기관의 대표자를 선거를 통해 선임할 수 있는 선거권과 주민들을 대표해 주민의 복리를 증진시킬 지방자치단체장 및 지방의회 의원이 될 수 있는 피선거권, 지방자치단체의 중요 사항에 대해서 투표를 통해 결정할 수 있는 주민투표권 등을 가지고 있다.

(2) 지방자치의 객체

지방자치단체의 주민은 지방자치단체의 행정 서비스를 제공받을 권리를 가지고 있다. 즉 지방자치단체의 재산 및 공공시설을 이용하거나 균등한 행정 서비스를 받을 수 있다. 다만 주민은 지방자치단체의 행정 서비스를 제공받을 권리가 있음과 동시에 지방자치단체의 자치 법규를 준수해야 하며, 지방세를 납부해야 하는 등의 의무도 지니고 있다.

2. 주민의 권리 및 의무

1) 주민의 권리

지방자치단체의 주민은 지방자치법 제13조에서 규정한 것처럼 주민은 법령으로 정하는 바에 따라 소속 지방자치단체의 재산과 공공시설을 이용할 권리와 그 지방자치단체로부터 균등하게 행정의 혜택을 받을 권리를 가짐과 동시에 국민인 주민은 법령으로 정하는 바에 따라 그 지방자치단체에서 실시하는 지방의회의원과 지방자치단체의 장의 선거에 참여할 권리를 가지고 있다. 주민의 권리란 지방자치법 제13조[2]에 의거하여 지방자치단체의 인적 구성요소이자 지역의 주권자인 주민이 당해 지방자치단체 및 그 기관에 대하여 일정한 작위,[3] 부작위,[4] 급부 등을 요구하거나 지방자치단체의 정치, 행정 과정에 참여할 수 있는 법적인 힘으로서의 주관적 공권을 말한다. 이는 국민의 기본권의 보장과 신장에 기여하고 나아가 지방의 정치, 행정 과정에 대한 주민의 참여를 확대하여 민주적이고 법치적인 지방자치의 구현에 이바지할 수 있는 것이라는 점에서 그 의의를 찾을 수 있다.

(1) 참정권(參政權)

지방자치단체의 주민들은 선거권, 주민투표권, 조례제정 및 개폐청구권, 주민소송권, 주민소환권 등의 참정권을 가지고 있다.

① 선거권

선거권은 사전적 의미로 선거에 참가하여 선거할 수 있는 권리를 말한다. 이러한 선거권을 지방자치법에서는 제13조 제2항에 "국민인 주민은 법령으로 정하는 바에 따라 그 지방자치단체에서 실시하는 지방의회의원과 지방자치단체의 장의 선거(이하 '지방선거'라 한다)에 참여할 권리를 갖는다"고 규정하고 있다. 즉 지방자치에 있어서 선거권이란 주민이 당해 지방자치단체의 의결 및 집행에 주민의 의사를 반영하여 이루어지도록 하는 가장 기본적인 권리이다.

2) 지방자치법 제13조(주민의 권리) : ① 주민은 법령이 정하는 바에 의하여 소속 지방자치단체의 재산과 공공시설을 이용할 권리와 그 지방자치단체로부터 균등하게 행정의 혜택을 받을 권리를 가진다. ② 국민인 주민은 법령이 정하는 바에 의하여 그 지방자치단체에서 실시하는 지방의회의원 및 지방자치단체의 장의 선거에 참여할 권리를 가진다.

3) 사회적 계층을 나타내는 여러 가지 칭호.

4) 마땅히 하여야 할 일을 일부러 하지 아니함.

〈표 5-1〉 선거권과 피선거권의 요건

-선거권과 피선거권의 요건-

지방자치에서 선거권이란 지방자치단체를 구성 및 운영하는 집행기관과 의결기관의 대표자들을 선출하는 권리를 말한다. 이러한 선거권은 다음과 같은 요건을 필요로 한다.

1. 선거권
지방자치단체의 지방선거는 원칙적으로 공직선거법의 규정을 따르고 있다. 우리나라의 지방선거는 공직선거법 제15조 제2항에 선거에 참여하기 위한 요인은 다음과 같다.
19세 이상으로서 제37조 제1항에 따른 선거인명부작성기준일 현재 다음 각 호의 어느 하나에 해당하는 사람은 그 구역에서 선거하는 지방자치단체의 의회의원 및 장의 선거권이 있다〈개정 2009.2.12〉.
제1호 해당 지방자치단체의 관할구역에 주민등록이 되어 있는 사람
제2호 「재외동포의 출입국과 법적 지위에 관한 법률」 제6조 제1항에 따라 해당 지방자치단체의 국내거소신고인명부(이하 이 장에서 '국내거소신고인명부'라 한다)에 올라 있는 국민
제3호 「출입국관리법」 제10조에 따른 영주의 체류자격 취득일 후 3년이 경과한 외국인으로서 같은 법 제34조에 따라 해당 지방자치단체의 외국인등록대장에 올라 있는 사람
이처럼 성별, 국적, 자연인, 법인 등의 기준이 아닌 지방자치단체의 당해 지역에 주소를 가지고 있는 사람에게는 선거권이 있다.

2. 피선거권
지방자치단체에서 피선거권은 선거권과 동일하게 당해 지역에 주소를 가진 사람이지만 다음과 같은 차이점이 있다.

-공직선거법 제16조 제3항-
선거일 현재 계속하여 60일 이상(공무로 외국에 파견되어 선거일 전 60일 후에 귀국한 자는 선거인명부작성기준일부터 계속하여 선거일까지) 당해 지방자치단체의 관할구역 안에 주민등록(국내거소신고인명부에 올라 있는 경우를 포함한다. 이하 이 조에서 같다)이 되어 있는 주민으로서 25세 이상의 국민은 그 지방의회의원 및 지방자치단체의 장의 피선거권이 있다. 이 경우 60일의 기간은 그 지방자치단체의 설치 · 폐지 · 분할 · 합병 또는 구역변경(제28조 각 호의 어느 하나에 따른 구역변경을 포함한다)에 의하여 중단되지 아니한다〈개정 2009.2.12〉.

-공직선거법 제16조 제4항-
제3항 전단의 경우에 지방자치단체의 사무소 소재지가 다른 지방자치단체의 관할구역에 있어 해당 지방자치단체의 장의 주민등록이 다른 지방자치단체의 관할구역에 있게 된 때에는 해당 지방자치단체의 관할구역에 주민등록이 되어 있는 것으로 본다〈개정 2009.2.12〉.

② 주민투표권

주민투표권은 지방자치단체의 중요 사항에 대해 주민으로 하여금 결정할 수 있게 하는 권리이다. 2004년 1월 주민투표법 제정을 통해 정착한 주민투표권은 대의제의 한계를 보완하여 주민들의 참여를 통한 직접민주제를 구현할 수 있게 하였다.

〈표 5-2〉 주민투표제

-주민투표제-

주민투표제는 지방자치단체의 주요 결정 사항을 주민들의 투표에 의해 결정하는 제도를 말한다. 이러한 주민투표제는 1994년 3월 16일에 제도를 도입했으나, 주민투표법이 제정되지 않아 사실상 주민투표제를 실시하지 못하고 있다가 2003년 12월 29일에 주민투표법이 국회를 통과해 2004년 7월부터 시행되고 있다.

1. 주민투표권자
주민투표권은 19세 이상의 주민으로 투표인 명부 작성 기준일(주민투표 발의일) 현재 그 지방자치단체의 관할구역에 주민등록이 되어 있는 사람 또는 19세 이상의 외국인으로서 출입국관리 관계 법령의 규정에 의하여 대한민국에 계속 거주할 수 있는 자격(체류자격변경허가 또는 체류기간연장허가를 통하여 계속 거주할 수 있는 경우를 포함한다)을 갖춘 외국인으로서 지방자치단체의 조례로 정한 사람을 말한다.

2. 주민투표권의 대상
주민투표의 대상은 주민에게 과도한 부담을 주거나 중대한 영향을 미치는 지방자치단체의 주요 결정사항으로서 그 지방자치단체의 조례로 정하는 사항을 말한다. 다만 다음과 같은 경우에는 주민투표에 부칠 수 없다.
1) 법령에 위반되거나 재판 중인 사항
2) 국가 또는 다른 지방자치단체의 권한 또는 사무에 속하는 사항
3) 지방자치단체의 예산 · 회계 · 계약 및 재산관리에 관한 사항과 지방세 · 사용료 · 수수료 · 분담금 등 각종 공과금의 부과 또는 감면에 관한 사항
4) 행정기구의 설치 · 변경에 관한 사항과 공무원의 인사 · 정원 등 신분과 보수에 관한 사항
5) 다른 법률에 의하여 주민대표가 직접 의사결정주체로서 참여할 수 있는 공공시설의 설치에 관한 사항. 다만, 제9조 제5항의 규정에 의하여 지방의회가 주민투표의 실시를 청구하는 경우에는 그러하지 아니하다.
6) 동일한 사항(그 사항과 취지가 동일한 경우를 포함한다)에 대하여 주민투표가 실시된 후 2년이 경과되지 아니한 사항

3. 주민투표의 효력
지방자치단체의 주요 사항에 대해 주민들의 의견을 직접 반영하는 주민투표의 효력은 다음과 같다.
주민투표법 제24조 제1항 주민투표에 부쳐진 사항은 주민투표권자 총수의 3분의 1 이상의 투표와 유효투표수 과반수의 득표로 확정된다. 다만, 다음 각 호의 1에 해당하는 경우에는 찬성과 반대 양자를 모두 수용하지 아니하거나, 양자택일의 대상이 되는 사항 모두를 선택하지 아니하기로 확정된 것으로 본다.
제1호 전체 투표수가 주민투표권자 총수의 3분의 1에 미달되는 경우
제2호 주민투표에 부쳐진 사항에 관한 유효득표수가 동수인 경우
제2항 전체 투표수가 주민투표권자 총수의 3분의 1에 미달되는 때에는 개표를 하지 아니한다.
제3항 관할선거관리위원회는 개표가 끝난 때에는 지체 없이 그 결과를 공표한 후 지방자치단체의 장에게 통지하여야 한다. 제2항의 규정에 의하여 개표를 하지 아니한 때에도 또한 같다.
제4항 지방자치단체의 장은 제3항의 규정에 의하여 주민투표결과를 통지받은 때에는 지체 없이 이를 지방의회에 보고하여야 하며, 제8조의 규정에 의한 국가정책에 관한 주민투표인 때에는 관계 중앙행정기관의 장에게 주민투표결과를 통지하여야 한다.
제5항 지방자치단체의 장 및 지방의회는 주민투표결과 확정된 내용대로 행정 · 재정상의 필요한 조치를 하여야 한다.
제6항 지방자치단체의 장 및 지방의회는 주민투표결과 확정된 사항에 대하여 2년 이내에는 이를 변경하거나 새로운 결정을 할 수 없다. 다만, 제1항 단서의 규정에 의하여 찬성과 반대 양자를 모두 수용하지 아니하거나 양자택일의 대상이 되는 사항 모두를 선택하지 아니하기로 확정된 때에는 그러하지 아니하다.

③ 조례제정 및 개폐청구권

조례제정 및 개폐청구권은 "지방자치단체는 주민의 복리에 관한 사무를 처리하고 재산을 관리하며, 법령의 범위 안에서 자치에 관한 규정을 제정할 수 있다"라고 규정한 헌법 제11조 제1항에서 부여한 권리이다. 이를 지방자치법 제15조 제1항에서는 지방자치단체의 19세 이상의 주민(시 · 도와 제175조에 따라 인구 50만 이상 대도시에서는 19세 이상 주민 총수의 100분의 1 이상 70분의 1 이하, 시 · 군 및 자치구에서는 19세 이상 주민 총수의 50분의 1 이상 20분의 1 이하)의 연서로 해당 지방자치단체의 장에게 조례를 제정하거나 개정하거나 폐지할 것을 청구할 수 있는 권한을 말한다.

④ 주민소송권

주민소송권은 지방자치단체의 권한확대에 따라 지방재정의 부실과 지방공무원의 도덕적 해이를 극복하여 재정의 건전성을 확보하기 위해 지방자치단체 공무원의 공금낭비 및 횡령, 뇌물수수 등의 부당이득을 반환시키고, 이들 행위로부터 지방자치단체에 발생한 손해를 배상하도록 하기 위해 인정하고 있는 주민주도의 소송을 말한다(최봉기, 2006: 503).

주민소송제, 시민의 자발적 참여도가 좌우

서울 도봉 · 금천 · 양천구 주민 14명이 재작년 말에 지방의원이 부당하게 올려 받은 의정비를 지역주민에게 되돌려주라는 주민소송을 제기했다. 2007년 말에 서울의 구의회들은 경쟁적으로 의원 수당을 총 급여 3000만 원대에서 5000만 원대로 올리면서 주민들의 비난을 받았다. 그럼에도 구의회가 소귀에 경 읽기로 받아들이자 주민들은 감사를 청구하고, 소송을 제기했다. 물가상승률, 주민 소득 수준, 의정활동 실적 등을 종합해 의정비를 정하는 지방자치법 시행령을 제대로 따르지 않았다고 판결했다. 월정 수당에 대한 설문조사 역시 보수 인상을 전제로 하거나 인상을 유도하는 식의 내용으로 편향적이었다고 판단했다. 2006년 1월 1일부터 시행된 주민소송제에서 소송을 제기한 주민이 승리한 것은 이번이 처음이다. 이 소송을 계기로 비슷한 소송이 전국적으로 제기돼 지방자치활동의 새로운 전기가 마련될 것으로 기대된다.

〈2009. 9. 27. 중앙데일리〉

⑤ 주민소환권

주민들이 지방자치체제의 행정처분이나 결정에 심각한 문제점이 있다고 판단할 경우, 단체장을 통제할 수 있는 권한이다. 이러한 주민소환은 일정한 절차를 거쳐 해당 지역의 단체장을 불러 문제 사안에 대한 설명을 들은 뒤 투표를 통해 단체장을 제재할 수 있다. 즉 주민참여 중 가장 적극적이고 강력한 참여 형태이다. 이처럼 가장 확실하고 직접적인 주민참여의 수단인 주민소환은 지방자치단체장들의 독단적인 행정운영과 비리 등 지방자치제도의 폐단을 막기 위한 것이 목적으로 우리나라에는 2006년 5월 24일 '주민소환에 관한 법률'이 제정 도입된 후 2007년 5월 25일부터 시행되고 있다.

(2) 수익권(受益權)

지방자치단체의 주인으로서 주민들은 재산과 공공시설을 이용할 권리와 그 지방자치단체로부터 균등하게 행정의 혜택을 받을 권리를 가지고 있다.

① 재산 및 공공시설이용권

재산 및 공공시설이용권은 주민들이 법령이 정하는 바에 의해 소속 지방자치단체의 재산과 공공시설을 이용할 권리를 말한다. 여기서 공공시설이란 "주민의 복리에 관한 급부행정을 수행하기 위해 설치 및 운영되는 계속적인 모든 수단"으로서 지방자치단체의 공물, 영조물, 공기업 등의 급부를 제공하는 시설을 말한다. 예를 들어 도서관, 박물관, 병원, 하수도 등을 말한다.

② 균등한 행정 서비스를 받을 권리

지방자치단체에서 주민은 지방자치단체가 제공하는 각종의 행정 서비스를 차별받지 않고 균등하게 받을 수 있는 권리를 가지고 있다. 이는 지방자치법 제13조 제1항 후단에 규정된 것으로 헌법상의 평등원칙을 구체화한 것이다. 좀 더 구체적으로 말하자면, 주민들은 지방자치단체가 제공하는 각종 서비스를 성별, 국적, 종교 등의 차이에 불문하고 평등하게 행정 서비스를 받을 수 있는 권리를 말한다.

2) 주민의 의무

지방자치단체의 주민은 지방자치단체에 대하여 작위 또는 부작위, 급부, 수인 등의 의무를 가지고 있다. 예를 들어 비용분담의무, 공공시설의 강제이용의무, 명예직직무수락의무, 응급재해 시 명령복종의무, 각종 자치법규에 대한 준수의무 등이 있다(최봉기, 2006: 504).

(1) 비용분담의무

지방자치법 제21조는 "주민은 법령이 정하는 바에 의하여 그 소속 지방자치단체의 비용을 분담하는 의무를 진다"고 규정하고 있다. 이처럼 지방자치제도가 실시되는 곳의 주민은 당해 지방자치단체의 존립과 유지 및 자치행정의 수행에 필요한 경비를 각자 능력에 따라 부담해야 한다. 예를 들어 각종의 지방세, 사용료, 수수료, 수익자 부담금 등이 있다.

(2) 공공시설이용 강제의무

지방자치단체의 주민들은 각종 법령이나 자치법규에 의해 당해 지방자치단체가 설치 및 경영하는 공공시설의 이용을 강제받는 경우가 있다. 예를 들어 전염병 예방에 의한 강제이용뿐 아니라, 상하수도시설, 청소사업, 가스사업 등은 주민들에게 부여된 강제 의무이다.

(3) 명예직무 수락의무

지방자치단체의 주민은 특별한 이유가 없는 한 당해 지방자치단체가 위촉하는 명예직직무의 담당요청을 수락 및 수행해야 한다. 예를 들어 선거감시위원이나 공공봉사활동위원 등이 있다.

(4) 응급재해 시 명령복종의 의무

지방자치단체의 주민은 자신이 속한 지방자치단체의 구역 안에서 불의의 재해가 발생하였거나 발생할 우려가 있을 경우, 관계법령에 따라 지방자치단체장의 명령에 복종하여 필요한 노력과 물품을 제공하여야 한다.

(5) 자치법규 준수의무

지방자치단체의 주민은 지방자치단체의 구성원으로 자신들이 선출 및 구성한 지방자치단체의 기관이 만든 자치법규, 즉 조례와 규칙을 준수해야 할 의무가 있다.

3. 주민의 참여

주민참여에 대한 논의는 이미 고대 아테네의 정치사상가로부터 시작되었고 이들은 대중담화와 논의의 중요성을 강조하였다. 루소는 대중담화를 일반의지의 형성에 근본이라고 생각하며, 주민들의 담화 속에 그들의 의지와 소망이 담겨 있다고 생각하였고, 이것을 표현하는 것을 주민참여의 시작이라고 생각하였다. 주민참여는 오랫동안 순수민주주의의 근본요소로 여겨져 왔다. 지방공공단체를 구성하는 일정지역의 주민이 스스로 또는 대표자를 통해 지역 내의 공동사무를 처리하여 궁극적으로 주민의 복리를 실현하는 지방자치단체에서는 공공사무 처리를 주민들이 직접 처리할 수 있고, 주민들이 선출한 대표자를 통해 처리할 수도 있다. 즉 주민들은 직접 또는 간접적으로 자신들이 속한 지방자치단체의 의결 및 집행의 전 분야에 걸쳐 의사를 반영할 수 있다.

1) 주민참여의 정의

주민참여란 지방자치단체의 해당 구성원들에게 영향을 미치는 사항에 대하여 주민들이 지방자치단체의 정책결정 및 정책집행 등에 참여하는 것을 말한다. 또한 정부와 주민사회가 대화를 개방하고, 협력관계를 구축하며 정보를 공유하고, 정책 · 프로젝트 · 프로그램의 설계 · 집행 · 평가 시 상호 작용하는 과정으로, 모든 이해관계 집단의 관여와 개입을 필요로 한다.[5] 특히 오늘날은 주민이 지방자치단체의 주권자로서 자신들의 의견을 표시하고, 지방자치단체의 정책 과정에 직 · 간접적으로 참여하는 것이 크게 증가하고 있다. 또한 지방자치단체 기능의 확대와 더불어 주민참여도 보다 다원화되고 보다 전문화되어 가고 있다. 따라서 지방자치단체도 주민들의 협조와 지지를 동반한 정책의 결정 및 집행, 즉 민주적 · 효율적 행정을 구현하고자 한다.

〈표 5-3〉 주민참여의 정의

구분	개념
최협의	정책결정자의 충원 또는 정책에 다소간 영향력을 행사하기 위한 일반시민의 활동(정부에의 영향력 행사)
협의	정부에 대한 영향력의 행사 또는 지지를 위한 시민 활동(정부에 대한 지지활동 포함)
광의	주민참여는 정치적 기관과 사전기관 간의 상호작용으로서 시민의 정치적 행위들이 곧 참여라고 보는 견해

2) 주민참여의 필요성

주민들의 정책결정 과정에의 참여요구를 수용하기 위한 노력은 크게 규범적 근거와 실질적 근거의 두 가지에 근거를 둔다.[6]

첫째, 규범적 근거는 정책의 정당성 차원이다. 민주사회에서 국민은 정책의 단순한 수혜자(clients)가 아니라 정책결정 과정에 적극적으로 참여하여 영향력을 기대하는 주민(citizens)이다. 또한 정책결정 과정에의 참여는 민주사회에서 주민들의 기본적인 권리이다. 정책 관련 전문가를 포함한 일부 엘리트와 내부 관련자들에 의존한 정책결정은 정책의 정당성을 크게 훼손할 우려가 있다. 과학기술정책의 정당성과 관련하여 정책결정 과정에의 주민참여를 강조하는 정치적 정당성만을 중시하려는 경향이 있으나 보다 광범위한 의미의 본질적 정당성에 관심을 둘 필요가 있다.

둘째, 실질적인 근거는 정책의 효과성 차원이다. 예를 들면, 과학기술정책 전문가들이 과학과 과학정책이 사회에 미치는 결과를 평가하는 데 독점적인 전문성을 가지고 있는 것도, 특권적인 지위를 누리는 윤리적 관점을 가지고 있는 것도 아니다. 또한 이러한 관점에서

5) 조석주, 「지방자치단체의 주민참여수준 진단과 발전방안」(한국지방행정연구원), 2006.
6) 김원웅, 「지방자치: 어떻게 참여할 것인가」(앎과 함), 2006.

보다 중요하게 관련 과학기술정책의 전문가가 아닌 일반주민들의 참여를 통하여 실제로 보다 나은 결과를 산출해낸다는 점이다. 즉, 주민참여를 통한 대표성의 확장이 정책결정의 정당성을 제고시킬 뿐만 아니라 보다 많은 정보를 보다 나은 방법으로 주민들에게 제공하며 실질적으로 편향적인 시각에서의 정책결정을 보완함으로써 정책의 질을 향상시킨다는 것이다. 예를 들어, 스웨덴 정부의 조사연구 계획과 조정위원회는 많은 수의 과학자가 아닌 일반주민들을 구성원으로 참여시켰으며, 그 결과 혁신적인 학문 간 조사연구 프로그램들을 증진시켰다. 또한 네덜란드의 대학들은 지역사회의 노동집단, 비영리조직 및 지방정부들이 요청한 문제들을 다루는 분권화된 네트워크 형태의 참여모델을 통해 사회적 이슈에 대한 보다 나은 부응을 할 수 있었다.

주민과의 협조를 통해 지방자치단체의 민주적이고 효율적인 행정을 창출하는 주민참여의 필요성은 다음과 같다.

(1) 복잡한 공공사무 처리

지방자치단체에서 공동의 문제가 발생할 경우 이는 해당 지역의 사회 · 경제 · 정치 · 문화 등 다양한 변수로 인해 문제의 성격이 매우 복잡하다. 그러므로 이를 해결하기 위해서는 해당 지역의 사회 · 경제 · 정치 · 문화 등에 대해서 가장 잘 이해하는 지역주민의 참여가 우선적으로 필요하다. 또한 이러한 지역주민의 참여는 지방자치단체의 구성원이자 주체인 주민의 책임의식을 증진시켜 궁극적으로 민주적이고 효율적인 행정을 가능하게 한다. 즉 주민들의 복리증진을 위해 주민참여가 필요하다.

(2) 대의민주주의 한계 극복

지방자치단체에서 의결기관인 지방의회는 주민의 관심사보다 자신의 정치적 목표달성 또는 재선을 위한 선심정책결정 등 대의민주주의의 한계점을 지니고 있다. 간혹 지방의회가 주민의 의사를 잘 반영하는 정책을 결정한다 하더라도 이를 집행하는 집행기관이 지방의회의 통제를 제대로 받지 못하는 경우가 있어 실질적으로 주민들의 의사반영은 매우 미비하다. 이러한 문제점을 해결할 수 있는 방안으로 주민참여의 필요가 더욱 강조된다.

(3) 대립과 갈등의 해소

지방자치단체에서 수행되는 정책의 결정 및 집행은 해당 당사자들의 이해관계에 따라 많은 대립과 갈등이 나타난다. 또한 정책의 대립 및 갈등은 때론 다수의 피해자를, 때론 소수의 피해자를 만들어 사회적 혼란을 야기하기도 한다. 이러한 문제점을 극복하고, 나아가 주민들 스스로 협력하기 위해서는 주민참여가 필요하다.

3) 주민참여의 기능

지방자치의 주체이자 가장 기본적인 요소인 주민들의 참여는 다음과 같이 사회적 기능, 정치적 기능, 행정적 기능을 가지고 있다(최봉기, 2006: 517~519). 주민참여는 정부와의 관계, 정부와 주민과의 관계, 정부와 사회와의 관계 등을 통하여 끊임없이 상호 작용하며 많은 기능적 요소를 가지고 있다.

(1) 주민참여의 사회적 기능

주민들의 지방자치참여는 일반주민들에게 지역주민으로서의 주인의식과 책임성 등을 고취시키며, 동시에 지역주민 간의 공동체정신과 협력 및 유대의식을 향상시킨다. 이는 장기적으로 지역사회로의 통합과 교육 및 훈련과정과 연결되어 지역주민의 능력발전을 초월해 전 국민의 능력발전을 기대할 수 있게 한다.

또한 주민참여는 지방자치단체의 정책결정 및 집행에 있어서 주민들의 의사를 반영시켜 지역사회의 안정을 가져온다. 즉 주민참여는 지역사회의 이해관계와 지역발전 목표를 통합시키는 실제적인 방법으로 주민들이 지방자치단체의 역할과 정책 및 계획을 이해하며, 정책결정 및 계획과정에 요구되는 충분한 정보를 주고받음으로써 상호 오해로 인한 갈등을 방지할 뿐 아니라 다양한 의견을 수렴하여 지방자치단체의 발전, 나아가 국가 전체의 발전을 기대할 수 있게 한다.

(2) 주민참여의 정치적 기능

행정의 전문화가 촉진됨에 따라 지방자치단체 내 행정의 독선화 내지 반주민의사화 경향이 심화된다. 이를 해결하기 위해 주민의 참여가 요구되는데 이는 주민의 참여를 통해 전문적 지식과 기술을 터득할 수 있기 때문이다. 예를 들어 주민운동을 보면 주민들은 그 요구가 자기에게 절실하다는 사실만으로 때로는 행정담당자보다 더 많은 지식을 갖게 되는 경우가 많다.

또한 시민참여이론에 의하면 시민에게 그들이 직접적 혹은 간접적으로 어떤 결정에 영향을 받을 수 있다면, 그 정책과 계획에 관련되는 의사결정에 참여할 것이냐에 관한 결정은 정부와 시민대표자가 나누어 가진다. 이러한 논리로 볼 때 주민참여는 참여민주제를 향상시키는 대표적인 수단이라 할 수 있다.

(3) 주민참여의 행정적 기능

① 정보 확산기능

주민참여는 지방자치단체의 사무 처리에 있어서 주민들의 의사와 요구를 관철시킬 수 있는 기회를 갖게 할 뿐 아니라, 지방자치단체의 정책결정 및 집행 과정을 주민에게 홍보할 수 있게 하고, 이러한 정보를 접한 주민은 다양한 의견과 요구를 제시하게 된다. 예를 들어 주민참여의 방법인 공청회, 시정보고회, 대중전달매체 등을 통해 정보가 확산된다.

② 주민사회의 갈등 해소기능

주민참여는 주민 간의 이해관계나 이견을 조정하는 데 활발하게 이용되고 있다. 즉 주민참여를 통해 주민과 지방자치단체, 주민과 주민 등의 사이에서 발생될 수 있는 갈등과 분쟁을 해소할 뿐 아니라 상호 이해와 협력을 통한 지역발전을 기대할 수 있게 한다.

③ 주민과 공무원들 간의 협력기능

주민참여는 행정과 주민과의 거리감을 좁히고 나아가 공무원들은 주민들이 원하는 바가 무엇인지를 알게 되어 지방자치단체의 목표 설정과 달성을 위한 과정에서 서로 협력하게 한다.

④ 행정의 효율성 증진기능

주민참여는 지방자치단체의 결정 및 집행에 주민의 의사를 반영하기 때문에 행정 서비스의 제공에 있어서 인적 · 물적 자원의 낭비를 막을 뿐 아니라 주민들의 자발적인 참여와 협조를 동반한다. 즉 주민참여 행정의 효율성을 향상시킨다.

(4) 주민참여의 역기능

① 대표성 또는 공정성의 문제

시민 전체의 전반적인 참여보다는 특수이익을 대변하는 소수 참여자나 특정 계층의 역할이 두드러질 수 있는데 이러한 경우 자치단체의 운영에 있어 공정성이 떨어질 수 있다.

② 정책 과정과 행정 과정상의 비효율과 혼란

전문적 지식을 소유하지 못한 시민들의 질문에 일일이 답변함으로써 사업의 지연이나 연기 등 과정상의 비용을 초래할 수 있고 비전문적 식견이 때로는 정책이나 사업 전반의 흐름을 방해할 수도 있을 것이다. 시민들 간의 이해관계가 제대로 조정되지 않는 경우 역시 적지 않은 혼란을 부를 수 있다.

③ 조작적 참여의 가능성

시민의 대중적 지위는 선거를 포함한 지방정치 전반은 물론 시민참여와 관련하여서도 중요한 의미를 지닌다. 이미 매스미디어의 강력한 영향권 아래 놓여 있는 자치단체를 더욱 무력화시키는 결과를 초래할 수도 있고 그를 통해 매스미디어의 지원을 받는 정치적 또는 상업적 이해관계가 시민참여의 메커니즘을 통해 자치단체에 침투할 수도 있다.

4. 주민참여의 단계 및 효과[7)]

1) 주민참여의 단계

일반적인 정책 과정은 정책의 입안, 결정, 집행, 평가 등 4개 단계로 구분할 수 있다. 과거에는 주민참여가 주로 정책의 집행 과정에서 이루어졌지만 오늘날에는 주민의 참여범위가 날로 확대되어 전반적인 정책 과정에서 참여의 대상이 되고 있다.

정책의 입안 및 결정 과정은 목표 설정, 자료의 수집과 분석 및 예측, 대안작성과 평가, 최종계획안의 선택 등으로 구분되는데, 이 과정 중에서 특히 목표 설정과 최종대안의 선정 과정에서 주민참여가 중요한 기능을 한다. 이는 행정과 정보의 공개라는 민주적 원칙과 집행단계에서 불필요한 민원을 사전에 줄인다는 측면에서 의의가 있다.

다음으로 정책집행 과정은 정책이 확정되고 난 다음 개발 · 시설입지 · 용도지정 등 정책대안을 실천하는 단계이다. 대부분의 정책내용이 집행단계에서 실질적으로 공개되기 때문에 주민참여 형태가 과격한 집단행동 등 비제도적인 형태를 띠기 쉽다. 이 단계는 특히 주민의 실질적 생활과 관련된 이해관계가 그대로 드러나기 때문이다.

마지막으로 평가단계는 집행결과를 평가하여 환류시키는 과정으로서 계획의 전시성 · 일회성과 주민참여의 단기성을 방지하는 데 중요한 측면이지만 대부분의 주민참여에서 배제되고 있다. 평가 과정에서 참여가 중요한 이유는 공공계획은 일정한 집단의 이해관계를 대변하는 것이 아니라 지역 또는 도시주민 전체의 이익을 보호하고 향상시키는 데 그 기본적인 의의가 있고, 새로운 정책 또는 계획 수립에서 기초자료를 제공할 수 있기 때문이다. 어느 정도까지 주민참여가 이루어질 수 있는가와 관련하여 아론스타인은 다음과 같은 모형을 제시하고 있다.

7) 조석주, 「지방자치단체의 주민참여수준 진단과 발전방안」(한국지방행정연구원), 2006.

〈표 5-4〉 주민참여의 단계

참여 단계	참여의 중심내용	참여의 성격
8단계	자주관리	시민 권력의 단계
7단계	권한위임	
6단계	공동의사결정	
5단계	회유	형식적 · 명목적 참여 단계
4단계	상담	
3단계	일방적 정보제공	
2단계	주민 임상치료	비참여 단계
1단계	주민조작	

첫째, 조작단계에서는 주민들의 정책지지를 이끌어내기 위한 의사결정자의 책략이 이루어진다.

둘째, 치료단계에서는 명목적으로 광범위한 주민참여를 이끌어내지만 내용적으로는 임상적 치료의 대상자로 설정한다.

셋째, 정보제공단계에서는 정보의 공유 또는 공공성이 중요하지만 이러한 쌍방향적 정보흐름보다는 일방적 정보흐름이 주류를 이루게 된다.

넷째, 상담단계는 주민의 의견과 아이디어를 수렴하는 단계이며, 참여가 이 수준에 한정되면 자칫 전시효과에 그칠 가능성이 있다.

다섯째, 회유단계에서는 자문과 정책결정 또는 계획 수립 과정에서 참여를 용인하지만 집행과 그 가능성의 판단은 여전히 행정관청의 결정에 달려 있다.

여섯째, 공동의사결정단계에서는 주민과 정책결정자들이 협상을 공유하면서 정책결정을 하며, 이때 주민들에게는 조직성, 재정능력, 기술적 전문성 등이 요구된다.

일곱째, 권한위임단계에서는 주민에게 일정한 정책대안이나 프로그램의 결정권을 이양한다.

여덟째, 자주관리단계에서는 참여의 최고단계로서 정책입안, 관리 및 책임, 협상권한이 주민에게 주어진다.

2) 주민 정책참여 형태변화와 효과

경제 · 사회적 여건과 환경의 변화에 따라서 정책 과정에의 주민의 참여도 많은 변화양상을 보이고 있다. 이러한 정부 정책의 참여형태 변화는 다음과 같이 정리될 수 있다.

첫째, 과거에는 주민참여가 주로 정책의 집행 과정에서 이루어졌는 데 반해 현재는 정책의 결정 과정에서도 이루어지고 있다. 이는 참여가 활성화되었고 적극적 형태로 변화했다는 것을 의미한다.

둘째, 과거의 주민참여는 비조직적이었을 뿐만 아니라 지역적으로 이루어져 왔으나, 현재의 참여는 전국에 걸쳐 조직적으로 이루어지고 있다. 예로서 경실련, 참여연대, 환경운동연합과 같은 전국적 조직들이 생겨나고 정부의 정책 과정에 참여하고 있다.

셋째, 과거의 주민참여는 수동적 참여였다면 현재는 능동적 참여가 이루어지고 있다. 즉, 국민들이 각종 정책에 대한 이해나 관심이 높아지면서 자발적으로 참여 · 대처한다는 것이다. 이러한 현상은 주민의 교육수준과 경제수준이 성장하면서 나타나는 현상이다.

넷째, 현대 주민참여의 특징은 과거의 사익 추구적 성격에서 공익 추구적 성격으로 변하고 있다. 물론 님비현상과 같이 지역의 이익을 우선시하는 주민운동이 없는 것은 아니지만 정부 정책 과정에의 전체적 맥락에서 보면 사익 추구보다는 공익을 추구하는 방향에서 시민참여가 이루어지는 경우가 많아지고 있다.

다섯째, 과거의 시민참여가 투쟁이나 개인적 접촉과 같은 비제도적 형태를 띠었다면 현재는 제도적 참여가 활성화되고 있다. 조직을 통한 정책참여 과정이 개인 차원의 운동보다 더 효과적이기 때문일 것이다. 또한 조직적 참여는 보다 지속적으로 각종 정책에 관심을 기울일 수 있는 장점도 있다.

이러한 행태변화에 따라서 효과 역시 많은 변화를 한다. 정책 과정에의 참여 확대는 정책의 질 향상과 민주성과 전문성 제고에 기여할 것으로 예측할 수 있다. 그러나 모든 목표에 부합되는 최상의 주민참여방식은 존재하지 않으며 필요에 따라 적절한 방식을 선택적으로 활용하는 것이 바람직할 것이다. 아울러 정책 과정에의 주민참여가 초래할 수 있는 단점과 부작용에 대해서 주의를 기울여야 할 것이다.

〈표 5-5〉 주민참여의 행태변화

과거		현재
정책집행 과정에 주로 참여	→	정책결정 과정에 주로 참여
비조직적 참여	→	조직적 참여
수동적 참여	→	능동적 참여
사익 추구적 참여	→	공익 추구적 참여
비제도적 참여	→	제도적 참여

3) 주민참여의 긍정론과 부정론

주민참여의 긍정론과 부정론을 참여의 확대를 주장하는 참여주의자들과 참여의 인위적인 확대를 반대하는 자유주의자들의 관점에 적용해서 살펴보면 논쟁은 정치 과정 속에서 무엇을 먼저 고려할 것인가 하는 우선권의 문제로 귀착된다. 즉 자유주의와 참여민주주의는 자유와 평등, 개인과 집단, 개인생활의 보호와 인간의 존엄성, 사적 재산의 보호와 집단가치 등의 문제와 직접 연결된다.

현실적으로 대의민주주의는 개인의 사적 활동을 중시하기 때문에 인위적으로 참여 폭을 확대하면 현실적으로 정책을 왜곡시키는 결과를 가져오게 된다고 주장하는 것이며, 참여민주주의자들은 대의민주제는 정책결정 과정에서 다수를 소외시키기 때문에 국가가 대중의 참여를 확대함으로써 진정한 민주주의를 실현할 수 있다는 것이다. 주민참여의 확대를 주장하는 측에서는 대의민주제하에서 구조적으로 일부 계층의 의사만이 의사결정 과정에 반영될 뿐 다수의 주민들은 실질적인 참여에서 원천적으로 배제되기 때문에 실질적인 주권자로서의 권리를 찾지 못한다는 것이다.

참여민주주의자들은 이러한 대의민주제의 구조적인 문제를 주민참여의 확대로 해결하고자 한다.[8] 즉 주민참여를 확대하여 주민들의 민주주의에 대한 의식수준을 향상시키고 공동사회에서 주민으로서의 역할을 증대하여 결국 자신이 향유하여야 할 평등한 인간으로서의 권리를 회복할 수 있게 하여야 한다는 것이다. 이에 반하여 자유주의자들은 주민참여가 확대되면 개인의 이기심이 극단적으로 나타나 의사결정 과정에서 의견이 분할되고 사회의 방향성을 잃게 되어, 결국에는 민주주의의 목표인 화합되고 발전적인 공동사회를 유지하는 것이 불가능하게 된다고 한다. 즉 참여민주주의자들의 주장은 이념적으로나 가능한 것으로, 대의민주제가 일반대중의 뜻을 모을 수 있는 현실적인 장치인 것이며, 따라서 주민참여가 특별히 확대될 필요가 없다는 것이다.

정책결정 과정에서의 주민참여는 참여자의 대표성과, 정당성의 문제, 공익에 대한 판단의 어려움과 참여에 따른 이해집단 간 이해 조정 능력의 한계, 참여자의 자질문제와 각종 저급한 집단행동 전략, 권력 및 공식적 제도권으로의 흡수와 포섭문제, 행정의 경제성 저해와 행정책임의 회피 및 전가문제 등의 역기능을 나타낼 수 있다. 그러나 이러한 참여의 역기능적 측면에도 불구하고 주민참여의 활성화가 중요한 것은 민주사회에서 참여의 순기능적 측면이 더욱 중요하게 부각될 수 있기 때문이다.

주민참여의 순기능으로는 정치·행정제도의 대표성과 정통성 제고, 능동적 참여를 통한 사회적 안정감 제공, 주민의 정치적 효능감[9] 제고, 개인주의와 소외를 극복할 수 있는 공동체 정신과 협동의식의 고취, 행정행위의 재량권 남용 억제와 행정책임성의 제고, 정보의

8) 하태권, 「한국정부의 이해」, 2006.

9) 심리학에서 나온 자기 효능감(自己效能感, self-efficacy)은 어떤 상황에서 적절한 행동을 할 수 있다는 기대와 신념이다. 캐나다의 심리학자 앨버트 밴듀라(Albert Bandura)가 제시한 개념이다.

공개와 공공성의 촉진, 이를 바탕으로 한 오해와 편견의 불식 및 이해관계의 조정 등이 주장되고 있다.

(1) 긍정론

주민참여는 참여를 통해 서로의 의견을 전달하는 가운데 정보를 제공받고 참여한 주민들의 기술적으로 어려운 상황들을 이해하는 과정이다. 주민들은 총체적이고 공동체 전반의 해결책을 추구하면서 주민전문가들이 된다. 관료들은 언뜻 보기에는 대중에 익숙하지 않은 정책을 추진하는 이유들을 설명할 수 있다. 더 정교한 수준의 기술적 · 사회적 이해는 더 나은 정책을 만들고 더 나은 사회적 그리고 환경적 산출물을 발생시킬 수 있다. 관료들 또한 구체적인 주민집단의 입장에 대한 교육을 받음으로써 혜택을 얻는다. 그렇지 않았으면 정책 과정에 참여하지 않았을 주민들과 장기적인 접촉을 통해서 관료들은 어떤 정책들이 인기가 없고 그리고 어떻게 그러한 정책실패들을 피할 수 있는지를 배운다.

주민들의 선호에 근거를 둔 정책은 그 정책이 집행될 때 주민들이 더욱 협조적이기 때문에 더 순조롭고 비용이 적게 든다. 주민참여를 통해서 주민들은 관료들에게 자신들의 선호를 설득하고 깨닫게 할 수 있다. 정부 관료들이 대중이 어떻게 반응하는가에 대한 질문을 일상의 의사결정에 포함시킨다면 이는 행정 개선의 한 부분이다.

〈표 5-6〉 주민참여를 찬성하는 근거

구분	주민참여자의 이익	정부의 이익
결정 과정	• 교육 효과(정부 관계자로부터의 정보 습득과 학습) • 정부에 대한 설득과 계몽 • 적극적으로 활동하는 주민의 역량 증진	• 교육 효과(주민으로부터의 정보 습득과 학습) • 주민에 대한 설득, 신뢰구축, 불안 또는 적대감 경감 • 전략적 제휴관계 형성 • 결정의 정당성 확보
결과	• 교착상태 해결, 결과 도출 • 정책 과정에 대한 상당한 통제 획득 • 보다 양질의 정책과 집행계획	• 교착상태 해결, 결과 도출 • 소송비용 회피 • 보다 양질의 정책과 집행계획

〈표 5-7〉 주민참여에 긍정적인 학자들

Barber(1984)	오늘날 국가 활동에서 벌어지고 있는 문제를 해결하기 위하여 주민들의 직접적인 참여를 대폭 수용할 수 있는 강한 민주주의를 제시하였다.
Nelson and Wright(1995)	사회변화를 위한 변화도구로서 참여과정을 긍정적으로 제시하였다.
Beieric(1999) Thomas(1995)	주민참여는 더 나은 결정을 하게 하고, 사회전반에 효율성과를 가져온다는 점을 긍정적으로 평가하고 있다.

(2) 부정론

비용적인 측면에서 주민참여 집단들의 결정비용은 기관 관료의 정책결정보다 더욱 비용이 많이 든다. 기술적으로 훈련받고 결정의 가능한 결과를 인식할 수 있을 정도로 충분히 정치적으로 통찰력이 있는 한 명의 관료가 주민단체가 선택한 똑같은 결정을 할 수 있다.

Ostrom(1990)에 의하면 "협의결정은 전원사회와 같이 집단이 소수이고 동질적일 때 가장 효과적이지만, 규모가 큰 지역에서는 10명 또는 20여 명의 대표자들이 여론을 바꿀 수 있다는 생각은 순진한 일이다"라고 하였는데 이는 대규모의 참여자가 참석한 결정에 찬반이 나뉠 경우 하나의 의견으로 통합하는 것은 어렵다는 것을 의미한다. 또한 주민참여는 주민참여자들이 그들의 결정이 정책으로 그대로 집행될 것이라고 기대하는 것은 헛된 기대이고 오히려 관료들이 이미 정해 놓은 결정을 정당화하기 위한 과정으로 주민참여가 이용될 수 있다는 것이다.

〈표 5-8〉 주민참여의 반대 근거

구분	주민참여자의 불이익	정부의 불이익
결정 과정	• 시간 소모 • 결정이 무실될 경우 효과 없음	• 시간 소모 • 비용 • 정부에 대한 적대감 고취, 반발 초래
결과	• 반대하는 이익집단에 의해 과도한 영향을 받는 경우 정책결정의 질 저하	• 의사결정에 대한 통제력 상실 • 정치적으로 무시하기 곤란한 나쁜 결정을 내릴 가능성 • 실행계획 추진 예산 삭감

5. 한국의 주민참여

1949년 7월 4일 법률 제32호 우리나라 최초의 지방자치법[10]과 역사를 함께한 한국의 주민참여는 다음과 같이 제도화된 주민참여방식과 비제도화된 주민참여방식이 있다(최봉기, 2006: 534~539).

10) 지방자치단체의 종류와 조직 및 운영에 관한 사항을 정하고, 국가와 지방자치단체의 기본적 관계를 정함으로써 지방자치행정의 민주성과 능률성을 도모하며 지방의 균형발전과 대한민국의 민주적 발전을 기하기 위하여 제정한 법(전문개정 1988. 4. 6, 법률 제4004호).

1) 제도화된 주민참여방식

(1) 다양한 행정위원회

오늘날 많은 나라에서 주민참여의 중요한 수단으로 활용되고 있는 지방자치단체의 행정위원회는 20세기 초에 미국에서 시정개혁운동을 통하여 정당정치로부터 독립한 도시계획위원회 등 많은 위원회가 창설된 데서 그 시작을 알 수 있다. 우리나라의 행정위원회는 일정한 행정 분야에 대해 지방자치단체장으로부터 독립하여, 특정한 정파나 정당으로부터의 영향도 받지 않고, 공정하고 중립적으로 업무를 수행하거나, 합리적인 재정(裁定)이나 중재 등의 심판적 기능을 수행한다. 이러한 예로 지방자치단체에도 지방인사위원회, 지방공무원소청심사위원회, 도시계획위원회, 토지수용위원회 등의 여러 가지 행정위원회가 설치되어 있다.

요컨대 행정위원회는 지방자치단체 집행기관의 일부로서 정책결정 및 집행의 권한을 행사하는 것이므로, 주민이 그 위원회에 위원으로 참여하여 직접 정책결정 및 집행하는 것은 주민참여를 실현하는 최고의 방식이다. 다만, 위원회는 보다 합리적인 정책결정 및 집행을 위해 전문적 지식과 경험을 소지하여야 하기 때문에 일반주민은 사실상 참여에 제약을 받는다.

(2) 공청회

공청회는 지방자치단체의 기관이 일정한 사항을 결정함에 있어서 공개적으로 의견을 듣는 형식으로 지방자치단체의 의사결정 과정에 주민을 참여시킴으로써 민주주의의 요청에 부응하는 제도이다. 우리나라 국토의 계획 및 이용에 관한 법률 제14조 제1항에는 "국토해양부장관, 시 · 도지사, 시장 또는 군수는 광역도시계획을 수립하거나 변경하려면 미리 공청회를 열어 주민과 관계 전문가 등으로부터 의견을 들어야 하며, 공청회에서 제시된 의견이 타당하다고 인정되면 광역도시계획에 반영하여야 한다"라고 규정하여 주민참여를 허용하고 있다.

다만, 행정절차법에 규율하고 있는 공청회는 14일 전에 개최를 공고하고, 주민이 참석하려면 사전에 자기의 소견서를 제출하여 해당 단체로부터 사전허가를 받아야만 가능하다. 그렇기 때문에 공청회 개최공고와 참가신청 사이의 14일 기간 동안 지역주민들의 의견을 집약하여 대표자로 하여금 의견을 진술하는 것은 현실적으로 거의 불가능하며, 사전허가를 통해 지방자치단체의 비위에 맞는 의견만 허락되어 진정한 주민의 의사를 반영하는 것에는 한계가 있다.

(3) 각종 자문위원회

자문위원회란 특정 조직 또는 기관장의 자문에 응하기 위한 목적으로 설치된 합의제 조직으로서 자문위원회의 결정은 비록 대부분 법적 구속력이 없지만, 전문적인 지식과 각종의 이해관계를 정책결정에 반영할 수 있는 보편화된 주민참여수단이다. 이처럼 지방자치단체의 주요 시책에 관하여 지방자치단체장의 자문을 하는 자문위원회는 전문적인 지식 및 경험의 소지자로서가 아닌 평범한 주민의 입장에서 참여한다는 데 의미를 두고 있다.

자문위원회는 당해 지역주민 가운데 주민이 선출하거나 또는 당국이 임명하는 위원으로 구성되며, 주민의 요구와 기대 그리고 실정의 파악 및 주민의사의 시책에 반영 등의 목적을 가지고 있다. 다만, 위원들은 적극적으로 행정기관의 주요 시책 수립에 참여하기보다는 행정당국의 소집에 의해 위원회에 참여하고, 행정당국으로부터 사업계획이나 업무보고를 받고 이에 대한 협조를 요청받는 것이 보통이라는 한계가 있다.

(4) 주민자치센터

주민자치센터란 기존의 읍 · 면 · 동이 수행하던 행정사무 중심적 기능을 주민복지문화서비스 기능으로 전환하여 그 인력과 시설을 주민에 대한 서비스 향상에 제공하는 복지문화센터를 말한다(최봉기, 2007: 536). 주민자치센터는 급변하는 국내외적 환경변화에 대응하고 현실적으로 다층화되어 있는 행정계층을 감축할 필요를 느껴, 주민생활에 꼭 필요한 민원발급, 사회복지, 민방위, 재난관리 등 민원업무는 계속 수행하되, 규제단속 및 광역적 일반 행정 성격의 업무 등은 시청 및 구청으로 이관하여 수행함으로써 남는 여유시설과 공간을 지역실정에 맞게 주민을 위한 문화, 복지 등으로 꾸며 주민자치센터로 활용하고 있다.

이러한 주민자치센터는 행정에 대한 주민참여의 기반구축을 위한 시도로, 주민들의 다양한 프로그램 참여를 통해 주민들의 의사를 지방자치단체에 반영할 수 있다는 데 의미가 있다.

2) 비제도화된 주민참여방식

(1) 기관장과의 대화 또는 간담회

지방자치단체장 또는 지방의회의원과의 대화를 통한 주민참여는 지방자치단체장과 지방의회의원들이 직접 주민의 의사와 요구를 듣고 이를 행정에 반영할 수 있다는 데 그 의의가 있다. 다만, 대화의 상대방이 단순히 지방자치단체의 행정에 동조하는 일부 주민에 한정될 우려가 있다. 또한 행정기관이 정보를 공개하지 않음으로써 대화 과정에 있어서 주민들이 자신의 의견을 개진하기보다는 행정기관의 의견을 일방적으로 듣기만 할 가능성이 있으며, 자유로운 의사표현이 힘든 현실적 한계가 있다.

(2) 설문지 조사

지방자치단체의 정책결정 및 집행에 있어서 종종 설문지 조사방법을 통하여 주민의 의사와 기대치를 파악하여 부분적으로 반영하는 경우가 있다. 이처럼 설문지 조사는 일반적인 주민들의 태도, 의견, 욕구 및 행태를 파악할 수 있다. 다만, 설문문항 및 설문결과의 대표성, 신뢰성에 문제점이 있을 수 있다. 즉 설문지 자체가 주민의 의사를 잘 표출할 수 있는가 또는 설문지 회수 후의 처리 및 분석은 제대로 되었는가라는 한계를 가지고 있다.

(3) 집단민원

집단민원이란 본래 개인민원과 같은 주민의 청구행위가 다수인의 공동이해를 기초로 다수인이 집단행동을 하여 지방자치단체의 정책결정 및 집행에 큰 영향을 미치는 주민운동이다. 이러한 집단민원은 무엇보다 비상적인 해결책을 강구하지 않으면 안 되는 중대 사항에 대한 주민운동일지라도, 과격한 집단행동 또는 다수의 힘을 빌려 집단이기주의적인 욕구를 충족시키거나 과격행동으로 지역사회의 안정을 해치고, 사회적 비용을 증대시키는 것은 자제되어야 한다.

연 습 문 제

1. 지방자치단체의 구성에서 선거방식에 의한 분류가 아닌 것은?

① 직선형 ② 간선형

③ 절충형 ④ 임명형

〈정답〉 ③ 절충형

〈해설〉 지방자치단체의 구성에서 선거방식에 의한 분류는 직선형, 간선형, 임명형이 있다. 절충형은 권력분산 형태에 따른 분류에 속한다.

2. 기관통합형의 장점이 아닌 것은?

① 민주주의 사회의 구현 ② 안정적인 지방자치 구현

③ 주민에 의한 지방자치 ④ 상호 견제와 균형이 가능

〈정답〉 ④ 상호 견제와 균형이 가능

〈해설〉 상호 견제와 균형이 가능한 것은 기관분리형(수장-의회 분리형)이다.

3. 지방자치에서 주민의 권리 중 참정권에 속하지 않는 것은?

① 선거권 ② 조례제정 및 개폐청구권

③ 재산 및 공공시설이용권 ④ 주민소송권

〈정답〉 ③ 재산 및 공공시설이용권

〈해설〉 참정권에는 선거권, 주민투표권, 조례제정 및 개폐청구권, 주민소송권, 주민소환권이 있다. 재산 및 공공시설이용권은 수익권에 해당한다.

4. 기관통합형 자치단체에 대한 설명으로 바른 것은?(2003 강원9급)

① 의결기관과 집행기관을 분리한다.

② 자치단체장을 주민이 선출한다.

③ 의결기관과 집행기관의 대립과 마찰의 소지가 적다.

④ 우리나라에서 채택하고 있는 형태이다.

〈정답〉 ③ 의결기관과 집행기관의 대립과 마찰의 소지가 적다.

〈해설〉 우리나라는 기관분립형을 채택하고 있으며, 기관통합형에서는 단체장을 의회가 선출하거나 단체장이 존재하지 않는다.

핵심정리

지방자치단체의 기관구성 – 각 나라마다 정치 · 경제 · 사회 · 문화 등의 각기 다른 환경에 따라 매우 다양하게 나타나고 있다. 여기서는 선거방식에 의한 분류로 직선형, 간선형, 임명형으로, 지방자치단체의 의사결정 및 집행기능의 주체 여부에 따라 기관통합형, 기관분리형, 절충형으로 분류함.

집행기관 직선형 – 지방자치단체의 장, 즉 집행기관을 주민이 선거를 통해 직접 선출하는 유형으로 미국의 시장–의회형(약시장형, 강시장형), 강시장–수석행정관형, 수장–의회 분리형이 있다. 우리나라는 1952년 4월 25일 최초의 지방의회의원선거를 시작으로 현재 직선형을 유지하고 있음.

집행기관 간선형 – 지방자치단체의 장, 즉 집행기관을 주민이 선거를 통해 선출하는 것이 아니라 지방의회에서 간접 선거하여 선출하는 형태임.

집행기관 임명형(任命形) – 지방자치단체 집행기관의 장을 중앙정부 혹은 상급지방자치단체에서 임명하는 기관구성 형태임. 우리나라도 최초의 지방자치단체장 선거가 있기 전에는 상위정부 책임자에 의해 지방자치단체장이 임명되는 임명형을 실시하였음.

주민 – 광역자치단체인 특별시 · 광역시 · 도 및 기초지방자치단체인 시 · 군 · 자치구에 주소를 가진 자는 성별, 국적, 자연인, 법인을 불문하고 당해 지방자치단체의 주민이 됨. 주민은 주민(resident)과 시민(citizen)으로 구분되며, 주민은 일정한 구역에 거주하는 사람이라는 의미로 제도적 · 법적 관념으로 주로 사용되지만 시민은 근대 시민사회의 정치권력의 주체인 주권자 개인을 의미하는 정치적 관념으로 사용됨.

주민의 지위 – 지방자치의 주체이자 지방자치의 객체임.

주민의 권리 – 첫째, 주민들은 선거권, 주민투표권, 조례제정 및 개폐청구권, 주민소송권, 주민소환권 등의 참정권을 가짐. 둘째, 주민들은 재산과 공공시설을 이용할 권리와 그 지방자치단체로부터 균등하게 행정의 혜택을 받을 권리인 수익권을 가짐.

주민의 의무 – 주민은 지방자치단체에 대하여 작위 또는 부작위, 급부, 수인 등의 의무를 가지며, 비용분담의무, 공공시설의 강제이용의무, 명예직직무수락의무, 응급재해 시 명령복종의무, 각종 자치법규에 대한 준수의무 등이 있음.

주민참여 – 지방자치단체의 해당 구성원들에게 영향을 미치는 사항에 대하여 주민들이 지방자치단체의 정책결정 및 정책집행 등에 참여하는 것. 정부와 주민사회가 대화를 개방하고, 협력관계를 구축하며 정보를 공유하고, 정책 · 프로젝트 · 프로그램의 설계 · 집행 · 평가 시 상호 작용하는 과정을 말함.

오늘날 주민이 지방자치단체의 주권자로서 자신들의 의견을 표시하고, 지방자치단체의 정책 과정에 직 · 간접적으로 참여하는 것이 크게 증가함. 지방자치단체 기능의 확대와 더불어 주민참여도 보다 다원화되고 보다 전문화되어 지방자치단체도 주민들의 협조와 지지를 동반한 정책의 결정 및 집행, 즉 민주적 · 효율적 행정을 구현하고자 함.

제 6 장

지방의회와 자치단체장

♧들어가기 : 학습목표 및 목차

학습 목표	1. 지방의회의 의의와 권한에 대하여 이해한다. 2. 지방자치단체장과 집행기관에 대하여 이해한다. 3. 지방의회와 지방자치단체장과의 관계를 이해한다.
학습 목차	1. 지방의회(의결기관)의 의의와 권한 2. 지방자치단체장과 집행기관 3. 지방의회와 지방자치단체장의 관계

☞사전학습

1. 지방의회의 회의에는 3가지 원칙이 있는데 회기계속의 원칙, 회의공개의 원칙과 또 다른 하나는 무엇인가?
   〈정답〉 일사부재의 원칙
   〈해설〉 회의 원칙 3가지는 회기계속의 원칙, 일사부재의 원칙, 회의공개의 원칙이다.

2. 지방자치단체장의 지위로서 대표로서의 지위, 집행기관으로서의 지위, 또 다른 하나는 무엇인가?
   〈정답〉 국가 일선기관으로서의 지위
   〈해설〉 지방자치단체장의 지위로는 대표로서의 지위, 집행기관으로서의 지위, 국가 일선기관으로서의 지위 세 가지가 있다.

3. 우리나라 지방선거의 선거권과 피선거권의 나이는?
   〈정답〉 선거권 19세, 피선거권 25세
   〈해설〉 선거권은 선거일 현재 19세, 피선거권은 25세 이상의 국민으로 한다.

제1절 지방의회의 의의 및 권한

1. 지방의회의 의의

1) 지방의회의 개념

지방의회((地方議會), council of local government)란 지방자치단체의 의결기관으로서 주민에 의해 선출된 지방의원을 구성원으로 하는 합의제 의결기관이다. 우리나라 헌법 제118조는 "지방자치단체에 의회를 두되, 그 조직 · 권한 · 운영에 관한 사항은 법률로 정한다."라고 규명함으로써 지방의회를 보장하고 있다. 이러한 지방의회는 간접민주주의를 실현하고 있는 오늘날 필수적인 통치기관이다. 물론 주민들에 의해 지방자치단체의 모든 사무가 직접 결정되고 집행되는 직접민주주의가 이상적일 수 있으나, 지역의 규모 및 인구 등에 비추어 볼 때 현실적 한계가 있다. 결국 주민들의 선거를 통해 선출된 지방의원들이 구성하는 지방의회가 지방자치를 구현하는 핵심이 된다. 다만, 간접민주주의도 완벽하지 않아 이를 극복하기 위해 주민투표, 주민소환, 주민청구 등 다양한 직접민주주의도 함께 시행된다.

2) 지방의회의 지위

지방의회는 조례의 제정 · 개정 및 폐지, 예산의 심의 · 확정, 기금의 설치 · 운용, 지방의 공공사무 및 정책의 심의 · 의결 등을 수행함으로써 주민의 복리를 증진시키고자 한다. 이러한 우리나라의 지방의회는 기관분리형을 중심으로 하여 다음과 같은 지위를 가지고 있다.

① 주민의 대표기관

지방의회는 주민이 선출한 지방의회의원으로 구성되며, 지방자치단체의 의사를 심의 및 결정하기 때문에 주민의 대표기관으로서의 지위를 지닌다. 물론 지방자치가 주민들에 의해 직접 결정 및 집행되는 직접민주주의가 이상적이지만, 현실적으로 불가능하여 간접민주주의를 구현하는 대표제를 통해 주민의 의사를 지방자치에 반영하고 있다.

② 지방자치의 의결기관

지방의회는 지방자치단체의 의결기관으로서의 지위를 가진다. 즉 지방의회는 지방자치단체의 정책이나 사업, 입법, 조례의 제정·개정 및 폐지 등 지방자치단체의 운영사항에 관하여 최종적인 의사를 확정하는 권한을 가지고 있다. 덧붙여 지방의회는 지방자치단체의 의사결정에 관하여 단순히 의견을 제시하는 자문기관과는 다르다.

③ 지방자치의 입법기관

지방의회는 지방자치단체 자치법규의 근간이 되는 조례를 제정할 수 있는 권한을 가진다. 즉 입법기관으로서의 지위를 갖는다. 물론 지방자치단체장도 규칙제정권한을 갖고 있지만 규칙제정권도 조례에 근거하여야 한다. 다시 말해서 지방자치단체의 입법기능은 궁극적으로 지방의회에서 그 기능을 갖는다.

④ 지방자치의 감시기관

지방의회는 지방자치단체가 자신들이 결정한 사항이나 바람직한 행정업무가 집행기관에 의해 성실히 수행되고 있는지 감사와 조사를 할 수 있는 권한을 가지고 있다. 또한 이와 같은 감사와 조사의 권한은 앞서 논한 대표기관, 의결기관, 입법기관을 보장하는 필수적 기능이기도 하다.

3) 지방의회의 규모

지방의회는 각 나라의 다양한 환경에 따라서 규모를 크게 하여 의원수를 많게 하는 대의회제와 규모를 작게 하여 의원수를 적게 하는 소의회제로 구분할 수 있다. 대체로 영국, 프랑스, 독일 등의 국가에서는 대의회제를 택하고 있다. 이와는 다르게 미국, 캐나다, 필리핀 등의 국가에서는 소의회제를 택하고 있다. 우리나라의 경우는 지방의회의 규모는 지방자치법의 개정에 따라 증감이 반복되었으나 대체로 대규모형을 채택하고 있다고 볼 수 있다.

2. 지방의회의 조직

지방의회는 일반적으로 주민들이 선출한 지방의회의원으로 구성된 주민의 대표기관이다. 그러나 각 나라의 정치·사회·경제·문화 등의 환경에 따라서 지방의원을 간선하거나 임명하기도 한다. 즉 각 나라의 역사, 주민자치의 성숙도, 주민의식 등에 따라 직선제, 간선제, 임명제, 비례대표제, 직능대표제 등의 방법을 병행하여 지방의회를 구성하기도 한다. 덧붙여 지방의회는 단원제를 할 수도 있고, 양원제를 할 수도 있지만, 일본을 제외한 대부분의 나라들은 단원제를 택하고 있다. 우리나라 또한 단원제를 채택하고 있다.

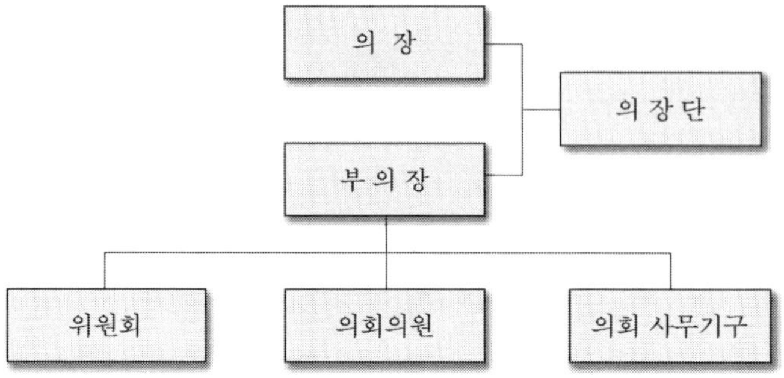

〈그림 6-1〉 지방의회의 조직

1) 지방의회의 내부조직

지방의회는 주민들의 복리향상이라는 기능을 수행하기 위하여 일정한 조직을 갖고 있다. 이를 구체적으로 살펴보면 다음과 같다.

(1) 지방의회의 의장단

지방의회는 의장과 부의장으로 구성되는 의장단을 갖고 있다. 이때 의장은 의회를 대표하고 의사(議事)를 정리하며, 회의장 내의 질서를 유지하고 의회의 사무를 감독한다(지방자치법 제49조). 또한 의장은 위원회에 출석하여 발언할 수 있으며, 의결에 있어 표결권을 가진다. 다만 가부동수(可否同數)인 경우에는 부결된 것으로 본다.

이러한 지방의회의 의장과 부의장은 시 · 도의 경우 의장 1명과 부의장 2명을, 시 · 군 및 자치구의 경우 의장과 부의장 각 1명을 무기명투표로 선거하여야 하며, 의장과 부의장의 임기는 2년으로 한다(지방자치법 제48조).

그리고 지방의회의 부의장은 의장이 사고가 있을 때에는 그 직무를 대리하며(지방자치법 제51조), 지방의회의 의장과 부의장이 모두 사고가 있을 때에는 임시의장을 선출하여 의장의 직무를 대행하게 한다(지방자치법 제52조).

(2) 지방의회의 위원회

지방의회는 조례가 정하는 바에 따라 위원회를 둘 수 있다(지방자치법 제56조 제1항). 여기서 위원회(committee)란 지방의회의 일부의원으로 구성되는 합의제 기관으로, 위원회의 종류는 소관 의안과 청원 등을 심사 · 처리하는 상임위원회와 특정한 안건을 일시적으로 심사 · 처리하기 위한 특별위원회 두 가지가 있다(지방자치법 제56조 제2항). 즉 지방의회의 위원회는 활발하고 정확한 소규모의 토론과 심의를 통해 행정의 전문화에 대응하여

의회의 전문성을 제고시키고, 본회의 부담을 경감시킬 수 있다.

요컨대 위원회는 오늘날의 의안이 전문성과 기술성을 요구하고 있기 때문에 해당 분야의 전문적 지식을 가진 의원을 중심으로 심의해야 하고, 본회의의 어려움을 덜어주어 의회운영의 효율성 향상이라는 측면에서 꼭 필요한 기구이다.

① 위원회의 종류

지방의회의 위원회는 지방자치법 제56조 제2항에 "위원회의 종류는 소관 의안과 청원 등을 심사 · 처리하는 상임위원회와 특정한 안건을 일시적으로 심사 · 처리하기 위한 특별위원회 두 가지로 한다"라고 규정하고 있다. 즉 상임위원회와 특별위원회가 있다.

먼저 상임위원회는 시 · 도의회와 의원 정수 13인 이상인 시 · 군 · 자치구 의회에만 두도록 되어 있으며, 어떤 상임위원회를 몇 개 둘 것인가 또는 상임위원은 몇 명으로 할 것인가는 당해 지방자치단체의 조례로 정하도록 하고 있다. 또한 상임위원회는 지방의회의 의결사항을 사전에 분장, 심사하며, 청원, 진정, 기타 관계되는 사항을 심사 및 처리한다.

다음으로 특별위원회는 시 · 도의 광역자치단체나 시 · 군 · 자치구의 기초자치단체나 그 의회는 '특정한 안건을 일시적으로 심사 및 처리하기 위해' 필요한 때에 특별위원회를 설치할 수 있다. 현 지방자치법 제57조는 윤리특별위원회를 규정하여 의원의 윤리심사 및 징계에 관한 사항을 심사하고 있다.

② 위원회의 방청(傍聽)과 개회

지방의회의 위원회는 현 지방자치법 제60조 제1항에 규정한 것처럼 해당 지방의회의원이 아닌 자는 위원장의 허가를 받아 방청할 수 있으며, 제60조 제2항에서 규정하는 것처럼 위원장은 질서를 유지하기 위하여 필요할 때에는 방청인의 퇴장을 명할 수 있다.

또한 지방의회의 위원회는 회기 중 위원장이 필요하다고 인정하거나 재적위원 3분의 1 이상의 요구가 있으면 개회하며, 폐회 중에는 본회의의 의결이 있거나 의장이 필요하다고 인정할 때, 재적위원 3분의 1 이상의 요구나 지방자치단체의 장의 요구가 있을 때에만 개회할 수 있다(지방자치법 제61조).

(3) 지방의회의원

주민의 직접 · 평등 · 보통 · 비밀선거로 선출된 지방의회의원들은 광역의회의원과 기초의회의원으로 구분된다. 또한 직접선거에 의해 선출되는 지역구 의원과 비례대표 의원으로 구분된다. 이러한 지방의회의원은 임기가 4년이고, 3회까지 최고 12년간 재임이 가능한 지방자치단체장과 다르게 연임 제한 규정이 없다.

① 지방의원의 의무

지방의원은 공공의 이익을 우선하여 양심에 따라 그 직무를 성실히 수행하여야 하며, 지방의회의원은 청렴의 의무를 지며, 의원으로서의 품위를 유지하여야 한다. 또한 지방의회의원은 지위를 남용하여 지방자치단체 · 공공단체 또는 기업체와의 계약이나 그 처분에 의하여 재산상의 권리 · 이익 또는 직위를 취득하거나 타인을 위하여 그 취득을 알선하여서는 아니 된다(지방자치법 第36조).

또한 지방의회의 의원은 본회의나 위원회에서 타인을 모욕하거나 타인의 사생활에 대하여 발언하여서는 안 되며, 본회의나 위원회에서 모욕을 당한 의원은 모욕을 한 의원에 대하여 지방의회에 징계를 요구할 수 있다(지방자치법 제83조).

(4) 지방의회의 사무조직

지방의회는 지방의회의 사무를 정리하는 사무조직을 갖고 있다. 그러나 그 사무조직의 설치가 필수사항으로 되어 있는 경우와 임의사항으로 되어 있는 경우, 그리고 그 조직을 의회의 소속하에 두는 경우와 집행기간의 소속하에 두는 경우 등 다양하다.

우리나라의 경우 시 · 도의회에는 사무를 처리하기 위하여 조례로 정하는 바에 따라 사무처를 둘 수 있으며, 사무처에는 사무처장과 직원을 둔다. 또한 시 · 군 및 자치구의회에는 사무를 처리하기 위하여 조례로 정하는 바에 따라 사무국이나 사무과를 둘 수 있으며, 사무국 · 사무과에는 사무국장 또는 사무과장과 직원을 둘 수 있다.

이러한 사무직원의 정원은 지방의회에 두는 사무직원의 정수는 조례로 정하고, 사무직원은 지방의회 의장의 추천에 따라 그 지방자치단체의 장이 임명한다. 다만, 지방자치단체의 장은 사무직원 중 별정직 · 기능직 · 계약직 공무원에 대한 임용권은 지방의회 사무처장 · 사무국장 · 사무과장에게 위임하여야 한다.

3. 지방의회의 권한

1) 지방의회의 권한

지방의회의 권한은 앞에서 설명한 지방의회의 유형에 따라 다양할 뿐만 아니라, 다양한 정치, 문화, 사회, 경제 등 다양한 환경으로 나라별 지방자치단체의 종류와 계층에 따라 다르기도 하고, 심지어는 한 국가 내의 지방자치단체마다 다른 경우도 있다. 그러나 우리나라에서는 지방자치단체가 기관분립형을 채택하고 있고, 지방자치단체의 권한은 지방자치법에 일률적으로 규정하고 있다.

지방의회는 자치단체장의 기관위임사무와 법령에 의하여 자치단체장의 전속사항으로 된 사무를 제외하고는 원칙적으로 해당 지방자치단체의 사무 전반에 걸쳐 관여할 수 있다.

지방의회의 권한은 여러 가지로 나눌 수 있으나, 여기에서는 이를 의결권, 감시권, 청원 수리 및 처리권, 자율권으로 나누어 살펴보기로 한다.

(1) 의결권(議決權)

지방의회는 당해 지방자치단체의 의사결정기관이며, 그 주된 권한으로서 의결권을 갖는다. 의결권이란 표결의 결과에 따라 의사결정을 할 수 있는 권한을 말한다. 의회에 의결권을 부여하는 방법에는 개괄주의와 제한주의가 있다. 개괄주의는 자치단체의 주요 사무에 대하여 원칙적으로 모두 의회의 의결을 거치게 하는 것인 데 비하여 제한주의는 법규에 규정된 특정사항에 한하여 의회에 의결권을 부여하는 방식이다.

우리나라는 지방자치법 제39조 1항에서 지방의회의 의결사항을 규정하고 있으면서 동시에 동 2항에서 다시 조례로서 1항의 의결사항 이외의 사항에 대하여 지방의회가 의결할 수 있도록 하고 있다(제한적 열거주의). 지방의회의 의결사항으로 열거된 것을 보면 다음 〈표 6-1〉과 같다.

〈표 6-1〉 지방의회의 필수 의결사항

지방의회의 필수 의결사항
지방의회는 다음 사항을 의결한다. 1. 조례의 제정 · 개정 및 폐지 2. 예산의 심의 · 확정 3. 결산의 승인 4. 법령에 규정된 것을 제외한 사용료 · 수수료 · 분담금 · 지방세 또는 가입금의 부과와 징수 5. 기금의 설치 · 운용 6. 대통령령으로 정하는 중요 재산의 취득 · 처분 7. 대통령령으로 정하는 공공시설의 설치 · 처분 8. 법령과 조례에 규정된 것을 제외한 예산 외의 의무부담이나 권리의 포기 9. 청원의 수리와 처리 10. 외국 지방자치단체와의 교류협력에 관한 사항 11. 그 밖에 법령에 따라 그 권한에 속하는 사항 ※ 또한 지방자치단체는 위의 11가지 사항 외에 조례로 정하는 바에 따라 지방의회에서 의결되어야 할 사항을 따로 정할 수 있다.

① 조례의 제정 및 개폐권

헌법 제117조에 근거하여 지방자치법 제22조는 "지방자치단체는 법령의 범위 안에서 그 사무에 관하여 조례를 제정할 수 있다. 다만 주민의 권리 제한 또는 의무 부과에 관한 사항이나 벌칙을 정할 때에는 법률의 위임이 있어야 한다"라고 되어 있다. 이처럼 의회는 조례제정 및 개폐권을 가지고 있다.

② 예산의 심의 · 확정권

지방자치단체의 장은 매 회계연도마다 예산안을 편성하여 회계연도 개시 50일(시 · 도) 또는 40일(시 · 군 및 자치구) 전까지 지방의회에 제출하여야 한다(지방자치법 제127조 1항). 제출된 예산안을 시 · 도 의회에서는 회계연도 개시 15일 전까지, 시 · 군 및 자치구 의회에서는 회계연도 개시 10일 전까지 이를 의결하여야 한다(지방자치법 제127조 2항). 이 경우 지방의회는 지방자치단체의 장의 동의 없이 지출예산 각 항의 금액을 증액하거나 새로운 비목을 설치할 수 없다(지방자치법 제127조 3항). 따라서 의회는 예산안을 부결하거나 수정할 수는 있어도 예산 증액 수정에 대해서는 단체장의 예산제출권을 침해할 수 없다.

③ 결산승인권

지방자치단체의 장은 출납 폐쇄 후 80일 이내에 결산서 및 증빙 서류를 작성하고 지방의회가 선임한 검사위원의 검사의견서를 첨부하여 다음 연도 지방의회의 승인을 얻어야 한다(지방자치법 제134조 1항).

지방자치단체의 장은 결산 승인을 얻은 때에는 시 · 도의 경우 행정안전부장관에게, 시 · 군 및 자치구의 경우 시장 · 도지사에게 각각 보고하고 그 내용을 고시하여야 한다(지방자치법 제134조 2항).

이러한 결산승인권은 단체장이 예산의 범위 안에서 재정 활동을 하였는지의 여부를 확인하고 앞으로 예산의 편성과 심의, 그리고 효율적인 운영을 위한 자료로 활용하고자 함에 목적이 있다. 즉 결산이 승인됨으로써 단체장의 예산 집행에 관한 책임이 해제된다.

(2) 감시권

감시권은 주민의 대표기관의 지위에서 집행기관의 독주를 막고 자치행정의 적정한 운영을 도모하는 의미가 있다. 지방자치법에서는 의회의 감시권으로 다음과 같은 권한을 보장하고 있다.

① 행정사무감사 및 조사권

감사권이나 조사권 모두 감시권의 일환이나 약간의 개념 차이가 있다.

첫째, 감사는 자치단체가 관장하는 사무 전반을 대상으로 하나, 조사는 자치단체의 사무 중에 특정 사안만을 대상으로 한다.

둘째, 감사는 매년 정기회의 내에 행하되 그 기간이 정해져 있으나, 조사는 필요에 따라 수시로 실시하며 그 실시 기간에 있어서도 특별한 제한이 없다.

셋째, 감사는 그 실시를 위하여 의원의 발의를 요구하지 않으나, 조사의 경우는 재적 의원 3분의 1 이상의 연서로 그 이유를 명시한 서면으로써 발의하여야 한다.

따라서 감사는 매년 정기회기의 예산 심의에 앞서 실시하는 지방의회의 포괄적 · 독립적 기능이나, 조사는 제한적 감시 기능으로 여론의 표적이 되는 사무나 각별히 관심을 가져야 할 사무에 대한 보조적 기능을 수행한다.

〈표 6-2〉 행정사무감사와 조사권의 비교

구분	행정사무감사	조사권
대상	지방자치단체가 관장하는 사무 전반	지방자치단체의 사무 중 특정 사안
실시기간	매년 정기회의 내	필요에 따라 수시
발의 요구	의원의 발의 요구 불필요	재적 의원 3분의 1 이상의 연서

② 서류제출요구권

지방의회의 본회의 또는 위원회는 그 의결로 안건의 심의와 직접 관련된 서류의 제출을 당해 지방자치단체의 장에게 요구할 수 있으며, 서류 제출을 요구받은 지방자치단체의 장은 법령이나 조례로 특별히 규정한 것을 제외하고는 이에 응하여야 한다.

③ 행정사무 처리 상황의 보고 및 질의응답

지방자치단체의 장 또는 관계 공무원은 지방의회나 그 위원회에 출석하여 행정사무의 처리 상황을 보고하거나 의견을 진술하고 질문에 응답할 수 있다. 그리고 지방자치단체의 장 또는 관계 공무원은 지방의회나 그 위원회의 요구가 있는 때에는 출석 · 답변하여야 한다.

(3) 자율권

지방의회는 그 조직의 운영에서 자율권을 가짐에 따라 이에 대한 국가나 단체장의 관여가 배제된다. 이는 의회주의 사상과 권력 분립 원칙에 기초한 권한이라 할 수 있다. 이와 관련하여 지방자치법 제43조에서는 "지방의회는 내부운영에 관하여 이 법에 정한 것을 제외하고 필요한 사항을 규칙으로 정할 수 있다"라고 규정하고 있다.

(4) 청원 수리 및 처리권

헌법 제26조는 "모든 국민은 법률이 정하는 바에 의하여 국가기관에 문서로 청원할 권리를 가지며 국가는 청원에 대하여 심사할 의무를 가진다"라고 규정하고 있다. 청원이란 자치단체의 장이나 지방의회를 포함한 국가기관에 대하여 의견 또는 희망을 개진할 수 있는 국민의 권리이다. 청원의 대상은 공권력의 사용에 의하여 받은 피해의 구제, 공무원의 비위 또는 징계요구, 법령개폐, 공공시설 운영 및 기타 지방자치단체의 권한에 속하는 사항이면 무엇이든지 가능하다(청원법 제4조).

4. 지방의회의 운영

1) 회기제의 운영

지방의회의 활동 기간은 총선거에 의하여 선출된 의원의 임기가 개시되는 때로부터 개시되어 이들 의원의 임기가 만료되거나 의회가 해산됨으로써 종료된다. 여기서 의회가 실질적인 활동 능력을 갖게 되는 기간을 회기라고 하는데 이것은 다시 정례회와 임시회로 구분되며, 지방의회의 개회, 휴회, 폐회와 회기는 지방의회가 의결로 정한다.

2) 지방의회의 회의 원칙

(1) 회기계속의 원칙

지방자치법 제67조에는 "지방의회에 제출된 의안은 회기 중에 의결되지 못한 것 때문에 폐기되지 아니한다. 다만, 지방의회의원의 임기가 끝나는 경우에는 그러하지 아니하다"라고 규정하여 회기가 끝나더라도 주민들의 복리를 위해 제출된 의안은 폐기되지 않는다.

(2) 일사부재의(一事不再議) 원칙

지방자치법 제68조에는 "지방의회에서 부결된 의안은 같은 회기 중에 다시 발의하거나 제출할 수 없다"라고 규정하여 한번 부결된 의안들이 다시 발의나 제출을 통해 혼잡과 혼란을 야기하는 것을 방지하고 있다.

(3) 회의공개의 원칙

지방자치법 제65조에는 "지방의회의 회의는 공개한다. 다만, 의원 3명 이상이 발의하고 출석의원 3분의 2 이상이 찬성한 경우 또는 의장이 사회의 안녕질서 유지를 위하여 필요하다고 인정하는 경우에는 공개하지 아니할 수 있다"고 규정하여 주민들의 알 권리를 보장해 주며, 무엇보다 지방의회의 회의 내용에 주민들의 의사가 반영되었는지를 알 수 있게 한다.

제2절 지방자치단체장과 집행기관

1. 지방자치단체 집행기관의 의의

지방자치단체의 집행기관이란 의결기관의 의사에 따라 지방자치단체의 목적을 적극적이고 구체적으로 실현하는 기관을 말한다. 지방자치단체의 집행기관은 중앙정부의 그것과 마찬가지로 거대한 계층제적 관료조직을 형성하고, 여러 가지의 다양한 조직들이 일련의 원칙에 따라 질서 있게 배열되어 있는 것이 보통이다.

집행기관의 유형은 자치기관의 구성방식에 따라 다르다. 기관분립형 국가의 경우는 집행기관이 별도로 존재하여 집행기관의 장이 자치단체의 대표자로서 실질적 행정책임자의 지위를 가지는 데 반해, 기관통합형의 국가에서는 의결기관과 대립되는 별도의 집행기관이 존재하지 아니하고 의회 또는 그 위원회가 집행권을 지니고 있다.

우리나라는 기관분립형 자치기관 유형을 채택하고 있다. 즉 특별시장, 광역시장, 도지사, 특별자치도지사, 시장, 군수, 구청장을 두도록 하고 이들이 각각 지방자치단체를 대표하면서 동시에 보조기관, 하급행정기관 또는 소속행정기관의 집행사무를 모두 실질적으로 통합적으로 관할하도록 하고 있다. 다만 학예, 교육, 체육에 관한 사무의 집행을 위하여 시·도에 교육감, 시·군·구에 교육장을 따로 두고 있어 지방자치단체의 집행기관이 사실상 이원화되고 있는 셈이다.

이러한 집행기관으로서의 지방자치단체장은 주민이 보통·평등·직접·비밀선거에 따라 선출하며(지방자치법 제94조), 지방자치단체장의 임기는 4년으로 하며, 지방자치단체장의 계속 재임(在任)은 3기에 한한다(지방자치법 제95조).

2. 지방자치단체의 장

1) 지방자치단체장의 지위

(1) 대표로서의 지위

현 지방자치법 제101조에는 "지방자치단체의 장은 지방자치단체를 대표하고, 그 사무를 총괄한다"라고 규정하여 지방자치단체장을 지방자치단체의 대표라고 명하고 있다. 이처럼 지방자치단체장은 지방자치단체를 대표하여 조례를 공포하고 외부기관 내지는 기구와 계약을 하며, 의식을 행한다. 이는 실제 행사하는 권한이 어떠한 것이냐에 관계없이 지방자치단체의 대표라는 지위 그 자체가 대내외 관계에 있어 설득력을 더해 주는 권력기반의 일부분이 될 수 있다. 또한 지방자치단체장은 지방자치단체를 대표하여 대외적으로 공법상 행위를 하거나 사법상의 행위를 행하며 소송상의 행위에 있어서 지방자치단체를 대표한다.

(2) 집행기관장으로서의 지위

현 지방자치법 제101조에서 "지방자치단체의 사무를 총괄한다"라고 규정한 것처럼 실질적으로 지방자치단체 집행기관의 장으로서 사무를 총괄할 것을 명하고 있다. 이처럼 지방자치단체장은 대내외적으로 지방자치단체를 대표하는 지위를 지님과 동시에 내부기관인 집행기관의 장으로서의 지위를 지닌다. 집행기관의 장으로서 집행기관과 기관분립의 위치에 놓여 있는 지방의회와의 적절한 관계를 유지하며 자치단체의 사무를 통할 · 관리 · 집행하게 된다.

(3) 국가 일선기관으로서의 지위

지역의 주민이 자치정부를 수립하여 스스로 할 수 있는 일을 하는 주민자치의 형식을 취하는 미국과 달리 우리의 지방자치는 국가가 일선 지방행정기관에 지방자치단체로서의 격을 부여하여 일정의 사무를 자치적으로 처리하게 하는 단체자치의 성격이 강하다. 중앙정부는 빈번하게 지방자치단체에 그 사무를 위임하여 처리하는데 이러한 기관위임사무에 관한 한 자치단체장은 지방자치단체의 대표라기보다는 중앙정부의 일선 지방행정기관의 장의 지위를 지니게 된다. 우리나라 지방자치법 제102조에도 "시 · 도와 시 · 군 및 자치구에서 시행하는 국가사무는 법령에 다른 규정이 없으면 시 · 도지사와 시장 · 군수 및 자치구의 구청장에게 위임하여 행한다"라고 규정하여 국가사무의 위임을 인정하고, 실제로 지방자치단체는 도로 · 하천의 유지와 관리, 경찰 · 호적에 관한 사무 등은 국가의 일선기관으로서 역할을 수행하고 있다.

2) 지방자치단체장의 권한

우리나라의 지방자치단체장의 권한은 앞서 설명한 바와 같이 기관구성에 있어 기관분립형에서도 강시장－의회형의 특징을 가지고 있다. 즉 지방자치단체장과 지방의회가 별도의 선거에 의해 주민으로부터 직접 선출되며, 단체장이 지방의회에 비하여 상대적으로 강한 권한을 행사하는 형태이다. 단체장이 행사할 수 있는 권한으로는 다음과 같다.

(1) 의회운영에 관한 권한

① 임시회의 소집요구

현 지방자치법 제45조 제2항[1]에 따르면 지방자치단체장은 지방의회의 의장에게 임시회의 소집을 요구할 수 있다.

② 의회의결에의 관여

지방자치단체장은 지방의회의 의결과 관련하여 여러 가지의 권한을 행사할 수 있다.

먼저 지방자치단체장은 지방자치법 제66조 제1항[2]에서처럼 지방의회에서 의결할 의안을 발의하는 발의권이 있다. 실제로 조례안의 경우 실질적인 발의는 대부분 지방의원이 아닌 단체장에 의해서 이루어지고 있다.

아울러 지방자치단체장은 특정한 경우에 해당하는 지방의회의 의결에 대해서 재의를 요구하는 재의요구권이 있다.[3] 또한 단체장은 재의결된 사안이 여전히 '법령에 위반된다고 인정하면' 대법원에 소(訴)를 제기할 수 있다.

③ 선결처분권

지방자치법 제109조 1항에서는 "지방자치단체의 장은 지방의회가 성립되지 아니한 때(의원이 구속되는 등의 사유로 제64조에 따른 의결 정족수에 미달하게 될 때를 말한다)와 지방의회의 의결사항 중 주민의 생명과 재산보호를 위하여 긴급하게 필요한 사항으로서

1) 지방자치법 제45조 제2항: 지방의회의장은 지방자치단체의 장이나 재적 의원 3분의 1 이상의 의원이 요구하면 15일 이내에 임시회를 소집하여야 한다. 다만, 의장과 부의장이 사고로 임시회를 소집할 수 없으면 의원 중 연장자의 순으로 소집할 수 있다.

2) 지방자치법 제66조 1항: 지방의회에서 의결할 의안은 지방자치단체의 장이나 재적 의원 5분의 1 이상 또는 의원 10명 이상의 연서로 발의한다.

3) 지방자치법 제107조 1항: 지방자치단체의 장은 지방의회의 의결이 월권이거나 법령에 위반되거나 공익을 현저히 해친다고 인정되면 그 의결사항을 이송받은 날부터 20일 이내에 이유를 붙여 재의를 요구할 수 있다.

지방의회를 소집할 시간적 여유가 없거나 지방의회에서 의결이 지체되어 의결되지 아니할 때에는 선결처분(先決處分)을 할 수 있다"라고 규정하고 있다.

(2) 행정권

① 규칙제정권

단체장은 행정의 원활한 수행을 위하여 법령이나 조례가 위임한 범위 내에서 그 권한에 속하는 사무에 관하여 규칙을 정할 수 있다(지방자치법 제23조). 이는 규칙이 조례의 범위를 넘을 수가 없으며 법령의 범위 안에서도 위임이 없이는 제정할 수 없도록 하는 것이다.

② 관리 · 집행권

단체장은 자치사무 및 단체위임사무 그리고 기관위임사무를 관리하고 집행할 권한과 책임을 부여받고 있다(지방자치법 제103조). 여기서 자치사무란 자치단체의 책임과 부담하에 당해 지역 주민의 공공복리를 위하여 처리하는 사무를 말하고, 단체위임사무란 법령의 개별규정에 의하여 지방자치단체 자체에 위임되었거나 소속된 사무를 말한다. 국가사무이지만 일단 지방자치단체에 위임됨으로써 의회 의결권의 대상이 되는 등 자치사무와 똑같이 취급된다. 이에 반해 기관위임사무는 지방자치단체의 기관장에게 위임되는 사무로서 지방의회의 통제를 받지 않는 국가적 사무이다.

③ 임면권 및 지휘 · 감독권

지방자치법 제105조에서는 "지방자치단체의 장은 소속 직원을 지휘 · 감독하고 법령과 조례 · 규칙으로 정하는 바에 따라 그 임면 · 교육훈련 · 복무 · 징계 등에 관한 사항을 처리한다."라고 규정하고 있다.

3) 집행기관의 권한의 한계

지방자치단체의 집행기관은 법령상 그 권한이 인정되는 범위 내에서만 지방자치단체의 의사를 결정 표시할 수 있다. 여기서 권한이라는 것은 집행기관의 행위가 법률상 이들 기관의 행위로 효력을 발생하는 범위를 가리킨다. 즉 집행기관이 법령상 행할 수 있는 행위의 범위를 집행기관의 권한이라 할 수 있다.

따라서 집행기관의 권한에는 일정한 한계가 있고 그것을 초월하여 행하는 행위는 원칙적으로 무효이다. 유형별로 나누면 다음 〈표 6-3〉과 같다.

〈표 6-3〉 집행기관의 한계

유형	특징
사항적 한계	각 소관 사무와 권한을 달리하며 다른 집행기관의 권한에 속하는 사항을 처리할 수 없다.
지역적 한계	지방자치단체의 구역 내에서만 권한이 미친다.
대인적 한계	집행기관의 권한이 미치는 인적 범위에 한계가 있다.
형식적 한계	집행기관의 권한 행사에 형식의 한계가 있다.

4) 지방자치단체장의 역할

앞에서 살펴본 지방자치단체장의 지위와 권한을 바탕으로 지방자치단체장이 수행하게 되는 기능과 역할은 다음과 같다(최봉기, 2006: 319~321).

① 정책문제의 발견 및 제안자로서의 역할

지방자치단체장은 지역사회에 주어진 문제를 단순히 해결하는 차원을 넘어 지역사회의 발전과 주민의 복리증진을 위해 새로운 정책문제를 발견하고 이를 성공적으로 추진하는 역할이 요구된다. 우리 사회에는 중앙정부와 지방정부 모두에 의해 간과되고 있는 문제들이 무수히 많을 수 있다. 이처럼 중앙정부와 지방정부에 의해 간과되고 있는 문제를 찾아내어 그 해결을 위한 정책을 성공적으로 추진하는 것이 지방자치단체장의 중요한 역할이다.

② 지역발전정책의 설득자로서의 역할

지방자치단체장은 자신이 제안한 문제 중 지방자치단체장의 독자적 권한으로 처리할 수 있는 것은 독자적으로 정책을 결정 및 집행하면 된다. 그러나 조례와 법률의 제정, 그리고 재정투자 등 지방의회와 중앙정부 또는 민간부분의 관여가 필요한 경우는 이들을 설득해야 한다. 그렇기 때문에 지방자치단체장은 중앙정부와 민간부분 등을 설득하기 위해서 자신이 가지고 있는 모든 자원과 정치적 영향력을 동원한다.

③ 지방의회에 대한 견제자로서의 역할

지방자치단체장은 지방의회에 대한 견제자로서의 역할을 한다. 즉 기관분리형 제도의 지방의회는 지방자치단체의 직접적인 집행기관이 아니기 때문에 지방자치단체의 행정 및 재정상태 등 실질적인 집행능력을 제대로 감안하지 않은 상태에서 의결을 할 수도 있다. 따라서 자치단체장은 지방의회에 적절한 견제를 함으로써 주민들의 복리향상을 위한 정책의 결정이 이루어지도록 도움을 준다.

④ 관리 및 집행자로서의 역할

지방자치단체장은 주어진 소관 사무를 효율적으로 관리 및 집행하는 역할을 한다. 이러한 역할의 수행을 위해 사무에 대한 관리 및 집행권과 보조기관 및 행정기관 등과 그 직원에 대한 지휘 및 감독권이 부여되고 있다. 이처럼 지방자치단체장은 지방자치단체장의 가장 중요한 역할 중 하나인 관리 및 집행을 주민의 복리증진에 맞게 수행해야 한다.

⑤ 이해관계 조정자로서의 역할

지방자치단체장은 지역사회 내에서 일어나는 각종의 분쟁과 이해관계를 조정하는 조정자로서의 역할을 수행해야 한다. 즉 지역사회에서 일어나는 각종의 분쟁이 지방자치단체의 부담으로 전가된다는 점에서 어쩔 수 없이 맡게 되는 역할이다. 그러므로 지방자치단체장은 지역사회 내에서 일어나는 각종의 분쟁과 이해관계를 사전에 조정 및 해결함으로써 주민의 복리증진에 이바지해야 한다.

3. 지방자치단체장과 기타 기관

1) 보조기관

지방자치단체장의 보조기관은 장의 권한 행사에 대하여 이를 보조하는 것을 임무로 하는 기관이다. 즉 보조기관은 원칙적으로 장의 사무 처리를 내부적으로 보조하는 것이며 지방자치단체의 의사를 결정하고 외부에 표시하는 권한을 갖는 것은 아니다. 지방자치단체장의 보조기관은 우리나라의 경우 특별시와 광역시에 부시장, 도와 특별자치도에 부지사, 시에 부시장, 군에 부군수, 자치구에 부구청장을 두고 있다(지방자치법 제110조 제1항).

2) 소속행정기관

소속행정기관은 지방자치단체에 소속되는 기관으로 직속기관, 사업소, 출장소, 합의제 행정기관 등이 있다.

① 직속기관

지방자치법 제113조에는 "지방자치단체는 그 소관 사무의 범위 안에서 필요하면 대통령령이나 대통령령으로 정하는 바에 따라 지방자치단체의 조례로 자치경찰기관(제주특별자치도에 한한다), 소방기관, 교육훈련기관, 보건진료기관, 시험연구기관 및 중소기업지도기관 등을 직속기관으로 설치할 수 있다"라고 규정하여 지방자치단체가 소관하는 사무의 성격이 별도의 전문기관에서 수행하는 것이 효율적일 경우 직속기관을 운영하고 있다.

② 사업소

지방자치법 제114조에는 "지방자치단체는 특정 업무를 효율적으로 수행하기 위하여 필요하면 대통령령으로 정하는 바에 따라 그 지방자치단체의 조례로 사업소를 설치할 수 있다"라고 규정하여 지방자치단체장의 권한에 속하는 사무 중 특정의 사무를 효율적으로 수행하기 위해 사업소를 설치한다.

③ 출장소

지방자치법 제115조에는 "지방자치단체는 원격지 주민의 편의와 특정지역의 개발 촉진을 위하여 필요하면 대통령령으로 정하는 바에 따라 그 지방자치단체의 조례로 출장소를 설치할 수 있다"라고 규정하여 원격지 주민의 편의와 특정에 맞게 출장소를 설치하여 주민의 복리증진에 이바지하고 있다.

④ 합의제 행정기관

지방자치법 제116조 제1항에는 "지방자치단체는 그 소관 사무의 일부를 독립하여 수행할 필요가 있으면 법령이나 그 지방자치단체의 조례로 정하는 바에 따라 합의제행정기관을 설치할 수 있다"라고 규정하여 지방자치단체장 이외에 특히 행정집행에 대하여 공정성이 요구되고 정치적 중립성의 요청이 강한 사무에 관해서는 복수의 구성원으로 구성되는 합의제 기관을 두고 있다.

⑤ 자문기관

지방자치단체는 그 소관 사무의 범위에서 법령이나 그 지방자치단체의 조례로 정하는 바에 따라 심의회 · 위원회 등의 자문기관을 설치 · 운영할 수 있다(지방자치법 제116조의 2 제1항).

3) 하부행정기관

하부행정기관은 자치구가 아닌 구에 구청장, 읍에 읍장, 면에 면장, 동에 동장을 둘 수 있다. 즉 하부행정기관은 자치구가 아닌 구의 구청, 읍, 면, 동과 같은 것을 말한다. 이러한 하부행정기관의 경우 자치구가 아닌 구의 구청장은 시장의, 읍장 · 면장은 시장이나 군수의, 동장은 시장(구가 없는 시의 시장을 말한다)이나 구청장(자치구의 구청장을 포함한다)의 지휘 · 감독을 받아 소관 국가사무와 지방자치단체의 사무를 맡아 처리하고 소속 직원을 지휘 · 감독한다.

4) 자치단체 외곽기관

지역의 정비나 주민의 복지와 관련이 있는 공공성이 강한 사업일 경우 지방자치단체로부터 독립한 법인체를 조직하여 그 이름으로 사업을 경영하게 할 수 있는데 지방공사, 지방공단, 제3섹터 지방공기업 등을 예로 들 수 있다. 이러한 조직의 특징으로는 다음과 같은 것들이 있다.

첫째, 기업으로서의 능률성 · 기동성 · 탄력성을 최대한 발휘하는 경영이 가능하다.

둘째, 지방채의 자금에 의하지 않고 기동적으로 민간자금을 도입하여 사업의 촉진을 도모할 수 있다.

셋째, 지방자치단체와는 별개이면서도 일체적 경영이 이루어지며 사회적으로 동등한 신용을 확보할 수 있다.

그러나 그 경영이 방만하게 흐르는 것을 방지하는 방법이 적절하게 강구되지 않으면 종종 주민으로부터의 감시가 멀어지게 되며, 주민에게 예측하지 못한 손해를 입힐 수 있다.

제3절 지방의회와 지방자치단체장의 관계

1. 지방의회와 집행기관 관여

1) 지방의회의 집행기관에 대한 관여

지방의회는 다음과 같은 몇 가지 측면에서 집행기관이 수행하는 업무에 관하여 영향력을 행사한다.

첫째, 지방의회는 집행기관의 주요 지역정책의 수립에 영향을 미친다. 지방의회의 조례제정권과 예산의결권은 집행기관이 지역정책의 기본방향을 정립하고, 사업계획의 성격과 내용을 결정하는 데 영향을 줄 수 있다.

둘째, 지방의회는 집행기관의 공공시설과 재산관리에 관여한다. 즉, 지방의회는 공공시설 및 재산, 주민의 의무부담 등에 관한 의결권을 행사함으로써 공공시설의 재산과 관리에 영향을 미친다.

셋째, 지방의회는 행정과 사무처리 과정에 대하여 관여한다. 지방의회는 의안의 심사를 위하여 자료의 제출을 요구하며 행정사무 처리 상황에 대하여 질문을 한다.

넷째, 지방의회는 사무처리 결과에 대하여 통제한다. 지방의회는 결산을 승인하며, 결산을 위한 회계검사원을 선정하고, 사무감사 및 조사권을 통하여 행정을 통제한다.

2) 집행기관의 지방의회에 대한 관여

지방자치단체의 장은 지방의회에 대하여 다음과 같이 관여한다.

첫째, 의회의 회의소집과 진행에 관여한다. 지방자치단체장은 지방의회 임시회를 소집하고(지방자치법 제45조), 지방의회의 부의안건을 공고한다(지방자치법 제46조).

둘째, 지방의회의 정책형성을 촉진한다. 단체장은 지방의회의 의안을 발의하며, 예산안을 편성 · 제출한다.

셋째, 지방의회 의결사항의 효력을 발생시키는 역할을 한다. 단체장은 지방의회의 의결을 거친 조례를 공포한다.

2. 지방의회와 집행기관의 갈등 및 대립(문제점)

의결기관과 집행기관의 갈등과 대립을 야기하는 원인 내지 요인으로는 다양한 정치 · 문화 · 사회 · 경제 등의 환경요소가 다르기 때문에 각 나라별로, 심지어 한 국가 내에서도 지역별로 다르게 나타난다. 그러므로 여기서는 우리나라의 일반적인 갈등에 대해 살펴본다.

1) 정치적 입장의 차이와 정당, 정파 등의 이해관계

지방의회와 자치단체장이 소속하는 정당이 다를 때 양 기관 간에 갈등이 야기된다는 점이다. 현재의 제도 역시 의회와 단체장 후보 모두가 정당공천제로 되어 있어 갈등이 야기되었거나 야기될 가능성을 안고 있다. 특히 지방의회의 다수당과 자치단체장의 출신정당이 서로 다를 경우, 그 갈등과 대립의 양상은 자못 심각해질 수 있다.

2) 법령의 미정비와 부재

과거 경험에 의하면 의결기관과 집행기관과의 갈등을 겪은 주된 원인이 법령으로 법령정비가 부진하다거나 관계법령이 없다는 점이었다. 지방의회에 조례제정권이 주어져 있으나 지방사회의 실정에 맞게 조례를 제정하거나 개 · 폐하려면 거의 대부분이 상위법에 저촉되고, 새로운 조례를 제정하려 할 경우, 상위법이 없다는 이유로 지방의회의 결정이 '월권'한 것으로 간주되기 때문이다.

3) 지방의원과 자치단체장 및 지방공무원의 자질, 역할인지 부족

양 기관 간에 갈등이 야기되는 제반 원인 중에서 지방의원들과 자치단체장 및 지방공무원들이 서로 사소한 감정을 억제하지 못하는 데서 야기되는 갈등이 많다는 점이다. 즉, 많은 지방의원들은 자신들에 대한 공무원들의 예우문제나 지방의회에 대한 공무원들의 태도 등에 대해 쉽게 흥분하거나 불만을 갖는 것으로 나타나고 있다.

그리고 지방의원이나 지방공무원들은 서로 과거경험 및 경력 등을 상기시킨다거나, 사소한 개인적 감정이나 불만을 공적 감정으로 전가시키거나 침소봉대시킴으로써 불필요한 갈등이 야기된다. 뿐만 아니라 민선단체장과 지방의원들이 이권개입 및 부정사건에 개입되는 경우에도, 이들 간에 갈등이 야기된다. 따라서 이들이 지역사회 주민의 대표들로서 스스로 공인으로서의 지위를 인식하지 못하거나 요구되는 자질을 구비하지 못하며, 스스로의 역할을 인지하지도 못함으로써 갈등이 더욱 심화되는 것이다.

3. 지방의회와 집행기관의 갈등 해소

1) 지방자치제도에 대한 재인식

지방정부는 "지방자치제도의 궁극적인 이념이 무엇이며, 우리나라가 무엇을 위해 지방자치제도를 실시하게 되었는가?"에 관한 기본적인 인식을 새롭게 할 필요가 있다. 즉 지방자치단체의 기관을 의결기관과 집행기관으로 분리시키고 양 기관이 상호 견제와 균형토록 한 현 제도의 근본이념에 대한 인식도 새롭게 해야 할 필요가 있다. 특히 기관분리형은 언제나 어느 정도의 갈등과 마찰을 전제로 하고 있는 제도라고 보아야 하며, 이 때 적절한 갈등과 마찰은 서로에게 발전을 가져온다. 그렇기 때문에 갈등과 마찰을 맹목적으로 부정하는 현재의 일반적 시각에 대해서도 그 인식을 개선시켜야 할 것이다.

2) 사무종류의 구분과 확실한 권한위임

지방자치단체의 사무는 고유사무와 위임사무로 나뉘고, 위임사무는 다시 단체위임사무와 기관위임사무로 구분된다. 그리고 기관위임사무에 대해서는 지방의회의 간섭을 배제해 놓고 있다. 그러나 현실적으로는 무엇이 기관위임사무이며 무엇이 단체위임사무인지 그 구분이 분명하지 않다. 뿐만 아니라 기관위임사무라고 하더라도 지방주민들의 이해관계 및 지역발전과 직결되어 있어 지방의회로서는 불가피하게 개입하지 않을 수 없는 일들이 늘어나고 있다. 그러므로 권한위임은 확실하게 구분하여 지방의회와 지방자치단체장(집행기관) 사이의 갈등을 해소하여야 한다.

3) 의결기관과 집행기관의 역량 강화

지방의원은 지방의회의 권한과 의원의 역할에 관해서는 물론 집행기관의 재정사항, 관리 역량들에 관해서도 풍부한 전문지식과 정보를 가지고 있어야 한다. 즉 자치단체장도 지역 사회의 지도자로서 종합행정기관의 수장으로서 '유능한 리더십', '적절한 정책수립', '능률적 행정관리' 등을 발휘·수행할 수 있는 정치행정에 관한 전문지식을 가지고 있어야 한다.

아울러 의결기관과 집행기관은 양자 간의 대립과 마찰을 최소화하고 상호협력과 보완을 통해, 궁극적으로 지방공공단체를 구성하는 일정지역의 주민이 스스로 또는 대표자를 통해 지역 내의 사무를 처리하여 궁극적으로 주민의 복리를 실현하는 지방자치를 구현해야 한다.

연 습 문 제

1. 지방의회의 회의에는 3가지 원칙이 아닌 것은?

① 회기계속의 원칙 ② 회의공개의 원칙

③ 일사부재의 원칙 ④ 질의응답의 원칙

〈정답〉 ④ 질의응답의 원칙

〈해설〉 지방의회의 회의에는 3가지 원칙은 ① 회기계속의 원칙 ② 회의공개의 원칙 ③ 일사부재의 원칙이다.

2. 지방자치단체장의 지위가 아닌 것은?

① 대표로서의 지위 ② 관리자로서의 지위

③ 집행기관으로서의 지위 ④ 국가 일선기관으로서의 지위

〈정답〉 ② 관리자로서의 지위

〈해설〉 지방자치단체장의 지위는 ① 대표로서의 지위 ②집행기관으로서의 지위 ③ 국가 일선기관으로서의 지위가 있다.

3. 우리나라 지방선거의 선거권과 피선거권의 나이는?

① 19세, 30세 ② 20세, 25세

③ 19세, 25세 ④ 18세, 30세

〈정답〉 ③ 19세, 25세

〈해설〉 선거권은 선거일 현재 19세, 피선거권은 25세 이상의 국민으로 한다.

4. 우리나라 지방자치단체장의 권한으로 볼 수 없는 것은?(2008 국가7급)

① 지방의회의 의결이 월권이거나 법령에 위반되는 경우 재의요구권

② 총선거 후 최초로 집결되는 지방의회 임시회 소집권

③ 지방의회의 의결사항 중 주민의 생명과 재산보호를 위하여 긴급하게 필요한 사항으로서 지방의회를 소집할 시간적 여유가 없거나 지방의회에서 의결이 지체되어 의결되지 아니할 때의 선결처분권

④ 지방채 발행권

〈정답〉 ② 총선거 후 최초로 집결되는 지방의회 임시회 소집권

〈해설〉 총선 후 최초로 소집되는 임시회는 지방의회의 사무처장, 사무국장, 사무과장이 지방의회의원 임기개시일로부터 25일 이내에 소집하도록 되어 있다.(2006.12 지방자치법 개정)

핵심정리

지방의회(council of local government)의 개념 – 지방자치단체의 의결기관으로서 주민에 의해 선출된 지방의원을 구성원으로 하는 합의제 의결기관이다.

지방의회의 지위 – 지방의회는 조례의 제정 · 개정 및 폐지, 예산의 심의 · 확정, 기금의 설치 · 운용, 지방의 공공사무 및 정책의심의 · 의결 등을 수행함으로써 주민의 복리를 증진시키고자 한다. ① 주민의 대표기관 ② 지방자치의 의결기관 ③ 지방자치의 입법기관 ④ 지방자치의 감시기관의 지위를 가진다.

지방의회(地方議會)의 조직 – 지방의회는 일반적으로 주민들이 선출한 지방의회의원으로 구성된 주민의 대표기관이다. 지방의회는 단원제를 할 수도 있고, 양원제를 할 수도 있지만, 일본을 제외한 대부분의 나라들은 단원제를 택하고 있다. 우리나라 또한 단원제를 채택하고 있다.

지방의회의 권한 – 지방의회는 자치단체장의 기관위임사무와 법령에 의하여 자치단체장의 전속사항으로 된 사무를 제외하고는 원칙적으로 해당 지방자치단체의 사무 전반에 걸쳐 관여할 수 있다. 의결권, 감시권, 청원 수리 및 처리권, 자율권이 있다.

지방의회의 운영– 회기제를 운영하며 지방의회의 활동 기간은 총선거에 의하여 선출된 의원의 임기가 개시되는 때로부터 개시되어 이들 의원의 임기가 만료되거나 의회가 해산됨으로써 종료된다. 지방의회의 회의 원칙으로는 회기계속의 원칙, 일사부재의(一事不再議) 원칙, 회의공개의 원칙이 있다.

지방자치단체의 집행기관 – 의결기관의 의사에 따라 지방자치단체의 목적을 적극적이고 구체적으로 실현하는 기관을 말한다. 집행기관의 유형은 자치기관의 구성방식에 따라 집행기관이 별도로 존재하여 집행기관의 장이 자치단체의 대표자로서 실질적 행정책임자의 지위를 가지는 기관분립형과 의결기관과 대립되는 별도의 집행기관이 존재하지 아니하고 의회 또는 그 위원회가 집행권을 지니는 기관통합형이 있다. 우리나라는 기관분립형 자치기관 유형을 채택하고 특별시장, 광역시장, 도지사, 특별자치도지사, 시장, 군수, 구청장을 둔다.

지방자치단체장의 지위 – 대표로서의 지위, 집행기관장으로서의 지위, 국가 일선기관으로서의 지위가 있다.

지방자치단체장의 권한 – 의회운영에 관한 권한으로 ① 임시회의 소집요구 ② 의회의결에의 관여 ③ 선결처분권이 있으며, 행정권으로 ① 규칙제정권 ② 관리 · 집행권 ③ 임면권 및 지휘 · 감독권이 있다.

지방자치단체장의 역할 – ① 정책문제의 발견 및 제안자로서의 역할 ② 지역발전정책의 설득자로서의 역할 ③ 지방의회에 대한 견제자로서의 역할 ④ 관리 및 집행자로서의 역할 ⑤ 이해관계 조정자로서의 역할

제 7 장

지방선거와 정당참여

♧ 들어가기 : 학습목표 및 목차

학습목표	1. 우리나라 지방선거의 현황을 이해한다. 2. 지방자치와 정당참여의 순기능과 역기능에 대하여 이해한다. 3. 지방선거에서의 정당공천제 문제점과 개선방안에 대하여 이해한다.
학습목차	1. 지방선거의 현재 2. 지방자치와 정당참여 3. 지방선거에서의 정당공천제 문제점과 개선방안

☞ 사전학습

1. 우리나라 광역시와 도의원 지방선거에서 실시되고 있는 다수대표제라고도 하는 선거구제는 무엇인가?
〈정답〉 소선거구제
〈해설〉 현재 우리나라 광역시와 도의원 지방선거에서는 1선거구에서 1인의 대표자를 선출하고 있다.

2. 우리나라 지역자치구, 시, 군 의원 지방선거에서 1선거구에서 2-5인의 대표자를 선출하는 제도는 무엇인가?
〈정답〉 중선거구제
〈해설〉 우리나라 지역자치구, 시, 군 의원 지방선거에서 1선거구에서 2-5인의 대표자를 선출하는 중선거구제를 채택하고 있다.

3. 지방선거에서 정당이 후보자를 추천하여 선거쟁송을 전개하는 것을 무엇이라 하는가?
〈정답〉 정당공천제
〈해설〉 우리나라는 지방선거에서 정당이 후보자를 추천하여 선거인의 지지를 호소하고 선거쟁송을 전개하는 정당공천제가 운용되고 있다.

제1절 지방선거의 의의

1. 지방선거의 정의

1) 지방선거의 개념

오늘날 지방선거는 지방자치를 수행하는 데 있어서 없어서는 안 될 필수 불가결한 제도적 장치이다. 지방자치란 지방공공단체를 구성하는 일정지역의 주민이 스스로 또는 대표자를 통해 지역 내의 사무를 처리하여 궁극적으로 주민의 복리를 실현하는 것이다. 즉 주민들을 대표하여 지방사무를 처리할 주민대표의 선출이 불가피하고, 선거는 바로 이를 위해서 반드시 치러야 할 과정이다. 특히 지방선거는 살아 있는 민주정치의 현장으로서 주민의 정치의식과 정치행태가 현실로 나타나는 민주주의의 시험장이다. 그렇기 때문에 지방선거의 성패가 지방자치의 성패와 직결된다고 볼 수 있다. 그러므로 먼저 지방선거의 이론적 기초를 이해하고, 지방선거의 문제 파악과 극복방안을 찾는 것이 궁극적으로 주민의 복리를 실현하는 즉 지방자치를 구현하는 시작이다.

지방선거는 지방자치법에 따라 주민들이 해당 자치단체의 장(長) 및 지방의회의원을 뽑는 선거를 말한다. 즉 지방자치단체를 구성하는 지방자치단체장과 지방의회의원을 선출하는 지방선거는 지방자치를 수행하는 데 있어서 필수 불가결한 제도이다. 다만 지방선거는 각 나라마다 다른 역사적 환경 아래 지방자치가 생성 및 발전되어 선거방식이나 절차도 약간씩 다르다. 우리나라의 경우 자치의 범위에 따라 선거의 범주가 달라졌기 때문에 1950년대의 지방선거와 1990년대 이후의 지방선거는 서로 차이가 있다.

(1) 선거권과 피선거권

① 선거권

지방선거의 선거권은 지역주민으로서 지방선거를 할 수 있는 권한을 말한다. 우리나라의 경우 선거일 현재 19세 이상의 국민으로서 선거인명부작성기준일 현재 당해 지방자치단체의 관할구역 안에 주민등록이 되어 있는 자 및 「출입국관리법」 제10조(체류자격)의 규정에 따른 영주의 체류자격 취득일 후 3년이 경과한 19세 이상의 외국인으로서 당해 지방자치단체의 외국인등록대장에 등재된 자를 선거권이 있다고 한다.

외국의 경우 국적요건은 대부분의 나라에서 공통적으로 요구하고 있으나, 연령조건은 나라마다 상이하다. 미국, 영국, 프랑스 등에서는 18세 이상으로 하고 있고, 일본과 대만은 20세, 인도, 말레이시아는 21세 이상으로 규정하고 있다.

〈표 7-1〉 선거권이 없는 자

※ 선거권이 없는 자
(선거일 현재 다음 중 하나라도 해당될 경우)
- 금치산선고를 받은 자 - 금고 이상의 형의 선고를 받고 그 집행이 종료되지 아니하거나 그 집행을 받지 아니하기로 확정되지 아니한 자 - 선거범, 「정치자금법」 제45조(정치자금 부정수수죄) 및 제49조(선거비용 관련 위반행위에 관한 벌칙)에 규정된 죄를 범한 자 또는 대통령 · 국회의원 · 지방의회의원 · 지방자치단체의 장으로서 그 재임 중의 직무와 관련하여 「형법」(「특정범죄 가중처벌 등에 관한 법률」 제2조에 의하여 가중 처벌되는 경우를 포함한다) 제129조(수뢰, 사전수뢰) 내지 제132조(알선수뢰), 「특정범죄 가중처벌 등에 관한 법률」 제3조(알선수재)에 규정된 죄를 범한 자로서, 100만 원 이상의 벌금형의 선고를 받고 그 형이 확정된 후 5년 또는 형의 집행유예의 선고를 받고 그 형이 확정된 후 10년을 경과하지 아니하거나 징역형의 선고를 받고 그 집행을 받지 아니하기로 확정된 후 또는 그 형의 집행이 종료되거나 면제된 후 10년을 경과하지 아니한 자(형이 실효된 자도 포함한다) - 법원의 판결 또는 다른 법률에 의하여 선거권이 정지 또는 상실된 자 ☞ 선거범: 「공직선거법」 제16장 벌칙에 규정된 죄와 국민투표법 위반의 죄를 범한 자

② 피선거권

지방선거의 피선거권은 지방선거의 후보자로 등록할 수 있는 자격요건을 말한다. 우리나라의 경우 선거일 현재 계속하여 60일 이상(공무로 외국에 파견되어 선거일 전 60일 후에 귀국한 자는 선거인명부작성기준일부터 계속하여 선거일까지) 당해 지방자치단체의 관할구역 안에 주민등록이 되어 있는 주민으로서 25세 이상의 국민만이 피선거권을 가질 수 있다.

〈표 7-2〉 피선거권이 없는 자

※ 피선거권이 없는 자(선거일 현재 다음 중 하나라도 해당될 경우)
- 선거권이 없는 자 - 금고 이상의 형의 선고를 받고 그 형이 실효되지 아니한 자 - 법원의 판결 또는 다른 법률에 의하여 피선거권이 정지되거나 상실된 자

(2) 지방선거의 역사

앞서 지방자치의 역사에서 우리나라 지방선거를 구체적으로 설명하였으므로 본 장에서 지방선거가 가지는 의미와 구체적인 한국 지방선거의 특징을 살펴보고자 한다. 이에 앞서 우리나라 지방선거의 역사를 간단히 정리하면 다음과 같다(표 7-3).

〈표 7-3〉 한국 지방선거의 역사

-지방선거의 역사-

1 제1회 지방선거: 1952년 4월 25일에 시 · 읍 · 면 의회를, 5월 10일에 도의회의원선거를 각각 실시.
※ 1950년 제헌헌법에서 위임한 법률에 따라 최초의 지방선거를 실시하려 하였으나, 6 · 25전쟁으로 미루어졌고 서울특별시와 경기도 · 강원도의 경우는 완전히 수복되지 않은 관계로 제외되었고, 전라북도 4개 군은 치안 관계로 제외됨.

2 제2회 지방선거: 1956년 8월 8일에 시 · 읍 · 면 의원선거를, 8월 13일에 도의원선거를 각각 실시.

3 제3회 지방선거: 제2공화국 최초의 지방선거로, 제5차 개정 법률에 따라 1960년 12월 12일에 서울특별시와 도의원선거, 12월 19일에 시의원 · 읍의원 · 면의원선거, 12월 26일 시 · 읍 · 면 의장 선거, 12월 29일 서울시장 및 도지사 선거 실시.
※ 그러나 이 3회 지방선거로 탄생한 자치단체와 지방의회는 이듬해 5 · 16군사정변으로 인해 해산됨으로써 한국의 지방자치는 일단 막을 내림.

4 제4회 지방선거: 1988년 시 · 도지사와 시 · 군 · 구를 자치단체로 규정하고, 1991년 3월 26일 기초자치단체인 시 · 군 · 구의회의원선거를, 1991년 6월 20일 시 · 도의회의 의원선거를 실시함으로써 30여 년 만에 지방선거가 부활함.

5 제1회 전국동시지방선거: 1995년 6월 27일 실시.

6 제2회 전국동시지방선거: 1998년 6월 4일 실시.

7 제3회 전국동시지방선거: 2002년 6월 13일 실시.

8 제4회 전국동시지방선거: 2006년 5월 31일 서울과 광역시도의 의회의원과 시, 군, 구 의회의원선거에 비례 대표제 및 시, 군, 구 의원 유급제 그리고 정당추천제 도입.
9 제5회 전국동시지방선거: 2010년 6월 2일 실시. 특징은 교육감, 교육위원 선거도 함께 실시함.

2) 지방선거의 원리

지방선거는 민주주의 국가에 있어서 주민의 의사를 대표할 대표자를 선출하는 것과 동시에 지방자치단체의 구성을 주민의 의사에 따라 한다는 데 의의가 있다. 이러한 지방선거는 다음의 보통선거, 평등선거, 직접선거, 비밀선거 이상의 4가지 원리를 기본원리로 하며, 이를 현 지방자치법에는 제31조[1]와 제94조[2]에 각각 규명하여 4가지 기본원리를 보장하고

1) 제31조(지방의회의원의 선거): 지방의회의원은 주민이 보통 · 평등 · 직접 · 비밀선거에 따라 선출한다.
2) 제94조(지방자치단체의 장의 선거): 지방자치단체의 장은 주민이 보통 · 평등 · 직접 · 비밀선거에 따라

있다.

(1) 보통선거

보통선거란 연령 · 성별 · 신분 · 교육 정도 등에 의해 차별이나 제한 없이 원칙적으로 모든 성인에게 선거권을 인정하는 선거원리를 말한다. 즉 성인이라면 누구에게나 선거권이 주어지는 선거원리로 제한선거에 대칭되는 지방선거의 원리이다.

(2) 평등선거

평등선거란 선거인의 투표 가치를 모두 평등하게 취급하고 누구나 한 표씩 투표하는 선거원리로 차등선거에 대칭되는 원리이다. 차등선거는 일정한 사람에 대하여 선거권을 전적으로 인정하지 않는 것이 아니고 선거권을 인정하면서도 선거인의 투표 가치에 차등을 두는 점에서 제한선거와 다르다. 우리나라에서도 1인 1투표주의를 채택하고 있다(공직선거법 제146조 제2항[3]).

(3) 직접선거

직접선거는 일반선거인이 대표자를 직접 선출하는 선거원리로 간접선거에 대칭되는 선거원리이다(공직선거법 제146조 제1항). 이는 간접선거에서 선거인단이 주민의 의사에 합치되는 대표자를 선출하지 못하는 것을 극복하는 것으로, 직접선거를 통해 주민이 원하는 대표를 선출하는 것이다. 즉 오늘날 정치의식의 향상과 민주정치의 진전에 따라 간접선거는 점차 그 존재 이유를 상실해 가고, 직접선거는 그 중요성이 더욱 부각되고 있다.

(4) 비밀선거

비밀선거는 선거인이 누구에게 투표하였는가를 제3자가 알지 못하게 하는 선거원리로 공개선거 또는 공개투표에 대칭되는 선거원리이다. 우리나라에서는 지방선거에 있어서 비밀투표제를 채택하고 이를 보장하고 있다(공직선거법 제146조 제3항, 제151조, 제167조, 제241조). 또한 비밀선거를 통해 외부의 간섭이나 심리적 압력을 받는 공개투표의 한계를 극복할 수 있다.

선출한다.

3) 공직선거법 제146조 제2항: 투표는 직접 또는 우편으로 하되, 1인 1표로 한다. 다만, 국회의원선거, 시 · 도의원선거 및 자치구 · 시 · 군 의원선거에 있어서는 지역구의원선거 및 비례대표의원선거마다 1인 1표로 한다.

2. 지방선거제도의 유형

지방선거의 결과는 선거제도의 유형에 따라 현저히 달라질 수 있다. 즉 하나의 선거구에서 몇 명의 당선자를 선출하느냐에 따라서는 물론이고, 한 사람의 유권자가 몇 명의 후보자에게 투표할 수 있는가에 따라서도 달라질 수 있다(최봉기, 2006: 618~620).

1) 다수대표제(소선거구제)

다수대표제는 한 선거구에서 다수 득표자만을 당선자로 삼는 선거제도이다. 즉 다수파의 의사를 우선하여 다수파의 대표자가 선거에서 당선되도록 하는 제도인데 그 예로 소선거구단기투표자와 대선거구완전연기투표제가 있다. 이를 구체적으로 설명하면 다음과 같다.

첫째, 소선거구단기투표제란 한 선거구에서 한 명의 후보자를 선출하는 제도로서, 한 명의 유권자는 한 명의 후보자에게만 투표하게 하는 제도이다.

둘째, 대선거구완전연기투표제란 한 선거구에서 2명 이상을 선출하는 대선거구에서 한 명의 유권자가 투표할 수 있는 당해 선거구에서 선출하는 당선자의 수만큼 투표하게 하는 제도이다.

즉, 다수투표제는 정국의 안정에는 효과가 있으나 반면 사표가 많이 생기며, 소수파의 의사가 무시될 수 있다.

2) 소수대표제(대선거구제)

소수대표제는 다수당이 의석을 독점하는 것을 막고, 소수당에게도 어느 정도의 의석을 확보할 수 있도록 배려하는 선거제도이다. 즉 소수파의 대표자에게도 당선의 기회가 주어지도록 하는 제도이며, 그 예로 대선거구단기투표제와 제한연기투표제, 누적투표제 등이 있으며, 이를 구체적으로 살펴보면 다음과 같다.

첫째, 대선거구단기투표제란 한 선거구에서 다수의(흔히 3인 이상 5인 이하) 후보자를 선출하는 선거에서 한 명의 선거인(유권자)은 한 명의 후보에게만 투표할 수 있게 한 제도이다.

둘째, 제한연기투표제란 한 선거구에서 다수의 후보자를 선발하는 대선거구제에서 한 명의 선거인이 다수의 투표권을 가지지만 선출할 후보자 정수보다는 적은 투표권을 행사하게 하는 제도이다.

셋째, 누적투표제란 한 선거구에서 다수의 후보자를 선출할 수 있는 중대선거구에서 한 명의 선거인은 그 선거구에서 선출할 후보자의 정수와 같은 투표권을 가지며, 그 투표권을 같은 후보자에게 중복하여 투표할 수 있는 제도이다.

3) 비례대표제

정당에 대한 선거인의 지지율을 당선인의 구성비에 반영하려는 제도로서 가능한 한 사표를 줄이고 이를 유효하게 사용함으로써 일정한 당선기준으로서 투표수를 정하며, 이 투표수를 초과하는 표를 다른 후보자 또는 정당에 이양할 수 있도록 하는 제도이다. 이러한 비례대표제도는 초과득표의 이양방법에 따라 단기이양식과 명부식이 있으며, 이를 구체적으로 살펴보면 다음과 같다.

첫째, 단기이양식이란 후보자가 당선에 필요한 표수 이상의 표를 득표하였을 경우 나머지 표를 다른 후보자에게 이양하는 방식을 말한다.

둘째, 명부식이란 선거인은 각 정당 등에서 제출한 후보자 명부에 대하여 투표를 하고, 각 명부에 투표된 득표수에 비례하여 정당별 당선인이 배분되는 방식이다. 프랑스에서는 지방의원 중 일부를 비례대표제로 선출하고 있고, 스페인에서는 지방의원 전원을 비례대표제도로 선출하고 있다. 우리나라도 제5차 지방선거(95년)부터 지역구 시·도의원 정수의 10/100을 비례대표(정당별)로 선출하도록 함으로써 이 제도를 도입하였고, 2005년 8월 법개정으로 제8차 지방선거(06년)부터는 기초의회의원선거에도 비례대표제(지역구의원정수의 10/100)를 도입하게 되었다(공직선거법 제23조).

4) 의원겸임제

의원겸임제란 지방의회의원을 전원 선거하지 않고 그 일부 또는 전원을 기초자치단체나 광역자치단체 의회의원 중에서 선임하거나 겸임시키는 제도이다. 현재 우리나라는 아직 채택하지 않고 있으나, 외국의 경우를 보면 의원겸임제를 시행함으로써 상호 정책조정과 협조를 원활하게 할 뿐 아니라 경비절약에도 도움을 주고 있는 경우를 많이 볼 수 있다. 캐나다의 광역자치단체인 몬트리올도시공동체(의회의원 86명), 공동체집행위원회 의장, 몬트리올 시장 및 시의원(57명), 그리고 28개 소속 시에서 선출한 대표(각 1명)로 구성한다. 프랑스의 파리시 의회의원(163명: 시의원 겸 각 구의회의원) 등에서 이러한 제도가 시행되고 있다.

5) 전원개선제

지방의회를 구성함에 있어 그 구성원인 지방의원을 임기만료와 함께 전원 새로 선출할 것인가(전원 개선제), 아니면 의원정수의 3분의 1 혹은 2분의 1씩을 나누어 선출(부분개선제 혹은 일부개선제)할 것인가 하는 것은 의회운영제도의 중요한 부분이다. 우리나라는 전원개선제를 채택하고 있다. 영국, 프랑스, 미국의 일부 시 및 카운티에서는 부분개선제를 채택하고 있다. 프랑스 지방의회의원의 임기는 6년이지만 시, 읍, 면의원은 6년마다 전원 개선되고 있는 데 비하여 도의회의원은 3년마다 2분의 1씩 개선된다.

제2절 우리나라의 지방선거

1. 지방선거와 선거구

1) 선거구의 의의

선거구는 전체의 선거인을 일정단위의 선거인단으로 구분하는 표준이 되는 단위 지역을 말한다. 이러한 선거구는 대통령선거와 지방자치단체장 선거는 행정구역과 선거구가 일치하므로 선거구에 관하여 논란의 소지가 없으나 국회의원선거, 지방의회의원선거에서는 선거구 제도와 선거구 구역을 정하는 것이 중요한 쟁점이 된다.

2) 선거구의 유형과 특징

선거구제는 1개의 선거구에서 선출하는 대표자의 수에 따라 소선거구제, 중선거구제, 대선거구제로 구분할 수 있으며, 이를 구체적으로 살펴보면 다음과 같다.

첫째, 소선거구제는 1선거구에서 1인의 대표자를 선출하는 것을 의미하며, 다수대표자 1인만을 선출하므로 다수대표제도라고도 한다. 투표방법은 1인의 후보자에게만 투표하며 다수득표자가 당선인이 된다. 현재 우리나라는 지역구 국회의원 및 시 · 도의원선거에서 선거구별 1인을 선출하는 소선거구제를 채택하고 있다.

둘째, 대선거구제는 일반적으로 1선거구에서 6인 이상의 대표자를 선출하는 것을 의미하며 소수의 지지를 받는 대표자도 선출이 가능하므로 소수대표제도라고도 한다. 투표방법은 단기 또는 연기 방식이 모두 채택될 수 있으며, 대부분 소수대표제와 비례대표제이지만, 연기투표 방식의 경우 다수대표제로 작용하는 경우도 있다.

셋째, 중선거구제는 1선거구에서 2~5인의 대표자를 선출하는 것을 의미하며 넓은 의미에 있어서는 대선거구제에 속하는 제도로 볼 수 있다. 우리나라에서도 5공화국 이전의 국회의원선거에서 중선거구제를 실시한 사례가 있으며, 현재 지역구자치구·시·군의원선거의 경우 선거구별로 2~4인을 선출하는 중선거구제를 채택하고 있다.

〈표 7-4〉 선거구제의 장단점

종류	장점	단점
다수대표제 (소선거구제)	• 대정당이 지역적 기반이나 재정 면에서 유리하기 때문에 다수당 출현이 용이 • 관할구역이 좁기 때문에 후보자의 인물과 정견파악이 명확하며 선거에 대한 관심이 높아져 투표율이 비교적 높음 • 후보자 1인당 부담하는 선거비용이 비교적 적음 • 동일 정당 간의 경쟁 폐해나 후보자의 난립 방지 가능 • 선거범죄에 대한 규제가 용이 • 선거공영이나 재선거, 보궐선거의 실시 및 선거관리 용이	• 과반수의 득표를 얻지 못한 소수 득표 후보자도 당선이 가능함 • 지역에 기반을 둔 후보자(지역유지)가 당선되기 쉽고 전국적 유명인사의 당선을 곤란하게 하며 유권자에게는 후보자 선택 범위가 좁아짐 • 당선자 이외의 투표는 모두 사표가 되어 사표가 증가 • 신진인사나 새로운 정당의 진출이 어려움 • 선거간섭, 정실, 매수 기타 선거부패가 많이 발생할 가능성이 있음 • 정당정치와 선거과열 발생 • 선거구 설정 시 게리맨더링[4]의 위험 발생
소수대표제 (대선거구제)	• 국민적 기반을 둔 전국적 인물이 당선되기 쉽고 유권자에게는 후보자 선택 범위가 넓어짐 • 소수대표제의 결과 사표 감소 • 신진인사나 새로운 정당의 진출용이 • 선거간섭, 정실, 매수 기타 부정방지가 비교적 용이 • 정당정치의 발전과 선거과열 방지	• 소수대표방식으로 인하여 군소정당이 출현하여 정국이 불안정할 수 있음 • 선거구역이 넓어 선거비용이 많이 소요 • 선거 결과에 대한 무관심으로 투표율 저조 • 후보자 난립 및 동일 정당 내 후보자 간 경쟁이 과열 • 선거공영이나 재선거, 보궐선거의 실시 및 선거관리 곤란
중선거구제	• 비교적 광범위한 지역에 기반을 둔 인물의 진출이 가능 • 대정당, 소정당에 공정한 진출이 용이 • 대선거구제와 소선거구제의 상대적 결점을 완화	• 동일 정당 내 후보자 간의 경쟁이 이루어지는 폐해발생 우려 • 후보자의 식별 곤란 • 선거간섭, 정실, 매수, 기타 부정방지 곤란 • 선거비용이 비교적 많이 소요 • 재선거나 보궐선거 실시 곤란 • 경우에 따라 각 선거구제의 단점만 나타날 소지가 있음

출처: 중앙선거관리위원회 http://www.nec.go.kr

4) 게리맨더링(Gerrymandering)은 특정 정당이나 정치인에게 유리하도록 선거구를 상식이나 원칙과 무관하게 멋대로 고치는 행위를 뜻하는데 예컨대 반대당이 강한 지구를 억지로 분할하거나 자당에 유리한 지역적 기반을 멋대로 결합시켜 당선을 획책하는 것을 말한다. 1812년 미국 매사추세츠 주지사 게리가

2. 우리나라 지방선거의 특징

우리나라 지방선거의 경우 제도와 절차는 다음과 같이 공직선거법에 규정하고 있다.

1) 상대 다수대표제와 연장자 우선주의 채택

우리나라 지방선거 중 광역의원 및 기초의원의 선거에 있어서는 선거구선거관리위원회가 당해 선거구에서 유효투표의 다수를 얻은 자(기초의원선거에 있어서는 유효 투표의 다수를 얻은 자 순으로 의원 정수에 이르는 자를 말한다)를 당선인으로 결정한다(공직선거법 제190조 제1항). 이 경우는 지방자치단체의 장에게도 해당된다(공직선거법 제191조 제1항).

2) 무투표 당선 인정

지방선거의 경우 후보자 등록 마감 시각에 후보자가 당해 선거구에서 선거할 의원 정수를 넘지 않거나 후보자 등록 마감 후 선거일 투표 개시 시각까지 후보자가 사퇴·사망하거나 등록이 무효로 되어 후보자 수가 당해 선거구에서 선거할 의원 정수를 넘지 않게 된 때에는 투표를 실시하지 않고 선거일 전에 그 후보자를 당선인으로 결정한다(공직선거법 제190조 제2항).

지방자치단체장의 선거에 있어서는 후보자 등록 마감 시각에 후보자가 1인이거나 후보자 등록 마감 후 선거일 투표 마감 시각까지 후보자가 사퇴·사망하거나 등록이 무효로 되어 후보자 수가 1인이 된 때에는 투표를 실시하여 그 득표수가 투표자 총수의 3분의 1 이상에 달하여야 당선인으로 결정한다(공직선거법 제191조 제2항). 2010년 6월 2일 제5회 전국동시지방선거부터는 무투표당선을 인정하고 있다.

3) 기초의회, 광역의회의원의 비례대표제 인정

비례대표 의석은 유효 투표 총수의 100분의 5 이상을 득표한 정당(의석 할당 정당이라 함)에 대하여 당해 선거에서 얻은 득표 비율에 따라 비례대표 의원 정수를 곱하여 산출된 수의 정수의 의석을 그 정당에 먼저 배분하고 잔여의석은 단수가 큰 순으로 각 의석 할당 정당에 1석씩 배분하되, 같은 단수가 있는 때에는 그 득표수가 많은 정당에 배분하고 그 득표수가 같은 때에는 당해 정당 사이의 추첨에 의한다. 이 경우 득표 비율은 각 의석 할

당시 공화당 후보에게 유리하도록 선거구를 재조정하였는데, 그 모양이 마치 그리스 신화에 나오는 샐러맨더(Salamander: 불에서 산다는 괴물)와 흡사한 데에서 유래했다.

당 정당의 득표수를 모든 의석 할당 정당이 득표수의 합계로 나누고 소수점 이하 제5위를 반올림하여 산출한다(공직선거법 제190조의 2 제1항).

또한 비례대표 광역의원선거에서 하나의 정당에 의석 정수의 3분의 2 이상의 의석이 배분될 때에는 그 정당에 3분의 2에 해당하는 수의 정수의 의석을 먼저 배분하고, 잔여 의석은 나머지 의석 할당 정당 간의 득표 비율에 잔여 의석을 곱하여 산출된 수의 정수의 의석을 각 나머지 의석 할당 정당에 배분한 다음 잔여 의석이 있는 때에는 그 단수가 큰 순위에 따라 각 나머지 의석 할당 정당에 1석씩 배분한다.

다만, 의석 정수의 3분의 2에 해당하는 수의 정수에 해당하는 의석을 배분받는 정당 외에 의석 할당 정당이 없는 경우에는 의석 할당 정당이 아닌 정당 간의 득표 비율에 잔여 의석을 곱하여 산출된 수의 정수의 의석을 먼저 그 정당에 배분하고 잔여 의석이 있을 경우 단수가 큰 순으로 각 정당에 1석씩 배분한다. 이 경우 득표 비율의 산출 및 같은 단수가 있는 경우의 의석 배분은 제1항의 규정을 준용한다(공직선거법 제190조의 2 제2항). 아울러 관할 선거구선거관리 위원회는 비례대표 지방의회의원선거에서 제198조(천재 · 지변 등으로 인한 재투표)의 규정에 의한 재투표 사유가 발생한 때에는 그 투표구의 선거인 수를 당해 선거구의 선거인 수로 나눈 수에 비례대표 지방의회의원 의석 정수를 곱하여 얻은 수의 정수(1 미만의 단수는 1로 본다)를 비례대표 지방의회의원 의석 정수에서 뺀 다음 제1항 및 제2항의 규정에 따라 비례대표 지방의회의원 의석을 배분하고 당선인을 결정한다.

다만, 비례대표지방의회의원 의석 배분이 배제된 정당 중재 투표 결과에 따라 의석 할당 정당이 추가될 것으로 예상되는 때에는 추가가 예상되는 정당마다 비례대표 지방의회의원 정수의 100분의 5에 해당하는 정수(1 미만의 단수는 1로 본다)의 의석을 별도로 빼야 한다(공직선거법 제190조의 2 제3항).

4) 정당공천제도 인정

지방자치단체의 장과 광역의원에 입후보하기 위해서는 모두 정당 공천을 받아야 하는 것은 아니고 무소속으로 입후보할 수도 있는데, 무소속으로 입후보하기 위해서는 일정한 지역주민의 추천을 받아야 한다. 즉 광역자치단체장으로 입후보하기 위해서는 당해 시도 안의 3분의 1 이상의 자치구, 시, 군에 나누어 하나의 자치구, 시, 군에 주민등록이 되어 있는 선거권자의 수를 50인 이상으로 한 1,000인 이상 2,000인 이하의 추천을 받아야 하며, 기초자치단체장으로 입후보하기 위해서는 300인 이상 500인 이하의 추천을 받아야 한다. 또한 광역의회의원으로 입후보하기 위해서는 100인 이상 200인 이하의 추천을 받아야 하며, 기초의회의원으로 입후보하기 위해서는 50인 이상 100인 이하의 추천을 받아야 한다. 다만, 인구가 천 명 미만의 선거구에서는 30인 이상 50인 이하의 추천을 받아야 한다. 특히 무소속 후보자가 되고자 하는 자는 관할 선거구 선거관리위원회가 후보자 등록 신청개시일 전 5일부터 검인하여 교부하는 추천장을 사용하여야 하며, 추천 선거권자 수의 상한수를 넘어 추천을 받아서는 안 된다(공직선거법 제48조).

5) 기탁금제도 운용

기탁금제도란 지방자치단체장 지방의회의원선거 등에서 후보자가 되려고 하는 사람에게 등록신청 시에 관할 각급 선거관리위원회에 법률이 정한 일정금액을 기탁하게 하는 제도를 말한다. 우리나라의 경우 지방자치단체의 장과 지방의회의원의 경우 일정한 기탁금을 관할 선거구 선거관리위원회에 납부하여야 한다. 광역자치단체장은 5천만 원, 기초자치단체장은 1천만 원, 광역의원은 300만 원, 기초의원은 200만 원의 기탁금을 납부하여야 한다(공직선거법 제56조).

〈표 7-5〉 지방선거의 기탁금

※ 지방선거의 기탁금

선거종류	기탁금
광역시 · 도지사선거	5,000만 원
시 · 도의회의원선거	300만 원
자치구 · 시 · 군의 장 선거	1,000만 원
자치구 · 시 · 군 의원선거	200만 원

※ 반환기준(기탁금 부담비용은 제외함)
- 기탁금 전액: 후보자가 당선 또는 사망하거나 유효투표 총수의 100분의 15 이상을 득표한 경우
- 기탁금의 100분의 50: 후보자가 유효투표 총수의 100분의 10 이상 100분의 15 미만을 득표한 경우(단, 비례대표 시 · 도의원선거는 당해 후보자명부에 올라 있는 후보자 중 당선인이 있는 때에는 기탁금 전액을 반환함)

특히 기탁금은 일정한 요건을 갖춘 경우에 한해서만 반환된다. 즉 자치단체장 및 지역구 지방의회의원의 선거에서는 후보자가 당선되거나 사망할 경우와 유효투표 총수의 100분의 15 이상을 득표한 경우에는 기탁금의 전액, 후보자가 유효투표 총수의 100분의 10 이상 100분의 15 미만을 득표한 경우에는 기탁금의 100분의 50에 해당하는 금액 중에서 기탁금에서 부담하는 비용(과태료 및 불법시설물에 대한 대집행 비용 등)을 뺀 나머지 금액을 선거일 후 30일 이내에 기탁자에게 반환한다. 또한 비례대표 지방의원선거에서는 당해 후

보자 명부에 올라 있는 후보자 중 당선인이 있는 때에는 기탁금 전액을 반환한다. 반환되지 않는 기탁금은 선거일 후 30일 이내에 국가 또는 당해 지방자치단체에 귀속한다(공직선거법 제57조).

6) 공정선거를 위한 제도적 장치

선거운동에 관한 상세한 규정들이 공직선거법에 규정되어 있어 지방선거의 공명성을 확보하기 위한 제도적 장치들이 마련되고 있다. 예를 들어 선거운동비용, 선거사무원, 홍보물, 연설 선거비용 등 여러 분야에 대해 법적으로 정해 놓고 있는 것이다.

3. 지방선거의 문제점

1) 낮은 투표율

지방자치제가 부활되어 여러 번의 선거가 있었지만 계속해서 투표율은 낮아지고 있다. 이를 해소하기 위해서는 주민들의 공민의식, 공공의식 함양을 위한 제도적 장치가 필요하다. 민주주의가 바람직한 통치이념이고, 지방자치제가 인간의 존엄과 가치를 구현하며, 선진사회 구현을 위해 민주시민 공동체의 형성이 필요하다면 다소간 불편하고, 개인적으로 불이익을 감수하더라도 투표에 참여하여야 한다. 따라서 선거권을 행사하지 않은 유권자들에 대해 벌금 혹은 일정한 불이익조치를 마련하는 방안을 적극 검토해 볼 필요가 있다. 민주시민의 투표권 행사는 권리이자 의무임을 인식시킬 필요가 있기 때문이다. 권리만 주장하고 의무이행은 소홀히 하는 비민주적인 시민들에 대해서는 민주주의의 실현과 지방자치의 발전이라는 차원에서 일정한 제재를 가할 필요가 있을 것이다(〈표 7-6〉 참고).

〈표 7-6〉 지방선거의 투표율

구분	제4회 지방선거		제1회 동시지방 선거 (95.6.27)	제2회 동시지방 선거 (98.6.4)	제3회 동시지방 선거 (02.6.13)	제4회 동시지방 선거 (06.5.31)	제5회 동시지방 선거 (10.6.2)
	구·시·군 의회의원 선거 (91.3.26)	시·도 의회의원 선거 (91.6.20)					
선거인수	28,301,580	28,416,241	31,048,556	32,537,815	34,744,232	37,064,282	38,851,159
투표자수	13,237,093	16,533,934	21,227,449	17,155,577	16,946,236	19,000,091	21,162,998
투표율	46.8%	58.2%	68.4%	52.7%	48.8%	51.3%	54.5%

2) 무투표당선제의 한계

지방선거는 지역별로 차이는 있지만 4가지 선거 중 특히 기초의원선거의 경우 단독후보자가 많이 생기는 경우가 있고 그 결과 주민들의 투표 없이 자동으로 당선되는 사례가 있다. 무투표당선제도는 주민들이 선출하지 않은 자들을 대표자로 당선시키는 잘못된 제도이다. 즉 단일 후보자에 대해서는 무투표당선제도보다는 찬반투표제를 도입하여 주민들의 대표자로 선출하는 절차를 거치는 것이 바람직할 것이다(〈표 7-7〉 참고).

〈표 7-7〉 제4회 동시지방선거의 후보자 현황

선거명	후보자 수	후보자 수별 선거구 수											
		계	후보자 없음	1인	2인	3인	4인	5인	6인	7인	8인	9인	10인 이상
계	10,949 (42)	1,934		15	222	333	294	221	188	189	138	97	237
시 · 도 지사	66 (·)	16			1	3	9	1	1		1		
구 · 시 · 군 의 장	839 (9)	230		2	46	63	65	34	10	8	1		1
지역구시 · 도의원	2,062 (6)	655		13	171	247	162	51	9	1	1		
제주도교육 위원	14 (·)	5			2	2	1						
지역구구 · 시 · 군의원	7,968 (27)	1,028			2	18	57	135	168	180	135	97	236

3) 선출직의 한계

현재는 지방선거로 뽑을 수 있는 선출직이 기초, 광역 의원 및 자치단체장, 교육감 등으로 한정되어 있지만, 앞으로는 지방자치단체의 기관구성과 관련하여 단체장과 지방의원뿐만 아니라 부단체장, 감사관 등으로 선출직의 종류를 확대하는 것이 지방자치의 본질에 부합한다고 주장하는 학자들도 있다.

4) 지방자치단체장의 연임제한

현행 지방자치법 제87조에 의하면 지방자치단체장의 계속 재임을 3기로 제한하고 있다. 현직 출마가 유리한지 불리한지에 대한 정확한 판단이 이루어지고 있지 않은 상황에서 연임을 제한하고 있다. 즉 유능한 인재의 공직진출 기회를 박탈한다는 점에서 선거의 공정성에 문제가 있기 때문에 계속 재임을 제한하는 것은 논란의 여지가 있다.

4. 지방선거의 미래

1) 주민의 관심 및 참여 유발(인식적 측면)

지방선거 사상 최저의 투표율은 정치권과 유권자 모두에게 많은 시사점을 주었고, 매우 심각히 생각해 봐야 할 문제이다. 선거의 투표율 저조 원인과 기권층의 성향에 대한 철저한 분석을 통해 향후 치러질 선거에 대비하여야 할 것이다. 유권자들 또한 자신의 기권 내지 참여로 인한 투표율의 저하 내지 상승이 선거 결과의 향방을 바꾸어 놓는다는 사실을 인식하여야 한다. 낮은 투표율은 민심을 제대로 반영하지 못해 '민의의 왜곡' 현상을 가져올 수 있으며 투표율이 낮으면 국민의 뜻이 선거 결과에 제대로 반영되지 않는다. 국민 일부의 뜻이 전체 국민의 뜻으로 받아들여질 수밖에 없기 때문이다.

또한 선거에서 유권자는 지방자치의 발전이라는 관점에서 적극적인 관심을 가져야 한다. 즉 유권자가 선거에 적극적인 관심을 가질 수 있도록 다양한 방법으로 홍보를 하여야 하고, 인물과 정책 중심의 선거로 유도하며 합리적인 선거문화의 정착을 위한 노력이 이루어져야 한다.

2) 유능한 인재의 입후보 위한 참여 유인

현행의 지방선거제도하에서는 유능한 인재들이 지방선거에 출마할 것을 유도하거나 자극할 수 없기 때문에 지역사회의 유능한 인재들이 지방선거의 후보로 출마할 수 있도록 하는 유인책을 강구하여야 한다. 현행의 후보등록 기탁금제도는 정치입문을 계획하는 유능한 신진 정치인에게는 다소 부담되는 액수이다. 물론 후보등록 기탁금이 후보난립을 방지하기 위한 불가피한 조치라고는 하나 현행의 후보등록 기탁금을 그대로 유지하는 한 신진 정치인에게는 일종의 진입장벽으로 작용할 가능성이 높다. 이러한 후보등록 기탁금을 단체장의 경우에는 현행보다 하향 조정하고, 지방의원의 경우에는 최소화하거나 없애는 방안을 적극적으로 고려할 필요가 있다.

또한 지방선거에서 정당공천을 하는 경우 민주적이고 합리적인 당내 경선제를 통하여 정당공천이 이루어져야 하며 이러한 과정을 통하여 유권자의 선거에 대한 관심 제고와 더불어 참신하고 유능한 인재가 지방선거에 입후보할 수 있을 것이다.

3) 완전한 선거공영제의 실시와 선거운동 공정성 확보

지방선거와 관련하여 공무를 담당하기 위하여 국회의원에 줄을 대야 하고, 개인비용으로 막대한 선거자금을 지출하게 해서는 안 된다. 또한 선거운동 자체가 후보자에게 경제적으로 부담이 되지 않도록 해야 한다. 즉 개인적인 선거운동은 일체 제한하고 선거관리위원회가 주관하는 공식적 선거운동만 하도록 하는 선거제도가 구축되어야 한다.

제3절 지방자치와 정당참여

1. 정당참여의 의의

국민의 정치적 자유, 특히 정치적 결사에 관한 자유와 국민에게 널리 선거권을 비롯한 참정권이 인정되는 현대 민주주의 국가에서는 자유로운 정당의 설립에 의한 복수정당제가 입헌민주정치의 필수적 요건이다. 따라서 현대 민주국가를 정당국가라고도 한다. 이처럼 정당에 대한 이해는 현대 민주주의 국가에서 지방자치를 구현하기 위해 꼭 필요하다.

1) 정당참여의 정의

정당이란 사전적 의미로 정치권력의 획득을 목표로 정견을 같이하는 사람들이 공통된 정책에 입각하여 일반적 이익을 증진시키고자 결합한 정치결사를 말한다. 즉 국민의 정치적 주장을 결집하고, 국가의 주요 정책을 개발 · 표방하여 국민의 지지와 참여를 확보 · 증진함으로써 국민의 정치적 의사결정에 기여하고, 나아가서 정치적 권력의 획득 · 유지를 도모하는 결사체를 말한다. 정당이 이러한 기능과 목적을 수행 · 달성하는 데 있어서 중요한 수단이 되는 것은 선거이다. 민주국가에서는 선거를 통해서 국민의 지지와 참여를 확인할 수 있고 또한 그것을 통해서 국가의 정치적 의사결정에 기여할 수 있는 것이다. 따라서 선거에 있어서 후보자를 추천하여 그에 대한 선거인의 지지를 호소하고 투표 · 개표 과정을 참관하며 선거쟁송을 전개하는 등이 정당의 중요한 활동이 되는 것이다.

2) 정당참여의 필요성

현대의 민주정치는 대의민주정치인 정당정치가 보편화되고 있다. 이러한 현대 민주정치에서 정당은 국민의 의사를 대변하는 기구이다. 각급의 선거에 정당이 참여하는 것은 지방행정에 대한 책임과 시민의 의사가 반영되는 지방자치를 통하여 민주주의 사상을 구현하고자 하는 취지이다. 이와 같이 민주정치는 정당정치이고, 지방선거에 입후보자를 정당이 공천하는 정당공천제는 민의를 수렴하고 이를 정책에 반영한다는 점에서 이론적으로 민주정치 구현이라는 목표를 가지고 있다. 이제 정당은 민의의 수렴과 이의 정책반영이라는 중개적 기구로서의 역할이 보다 강력하게 요구되고 있다. 또한 중앙정치와 지방정치를 연계하여 정치의 효율성을 확대하고, 시민의 감시와 비판기능을 보다 강력하게 받아들이기 위해 정당의 참여는 필요하다.

〈표 7-8〉 정당참여의 필요성

※ 정당참여의 필요성
- 정당의 입장: 후보자 추천은 당선가능성이 높은 후보를 물색하여 추천하는 것이기 때문에 선거승리를 위한 절대적인 조건이 된다. 또한 정당 내에서 다수의 후보가 나서게 되면, 표가 분산되어 선거에서 패배할 수 있기 때문에 정당의 지지를 집중시키기 위해 후보자 추천은 필수적이다.
- 국민의 입장: 공천 과정은 무자격자를 선택할 가능성을 낮추고, 정치적 선택을 용이하게 하는 효과가 있다. 일반적으로 유권자들이 투표를 할 때, 후보의 인물, 정책, 경력 등을 꼼꼼히 따져 보고 선택을 하는 경우보다 그렇지 않은 경우가 많다. 때문에 정당이 당선가능성이 높은 후보를 내놓기 위해 미리 인선 과정을 거치기 때문에 유권자의 혼란을 덜어 준다.

2. 정당참여의 순기능과 역기능

1) 정당참여 순기능

(1) 주민의 의견수렴 용이

복잡하고 이질화된 현대사회에서 지방의 정책을 결정함에 있어 주민 각계각층의 의사를 골고루 수렴하여 체계적으로 조직화하고 이를 정책에 반영시키는 중개적 기구가 필요한데, 이것이 바로 정당이다. 이러한 정당이 없다면 주민의 의사가 정책으로 결집되지 못하고 산발적인 불평으로 끝나고 말 것이다.

그러므로 지방자치에 정당의 대표자를 지방의회의원이나 자치단체장으로 선출함으로써 효과적이고 능동적인 시민의사를 조직할 수 있다.

정당의 임무는 대중사회 내부의 정치적 세력배치를 올바르게 반영하는 것이므로 지방의회에 있어서도 복잡한 지역사회 각 계층의 주민의 의사를 보다 체계적으로 수렴, 조직화할 수 있다. 정당은 지방주민의 정치교육뿐만 아니라 지방주민의 대표들까지도 정치에 대한 식견과 역량을 갖추게 하므로 지방의회에 정당의 관여를 허용해야 한다.

(2) 후보자 선택의 용이와 선거관리의 간편화

지방선거에 있어서 정당공천은 선거인의 후보자 선택 및 선거관리 기관의 선거집행의 간편화를 기할 수 있다. 첫째로, 다수의 후보자가 난립하는 지방선거에 정당이 후보자를 공천하여 정당표방을 함으로써 선거인들이 보다 쉽게 후보자를 선택할 수 있게 된다. 둘째, 지방선거에 정당이 후보자를 공천할 때에는 그 후보자 사이의 기호순위결정, 선거운동감독, 투표관리, 개표관리 등 선거관리기관의 선거관리가 보다 간편하게 된다.

(3) 권위주의체제의 완화

지방자치에 있어 정당참여는 국가권력의 분권화를 통해서 권위주의적 통치 구조를 완화하고, 지구당의 구조적 분화와 자율성을 높여 나갈 수 있을 것이다. 이러한 과정의 하나로 지구당 조직은 자율성이 신장될 것이며, 정치적, 행정적 능력도 증대할 수 있게 된다. 정당의 분권화를 통해 의사결정이 밑에서 위로 올라가는 하의상달식 구조를 이루도록 보장할 수 있다. 지방선거에서 정당의 공천을 허용하는 경우에 주민의 표를 의식한 정당이 지방의 문제를 중앙당의 이익에 따라서만 처리하려고 하는 것이 어려울 것이다. 정당의 공천에 의하여 당선된 기초자치단체장은 다음 선거를 고려해야 하므로 주민의 여론에 보다 민감해질 것이며 지방의 목소리를 정당을 통해 중앙에 전달하는 역할을 수행하게 될 것이다. 이렇듯 지방선거에 정당이 관여하는 것은 정당의 활성화 내지 정당의 분권화를 추진하는 데 긍정적인 효과를 가져 올 것이다.

(4) 정당정치의 육성발전

지방자치의 목적이 민주화에 있다면 정당정치의 발전이야말로 민주화에 없어서는 안 될 중요한 요소라고 보면, 지방자치에 있어서 정당표방제를 금지한다는 것은 결과적으로 정당정치의 발전과 민주발전에 역행하는 일이 될 수 있다. 정당의 당내 민주화가 이루어지고 그에 따라서 정당에 의한 부정, 부패가 없어지도록 할 수만 있다면 지방자치 실시에 정당의 참여는 결과적으로 정당의 육성발전은 물론 민주발전에 초석이 된다고 할 수 있다.

(5) 행정사무의 광역화

행정기능을 순수한 지역적 이해관계와 전국적 이해관계 사항으로 구별할 수 없으므로 중앙정당이 정치에 관여해야 한다. 즉 광역화된 사무 처리를 위해서 지방자치단체를 초월하여 주민들 나아가 국민들의 의견을 대신하는 정당이 필요하다.

(6) 지방자치의 정치성

정당의 참여가 배제된 지방자치는 자칫하면 주먹구구식 정치로 흐르기 쉽다. 그리고 정당을 대신하여 지방토착세력과 이익집단이 여과 없이 직접 지방자치에 영향을 미칠 우려가 있다. 지방행정의 탈정치성을 강조하는 것은 지방자치단체가 정치적인 분권구조의 구성 단위임을 간과하고 있는 것이다. 따라서 지방자치를 활성화함으로써 중앙정치에 대한 예속을 차단하고 국가권력의 남용을 방지하며 책임 있는 지방행정의 실현이 가능하다.

(7) 정당배제 시 이익의 편중현상 초래를 방지

민주화가 제대로 추진되고 정당 활동이 자유롭게 보장된다면 정치공동체 내의 갈등적 이해관계를 집단적으로 표출, 조정하는 정당의 역할은 긴요하다. 여론은 전국적 차원에서나 지방적 차원에서 부분적 성격을 띠는 것이고, 정당 역시 부분적인 것이므로 특정 정당이 특정한 입장을 표명하는 것은 극히 당연한 것이다. 당리당략의 추구가 부정적으로 비친 것은 그간 정당정치가 권위주의적 통치하에서 왜곡되어 온 탓일 뿐이다. 당리당략이란 바로 특정 정당이 특정하게 대변하려는 부분으로서의 여론이 지닌 이해관계를 효율적으로 관철시킬 수 있는 방안에 기인한 것이기 때문이다. 각 정당이 지지기반을 분명히 하고, 당리당략을 분명히 함으로써 서로 간 경쟁하고 이와 같은 정상적 통로를 통해 공동체 내의 갈등이 해소되도록 노력하는 것은 민주화를 위한 지방자치에 결정적으로 기여하게 된다.

지방자치 과정에서 정당참여를 막게 되면 이익의 편중현상이 오히려 현저하게 될 가능성이 있다. 소위 말하는 지방 유력 인사들이 혈연, 학연, 지연, 인연 등의 귀속적 요인을 이용하여 진출하게 될 가능성이 높다는 것이다. 정당이라는 현대적 이익표출장치를 방치한 채 전통적 유대관계에 입각한 사조직이 지방정치를 지배하게 되는 우를 범하게 되는 것이다.

2) 정당참여 역기능

(1) 지역구 인재 및 전문행정인의 당선 곤란

지방자치의 현대적 경향은 과거와 같이 단순히 지방선거를 통하여 주민들의 기관의 자기책임을 실현하게 하는 정치적 욕구를 충족시키는 데 그치는 것이 아니라 적극적으로 자치행정의 내용이 그 지역의 특성에 맞도록 개발하고 주민소득원을 발굴하여, 주민복지와 서비스를 증진하고 생활환경을 개선하여 생활의 질을 향상시키는 보다 실질적인 것으로 달라지고 있다. 따라서 지역특성에 맞는 행정과 지방재정자립도를 높이고, 주민생활 수준을 향상시키기 위해서는 전문 행정인이 요청된다. 그러나 지방선거 및 지방의회 운영과 지방자치단체장의 행정수행이 정당 중심으로 이루어질 경우 전문행정인의 충원이 곤란하다는 문제가 존재한다.

(2) 정당공천 과정에서의 문제점 발생

정당공천의 문제점으로는 지방행정의 정치화로 기초자치단체에서 강조되는 생활자치구구현의 저해, 정당공천에 따른 중앙정치의 직접적인 영향력의 행사 및 예속화, 지역정당의 분권화 및 민주적 운영에 대한 국민여론의 회의적 반응, 지방정당정치 실현의 현실적 제약 및 공천 관련 정치부패소지, 지역주의 선거행태의 현실 속에 맹목적인 투표선택 조장, 단체장의 탈법선거운동에 대한 불공정시비 등이 있다. 또한 지구당이 중앙당에 종속되어 있는 실태 속에서 후보자들은 중앙정당의 눈치를 볼 수밖에 없다. 현행 지방자치는 자율적이라기보다는 중앙 예속적이며, 주민 참여가 원활하지도 않고, 주민들의 무관심 속에서 운영되고 있다고 해도 과언이 아니다.

지방자치선거에서 중앙정당이 공천권 행사를 함에 있어 기초자치단체장은 지역주민보다는 중앙정치의 실력자들의 눈치를 볼 수밖에 없으며, 특히 지방적인 문제를 지방적인 관점에서 해결하기를 원하는 주민들이 중앙당에 의한 낙하산식의 공천과 위에서 밑으로의 정당공천을 실시하고 있다. 그리고 심한 경우에는 그 지역사회를 위해 별 공헌이 없는 사람들이 중앙정치의 필요성에 의해 공천을 받아 입후보하는 경우도 있다. 이러한 결과로 기초자치단체장의 탈당현상과 당적 변경이 빈번하여 주민들을 혼란에 빠뜨리고 있다.

(3) 정당정치의 중앙집권화

민주주의 국가에서 지방분권체제를 갖추더라도 정당을 통한 중앙통제에 의하여 관료주의적 집권적 경향으로 흐를 위험성이 있다. 특히 민주주의가 발달하지 못한 개발도상국들이 중앙집권적 정치체제를 위할 때에는 지방자치에의 정당의 참여야말로 민주성의 회복을 매우 어렵게 한다. 이러한 민주성의 확보 여하가 바로 정치체제의 성격을 규정하는 징표로 간주되고 있는 것이다. 따라서 중앙정부의 민주화만으로 행정의 민주화가 실현되는 것은 아니며 지방자치에 있어서의 민주화 즉, 지방자치단체가 독자성, 자율성을 유지할 수 있을 때 지방정부가 시행하는 자치행정에 대한 민중통제가 가능해지며 지방자치활동의 분권화가 실현되는 것이다.

지방행정에 정당이 개입하여 정당화함으로써 국가를 지배하는 정당이 지방의회와 지방자치단체장까지 지배하게 되면 정당으로부터의 자치행정의 중립성이 붕괴된다. 즉, 중앙정부에 대한 획일적 행정의 폐단을 초래하게 되는 것이다. 지방자치가 중앙정당의 부분 조직으로서만 존재한다면 지방자치의 가치원리인 분권원리에 저해 요인이 될 우려가 있다.

(4) 정치의 과열화, 예속화

지방자치에 정당이 참여하면 국회 내에서 생기는 정치현상들이 지방의회에서도 그대로 재현될 가능성이 있다. 우리의 지방의회를 보면 전국적인 현상은 아니지만 국회에서의 정당 간, 여야 간의 정치다툼이 지방의회에까지 파급되었다. 이것은 자치단체의 사무를 보다 제대로 처리하기 위한 정당 간의 정책대립이라기보다는 여야 간의 대립이 그대로 재현되는 것이 일반적이다. 이러한 정치의 과열현상은 결국 지방자치기능의 약화를 초래하여 사회불안으로까지 확대될 수 있다.

지방자치에 정당이 참여하면 지방의원으로 입후보하기 위하여 정당의 공천을 받아야 하는데, 공천 여부가 지방의원이 되느냐 하는 중요한 열쇠가 된다면 지방의원들은 주민의 복지증진보다는 자당의 지시에 맹종하는 결과를 초래할 것이다. 이것은 지방정치가 중앙정치에 예속됨을 의미한다. 이러한 지방자치활동이 중앙정당에 대한 예속화가 강화되면 지방의 특수성과 실정에 맞는 행정을 할 수 없게 될 것이다. 특히 지방의회의 정당화는 바로 중앙당과의 상하지배복종관계를 낳고 지방을 중앙에 예속시켜 지방의회의원선거가 전체적으로 중앙집권체제하에서 실시됨으로써 지방자치에 있어서의 정당 참여의 폐해가 나타난다고 할 수 있다.

(5) 지방자치의 비정치성

지방자치의 본질상 정당의 참여가 배제되어야 한다. 지방자치는 주민들이 그 지역 내의 사무를 자기 책임하에 스스로 또는 그들이 선출한 대표자로 하여금 처리하는 제도로 중앙정당이 개입해야 할 근거가 없다. 지방자치의 현대적 경향은 과거와 같이 단순히 지방선거를 통하여 주민들이 기관의 자기선임을 실현하게 하는 정치적 욕구를 충족시키는 데 그치는 것이 아니라 적극적으로 자치행정의 내용이 그 지역의 특성에 맞도록 개발하고, 주민소득원을 발굴하며, 주민복지와 서비스를 증진하고, 생활환경을 개선하여 생활의 질을 향상시키는 보다 실질적인 것으로 달라지고 있으므로, 이러한 지방행정기능의 본질상 중앙정당을 개입시키기보다는 오히려 정당을 배제함으로써 지방의회의 기능적 전문화, 서비스화가 촉진되어 보다 효율적인 지방자치가 실현될 수 있을 것이다.

(6) 정당변동의 지방파급 및 개발사업의 장기추진 곤란

정당 간의 정권교체에 따르는 중앙정부의 격변이나 혼란이 지방까지 파급되는 것을 최소화 내지 방지하기 위하여 지방의회에 정당이 참여하는 것을 금해야 한다. 즉, 정당이 자진 해산하거나 헌법재판소의 결정으로 정당이 해산될 경우 해당 정당에 소속되었던 지방의원이 이러한 해산명령에 영향을 받지 않고 지방의원직을 충실하게 수행할 수 있을까 하는 의문이 제기된다.

또한 정당의 해체 내지는 정치상황의 변동으로 지방의회의 다수당이 바뀌면 장기적으로 추진해야 할 지역개발사업을 일관성 있게 추진하기가 어렵게 될 것이다. 즉, 다수당이 바뀌면 집권정당이 과연 다른 정당에서 추진해 온 사업을 계속해서 지원할 것인가 하는 의문이 제기되며 계속해서 지원한다고 하더라도 집권당의 공약사업과 상충되는 때에는 충분한 지원을 기대하기가 어렵다. 또한 집권당의 임기 중에 자당의 업적만을 과시하려고 하기 때문에 장기적 사업의 입안도 기대할 수 없으며 많은 당 공약 사업을 추진하려면 대규모 사업을 줄여서라도 사업건수를 늘리기 때문에 사업의 질보다는 전시효과를 위한 사업이 될 우려가 있다.

(7) 정당에 대한 불신

정당이 독자적이거나 정책개발의 미흡, 공천비리, 계파 간 갈등, 비민주적 당 운영 등이 그 증거이다. 정당배제론자들은 이와 같은 상황 하에서는 설혹 정당참여 허용의 필요성이 인정된다 하더라도 정당참여는 배제되거나 또는 여건이 성숙될 때까지 허용이 연기되어야 함을 주장하는 것이다. 이와 함께 일부에서는 정당에 대한 국민의 불신을 이유로 들어 정당참여 배제를 주장하기도 한다. 불신받는 정당에게 지방자치에 참여를 허용한다는 것은 현행 정당에게 주어지는 보조금, 선거운동 과정에서의 프리미엄, 언론의 우호적인 자세 등을 고려할 때 지나친 배려일 뿐만 아니라 불신받는 정당에 의한 주민지배는 모순이라 할 수 있다.

3. 우리나라 정당참여의 실태

우리나라에서 정당참여는 지방선거를 통해 이루어졌다. 기초의회의원에 대해서는 정당공천을 배제시킨 경험이 있지만 대체로 한국의 정당과 정당인인 지역구 국회의원들은 지방선거에 정당공천제를 실시해 왔다. 즉 이들은 지역사정이나 지방자치현실보다는 정당공천을 통한 지역구 국회의원들의 영향력 증대와 개인적 및 정당적 이권강화라는 점을 중시해 왔던 것이다. 특히 지난 2005년에는 공직선거법을 개정하여 그동안 정당공천에서 배제해 왔던 시, 군, 자치구의 기초의회의원 후보자들에 대해서까지 정당공천제를 도입함으로써 정당중심의 지방선거로 만들었다(〈표 7-9〉, 〈표 7-10〉 참조). 〈표 7-11〉에서 제5회 동시지방선거에서 정당별 당선인을 살펴보면 현 정권의 중간심판이라는 의미로 치러진 선거였음을 알 수 있다. 이는 결국 중앙정당정치의 결과로 나타난 것이다. 풀뿌리 민주정치라는 본래의 목적과 의도를 가진 지방자치제가 중앙정당정치의 영향력 아래 놓여 있음을 보여 주는 현실이다.

〈표 7-9〉 제4회 동시지방선거 정당별 당선 인구

		합계	열린우리당	한나라당	민주당	민주노동당	국민중심당	시민당	한미준	희망사회당	무소속
계		3,872	702	2,345	378	81	89	–	–	–	277
시·도지사		16	1	12	2	–	–	–	–	–	1
구·시·군의 장		230	19	155	20	–	7	–	–	–	29
시·도 의원	지역구	655	33	519	71	5	13	–	–	–	14
	비례대표	78	19	38	9	10	2	–	–	–	–
	교육의원	5	–	–	–	–	–	–	–	–	5
구·시·군 의원	지역구	2,513	543	1,401	233	52	56	–	–	–	228
	비례대표	375	87	220	43	14	11	–	–	–	–

주 1: ( )는 후보자 1인 또는 무투표당선인 수로 본수에 포함.
주 2: 교육의원은 무소속에 포함.
자료: 행정안전부, 2008, 「행정안전부 통계연보」.

〈표 7-10〉 제4회 동시지방선거 정당별 당선 인구

단위: %

구분	시·도지사	구·시·군의 장	지역구 시·도의원	비례대표 시·도의원	교육의원	지역구 구·시·군 의원	비례대표 구·시·군 의원
합계	100.0	100.0	100.0	100.0	100.0	100.0	100.0
열린우리당	27.1	23.1	23.7	21.6	-	19.3	24.1
한나라당	55.2	50.8	50.8	53.8	-	45.4	54.0
민주당	9.1	8.3	8.8	9.9	-	8.6	10.3
민주노동당	5.8	3.5	2.8	12.1	-	5.9	9.5
국민중심당	1.8	2.2	2.2	2.3	-	2.1	2.2
시민당	-	-	-	-	-	-	-
한미준	-	-	-	-	-	-	-
희망사회당	-	-	-	0.2	-	-	-
무소속	0.9	12.2	11.7	-	100.0	18.6	-

자료: 행정안전부, 2008, 「행정안전부 통계연보」.

〈표 7-11〉 제5회 동시지방선거 정당별 당선 인구

선거명		계	한나라당	민주당	자유선진당	민주노동당	창조한국당	진보신당	국민중심연합	국민참여당	미래연합	친박연합	무소속
계		3,991	1,623	1,484	172	142	1	25	3	29	13	22	477
시·도지사		16	6	7	1	0	0	0	0	0	0	0	2
구청장·시장·군수		228	82	92	13	3	0	0	1	0	1	0	36
시·도 의원	지역구	680	252	328	38	18	0	3	0	3	1	1	36
	비례대표	81	36	32	3	6	0	0	0	2	0	2	-
구·시·군 의원	지역구	2,512	1,087	871	95	90	1	22	2	17	10	12	305
	비례대표	376	160	154	22	25	0	0	0	7	1	7	-
교육감		16	-	-	-	-	-	-	-	-	-	-	16
교육의원		82	-	-	-	-	-	-	-	-	-	-	82

자료: 선거관리위원회, 2010, 선거관리보 제66호.

이처럼 한국의 지방자치는 중앙정당의 자유로운 활동무대가 되었으며, 지역사회는 지방자치가 아니라 중앙정당의 정당정치로 바뀌게 되었다. 그리하여 이제부터 지방선거에 출마할 사람들은 지역주민들보다는 정당공천을 위해 모든 노력을 기울이지 않으면 안 되게 되었다. 공천을 위한 노력이란 곧 해당 지역구 국회의원을 향한 줄서기라는 현실을 감안할 때, 그리고 그렇게 당선된 지방의원과 지방자치단체장들의 형태를 짐작한다면 지방선거의 혼탁한 양상은 충분히 예상된다(최봉기 2006: 640).

그러므로 정당은 주민과 주민대표의 정치교육의 장으로, 책임 있는 정치의 구현으로, 무엇보다 주민들의 의견을 수렴하여 이를 대표하는 기구로서의 역할에 최선을 다해야 할 것이다.

4. 주요 국가의 정당참여

1) 정당참여의 유형

(1) 참여 보장형

지방선거에 정당참여를 보장 내지 허용하는 유형으로서, 이는 후보자의 정당공천 및 정당표방을 허용한다. 영국, 프랑스, 독일, 벨기에, 스위스, 스웨덴, 이탈리아, 일본, 대만 등에서 찾아볼 수 있다.

(2) 참여 배제형

지방선거 내지 자치행정에 정당참여를 허용하지 않는 유형으로서, 이에는 지방선거에 정당공천 및 정당표방을 금지하는 유형으로 미국의 약 3분의 2시의 정부에서 그 예를 찾아볼 수 있다. 그리고 거기에 그치지 않고 지방의회의원의 당적보유까지 금지하는 유형이 있다. 태국, 말레이시아 등의 국가에서 그 예를 볼 수 있다.

2) 세계 주요 국가들의 정당의 지방선거 참여 실태

(1) 영국

영국은 정당의 지방선거 참여를 폭넓게 인정하고 있다. 영국에서는 제2차 세계대전 이후 민의를 수렴하여 정책에 반영해야 할 정당이 지방의회의 의결과 운영에 관여한다는 것은 지극히 당연하다는 요청에 따라 정당이 지방선거 내지 지방의회의 정책결정 및 운영 등 지방정치에 주도적인 역할을 담당하고 있다. 즉, 지방적 이해에 관한 사항과 국가적 이해에 관한 사항은 긴밀하게 연관되어 있으므로 양자를 인위적으로 분리할 수 없다는 인식이 지배적이다.

(2) 미국

미국에서는 지방선거에 정당참여를 허용하는 자치단체도 있고 금지하는 자치단체도 있다. 예컨대 워싱턴 D.C의 시장 · 의회의원 후보는 정당이 지명하며 또한 뉴욕시의 시장과 의회의원선거에도 정당의 관여가 허용된다. 반면에 캘리포니아 헌법은 시장, 지방의회의원 후보자의 정당공천, 당적표시는 물론 정당원의 입후보까지 금지하고 있다.

(3) 프랑스 · 캐나다

프랑스에서는 지방선거와 관련한 정당가입, 정당공천, 정당표방에 관한 금지규정을 두지 않음으로써 정당참여를 인정하고 있다.

캐나다에서는 연방 또는 주 정당이 지방선거에 입후보자를 지명하지 않으며 지방정치에 관여하지 않는다. 시에는 중앙과는 별도로 지방정당이 설립되어 있어 시 선거에 관여하고 있다. 이는 지방자치에 정당의 관여를 배제할 때 폭넓은 행동의 자유가 보장된다는 인식이 일반화되어 있기 때문이다.

(4) 일본

일본의 공직선거법에서는 지방선거에서 정당 및 정치단체의 관여가 허용되어 있고, 정당인이 출마할 경우 정당표시제를 원칙으로 하고 있으나 중앙정당이 지방정치에 뿌리를 내리지 못하고 있다. 특히, 시의회의원의 50~60%, 정 · 촌의회의원의 80~90%가 지방선거에서 무소속 후보자가 당선되는 추세이다.

연 습 문 제

1. 우리나라 지방선거의 특징이 아닌 것은?
   ① 무투표 당선 인정
   ② 기탁금제도 운영
   ③ 상대 다수대표제와 연소자 우선주의 채택
   ④ 비례대표제 인정

〈정답〉 ③ 상대 다수대표제와 연소자 우선주의 채택
〈해설〉 우리나라 지방선거에서는 상대 다수대표제와 유효투표수가 같은 경우 연장자 우선주의를 채택하고 있다.

2. 우리나라 지방선거제도의 문제점이 아닌 것은?
   ① 낮은 투표율 ② 비례대표제 운용
   ③ 무투표당선제의 한계 ④ 선출직의 한계

〈정답〉 ② 비례대표제 운용
〈해설〉 지방선거에서 비례대표제의 운용은 다양한 사람들이 지방의회에 진출할 수 있는 기회를 제공해주는 순기능이다.

3. 정당참여의 순기능이 아닌 것은?
   ① 주민의 의견수렴 용이 ② 후보자 선택의 용이와 선거관리의 간편화
   ③ 행정사무의 광역화 ④ 정당정치의 중앙집권화

〈정답〉 ④ 정당정치의 중앙집권화
〈해설〉 정당정치의 중앙집권화는 정당참여의 역기능이다.

4. 2002년 지방선거와 2006년 지방선거 사이에 도입된 지방선거제도의 변화가 아닌 것은?(2007 경기 9급)
   ① 지방의원 유급제 도입에 맞춰 시·도의원 및 시·군·구의원의 총수를 각각 줄였다.
   ② 기탁금 반환과 선거비용 보전에서 지방선거의 공영제를 강화하였다.
   ③ 시·군·구의원 후보자에게 정당의 추천을 허용하였다.
   ④ 시·군·구의원 선거에 비례대표제 및 중선거구제를 도입하였다.

〈정답〉 ① 지방의원 유급제 도입에 맞춰 시·도의원 및 시·군·구의원의 총수를 각각 줄였다.
〈해설〉 지방의원 유급제 도입에 따라 기초의원 정수는 일부(약 20%) 감축하였으나, 시·도의원 정수는 감축하지 않았다.

핵심정리

지방선거 – 지방선거는 지방자치법에 따라 주민들이 해당 자치단체의 장(長) 및 지방의회의원을 뽑는 선거를 말한다. 즉 지방자치단체를 구성하는 지방자치단체장과 지방의회의원을 선출하는 지방선거는 지방자치를 수행하는 데 있어서 필수 불가결한 제도.

선거권 – 지방선거의 선거권은 지역주민으로서 지방선거를 할 수 있는 권한으로 우리나라의 경우 선거일 현재 19세 이상의 국민에게 있음.

피선거권 – 지방선거의 피선거권은 지방선거의 후보자로 등록할 수 있는 자격요건으로 우리나라의 경우 지방자치단체의 관할구역 안에 주민등록이 되어 있는 주민으로서 25세 이상의 국민에게 있음.

지방선거의 역사 – 제1회 지방선거: 1952년 4월 25일에 시 · 읍 · 면 의회를, 5월 10일에 도의회의원 선거를 각각 실시. 제5회 전국동시지방선거: 2010년 6월 2일 실시. 특징은 교육감, 교육위원 선거도 함께 실시함.

지방선거의 원리 – 지방선거는 민주주의 국가에 있어서 주민의 의사를 대표할 대표자를 선출하는 것과 동시에 지방자치단체의 구성을 주민의 의사에 따라 한다는 데 의의가 있다. 지방선거는 보통선거, 평등선거, 직접선거, 비밀선거 기본원리를 가지고 있음.

지방선거제도의 유형 – 다수대표제(소선거구제), 소수대표제(대선거구제), 비례대표제, 의원겸임제, 전원개선제

선거구의 유형 – 첫째, 소선거구제: 1선거구에서 1인의 대표자를 선출함, 다수대표자 1인만을 선출하므로 다수대표제도라고도 함. 우리나라는 지역구국회의원 및 시 · 도의원선거에서 선거구별 1인을 선출하는 소선거구제를 채택. 둘째, 대선거구제: 일반적으로 1선거구에서 6인 이상의 대표자를 선출함, 소수의 지지를 받는 대표자도 선출이 가능하므로 소수대표제도라고도 함. 셋째, 중선거구제: 1선거구에서 2~5인의 대표자를 선출하는 것을 의미

우리나라 지방선거의 특징 – 상대 다수대표제와 연장자 우선주의 채택, 무투표 당선 인정, 기초의회와 광역의회의원의 비례대표제 인정, 정당공천제도 인정, 기탁금제도 운용

지방선거의 문제점 – 낮은 투표율, 무투표당선제의 한계, 선출직의 한계, 지방자치단체장의 연임제한

제 8 장

국가균형발전과 공공기관 지방이전

♧ 들어가기 : 학습목표 및 목차

학습 목표	1. 국가균형발전의 의의와 특징에 이해한다. 2. 공공기관 지방이전의 의미와 본질에 대하여 이해한다. 3. 우리나라 공공기관 이전 추진과 정책에 대하여 이해한다.
학습 목차	1. 국가균형발전 2. 공공기관 지방이전 3. 우리나라 공공기관 이전 추진과 정책

☞ 사전학습

1. 우리나라가 1960년대 이후 산업화를 추진하는 과정에서 한정된 자원으로 성과를 극대화하기 위해 단기간 내에 국가 전체의 성장을 선도할 수 있는 지역 간 산업에 자금과 노력을 집중 투자하는 전략을 무엇이라고 하는가?
〈정답〉 불균형 성장전략
〈해설〉 1960년대 이후 산업화를 추진하는 과정에서 한정된 자원으로 경제 성장을 이루고자 불균형 성장전략을 선택하였다. 이러한 전략은 우리 경제의 고도성장을 거듭하는 원동력이 되었다.

2. 현재 정부가 수도권 인구 안정화나 지역의 혁신역량 제고, 지역경제 활성화를 위해 추진하고 있는 정책은 무엇인가?
〈정답〉 공공기관 지방이전
〈해설〉 우리나라 정부는 수도권 인구 안정화나 지역의 혁신역량 제고, 지역경제 활성화를 위해 공공기관 지방이전 정책을 추진하고 있다.

3. 공공기관 지방이전 계획에서 1985년도에 수립된 대전 둔산 지구에 9개 청을 중심으로 이전한 계획은 몇 차 계획인가?
〈정답〉 3차 이전계획
〈해설〉 우리나라 정부가 1985년도에 수립하여 대전 둔산 지구에 9개 청을 중심으로 1990년에 이전한 계획은 제3차 이전 계획이다.

제1절 국가균형발전

우리나라는 60년대 이후 산업화를 본격적으로 추진하는 과정에서 한정된 자원으로 성과를 극대화하기 위하여 전후방 연쇄효과에 의하여 단기간 내에 국가 전체의 성장을 선도할 수 있는 지역 간 산업에 자금과 노력을 집중 투자하는 불균형 성장전략을 채택하였다. 이러한 전략은 우리 경제가 유례없이 고도성장을 거듭하게 된 원동력이 되었다.

하지만 불균형 성장전략은 이와 같은 성과 못지않게 상당한 부작용도 초래하였다. 서울지역의 집중개발로 수도권은 규모나 기능 면에서 국제적인 수준으로 성장하였지만 인구와 산업이 과도하게 유입되어 환경오염, 교통난, 주택난과 같은 심각한 문제점이 발생하였고, 능률성을 앞세운 경부 축 위주의 개발은 지역 간의 갈등을 초래하여 경제적인 측면뿐 아니라 정치, 사회적으로도 커다란 논란을 일으켰다.

1. 국가균형발전의 논의 배경

1) 정부 주도의 성장우선정책

1960년대 이후 강력한 중앙집권적 통치 권력에 의해 추진된 우리나라의 경제개발은 민간의 창의와 자유를 존중하는 자유기업원칙을 토대로 하면서도 기간산업 부문과 여타의 중요한 부문에 대해서는 정부가 직간접적으로 개입하거나 또는 간접적으로 유도하는 정부주도형 경제성장우선 전략을 채택하였다.

이러한 정부 주도 경제우선정책은 저임금을 바탕으로 하는 대선진국 수출지향의 노동집약적 산업을 불균형하게 비대화시켰던 가공수출형 고도성장을 추구하였고, 공업단지 등 정부투자의 특정지역 편중을 가져와 오늘날 지역 간의 불균형 경제구조를 가속화시켰다.

지난 30여 년간 동안 줄기차게 추진해온 수출 위주의 경제성장 우선정책은 그 속성상 여러 가지 사회간접자본이 상대적으로 가장 잘 갖추어진 특정 공간에서 집중적으로 일어날 수밖에 없는데다가, 외국자본과 기술을 기반으로 한 대외 의존적 경제운영이 그 성장과실을 수위도시에 집중시키는 경향이 있어 결과적으로 서울을 포함한 수도권에 거대한 집적경제가 자리 잡게 되었다. 이렇게 형성된 집적경제는 흡인력을 가진 자석처럼 여타 지역의 인구와 산업을 흡수하게 되어 공간적으로 부익부 빈익빈 현상을 가속화시켰다.

또한 이러한 과정에서 발생된 지역격차를 해소하기 위해 시행되어 왔던 각종 지역정책의 실패 또한 지역 간 격차를 심화시킨 것으로 보인다. 그동안 정부는 국토종합개발계획, 경제 · 사회개발5개년계획 등을 통하여 과밀지역의 성장은 가능한 한 억제시키는 반면 낙후지역의 개발은 최대한 촉진함으로써 지역 간 균형개발의 성장이란 정책목표를 달성하고자 하였다.

그러나 이 같은 정부의 시도는 정책의 지나친 경직성 및 일관성의 결여, 정책의지의 부족, 투자재원의 부재 등 정책 자체의 본질적 한계로 지역격차의 완화에 별다른 기여를 하지 못하고 역기능만을 발생시켰다.

2) 우리나라 수도권정책의 전개과정과 결과

역대 우리나라 정부는 1960년부터 수도권에 관한 정책을 추진하여 왔다. 전개과정을 살펴보면 다음과 같다.

(1) 수도권정책의 전개과정

제1기: 서울인구 집중억제정책 시기(1960~1970)

이때에는 서울과 수도권의 인구집중을 막으려는 적극적인 시도가 이루어졌다. 1964년에 건설부는 대도시인구집중방지책을 세워 추진하였다. 당시 60년 서울인구 245만 명에서 70년에 543만 명으로 2배로 증가하였다. 건설부는 70년에 수도권과밀억제에 관한 기본지침을 제시하기에 이르렀으나, 수도권인구는 60년과 70년에 각각 519만(전체 인구의 20.8%), 889만(28.3%)으로 확대되었다. 인구증가율을 보면, 서울의 인구증가율이 수도권 인구증가율보다 더 높다.

제2기: 서울인구의 지방분산 정책 시기(1971~1976)

2기에는 이미 500만 명을 초과한 서울인구집중을 억제하기 위한 적극적인 인구분산정책을 추진하였다. 1972년에 청와대, 73년에 경제기획원, 1975년에 서울시가 각각 대도시인구소산계획을 제시하였으나, 1975년 서울시 인구 700만(19.9%), 수도권 1,093만(31.5%)이 되어 인구 억제가 이루어지지 못하였다. 이에 1973년에 40개 정부기관 및 국영기업 등을 수도권과 울산 등으로 이전하고, 대덕연구단지를 조성하여 22개 정부출연기관(1만 7천 명)을 대전으로 이전하였으나 서울인구 분산 효과는 매우 미약하였다.

제3기: 수도권 차원의 재정비, 수용 시기(1977~1990)

3기에는 대도시로 오는 인구의 흐름을 막을 수 없다는 대도시긍정론이 기조를 이루게 되었다. 1980년에 제2차 지방이전이 이루어져 80년에 10개 정부기관과 공사(약 6천 명)가 과천, 천안, 대전 등으로 이전하였지만 과천은 수도권에 인접하여 수도권 인구분산보다 인구집중을 초래하였다. 또 1990년에 3차 공공기관 지방이전이 이루어져 10개 청 단위 정부기관이 대전 행정중심도시로 이전하였지만 과천은 수도권에 인접하여 수도권 인구분산보다 인구집중을 초래하였다. 또 90년에 3차 공공기관 지방이전이 이루어져 10개 청 단위 정부기관이 대전 행정중심도시로 이전하였다. 이로써 약 4,846명의 공무원이 지방으로 이동하였으나 수도권 인구 억제 면에서 큰 성과를 거두지 못하였다. 제2차 국토종합개발계획에서 성장거점도시들을 중점 육성함에 따라 중소도시와 농촌지역은 상대적으로 더욱 낙후하게 되었다. 이미 1990년에 서울 인구가 1,061만(24.5%), 수도권 1,859만(42.8%)이 되어 수도권은 거대도시화 되었다.

제4기: 수도권 규제완화 및 확대개발 시기(1990~현재)

1990년 전후 정부는 수도권으로 밀려드는 인구에 대한 적극적인 분산정책을 추구한 것이 아니라 오히려 분당, 일산, 중동, 평촌, 산본 등 5개 주택신도시를 건설하여 수용하려고 하였다. 수도권정비계획법 및 시행령의 개정(1994년)이 이루어지고 제2차 수도권정비계획(1997~2011년), 2002년에 국토이용관리법이 만들어지면서 수도권의 확대가 급속히 이루어져 2000년에 서울인구 1,037만(21.6%), 수도권인구 2,222만(46.8%)으로 확대되었다.

〈표 8-1〉 역대 수도권정책의 전개과정 및 공공기관 지방이전

정책방향	주요시책 및 담당부처	공공기관 지방이전 계획(실적)
서울인구집중의 억제 ('60~'70)	대도시 인구집중방지책(1964, 건설부) 대도시 인구 및 시설의 조정대책(1969, 무임소장관실) 수도권인구과밀억제에 관한 기본지침(1970)	
서울인구의 지방분산 ('71~'76)	제1차 국토종합개발계획(1972~1981)(건설부) 대도시 인구분산시책(1972, 청와대) 대도시 인구분산책(1973, 경제기획원) 서울시 인구소산계획(1975, 서울시)	1차 지방이전(73년) -46개 정부기관, 국영기업 이전계획(40개 이전), 수도권, 울산 등 대덕연구단지 조성(73~92) -출연연, 정부기관 등 22개 기관(17천 명) 이전
수도권차원의 재정비, 수용 ('77~'90)	수도권 인구재배치 기본계획(1977, 무임소장관실) 임시행정수도건설특별조치법(1977)	2차 지방이전(80년) -제2종합청사 건설계획(10개 이전) -14개 정부기관, 공사 이전계획(10개 이

	임시행정수도건설백지계획(1979) 제2차 국토종합개발계획(1982~1991) 수도권 내 공공청사 등 규제 계획(1982~1991) 수도권 내 공공청사 등 규제계획(1982) 수도권정비계획법 제정(1982) 수도권정비기본계획(1984~1996) *1988년 서울인구 1천만 명 초과	전), 과천, 천안, 대전 등(6,000명) 3차 지방이전(90년) -16개 청 단위 정부기관 이전계획(11개 이전), 대전, 신탄진 등 정부청사(4,846명)
수도권 규제완화 및 확대개발 ('91~'02)	제3차 국토종합개발계획(1992~2001) 수도권정비계획법 및 시행령 전면개정(1994) 제2차 수도권정비계획(1997~2011) 수도권정비계획법시행령 개정(1998) 제4차 국토종합계획(2000~2020) 국토의 계획 및 이용에 관한 법률(2002) 제3차 수도권정비계획(2002) 대도시권 성장관리계획(2002) 산업집적활성화 및 공장설립에 관한 법률(2002)	5개 신도시건설(90년 전후) -분당, 일산, 중동, 평촌, 산본

(2) 수도권 정책 추진 결과

첫째, 국가중추기능의 수도권 집중과 과대성장.

중앙행정기관 및 공공기관은 2003년 각각 83.6%, 78.6%가 수도권에 입지하고 있다. 공공기관 중 정부소속기관 79.6%, 정부투자·출자기관 76.1%, 출연기관 77.4%, 개별공공기관 76.0%, 그리고 대학과 연구조직(연구개발비)의 40.5%, 81.6%(61.0%)가 수도권에 입지하고 있다. 이로써 서울은 '서울공화국'이라고 불리게 되었다.

둘째, 산업경제기능의 집중과 지방산업의 쇠퇴.

어떠한 기업도 정부의 정책결정으로부터 자유롭지 못하다. 그러므로 민간기업들은 국가기관 및 공공기관이 집중된 수도권에 본사를 두고 있다. 공기업 본사(직원)의 83.2%(76.1%)가, 100대 기업본사 및 500대 기업의 본사 각각 91%, 82.6%가 수도권에 입지하고 있다. 제조업체(종사자) 56.4%(46.1%)가 있고, 지역총생산은 47.1%, 외국인 직접투자기업(투자액)은 81.9%(55.8%), 벤처기업(집적면적)도 72.4%(86.8%)가 수도권에 본사를 두고 있다. 총량경제력 변화추이를 보면, 1995년과 2000년에 수도권이 51.6%에서 52.6%로 증가하고 그 외의 지역이 48.7%에서 47.4%로 감소하였다.

셋째, 인구 집중과 지방의 과소화.

먼저 수도권에 인구가 집중되었다. 면적비로는 전 국토의 11.8%에 불과하지만 인구는 2003년 기준 47.6%가 집중되어 있다. 2000년에 런던수도권이 21.6%, 파리수도권이 18.2%,

도쿄수도권이 32.6%인 것을 감안하면, 우리나라 수도권은 과도한 집중현상을 보여주는 것이다. 연구인력, 경제활동인구, 취업자(실업자)는 각각 56.8%, 47.3%, 46.0%(53.3)이다. 인구의 절반이 수도권에서 생활하게 되었다.

넷째, 환경오염 및 과다물류비용 발생으로 대도시경쟁력저하.

수도권은 인구과밀로 인하여 여러 측면에서 비경제적이다. 도로교통혼잡비가 전국적으로 연간 22조 1,356억이 발생하였는데 이것은 국내총생산의 3.7%에 해당한다. 그중 수도권은 56.1%(12조 4,201억)를 차지한다. 경부고속철도건설비가 총 18조 4천억 원임을 상기하면 우리나라 교통 혼잡비는 매우 심각한 수준이다. 이로 인해 이산화질소 발생은 수도권(31ppb)이 비수도권(22ppb)에 비해 1.4배나 많아져 서울의 도시경쟁력을 악화시키게 되었다.

이처럼 우리나라의 수도권은 국가중추기능의 수도권 집중으로 인해 인구의 집중을 초래하였고, 이것은 각종 경제 및 기업 인프라의 집중을 초래하여 총량경제력의 수도권 집중을 가져왔다. 이로 인해 수도권은 교통 혼잡, 물류비용의 과다 발생으로 오염되고 경영 및 생활의 여건이 악화되어 도시경쟁력이 약화되는 결과를 초래하였다.

3) 수도권 집중과 지역 간 불균형

우리나라의 수도권 집중도는 심각한 수준에 이르렀다. 지난 수십 년 동안 인구, 산업 등 수도권 집중억제를 위한 지속적인 노력에도 불구하고 인구, 산업 등 수도권 집중현상은 계속되고 있으며 국토의 불균형 구조도 고착되고 있다. 수도권 집중억제 및 지방 육성을 위한 다양한 정책적 노력은 그 효과가 미미하며 수도권 집중 및 지방의 낙후현상은 오히려 심화되고 있는 실정이다. 이에 따라 수도권과 지방 간의 경제적 격차는 더욱 확대되고 지방의 수도권 의존도는 지속되고 있다.

수도권 기능 지방분산의 배경으로 이러한 수도권 집중현상의 심화와 지역 불균형 구조의 지속을 들 수 있다. 특히 수도권의 인구 집중도는 지난 30년간 지속적으로 증가하여 2004년도 통계자료에 의하면 국토면적의 11.8%에 불과한 수도권에 전국 인구의 47.9%인 2,324만 명이 집중하여 있다. 특히 국토면적의 2%인 수도권 내 과밀억제권역에 전국인구의 39.1%가 몰려 있는 실정이다. 최근 통계청의 인구추계에 따르면 오는 2010년에 수도권의 인구는 50% 수준에 이르고, 2030년에는 53.9% 정도로 집중될 것으로 예측된다.

현 2013년 기준 수도권 인구는 2천513만2천 명으로 전국의 인구 대비 49.3%에 이르고 있다.

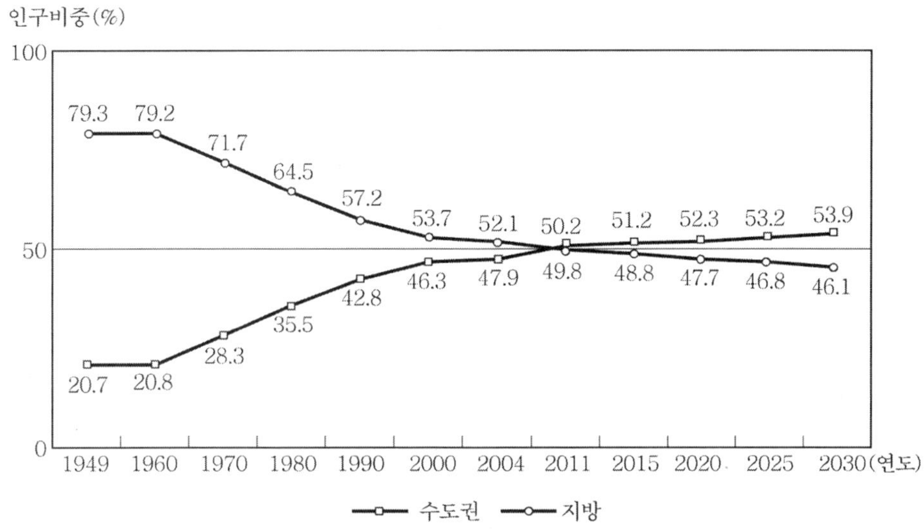

〈그림 8-1〉 수도권 인구집중 추이

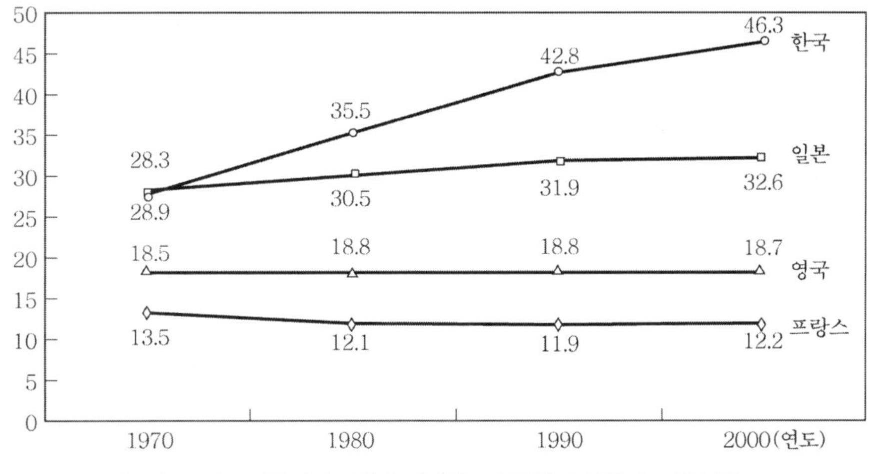

〈그림 8-2〉 외국의 수도권에 비해서도 심각한 수준의 수도권 집중도

또한 수도권과 지방의 경제력 격차는 시정되지 않고 있으며, 오히려 지방의 수도권 의존성이 지속되고 있음을 알 수 있다. 최근 이러한 수도권과 지방들 간의 경제력 격차는 더욱 확대되는 경향을 보이고 있다. 이에 따라 성장기반이 취약한 지방은 경제적 어려움에 시달리고 있으며, 궁극적으로 국가경쟁력의 약화를 초래하고 있다. 이러한 인구/산업의 수도권 집중을 억제하고 국토의 균형발전을 이루기 위해서는 국가 차원에서 지방분산 정책을 지속적으로 추진할 필요성이 크다고 하겠다.

수도권 공공기관의 지방이전 추진 배경은 보다 구체적으로 중추관리기능의 수도권 집중의 측면에서 살펴볼 수 있다. 수도권정비계획법을 근간으로 한 수도권 정비계획이 1984년부터 수립되면서 수도권 내 인구유발시설에 대한 규제와 인위적인 시설이전정책들이 시행되어 왔다. 그러나 경제활동 기능의 수도권 집중, 특히 중앙부처, 공기업, 기업본사, 명문대학 등 중추관리 기능의 수도권 집중은 보다 심화되고 있다.

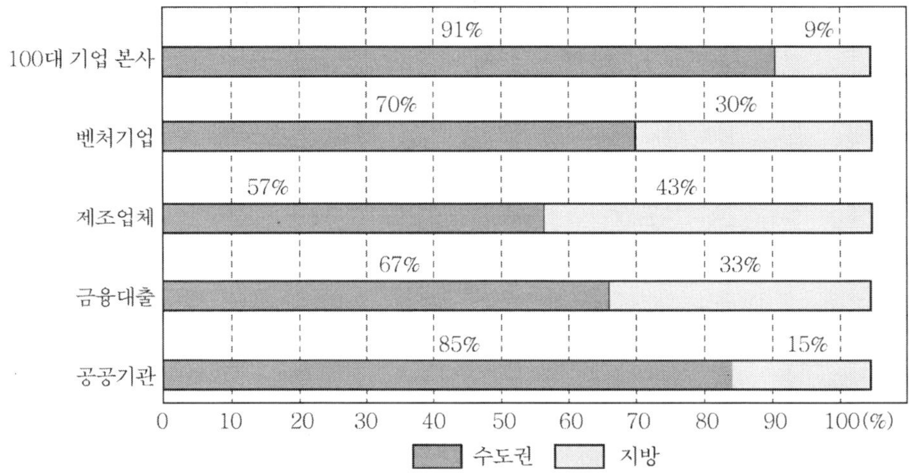

〈그림 8-3〉 경제 및 행정기능의 수도권 집중현황

〈표 8-2〉에서 살펴볼 수 있는 것처럼 수도권의 인구비중 및 제조업의 고용비중은 약 46% 정도에 머무르고 있으나 중앙공공기관, 대기업 본사, 명문대학 등의 집중은 매우 심각한 수준이다. 공기업의 본사는 약 83%가 수도권에 집중하여 있으며, 500대 기업의 본사 중 약 83%가 수도권에 소재하고 있는 실정이다. 특히 공공기관, 기업, 대학 등 제반 기능이나 시설 가운데 공공기관의 수도권 집중도가 가장 높은 경향을 보이고 있다. 〈표 8-3〉에서는 공공기관 중 중앙행정기관 및 정부산하기관의 수도권 집중도를 보여주고 있다. 중앙행정기관의 82.8%, 정부산하기관의 85.8%가 수도권에 집중하고 있다. 특히 개별법에 의해 설립된 공공법인의 대부분이 수도권에 소재하는 등 정부산하기관의 수도권 집중도는 점점 더 심화되고 있는 실정이다. 국가행정기관의 수도권 집중도도 점점 더 심화되고 있는 실정이다.

〈표 8-2〉 수도권 중추기능 집중도

구분			수도권 비중
인구			46.0%
제조업 고용기회			46.6%
중추기능	정(政)	중앙부처	100.0%
		공기업본사	83.2%
	산(産)	100대 기업본사	91%
		500대 기업본사	82.6%
		3,000대 기업본사	71.9%
	학(學)	20개 명문대학	65.0%

자료: 박양호 · 김창현, 2002. 국토균형발전을 위한 중추기능의 공간적 재편방안, 국토연구원.

〈표 8-3〉 수도권 공공기능의 입지 현황

구 분		수도권 기관 수	지방 기관 수	전 국	수도권 구성비
중앙 행정기관	중앙행정기관	50	8	58	86.2
	소속기관	109	25	134	81.3
	소계	159	33	192	82.8
정부 산하기관	정부투자기관	23	3	26	88.5
	정부출자기관	14	1	15	93.3
	정부출연기관	80	24	104	76.9
	개별공공법인	70	3	73	95.9
	소계	187	31	218	85.8
합계		346	64	410	84.4

주: 1) 중앙행정기관은 국회 및 사법부 제외
2) 소속기관은 1차관서 기준. 특별지방행정기관 제외
3) 정부투자기관은 정부투자기관 자회사(한국전력공사 자회사) 포함
4) 정부출자기관은 민영화가 진행된 기관 제외
5) 개별공공법인은 수도권정비계획법에 규정된 인구집중유발시설로서 개별 법률에 의해 설립되는 법인

국가행정기관을 포함한 공공기관의 수도권 집중이 문제가 되는 이유는 공공기관이 인구/산업 및 각종 기능의 수도권 집중에 대한 주요 요인으로 작용하고 있기 때문이다. 일본 국토청의 한 조사에 따르면, 기업체 본사가 수도권에 입지하는 요인으로 제시한 13가지 요인 가운데 '국가 등 행정기관과의 접촉'은 '타 회사 및 업계의 정보수집'에 뒤이어 2번째로 중요한 요인으로 나타나고 있다.

국내의 관련조사(박양호 · 김창현, 2002)에서도 본사가 지방으로 이전하는 데 있어 가장 큰 애로요인이 각종 정보 및 국가 행정기관의 수도권 집중으로 나타났다. 이러한 사례는 국가행정기관을 중심으로 한 공공부문에서의 지방이전이 선행되어야만 기업본사의 지방이

전이 촉진될 수 있다는 정책적 시사점을 던져주고 있다. 이러한 측면에서 공공기관의 분산은 국토균형발전의 중요한 과제로 부각되고 있다. 두 번째, 공공기관의 분산이 필요한 또 다른 이유는 공공기관을 지방으로 이전함으로써 민간에 대한 규제를 최소화할 수 있다는 점이다. 수도권 집중 해소가 국가적 관심사라 하더라도 민간기업 규제를 통하여 이를 달성하고자 하는 것은 시장경제의 원칙과 정책방향에 맞지 않는다고 할 수 있다. 현재는 민간에 대한 규제 중심으로 수도권 집중현상이 누그러진다면, 민간에 대한 규제를 완화할 수 있는 여지를 마련할 수 있다.

지금까지의 수도권 정책추진에 다른 결과가 시사하는 것처럼 수도권에 대한 규제 위주의 분산정책으로는 각종 기능의 수도권 집중 현상을 해소하기 어렵다고 판단되고 따라서 보다 적극적인 수도권 기능의 분산정책이 필요하다는 것이다. 지금까지의 수도권정책은 공장, 대학 등 인구집중유발시설의 수도권입지를 규제하는 데 치중하여 왔을 뿐, 이미 수도권에 집중된 기능의 지방분산에는 소극적이었다고 할 수 있다.

2. 지역균형발전

지역 간의 균형발전은 21세기 선진국으로의 진입을 위한 필수적인 국가과제로서 국민통합을 위한 필수조건인 동시에 국가경쟁력의 기반이며 국토효율성을 높이는 관건이다.

한국은 지난 1960년대부터 지역균형발전시책을 입안하고 추진하여 왔으나 그 효과는 크지 않았다. 수도권분산정책 위주로 추진되어 지방의 발전을 도모하기 위한 방안이 미흡하였고 국가적 차원의 일관된 의지와 노력의 부족, 범정부적인 종합정책 결여 및 집행의 추진력 미흡 등의 이유 때문이었다. 이제 21세기 초부터 대두된 세계화와 지방화의 동시적 진행은 주민 스스로 지방의 역량을 극대화하고 경쟁력을 갖춰나갈 수 있는 제도적 · 정책적 환경을 필요로 하고 있다. 이러한 시대적 변화에 발맞추기 위해서는 과도한 수도권의 과밀을 완화하며 지방의 발전역량을 극대화해야 한다. 이러한 국가비전을 달성하기 위해서는 종전과 전혀 차원이 다른 접근방법이 요구된다. 국가중추관리기능의 획기적인 분산정책과 지방의 정주기반 조성, 일자리 확충 등 수도권 기능의 지방이전을 위한 실질적인 정책이 필요하다.

1) 지역균형개발의 필요성

국토균형발전 정책은 수도권을 국제경쟁력 있는 세계도시로 발전시키는 동시에 지방을 전략적으로 육성하는 공동발전전략을 채택해야 한다. 이에 적합한 지역균형발전전략의 기본방향은 다음과 같이 네 가지로서 정리할 수 있다.

첫째, 수도권에서 지방으로 중추기능을 과감히 분산하고 지방을 전략적으로 육성하기 위한 선도정책이 필요하다. 여러 중추기능 중에서도 특별히 국가공공기관의 지방분산에 중점을 두는 전략이 중요하다.

둘째, 지방의 육성과 관련해서 거점도시를 중심으로 지방도시 활성화 프로젝트를 추진해야 한다. 지역별로 전략산업을 선정 · 육성하고, 중앙정부는 지역 간 차등지원을 해야 하는 것이다.

셋째, 지역균형발전을 지원하기 위한 재원의 확충이 중요하다. 수도권 과밀을 초래하는 주체들로부터 재원을 거둬들여 지방의 육성을 위해 사용하면, 수도권 과밀 해소와 지방의 발전 모두에 기여하게 될 것이다.

넷째, 새로운 국토균형발전시책을 추진하기 위한 범정부 차원의 추진체계를 정립해야 한다. 범정부 차원의 조정 · 통합장치를 통해 정책의 지속성과 일관성을 확보해야 하는 것이다.

2) 지역균형발전을 달성하기 위한 정책설정 및 목표

국토균형발전정책은 궁극적으로 수도권과 지방이 공동 발전하는 가운데 국토의 균형성과 통합성을 강화하는 것을 목표로 한다. 세부적으로 지역 중심의 성장역량 배양, 지방의 자력성장기반 구축, 지방자율성의 확대와 국토이용의 효율화 등을 내용으로 한다.

첫째, 지역 중심의 성장역량 배양은 지역별로 특성화된 산업을 중심으로 성장할 수 있는 역량을 갖추고 강화하는 것을 말한다. 지역별 산업 특성화와 인적 자원 양성, 수도권의 합리적 관리 등이 이 부문의 구체적 정책목표라 할 수 있다.

둘째, 지방의 자력성장기반 구축은 지방이 스스로 성장할 수 있는 여건을 갖추는 것을 말한다. 민 · 관 중추관리기능의 지방분산과 SOC · 정보인프라 확충을 통한 지역격차 해소 등이 이 부문의 구체적 정책목표라 할 수 있다.

셋째, 지역자율성 확대와 국토이용 효율화는 지방자치제 정착과 전 국토의 효율적 이용을 동시에 달성하는 것을 말한다. 지방자치제 정착과 지역균형발전의 병행을 위한 행 · 재정 통합지원체계 구축과 국토관리체계 통합 · 조정이 이 부문의 구체적 정책목표라 할 수 있다.

3) 문제 인식과 대안

(1) 민 · 관 중추관리기능의 지방분산 방안

민 · 관 중추관리기능의 현황과 문제점을 살펴보면 다음과 같다.

중앙행정기관 등 공공기관과 민간 중추기능이 대부분 수도권에 입지하고 있는데 청 단위 이상 중앙행정기관의 73%, 정부투자 · 출자기관의 85%, 100대기업 본사의 95%, 기업부설연구소 및 벤처기업의 71.2%, 인력 및 하위 관리기능이 연쇄적으로 수도권에 집중되어 있으며, 사무 · 관리직 취업자의 56%, 제조업체의 57%, 예금액의 51%가 집중되어 있다.

공공기관의 이전을 위한 계획이 1970년대 초 이래 계획 · 시행되어 왔으나 지역균형발전을 도모하기에는 양적 · 질적으로 부족하였고, 민간 중추관리기능의 이전을 위한 기업 차원의 동기부여가 부족하였다.

이에 대한 정책대안은 다음과 같다.

첫째, 국가 공공기관의 단계적 지방이전 추진이다. 국가공공기관의 특성에 따라 이전 가능한 기관의 경우 지역분산을 의무화해야 한다. 국가공공기관의 이전기준 설정 및 이전대상기관 선정에 있어 객관성과 타당성을 확보하기 위해 국가공공기관의 유형별로 기능의 특성과 인력구성 등의 요인을 고려하여 수도권 외부로의 이전 필요성 및 가능성에 대하여 면밀한 조사를 실시한다. 또한 공공부문의 지방이전에 따른 장애와 문제를 사전에 최소화할 수 있는 다각적인 방안 마련과 국가 공공기관의 이전과 이전기관 종사자들의 지방정착을 촉진하는 각종 인센티브를 제공한다.

둘째, 민간 중추관리기능의 지방이전 여건 마련이다. 지방이전 기업에 대해 패키지 형태의 통합적인 인센티브 제도를 도입함으로써 민간 중추관리기능의 지방이전을 촉진한다. 전국형 금융기관이 수도권 이외 지역으로 이전할 경우 제조업과 동일한 세제혜택을 제공하고, 수도권 명문대학의 일부 과정을 지방 특정도시에 집단화하는 방안을 강구하여 서울 소재 명문대학의 교육과정을 지방도시 또는 소규모 신대학도시에서 공동운영을 통하여 집단적으로 이수하도록 유도한다.

셋째, 지방자치단체 간에 민간기업의 유치경쟁을 촉진하기 위한 각종 지원기반을 마련하고, 지자체가 다양한 인센티브 프로그램을 만들 수 있도록 재량권을 부여하고, 세제감면 부분에 대하여 국가가 보전해 주는 장치를 마련한다.

(2) 균형선도도시 프로젝트의 추진

수도권에는 인구뿐만 아니라 민간 각 부문의 중추기능과 취업기회가 집중되어 있으며,

수도권에는 중추관리기능 외에 산업 및 문화 활동, 의료보건 등의 기능도 집중되어 있다.

수도권의 집중으로 인한 수도권과 지방 간의 기회 격차는 쉽게 해소되지 않으므로 지방의 거점도시를 중심으로 균형선도도시를 지정하여 우선적으로 발전시킴으로써 국토균형발전을 유도하는 전략과 정책대안이 요구된다.

첫째, 산·학·관 복합도시의 개발이다. 이전하는 국가공공기관, 관련 민간기업, 관련 연구소 또는 대학기능의 복합체로서 공공기관이 연계된 집적을 선도하는 도시를 중점 개발한다. 개발도시의 선정은 기존의 지방거점도시에 조성하는 방안과 복합 신도시로 새롭게 조성하는 방안이 가능하다.

둘째, 균형선도도시특구의 지정이다. 국토균형발전특별회계 조성을 통한 초저리 융자지원을 원칙으로 한다. SOC, 상하수도 등 기반시설을 지원하고, 법인세, 소득세, 갑근세, 지방세 감면 등 파격적인 조세지원을 제공(법인 및 이전직원에 대한 지원)한다.

셋째, 기관 간 역할분담을 위한 추진체를 운영한다. 입주하는 산·학·관, 그리고 국가 및 지자체가 협약을 체결하여 역할을 분담한다. 중앙정부 내의 범정부적 추진체인 '균형선도도시발전중앙기획단'을 설치하고, 관련 지방자치단체 내에서는 지자체와 지역상공인, 대학 등으로 구성된 '균형선도도시 발전지방기획단'을 설치하여, 공공기관·민간기업·대학·연구소 등의 유치 전략을 수립·추진하고 지자체 차원의 지원과 추진평가 및 보완을 담당한다.

넷째, 재원조달은 균형선도도시의 특구개발 관련 토지매입비, 지구조성비, 특구 내 기반시설 등에 드는 비용을 원칙적으로 개발 시행자(예: 토지공사, 민간업체 컨소시엄)가 입주자에게 토지분양을 함으로써 조달한다. 각 부처에서 운용하는 기존의 각종 지원 자금을 균형선도도시개발과 연계하여 범정부 차원에서 배정한다.

(3) 지역별 주력산업군집의 육성

수도권으로의 경제력 집중이 심화되고 지역 간 경제력 격차가 계속 확대되고 있다. 그러므로 하드웨어 위주의 중앙정부 시책으로 지방 산업단지 미분양 현상이 발생하고, 지역 주력산업의 경쟁력이 저하되었고, 지방의 과학기술 인프라 미비와 지역혁신에 필요한 집적의 부재로 인하여 바이오·정보통신·환경·문화 등 지식기반 신산업의 창출기반이 미흡하다. 뿐만 아니라 지역산업발전 정책을 체계적으로 기획하고 지역 내 다양한 이해관계를 조정하는 지역총괄 추진기구의 부재가 문제이다.

이를 해결하기 위한 정책 대안으로 다음과 같은 방안이 제시된다.

첫째, 지역별 전략산업의 육성이다.

지역별로 특성화된 전략산업을 중심으로 한 지역전략산업발전계획을 마련하여 산업특성화 추진, 지역경제에서 차지하는 비중이 큰 기존 주력산업과 생물, 전자, 정보산업 등 지식기반산업을 포함하여 지역의 지식기반산업을 선정한다. 테크노파크, 기술혁신센터 등 지역의 기술 인프라를 확충하여 지역 전략산업의 지속적 발전을 도모한다. 벤처기업이 수도권 이외의 지방에도 입지할 수 있도록 제도적 여건을 개선하고, 수도권 중심으로 설치되고 있는 '벤처기업집적시설' 지정요건 완화를 통해 동 시설을 전국적으로 확산시킨다. 상대적으로 취약한 지방의 정보화를 촉진하고 전자상거래를 확대해야 한다.

둘째, 지역발전을 선도하는 지역교육의 특성화이다.

지방 초·중등학교 교육환경을 개선하여 지역교육의 쇠퇴와 교육문제로 인한 인구이동을 방지한다. 지방 학교시설 중 노후교실을 개선하고, 교원편의시설을 확충하고, 책·걸상 교체 및 냉·난방시설 완비, 인터넷시설 등 정보화를 우선 지원한다. 수도권 대학의 학생정원 증원이나 학과 신설을 억제하고 지방대학의 발전을 유도하고, 수도권 대학·교육대학의 입학정원 증원을 불허하되 필요시 대학 자체 내 정원조정을 유도한다. 통역, 디자인, 관광, 보건계열, 한의학, 호텔관리 등 인기학과 또는 특수목적대학의 설립을 지방 소재 기존·신설 대학 및 수도권소재 대학의 지방이전 시에만 허용한다.

수도권소재 대학의 지방이전과 지방소재 대학에 대한 행정적·재정적 지원을 강화하기 위해 지방이전 대학에 대한 조세감면, 이전대상 부지 매입비 및 시설비에 대한 장기저리융자 등의 지원을 강화한다. 지방소재 대학의 실험·실습기자재 지원, 프로그램지원, 특수 분야 전공과정 설치 지원 등을 확충한다. 지역전략산업과 지방대학의 연계를 강화하여 지방대학이 분야별로 전문화·명문화될 수 있도록 지원하며, 지방대학 중 부실한 대학과 잠재력 있는 대학을 선별하여 차등 지원함으로써 지방대학의 경쟁력 강화와 대학 간 합병 및 구조조정을 유도한다.

공공기관 신규 직원채용에서 일정 비율을 지방대학 출신 지원자로 충당하고, 각종 공사(무역진흥공사, 도로공사 등), 국영기업체, 국책 연구기관, 정부 투자기관, 지방자치단체 등에서 채용할당제를 도입한다. 균형선도도시 프로젝트와 연계하여 일부 수도권 명문대학의 1학년 과정 등을 집단화하기 위한 대학도시를 조성하며, 대학도시에 공동기숙사, 공동연구센터, 공동도서관, 공동운동장, 합동 세미나, 대학 간 교차학점 인정 등 새로운 형태의 대학커뮤니티를 조성하고 대학도시 내외에 벤처기업 육성 및 대학과의 산·학 협동을 강력하게 추진한다.

셋째, 농어촌의 전략적 육성이다.

농어촌의 공부가 가치의 미래 산업이며 국토자원 · 환경의 보전에 기여하는 '생명 · 환경 산업'에 특화된 전원복지공간으로 변모되도록 유도한다. 농어촌의 교육환경을 개선하여 교육문제로 인한 농어촌지역 공동화 촉진현상을 억제한다. 농공단지의 전략적 활성화로 도 · 농 간 소득격차를 완화하며 농공단지 입주 중소기업에만 지원하는 현행 부지조성비 보조 및 금융자금 지원혜택을 농공단지 입주 대기업에도 확대 적용한다. 농공단지에 기입주한 기업의 부도 등으로 대체 입주하는 기업에 대해서도 취득세 · 등록세 면제와 전국에 산재한 소도읍의 계획적 개발로 국토 난개발을 예방하고, 도시적 생활환경의 제공을 통해 수도권 인구 유입의 완화를 도모한다.

(4) 수도권의 합리적 관리 방안

서울 반경 30km 권역으로 인구와 산업이 과도하게 집중되어 지역불균형이 확대되고 수도권 과밀이 발생하는데 서울 중심의 단핵적 공간구조 형성으로 인해 교통비용이 증가하고 있고 대기오염도 가중되고 있으며, 무질서한 토지이용에 따른 자연환경 훼손이 심각한 수준에 달하고 있다.

이러한 문제를 해결하기 위해서는 다음과 같은 정책 대안이 필요하다.

첫째, 수도권과 비수도권의 공동발전이라는 수도권정책의 기조를 설정한다.

지나친 지역불균형은 국토의 효율적 이용을 저해하여 장기적으로 국가경쟁력에 마이너스요인으로 작용하기 때문에 국가경쟁력 강화를 위해서는 지역격차의 완화와 수도권의 잠재력 극대화를 동시적으로 추진할 필요가 있다.

둘째, 각종 수도권 집중 규제수단에 대한 선별적 추진이다.

인구집중 유발시설 가운데 공공청사, 대학, 연수시설 등 공공성이 높은 시설에 대해서는 현행의 규제를 유지하면서 보다 적극적인 지방이전을 추진하고, 공장, 업무 · 판매시설 등 민간의 경제활동을 제한하는 규제는 포괄적인 지역 간 소득이전정책으로 점진적으로 전환한다. 공업배치 및 공장설립에 관한 법률 및 공장건축총량제도에 의한 공장입지 규제를 완화하고 과밀부담금 제도를 과밀억제권역으로 확대한다. 공장 등 특정시설에 대한 규제는 자원배분의 왜곡을 초래하여 수도권의 균형 있는 발전을 저해할 수 있으므로 가능한 한 이를 시장기능에 맡긴다.

셋째, 수도권 내에서의 전략적 분산을 통한 과밀문제 완화 및 직주근접 실현이다.

인천, 수원을 1차 거점도시로, 파주, 동두천, 평택, 남양주, 이천을 2차 거점도시로 육성하여 다행 공간구조를 형성한다. 수도권을 다수의 생활권으로 구분하여 생활권별로 특성 있는 발전을 유도함으로써 수도권의 분업적 분산화를 추진한다. 서울을 중심으로 하는 수도권중부지역 국제금융 · 교역 · 업무 및 문화교류기능을 강화하여 세계도시로서의 위상을 높인다. 수도권 동부지역은 소규모 주거단지, 휴양단지, 첨단산업 및 연구단지 등을 정비하여 종합적인 전원주거 및 휴양지대로 정비하고, 수도권 서부지역은 인천국제공항, 영종국제업무도시, 국제항만, 송도 지식정보도시 등을 중심으로 국제적인 교역거점으로 육성한다. 수도권 남부지역은 아산만광역권과 연계한 항만, 유통기능과 수도권 내 첨단 중소기업에 대한 계획적 입지 제공을 통하여 산업 및 물류거점으로 개발하고, 수도권 북부지역은 남북한 간 경제협력단지를 조성하고 접경지역을 계획적으로 개발 · 관리하여 남북교류의 장소로 정비한다.

넷째, 수도권의 난개발 방지를 위한 계획적 성장관리체계를 확립한다.

수도권정비계획에서 토지이용의 기준 및 지침을 제공하고 계획의 구속력을 강화하며, 수도권정비계획의 실효성 제고를 위하여 계획의 효과를 정기적으로 평가하고 계획의 내용을 보완한다. 수도권정비계획의 수립 및 관리를 위해 전문가와 중앙 · 지방 공무원으로 구성된 전담부서를 신설한다.

(5) 국토균형발전특별회계 조성

개발촉진지구사업, 오지 · 도서 개발사업, 농어촌 정주권 사업 등 상대적으로 낙후된 지역에 대한 지원 사업을 각 부처별로 시행해야 한다. '토지관리 및 지역균형개발특별회계'를 통한 개발촉진지구 등 지역개발사업의 경우 사업비가 연간 1,600억 원 수준에 불과하고 운용도 도로 사업에 국한되어 있으며, 현재의 지원체계로는 실질적인 국토균형발전을 도모하기에 한계가 있다.

그러므로 다음과 같은 정책 대안이 실시되어야 한다.

첫째, 새로운 특별회계를 마련해야 한다.

지역균형개발사업의 실천력을 제고하고 효율적인 지원체계 확보를 위하여 '토지관리 및 지역균형개발특별회계'를 확대하여 '국토균형발전특별회계'로 개편한다. 현재의 지역균형개발관련 재원으로는 한계가 있으므로 추가적인 재원확보 방안도 강구한다.

둘째, 특별회계의 전략적 운용이 필요하다.

지방이전 공공기관 · 기업 등이 보유한 부동산을 매입하거나 이전기관에 대해 장기저리 융자를 제공하는 데 사용되어야 하며, 균형선도도시 개발사업자에 대한 토지보상비 및 SOC 지원비로 사용해야 한다. 지방의 전략산업 육성기반을 지원하는 데 사용하고, 기타 광역권개발 및 낙후지역 지원 등 지역균형개발을 위한 지원 사업을 추진하는 데 사용한다.

셋째, 지역 간 차등의 지원이 필요하다.

WTO의 규정에 따라 지역의 재정력 · 낙후도 등을 종합적 · 객관적으로 측정할 수 있는 낙후도 지표를 광역 · 기초자치단체별로 개발해야 한다. 낙후도 지표에 의거하여 낙후지역의 경우 지방교부세, 양여금, 국고보조금 지원 시 인상 지원하되, 비낙후지역은 인하 지원하고 특별회계의 적정 지원이 필요하다. 양여금 및 보조금 지원 시에도 특별 · 광역시 및 도별, 시별, 군별, 자치구별로 구분하여 지원하며, 낙후지역에 더 많은 교부세가 배분되도록 교부세 배분방식을 개선하고, 국토균형발전 특별회계를 활용하여 지방소재기업 · 인프라시설 건립 등에 우선 지원하되 지역 간 차등적 지원을 강구한다.

넷째, 특별회계재원 확보방안이다.

수도권과밀부담금의 확대 외에 공공자금관리기금으로부터의 차입, 정부 일반회계전입금, 공기업 매각자금의 일부 등으로 재원을 마련한다.

(6) 지역균형발전추진체제의 구축

지역균형발전정책은 중앙주도 · 지방종속의 행 · 재정적 운영에 입각하여 일방적으로 추진되고 있으며, 지방자치단체 간 개발협력체제가 잘 갖추어 있지 못하다. 지역균형발전사업의 일환으로 추진되는 다양한 지역 지원 사업을 여러 소관부처가 개별 분산적으로 시행하므로 지역균형발전을 위한 투자재원의 확보노력이 부족하고 재원을 통합적으로 활용하고 있지 못한 실정이다. 지역균형발전추진체제의 구축을 위해서 다음과 같은 전략방안이 필요하다.

첫째, 지역균형발전이 지향하는 목표 및 방향의 명확화와 체계적 사업추진을 위해 지역균형발전의 목표를 교육, 취업, 교통, 의료 및 복지서비스 등의 기회가 지역 간에 균등하게 보장된 상태, 즉 '지역 간의 기회균등'으로 설정한다. 지역 간 기회균등의 목표 달성을 위한 명확한 중앙과 지방 간 역할 분담을 한다.

둘째, 중앙정부의 권한 및 기능의 과감한 지방이양을 한다.

지방이양 대상사무의 발굴과 심의과정에서 관련부처 및 지방자치단체와 긴밀한 협의를 통해 '지방이양추진위원회' 운영을 내실화하고, 「지방분권촉진법(가칭)」의 제정을 통해 국가와 지방자치단체와의 관계를 대등 · 협력관계로 전환하는 분권개역의 기본이념 천명과 분권추진의 기본방침을 제시한다. 특별지방행정기관과 지방자치단체의 유사 중복된 업무를 통합 일원화하여 행정의 비효율과 낭비를 제거한다.

셋째, 지역균형발전을 위한 수직적 · 수평적 협력체제를 구축한다.

광역과 기초자치단체 간 수평적 협력관계 구축을 위해 구역규모와 서비스 수혜범위를 따라 기능을 재조정해야 한다. '광역연합(협의체)(안)'을 결성 · 운영하여 지역공동발전과 지역 간 기능적 통합을 실현하고, 광역자치단체의 지역균형발전 관련 기능과 특별행정기관의 일부 기능을 통합하여 담당하는 국가하위행정기관으로서 '광역개발기구'의 설치를 검토한다.

넷째, 국토균형발전을 위한 범정부적 상설기구를 설치 · 운영한다.

대통령 직속으로 '지역균형발전기획단(가칭)'을 상설화하여 국토균형발전과 관련 주요 시책을 범정부 · 범지자체 차원에서 조정 · 총괄하고, 관계부처장관, 경제계, 민간전문가, 광역지자체 대표 등으로 구성된 정책 심의 · 의결 기구인 '지역균형발전위원회'를 설치하고 '국토균형발전촉진을 위한 특별법' 제정 또는 관련 법규를 개정한다.

4) 지역균형발전의 지향점과 절충

대한민국의 지역불균형발전 문제는 오늘날 국가경쟁력 약화와 지역 갈등을 야기하고 있어, 이 문제를 극복하는 것은 국가적 과제가 되고 있다. 오랜 중앙집권 체제하에서 고착되어 버린 수도권 집중문제는 OECD 국가를 포함하여 세계적으로 유례가 드물고 폐해가 심각하다.

이러한 수도권 집중은 미래에도 지속적으로 가속화될 것이라는 전망이 나오고 있다. 산업의 지식정보화, 국제화에 따라 고급인력이 모여 있는 수도권으로 인구와 산업이 지속적으로 집중할 것이라는 우려가 바로 그것이다. 더욱이 지방도시의 중심성이 미약한 상태에서 경부고속철도가 개통되면 수도권은 블랙홀 효과 때문에 더욱 비대화될 수 있다. 이에 따라 수도권 과밀 문제를 해소하고 지방을 적극 육성하는 특단의 대책을 범정부 차원에서 수립하여 추진해야 할 필요성이 지금 그 어느 때보다도 높다.

수도권의 과밀해소와 지방 육성을 위해서는 무엇보다도 수도권 집중의 구심적 소용돌이를 극복하고 지방으로의 유인을 위해 새로운 물꼬를 트는 일이 중요하다. 아울러 지방의 거점도시를 중심으로 도시개발 프로젝트를 추진하여 지방 육성의 새로운 기반을 형성해야 한다. 이른바 프로젝트 지향형 정책이 제도개혁과 함께 요구된다. 나아가 지역특성을 중시하는 전략적 산업의 개발, 그리고 관련 인력의 양성, 그리고 지역균형발전을 위한 재원의 확충도 요구된다. 이를 제대로 정책화하여 추진하자면 범정부 차원에서 국토균형발전시책을 통합 · 추진하는 국가행정체계도 필수적으로 요구된다.

제2절 공공기관 지방이전

1. 공공기관 지방이전의 의미와 본질

1) 공공기관 지방이전의 배경

지난 40년간 우리나라는 수도권을 중심으로 한 불균형발전 전략을 통해 빠르고 압축적인 산업화에 성공했지만 이로 인해 수도권은 심각한 과밀문제에서, 지방은 저발전의 악순환에서 벗어나지 못하고 있다는 것이 정부 측 설명이다

지난 40여 년간의 경제성장과정에서 국토의 11.8%에 불과한 수도권에 수도권정비계획법, 공장총량제 등 수도권 규제정책에도 불구하고 전국 인구의 47.6%, 전체 공공기관의 85%, 100대 기업의 본사 91%, 벤처기업 70%, 제조업체 67%가 수도권에 집중, 지방과 경제적인 차이는 더 벌어졌다. 이로 인해 발생하는 교통 혼잡, 대기오염 등에 대처하기 위해 막대한 사회적 비용을 투입하면서도 그 경쟁력은 오히려 저하현상을 보이고 있는 게 오늘의 현실이다. 수도권과밀화 문제를 이대로 둔다면, 각종 규제는 더 많아질 수밖에 없고 이 때문에 도시로서의 정상적인 기능유지가 힘들어질 것이라는 지적까지 나오고 있다.

이에 반해 지방은 인력과 자본의 수도권 집중으로 성장에너지가 고갈된 상태이므로, 지방은 글로벌 체제에서 스스로 살아남을 수 있는 힘을 갖지 못하고 생존경쟁에서 탈락할 수도 있다는 우려가 커지고 있다.

이 두 가지 문제를 해결하기 위해 참여정부는 행정중심복합도시 건설과 함께 공공기관 지방이전이라는 카드를 빼어든 것이다. 공공기관 등 블랙홀 역할을 하는 중추기능을 지방으로 분산시킴으로써 수도권 집중 차단과 지역의 성장 잠재력을 강화시키겠다는 전략인 셈이다.

우리나라는 다른 선진국에 비해 수도권 집중이 도가 지나치다. 이를 방치할 경우 수도권과 지방, 지역과 지역 간 갈등은 심화돼 국민 통합이 어려워지고 국토이용의 효율성 저하로 국가경쟁력이 더욱 악화될 수밖에 없는 만큼 공공기관의 강제 이전을 통해서라도 지방을 활성화해야 한다는 것이 정부의 주장이다.

2) 지방이양의 의미

중앙정부의 권한을 이양함에 있어 우리의 경우 지방분권 3대 원칙[1])을 내세워 왔으며 특히 '보충성의 원리(The principle of subsidiarity)'는 현행 지방분권 특별법 제6조 2항에 명정되어 하위 지방정부의 권리와 기능을 최대한 보장하는 이론적 · 제도적 기준이 된다.

우리나라에서는 지방자치에 대한 논의가 본격화되면서 지방자치단체의 자율성을 최대한으로 보장하기 위한 조치들이 모색되었고, 이로 인해 1999년 1월 29일자로 중앙행정 권한의 지방이양촉진 등에 관한 법률이 제정되었다. 이 법은 중앙행정기관의 권한 중 주민의 복리증진과 지역의 발전에 이바지할 수 있는 권한을 지방자치단체에 최대한 이양함과 아울러 지방자치단체 간에 사무를 합리적으로 배분하여 지방자치단체의 자율성을 제고하고 주민생활의 편익을 도모함을 목적으로 하고 있다. 즉 중앙행정기관의 법령에 규정된 자기의 권한을 지방자치단체에 이양함으로써 그 지역사회가 자기의 권한과 책임 아래 그 사무를 자체적으로 처리하도록 하는 것을 의미한다.

3) 행정환경의 변화와 분권화 추세

1980년대 중반 이후 세계화와 지방화 추세는 중요한 행정환경의 변화요인으로 작용하여 행정개혁을 주도해 왔다. 세계화라는 무한경쟁체제 속에서 경쟁을 이끄는 정부의 능력과 성과가 주목받게 되면서 정부의 역할과 기능에 대한 검토가 제기된 것이다. 이에 따라 정부의 기능과 조직을 최대한 축소하여 비용을 절감하는 한편 지방정부와 민간의 역할은 강화하고 사회 각 분야와의 연계와 분담을 위한 네트워크 형성을 시도하는 방향으로 행정개혁이 추진되었다. 국가 주도의 집권화된 행정체계가 획일적이고 낮은 대응성과 비능률, 부패로 대표되는 문제점을 노출하고 복잡한 현대사회의 문제해결에 한계를 드러내게 되면서 이제는 성과를 두고 사회 각 부분이 자율성의 바탕 위에서 서로 경쟁하며 협력하는 수평적인 관계로의 전환이 보다 효율적이고 생산적이라는 인식이 대두되었다.

이는 결국 세계화로 인한 국경 없는 경제의 전개가 결국 국경 없는 국민국가의 분권화를 강요하는 힘으로 작용하기에 이르게 된 것이다. 이러한 분권화는 한곳에 집중되어 있던 권한이 사회 각 부문의 고른 성장에 힘입어 여러 곳으로 분산되는 것으로 사회 각 부문은 자율성과 참여를 통해 권한을 나누어 갖게 된다.

따라서 분권화는 사회 전체로 보아서는 정부 주도에서 민간을 포함한 사회 각 부문으로

---

1) ① 선 분권, 후 보완, ② 보충성의 원리, ③ 포괄성의 원리.

의 수평적인 권한분산을 의미하지만, 이를 정부 간 관계에 한정해 볼 때에는 중앙과 지방 간 수직적 권한관계가 수평적 권한관계로 분산되는 것으로 분권화를 추진한다는 것은 '중앙정부로부터 지방정부로의 권한 이양'을 의미하게 된다.

지방분권화의 논리에 대해서는 그 필요성과 성과를 두고 서로 다른 입장이 대립하여 왔다. '풀뿌리 민주주의의 구현'이라는 민주주의 이론을 필두로 지방정부가 주민에게 보다 근접하기 때문에 주민들의 실제 필요와 기회를 보다 잘 알고 주민이 원하는 서비스를 보다 적합하고 효율적인 방식으로 제공할 수 있다는 현실적 필요성에 이르기까지 다양한 입장이 지방분권화를 옹호한다. 주민들은 그들이 받는 서비스의 대가로 세금을 지불하기 때문에 지방공무원들은 보다 효율적으로 일하도록 동기부여되고 세금과 서비스가 바로 연결되므로 지방공무원들은 그들이 필요한 자원을 동원하는 데도 더 수월할 것이라는 의견도 지방분권화 촉구에 힘을 더하고 있다.

하지만 지방분권화와 권한의 이양은 낮은 참여와 소수 전제의 가능성으로 민주주의적 성과를 거두기 어려울 뿐 아니라 외부효과와 지역이기주의로 오히려 효율성과 전체 이익이 저하될 수 있다는 우려도 제기되고 있다. 특히 지방정부의 재정능력이 취약하고 전문성과 자치역량이 낮을 경우 행정의 성과를 기대하기 어렵고 오히려 권한의 남용과 부패의 가능성이 높아진다는 주장도 있다. 이러한 분권화에 대한 논란은 우리나라 지방자치제도의 개선방안을 두고서도 지방으로 더 많은 권한을 이양해야 한다는 주장과 자치역량이 성숙할 때까지 유보해야 한다는 주장으로 대립되기도 했다.

그러나 이러한 지방분권화에 대한 논란에도 불구하고 1980년대 이후 포스트포디즘[2] 추세 속에서 집권화의 논리보다는 분권화의 논리가 더욱 힘을 발휘하게 되었고, 정부의 혁신과 성과제고의 필요성은 곧 지방분권화와 지방정부의 자율성 제고에 대한 요구로 연결되었다. 이러한 분권화와 지방이양의 추세는 1980년대 이후 급진전되면서 인구 500만 이상의 75개국 중 12개국을 제외하고는 모두 다 지방이양을 추진 중인 것으로 나타나 분권화와 지방이양은 20세기 말의 가장 강력하고도 지속적인 개혁추세의 하나로 자리 잡게 되었다.

4) 공공기관 지방이전의 필요성과 법적근거

공공기관의 지방이전이 지금까지의 수도권 집중정책과 차별적인 점은 지방의 성장기반 강화에 대한 관심이다. 지금까지의 수도권 집중억제정책은 지방이 성장할 수 있는 기반이 갖추어지지 않은 채 이루어져 왔다고 할 수 있다. 수도권의 집중억제가 실효를 거두려면

2) 포스트포디즘(Post Fordism): 미숙련 노동자를 투입해 표준화된 제품을 생산하던 대량생산식 방법에서 벗어나, 시장의 변화에 적절히 대처할 수 있는 기계와 숙련 노동자들로 구성되는 혁신적인 생산체제.

수도권에서 분산되는 기능이 지방에 정착할 수 있는 기반이 구축되어야 한다.

지방의 성장기반을 마련하기 위해서는 전통적인 제조업의 입지뿐 아니라 지역발전의 성장을 주도할 수 있는 혁신역량을 갖춘 대학, 연구소, 고급인력, 중추관리기능 등을 갖추는 것이 매우 중요하다. 이러한 혁신역량을 갖춘 기관의 지방 분산을 통해 지방의 성장기반 구축을 촉진할 수 있을 것이다.

공공기관의 지방이전은 이러한 지방 성장기반의 주요한 요소를 제공함으로써 지역발전의 계기를 제공할 수 있다. 공공기관은 전문적 지식을 지닌 고급인력을 갖추고 있어, 무엇보다도 지역의 혁신역량을 강화시켜 줄 수 있을 것이다. 공공기관이 입지함으로써 지역의 이바지를 제고할 수 있고 이는 지역 내 투자를 유인하는 계기를 제공하게 된다. 또한 공공기관의 입지는 저개발된 지역의 생산 자원을 활용할 수 있는 등 지역의 기존 경쟁력 및 잠재력을 최대한 발휘할 수 있는 기회를 제공할 수 있을 것이다.

공공기관 지방이전정책의 의의는 지역균형발전을 위한 공공부문의 선도적 역할 강화라는 측면에서 찾을 수 있다. 지금까지의 수도권 정책은 대기업, 제조업, 사무실규제 등 일방적 규제에 의한 민간에 대한 입지 제한 정책에 머물고 있었다. 공공부문의 경우에도 신규 입지규제라는 소극적인 정책으로 대처해 왔다.

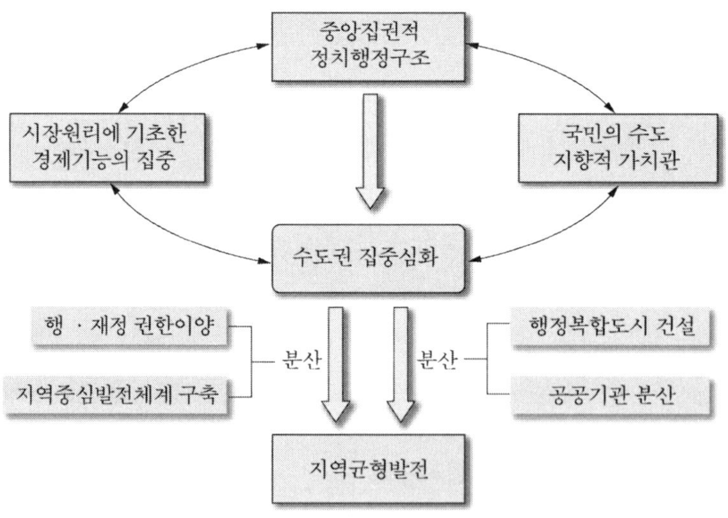

〈그림 8-4〉 공공기관 이전의 필요성

공공기관 지방이전은 여기서 한발 더 나아가 보다 적극적으로 공공부문이 선도적으로 지방 균형발전을 위한 실천적 역할을 수행할 필요성에 대응하는 것이다. 이를 통해 민간부문의 자발적인 지방이전을 촉진할 수 있도록 여건을 조성하자는 것이다.

공공기관의 지방 분산은 수도권과 지방의 상생전략(win-win 전략) 속에서 이해할 수 있다. 수도권에서는 과밀을 해소하여 주택시장, 인프라 부족 등의 문제를 해결할 수 있는 단초를 제공하고, 금융 등 수도권에 특화된 기능의 육성을 통해 국제경쟁력을 갖춘 세계도시로 발전할 수 있도록 여건을 조성하는 데 기여한다. 지방에 대해서는 중추관리기능, 연구기능 등 핵심성장역량이 자리 잡도록 하여 자생력 있는 지역발전을 도모할 수 있는 여건을 마련하는 데 의의가 있다.

공공기관 지방이전은 국가균형발전특별법 제18조에 근거를 두고 있다. 국가균형발전특별법 제18조 제1항은 "정부가 공공기관의 수도권 집중을 억제하고 지역의 특성 있는 발전을 위하여 수도권 소재 공공기관의 지방이전시책을 추진해야 한다."고 명시하고 있다. 동법 제18조 제3항에 따르면 "관계 중앙행정기관의 장, 지자체의 장 및 이전대상 공공기관의 장은 공공기관 지방이전시책에 따른 공공기관별 이전계획 수립 등의 조치를 시행해야 한다."고 명시하고 있다.

2. 공공기관 이전에 대한 찬반론

1) 찬성론

공공기관 지방이전의 이론적 근거는 국토의 균형발전이다. 사람과 경제의 수도권 집중과 과밀을 해소하면서 대한민국 전체가 균형 있게 발전하도록 하는 국가 공공 자원의 재배치라고 할 수 있다.

공공기관의 지방이전은 불균형 발전전략에 따른 수도권 인구집중을 완화하고 자립형 지방화 및 수도권 질적 발전의 계기를 마련하기 위한 가장 현실적인 대안이다. 환경오염, 주택, 각종 도시문제 등 수도권 집중으로 인한 폐해가 얼마나 심한지 모른다. 그리고 수도권과 지역 간의 격차가 심해지면 수도권 이외에 있는 지방 주민들의 삶의 질을 개선시키고 지역을 발전시켜야 할 것이다. 특히 우리나라는 수도권의 과밀현상 자체가 외국에 비해 심하고 과밀 속도가 너무나 빠르므로 단계별로 공공기관 이전을 추진하다가는 이 문제를 해소하는 효과를 보기 어렵기 때문에 좀 더 과감하게, 단기간에 하지 않고서는 우리나라의 수도권 과밀 문제와 균형발전을 위한 근본적인 문제를 해결하기가 곤란할 것이다.

(1) 공공기관 지방이전 계획의 목표와 차별성

공공기관 지방이전 계획은 지금까지의 우려의 목소리를 불식시키고 국가균형발전을 위한 가장 중요한 정책수단이 될 것이라고 주장한다. 지금까지의 수도권 집중억제정책과 달리 지방의 성장기반을 강화하는 데 관심을 가진다는 것이다. 또한 무엇보다 이전 계획을 준비하는 과정에서 관련 주체의 의견수렴과 갈등조정을 위해 많은 노력을 기울였다. 합리적 이전 계획마련과 이전 추진의 실행력을 높이기 위해 사전에 기본 원칙과 추진 방향 등에 관해 관련 당사자와 수차례에 걸쳐 합의와 조정 과정을 거쳤다. 먼저 이전 당사자인 공공기관 상급 노조와 정부 간에 '노정 간 기본협약'을 체결했으며 개별 공공기관 노조와 소속 정부부처 간에도 대화를 하여 많은 기관에서 개별적 협약을 체결했으며, 12개 시·도 간에 시·도별 배치 기본원칙과 방법에 관한 '중앙-지방 간 기본협약'을 체결하여 상호 협력의 기초 위에서 추진했다.

이외에도 전문가들로 구성된 국가균형발전위원회 산하 공공기관 이전특별위원회에서 이전 계획안에 대한 전문적 검토와 심의 과정을 거쳤다. 또한 이전대상기관으로서 수도권 기능에 필수적인 기관은 제외하고 지역의 특성화 발전에 기여할 수 있는 대부분의 기관을 이전대상기관으로 선정했다. 이전대상지역도 과거와 달리 수도권과 대전을 제외한 12개 광역 시·도로 규정해 전국을 대상으로 했다. 이번 계획에서 전국을 이전대상으로 한 것은 수도권 문제 대처와 더불어 지역의 자립적 발전이라는 목표를 동시에 추구하기 때문이다.

(2) 공공기관 지방이전에 대한 기대효과

공공기관의 지방이전에 따른 효과는 계량화하기 어려울 정도로 엄청나다고 주장한다. 공공기관 지방이전은 우선 그 지역의 지방세 수입을 늘려 지방재정 확충에 기여하며, 일자리도 크게 늘고 부가가치 유발 효과로 지역경제는 새로운 도약의 발판을 마련할 수 있을 것으로 예상한다. 공공기관 지방이전의 기대효과는 다음과 같다.

첫째, 수도권의 인구 안정화에 기여한다.

중추관리기능의 지방이전으로 수도권의 양적 팽창을 억제할 것으로 기대되는데 공공기관 지방이전 계획이 성공적으로 추진되면 수도권 소재 공공기관의 비중은 현재 약 85%에서 35% 수준으로 감소될 것으로 예상된다.

둘째, 지역의 혁신역량 제고이다.

연구교육연수기관 등의 지방입지는 지방대학의 연구기능을 보완하여 산학연 협동에 의한 지역혁신체제 구축에 기여할 것이다. 대부분의 정부투자기관 및 출자기관이 부설연구소 등 연구조직을 갖추고 있어서 혁신체계 구축의 한 요소로 기능할 것이다.

셋째, 고학력 취업기회의 확대로 지방교육의 질적 향상을 유도한다.

공공기관은 업무의 성격상 대졸 이상 학력자를 주로 채용하고 있어, 지방대학 졸업자의 취업기회 증가에 기여할 것이다. 지방에서 양질의 고용기회 제공은 우수노동력을 흡수하고, 지방대학과 지역의 연구교육기관의 질 제고에 기여할 것으로 기대된다. 수자원공사의 경우 최근 3년간('02~'04) 대졸자 채용인원의 12%를 대전 · 충청 소재 대학 졸업자로 충원하고 있다.

넷째, 지방세 수입증대를 통한 지방재정의 확충에 기여한다.

이전대상인 176개 공공기관의 최근 3년간('02~'04) 지방세 납부액이 2,268억 원이라는 측면에서 지방세 수입 증가로 지방재정 확충에 기여할 것으로 전망된다.

다섯째, 고용증가와 부가가치 유발효과로 지역경제 활성화에 기여한다.

관련 공공기관 및 민간기업과의 밀접한 연관관계로 다른 부분의 고용 증가를 촉진하는 등 간접 및 유발 고용효과가 클 것으로 기대된다. 국토연구원(2004)의 연구결과에 따르면, 약 180개 기관(약 32,000명)이 이전할 경우 지방에 약 133,000개의 고용창출효과(연관 산업 일자리 포함)와 연간 약 9조 3,000억 원의 생산 유발효과, 연간 약 4조 원의 부가가치 유발효과가 있을 것으로 추산한다. 이를 통해 지역특화산업과 연계하여 지역산업발전 및 특성화에도 기여할 것으로 예상되며, 국가행정기관을 중심으로 한 공공부문의 지방이전이 선행되면 지방으로 이전을 희망하는 기업본사의 지방이전이 촉진될 것으로 기대된다.

(3) 사례를 통한 찬성론

① 공공기관 주도의 신도시형(프랑스의 소피아 앙티폴리스)

현황 및 개요를 살펴보면 다음과 같다.

- 위치: 프랑스 남부 니스 인근
- 면적: 2,300ha(77만 평)
- 개발면적: 180ha(60만 평)
- 인구: 35만 명/ 고용인구: 26,600명

이 도시는 관광산업만 발달한 지역으로서 대학 · 연구 · 기업 등 산업기반은 전혀 없었다. 진출기업 40%의 인력이 IT, 생명공학, 환경공학 R&D 분야에 종사하며, 연구인력 4,000명, 학생 4,800명(니스 소피아앙티폴리스대학, 공공연구소 등)이었다.

개발배경으로는 파리에 국한된 국토의 불균형 해소를 위한 지역혁신거점 육성이 필요했으며, 수도에서 800km에 떨어진 중소도시로서 4개 도시의 중심(golden Rectangle)에 입지하며, 지중해의 온화한 기후를 갖고 있는 천혜의 관광지인 니스(Nice)가 인접하여 관광산업을 기반으로 한 국제공항, 도로 네트워크가 발달되었다.

개발과정은 다음과 같다.

1960년: IBM과 텍사스 인스트루먼트의 연구소 입주
1965년: IBM의 요청으로 니스대학 설립
1969년: 소피아 앙티폴리스 협회 창설
1969년: 프랑스지역 개발국이 파리국립공과대학 발본느 지역 이전 계획 발표
1972년: 국가 부처 간 위원회에서 소피아 앙티폴리스 개발계획안 승인
1974년: 정부가 국가적 이익 사업으로서 소피아 앙티폴리스 공표
프랑스 석유연구소의 자회사인 FranLab 입주
1975년: SYMIVAL 조직, 1997년 이후 SYMISA로 개칭
1976년: 파리국립공과대학, 국립과학연구센터 실험실 입주
1986년: 관리기관인 SAEM 설립
(※ SAEM: 외국인 투자유치를 위한 반관반민회사)
1996년: 세계 10대 지식기반 선도 지역 선정
2002년: 소피아 앙티폴리스 도시청(Communaute d'Agglomeration Sophia Antipolis) 발족
2003년~: 2단계 확장계획 중

② 혁신환경

소피아 앙티폴리스는 첫째, 고급인력이 선호하는 세계 최고의 휴양지역이며 도시적 문화생활을 향유할 수 있는 입지조건이었다. 둘째, 국제공항 · 도로 등 도시교통의 요충지이며, 국제적인 통신사 입주에 따른 우수한 정보통신 환경을 확보했다. 셋째, 공립연구소, 민간연구소, 첨단제품 생산시설 등 유치에 따른 우수 연구 인력 확보가 용이했다. 넷째, 각종 민간 · 공공단체 등 설립과 활발한 교류 활동을 통한 지원 네트워크가 형성되었다. 다섯째, 다국적 문화가 교류할 수 있는 교육시스템이 형성되었다. 여섯째, 복합적 토지이용을 통한 양호한 생활환경이 조성되었다.

〈표 8-4〉 소피아 앙티폴리스의 계획

구 분	면 적	비 율
주거 및 여가 공간	150ha	6.5%
연구개발 및 생산 활동	650ha	28.3%
공원 및 녹지	300ha	13%
그린벨트(개발제한구역)	1,200ha	52.2%
계	2,300ha	100%

③ 도시발전

소피아 앙티폴리스는 첫째, 파리의 과도한 집중을 해소하고 지역균형발전을 위한 정책적 노력의 성공 사례이다. 둘째, 1998년 세계 10대 지식기반 선도 지역, 유럽 3대 지식기반 선도 지역 중 하나로 발전했다. 셋째, 정보통신 분야에서 매년 400개 이상의 일자리를 창출했다. 넷째, 인근지역 중소기업과의 연계를 통해 지역 기업의 급속한 성장 요인을 제공했다. 다섯째, 파리국립공과대학 분교, 에어프랑스 연구개발부서, IBM, TI 등의 연구센터가 입주했다.

④ 성공요인 및 시사점

소피아 앙티폴리스는 첫째, 국가균형발전과 지역경제발전 두 가지 목적을 달성했다. 둘째, 지방자치단체 및 산학연의 협력에 의한 성공적인 혁신 클러스터를 형성했다. 셋째, 구조적 변화에 대응할 수 있는 역동적인 지역혁신체계를 구축했다. 넷째, 도시계획, 신도시 개발 및 첨단산업단지 개발의 복합체이다.

2) 반대론

공공기관 지방이전에 대한 반대론은 다음과 같다.

(1) 이전비용 문제

정부는 공공기관 이전 및 혁신도시 건설에 소요되는 비용을 원칙적으로 기존 청사 및 부지의 매각대금으로 충당한다는 방침이다. 이에 따라 현재 자체 청사를 보유하고 있는 106개 기관은 기존 자산의 매각 대금으로 이전비용을 대고 청사를 임차해 사용하고 있는 기관은 공동청사 신축 또는 민간투자유치(BTL) 방식을 활용한다는 것이다.

그러나 이전기관들의 청사 등 자산이 매물로 시장에 한꺼번에 쏟아져 나올 경우 가격이 떨어지거나 자산매각이 늦어져 이전 일정 자체가 차질을 빚을 수 있다. 50만 평, 인구 2만 명의 신도시형으로 할 경우 소요 비용은 700억~800억 원, 신시가지형(30만 평, 인구 1만 2,000명)은 400억 원, 재개발형(10만 평, 인구 4천 명)은 300억 원 정도가 지원비용이 될 것이라고 정부는 설명했다. 하지만 기존 청사의 경우 강남, 분당 등 입지가 좋은 곳에 위치하고 있고 대부분 신축이어서 활용도가 떨어지며 용도변경이 쉽지 않아 정부가 원하는 조건으로 계약이 체결될지는 미지수다.

(2) 광역단체 내에서의 지역 간 갈등

광역단체 내에서 시 · 군 · 구 간의 유치경쟁이 본격화하면 이 과정에서 나타날 지역 간 갈등문제이다. 중앙정부의 176개 공공기관 지방이전 작업이 마무리됐지만 지방에서는 더욱 치열한 경쟁이 시작됐다. 광역 지자체별로 10~15개씩 나뉜 공공기관을 서로 유치하기 위해 기초자치단체인 시 · 군 · 구의 움직임이 더욱 활발해지고 있다.

예를 들어 광주, 전남지역은 모두 18개의 공공기관이 옮겨 올 것으로 예상되는데 이를 차지하기 위해 일부 지자체 간에는 과열조짐을 보였다. 이전될 기관은 한정돼 있고 유치하려는 시 · 군 · 구는 많은 데다 혁신도시를 통해 이전기관을 집중시키면 혜택을 보게 되는 지자체는 1~2곳에 불과할 것으로 예상되기 때문이다. 한전과 유관기관 2곳이 오게 되는 광주의 경우 가장 먼저 유치에 나선 곳은 남구와 광산구지만 자치구 몫의 지방세만도 수십억 원에 달하는 것으로 알려지자 나머지 3개 자치구도 유치전에 뛰어들었다. 광주는 한전과 유관기관을 1곳에 모을 것이 확실 시 돼 5개 자치구 가운데 1곳만이 공공기관 이전의 직접적인 혜택을 보게 될 것으로 보인다.

15개 기관이 이전되는 전남은 상황이 더욱 심각하다. 22개 지자체가 모두 공공기관을 달라고 아우성이어서 극단적으로 1개 지자체에 공공기관 1개씩을 주더라도 7개 지자체는 공공기관을 받을 수 없는 상태다. 상대적으로 불이익을 보게 되는 지자체가 있을 수밖에 없는데 이것을 어떻게 조율할지가 가장 어려운 점이다.

(3) 공무원들의 지방발령 거부와 교육과 주거환경문제

공무원들이 지방으로 이전할 경우 지방교육환경의 질이 수도권에 비해 크게 떨어지기 때문에 이전하는 지역에서 자녀를 키울 수 없다는 것이다. 자녀의 학력 저하를 막으려면 사교육비가 엄청나게 늘어날 가능성이 높다는 점도 걱정이다. 게다가 그 비용을 감수하려 해도 학교 및 학원 등 교육환경이 제대로 갖춰지지 않았다는 점도 우려하고 있다. 자녀교육 문제가 먼저 해결되지 않으면 공공기관 이전은 생각할 수 없다. 또한 자녀가 있는 직원의 경우 교육문제가 해결되지 않고 공공기관 이전이 이뤄질 경우 부부가 떨어져 살 수밖에 없어 맞벌이부부 또한 주말부부가 될 것이다. 이에 따라 두 집 살림에 의한 비용이 증가하고 가정불화가 생길 가능성이 높아질 것이다.

(4) 공공기관의 경쟁력 약화

공공기관 이전은 또한 정부부문의 효율성을 심각하게 훼손할 가능성이 높다. 경쟁력 제고를 위해 구조조정이 가장 필요한 조직 중의 하나로 꼽히는 것이 공공기관이다. 방만한 조직과 불투명한 운영 등으로 일부 공공기관은 국민에게 복마전으로 인식되고 있는 것이 현실이다. 따라서 민간부문에 비해 상대적으로 비효율적이고 비대해진 공공부문의 슬림화는 시급한 사안이다. 그러나 정부는 이전에 따른 공공기관들의 저항을 무마하기 위해 구조조정은커녕 다양한 인센티브를 제안하고 있다. 더욱이 이전한 공공기관들이 일단 해당 지역의 주요한 고용기반으로 자리 잡게 되면 공공기관 구조조정은 곧바로 해당 지역의 경제기반을 흔드는 것으로 인식돼 구조조정은 불가능해질 것이다.

정부는 공기업들을 기능 군별로 분류, 유사한 기관끼리 분류했다. 석유공사를 에너지기능 군으로 정하고 에너지관리공단, 에너지경제연구원을 묶는 식이다. 그러나 공기업의 특성상 중앙정부와 업무를 조율해야 할 일이 많고 수도권에 주요 사업장이 많기 때문에 이동, 비용 측면에서 보면 이전기업들의 효율성은 크게 떨어질 것으로 보인다. 게다가 업무적으로 연관된 기업들이 대부분 수도권에 위치해 있고 당장 이전할 계획도 없어 업무협조 문제도 대두되고 있다. 민간연구소의 한 관계자는 "공공기관의 특성상 중앙정부와 조율해야 할 업무도 많고, 연관 기업이 수도권에 밀집돼 있는데도 인위적으로 지방에 배치함으로써 업무 효율성이 크게 떨어질 것이며 이는 결국 공공기관의 경쟁력 약화와 공기업 부실로 이어질 것"이라고 말했다.

(5) 유치에 실패한 광역단체의 반발

공공기관 이전 계획안 발표 후 광주, 전북 등은 환영이다. 박광태 광주시장은 "한전의 광주 이전을 광주시민과 함께 진심으로 환영한다"라고 말했다. 토지공사 등 13개 기관이 배정된 전북은 1만 2,000여 개의 일자리가 생겨나고 8,800여 억 원의 생산 유발효과가 있을 것으로 기대하고 있다. 경남은 본사 직원 수가 1,500여 명에 달하는 주택공사가 배치되자 반색하고 있다. 이의근 경북지사도 "여건을 감안하면 이번 결정은 최선의 선택이 아닌가 생각한다"라고 밝혔다. 반면 허남식 부산시장은 유치를 희망한 한전, 토공이 타 지역으로 이전하게 되자 원칙적으로 수용할 수 없다는 입장을 밝혔다. 주택공사를 희망했다가 농업기반공사를 배정받은 박준영 전남지사도 "전남의 미래 성장 동력인 BT 관련 기관이 송두리째 빠지거나 축소돼 실망과 함께 충격을 금할 수 없다"라고 목소리를 높였다. 제주도는 한국관광의 1번지를 자임하면서도 한국관광공사를 강원도에 내주게 되자 반발하고 있다.

(6) 영국 런던 사례를 통한 반대론

① 런던의 역할

20세기 초반의 수십 년간 영국에서는 경제활동의 중심을 런던을 비롯한 동남부지역에서 그 외의 침체된 지역으로 옮기려는 시도가 있었다. 그러나 1970년대 초반에 런던의 성장과 관련한 문제에 직면해 있다는 인식이 불거졌다. 그래서 기존의 경제활동을 이동시키려는 정책은 반전되었고, 런던 도심의 Docklands와 같은 가난한 지역을 재생시키고 재개발하려는 엄청난 노력이 행하여졌다. 이러한 노력으로 Canary Warf는 런던 도시보다 더 비중이 큰 금융 중심지가 되었다. 또한, 런던의 세계도시로의 역할은 현재 그 어느 때보다도 중요하다.

1996년 당시 영국 정부의 수석과학보좌관이었던 Hermann Bondi는 런던이 국가경제의 구심점이며, 이러한 구심점에 큰 혼란을 초래하는 것은 "국가 신경계의 중심에 결정적인 타격을 가하는 것"이라 말하였다. 이러한 생각에 따르면, 런던은 최고 우선순위 대접을 받을 가치가 있으며, 또한 그러한 대우가 필수인 것이다.

런던은 수 세기 동안 세계적 도시의 위상을 이어 왔다. 서울은 런던보다 큰 규모에도 불구하고 최근 세계도시 목록 안에 17위를 기록했을 뿐인 반면에, 런던은 뉴욕과 도쿄에 이어 3위에 올랐다.

② 정책 불일치

여러 프로그램들이 도입되었다가 철회되고, 다시 처음에 소개되었던 형태로 재도입되었는데, 이러한 프로그램들 사이에 일관성은 거의 존재하지 않았다. 정부보조를 받을 자격이 되는 지역들은 수년 동안 근본적인 경제적 형편 변화가 없는 상태로 너무나 많이 변화되어 와서, 이러한 변동은 보조의 종류가 끊임없이 변화하는 것과 짝을 이루어 민간 투자자들과 이동성을 가진 회사들에게 불확실한 환경을 만들어 내었다.

③ 공간 정책과 정치

이러한 정책수단 도입에 있어서 우여곡절을 겪은 부분적 이유는 노동당에서 보수당으로, 그리고 다시 노동당으로의 집권당의 변화에 있다. 노동당은 좀 더 간섭주의적이면서, 침체된 지역들로부터 상당한 정치적 지원을 받았고, 반면에 보수당은 자유시장에 가까운 입장을 도입하여 왔다.

④ 지역균형 정책

영국인들은 결코 지역균형개발을 목표로 한다고 사칭한 적이 없다. 가난한 지역과 풍요한 지역 간의 실업률 차이는 항상 극복하기에는 너무나 큰 것이었고, 수십 년간 거의 변화하지 않았다.

사실, 지역균형개발은 키메라(근거 없는 망상을 상징)이다. 이는 수십 년간의 경제 문헌조사에서 증명된 바이다. 집약경제는 비록 텔레커뮤니케이션으로부터의 이득이 대면적 의사소통의 필요성을 감소시킨 것을 고려할 때 그 중요성이 어느 정도 삭감된 것이 분명하지만, 이것은 여전히 중요하다.

⑤ 공간적 규모

1990년 이래 공간정책들이 더더욱 지방보다는 도시지향적이었다. 거시적 관점에서 볼 때, 침체된 지역에 대한 관심으로부터 도시 내부와 도시의 메트로폴리탄 지역 안에서의 역할 확대에 대한 강조로 두드러지게 옮겨졌다. 이는 국가가 도시지역에 의하여 점점 더 그 중요성이 줄어들고 있고, 도시지역이 광범위한 지역적 접근보다는 능률성과 형평성을 융화시키는 것에 더 나은 가능성을 제공한다는 논의와 일치한다.

적정한 공간 규모에 대한 질문 역시 아주 중요하다. 이 규모는 세 가지—지역, 도시레벨, 근린(neighborhood)—로 구분된다. 영국에서의 공간정책들은 규모 면에서 시간이 흐름에 따라 지역에서 도시, 그리고 근린으로 하향 이동하였다.

지역이 지배적인 위치를 차지하고 있던 시기에는 주로 제조업 중심이었던 일자리를 고실업 지역으로 지방분산시키는 것이 정책의 목표였다. 하지만 지나친 지방분산은 집약경제에 높은 경제비용을 초래한다.

이와 같은 딜레마를 고려하면, 오래된 산업 도시들은 회사들의 폐점, 불충분한 기반시설, 상공업지역의 문제들, 그리고 빈 건물들로 인하여 어려움을 겪고 있었다. 그래서 정책은 도시재생의 어려운 문제들로 되돌아가는 것이 이치에 맞는 일이었다. 건설 활동은 고용을 창출할 것이었고, 도시 르네상스는 융화적인 복합용도 사이에 시너지 효과를 창출해 내면서 중심도시들로 전문직 종사자들을 다시 끌어들일 것이었다.

이러한 시도로 성공한 케이스들은 교외지역 내에 위치한 재활성된 동네들과 가난한 동네들 간의 불균형을 넓혀 심각한 메트로폴리탄 내의 문제들을 발생케 했다. 영국 사람들이 소위 말하는 사회적 통합 이슈로의 주위집중은 세 번째 레벨의 공간적 규모인 근린으로 낮추어야 할 필요성을 만들었다. 이들 근린 재생의 노력은 이제 막 수행되어서, 이에 대한 결과물을 예측하기는 아직 이르다.

⑥ 희소한 자원 대 공간적 형평성 목표

형평성과 능률성 사이에는 trade-off가 필요하다. 런던 그리고 South East 지역이 수십년간 영국경제를 지배해 왔고, 이들의 경제적 성공은 나머지 지역으로 높은 실업률을 줄일 부의 재분배를 용이하게 하고, 지역개발을 촉진시킬 것이란 점이 인식되어 왔다.

⑦ 제조업에의 편견

탈공업화 이후 서비스 부문이 자리 잡으면서 더욱 런던이 경제의 중요한 주 동력원이 되었다.

⑧ Top-Down Planing

영국은 단일정부 체제이기 때문에 top-down(상위에서 하위 정부로의) 계획은 필수적이라고 할 수 있다.

⑨ Small Geographical Size

영국은 매우 작은 나라이다. 따라서 이전보다 더 빨라진 교통수단이 존재하는 이 시대에, 공간정책과 지방분권이 과연 중요한지 물음을 제기한다.

⑩ 영국의 사례와 한국에게 주는 시사점

가장 중요한 이슈는 지역 균형개발을 고수하는 것이 한 도시의 세계적 위치를 훼손시킬 것이냐의 문제이다. 이에 대한 답은 그럴 수 있다는 것이다. 런던과 Southeast 지역에 비하여 침체된 지역의 실업률은 지속적으로 2~3배가량 높아 왔지만, 지역 간 균형을 이룩하는 일은 결코 가능한 적이 없었던 것이다. 대신에, 영국의 전략은 런던을 더욱 견고하게 만들어 이러한 성장 엔진이 여분의 재원을 생산하고, 이것이 세금제도를 통하여 비교적 운이 좋지 않았던 가난한 지역으로 재분배되어 공간적 불균형을 완화시키는 것이었다.

"황금 알을 낳는 거위를 죽이지 말라." 영국은 현재 서유럽의 가장 강력한 경제대국 중 하나이며, 이러한 결과에 대한 이유는 하나뿐이다. 런던이 그 배후지인 것이다. 현재 중국은 한국보다 빠른 속도로 성장하고 있으며, 적어도 세 도시들(상하이, 홍콩, 베이징)은 세계도시의 위치를 향하여 시합하고 있다. 동아시아의 이렇게 치열한 국가 간 경쟁을 감안한다면, 현재 지역균형이란 그릇되고 도달하기 어려운 목표를 위하여 서울을 훼손시키는 것은 너무나도 잘못된 것이다.

한국은 영국보다도 지리적으로 더 작지만 인구밀도는 더 높다. 교통비용은 교통 인프라 투자로 인하여 줄어들고 있다. 어떠한 지역개발 전략도 이치에 맞을지 아닐지는 의심스럽다. 아마도 시장을 따라가고 필요한 교통인프라를 지원하는 것이 시장을 지배관리하려는 것보다 나을 것이다.

3) 공공기관 이전 비판에 대한 정부 입장

① '전국이 신도시 개발로 몸살을 앓게 될 것'이란 비판에 정부는 주택건설 등 도시개발을 위한 토지수요를 감안해 중 · 장기 택지공급 계획을 세우고 매년 적정한 면적의 땅이 공급되도록 하고 있다. 따라서 이번에 공공기관 이전과 연계해 조성되는 '미래형 혁신도시' 역시 매년 새로 공급되는 택지물량 평균 범위 내에서 개발되는 것으로 혁신도시 조성으로

인한 면적 자체의 증가는 그리 크지 않을 것이다.

② '막대한 자원이 투입되어야 할 것'이란 비판에 미래형 혁신도시는 택지지구, 산업단지 등과 같이 사업시행자가 비용을 부담하기 때문에 정부의 직접적인 예산 부담은 발생치 않는다. 또한 지방으로 이전하는 공공기관들도 원칙적으로 수도권 내 기존 부지와 청사를 매각한 자금으로 부지를 구입하고 건물을 짓게 되므로 공공기관 이전과 미래형 혁신도시 개발에 따른 정부의 직접적 부담은 그리 많지 않을 것이다.

③ '졸속 탁상행정? 즉흥 아이디어?'라는 비판에 공공기관 이전계획은 갑작스럽게 만들어진 것이 아니다. 지난번 노무현 대통령의 공공기관 지방이전계획 발표 이후 정부는 계획 수립과 이를 뒷받침할 혁신도시 구성방안을 지속적으로 준비했다. 대통령 자문국가균형발전위원회와 건설교통부에 전담 조직을 구성하고, 필요한 법령, 예산, 단지개발 문제 등 사항을 꼼꼼히 챙기는 한편 전문 연구기관의 검토 설치를 마쳤다. 특히 프랑스, 영국, 스웨덴, 일본 등 주요 선진 외국에 조사단을 파견하여 주요 사례를 수집, 분석했다.

④ '부동산 투기심리 자극'이란 비판에 미래형 혁신도시는 인구 2만 명(50만 평 내외) 정도를 수용하는 소규모로 조성된다. 따라서 대규모 개발수요를 가져와 투기를 불러일으킬 가능성은 크지 않다. 특히 혁신도시는 땅값 상승의 이득이 토지소유자에게 귀속되지 않도록 '공영개발 방식'으로 조성 투기의 유인 자체를 차단할 계획이다. 그러나 토지거래와 땅값의 동향을 면밀히 점검하여, 투기 우려가 있거나 투기 조짐이 포착되는 경우에는 해당 지역을 토지거래허가구역이나 토지투기지역 등으로 지정해 철저히 관리할 계획이다. 또, 토지거래 전산망을 활용해 투기혐의자를 적발하는 한편 관련자 명단을 세무 당국에 통보하는 등 투기방지대책에 만전을 기할 방침이다.

⑤ '기업들이 안 따라갈 경우 텅 빈 도시'라는 비판에 충북 오송 지역에 조성 중인 생명과학단지에 4개 공공기관(식품의약품안전청, 질병관리본부, 국립독성연구원, 국립보건진흥원)이 이전할 경우 이들 기관뿐만 아니라 관련 기업과 연구소 등 150여 개의 민간기관이 함께 이전하게 된다는 것으로 공공기관의 이전은 유관기업 및 연구소 등을 흡인하는 효과가 매우 크다. 즉 특화 기능별로 묶어 공공기관을 한곳에 집단 이전시킬 경우 상당수의 민간기업이 동반 이전될 가능성이 매우 높다는 것이다.

4) 주요 국가의 공공기관 지방이전과 그 결과

공공기관의 지방이전을 통해 수도권인구분산을 효과적으로 추진한 주요국가 프랑스, 영국, 스웨덴, 일본에서의 지방이전 사례는 다음과 같다.

(1) 프랑스의 공공기관 이전

프랑스 정부는 1955년부터 수도인구집중에 대해 적극적으로 대응하기 시작하였다. 1962년 당시 프랑스 파리시 인구는 275만(전국의 6.0%)이고 일드프랑스의 인구비는 847만(18.5%)이었다.

드골 대통령은 국토균형발전을 위하여 1963년에 수상 직속 하에 '국토균형발전기획단(DATAR)'을 건설부와 별도로 설치하여 국토균형개발을 담당하도록 하였다.

기획단은 1960년부터 1990년까지 공공기관 지방이전을 적극 추진하여 25,000명의 공무원과 공공기관 종사자를 지방으로 이전하였다. 아울러 수도권으로의 인구집중을 억제하기 위하여 1955년부터 건축허가제(아그레망), 60년부터 과밀부과금제(르데방스)를 시행하였다. 이로 인해 68년 일드프랑스 인구비는 18.2%(925만)로 감소하였다. 80년대에 도시경쟁력을 높이기 위해 기업건축허가제의 폐지, 82년에 사무실을 제외한 과밀부과금제의 폐지, 84년 공장, 사무실 건축허가제의 완화를 추진하여 라데팡스 등 고도 업무단지를 건설하였다. 지방균형발전을 위하여 1991년부터 2001년까지 7차에 걸쳐 270개 공공기관을 지방으로 이전하여 34,000명의 인원을 지방에 분산 이전하였다.

공공기관의 지방이전 원칙은 먼저, 지방경제에 영향을 줄 수 있는 국가기관, 공공기관, 공공기업 및 준국영기업, 교육기관들을 지방에 분산 배치하였다. 이전대상도시는 20만 명 이상의 대도시를 비롯하여 2만 명 이하의 소도시까지 78개 도시에 이른다. 다음으로, 90년대에는 지역균형발전을 위하여 지방 '균형도시'와 지역 '중심도시'의 성장을 공공기관의 이전과 연계하여 추진하였고 특히 8개의 지방균형도시를 지정하여 지방도시 간 균형발전을 추구하였다.

이러한 일련의 정책추진으로 인해 2000년의 수도권 인구비는 18.2%로서 1970년의 수도권 인구비를 유지하게 되었다. 지방균형도시가 크게 성장하고 지방 중심도시의 발달로 인하여 프랑스는 곳곳에 파리와 같은 오아시스가 생겨나게 되었다. 프랑스의 수도권과 지방은 상생적이고 공생적인 관계를 갖게 되었다.

(2) 스웨덴의 공공기관 지방이전

스웨덴은 1950년에 이미 수도권인구비가 15.5%(109만)가 되어 인구과밀을 염려하였다. 수도인 스톡홀름의 집중을 완화하고 지방의 균형발전을 도모하기 위하여 1969년에 지방분산위원회를 설치하여 공공기관의 지방이전을 추진하였다. 지방이전대상기관은 정부의 중추기능을 제외한 중앙정부의 집행 및 연구기능을 주 대상으로 하였다. 1971년 36개 기관

(7,350명), 1973년에 16개 기관(4,000명)을 이전대상기관으로 선정하였다.

지방이전의 원칙으로서 스톡홀름을 비롯한 3대 대도시(예테보리, 말뫼)를 제외하고 인구 10만 명 이상인 17개 도시를 이전대상지로 하였다. 지방이전의 행정적 효율성을 강조하면서 중소도시의 발전과 균형발전을 위하여 가능한 수도권으로부터 먼 거리에 배치하도록 하였다. 이러한 인구분산정책에도 불구하고 수도권 인구비는 20.1%(178만)가 되었다. 비록 50년대에 비해 수도권 인구비가 증가하였지만 수도권에 과도하게 집중하지 않도록 인구분산정책을 추진한 스웨덴의 사례는 모범적이다.

(3) 일본의 공공기관 지방이전

도쿄수도권의 인구추이를 보면 지난 1970년에 수도권 인구비가 28.9%(3,026만)였다.

일본은 1959년에 공업 등 제한구역 내 공장 신증설허가제를 실시하기 시작하였다. 1960년 당시 도쿄도의 인구는 831만(8.9%)이었다. 일본도 도쿄도를 중심으로 한 일극집중을 완화하기 위한 국가기관 등의 지방이전을 위해 88년에 「다극분산형 국토형성촉진법」을 제정하였다. 수도권으로의 인구집중이 과도한 데에 대한 위기감이 공감대를 이루었기 때문이다. 일본은 1988년부터 2002년까지 40개 국가기관 19개 공공법인 등 59개 기관(40,900명)을 지방으로 이전하였다. 연구기관은 츠쿠바, 간사이 등지에 연구단지를 만들어 집단 이전하였다. 그러나 수도권인구 감소에 큰 영향을 주지 못하였으니, 그것은 공공기관이 수도권 내로 이전하였기 때문이다. 2000년에 수도권 인구비는 32.6%(4,132만)에 이르게 되어 집중폐해를 인정하게 되었다.

이에 1992년 12월에는 국회에서 「국회 등의 이전에 관한 법률」을 제정하여 행정수도 건설을 결의하기에 이르렀다. 1995년 수도이전의 타당성과 이전대상지의 선정기준 등을 마련하고, 2000년에 3개 후보지로 압축하였다. 현재 국회특별위원회가 설치되어 수도이전을 심층 논의하고 있다. 2002년에는 1959년부터 시행해 온 제한구역 내 공장 신증설허가제를 폐지하여 기존 시가지를 개선하도록 하였다.

〈표 8-5〉 주요국가의 공공기관 지방이전 사례

구 분	수도권과밀과 국토불균형 문제 극복		낙후지역개발을 위한 국가기관 지방분산	
	수도외곽 분산형	정부부처 지역분산형	공공기관 지방이전형	
	일 본	영 국	스 웨 덴	프 랑 스
이전 목적	도쿄의 과밀해소	런던의 과밀억제 지방활성화	수도의 인구억제 지방인구감소 방지	파리집중억제 낙후지역 개발
이전 기관 선정 기준	도쿄도 도심에 입지가 부적당한 행정기관 및 특수법인 수도 기능	행정효율성 저하가 적고 비교적 자립적인 기관	중앙정부와 관련이 적은 기관 중앙정부 집행기능이나 연구기능	중앙행정기관과 연계가 적은 기관 국가의 지원을 받는 기관
이전 대상 지역	공공기관은 수도권 업무 핵도시 중심 수도 기능은 미정	보조기역 및 실업률이 높은 70여 개 도시	3대 도시권을 제외한 인구 10만 이상 17개 도시	고용이 감소하는 지역 78개 도시
이전 경위	공공기관은 '88~'89년 기본방침, 이전결정 수도 기능은 '90년 국회에서 의결	'62년 프리밍보고 '73년 하트만 권고 '88년 행정개혁	'69년 지방분산위원회 설치 '71년 1단계 결정 '73년 2단계 결정	'91~'92년 3차에 걸쳐 이전계획 발표
이전 규모	공공기관 17,000명 수도 기능 약 10만 명	1단계: 19,500명 2단계: 31,000명	정부직원의 1/4인 11,000명	'01년까지 공무원 30,000여 명
이전 지원	각 부처에서 주택입주권 알선 이전을 원하지 않는 직원에 대한 대책 강구	이전수당 주택수당 자녀교육비 보조	이전이 곤란한 직원은 타 직업 알선 공공주택입주권 가족의 직장 알선	이전을 원하지 않는 직원은 유사기관 및 타 직업 취업 알선 이전보상금 및 이전비용 지급

3. 우리나라의 공공기관 이전 추진과 정책

1) 공공기관 이전 계획 및 이전실적

우리나라는 공공기관 이전을 3차례에 걸쳐 모두 59개 기관을 이전하였다. 1973년 시행한 제1차 공공기관 지방이전의 경우 46개 공공기관(24개 정부소속·출연기관 및 22개 정부투자·출자기관)을 대상으로 계획하였는데, 40개 기관이 이전하였다. 1980년에 시행한 제2차 공공기관 이전계획은 과천 및 대덕연구단지로의 이전을 중심으로 시행하였다. 1985년에 수립된 제3차 계획은 그 후 수정되어 대전 둔산 지구에 9개 청을 중심으로 이전하였다. 이와는 별도로 대덕연구단지를 조성('73~'92)하여 정부출연연구기관 등을 이전하였다.

우리나라 공공기관이전정책을 평가하면 먼저, 주요 이전대상 기관의 경우 정부기관, 국영기업체, 정부출연 연구기관 등이며 총 59개 기관 약 20,000여 명이 이전하여 이전계획 대비 추진실적은 약 86% 정도를 나타내고 있다. 이전지역은 이전기관의 상당수가 수도권 내 이전을 계획하여 지방이전 시책에는 미흡하였다. 이러한 결과는 이전계획 당시 지역 간 상대적인 낙후성으로 고급인력의 정착여건이 미흡하고, 이전지역의 생활편의시설이나 교육시설 등의 질적인 격차로 인해 이전기피현상이 반영된 것으로 보인다. 이전방식은 일부 연구기관의 대덕연구단지로의 이전 및 청단위기관의 정부 대전청사로의 이전을 제외하면 개별기관별로 이전이 추진되었다.

〈표 8-6〉 국내 이전계획 및 이전실적

구 분	1차 이전계획('73)	2차 이전계획('80)	3차 이전계획('90)
목적	서울 및 수도권으로의 인구집중 억제	수도권 인구과밀문제 해소	국토균형발전과 수도권 인구 소산
대상기관	이전이 용이하고 이전비용이 적게 드는 기관 운영상 이전이 합리적인 기관	이전이 용이한 기관 대상기관의 기능 및 인구 흡인 효과가 큰 기관	기능이 특정분야 타 기관과 연계가 적은 기관 지방입지가 효율적인 기관
이전형태	이전가능한 기관의 개별이전	이전이 가능한 기관의 개별이전	청(廳) 단위 기관의 집단이전
이전지역	지방에 대지 및 건물보유지역 업무상 상호 연관 기관은 동일지역	수도권(과천 등)에 7개 기관 비수도권(대덕 등)에 7개 기관	대전, 신탄진 및 둔산지구 정부대전청사
이전계획	24개 정부소속출연기관 22개 정부투자 · 출자기관	13개 정부소속 · 출연기관 1개 정부투자기관	16개 중앙행정기관 및 1개 정부소속기관
이전실적	이전계획기관 46개 중 40개 기관 이전 법무연수원 등 18개 정부소속 · 출연기관과 한국도로공사 등 22개 정부투자 · 출자기관 기관의 특성상 이전이 어려운 서울맹아학교 등 2개 기관이 대상에서 제외	이전계획기관 14개 중 10개 기관 이전 국립지리원 등 9개 정부소속 · 출연기관과 정부투자기관인 한국토지공사 1개 기관	당초 이전대상 13개 기관 중 전매청 1개 기관만 이전 최종적으로 조달청, 통계청, 산림청 등 9개 청 단위 기관과 정부기록보존소 등 10개 기관 이전

자료: 건교부, 2003. 수도권 집중요인 분석 및 기능분산방안 연구

이전효과 측면에서는 이전한 기관 중 일부 기관이 서울 또는 수도권으로 복귀하여 공공기관의 실질적인 분산효과가 미흡하였고, 이전한 일부 기관의 경우 서울에 지사 또는 분원을 설치하여 이전효과가 반감되었다. 또한 무엇보다도 이전기관 및 이전직원에 대한 종합적인 지원책이 미흡한 한계가 있었다.

2) 공공기관 이전대상 및 추진일정

앞으로 국회에서의 심도 있는 논의와 공개토론회 등을 거쳐 확정 · 발표 추진될 개별기관의 구체적인 이전 시기는 이전협약의 내용에 따라 다르겠지만, 입지선정, 기본계획 수립

에 착수하여 '12년까지 공공기관 이전 및 혁신도시 건설완료를 목표로 추진하고 있다.

「국가균형발전특별법」상의 공공기관(중앙행정기관 포함)은 전국적으로 410개이며, 약 85%인 346개 기관이 수도권에 소재하고 있다. 국가균형발전특별법 제18조 및 동법 시행령 제15조의 규정과 국가균형발전위원회의 심의를 거쳐 수도권 소재 346개 공공기관 중 176개 기관을 이전대상기관으로 선정하였다.

〈표 8-7〉 시도별 공공기관 분포 및 종사자 수

권 역		기 관		종 사 자	
		기관 수	비중	종사자 수	비중
수도권	서울	244	59.5%	50,527	52.7%
	인천	13	3.2%	3,161	3.3%
	경기	89	21.7%	20,105	21.0%
	소계	346	84.4%	73,793	77.0%
충청권	대전	36	8.8%	17,285	18.0%
	충북	1	0.2%	154	0.2%
	충남	9	2.2%	968	1.0%
	소계	46	11.2%	18,407	19.2%
호남권	광주	3	0.7%	251	0.3%
	전북	1	0.2%	36	0.0%
	전남	1	0.2%	32	0.0%
	소계	5	1.2%	319	0.3%
영남권	부산	6	1.5%	2607	2.7%
	대구	1	0.2%	139	0.1%
	충남	3	0.7%	429	0.4%
	소계	10	2.4%	3,175	3.3%
강원		1	0.2%	57	0.1%
제주		2	0.5%	134	0.1%
총 합계		410	100.0%	95,885	100.0%

〈표 8-8〉 이전대상기관 선정기준

구 분		선 정 기 준
잔류	법정잔류(균특법 시행령15조 1항 1호~6호)	중앙행정기관 수도권을 관할 구역으로 하는 기관 수도권 안의 낙후지역과 폐기물 매립지에 소재한 기관 공연·전시·도서·지역문화복지·의료시설 등 수도권 주민의 문화·복리 증진에 기여하는 시설을 관리하는 기관 수도권 안에 소재한 문화유적지, 묘지, 매립지, 남북출입장소, 철도역, 공항 등을 관리하는 기관 구성원 상호 간의 상호부조, 권익향상 등을 목적으로 설립된 기관

	심의잔류(수도권 잔류 불가피성이 인정되는 기관(균특법 시행령 제15조 1항 7호)	이전비용이 기대효과에 비해 현저히 큰 기관 민간성격이 강하여 이전강제가 곤란한 기관 동북아 경제 중심 조성 등에 필요한 기관 수도권 입지의 고정성 · 상징성이 큰 기관 지방에 유사기능을 수행하는 별도 법인이 있는 기관 지방이전 시 업무수행이 사실상 불가능하다고 판단되는 기관 주 고객인 행정부처 잔류에 따라 잔류하는 기관
이전	중앙행정기관과 동반 이전기관	행정중심복합도시에 이전하는 중앙행정기관과 밀접한 관련이 있는 기관
	일반이전 가능기관(지역분산입지형)	중앙정부의 집행기능이나 연구기능을 수행하는 기관 수도권과 연계가 적은 기관 이전비용이 적게 드는 기관 업무기능과 기관운영상 이전이 합리적인 기관 지역개발 파급효과가 큰 기관 등

정부가 잠정적으로 확정한 공공기관은 다음과 같다.

〈표 8-9〉 정부가 잠정적으로 확정한 공공기관

정부소속 기관(68)	교육 · 연수 기능 또는 연구 활동을 주로 하는 기관(23)	중앙공무원교육원, 교육인적자원연수원, 국립특수교육원, 통일교육원, 법무연수원, 국방대학교, 자치인력개발원, 농업연수원, 건설교통인재개발원, 국세공무원교육원, 국세기술연구소, 기상연구소, 경찰대학, 경찰종합학교, 국립방재연구소, 농업과학기술원, 농업공학연구소, 원예연구소, 축산연구소, 작물과학원, 한국농업전문학교, 농업생명공학연구원, 해양경찰학교
	특수한 기능을 수행하기 위해 설립된 기관(32)	국립과학수사연구소, 국립농산물품질관리원, 국립수의과학검역원, 국립식물검역소, 국립종자관리소, 기술표준원, 정보통신부지식정보센터, 정보통신부조달사무소, 전파연구소, 질병관리본부, 노동부종합상담센터, 중앙해양안전심판원, 국립해양조사원, 국립수산물품질관리원, 국세종합상담센터, 중앙관세분석소, 조달청중앙보급창, 기상통신소, 중앙신체검사소, 운전면허시험관리단, 중앙119구조대, 산림항공관리소, 국립독성연구원, 해외홍보원, 영상홍보원, 국세심판원, 금융정보분석원, 경제자유구역기획단, 지역특화발전특구기획단, 광업등록사무소, 우정사업본부, 항공안전본부
	전문분야에 대한 의결 또는 심의 등을 위해 설립된 각 부처 소속위원회(13)	소청심사위원회, 보훈심사위원회, 공적자금관리위원회, 교원소청심사위원회, 전기위원회, 무역위원회, 통신위원회사무국, 중앙환경분쟁조정위원회, 산업재해보상보험심사위원회, 중앙노동위원회, 최저임금위원회, 중앙토지수용위원회, 항공사고조사위원회
정부출연 기관(54)	특정분야 연구개발을 위해 설립된 기관(32)	경제사회연구회, 한국개발연구원, 한국조세연구원, 대외경제정책연구원, 산업연구원, 에너지경제연구원, 정보통신정책연구원, 한국보건사회연구원, 한국노동연구원, 한국해양수산개발원, 교통개발연구원, 한국환경정책 · 평가연구원, 한국농촌경제연구원, 국토연구원, 과학기술정책연구원, 인문사회연구회, 한국교육과정평가원, 한국직업능력개발원, 한국법제연구원, 한국청소년개발원, 한국교육개발원, 한국과학기술기획평가원, 기초기술연구회, 공공기술연구회, 산업기술연구회, 한국해양연구원, 한국식품연구원, 한국지방행정연구원, 산업기술시험원, 요업기술원, 한국산업기술평가원, 한국보건산업진흥원
	그 밖에 정부가	신용보증기금, 한국소비자보호원, 한국학술진흥재단, 한국교육학술정보원,

	출연한 기금, 재단 또는 각종 공단 등(22)	재외동포재단, 국방품질관리소, 석탄사업합리화사업단, 에너지관리공단, 한국소프트웨어진흥원, 한국전산원, 한국정보문화진흥원, 한국정보보호진흥원, 국립공원관리공단, 근로복지공단, 산재의료관리원, 한국노동교육원, 한국산업안전공단, 한국산업인력공단, 한국시설안전기술공단, 교통안전공단, 도로교통안전관리공단, 중소기업진흥공단
정부투자기관(21)	(재투자기관포함)(21)	한국관광공사, 농업기반공사, 농수산물유통공사, 대한석탄공사, 한국석유공사, 대한광업진흥공사, 주택관리공단, (주)한국건설관리공사, 한국토지공사, 한국도로공사, 대한주택공사, 한국전력공사, 한국수력원자력(주), 한국전력기술(주), 한전기공(주), 한국중부발전(주), 한국서부발전(주), 한국남부발전(주), 한국동서발전(주), 한국남동발전(주), 한전KDN(주)
정부출자기관(5)		한국자산관리공사, 한국주택금융공사, 한국가스공사, 한국감정원, 대한주택보증(주)
기타 공공법인(29)		한국보훈복지의료공단, 증권예탁결제원, 사립학교교직원연금관리공단, 한국사학진흥재단, 한국국제교류재단, 대한법률구조공단, 한국갱생보호공단, 공무원연금관리공단, 대한지적공사, 영화진흥위원회, 저작권심의조정위원회, 한국간행물윤리위원회, 영상물등급위원회, 한국문화예술진흥원, 한국문화콘텐츠진흥원, 한국청소년상담원, 한국가스안전공사, 한국전기안전공사, 한국산업단지공단, 한국승강기안전관리원, 한국전자거래진흥원, 한국전력거래소, 한국무선국관리사업단, 프로그램심의조정위원회, 한국인터넷진흥원, 대한적십자사, 국민연금관리공단, 건강보험심사평가원, 국민건강보험공단

(1) 공공기관이양 기준

① 영향의 범위

공공기관을 이양하는 기준의 가장 기본적인 원칙으로 영향의 범위가 있다. 각각의 행정서비스는 그 공급으로 인한 이익과 비용을 내부화할 수 있는 최소한의 지역에 통제권을 갖는 관할권(정부)에 의하여 공급되어야 하는 것이다. 이는 달리 말해 특정 기능의 영향이 지역에 한정되는 경우에는 그 지방자치단체가 수행하는 것이 효율성을 높일 수 있음을 의미하기도 한다.

그런데 특정 사무로 인한 이익과 비용을, 그것도 외부효과를 포함해서 정확하게 측정하는 것이 거의 불가능하다는 점에서 이러한 원칙을 우리의 현실에 그대로 적용하기에는 한계가 있다. 따라서 이러한 측정상의 난점을 우회하기 위하여 첫째, 특정기능이 전국적 계획에 의한 조정이 필요하지 않다면, 둘째, 전국적으로 통일적으로 기능이 수행될 필요가 없다면, 그리고 셋째, 기능을 수행하였을 때 발생하는 효력이 지역에 한정한다면, 지방자치단체에 이양하는 것으로 한다.

② 정책단계에 의한 기준

모든 기능을 영향의 범위에 의하여 나누려는 논리는 동일한 기능이라도 그 목적을 달성하기 위해 필요한 정책단계에 따라서 서로 다른 정부가 담당하여야 하는 경우가 있다는 것을 간과하고 있다. 따라서 중앙정부는 머리의 역할을 하고, 가까이서 지역주민들에게 행정서비스를 공급해주는 지방정부는 손발의 역할을 함으로써, 보다 효율적인 기능배분이 가능하다. 즉 정책결정은 중앙정부가, 정책집행은 지방정부가 담당하는 기능 배분안이 제시되는 것이다. 이러한 결정과 집행의 분리는 동일한 기능에 대하여 중앙정부와 지방정부가 역할을 분담하는 오늘의 초정부관계화시대의 실제적 기능배분이라는 것을 잘 설명해준다.

이런 경우는 자치단체별 행정수요와 지역적 특성에 관계없이 일괄적으로 적용가능한 상위의 정책과 그에 따른 지침, 기준 등을 결정하는 기능은 중앙정부가 담당하며, 지방자치단체는 집행과정에서 그 지역의 행정수요 및 특성을 고려하여 하위의 정책결정을 내리고 이를 집행하게 된다. 이러한 하위수준의 결정기능과 집행기능은 그 영향이 해당 지역사회에 한정되므로 지방자치단체로 이양하는 것으로 한다.

③ 정책의 규모 및 중요성

정부는 그 기능에 따라, 책임을 지는 정부와 공급을 담당하는 정부로 구분함으로써 중앙정부와 지방정부가 동일한 기능을 공유할 수 있도록 규모 혹은 중요도에 따라 그 역할을 배분할 수 있다. 특히 제조업, 교육, 사회후생 등이 여기에 해당하는데, 이러한 배분의 방식은 정책과정상의 단계와 규모 혹은 중요도에 따라 그 기능을 2개 이상의 정부에 배당할 수 있다는 장점이 있다. 또 산업의 육성이라는 기능에 대하여 국가는 국가 기간산업의 육성을 담당하고 지방정부는 지역의 중소기업을 육성하도록 역할을 분담하는 것도 이러한 논리에 해당하는 것이다.

④ 지역적 특성의 고려 여부

위의 세 가지 기준은 모두 행정의 산출(out put) 측면에 초점을 두고 있는데, 이러한 결과 위주의 기준들을 보완하기 위해서는 행정의 투입(in put) 측면을 고려한 기준이 필요하다. 이러한 투입의 기준으로는 그 기능이 지역적 특성을 많이 고려할 필요가 있는가(지역의 정보가 많이 필요한가), 즉 지역적 특성을 고려할수록 보다 양질의 행정서비스를 공급할 수 있는가를 생각할 수 있다. 따라서 이러한 기준에 부합할 경우에는 지방자치단체로 그 기능을 이양한다.

(2) 공공기관 지방이양의 추진 경과

공공기관 지방이양의 추진 경과를 살펴보면 다음과 같다. 2003년 6월 '국가균형발전을 위한 대국 구상'에서 국가균형발전을 위한 공공기관 지방이전 방침을 발표하였다. 2004년 4월 국가균형발전특별법에 법적 근거를 마련하고, 2004년 8월 공공기관 이전방안의 기본원칙과 추진방향을 발표하였다. 2004년 하반기 동안 공공기관의 이전 희망지역 조사, 시 · 도별 정책 설명회 개최 및 유치 희망기관 조사 등을 통해 구체적 의견을 수렴하였다. 이전계획의 확정, 발표를 위한 국회 보고, 노조와의 대화, 공청회 등 광범위하게 의견을 수렴하였다.

2005년 2월 공공기관 이전계획을 국회 '신행정수도후속대책특위'에 보고하고, 2005년 3월 국무회의와 2005년 5월 '건교상임위원회'에 보고하였다. 각 부처별로 T/F를 구성하고, 노조 및 직원들을 대상으로 설명회를 개최하고, 2005년 5월 국가균형발전학술대회 및 공청회 등을 개최하였다. 2005년 5월 정부와 12개 시 · 도지사 간 시 · 도별 배치의 기본원칙과 방법에 관한 '중앙과 지방 간 기본협약'을 체결하여 상호협력 기반을 구축하였다. 2005년 6월 24일 최종계획안은 국가균형발전위원회 심의를 거쳐 국무회의에 상정하여 최종심의를 확정하였고, 이전대상기관 명단, 시 · 도별 배치방안, 지원방안, 향후 추진계획 등 주요내용은 관보에 고시하였다.

① 정부의 시도별 배치 기본 방향과 현황

기본원칙은 다음과 같다.

첫째, 이전지역은 수도권과 대전을 제외한 12개 광역시 · 도로 정하였고, 대전광역시의 경우 대전청사와 대덕연구단지 등 다수의 공공기관이 소재하고 있어 대상지역에서 제외하였다.

둘째, 지역의 공공기관 이전배치의 기본원칙으로 형평성 원칙에 따라 시 · 도별 지역발전 정도를 감안하여 적정하게 차등 배치하였다.

셋째, 효율성의 원칙에 따라 공공기관 지방이전이 지역발전에 최대한 기여할 수 있도록 지역여건과 각 기관의 특성을 종합적으로 고려하여 이전지역을 결정하였다.

넷째, 가능한 범위 내에서 지역의 유치희망기관, 기관의 이전희망지역 등을 반영하였다.

② 시 · 도별 발전 정도에 따라 배치규모의 차등화

각 기관의 이전 파급효과를 평가하여 점수화하고, 지역의 발전 정도 등을 감안하여 시 · 도별로 차등 배치하였다. 기관별 가중치는 본사인원, 지방세납부액, 예산규모 등 다양한 요소를 평가하여 산정하였다. 지역발전 정도와 규모 등이 유사한 시 · 도에 배치된 기관의 총점과 비슷하도록 고려하였다. 지역발전 정도는 인구증가율, 1인당 GRDP, 1인당 소득법인세, 1인당 지방세, 취업자증가율, 재정자립도 등을 포함한 각종 지표를 종합적으로 고려하여 산정하고, 상대적으로 발전이 취약한 도에 광역시보다 많은 기관을 배치하여 균형발전 효과를 증대하고자 하였다.

③ 유사한 성격의 기관은 기능군으로 분류하여 배치

공공기관 지방이전의 효과를 극대화하기 위하여 이전기관을 최대한 기능군으로 분류하였다. 기관 상호간에 직접적인 업무 연계가 없더라도 유사한 영역의 업무를 수행하는 경우 동일 기능군으로 분류하였다(예: 한국석유공사, 에너지관리공단, 에너지경제연구원 → 에너지 기능군으로 분류). 대규모 정부투자기관도 관련 기능군에 포함시켰다(예: 대한주택공사 → 주택건설기능군, 한국도로공사 → 도로교통기능군으로 분류). 기능군별 기관 수, 기관 총점 규모는 가급적 유사한 규모가 될 수 있도록 조정하였다(예: 농업관련기관 → 농업지원 1, 2, 3으로 구분).

각각의 기능군은 제4차국토종합계획수정계획(안) 국가균형발전5개년계획에서 제시된 지역발전방향과 지역전략산업 육성 및 지역별 산업구조와 특성 등을 감안하여 지역별로 배치하였고, 대규모 투자(출자)기관이 포함된 기능군은 시 · 도별로 중복 배치되지 않도록 조정하였다.

3) 공공기관 지방이전의 배치기준 및 세부내역

(1) 공공기관 이전의 배치기준 및 현황

정부는 지역 전략산업과 공공기관의 기능적 특성을 연계해 공공기관을 배치했다. 또, 지역별 낙후도와 형평성도 감안됐다. 이를 위해 각 공공기관의 인원과 지방세 납부 실적, 예산 등을 따져 점수화하고 지역 발전도를 인구증가율, 1인당 소득세, 재정자립도 등을 종합적으로 분석해 수치로 산출했다. 이에 따라 선정된 상위 10개 기관은 파급효과가 큰 대규모 기관으로 분류해 수도권과 충남, 제주를 제외한 지역에 우선 배치한 후 나머지 기관을 기능별로 묶어 골고루 배정했다. 가장 덩치가 큰 한국전력이 광주에 배치된 것은 유치전을 벌인 울산이 1인당 소득세가 전국 1위로 광주보다 발전도가 높다는 점이 고려됐다. 대신 울산에는 대규모 석유화학단지가 있는 관계로 석유공사가 배치됐다. 지역산업과의 연계성 때문에 배치된 사례는 '관광 1번지'라는 점을 고려한 한국관광공사의 강원도 배치, 증권선물거래소 등이 있는 부산에는 자산관리공사 등이 배치된 것을 들 수 있다.

① 이전비용이 기대효과에 비해 현저히 큰 기관: 한국과학기술연구원, 한국철도기술연구원 등

② 민간성격이 강하여 이전강제가 곤란한 기관: 대한투자신탁, (주)한국토지신탁, 한국생산성본부 등

③ 동북아 경제중심 조성에 필수적인 기관: 중소기업은행, 한국산업은행, 한국수출입은

행, 금융감독원, 한국수출보험공사 등

④ 수도권 입지의 고정성, 상징성이 큰 기관: 국사편찬위원회, 한국지역난방공사, 국립국어원, 대한민국학술원 등

⑤ 지방에 유사기능을 수행하는 별도 법인이 있는 기관: 한국디자인진흥원, 국립국악원 등

⑥ 지방이전 시 업무수행이 사실상 불가능하다고 판단되는 기관: 한국과학기술원 테크노경영대학원, 장애인고용촉진공단 등

⑦ 주 고객인 부처 잔류에 따라 잔류하는 기관: 남북회담사무국, 경찰위원회, 통일연구원 등

공공기관 이전의 지역별 현황은 다음 〈표 8-10〉과 같다.

〈표 8-10〉 공공기관 이전 지역별 현황

지역	이전 기관	기능
부산 (12)	한국해양연구원, 한국해양수산개발원, 국립해양조사원, 국립수산물품질검사원, 한국자산관리공사, 한국주택금융공사, 증권예탁결제원, 대한주택보증㈜, 영화진흥위원회, 영상물등급위원회, 한국남부발전㈜, 한국청소년상담원	해양수산 금융산업 영화진흥
대구 (12)	한국산업기술평가원, 한국산업단지공단, 신용보증기금, 한국학술진흥재단, 한국사학진흥재단, 교육인적자원연수원, 한국교육학술정보원, 한국가스공사, 한국전산원, 한국감정원, 중앙119구조대, 중앙신체검사소	산업진흥, 교육학술진흥, 가스산업
광주 (3)	한국전력공사, 한전기공㈜, 한국전력거래소	전력산업
울산 (11)	한국석유공사, 에너지관리공단, 에너지경제연구원, 한국동서발전㈜, 한국산업안전공단, 한국산업인력공단, 근로복지공단, 산재의료관리원, 노동부종합상담센터, 운전면허시험관리단, 국립방재연구소	에너지산업, 근로복지산업안전
강원 (13)	대한광업진흥공사, 대한석탄공사, 석탄산업합리화사업단, 국민건강보험공단, 건강보험심사평가원, 대한적십자사, 한국보훈복지의료공단, 한국관광공사, 국립공원관리공단, 산림항공관리소, 국립과학수사연구소, 도로교통안전관리공단, 한국지방행정연구원	광업진흥 건강생명 관광
충북 (12) *(15)	정보통신정책연구원, 한국소프트웨어진흥원, 한국인터넷진흥원, 한국교육개발원, 한국교육과정평가원, 중앙공무원교육원, 법무연수원, 한국노동교육원, 한국가스안전공사, 한국소비자보호원, 기술표준원, 한국과학기술기획평가원, 병관리본부, 국립독성연구원, 한국보건산업진흥원	정보통신 인력개발 과학기술
전북 (13)	한국토지공사, 대한지적공사, 농업과학기술원, 농업생명공학연구원, 농업공학연구소, 원예연구소, 작물과학원, 축산연구소, 한국농업전문학교, 한국전기안전공사, 자치인력개발원, 한국간행물윤리위원회, 한국식품연구원	국토개발관리, 농업생명식품연구
전남 (15)	정보통신부지식정보센터, 한국정보보호진흥원, 전파연구소, 한국무선국관리사업단, 프로그램심의조정위원회, 농업기반공사, 한국농촌경제연구원, 농업연수원, 한국문화예술진흥원, 한국문화콘텐츠진흥원, 저작권심의조정위원회, 한전KDN㈜, 해양경찰학교, 사립학교교직원연금관리공단, 농수산물유통공사	정보통신 농업기반 문화예술
경북	한국도로공사, (주)한국건설관리공사, 교통안전공단, 국립농산물품질관리원,	도로교통

(13)	국립수의과학검역원, 국립식물검역소, 국립종자관리소, 한국전력기술㈜, 조달청중앙보급창, 정보통신부조달사무소, 대한법률구조공단, 한국갱생보호공단, 기상통신소	농업기술혁신전력기술 등
경남 (12)	대한주택공사, 주택관리공단㈜, 한국시설안전기술공단, 중소기업진흥공단, 산업기술시험원, 요업기술원, 한국전자거래진흥원, 국민연금관리공단, 한국남동발전㈜, 한국승강기안전관리원, 국방품질관리소, 중앙관세분석소	주택건설, 중소기업진흥국민연금
제주 (9)	한국국제교류재단, 재외동포재단, 건설교통인재개발원, 국세공무원교육원, 공무원연금관리공단, 국세청기술연구소, 국세종합상담센터, 한국정보문화진흥원, 기상연구소	국제교류 교육연수 국세관리
충남(4)* (6)	한국서부발전㈜, 한국중부발전㈜, 국방대학교, 경찰대학 ※ 경찰종합학교, 국립특수교육원	
경주	한국수력원자력㈜	

(2) 공공기관 이전의 문제점과 대응방안

우리나라는 경제 · 행정 · 교육 · 문화 등 사회 전반에 걸쳐 수도권 의존도가 매우 높은 국가이다. 이는 행정을 비롯한 많은 부분이 여전히 중앙정부에 집중되어 있기 때문이기도 하지만, 여전히 골격만 갖춘 채 제 기능을 다하지 못하는 지방자치제도의 문제라고도 할 수 있다. 이러한 상태로는 주민에 의한 행정, 주민을 위한 행정, 지역특성을 감안한 행정을 가능케 함으로써 민주성과 효율성을 제고하고자 한 지방자치 본래의 목적을 달성하기 어려울 수밖에 없다. 이를 위하여 그동안 시도된 노력들도 있었지만 그에 따른 충분한 결실을 가져오지 못했다. 현재 정부에서는 정부조직의 통폐합을 기점으로 민영화, 정부조직형태의 다양화와 같은 정부개혁에 관한 논의가 한창인데, 중앙과 지방 간의 기능재조정이 개혁과제목록에 반드시 추가되어야 하는 이유도 여기에 있다.

현재로서는 지방자치단체의 기능과 권한을 확대시키자는 방향에는 대체적인 합의가 이루어진 것으로 보인다. 그러나 지방의 권한을 어느 부문에서, 어떤 기능을, 얼마나, 어떠한 형태로 확대시킬 것인가라는 구체적인 방안에 대한 논의는 이루어지지 않고 있다. 중앙과 지방 간의 기능배분과 공공기관 이전은 특정 기능을 완전히 중앙이 담당할 것인가 혹은 완전히 지방이 담당할 것인가 하는 2지선다형의 문제가 아니라, 극단적 집권과 극단적 분권 사이에 수많은 형태의 기능배분이 있을 수 있는 다지선다형의 어려운 문제이다. 조직개편을 단행한 중앙정부를 바탕으로 그 다음 단계에서 이루어질 중앙과 지방 간의 기능 재배분 문제가 성공적으로 이루어지기 위해서는 이러한 문제에 대한 논의와 구체적인 대안 마련이 필수적이다.

우리는 앞서 공공기관의 지방이전을 바탕으로 중앙정부에 머물러 있는 권한과 기능을 지방으로 확대하여 기능재배분이 이루어질 수 있는 사안에 대하여 살펴보았다. 우리가 주목해야 할 점은 기능재배분에 있어 중앙정부가 수행해오던 기능을 완전히 지방자치단체에 이양하고 손을 뗀다는 의미의 방식보다, 중앙정부의 역할을 지원 혹은 감독기능으로 제한함과 동시에 지방자치단체에 따라 차별적 기능이양을 허용하는 방식이 적용되어야 한다는 것이다. 또 기관의 이전이란 의미는 지역의 특수성을 감안한 것이므로 해당 지역의 행정, 서비스의 측면뿐 아니라 경제적 파급효과와 그 지역 내의 민간기업과의 연계성도 고려해야 함을 알 수 있다.

우리는 이양의 기준을 통해 외국사례뿐 아니라 국내 행정기관의 역대 이전 사례 등을 살펴보았다. 하지만 여기에 제시된 기능 재배분안이 최적의 것들인지는 정확히 판단 내려질 수 없다. 다만 우리가 생각해야 할 부분은 이러한 기관의 지방이전과 기능재조정을 위한 논의가 좋은 촉매제가 되어 실현가능한 마스터플랜으로 재구성되어야 하며, 이는 각 지역사회와 중앙정부 모두가 동시에 만족할 수 있는 구체적 결과물로 이어져야 한다는 것이다. 이러한 논의와 작업은 무한경쟁시대에 우리 정부의 국가경쟁력을 제고하는 데에도 큰 도움이 되며, 지역특성화와 발전이라는 측면에서도 긍정적인 작용을 한다.

따라서 우리는 공공기관의 지방이전이라는 의미를 단순한 물리적 이동으로 평가하고 고려하기보다는 전반적인 시스템의 이동, 기능과 권한의 이전으로 보아야 하며, 이러한 과정에서 추가되는 새로운 기능에 대한 가능성도 재고하여야 한다. 그리고 무엇보다 해당 지역의 주민이 그 지역사회에 관심을 가지고, 기관이전이나 시설유치 등 현안에 대해 주의 깊게 생각해보는 자세가 매우 중요하다고 할 수 있다.

공공기관 지방이전은 참여정부가 국토균형발전을 위해 행정수도 이전과 함께 추진한 두 축의 하나다. 역대 어느 정부도 추진하지 않은 '혁명적' 조치란 점에서 일말의 불안감도 없지 않다. 남은 문제는 부작용을 최소화하면서 목적을 달성하는 일이다. 당장 해결해야 할 과제는 일부 지자체와 공공기관 노조의 불만을 해소하는 것이다. 지자체의 경우 이미 정부 결정에 무조건 따르기로 협약한 만큼 불만을 노골적으로 터뜨릴 입장은 아니다. 그러나 노조의 입장은 다르다. 서울 강남 못지않은 생활여건을 만들어 노조원이 가족과 함께 스스로 옮기도록 할 필요가 있다. 이전비용도 문제다. 2012년까지 공공기관 지방이전계획을 수정할 수도 있을 것이다. 부동산시장 불안도 우려된다. 짧은 기간에 176개 공공기관을 12개 시 · 도에 이전하다 보면 전국이 투기장으로 변할 우려가 높다. 그렇지 않아도 전국 곳곳의 땅값은 이미 크게 오른 상태다. 땅값 상승은 공공기관 이전에 따른 지방균형발전보다 더 심각한 부작용을 초래할 수 있다.

더 큰 과제는 공공기관 지방이전의 시너지 효과를 극대화하는 일이다. 이를 위해서는 정부 방침대로 공공기관과 함께 연구기관, 기업, 대학 등을 '혁신도시'에 배치해 지역발전의 구심점으로 만들어야 한다. 따라서 지자체가 지역주민의 민원에 휘둘려 배치 대상 공공기관을 분산하지 못하도록 해야 할 것이다. 무엇보다 공공기관 이전이 초래할 가장 우려되는 부작용은 지역개발에 대한 잘못된 인식을 주민들에게 심어주게 된다는 점이다. 궁극적으로 지역개발은 지역의 노력으로 성취하는 것이지 외부에서 주어지는 것이 아니다.

이런 관점에서 공공기관 이전은 지역개발에 대한 매우 잘못된 메시지를 지역주민들에게 보내고 있다. 즉 중앙정부가 파급효과가 큰 거대 공공기관을 보내주면 지역개발이 가능해지고, 그렇지 않으면 지역개발은 불가능해진다고 믿게 만드는 것이다. 결과적으로 지역주민들은 지역개발을 위한 땀과 아이디어를 모으는 대신 중앙정부에 대한 로비에만 전념하게 될 것이다. 균형발전은 바람직한 정책대안이라고 볼 수 있지만 어떠한 방식으로 접근하느냐에 따라 선한 동기가 때로는 전혀 의도하지 않은 악한 결과를 낳는 것이 냉혹한 현실이다. 공공기관들을 일거에 지방으로 이전시켜 균형개발의 전기를 마련하겠다는 정치적 과욕을 버리고 몇 개 기관을 대상으로 시범적 이전을 통해 예견되는 부작용을 충분히 검증한 뒤 단계적으로 시행하는 지혜도 필요할 것이다.

연 습 문 제

1. 우리나라가 1960년대 이후 산업화를 추진하는 과정에서 한정된 자원으로 성과를 극대화하기 위해 단기간 내에 국가 전체의 성장을 선도할 수 있는 지역 간 산업에 자금과 노력을 집중 투자하는 전략을 무엇이라고 하는가?

① 균형 성장전략　　② 불균형 성장전략
③ 중공업 성장전략　　④ 절충주의 성장전략

〈정답〉 ② 불균형 성장전략
〈해설〉 우리나라는 능률성을 앞세운 정부주도의 불균형 성장전략으로 경제발전을 이루었다.

2. 정부가 추진하고 있는 공공기관 지방이전에 대한 기대효과가 아닌 것은?

① 수도권 인구 안정화
② 지역의 혁신역량 제고
③ 지방세 수입증대를 통한 지방재정의 확충
④ 광역자치단체 내에서의 지역 간 경쟁

〈정답〉 ④ 광역자치단체 내에서의 지역 간 경쟁
〈해설〉 공공기관 유치를 위해 광역자치단체 내에서의 지역 간의 경쟁은 갈등을 만들어 지방자치 발전을 저해하는 결과를 가져오는 부정적 견해이다.

3. 우리나라는 공공기관 이전을 여러 차례에 이전하였다. 1980년에 과천 및 대덕연구단지로의 이전을 시행한 이전계획은 몇 차 계획인가?

① 1차 이전계획　　② 2차 이전계획
③ 3차 이전계획　　④ 3차 이전계획

〈정답〉 ② 2차 이전계획
〈해설〉 우리나라는 공공기관 이전을 3차례에 이전하였다. 1980년에 과천 및 대덕연구단지로의 이전을 시행한 이전계획은 2차 이전계획이다.

4. 도시화와 도시행정에 관해 잘못 기술하고 있는 것은?(2005 경기 7급)

① 도시화의 흡입 요인으로 도시의 집적이익, 노동수요증가, 임금향상 등이 있다.
② 역도시화 현상에는 도심부 슬럼, 탈도시화, 인구유턴 현상이 발생한다.
③ 도심공동화의 문제를 해소하기 위해 도시재개발 행정을 촉진시킬 필요가 있다.
④ 가(假)도시화는 급속한 산업화로 인해 발생하는 개발도상국의 도시화 현상이다.

〈정답〉 ④ 가(假)도시화는 급속한 산업화로 인해 발생하는 개발도상국의 도시화 현상이다.
〈해설〉 가(假)도시화(pseudo urbanization)란 도시의 산업화가 선행되지 않고 농촌인구의 일방적 유입으로 나타난 도시화 현상이다.

핵심정리

국가균형발전의 논의 배경 – 정부 주도의 성장우선정책, 우리나라 수도권정책의 전개과정의 결과. 1960년대 이후 강력한 중앙집권적 통치 권력에 의해 추진된 경제개발은 민간의 창의와 자유를 존중하는 자유기업원칙을 토대로 하면서도 기간산업 부문과 여타의 중요한 부문에 대해서는 정부가 직간접적으로 개입하거나 또는 간접적으로 유도하는 정부 주도형 경제성장우선 전략을 채택함. 이러한 정부 주도 경제우선정책은 저임금을 바탕으로 하는 대선진국 수출지향의 노동집약적 산업을 불균형하게 비대화시켰던 가공수출형 고도성장을 추구하였고, 공업단지 등 정부투자의 특정지역 편중을 가져와 오늘날 지역 간의 불균형 경제구조를 가속화시킴.

수도권 집중과 지역 간 불균형 – 우리나라의 수도권 집중도는 심각한 수준에 이름. 인구, 산업 등 수도권 집중억제를 위한 지속적인 노력에도 불구하고 인구, 산업 등 수도권 집중현상은 계속되고 있으며 국토의 불균형 구조도 고착됨. 수도권 집중억제 및 지방 육성을 위한 다양한 정책적 노력은 그 효과가 미미하며 수도권 집중 및 지방의 낙후현상은 오히려 심화되고, 수도권과 지방 간의 경제적 격차는 더욱 확대되고 지방의 수도권 의존도는 지속됨.

지역균형발전 – 지역 간의 균형발전은 21세기 선진국으로의 진입을 위한 필수적인 국가과제로서 국민통합을 위한 필수조건인 동시에 국가경쟁력의 기반이며 국토효율성을 높이는 관건. 획기적인 분산정책과 지방의 정주기반 조성, 일자리 확충 등 수도권 기능의 지방이전을 위한 실질적인 정책이 필요

공공기관 지방이전의 배경 – 지난 40년간 우리나라는 수도권을 중심으로 한 불균형발전 전략을 통해 빠르고 압축적인 산업화에 성공했지만 이로 인해 수도권은 심각한 과밀문제에서, 지방은 저발전의 악순환에서 벗어나지 못함

공공기관 지방이전정책의 의의 – 지역균형발전을 위한 공공부문의 선도적 역할 강화, 이를 통해 민간부문의 자발적인 지방이전을 촉진할 수 있도록 여건을 조성함. 수도권과 지방의 상생전략(win–win 전략): 수도권에서는 과밀을 해소하여 주택시장, 인프라 부족 등의 문제를 해결할 수 있는 단초를 제공, 금융 등 수도권에 특화된 기능의 육성을 통해 국제경쟁력을 갖춘 세계도시로 발전할 수 있도록 여건을 조성하는 데 기여함. 지방에 대해서는 중추관리기능, 연구기능 등 핵심성장역량이 자리 잡도록 하여 자생력 있는 지역발전을 도모할 수 있는 여건을 마련.

지방이양의 의미 – 중앙정부의 권한을 이양함에 있어 우리의 경우 지방분권 ① 선 분권, 후 보완 ② 보충성의 원리 ③ 포괄성의 원리 3대 원칙을 내세워 왔으며 특히 '보충성의 원리(The principle of subsidiarity)'는 하위 지방정부의 권리와 기능을 최대한 보장하는 이론적 · 제도적 기준이 됨.

제 9 장

지방자치와 부패

♧ 들어가기 : 학습목표 및 목차

학습 목표	1. 부패의 개념과 부패의 분류를 살펴본다. 2. 부패인식지수(CPI)에 대하여 이해한다. 3. 우리나라 지방자치단체장의 부패에 대하여 살펴본다.
학습 목차	1. 부패의 정의와 개념 2. 부패의 유형과 분류 3. 우리나라 지방자치단체장의 부패

☞ 사전학습

1. 부패의 유형에서 행위 주체에 따라 정치부패와 관료부패로 분류하는 것은 어떠한 분류 형태에 의한 것인가?
   〈정답〉 부패의 주체에 의한 분류
   〈해설〉 부패의 유형에서 부패의 주체에 의한 분류는 행위 주체에 따라 정치부패와 관료부패로 분류한다.

2. 부패의 유형에서 부패개입의 규모에 의한 분류에서 세 가지를 설명하는데 개인부패와 조직부패, 또 다른 하나는 무엇인가?
   〈정답〉 체제부패
   〈해설〉 부패의 유형에서 부패개입의 규모에 의한 분류는 개인부패, 조직부패, 체제부패로 분류한다.

3. 국제투명성기구(TI, Transparency International)에서 각 국가의 부패수준을 매년 객관적으로 발표하는 지수는 무엇인가?
   〈정답〉 부패인식지수(CPI, Corruption Perception Index)
   〈해설〉 국제투명성기구(TI, Transparency International)에서 각 국가의 부패수준을 매년 객관적으로 발표하는 지수는 부패인식지수(CPI, Corruption Perception Index)이다.

제1절 지방자치단체의 부패

지방자치제도 실시의 궁극적인 목적은 지역주민의 삶의 질(quality of life)의 향상에 있을 것이다. 우리나라도 지방자치제도 실시로 인해 지역주민의 삶의 질(quality of life)이 향상될 것으로 기대하였으나 오히려 지방자치와 더불어 부패문화가 구조적으로 확대되는 것은 심각한 문제이다(김영종, 2003). 특히 지역발전과 주민의 삶의 질을 향상시키기 위해 선출된 지방자치단체장의 부패로 인해 주민의 삶의 질이 저해된다면 민선자치단체장의 선출이 무의미하게 될 뿐만 아니라 지방자치제도의 근간이 흔들리게 되는 것이다(안광현, 2007: 1~2).

1. 부패의 정의

1) 부패의 개념

부패의 뜻을 국어사전에서 찾아보면 부패(腐敗)란 ① 부패균에 의해 단백질 및 유기물이 유독한 물질과 악취를 발생하게 되는 변화, ② 법규·제도 등이 문란해 바르지 못함, ③ 정신이 타락함 등으로 정의하고 있다(이희승 감수, 1999: 1049). 이러한 의미를 가진 부패는 사회적 현상에 대하여 어떤 사물이나 현상이 부정한 매개 행위로 인하여 본래의 모습이 아닌 바람직하지 못한 현상으로 나타나는 것을 말한다.

즉 부패(corruption)의 개념정립은 단순한 것이 아니라 정치·경제·사회문화적인 여러 요인들이 복잡하게 결합되어 나타나는 사회 병리적(social pathological) 현상이다. 즉 부패는 시대별·지역별·계층별로 상이하게 나타나고 서로 다른 역사성을 가지고 있기 때문에 일반화된 개념을 도출하기는 매우 어렵다. 그러므로 부패현상을 분석하는 접근방법이 다양하다.

(1) 부패개념에 관한 이론

부패의 개념과 부패의 실체(reality)를 바라보는 학설들은 매우 다양하다. 그 중 김영종(2001: 35~36)은 다음과 같이 제시한다(〈표 9-1〉 참고).

① 공직 중심적 관점

사적 부문이 배제된 공직 중심적(public office centered)인 관점이다. 부패현상을 공직의 비윤리적·비도덕적 일탈행위로 보는 입장의 윤리·도덕설로서 부패는 형사상의 사실성을 위반하지 않더라도 적어도 공직의 비윤리적·비도덕적 일탈행위로서 도덕적 비난행위를 의미한다. 이 입장에 따르면 시민의 요구에 대한 대응성에 부응하지 못하고 있으며 공공윤리의 책임을 다하지 못한 경우를 부패라고 할 수 있다. 이것은 행정문화(administrative culture)와 관련하여 일반시민들의 기대가능성(expectation)을 저버린 일탈행위(deviant behavior)로서 행정 권력을 오용, 남용하여 개인의 사익을 추구하는 일체의 불법적·비윤리적 행위를 말한다. E. C. Banfield, R. Wraith, J. T. C. Liu, W. L. Banfield 등이 주장한다.

② 제도적 접근설

부패현상을 개발도상국이나 후진국에 있어서 개인의 행태보다는 제도적 취약성과 사회적 기강의 해이에서 기인된 연성국가(soft state)의 결과적 부산물로 보는 입장이다. 공직자들의 범죄와 부패는 주로 후진국가나 개발도상국가에서 발생하는 제도적 취약성이나 정책에서 배태된 산물(outputs)로 보는 개념정의이다. 이것은 공익실현을 위해 정부가 일정한 인·허가상의 규범에 따라 민간영역의 행위를 감독·통제하는 행위를 할 때 위반이나 일탈행위를 하는 것이라고 볼 수 있다. S. P. Huntington, G. Myrdal 등이 주장한다.

③ 시장 중심적 관점

시장 중심(market centered)의 접근방법으로 부패현상을 교환되지 말아야 할 상품교환으로 보는 경우로서 금전적 이익(pecuniary gains)을 추구하는 시장교환관계로 보는 입장이다. 시장이론을 기초로 관료제가 경제에 대하여 광범위한 조정자의 역할을 수행하면서 공공의 이익을 분배함에 있어서 부패공무원이 자신의 지위를 개인의 이익을 극대화하는 수단으로 생각할 때(Leff, 1970: 510~512) 부패가 발생한다고 보았다. J. V. Klavern, R. O. Tilman, A. J. Heidenheimer, H. Simon, N. H. Leff 등이 주장하고 있다.

④ 공익 중심적 관점

부패현상을 공익 중심(public interests centered)에서 보는 입장이다. 부패를 공익 위반의 결과로 보는 시각으로 공공질서체제에 대한 책임을 위반한 것이고 특수이익을 공동이익에 우선시킴으로써 실제로 그러한 체제를 양립할 수 없게 한다. 여기서 말하는 특수이익은 관료 자신의 이익을 국가의 공적 임무보다 우선시하여 이익을 탐하는 행위를 말한다. C. Friedrichs, H. D. Lasswell 등이 주장하고 있다.

⑤ 구조기능주의적 관점

구조적 관점에서 접근하는 개념정의로 구조기능주의(structural functionalism)적 접근과 관련이 있다. 이는 합리적 의사결정의 과정을 일탈하여 부패를 일으킨다는 권력 남용설로서 부패행위는 권력관계 측면에서 볼 때 권력남용의 병폐와 역기능의 결과적 부산물이라고 보는 학설이다(F. W. Riggs, H. H. Werlin, J. C. Scott). 이에 따르면 지방자치단체장이 인・허가권이나 주어진 권한을 집행할 때 재량권을 일탈하거나 유월함으로써 부패행위가 발생한다고 볼 수 있을 것이다.

⑥ 기능주의적 관점

기능주의적 시각으로서 부패현상은 행위 결과와 효과 차원에서 순기능과 역기능의 역할로 보며, 특히 개발도상국가에서는 발전과정에서 필연적으로 발생하게 되는 부산물(byproducts)로 보는 입장이다. N. H. Leff, J. S. Nye, B. F. Hoselitz 등이 주장한다.

⑦ 후기기능주의적 관점

후기기능주의(post-functionalism)적 시각으로서 부패현상은 선진국이나 후진국이나 할 것 없이 발생하는 보편적 현상으로서 자기영속성(self perpetuation)의 성격을 가진 것으로 보는 입장으로 S. Werner가 대표적이다.

⑧ 사회문학적 관점

사회문화적 규범의 일탈행위로 보는 입장으로서 부패현상은 사회문화적 환경과 역사적 전통의 부산물로 보는 입장이다. 이러한 시각에 의하면 주변 사회의 비난을 받으면 부패되었다고 보는 것이다. R. Wraith와 E. Simpkins가 주장하고 있다.

〈표 9-1〉 행정부패의 개념정립에 관한 이론

접근방법 (approach)	주요내용	분석의 단위 (unit of analysis)	대표학자
윤리 및 도덕설 (moral approach)	공직의 비윤리적 및 비도덕적 이용	관료와 사회(관료의 행위)	E. C. Banfield R. Wraith J. T. C. Liu
제도적 접근설 (institutional approach)	제도적 취약성과 사회적 기강의 해이	후진국이나 개발도상국의 관료제도, 연성국가(Soft State)	S. P. Huntington E. V. Roy G. Myrdal
시장/교환설 (market/exchange approach)	특수이익을 추구하는 시장교환관계	관료와 고객집단 (관료의 직책)	J. V. Klavern R. O. Tilman A J. Heidenheimer

			H. Simon
공익설(public interests approach)	공익위반의 결과	관료의 행태, 의사결정과정(이해관계집단의 공존된 이익)	R. W. Friedrichs H. D. Lasswell
기능주의설 (functionalism approach)	발전과정의 부산물	관료제도, 기업가, 사회(후진국)	N. H. Leff J. S. Nye B. F. Hoselitz
후기기능주의설 (post-functionalism approach)	보편적 현상과 자기영속성의 현상	선진국의 관료제도 후진국의 관료제도	S. B. Werner
권력관계설(power-relations approach)	관료의 권력남용과 역기능의 부산물	관료제와 권력	F. W. Riggs H. H. Werlin J. C. Scott
사회문화적 규범설 (socio-cultural approach)	사회문화적 환경과 전통의 부산물	사회문화적 환경, 관료제의 역사성	R. Wraith E. Simpkins
통합설(integrated approach)	복합적 행정현상: 선진국과 후진국의 공통성과 특수성(예: 제도, 행태, 환경)의 복합적·다면적 현상, 제도, 행태, 환경의 상호부적응에서 발생하는 복합행위, 공직의 사회문화적 규범위반과 기대가능성의 일탈행위	선진국과 후진국의 관료제도의 특징 비교 관료제도, 행태 그리고 사회문화적 환경의 주요변수 분석, 발전의 특수성과 보편성, 목표와 과정, 질, 양 그리고 가치변화와 사실변화, 또는 문제발견과 문제해결의 통합적 분석	Young Jong, Kim

출처: 김영종(2001: 38)

2) 부패의 역기능

부패로 인한 역기능으로서 지적되는 것으로는 다양한 계층에 대한 객관적 정치 지도의 불가능, 생산적 노력의 상실과 공권력의 감퇴, 사회범죄의 확대, 정부의 신뢰성·권위의 추락과 불신감 증대, 도덕적·윤리적 기준의 쇠퇴, 행정비용의 상승을 들 수 있다. 부패행위가 사회에 미치는 부정적 영향은 매우 크다. 부정적 영향에 대한 학자들의 견해는 다음과 같다. J. S. Nye는 부패는 첫째, 정부의 정통성의 상실로 사회혁명이나 군사쿠데타를 유발함으로써 정치적 불안정을 가져오고 둘째, 자본유출, 경제적 투자의 왜곡, 기술낭비를 포함하여 국가자원이 비합법적으로 사용되어 경제발전을 지연시키는 원인이 되며 셋째, 행정능력의 저하로 정부능력의 소멸을 가져온다고 지적한다(Nye, 1970: 570~572).

부패의 역기능을 규범적 관점에서 이해한 사람은 G. Myrdal이다. 스웨덴 출신으로서 1974년 노벨경제학상을 받은 G. Myrdal은 10년간 남아시아에서 빈곤문제를 연구(아시아 드라마)하였다. 이 연구에서 G. Myrdal은 빈곤의 원인으로 인구과잉이나 자원부족 등 지금까지 논의되어 오던 경제적 요인 말고도 부패가 경제발전에 미치는 영향을 경제학자로서는 처음으로 심도 있게 분석하였다. 공무원들의 행정업무지연은 불법 사례금을 획득할 목적에 있으며 뇌물은 뇌물 공여자에게 유리하게 작용하여 마치 행정엔진의 배터리 역할을 한다고 보았다. 그는 경제개발에 있어서 경제적이고 수량적인 접근도 중요하지만 이에 못지않게 발전을 저해하며 저지하고 있는 비경제적인 요인에 대한 연구가 중요하다고 갈파했다. 그는 기능론자들의 증명되지 않은 가정들은 오류라고 지적하고 오히려 국가발전의 저해요소라고 주장하였다. G. Myrdal은 아시아지역의 저발전과 빈곤의 핵심요인은 공직부패라고 지적하였다.

실증적 관점에서 부패의 역기능을 설명한 학자는 L. V. Carino이다. 그의 주장에 따르면 개인부패는 부패를 행한 개인에게는 경제적 부를 가져다주며, 신분상승의 기회를 갖게 하지만 발각되는 경우 유·무형의 큰 비용을 무는 부담을 갖게 한다. 또한 부패에 가담하지 않은 개인들에게 상대적 불공평으로 인해 유·무형의 비용을 부담하게 한다. 조직에 대한 부패는 조직의 공식적인 권한과 복종 구조를 왜곡시키는 결과를 초래하며, 부패하지 않은 유능한 인재들이 조직을 떠나게 되어 조직의 질적 수준이 약화되고, 자원의 비효율적 운영으로 인해 조직의 성능을 저하시킨다(Carino, 1986: 170~191).

David H. Bayley는 부패의 역기능으로 첫째, 부패는 정부가 추구하는 목표의 달성을 실패로 돌리기 쉽다. 둘째, 행정비용을 가중시켜 자원배정의 비합리적 증가를 초래한다. 셋째, 공공목적에 사용될 자금을 유출시킨다. 넷째, 행정부 내의 다른 공무원에게도 영향을 미쳐 도의적 의욕을 저하시킨다. 다섯째, 정부권위에 대한 국민의 신뢰를 상실시킨다. 여섯째, 경제발전에 필요한 강력한 지도력을 약화시킨다. 일곱째, 공직자의 민폐에 대해 국민들의 원성을 자아내어 사회불안을 야기한다. 여덟째, 행정결정이 금전으로 좌우되고 업무처리가 지연되며 공무원의 공정성에 대한 신뢰상실로 기대세력의 규합공작을 통하여 막대한 자금과 시간이 낭비된다고 지적한다(Bayley, 1966: 526~528). 부패가 만연하면 행정에 대한 국민의 신뢰감이 결여되고, 행정의 규범적 기준이라고 할 수 있는 행정윤리의 기준에 많은 혼돈이 제기된다(유종해·김택, 2006: 148~149).

2. 부패의 유형

부패의 개념이 다양하듯이 부패의 유형도 국가와 문화의 차이에 따라 다양하게 나타난다. 따라서 유형구분에는 정설이 없고, 무엇을 기준으로 하는가에 따라 다양하게 분류될 수 있다. 다만 부패의 유형을 살펴보는 것은 부패라는 개념이 포함하는 현상들을 분류해 본다는 의미에서 부패의 정의와 밀접한 관계가 있으며, 부패의 실체를 보다 명확하게 밝혀 그 방지대책을 수립하기 위한 작업의 일환이라 할 수 있다. 여러 학자들에 의하여 제시된 다양한 부패의 분류기준 중에 중요한 몇 가지를 중심으로 부패의 유형을 살펴보면 다음과 같다.

1) 부패의 주체에 의한 분류

이러한 분류의 실익은 부패행위의 실천방법이나 과정이 다르므로, 규제방법과 범위도 달라진다는 데 있다. 정치부패는 일반적으로 규모가 크고 조직적으로 행하여지기 때문에 강력한 독립기구에 의하여 통제함으로써 처벌의 확실성을 강화할 필요성이 있으며, 행정부패(관료부패)는 개인 차원의 부패로부터 조직 차원의 부패로 구조화되는 속성이 있으므로 처벌에 앞서 행정의 투명성을 높이고, 윤리규정을 정비하며, 감시・감독기능을 강화하는 등 제도적・예방적 조치가 우선되어야 한다.

부패는 행위 주체에 따라 정치부패, 행정부패(관료부패)로 분류할 수 있는데 이를 구체적으로 살펴보면 다음과 같다.

(1) 정치부패

정치부패는 정치인이 부패의 주체가 되는 경우로서, 정치인은 선거 또는 임명에 의하여 공직사회의 구성원이 될 수 있으며, 대부분 행정부를 비롯한 여러 기관에 대한 압력・청탁을 통해 실현된다. 정치자금조달과 관련된 부패, 부정선거, 반대세력의 억압과 관련된 공작정치 등 정권적부패도 정치부패로 분류할 수 있다. '행정부패'는 행정관료 또는 관료조직이 부패의 주체인 경우를 말하며, '기타 공직자부패'는 정치인이나 행정관료 이외의 자, 즉 공무원에 준하는 자에 의하여 저질러지는 부패행위를 말한다.

정치부패의 개념을 구체적으로 살펴보면 다음과 같다.

첫째, 정치 엘리트들의 정치문화(political culture)와 관련하여 일반시민들이 기대가능성을 일탈하는 행태(deviant behavior)로서 정치권력을 오용하거나, 남용하여 개인의 사익을 추구하는 일체의 불법적・비윤리적 행위를 말한다.

둘째, 정치부패는 개인적 행태보다는 정치행정의 제도나 체제의 미비나 취약성에서 배태된 산물(outputs)로서 부패의 토양이나 소지(opportunity) 또는 잘못된 제도 그 자체가 부패라고 보는 개념정의도 있다(김영종, 2001: 324). 이 경우는 사실상 제도적인 부패(institutional corruption)라고 할 수 있다. 부패는 개인의 행태나, 구조적인 취약성, 윤리적 효력의 부족보다는 정치제도의 긴장에서 유발된다고 한다(Johnston, 1982).

셋째, 정치조직의 구조적 관점에서 접근하는 개념정의로 정치역할담당자의 기능과 역할이 기대가능성에 미치지 못하는 경우로서 합리적 의사결정의 과정을 일탈하여 구조적 탐욕과 사익추구의 일체의 비윤리적 행위의 총체적 개념이다. 이 경우는 구조기능주의(structural functionalism)적 접근과 관련되는 것으로서 합리성, 목적성, 내용성, 구조적 상호관련성을 일탈한 비도적적·비윤리적·비합리적인 일체의 정치적 추문(political scandal)을 일컫는다(Garment, 1991).

넷째, 통합적 접근(integrated approach)에 의한 개념정의는 다음과 같다. 정치부패는 정치인과 관련된 자들의 불법적이거나 부당한 공직남용, 사익추구, 공직의 책임과 국민의 기대가능성(expectation)을 일탈한 일체의 일탈행위(deviant behavior)를 말한다(김영종, 2001: 325).

정치부패는 정치인과 유권자의 공동책임이다. 우리나라의 정치부패는 경제가 제대로 성장하지 않아 불법적 정치자금을 제공할 수 있는 기업이 거의 없던 이승만 정권 때 국·공유재산을 불법으로 매각하거나 불하하는 방법으로 시작되었다. 1960년대 중반부터 유신체제까지는 정부가 고도의 산업성장을 이끌면서 민간기업에 특혜를 주는 대가로 이권의 일정 부분을 상납받는 '리베이트형 부정부패' 시대로 특징지어진다. 1965년 삼성, 금성 등 6개 업체에 60억 원을 부정대출해주고 15억 원을 거둬들였으며, 1969년에는 8억 달러의 차관을 도입해 1억 6천만 달러를 정치자금으로 받았다.

유신체제 때부터는 권력자의 압력을 받고 보복이 두려워 불법자금을 마지못해 강제로 헌납하는 형태로 바뀌어 제5, 6공화국까지 계속 이어진 것으로 볼 수 있다. 전두환 전 대통령이 42개 기업체로부터 2,159억 원을, 노태우 전 대통령이 35개 기업체로부터 2,838억 원을 뇌물로 받아 구속된 것은 이런 사실을 증명한다. 그러나 과연 정치자금의 규모가 어느 정도가 됐는지 파악하기는 힘들다.

정치부패는 특히 경영의 불투명성과 정경유착의 문제에서 발생하게 된다. 적지 않은 기업들이 그동안 권력과의 유착을 통해서 성장한 것이 사실이다. 기업의 흥망성쇠가 권력과의 관계에 의해서 결정되었다고 해도 틀린 말은 아니다. 그리고 권력은 기업에 대해서 힘을 통해 제압하든지 유착을 통한 공생을 지향해 왔다.

이런 과정에서 많은 기업들이 불투명한 경영을 일삼아 왔으며, 이를 알고 있는 권력은 이를 빌미로 기업에 대한 영향력을 행사하려고 하였다. 역사적으로 보면 탈세가 가장 대표적인 예이다. 권력은 기업들이 탈세를 하지 않을 수 없도록 규제의 그물망을 만들고, 기업을 길들여야 할 필요가 있을 때에는 세무조사를 실시하는 것이다. 물론 가끔은 기업이 정치자금을 제공하고 그 반대급부를 얻어내기 위해서 은근한 압력을 가하는 경우가 없는 것은 아니다. 권력과 기업이 공생하고 유착하는 곳에서는 투명한 정의를 기대하기 힘들고, 대신에 불투명한 경영, 이중장부, 차입경영, 탈세, 비자금과 불법로비, 과도한 소비 등이 일상적인 관행으로 자리 잡게 된다.

이제는 기업의 경영 자체가 경쟁력을 갖지 않으면 안 되게 되어 있다. 기업들은 재무구조를 건실하게 만들어 차입경영을 탈피하고, 내수시장보다 세계시장에 대한 과학적 분석을 토대로 시장경쟁전략을 수립해야 할 때다. 아울러 정부에서는 지하경제의 축소를 위해서 노력해야 한다. 그러기 위해서는 금융실명제를 보완하고, 부가가치세율을 인하하며, 영수증 주고받기를 정착시키는 것이 중요하다. 아울러 생산자들에 대한 소비자들의 견제권을 강화시키는 것도 부패를 줄이는 한 방법이 될 수 있다.

(2) 관료부패

관료부패는 권한과 비리의 교환체제를 형성한다. '성장지향적 국가'의 경험과 국가주도의 공업화 과정에서, 많은 경우 공직자들은 경제성장을 기업의 노력뿐만 아니라 정부에서 일하는 공직자들의 성과라고 생각하게 되었다. 이런 사고방식은 성장의 성과를 기업인들과 공직자들이 함께 배분해야 한다는 생각으로 이어지기도 하였다. 게다가 한국의 경제모델은 국가의 규제와 개입을 중요한 특징으로 하고 있어서, 공직자들이 기업에 대해서 다양한 인·허가권을 갖고 있었다. 공직자들의 과도한 권한은 부패와의 거래라는 유혹으로 이끌어 가는 역할을 담당하기도 한다.

관료부패에 대한 A. J. Heidenheimer의 정의는 ① 공직 중심적 정의로서 공직에서의 일탈, ② 시장 중심적 정의로서 시장에서의 일종의 경제행위, ③ 공익 중심적 정의로서 공익으로부터의 일탈이라고 한다. G. Myrdal의 정의는 "공직과 관련 있는 영향력이나 권력을 부당하게 사용하는 행태"라고 한다. 그러므로 관료부패란 "관료가 자신의 직무와 직간접적으로 관련된 권력을 부당하게 행사하여 사익을 추구하거나 혹은 공익을 침해한 행위"라고 할 수 있다. 관료부패와 유사한 용어로는 부정, 의무 불이행, 불법, 직권 남용 등이 있다.

관료부패의 접근방법을 살펴보면 어느 하나의 요인에 의하여 결정되는 것이 아니라 다양한 요인에 의하여 설명되며, 관료부패는 준공식문화(quasi-formal culture) 혹은 지하문화(underground culture)의 성격을 지니고 있기 때문에 관료부패를 연구하는 시각이나 접근방법은 연구자들마다 매우 상이하다. 기능주의적 입장(1960년대)은 국가가 성장하여 어느 정도 발전단계에 들어서면 관료부패는 소멸되는 것으로 이해하였다. 후기 기능주의

(1970년대 이후)에서 부패란 국가가 발전한다고 해서 소멸되는 것이 아니라 다양한 먹이를 먹고 사는 하나의 유기체로서 파악하고 있다.

접근방법으로는 도덕적 접근법, 사회문화적 접근법, 제도적 접근법, 체제론적 접근법이 있다. 관료부패의 유형을 살펴보면 다음과 같다.

첫째, 직무유기형 관료부패는 시민이 개입되지 않는 관료 단독의 부패, 직접적이며 명백한 물질적 이익을 추구하지 않는 형태의 부패, 복지부동 등이다.

둘째, 후원형 관료부패는 관료가 정실이나 학연 등을 토대로 불법적으로 후원하는 형태로, 직무유기형 부패와 마찬가지로 명시적인 물질적 이익을 추구하지는 않는 형태이다.

셋째, 사기형 관료부패는 관료가 공금을 유용하거나 횡령하는 부패로, 대개 관료 단독으로 이루어지며 부패라는 용어보다는 오히려 범죄라는 용어가 일반적으로 적용된다.

넷째, 거래형 관료부패는 가장 전형적인 관료부패로 관료와 시민이 뇌물을 매개로 이권이나 특혜 등을 불법적으로 받는 경우, 관료와 시민 간에 직접적인 거래가 있으며, 물질적인 수단이 부패의 매개체로서 이용된다.

2) 부패개입의 규모에 의한 분류

부패개입의 규모에 따라 부패는 개인부패, 조직부패, 체제부패로 나뉜다. G. E. Caiden & N. J. Caiden은 부패의 주체가 개인이냐 조직이냐에 따라 부패를 분류했다(Caiden & Caiden, 1997: 306~308).

(1) 개인부패

개인부패란 특정한 개인에 의해 부정행위가 행해지는 경우를 말하는데 복수의 당사자가 협동하는 경우도 있을 수 있다. 상대적으로 단발적이고 규모도 작다. 개인의 덕성, 담당한 업무의 특성, 재량의 범위, 감독·관리체제 등에 주로 영향을 받는다. 조직 내에서 적발될 가능성이 높고, 노출된 경우에 조직적 보호의 움직임은 약하다. 따라서 장기에 걸쳐 지속되기는 어렵다.

(2) 조직부패

조직부패란 조직의 기능을 이용하거나 조직에 의하여 조장 또는 요구된 부패를 말한다. 개인적 이익이 아니라 조직의 이익을 위하여 자행되기도 한다. 개인부패에 비해서 규모도 크고 적발하기도 어렵다. 개인은 부패한 조직의 구성요소에 불과하므로 개인의 덕성이나 의지는 중요하지 않다. 장기간에 걸쳐 지속적·반복적으로 행해짐으로써 해당 조직의 직무

집행과정이 매우 심각하게 왜곡된다. 대외적으로는 부패의 실상을 조직적으로 은폐하려는 노력이 행해지고, 노출되는 경우에도 적발된 개인 차원의 문제로 축소하려고 하며, 상급기관 또는 관련기관에 대한 상납, 분배, 압력행사 등을 통해 체제부패로 발전한다.

(3) 체제부패

체제부패란 단위조직 차원의 부패가 아니라 여러 조직 또는 기관의 상호연계를 통하여 행해지는 부패를 말한다. 구조적 부패 또는 제도화된 부패라고도 할 수 있다. 정치제도, 사회경제상황 등과 밀접하게 관련되어 발생한다. 이러한 상황에서는 국가조직의 구성원들에 의한 전 국민과 국가를 상대로 한 착취가 행해지게 된다.

개인부패는 내부감시시스템만으로도 어느 정도 방지할 수 있고 처벌의 효과도 크지만, 조직부패, 체제부패는 개별 공직자의 인격적 특성은 그리 중요하지 아니하므로 단발적인 행위자 처벌만으로는 부패를 효율적으로 해결할 수 없다. 특히 체제부패하에서는 권력층이 부패를 주도하고 사법적 통제기구마저 부패에 개입되어 있으므로 무엇보다도 상층부의 부패구조 타파와 부패통제기구 자체의 개혁이 선행되어야 한다.

3) 부패의 수단에 의한 분류

부패수단에 따라, 부패는 정실형, 위협형, 사기형, 거래형 부패로 나뉘며, 이를 구체적으로 살펴보면 다음과 같다.

(1) 정실형 부패

정실형 부패는 친한 사람들을 다른 일반 대상자보다 우선하여 그에게 유리한 결정이나 조치를 취하는 것으로 그 규모가 커지면 쉽게 거래형 부패로 발전한다.

(2) 위협형 부패

위협형 부패(갈취형 또는 공갈형 부패)는 사업자에게 불리한 조치나 결정을 예방하거나 그러한 조치나 결정을 구실로 금품 등을 직접 또는 간접적으로 강요하는 부패행위를 말한다. 일반적으로 민주화의 정도가 낮은 권위주의적 사회에서 보다 많이 나타나며, 공공업무뿐만 아니라 사기업분야에서도 각종 업무처리절차나 표준들의 객관화 정도가 낮아서 업무담당자의 자유재량의 폭이 너무 큰 경우에 많이 나타난다. 이 경우 상대방은 피해자적 위치에 있게 된다.

(3) 사기형 부패

사기형 부패는 공직자가 그의 지위를 이용한 사기와 횡령을 혼합한 부패로서, 공공재산 횡령, 회계부정, 공문서위조, 기밀정보제공, 공금유용, 허위공문서발행, 허위보고서 작성 등이 그 전형적인 예이다.

(4) 거래형 부패

거래형 부패는 어떤 행정적 조치나 묵인의 대가를 받는 행위를 말한다. 대가는 일반적으로 금전이나 그 외에 어떠한 물품이라든가 또는 이에 상응하는 것들이다(Johnston, 1982: 11). 이 경우 상대방은 공범자적 위치에서 상호이익을 도모하게 된다.

이상의 분류는 수사실무상 처벌의 방향을 정하는 데 도움이 된다. 즉 정실형 부패는 금품수수의 개연성이 낮으므로 주로 정치적 책임의 추궁 또는 형사상 직권 남용죄의 적용이 검토될 것이다. 위협형 부패와 거래형 부패는 뇌물범죄의 범주에 속하지만, 전자에 있어서 뇌물공여자는 일종의 피해자적 지위에 있어 뇌물수수자인 공직자의 악성이 드러나는 반면, 후자에 있어서는 공직자는 물론 실질적인 이익취득자인 뇌물공여자 모두 엄중한 통제대상이 되어야 한다. 사기형 부패에 대하여는 감시·감독기능의 강화와 불법수익의 철저한 환수가 이루어져야 한다.

4) 부패의 내용에 의한 분류

부패는 그 내용에 따라 뇌물수수행위, 공적재산침해, 직무일탈행위, 연고자후원행위 등으로 나눌 수 있으며, 이를 구체적으로 살펴보면 다음과 같다.

(1) 뇌물수수

뇌물수수는 사회 전반에 걸쳐 가장 보편적으로 행해지는 부정부패의 형태라고 볼 수 있다. 뇌물수수는 어떤 사람이 바라는 행위를 확보하기 위하여 금전이나 다른 유인책을 제공하는 거래를 의미하는데(전수일, 1982: 21), 이 경우 그 대가는 요구하는 행위가 이루어지기 이전이나 이후에 지급되거나 혹은 여러 차례에 걸쳐서 지급된다. 대개 이 거래에서는 관여하는 사람의 범위가 좁고 뇌물행위자의 수도 적으며 수수행위가 외부에 공개되는 위험을 극소화하기 위해 1대1로 행해지는 경우가 많은 것이 특징이나, '상납', '평납'(동료들에 대한 분배), '하납'(부하직원에 대한 분배) 등의 형태로 전 조직으로 연결되고 전 사회로 확산될 수도 있다.

(2) 공적재산침해

공적재산침해는 보다 개인적인 차원에서의 행위 유형으로서 의도적으로 사적인 이익을 위해 공금을 횡령, 배임, 절취, 편취하는 등의 방법으로 공적재산에 침해를 가하는 행위를 말한다.

(3) 직무 일탈행위

직무 일탈행위라 함은 공직자가 직무를 수행함에 있어서 사적인 목적으로 그 임무에 적절한 행위를 하지 아니하거나 부적절한 행위를 하는 것을 말한다. 직무유기, 직권남용, 비밀누설, 문서위조 등 범죄행위가 되는 경우는 물론 성실의무, 품위유지의무, 청렴의무 위반이나 소속기관의 내부 규칙에 위반되어 징계사유가 되는 경우도 포함된다.

(4) 연고자후원행위

연고자후원행위(patronage)는 인사채용 또는 계약에 있어서 실적보다도 파당적 지원에 근거를 두고 권한을 행사하는 경우이다. 뇌물수수나 공금횡령은 금품취득을 목적으로 하는 반면, 족벌주의(nepotism)나 정실주의(favoritism)에 바탕을 둔 연고자후원행위는 일반적으로 사회적 또는 정치적 이익과 결부되는 개념이라는 점에서 구별된다. 한국사회에서는 다른 나라와는 달리 전반적으로 후원자-고객관계(patron-client relationship)에 따른 연줄이 어디에서든 유용하게 이용되는 경향이 강한데, 이러한 현상 역시 고질적인 병폐현상의 하나로서 부패의 범주에 포함되어야 할 것이다. 연고자 후원행위는 물질적인 대가가 없는 경우가 많기 때문에 법률적으로 제대로 통제가 되지 아니하였으나, 새로운 공무원행동강령은 이해관계 직무의 회피의무, 지연・혈연・학연 등에 의한 특혜의 배제, 인사 청탁의 금지 등을 규정함으로써 연고자 후원행위도 대부분 실정법상의 규제대상이 되었다.

부패의 내용에 의한 분류는 행위형태에 따른 처벌 기준을 정함에 있어서 실무상 유용한 기준이 될 수 있고, 대처방법도 다르지만, 하나의 부패행위에도 여러 가지 내용이 중첩적으로 나타날 수 있어 지나치게 세분화할 필요성은 크지 않다고 본다.

5) 기타 분류

이상의 분류 외에 부패의 행위형태에 따라 일방적 부패와 쌍방적 부패로, 부패의 정도에 따라 백색부패(경미한 부패: petty corruption), 회색부패(일상화된 부패), 흑색부패(악성화된 부패)로, 부패공직자의 경제적 능력에 따라 생계형 부패, 치부형 부패로 나눈다. Susan Rose Ackerman은 부패행위의 주체가 관료제상 어떤 직위를 차지하는가에 따른 부패공직자의 지위에 따라서 고위공직자부패, 중・하위직 공직자부패로 분류한다(Ackerman, 1978: 60~73).

3. 부패의 인식

1) 부패인식의 용어정의

부패인식이란 용어는 Corruption Perception의 의미를 가진다. 국제투명성기구(Transparency International, TI)에서 1995년부터 발표하고 있는 국가별 부패인식지수에서 사용하고 있는 용어는 Corruption Perception Index(CPI)이다. 우리나라 국가권익위원회에서 사용하는 공식적 용어도 부패인식(Corruption Perception)이다.

2) 부패에 관한 인식도

(1) 부패인식지수(CPI)

우리나라의 부패수준을 객관적으로 파악하기 위해서는 CPI를 통해 그 정도를 비교할 수 있다. 국제투명성기구(Transparency International, TI)는 1995년 이래 국가별 부패지수(Corruption Perception Index-이하 CPI)를 연례적으로 발표해 왔다. 국제투명성기구(TI, Transparency International)는 부패방지 목적으로 1993년에 설립한 NGO단체(본부: 베를린)로 세계 80여 개국에 지부를 설치하고 2년 주기로 국제반부패회의(IACC)를 개최하며 한국 지부는 반부패국민연대(TI-Korea)이다.

TI 지수는 국제투명성기구에서 발표하는 부패지수로 부패인식지수(CPI)와 뇌물공여지수(BPI)가 있다. 부패인식지수(CPI: Corruption Perception Index)는 공직부문(정치 포함)에 존재하는 부패의 정도 인식을 나타내는 지수이며, 뇌물공여지수(BPI, Bribe Payers Index)는 주요 수출국 회사들이 신흥 시장국가 공무원에 대해 뇌물을 제공하는 정도에 대한 인식을 나타내는 지수이다. CPI는 국가경쟁력지수와 신뢰도지수를 조사할 때, 각국의 부패수준을 구성요소로 평가하던 것을 OECD와 세계은행(World Bank)의 반부패정책의 영향으로 국제투명성기구(TI)가 1995년부터 매년 발표하면서 반부패정책의 중심적인 평가수단이 되고 있다.

CPI는 TI의 뇌물공여지수(BPI)와 함께 대표적인 부패수준을 말해준다. BPI는 주도적인 수출국가의 기업들이 신흥시장에서 뇌물을 줄 가능성을 나타내고 있다. 2002년 5월 14일에 발표된 BPI 2002는 러시아, 중국, 대만 그리고 한국 기업들이 뇌물공여의 가능성이 높으며,

이탈리아와 홍콩, 말레이시아, 일본, 미국 그리고 프랑스 기업들이 뒤따르고 있음을 보여주었다. 하지만 이들 나라의 대부분은 외국 공무원에 대한 뇌물증여를 불법으로 규정한 OECD 뇌물방지협약(OECD Anti-Bribery Convention)에 가입해 있다.

부패인식지수(CPI: Corruption Perception Index)의 성격을 살펴보면 TI 부패지수는 여러 국제기관들의 조사결과를 단순 평균하여 산출한 집계지수(poll of polls)이다. 2005년 CPI는 10개 기관의 16개 설문조사결과를 집계(우리나라는 6개 기관의 12개 자료 사용)하였으며, 10개 조사기관(WEF, IMD, PERC 등)이 사용되었다. 개별 자료별로 조사내용·기간 및 조사대상 국가 범위가 달라 국가별 사용자료 수는 3개~16개로 각각 상이하며, 조사방식 및 조사항목으로는 TI는 조사대상국가에 대한 다양한 설문조사 결과 중에서 부패수준과 관련된 항목만 집계하여 지수 산출한다. 16개 설문조사의 조사대상은 주로 국내외에 거주하는 민간기업의 CEO 및 전문가로 구성된다.

국제적으로 부패와의 전쟁에 보다 적극적인 정부의 노력을 경주하게 하고 사회적인 관심을 제고하는 데 있어 국제투명성기구의 국가별순위발표 및 창피주기(naming and shaming) 전략은 크게 성공한 것으로 평가되고 있다(박정수, 2002). 부패지수가 반부패정책평가의 중심적인 수단으로 자리 잡게 된 배경으로 다음 세 가지 요인을 꼽고 있다.

첫째, 부패가 국가경쟁력과 신뢰도, 국가의 발전과 성장에 저해요인으로 작용한다는 연구결과(Mauro, 1995, 1997; Kaufmann, 1997)와 그에 따른 인식의 확산이다.

둘째, 국제사회 반부패라운드(OECD, World Bank, ADB, UN)의 움직임 속에 부패지수가 각국의 부패통제노력에 대한 효과적인 평가를 위한 수단으로서 작용하기 때문이다.

셋째, 부패지수를 통한 각국의 순위발표가 그 순위의 타당성과 신뢰성은 차지하더라도 각국 정부 및 언론, 시민단체의 적극적인 관심을 유도하고 있다.

부패는 본질적으로 양적 측정 자체가 힘든 '감춰진 실체(tip of iceberg)'라는 속성을 지니기 때문에 부패수준을 측정한다는 것은 매우 어렵다. 흔히 적발된 부패 공직자의 수 내지는 징계건수, 뇌물의 규모를 통해 사회의 부패수준을 추정하기도 하지만, 이는 부패수준이나 규모와는 상관없이 정부의 부패적발노력이나 사회적인 인정수준에 따라 결과가 달라지는 한계를 내포하고 있다. 이러한 한계를 극복하기 위해서 현재까지는 전문가, 기업인, 국가전략분석가 등을 대상으로 한 설문조사나 인터뷰를 통해 비록 간접적이기는 하지만 부패수준을 추정하는 방법을 사용하고 있다. 그러나 설문조사나 인터뷰결과를 바탕으로 한 부패지수 역시 응답자의 부패에 대한 주관적인 인식을 바탕으로 취합된 것이기 때문에 객관적인 부패의 수준·규모를 나타내기에는 한계가 있을 수밖에 없다. 부패방지위원회(현

국가권익위원회) 출범을 즈음하여 우리 정부가 2005년 경제수준에 상응하는 투명성 달성 CPI 20위권, 그리고 2010년 선진국수준의 투명성 달성 CPI 10위권 진입이라는 단계적 목표를 내세운 바 있다. 2011년도 부패지수(CPI)를 살펴보면 아래 〈표 9-2〉와 같다(183개국 중에서 1~91위까지). 우리나라는 10점 만점에 5.4점으로 지난 해 39위에서 43위로 하락한 것으로 나타났다. 특히 OECD 가입 34개국 중에서는 27위로 하위권에 머물렀다. OECD 평균은 6.92('11년)이다.

〈표 9-2〉 2011년도 부패지수(CPI)

순위	국가명	점수	순위	국가명	점수
1	뉴질랜드	9.5	46	마카오	5.1
2	덴마크	9.4	46	모리셔스	5.1
2	핀란드	9.4	49	르완다	5.0
4	스웨덴	9.3	50	코스타리카	4.8
5	싱가포르	9.2	50	리투아니아	4.8
6	노르웨이	9.0	50	오만	4.8
7	네덜란드	8.9	50	세이셸	4.8
8	호주	8.8	54	헝가리	4.6
8	스위스	8.8	54	쿠웨이트	4.6
10	캐나다	8.7	56	요르단	4.5
11	룩셈부르크	8.5	57	체코	4.4
12	홍콩	8.4	57	나미비아	4.4
13	아이슬란드	8.3	57	사우디아라비아	4.4
14	독일	8.0	60	말레이시아	4.3
14	일본	8.0	61	쿠바	4.2
16	오스트리아	7.8	61	라트비아	4.2
16	바베이도스	7.8	61	터키	4.2
16	영국	7.8	64	그루지야	4.1
19	벨기에	7.5	64	남아프리카공화국	4.1
19	아일랜드	7.5	66	크로아티아	4.0
21	바하마	7.3	66	몬테니그로	4.0
22	칠레	7.2	66	슬로바키아	4.0
22	카타르	7.2	69	가나	3.9
24	미국	7.1	69	이탈리아	3.9
25	프랑스	7.0	69	마케도니아	3.9
25	세인트루시아	7.0	69	사모아	3.9
25	우루과이	7.0	73	브라질	3.8
28	아랍에미리트	6.8	73	튀니지	3.8
29	에스토니아	6.4	75	중국	3.6
30	사이프러스	6.3	75	루마니아	3.6
31	스페인	6.2	77	감비아	3.5
32	보츠와나	6.1	77	레소토	3.5
32	포르트갈	6.1	77	바누아투	3.5
32	대만	6.1	80	콜롬비아	3.4
35	슬로베니아	5.9	80	엘살바도르	3.4

36	이스라엘	5.8	80	그리스	3.4
36	세인트빈센트 그레나딘	5.8	80	모로코	3.4
38	부탄	5.7	80	페루	3.4
39	몰타	5.6	80	태국	3.4
39	푸에르토리코	5.6	86	불가리아	3.3
41	카포베르데	5.5	86	자메이카	3.3
41	폴란드	5.5	86	파나마	3.3
43	대한민국	5.4	86	세르비아	3.3
44	브루나이	5.2	86	스리랑카	3.3
44	도미니카	5.2	91	보스니아 헤르체고비나	3.2
46	바레인	5.1	91	라이베리아	3.2

자료: http://www.transparency.org/. 2012.

CPI의 이전 연도 결과들과의 비교는 순위가 아니라 점수에 기초해야 한다. 한 국가의 순위는 어떤 나라가 CPI에 새로 진입하거나 또는 누락됨으로써 아주 간단히 바뀔 수 있기 때문이다. 지난 연도들보다 높은 점수는 응답자가 보다 나은 등급을 부여하고 있다는 것을 의미하며 반대로 보다 낮은 점수는 응답자들이 자신의 인식을 하향 조정했음을 의미한다. 그러나 어떤 나라에 대한 연간비교는 그 나라 사업수행 능력에 대해 변화된 인식뿐만 아니라 변화된 샘플과 방법론에 기인하기도 한다. 한 나라 점수의 변화는 또한 집계된 다양한 견해들과 제출되었던 다양한 질문들로 인한 것일 수도 있다.

그러나 각각의 변화들은 개별 자료들의 결과에서 드러난 변화까지 추적이 가능하다는 점에서 전체 추이는 지속적으로 검증될 수 있다. 따라서 인식에서의 실질적 변화는 실제의 변화를 반영하는 것이라고 볼 수 있다. CPI의 목적은 국가들 내의 광범위한 부패 인지도에 관한 자료를 제공하는 데에 있으며 이는 국가들 사이의 부패수준에 대한 인식을 고양시켜 주는 하나의 수단이라 하겠다.

제2절 지방자치단체장의 부패

1. 지방자치단체장 부패의 개념 및 실태

1) 지방자치단체장 부패의 개념

지방자치단체장의 부패의 개념을 정의하려면 단체장의 역할이 무엇인지에 따라 달라질 수 있다. 지방자치단체장을 어떤 역할자로 볼 것인가, 즉 자치단체장을 정치가로 볼 것인지 관료(공무원)로 볼 것인지가 명확하지 않기 때문이다. 정치인으로 보면 정치부패가 되는 것이며, 관료로 보면 관료부패가 된다. 자치단체장의 역할에 따라 부패유형이 다르게 표현될 수 있는데 자치단체장은 정치인과 관료적 성격을 모두 가지고 있으므로 부패형태도 관료부패와 정치부패로 나타난다고 할 수 있다. 그러므로 지방자치단체장의 부패는 정치적 부패와 관료부패의 혼합형이 된다.

이처럼 지방자치단체장의 부패행위는 지방자치단체장이 재선이나 부의 증식 등 유·무형의 사적 이익을 추구하기 위하여 그 독점적 지위나 재량권을 이용하는 행위를 함으로써 건전하고 공정한 공직수행에 반하는 경우를 말한다. 지방자치단체장의 부패는 일반인이 범하는 부패와는 다른 몇 가지 특징이 있다. 직무수행과 관련하여 국민에 대한 신뢰성을 위반한다는 점, 대민 접촉상의 부패소지가 많은 점, 자치민주주의 기대가능성 실패 등이 일반인의 부패와 다른 점이다. 특히 지방자치단체장의 부패를 민원부패라는 시각에서 그 실체분석을 논의할 때 그 개념은 보다 다양한 의미를 함축하거나 상이한 학설에 의하여 고찰할 수 있다.

즉 지방자치단체장의 부패의 개념을 통합적 시각(integrated approach)에 의해 정리한다면 지방자치단체장이 재선이나 부의 증식 등 유·무형의 사익을 추구하기 위하여 그 독점적 지위나 재량권을 이용하는 행위를 함으로써 건전하고 공정한 공직수행을 위반하여 일반시민과 지역주민들의 기대가능성(expectation)을 저버린 일체의 일탈행위(deviant behavior)라고 규정할 수 있겠다.

2) 지방자치단체장의 부패실태

지방자치단체장의 부패는 지방행정에서 비효율성과 경쟁력의 약화 등 경제적인 문제뿐만 아니라 공무원의 사기저하와 주민의 의욕상실을 초래하여 행정기능의 약화와 법질서의 파괴, 정부불신에 따른 정책효과의 둔화 등 그 폐해가 매우 심각하다. 더욱이 공직부패가 주민이 직접 선출한 민선공직 단체장에게 해당한다면 대의제 민주주의의 기본토대라 할 수 있는 주민과 선출직 공직자의 신뢰관계와 지방자치에 치명적인 손상을 입히게 된다.

지방자치단체장의 부패문제는 어느 시대 어느 국가를 막론하고 정도의 차이는 있지만 지속적인 문제로 제기되어 왔다(한국행정연구원, 1999: 55~84). 날로 대형화되고 구조적으로 관례화되고 있는 부패문제는 만연된 부패의 사회현상이 됨으로써 정부에 대한 국민의 신뢰 저하와 사회 총체적인 기강의 해이, 국가경쟁력의 약화 등 국가발전상에 걸림돌이 되고 있다. 따라서 선진국 진입을 위한 국가경쟁력을 회복하기 위해서는 무엇보다 공공부문의 투명성 확보와 자치단체장의 깨끗한 윤리의식 제고로 주민신뢰와 공직 윤리규범의 확립이 요구되어야 하는 시대적 사명을 가지고 있다.

자치단체장의 부패실태를 살펴보면 윤리 혹은 도덕적 일탈행위뿐만 아니라 제도나 권력을 이용한 부패발생 빈도도 높아지고 있는 것을 알 수 있다. 2000년 11월 국회의원 42명이 기초자치단체장을 중앙정부에서 임명하자는 지방자치법 개정안을 국회에 제출한 적이 있었다. 이는 일부 지방자치단체장들의 잇따른 비리와 무책임 행정, 도덕적 해이의 사례들이 나타나면서 지방자치단체장의 역할에 대한 회의적인 분위기를 여실히 반영한 것이다. 기초단체장의 임명은 지방자치라는 시대적 흐름에는 역행되지만, 권한만 있고 책임은 없는 상당수 지방자치단체장들의 잘못된 관행 및 구조적 부패구조를 바로잡지 않고서는 제대로 된 지방자치를 기대하기 어려울 것이다.

현재 일부 지방자치단체장은 예산권을 무기로 각종 이권에 개입해 일정액을 상납받고, 청탁 인사의 대가로 뒷돈을 챙기는 등 구조적 비리와 부패, 다음 선거를 의식해 무리한 사업을 벌이는 선심성 전시행정으로 주민 세금만 날리는 전횡과 무능을 일삼고 있다. 단체장을 견제해야 할 지방의회도 상당수 제 구실을 못 하는 데다 심지어는 단체장과 결탁해 비리와 부패를 공모하지 않느냐는 의혹과 비판의 대상마저 되고 있다.

갖가지 부패로 사법처리된 지방자치단체장은 1991년 민선자치제가 시작된 이후 계속 증가하고 있는 실정이다. 특히 지난 제3기민선(2002년) 자치단체장의 부패는 무려 78명이나 된다. 전국 자치단체장 248명 가운데 31%에 이른다. 민선 1기 때 32명이었던 것이 98년 7

월에 임기가 시작된 2기에 들어서는 46명으로 44%나 증가했다. 민선 제3기 지방자치단체장 중에 비리가 확인돼 공직을 상실한 자치단체장도 16명이나 되고 17명이 재판을 받았다. 부패유형을 보면 공사계약과 인·허가, 직원 인사 등 직무와 관련된 뇌물수수가 32명으로 가장 많다. 또 선거법 위반이 29명, 개인비리가 12명, 정치 자금법 위반 3명, 공금횡령 2명 순이다(행정자치부, 2006). 그런데 문제는 이들의 비리가 비리로만 끝나지 않고 행정에 구멍이 생기는 것이다. 뿐만 아니라 사법처리되어 공직을 잃은 자치단체장의 재·보궐 선거에 들여야 하는 국가재정의 손실과 시간낭비도 적지 않다.

2. 지방자치단체장의 부패요인

지방자치단체장의 부패가 왜 발생하는가에 대한 설명은 논자들의 견해에 따라 다양한 시각으로 나타난다. 또한 부패발생을 설명하는 용어도 부패요인, 부패의 발생원인, 부패소지 등 여러 가지로 사용되고 있다. 이것은 그만큼 부패가 복학적인 원인을 이루는 다양한 요소들에 의해서 발생한다는 점을 반증하고 있다. 이러한 복합적인 부패발생의 원인에 대한 내용의 범주에 대해서는 대체적으로 의견이 일치하는 것 같으며, 이를 분류하는 데에도 대동소이한 체계를 보인다.

부패의 원인을 규명한다는 것이 쉽지 않은 이유는 부패의 양상이나 종류가 극히 다양하기 때문이다. 부패의 원인을 분석한다는 것은 부패의 개념과 마찬가지로 시각에 따라 다양한 접근방법이 요구된다. 부패현상이 단순하지 않고 복합적이고 다변수적이기 때문에 한마디로 그 원인을 말하기는 어려운 것이다.

이처럼 학자들마다 나름대로의 범주를 내세우며 다양한 측면에서 부패의 원인을 연구하고 있지만 여기서는 기존의 학자들이 논의하고 있는 사항들을 중심으로 부패발생의 원인 제공이 되는 수준별 단위에서 다음과 같이 정리한다. 첫째, 부패를 발생시키는 개인행태 요인, 둘째, 제도적인 요인, 셋째, 환경적 요인 등으로 나누어 접근한다.

1) 개인행태 요인

개인행태 요인을 설명하려면 윤리·도덕적 측면에서 부패를 이해하고 개인들의 행동결과로 보아야 한다. 부패는 부패행위에 참여한 개인들의 자질(qualities), 본성(nature), 윤리(ethics)에 있다고 보는 견해이다(Johnston, 1982: 12~16). 즉 개인의 성격이라든가 독특한 습성이 부패행태와 밀접한 관계가 있다고 보는 입장이다(김해동, 1990: 146). 아무리 합리적인 정책결정과 계획이 수립되고 능률적인 조직이 존재한다고 하더라도 조직 속에서 정책과 계획을 집행하는 관료들의 가치관, 태도, 의식구조가 공익성과 윤리성을 외면한다면 행정은 곧 부패소지를 낳게 된다(유종해 · 김택, 2006: 186).

부패는 결국 사람의 행위이므로 그것에 개입된 사람의 품성, 성격, 그리고 탐욕 등이 부패를 유도한다. 소득수준이 향상되어 인간의 기본적 욕구가 충족되어도 부패가 사라지지 않고 있다는 것은 결국 인간이 기본적으로 탐욕스러운 존재라는 것을 말해준다. 정치인이나 고위공직자의 부패는 대부분 이러한 탐욕에서 그 원인을 찾을 수 있다. 나아가 부나 권력 혹은 지위에 대한 인간의 의식은 상대적인 것이기 때문에 자신이 소유한 부나 권력 혹은 지위가 다른 사람에 비해 적다고 느낄 때에는 자연히 이러한 부족분을 보충하려는 욕구가 생기게 되는 것이다.

또한 부패는 자신의 소비수준을 자신보다 상대적으로 부유한 주위 사람들의 소비수준에 맞추려는 욕구에 의해서도 유발된다. 그리고 이 경우 부패의 유혹에 빠지도록 충동하는 역할은 대체로 공직자의 배우자가 담당한다고 한다. 공직자의 배우자가 직설적으로 뇌물을 받으라고 말하지는 않을 것이다. 다만 주위 부유한 사람들이 최근에 사들인 값비싼 물건들을 자신들은 어째서, 즉 얼마나 무능해서, 소유할 수 없는지 불평을 제기하곤 한다.

공직자의 부패를 개인적 측면에서 접근하면 공직윤리의식의 미흡과 이기주의적 행태로 인해 발생하는 것을 발견할 수 있다. 공직윤리의식이 결여된 공직자는 공직 그 자체를 자신의 부를 축적하는 수단으로 보고 공권력을 남용하면서 부패를 일삼게 된다. 단체장의 부패원인도 인간의 끝없는 탐욕에서 비롯된다. 인간이 현재의 수준에서 만족하지 못하고 새로운 수준의 욕구충족을 위해 더 많은 노력을 하는 것은 당연하다. 오히려 이러한 인간의 욕구추구가 인간을 발전시키는 원동력이 된다. 그러나 그것을 추구하는 과정이 사회적 규범에 어긋나서는 안 된다. 그런데 부패는 이러한 인간의 욕심을 채우기 위한 과정에서 재물에 대한 유혹에 약한 사람에 의해 저질러지게 된다. 따라서 부패는 그 부패에 개입된 사람의 특정한 품성, 성격, 그리고 탐욕 등에 의해 발생되므로 개인 간의 가치관이나 생활철학 등이 어떠한지는 중요한 변수가 된다. 많은 연구에서 한국의 지방자치단체장은 지역사회에서 집권적이면서 독선적인 권력을 향유하고 있다고 한다(최승범, 2002: 유재원, 1999).

2) 제도적 요인

제도적 요인은 단체장의 부패요인을 정치 및 행정적인 법과 제도, 그리고 그 관리상의 비합리성, 모순, 비현실성과 이와 관련된 부정적인 체제적 요소 등에서 찾는다. 이 접근법은 법과 제도가 개인의 행위와 결합하여 부패행위를 낳게 되는지를 연구하는 데에 관심을 두기 때문에 개인적 접근법보다는 처방성이 강한 접근법이라고 할 수 있다. 특히 관료조직을 둘러싼 체제적 요소는 관료조직을 둘러싸고 있으면서 관료들의 부패발생에 직접적이든 간접적이든 영향력을 행사하는 사회·구조적인 체제적 요소를 일컫는다.

즉 부패는 단지 특정 개인의 나쁜 행위이라고 규정만 하고 끝나는 것이 아니라 이러한 부패행위를 만들게 하는 법이나 제도적인 조건들에 관심을 갖는다. 따라서 여기에서는 부패행위를 개인이나 제도상의 결함에서 야기되는 것일 뿐만 아니라 정부와 이해당사자 간의 상호작용에서 야기되는 하나의 영향(influence)으로 파악한다.

이러한 접근법은 정치와 행정 간의 구조적 관계라든지 이와 관련된 체제적 요소에도 관심을 갖는다. 따라서 정경유착의 고질적인 사회구조 등 정치적 요인으로 인해 행정부패를 유발하는 제도적 또는 체제적 요소를 중시한다. 특히 정치적인 특정 지배세력이 국가의 중요 정책결정 과정에서 영향력을 강하게 행사하면서 형성되는 정치와 경제 간의 부패구조에 대해서 중시한다.

한편 정치적 이데올로기에 대한 국민적 합의가 이룩되지 않아서 공식적인 정치행정 이념과 사회현실 간의 괴리가 크게 되면 이를 집행하는 행정의 정책결정과정에서 현실적인 실현가능성을 기대하기가 어렵게 되고, 결국 지킬 수 없는 법과 제도의 양산으로 연결되어 부패발생의 가능성을 높인다고 한다. 이러한 접근법은 제도나 법을 시대적인 제정 배경이나 국가적 차원의 전체적인 맥락에서 파악하기보다는 그 제도나 법만을 중심으로 들여다보는 경향을 보이는 한계를 가지고 있다. 현실적으로 조직 내에서 발생하는 부패발생의 원인을 보면 조직과 관련된 내부적인 요인보다는 오히려 외부의 환경적인 요인에 더 큰 요소가 있을 수 있다.

이러한 접근에 의한 부패발생의 요소로서 지적되는 일반적인 사항들로서는 권위주의적 정부구조, 고비용의 정치구조에 따른 정경유착, 투명한 행정절차 규정의 미비, 부패통제를 위한 효율적인 인프라 구축 미흡, 과도한 정부 개입 또는 규제, 비현실적인 공무원의 보수 수준 등이 지적된다.

3) 환경적 요인

지방자치단체와 지방정부의 환경과 조건은 급격하게 변하고 다양한 형태로 나타나고 있다. 이러한 변화의 물결은 정치 · 사회 · 경제 · 문화 · 교육 · 종교 등 모든 방면에 다양한 구조변화를 가져왔고, 이러한 변화는 지방자치단체의 정책방향과 내용을 변화시키는 환경변수로 작용하고 있다. 특히 세계화라는 큰 변화 속에 중앙정부의 역할은 축소된 반면 지역은 그 역할이 재정립되고 있으며 동시에 국가 경제활동의 동력이 되고 있다. 다국적 기업들의 지역지향성이 가시화되면서 지역은 직접 세계경제의 경쟁 질서를 내면화해야 하는 과제를 안게 되었고(Lee, 2003: 61~78), 지식 기반의 지역혁신체제의 구축이 지역발전의 강력한 동력이 되면서 많은 관심의 대상이 되고 있기도 하다(이철우, 2004: 9~22). 지방자치단체장의 부패도 이러한 환경의 변화와 환경적 요인에 많은 영향을 받게 된다.

지방자치단체장의 부패요인 중 환경적 요인은 사회문화적 원인 혹은 행정 · 문화적 원인이라고 할 수 있는데 한국의 관료문화는 권위주의적이고, 형식주의적이며, 운명주의적이며, 이성적이기보다는 온정적이고, 향리적 파벌주의 성향이 강하다는 것이 전통적 관점이다(황성돈, 1994: 27).

특히 우리나라의 경우 유교문화의 힘은 매우 막강했다. 유교문화의 사회규범은 가족주의, 의리주의, 정실주의, 연고주의 등이 있는데 이러한 유교문화에 바탕을 둔 관행이나 행태는 행정관료 부패의 토양이 된다(이서행, 2002: 84~86). 전통적인 유교문화의 관존민비와 권력지향적 가치관으로 지방자치단체장의 의식구조를 지배하게 되고 권위주의적 관료행태가 권력오용과 남용이란 결과를 가져와서 부패의 좋은 서식처가 될 수 있다.

부패를 유발시킬 수 있는 환경적인 요소로서는 사회적 불안정과 국민들의 가치관 파괴현상을 지적할 수 있다. 전자의 경우는 특정한 사회 내에서 불안정한 상황이 반복 또는 지속된다면 법률이나 정책의 변동이 잦아지고 사람들이 특정한 사회체제와 질서에 대한 불신을 초래하게 된다. 이는 결국 사람들로 하여금 수단 방법을 가리지 않고 목전의 이익만을 추구하게 하는 행태를 유발시켜 부패의 유혹에 빠지게 한다. 급격한 경제적 · 사회적 변동으로 인하여 그 후유증을 겪으면서 사회구조가 변화하고 특히 금전만능적인 사조가 지배하게 되면 부패유발 요인이 증대된다는 것이다. 이 접근 방법에 의한 부패발생의 요소로 지적되는 사항들로서는 정치적 정당성 결여의 유산, 경제성장의 부작용, 사회의 미분화된 역할 관계 등이 있다.

3. 지방자치단체장 부패방지전략

1) 지방자치단체장 부패방지전략

지방자치단체장의 부패는 단체장의 개인적 행태, 정치 · 행정 등의 제도적인 문제, 사회문화나 환경과의 부적응 등 복합적 요인에서 오는 결과이므로 부패방지전략 또한 통합적인 측면에서 강구되어야 한다. 지방자치단체장의 부패요인을 제거하기 위해서 개인행태 측면, 제도적 측면, 환경적 측면에서 부패방지전략을 〈그림 9-1〉과 같이 제시한다.

첫째, 개인행태 측면에서의 부패방지전략으로 지방자치단체장의 책임성 확보와 지방자치단체장의 윤리의식 제고방안과 지방자치단체장의 리더십 제고방안을 제시한다.

둘째, 제도적 측면에서 지방자치단체장의 부패방지전략은 지방공무원의 인사제도 개선, 지방자치단체장 선거제도 개선, 부패사범에 대한 사법판단의 실효성 확보, 행정의 공개와 내부고발자 보호제도 확립을 제시한다.

셋째, 환경적 측면에서 지방자치단체장의 부패방지전략은 감사제도의 개선, 자체 감사기구의 감사결과에 대한 평가체계 구축, 의회기능의 확대, 주민참여의 확대로서 주민소송제도와 주민소환제도, 범국민적 부패추방운동 전개, 지방 부패문화 개혁을 제시한다.

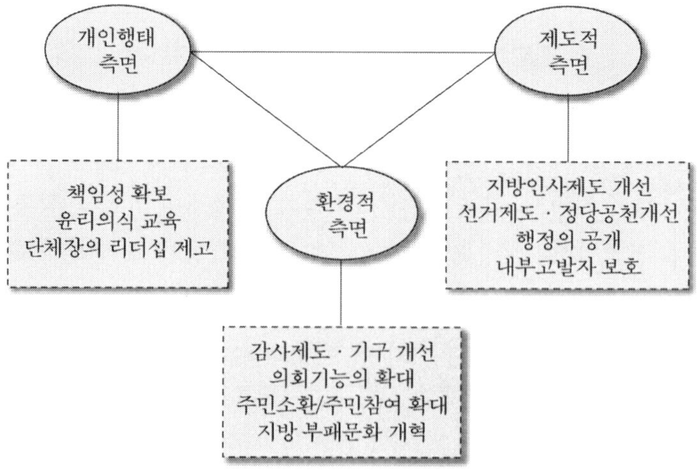

〈그림 9-1〉 지방자치단체장의 부패방지전략

1) 개인행태 측면

지방자치단체장이 비판의 대상에서 탈피하고 부패를 하지 않기 위해서는 여러 가지 요건들이 갖춰져야 한다. 그중에 개인적인 측면은 단체장 개인의 행태적인 측면으로 볼 수 있는데 장기적인 관점에서 재교육 및 훈련과정에 행정철학이나 행정윤리 등의 자질향상에 기여할 수 있는 과정을 개발해야 한다. 자치단체장이 인간의 존엄성과 공동체의식강화를 위해 준법정신과 책임성 등에 관심을 가질 수 있도록 많은 기회를 제공해야 한다.

지방자치단체장이 다음과 같은 역량을 갖추고 있다면 시정을 올바르게 감당할 뿐만 아니라 부패도 줄일 수 있을 것이다.

첫째, 자치단체장은 지역경쟁력을 강화하기 위해서는 무엇보다 실효성 있는 정책수행체제의 정책가형 역할을 할 수 있어야 한다. 지역경쟁력을 강화하기 위해서 최민호·최병학(1998)은 다음과 같이 정책가형 역할을 제시하고 있다.

"이를 위해 환경 분석능력의 중요성을 인식하여 이를 꾸준히 배양하여야 하며, 비전제시능력을 계발하여야 한다. 지방자치단체는 오늘과 같이 현상유지에 주목적이 있는 것이 아니라 꾸준한 발전을 지속하는 데 초점을 두어야 하므로 지방자치단체 집행부 내의 공무원들에게는 물론 지역주민들에게 미래에 대한 비전을 분명하게 제시함으로써 모두 동참할 수 있도록 유도하게 된다."(최민호·최병학, 1998: 4).

둘째, 지방자치단체장은 업무파악 및 조직 장악을 통한 효율적인 집행기능을 확실히 수행하는 것은 물론 급속한 변화에 대응하고 유도할 수 있는 행정에 대한 고도의 전문성, 기술성, 정보관리능력 등 전문적인 행정가형의 역할을 해야 한다(박승주·박양호·심익섭·이남영, 2001: 269).

셋째, 대외교섭능력과 주민통합능력을 충분히 발휘하여 공무원들로 하여금 원활한 직무집행이 가능하도록 지원하는 정치가형의 역할을 할 수 있을 때 지방의회와의 적극적이고 우호적인 관계를 형성하여 지역 내에서 발생하는 각종 문제에 대한 협의노력을 극대화할 수 있다.

넷째, 많은 자치단체가 직접 수익사업을 경영함으로써 재정확충을 도모하는 시대의 흐름에 따라 자치단체장이 국제적인 감각을 살려서 적절한 권한을 행사하는 가운데 지역경제를 적극적으로 지원하는 방안을 모색하는 경영가형 역할을 할 수 있어야 한다.

2) 제도적 측면

자치단체장이 역할을 수행하는 과정에서 나타나는 문제점을 개선하고 자치단체장의 역할을 재정립하기 위해서는 단체장의 권한행사에 대한 견제권을 강화하고 투명성을 확보하며, 제도적 장치와 개선이 필요하다. 지방자치단체장 및 지방의회의원에 대한 견제 및 책임성 확보장치가 미비하여 각종 비리나 부패사례가 빈발하였다. 이는 일부 지역의 지도층 인사와 지방 정치인의 유착 및 지방단위 사정기관과의 연계고리 차단이 필요하게 된 것이다. 이를 해결하기 위해 지방자치단체장의 인사전횡 방지장치를 마련하여 시행해야 하며, 직장협의회·지방의회 추천인사의 참여확대, 인사위원회의 독립성 확보와 주요 보직에 대한 의회 동의절차 및 개방직임용 확대, 인사예고제 의무화 등을 구비해야 한다.

즉 제도적 측면과 유사한 법·제도적인 규제 강화, 정당공천제도 폐지, 법·제도적인 규제 강화, 행정의 정보공개 등 방지전략이 우선되어야 한다.

3) 환경적 측면

전체 사회와 지역사회가 건전할 때 공직사회나 자치단체장의 부패가 근절될 수 있다. 우리나라의 경우 환경적 특성에서 비롯되어 제도화된 모습을 굳히고 있는 권력형 비리와 부패가 많이 발생한다. 이러한 제도화된 부패는 정(政)·경(經)·관(官)이 구조적인 연결고리를 맺고 있는 모습을 보이고 있다. 여기에 규범과 실제가 괴리된 자치단체장들의 부패가 만연하게 된다. 이러한 측면에서 지방자치단체장의 부패근절을 위해서 제도적 장치와 사회적 분위기를 만들어야 한다.

환경적 측면의 부패방지전략은 건전한 시민문화의 창조 및 확산효과(spillover effect)를 통하여 부패의 소지를 없애는 방안이다. 단체장의 부패는 단체장의 개인적 일탈행위의 결과로 유발될 수도 있지만 많은 경우에 부패의 제공자와 부패 유인자가 지역주민이기 때문에 쌍무적인 거래관계에서 이루어진다. 그러므로 환경적 측면에서 방지전략으로 먼저, 제도적 장치로서 감사제도의 개선, 자체 감사기구의 감사결과에 대한 평가체계구축, 의회기능의 확대, 주민참여의 확대가 이루어져야 한다. 다음은, 시민문화의 정화와 환경적 개선으로 건전한 사회문화의 정착, 사회교육기관을 통한 윤리적 가치관 개발, 언론기관의 활용과 범국민적, 범시민적 통제의 개발 등이 이루어져야 한다.

본격적인 지방자치(1995년 지방 동시선거)가 실시된 지 아직 이십 년도 되지 않은 시점이다. 현재의 시각에서 지방자치단체장의 부패가 심각하다고 평가하기에는 다소 이른 감이 있지만 지방자치제도가 완전하게 정착되고 자치단체장이 맡은 역할을 제대로 감당하고 있다고 보기는 어려운 실정이다. 여러 가지 통계자료 조사와 지방자치단체장이 부패와 관련되어 사법처리된 통계에 대한 평가를 쉽게 내리기도 어렵다.

지역발전과 지방정치의 민주화 및 지역주민의 삶의 질(quality of life)의 향상이 지방자치제 실시의 궁극적인 목적인데 우리의 현실은 그렇게 되지 못하고 오히려 지역이기주의,

지방의 불균형, 지방화와 더불어 부패문화화가 가속되는 문제점을 안고 있다. 특히 지역주민의 손으로 직접 선출한 민선자치단체장이 부패하다면 지역발전은 물론 지방민주화에 역행될 것이며 지역주민의 삶의 질은 분명 저하될 것이다. 뿐만 아니라 지방의 정치민주화가 퇴보와 자치단체장에 대한 실망감으로 인해 지역주민은 지방자치에 소극적·비협조적으로 대응할 것이 분명하다. 그러므로 지방자치단체장의 부패문제는 지방의 민주화와 지역의 발전 및 주민의 삶의 질에 매우 밀접하게 연관되어 있다.

우리나라 지방자치단체장의 부패가 발생되는 요인은 어느 한 부분의 문제로 설명하기는 어렵고 개인의 행태 및 가치문화적인 요인, 정치 및 행정·제도의 구조적인 요인, 단체장을 둘러싼 환경적인 요인 등의 복잡다양하고 종합적인 문제라고 할 수 있다. 지방자치단체장의 부패가 점점 더 구조화되어 가고 있다는 우려가 클 뿐만 아니라 자치단체장의 부패도 일반 부패현상과 마찬가지로 실체를 포착하기 어려운 '사회병(social disease)'이며, 빙산의 일각에 불과하기 때문에 문제해결이 어렵다는 것을 확인할 수 있다.

결론적으로, 부패의 척결은 부패발생요인이 다양한 만큼이나 사회의 어느 한쪽만이 아닌 총체적인 차원에서 이루어져야 한다. 제도적인 장치와 규제만으로는 문제해결에 어려움이 있으므로 국민과 지역주민 스스로가 부정부패를 배격하고 정의감으로 무장하여 자존심을 지키는 운동이 필요하다. 그리하여 부정부패는 반드시 드러나고 처벌된다는 사회적 분위기를 만들어 나가야 하며, 삶의 정체성을 회복하고 부패에 대한 제도적인 장치의 확립 및 주민인식에 대한 변화 등 종합대책을 세워야 한다. 자치단체장의 부패에 대한 인식이나 가치체계가 부패행태에 영향을 미칠 가능성이 높다는 것이 어느 정도 확인된 것은 인간의 내면적인 품성이 중요하다는 것을 말해주는 것이다. 그러므로 정직한 인격을 갖춘 지도자들이 배출될 수 있도록 어릴 때부터 윤리교육을 강화하고 영적인 훈련이 뒤따라야 할 것이다. 근본적으로 공직자와 국민의 의식이 개혁되고 부패관행과 문화가 바뀌어야 부패가 해결될 수 있다.

연 습 문 제

1. 부패의 유형에서 부패개입의 규모에 의한 분류가 아닌 것은?

① 개인부패 ② 관료부패
③ 조직부패 ④ 체제부패

〈정답〉 ② 관료부패
〈해설〉 부패의 유형에서 부패의 주체에 의한 분류는 행위 주체에 따라 정치부패와 관료부패로 분류한다.

2. 국제투명성기구(TI, Transparency International)에서 각 국가의 부패수준을 매년 객관적으로 발표하는 부패지수는 무엇인가?

① BPI ② CPI
③ OECD ④ ADB

〈정답〉 ② CPI
〈해설〉 국제투명성기구(TI, Transparency International)에서 각 국가의 부패수준을 매년 객관적으로 발표하는 지수는 부패인식지수(CPI, Corruption Perception Index)이다. BPI(Bribe Payers Index)는 뇌물공여지수이다.

3. 부패유형에서 부패의 수단에 따른 분류가 아닌 것은?

① 위협형 부패 ② 사기형 부패
③ 거래형 부패 ④ 조직형 부패

〈정답〉 ④ 조직형 부패
〈해설〉 조직형 부패는 부패개입의 규모에 의한 분류에 속한다. 부패의 수단에 따른 분류는 정실형, 위협형, 사기형, 거래형 부패가 있다.

4. 부패의 유형에 대한 설명으로 옳지 않은 것은?(2009 국회 8급)

① 일탈형 부패는 부패의 제도화 정도에 따른 유형 구분으로서 개인부패에서 많이 발생한다.
② 공금, 개인적 이익의 편취—회계 부정 등은 사기형 부패에 해당한다.
③ 선의의 목적으로 행해지는 부패를 회색부패(gray corruption)라고 한다.
④ 뇌물을 주고받음으로써 금전적 이익을 보는 사람과 이를 대가로 특혜를 제공받는 사람 간에 발생하는 부패를 거래형 부패라고 한다.
⑤ 생계형 부패를 작은 부패(petty corruption)라고 부르기도 한다.

〈정답〉 ③ 선의의 목적으로 행해지는 부패를 회색부패(gray corruption)라고 한다.
〈해설〉 선의의 목적으로 행해지는 부패를 백색부패(White corruption)라고 한다.

핵심정리

지방자치제도에서의 부패 – 지방자치제 실시의 궁극적인 목적은 지역주민의 삶의 질(quality of life)의 향상이지만 지방자치제도 실시로 인해 부패문화가 구조적으로 확대되는 심각한 문제발생.

부패의 개념 – 부패(腐敗)란 ① 부패균에 의해 단백질 및 유기물이 유독한 물질과 악취를 발생하게 되는 변화 ② 법규·제도 등이 문란해 바르지 못함 ③ 정신이 타락함이란 뜻으로 부패는 사회적 현상에 대하여 어떤 사물이나 현상이 부정한 매개 행위로 인하여 본래의 모습이 아닌 바람직하지 못한 현상으로 나타나는 것을 말함. 즉 부패(corruption)의 개념정립은 단순한 것이 아니라 정치·경제·사회문화적인 여러 요인들이 복잡하게 결합되어 나타나는 사회 병리적(social pathological) 현상

부패개념에 관한 이론 – 윤리 및 도덕설, 제도적 접근설, 시장/교환설, 공익설, 기능주의설, 후기기능주의설, 권력관계설, 사회문화적 규범설

부패로 인한 역기능 – 다양한 계층에 대한 객관적 정치 지도의 불가능, 생산적 노력의 상실과 공권력의 감퇴, 사회범죄의 확대, 정부의 신뢰성·권위의 추락과 불신감 증대, 도덕적 · 윤리적 기준의 쇠퇴, 행정비용의 상승

부패개입의 규모에 따른 유형 – 개인부패, 조직부패, 체제부패

부패수단에 따른 유형 – 정실형, 위협형, 사기형, 거래형 부패

부패내용에 따른 유형 – 뇌물수수행위, 공적재산침해, 직무일탈행위, 연고자후원행위

지방자치단체장의 부패의 개념 – 지방자치단체장이 재선이나 부의 증식 등 유 · 무형의 사익을 추구하기 위하여 그 독점적 지위나 재량권을 이용하는 행위를 함으로써 건전하고 공정한 공직수행을 위반하여 일반시민과 지역주민들의 기대가능성(expectation)을 저버린 일체의 일탈행위(deviant behavior)

지방자치단체장의 부패요인 – 개인행태 요인, 제도적인 요인, 환경적 요인

부패의 척결은 부패발생요인이 다양한 만큼이나 사회의 어느 한쪽만이 아닌 총체적인 차원에서 이루어져야 한다. 제도적인 장치와 규제만으로는 문제해결에 어려움이 있으므로 국민과 지역주민 스스로가 부정부패를 배격하고 정의감으로 무장하여 자존심을 지키는 운동이 필요

제 10 장

세계화의 본질과 지방자치

♧ 들어가기 : 학습목표 및 목차

학습 목표	1. 세계화의 본질에 대하여 이해한다. 2. 세계화 과정과 사례에 대하여 살펴본다. 3. 세계화 시대의 지방자치에 대하여 이해한다.
학습 목차	1. 세계화의 의의와 정의 2. 세계화 과정, 세계화 사례 3. 세계화 시대의 지방자치

☞ 사전학습

1. 국가 및 지역 간에 존재하던 상품, 서비스, 자본, 노동, 정보 등에 대한 인위적 장벽이 제거되어 세계가 일종의 거대한 단일시장으로 통합되어 나가는 추세를 무엇이라고 하는가?
〈정답〉 세계화(globalization)
〈해설〉 각 국가경제의 세계경제로의 통합을 세계화(globalization)라고 한다.

2. 국가의 관리로 존재하는 모든 국경들을 허물고 전 세계를 하나의 시장으로 통합하여 오직 시장기능만이 모든 경제활동과 삶을 밑받침하게 한다는 논리로 세계화의 흐름에 이론적 무기로 작용하는 사조는 무엇인가?
〈정답〉 신자유주의
〈해설〉 1970년 대 세계 경제 불황 이후 모든 국경들을 허물고 전 세계를 하나의 시장으로 통합하여 오직 시장기능 만이 모든 경제활동과 삶을 밑받침하게 한다는 논리로 신자유주의가 급부상하였다.

3. 최근 우리 한글을 기록할 문자로 사용하기로 한 인도네시아 중부 술라웨시주 부톤섬 바우바우시에 살고 있는 부족은 누구인가?
〈정답〉 찌아찌아족
〈해설〉 우리 한글을 기록할 문자로 사용하기로 한 인도네시아 중부 술라웨시주 부톤섬 바우바우시에 살고 있는 부족은 찌아찌아족이다.

제1절 세계화의 본질

1. 세계화의 의의

정보통신기술의 발전으로 시·공간의 한계가 극복되고, 인위적인 무역장벽이 철폐되는 세계화 현상이 확산되고 있는 시점에 서 있는 우리는 경제뿐만이 아닌 사회, 문화 등 영역에서도 세계화를 경험하고 느낄 수 있다. 이러한 세계화 시대에서 지방자치도 경쟁을 통해 효율성 있는 제도를 요구하고 있고, 주민들은 세계 어느 지역에 한정되지 않고 필요로 하는 제품을 사용할 수 있는 현상이 나타나고 있다. 이처럼 국가 간의 장벽이 없어지고, 국가 간 상호관계가 강화되면서, 복합적인 상호의존성이 강해지는 이 시대에 세계화의 특성을 제대로 이해하는 것은 지방자치의 구현을 위해 반드시 필요하다.

'세계화(globalization)'라는 약 십여 년 전부터 유행하기 시작한 용어는 전 세계의 정치, 경제, 문화 등의 모든 영역에서 지금까지 끊임없이 영향력을 발산하고 있다. '세계화'의 명확한 개념이 무엇인지는 아직도 연구의 대상이 되고 있음에도 불구하고 한 가지 분명한 것은 세계화가 이미 역사적 흐름이 되어 있다는 사실이다.

그러나 세계화로 인해 자유로운 경쟁으로부터 얻어지는 혜택을 공유할 것이라는 긍정적 입장과 달리 세계화가 빈부격차나 사회적 배제 등의 부정적인 영향을 미칠 것이라는 반세계화 운동(anti-globalization movement)은 날로 거세지고 조직화되는 양상을 보인다.

이처럼 세계화에 반대하는 반세계화 운동이 전개됨에도 불구하고 세계화는 여전히 계속되는 추세이다. 특히 우리나라의 경우 '세계화'가 정부와 기업의 슬로건으로 사용되면서 국가적으로 큰 비중을 차지해왔다.

1) 세계화의 정의

세계화의 개념은 학자들마다 다양하게 정의하고 있으며, 아직까지 합의된 개념은 존재하지 않는다. 즉 세계화를 바라보는 시각에 따라 다양하게 정의할 수 있다.

세계화(Globalization)란 각 국가경제의 세계경제로의 통합을 의미한다. 즉 세계화란 국가 및 지역 간에 존재하던 상품, 서비스, 자본, 노동, 정보 등에 대한 인위적 장벽이 제거되어 세계가 일종의 거대한 단일시장으로 통합되어 나가는 추세를 말하는 것이다. 다시 말하면 세계화란 상품, 서비스, 자본 등의 국제적 이동을 촉진시키는 생산, 금융, 정보 등의 새로운 거대한 조직이라고 볼 수 있다.

세계화 속에서는 정치력, 경제력 같은 힘의 이동이 한 나라 국경 내의 일정한 영역에서 세계 모든 나라의 영역으로 촉진된다. 이 세계화 속에서는 생산, 판매, 투자, 저축 등 모든 경제활동이 어느 한 나라나 한 지역의 영역에서 벗어나 세계 도처에서 이루어지게 된다. 따라서 세계화는 경제적 의사결정이 국가의 국경이 고려되지 않고 단행된다. 세계화는 이른바 '국경 없는 세계(Borderless World)'를 창출해나가고 있다.

2) 세계주의와 세계화

세계화란 세계주의(Globalism)와 구별되어야 한다. 세계화와 세계주의는 근본적으로 다르다고 보아야 할 것이다. 세계화와 세계주의는 오히려 상반된 관념으로 볼 수도 있다. 왜냐하면 양자는 그 의미가 상이하기 때문이다.

세계주의가 이념적인 면에서 좌파적(Leftist) 성격을 지니고 있다면, 세계화는 우파적(Rightist) 성격을 띠고 있다. 세계주의가 윤리적·도덕적 기초 위에 입각하고 있다면 세계화는 비윤리적·비도덕적 바탕 위에 놓여 있다. 세계주의가 이상적 관념을 가지고 있다면 세계화는 현실적 관념을 보유하고 있다. 세계주의는 자연주의를 추구하지만 세계화는 물질주의를 추구하고 있다. 세계주의는 다양성을 존중하지만 세계화는 표준화·동종화·획일화를 요구하고 있다. 세계주의는 인류 전체의 공존공영을 염원하지만 세계화는 개인이나 특정국가, 특정집단의 이익만을 추구하는 경향을 나타낸다. 세계주의는 지구환경과 자연자원의 보전을 바라지만 세계화는 지구환경을 파괴하고 자원을 약탈하는 경향을 두드러지게 드러낸다. 세계주의에서는 상호의존 정신이 필요하지만 세계화 속에서는 야수적인 초이전투구식 경쟁(Dog-Eat-Dog Competition)이 치열하게 전개된다.

〈표 10-1〉 세계주의와 세계화의 비교

	세계주의	세계화
이 념	좌파적	우파적
기 반	윤리적·도덕적	비윤리적·비도덕적
관 념	이상적	현실적
사 상	자연주의	물질주의
유 형	다양성	표준화(획일화, 동종화)
목 표	인류의 공존공영 추구	경제 주체의 이익 추구
환경문제	지구환경 보전	지구환경 파괴(천연자원 약탈)
정 신	상호의존	자유경쟁(상호대립)
상호관계	세계화 치유	세계주의 파괴

한편 세계화는 경제적 폐해, 사회적 혼란, 환경적 위기 등 여러 문제를 초래하고 또한 세계주의 정서를 파괴하는 경향이 있는 데 비해 세계주의는 지구상의 모든 인류를 일대일의 선린적인 의존관계를 긴밀화시키지만 세계화는 이들을 일대일 경쟁적인 대립관계로 조성해나가고 있다.

반면에 세계주의란 세계 모든 나라의 국민들이 하나로 뭉쳐 일체감을 가지고 조화 속에서 생존해가기를 바라는 관념이다. UN이 세계평화를 위해 창설된 것은 이 세계주의에 입각하고 있는 것이다. 또한 환경주의자들이 '하나뿐인 지구' 보전이라는 이념하에서 '지구공동(Global Common)'의 이념이나 '지속가능한 개발(Sustainable Development)'을 표방한 것도 이 세계주의에 바탕을 두고 있다.

우리가 하나의 지구상에서 자연환경과 인간정착 환경을 보전하면서 UN의 깃발 밑에서 전쟁·폭력·공포·약탈·기아에서 벗어나 평화롭게 살아가기를 바라는 생각은 세계주의를 표방한 것이다. 세계주의는 지구상의 모든 인류가 도덕적 가치와 평등의 기초 위에서 상호존중과 신뢰를 가지고 살아가는 것을 가장 이상적인 목표로 삼고 있다. 그리고 세계주의는 생태계를 보전하고 필요한 자원을 합리적으로 분배하며 경제적으로 상호지원하는 데 가장 이상적인 목표를 두고 있다. 따라서 세계주의는 다양성을 추구하고 있는 것이 사실이다.

한편 세계화는 기업, 은행 등 경제 주체가 이윤의 극대화, 시장의 독점적 지배, 경쟁대상의 제거 등을 도모하기 위해 의사결정의 기준을 오직 효율성에만 두고 세계적 영업활동의 강도를 역동화시켜 나가는 현상이라고도 볼 수 있다.

초국적기업이 모국의 규범과 국익을 무시한 채 현지국(Host Country)의 주권이나 국민정서와 마찰을 일으키면서 생산·판매·무역·금융·운수·통신 등 영업활동을 세계적으로 파고드는 것은 세계화의 추세를 나타내는 것이다. 그리고 거대한 규모의 금융자본 이자수익이나 또는 금리 및 환율의 차이에서 생기는 이익을 취득하기 위해 때와 장소를 가리지 않고 끊임없이 이동되는 것도 세계화의 경향을 드러내는 것이다.

또한 인터넷무역(Internet Trade), 텔레마케팅(Telemarketing), 전자결제시스템 등 초첨단 정보통신기술을 이용한 혁신적 시스템이 세계통상에 괄목할 만하게 활용되고 있는 것이야말로 세계화를 여실히 보여준다.

세계화는 실업의 대량화, 생활수준의 하락, 빈부격차의 확대, 기업의 합병 및 파산, 외국자본의 횡포, 외국에 대한 종속성 심화, 국가주권의 위축, 문화적 충격, 기아·자살·이혼·폭력·매춘·범죄의 유발, 가계부도, 가정해체 등 부정적 충격을 초래하는 경향이 있다. 그리고 세계화는 비자발적 이민, 이에 따른 인종차별 및 갈등, 이민에 대한 공포, 외국인에 대한 증오 및 공포, 종교마찰 등을 초래하기도 한다. 세계화는 심지어 지구환경의 파괴, 생태계의 훼손, 부존자원의 남획, 생존기반의 붕괴 등을 발생시키는 경향이 농후하다.

기업가들이 생산비가 싼 나라로 공장을 옮기려고 하거나 수익이 높은 나라로 자본을 이동시키려고 할 경우 그렇게 하는 것이 다름 아닌 세계화라고 볼 수 있는 것이다. 세계화는 인간사회와 경제성장의 핵심적 역할을 하는 시장을 중시한 신자유주의(Neo-Liberalism) 이데올로기의 산물로 평가되는 수도 있다. 이 신자유주의는 자유무역, 완전경쟁, 경제적 효율 등을 가장 이상적인 것으로 보고 있다.

3) 세계화와 국제화

국제화는 국가와 국가, 그리고 그 국가 내의 기업과 기업 또는 그 개인과 개인 간의 관계가 양자적 관계(Bilateral Relationship)로 전개되는 경향을 말한다. 이에 비해 세계화는 이러한 모든 관계가 다자적 관계(Multilateral Relationship)의 확대로 진전되는 추세라고 볼 수 있다.

국제화는 세계 여러 개별국가(Individual Nation) 사이에 대두되기도 하고 그 다른 개별국가 내에서 경제활동을 하고 있는 개별기업 간에 나타나기도 한다. 또한 국제화는 상이한 국가 내에서 살고 있는 국민들 간에 드러나기도 한다.

세계화와 국제화 간의 기본적인 차이점은 ① 경제적 의미의 국경, ② 국가의 경제주권, ③ 시장(상품 · 서비스 · 금융) 개방 정도 등에서 나타난다. 국제화 시대에는 경제적 의미의 국경이 존속하고 국가의 경제주권이 존중을 받았다. 그러나 세계화 시대에는 경제적 의미의 국경은 소멸되어 가고 있으며 국가의 경제주권도 위축되어 가고 있다. 그리고 국제화 시대에는 국내시장의 대외개방이 한정적이었으나 세계화 시대에는 무한정이다.

4) 세계화와 신자유주의

신자유주의적 논리가 범람하는 흐름에는 시대적 상승 요인이 맞물린 또 다른 배경이 있다. 바로 '세계화'의 물결이 합세한 것이다. 인간은 태어나면서부터 자기 성취의 욕망이 있고, 인류는 태초부터 집단팽창의 욕망을 지녀왔다. 그래서 고대로부터 국가들은 제국주의 야망을 불태웠고, 현대에 와서도 강대국들은 끊임없이 국제적 헤게모니를 확대하고 싶어한다. 경제통상 분야에서는 자국의 이익추구에 유리한 무역의 확대라는 형태로 나타나는데 20세기 들어서 탄생한 GATT는 바로 그런 배경을 갖는다고 볼 수 있다. 하지만, GATT는 여러 가지 한계들 때문에 강대국들이 기대하는 만큼의 개방수준을 달성하기 힘들었다. 그런 교훈을 바탕으로 GATT 체제를 대폭 보완하여 탄생한 것이 바로 WTO이다. WTO는 세계의 모든 국가들을 일정한 절차로 개방해 나가는 프로그램을 진행하고 있다. IMF, IBRD, OECD, ASEM, APEC, FTA 등도 WTO와 함께 세계화 기제를 구성하고 있다. 이런 일련의 움직임을 전후하여 '세계화'라는 용어와 개념이 대중적으로 확산되었다.

이런 세계화의 흐름에 이론적 무기로 작용하는 것이 바로 신자유주의이다. 국가의 관리로 존재하는 모든 국경들을 허물고 전 세계를 하나의 시장으로 통합하여 오직 시장기능만이 모든 경제활동과 삶을 밑받침하게 한다는 논리가 성립하게 된 것이다.

이런 세계적 신자유주의를 배경에서 지원하고 움직이며 가장 많이 혜택을 누리는 것은 초국적 자본이다. 각 국가에서 무한에 가까운 자유를 지향할 뿐만 아니라 온 세상을 하나의 시장으로 삼아 언제 어디서든 돈벌이를 쉽게 할 수 있도록 되어 가는 것이다.

(1) 신자유주의 등장 배경

신자유주의가 각광을 받게 된 배경에는 1970년대에 세계 국가들이 겪은 석유파동, 스태그플레이션, 실업난 등 경제의 전반적 악조건이 작용하였다. 무엇이든 새로운 돌파구를 찾아야 한다는 위기감이 작용했던 것이다. 그런 상황에서 경제 위기의 원인을 케인스주의 경제정책 탓으로 돌리면서 그 대안으로서 신자유주의를 제창하여 급부상한 것이다.

한편으로는 위기상황에서 유효한 역할을 못하는 정부에 대한 불신이 커진데다가 각종 규제들 때문에 경제가 활성화되지 않는다는 불만이 커졌다. 그래서 규제를 최대한 풀며 정부의 역할을 가급적 축소시키고 시장기능을 극대화해야 한다는 주장이 설득력을 얻게 된 것이다. '규제 완화', '세금 축소', '공기업 민영화', '노동시장 유연화', '복지정책 축소' 등 신자유주의 조치들은 자본가들의 환영과 지지를 받았다.

(2) 신자유주의 장 · 단점

이 세상에 절대선과 절대 악은 별로 없다. 대부분 장점과 단점을 함께 지니고 있는데 그 가운데 어느 쪽이 더 본질을 규정하느냐에 따라 긍정되거나 부정된다. 신자유주의도 마찬가지다.

신자유주의가 지니는 장점을 꼽을 수 있는 것이 많겠지만 그 가운데 세 가지만 꼽아 보면 다음과 같다.

첫째, 자본 활동의 제약을 최소화하여 자유롭게 시장 원리에 따라 이윤을 추구함으로써 투여한 자본을 통해 거둘 수 있는 성과를 극대화할 수 있다. 부의 창출에 유리하다는 것이다.

둘째, 시장의 적자생존 원리에 따라 모든 경제주체가 긴장하며 최선을 다해 목표를 이루려고 노력함으로써 기능적 '효율성'을 높일 수 있다는 점이다. 말하자면 한 눈 팔지 않고 자신이 지닌 능력을 최대한 발휘하게 하여 능률을 높인다는 것이다.

셋째, '욕망하는 존재'로서 인간의 성취욕을 자극하여 일의 성과를 높일 수 있다는 것이다. 달리 말하자면, 인간적 본능이나 이기심을 자극하여 더 많이 이루고자 하는 에너지를 생성시킨다는 것이다.

그러나 그 이면에는 단점도 매우 많다. 세 가지 정도만 꼽아보자면 다음과 같다.

첫째, '자유'의 전제가 잘못되어 그 개념과 현실을 왜곡한다는 것이다. 모든 간섭을 없애고 자유를 줄테니 알아서 마음껏 하라고 하지만 처음부터 가진 사람과 없는 사람의 할 수 있는 조건이 다른데 알아서 하라는 것은 불합리한 것이다. 예를 들어, 한 쪽은 무장을 단단히 하고 나서는데 다른 쪽은 맨손으로 알아서 싸우라거나, 헤비급 선수와 라이트급 선수를 구분 없이 섞어 놓고 알아서 싸우라고 한다면 그것은 자유가 아니라 괴롭힘이자 억압이 되어버린다(공정거래위원회 같은 기능을 통해 경쟁의 공정성을 관리한다고 하지만 그 때의 관리는 경쟁 활동의 공정성을 관리하는 것이지 경쟁의 전제조건을 관리하지는 않는다). 그런 뜻에서 신자유주의가 말하는 자유는 개인과 국가의 편차나 특수한 조건을 무시하며 인권, 생존권, 주권 등을 초월하려는 개념이어서 진정한 의미의 인간적 또는 사회적 자유가 아니라는 개념적 비판을 받게 된다.

둘째, 지나친 경쟁주의로 치달으며 약육강식의 냉혹한 질서가 자리잡아서 다수의 약자들이 소외되어 버린다는 점이다. 모든 것을 시장으로 내몰며 자유롭게 벌어먹으라고 하므로 경쟁이 치열해질 수밖에 없는데 경쟁의 조건이 처음부터 불공평하니 문제가 생길 수밖에 없다.

다시 말해, 빈익빈 부익부 현상을 낳으며 양극화의 심화를 초래하는 것이다. 이는 한 국가 내에서 계층 간의 양극화뿐만 아니라, 국가와 국가 사이에서도 적용되는 것이다. 신자유주의 또는 세계화를 20:80의 질서라고 표현하는 이유가 거기에 있다. 20%의 혜택 받는 사람들을 위해 80%의 사람들을 소외시키고 희생시킨다는 이야기다. 결국, 신자유주의는 자본가들의 자유를 위한 이데올로기가 되어 버리는 것이다.

셋째, 자본의 욕망이 끝없이 확대되어 불필요한 영역들까지 시장으로 편입시킴으로써 인간의 모든 삶에서 물질만능주의를 부추긴다는 점이다. 시장논리가 만병통치약처럼 통하다 보니 문화, 교육, 예술 등 고유한 가치를 지니는 영역들도 시장이라는 관점에서 접근하며 정책으로 옮기기 때문에 삶의 체계를 건조하게 만들며 인류문화를 황폐화시킨다.

2. 세계화의 충격과 과정

1) 세계화의 충격

세계화는 긍정적 충격을 초래시키기도 하고 부정적 충격을 초래시키기도 한다. 긍정적 충격은 ① 효율의 극대화, ② 자원배분의 합리화, ③ 규모의 경제이익 초래, ④ 자유무역 이익의 실현 등을 들 수 있다.

부정적 충격은 ① 세계경제에 대한 일부 선진국의 패권적 지배, ② 국가주권의 침해, ③ 자주적 경제정책의 제약, ④경제주체의 대외의존도 심화, ⑤ 비교열위산업의 퇴출, ⑥ 국가 및 계층 간 소득의 양극화 확대 등을 지적할 수 있다.

하버드 대학교의 경영학 교수 캔터(Rosabeth Moss Kanter) 여사는 "기업이 감량경영(Downsizing)을 추진하고 그 생산기지를 외국으로 이전시키고 있기 때문에 근로자들이 생존의 기반을 잃어버리게 되었다. 자본주의에 저항하는 가공할 만한 보복의 시대가 다가올지도 모른다."고 경고를 한 바 있다.

최근 세계화의 급진적 진전을 계기로 프랑스, 캐나다, 멕시코 등 세계 도처에서 노동자들의 대규모 소요사태가 발생되고 있는 것은 사회경제적 재앙을 더 이상 감수하지 않고 이에 대한 강력한 저항을 펴기 위한 것이라고 볼 수밖에 없다.

이처럼 세계화는 대륙의 기류나 해양의 조류와 같은 것이어서 저지하거나 통제할 수 없는 일종의 자연적 현상이다. 이 세계화는 자본가와 기업 엘리트들이 기업을 정부의 통제나 간섭에서 해방시키고 경제력과 소득을 일부 특정 부유층에 지속적으로 집중시키려고 한다.

2) 세계화 과정

세계가 열리기 시작한 것은 중상주의시대나 혹은 열강들은 식민지쟁탈시대부터라고 볼 수 있다. 1498년 바스코 다가마의 인도항로의 발견부터이다. 인도항로가 발견되자 포르투갈은 인도를 근거로 해상무역을 확대시키게 되었다.

1492년 콜럼버스의 아메리카 대륙 발견은 세계를 열어젖히는 데 결정적 계기가 되었다. 이 대륙이 발견됨에 따라 스페인은 멕시코, 페루, 필리핀 등 수많은 나라들을 정복하고 금, 은 등 막대한 귀금속을 획득하려고 시도하였다. 이것은 그 당시로 보아서는 스페인의 세계 전략일지도 모른다.

네덜란드가 인도 항로가 발견된 후 1602년과 1621년에 네덜란드 동인도회사와 서인도회사를 각각 세워 무역 및 항해 사업과 식민지 획득에 중점을 둔 것도 세계전략이라고 볼 수 있을 것이다.

영국이 1600년에 동인도회사를 설립하여 대외무역을 확대시키고 1651년 항해조례를 선포하여 세계의 무역, 해운, 어업 등을 독점적으로 지배하고 방대한 식민지를 획득하려고 시도한 것도 세계전략임이 분명하다. 18~19세기 동안 영국을 비롯한 세계열강들의 식민지 장악과 이에 따른 식민지 쟁탈전도 그들 나라의 세계전략임이 틀림없는 것이다.

1930년대 영국 등 선진열강들이 각각 경제 블록을 구축하고 특혜관세제도를 마련하여 식민지, 속령, 종속국에 상품수출, 자본수출, 식량 및 공업원료 확보 등을 추진했던 것도 세계적 국가전략의 일환이다.

제2차 세계대전 후에 설립된 GATT 및 IMF 체제하에서 무역자유화와 자본이동자유화의 물결을 타고 세계화는 조짐을 보여 왔다. 그 당시에는 상품과 자본의 이동을 저해하는 장벽이 존재한 데다가 정보통신기술이 제대로 발달하지 못했기 때문에 세계화는 별로 주목을 받지 못했었다.

세계화가 본격적으로 확대되기 시작한 것은 1993년 12월 우루과이라운드가 타결되고 이어 1994년 4월 WHO 체제가 출범됨에 따라 그동안 시도되어 오던 세계화는 새로운 국면을 맞아 급진적으로 확대되기 시작하였다. 그것은 WTO 협정에 따라 종래 세계무역을 규제해오던 관세장벽과 비관세장벽이 현저히 철폐되거나 완화되었기 때문이다. 또한 서비스 이동에 대해 최혜국대우와 내국민대우가 부여되었기 때문이다. 이 결과로 세계 모든 나라의 시장은 하나의 거대한 단일시장으로 통합되어 나가게 되었다.

세계화를 이처럼 촉진시키고 있는 것은 컴퓨터 발달에 따른 정보통신기술의 경이적인 혁명이다. 컴퓨터의 발달로 전자정보초고속망이 세계 도처에 거미줄처럼 깔림에 따라 지구상에는 '거리의 소멸' 현상이 초래되었다. 세계의 무역은 인터넷교역이나 전자상거래로 바뀌게 되고 서비스거래는 전자정보초고속망을 통해 괄목할 만하게 이루어지게 되었다. 국제자본이동도 이 전자정보초고속 네트워크를 따라 광속으로 이루어지고 있다. 따라서 정보통신기술의 혁명은 세계시장의 통합을 촉진시키고 세계화의 확대를 가속시키고 있는 것이다.

3. 세계화의 사례

1) 세계화의 긍정적 사례 - 찌아찌아족의 한글사용

인도네시아 중부 술라웨시주 부톤섬 바우바우시에 살고 있는 찌아찌아족은 그들 부족의 고유 언어인 찌아찌아어를 갖고 있다. 하지만 수백 년 동안 그 언어를 기록할 문자가 없어 역사를 비롯한 그 무엇도 기록으로 남길 수 없었다. 그러던 중 찌아찌아어를 기록할 문자로 우리나라 한글을 채택한 것이다. 이는 훈민정음학회가 한글을 세계화하고자 노력한 결과이다.

(1) 한글의 우수성

우리에게 너무도 친숙한 한글은 과학적인 원리로 만들어진 문자라고 알려져 있다. 게다가 1997년에는 유네스코 세계기록유산으로도 등록됐다. 이제는 다른 나라로 수출될 만큼 한글의 가치와 우수성을 인정받았는데, 그 우수성을 정확히 알고 있는 한국인은 그리 많지 않다. 한글은 띄어쓰기가 발달된 언어지만 굳이 띄어쓰기를 하지 않아도 읽을 수 있다. 이는 영어보다 우수한 점 중 하나다. 영어는 알파벳 철자를 하나씩 옆으로 늘어 쓰는 반면, 한글은 자음과 모음을 한데 모아 글자를 하나씩 만들고 이 글자(음절)를 이어 쓴다. 한마디로 영어는 늘어 쓰는 데 비해 한글은 모아쓰는 방식을 취한다는 뜻이다. 한글은 글자마다 의미가 있어 띄어쓰기를 안 하더라도 대강의 의미를 알 수 있다. 명사 전체의 70%가 한자어이고 명사에 붙는 은·는·이·가·도 같은 조사를 쉽게 가려낼 수 있기 때문이다. 이러한 장점은 휴대전화로 문자를 보낼 때를 생각하면 이해하기 쉽다. 휴대전화 문자는 글자 수 제한이 있어 대부분 띄어쓰기를 하지 않고 보내는데, 그 의미를 파악하는 데는 별 어려움이 없다.

세종대왕은 한글을 소리에 따라 기록하는 소리글자로 만들었다. 소리글자는 사람이 말하는 소리를 그대로 기호로 나타내는 글자이다. 이러한 장점으로 인해 로마자나 아랍어로 적을 수 없는 찌아찌아어의 소리를 한글로는 쉽게 표기할 수 있는 것이다.

(2) 한글의 세계화가 가지는 의의

우리에게는 생소한 인도네시아의 한 소수민족이 우리의 한글을 자신들의 문자로 채택하고 사용하는 것은 우리 것의 세계화라는 측면에서 상당히 주목해야 할 하나의 사건이다. 문자나 언어는 그 민족을 대표하는 하나의 척도로써 큰 의미를 가지기 때문에 거시적인 관점에서 보면 비록 작은 민족이 사용하게 된 사례지만, 한글이 세계적인 공용어로 갈 수 있는 기반을 마련했다고 볼 수 있는 커다란 사건인 것이다.

이러한 문화의 전파는 현대의 세계화를 이해하는 것에 있어 매우 큰 비중을 차지한다. 찌아찌아족의 한글 사용처럼 공식적인 전파뿐만 아니라, 아시아 전역에 불고 있는 한류열풍, 그를 타고 이어지는 우리의 한글이나 언어의 전파 또한 세계화의 한 과정인 것이다.

물론 이에 따라 우리나라 역시 그들의 문화를 받아들이고 정착되어 나가는 과정을 밟고 있다.

이런 과정에서 항상 유의해야하는 것이 바로 문화의 상대성이다. 찌아찌아족의 경우 표기할 문자의 부재로 인해 부득이하게 한글을 채택하여 유용하게 그들에 맞춰 사용하고 있는 세계화의 긍정적인 사례라고 볼 수 있다. 하지만 무분별한 문화의 모방 및 적용은 커다란 부작용으로 작용할 수 있는 가능성을 항상 내포하고 있다. 또한 그러한 문화에 의한 침식, 침략으로 인해 문화의 고유성 및 정체성이 약화 또는 잠식될 수도 있다는 것이다. 따라서 사회나 문화적인 세계화에 있어 주체적인 생각과 함께 그들의 원활한 융합을 꾀하는 것이 가장 현명한 선택이 아닐까 생각한다.

2) 세계화의 부정적 사례 - 한글공정

(1) 한글공정이란?

동북공정에서 이름을 딴 '한글공정'은 중국이 한국보다 먼저 휴대전화 등에 사용하는 한글 표준을 만들어 국제표준화하려 한다는 것을 가리킨다. 소식을 접한 누리꾼들은 트위터와 블로그 등을 통해 '어이없다', '한글을 빼앗길 수 없다' 등의 반응을 쏟아내고 있다. 정부에 대책을 촉구하는 포털사이트 다음의 아고라 청원은 제기된 지 하루 만에 1만 명을 넘어섰다.

발단은 10월 11일 중국이 스마트폰과 태블릿PC 등 휴대형 기기의 '조선어' 입력 표준을 만들고 있다는 사실이 알려지면서다. 실제 중국 정부의 의뢰를 받은 중국조선어정보학회는 올해 AKFrk지 조선어 입력 표준을 완성할 계획이다. 중국 조선어정보학회는 중국 최고의 조선어 전문가들이 모여 만든 기구로 조선족 출신이 대다수다.

중국이 조선어 입력 표준을 만들면 향후 국제표준화기구(ISO)가 인증하는 국제표준을 추진할 근거가 생긴다. 국제표준은 강제성을 갖는다. 한글을 만든 한국에서 한글을 입력할 때 중국이 만든 표준을 따라야 하는 사태가 올 수도 있다. 누리꾼들이 한글의 자존심을 지켜야 한다며 목소리를 높이는 것은 이런 이유 때문이다. 이대로 한국어정보학회 부회장은 "중국은 국가 특성상 정부 주도로 빠르게 표준화가 진행되는 반면, 한국은 휴대전화 제조업체별 이권과 정부의 무관심 때문에 국가표준도 마련하지 못하고 있다"고 우려했다.

그러나 실제 중국에서 만든 표준이 국제표준이 될 수 있을지는 불투명하다. 현룡운 중국조선어정보학회장은 10월 12일 경향신문과의 전화 통화에서 "ISO 규정상 국제표준이 되려면 한글을 사용하는 나라들이 모두 모여 협의를 거쳐야 하기 때문에 중국이 일방적으로 추진할 수 없다. '한글공정'이라는 표현은 오해"라고 말했다.

(2) 사건의 의의

한글공정에 맞서는 국가와 일반 국민의 입장은 매우 다른 양상을 보였다. 위의 기사에서 국민들은 아고라라는 사이트를 통해 적극적인 반대 의사를 표명하였고, 사건 초기만 하더라도 정부에서의 공식적인 대처는 없었다. 시간이 지남에 따라 정부 역시 이에 대한 공식적인 대응으로 휴대용 전자기기에 대한 한글 입력 표준을 학회에 지시하여 만들어내었고, 이를 국제표준화시키려는 시도를 하고 있다. 하지만 각자 다른 한글 입력 방식을 채택하고 있는 국내의 휴대전화나 전자기기 업체들의 합의가 이루어지지 않고 있기 때문에 또 다른 문제에 봉착하여 있다.

국제화나 세계화의 정의에 비추어 볼 때 중국의 주장이 완전히 그릇된 것은 아니다. 그들의 입장에서는 당연히 한글은 조선족이라는 자신의 나라에 속한 소수민족의 언어입력방식을 공식화하겠다는 것이기 때문이다. 하지만 이를 그저 방관만 할 것인가? 조선족도 엄연히 우리나라의 민족이고, 한글은 당연히 우리 고유의 문자이다. 국제화를 하든 세계화를 하든 누구보다 자부심을 가지고 행동해야 할 당위성을 가지는 것이다. 고려의 역사를 자신들의 역사로 편입하려 했던 동북공정에 이어, 이번 한글공정까지. 세계화, 국제화라는 미명 아래 문화적 정체성의 쇠퇴와 인식에 대한 퇴보가 이루어지고 있는 것은 아닐까 하는 반성이 필요하다고 볼 수 있다.

3) 세계화에 대한 대응

세계화는 1980년대 이래 신자유주의를 추진하였던 영·미권에 의해 주도되었으며, 따라서 신자유주의적 장점과 동시에 신자유주의의 생리적 약점 또한 껴안게 되었다.

신자유주의는 자본주의의 세계화와 완전한 자유시장 경쟁체제를 지향하고 있기 때문에 신자유주의에 의하여 구성되는 사회는 소수의 국가와 기업들을 제외하고 대부분의 국가와 이에 속하는 국민들을 인간적이지 못한 사회로 빠져들게 하는 위험성을 내포하고 있다. 신자유주의의 부정적 발전에 의하여 나타나는 사회에서는 선택의 자유, 직업의 안정, 인간다운 삶을 살기 위한 기본권, 사회적 평화, 권위주의의 소멸, 빈곤의 해소, 분배의 정의, 교육과 복지의 혜택 등을 기대하기 어렵게 된다. 신자유주의 사회에서는 이러한 가치들보다는 자유경쟁에 의해서 시장적 기능을 통하여 조절되는 경제적 가치가 우선순위로 나타나게 된다. 그러나 이와 같은 신자유주의에 대한 부정적이고 비판적인 분석에도 불구하고 신자유주의가 지니고 있는 긍정적 측면 또한 전면 부정할 수는 없다.

특히 한국의 경우는 정치. 경제, 사회적으로 많은 문제들을 안고 있다. 절차적 민주주의와 함께 실질적인 민주주의를 발전시켜야 하고, 경제적으로는 신자유주의의 물결 속에서 한국경제의 지속적인 성장과 산업의 균형적 발전을 이루어야 하며, 산업의 구조조정을 통한 합리적 생산구조의 건설과 실업문제의 해결, 분배의 공평성과 효율성 제고는 물론이고, 사회 계층간의 갈등 구조의 해소 등 난제들이 산재해 있다. 이와 더불어 정치적으로 남·북한 교류와 화합을 통한 한반도문제의 해결을 위한 노력도 아울러 추진해야 할 과제를 안고 있다. 따라서 이와 같은 과제들의 해결을 위해서도 현재 전 세계적으로 확산되고 있는 신자유주의와 세계화에 대한 올바른 인식과 함께 과연 그것이 '누구를 위한' 그리고 '무엇을 위한' 것인가에 대한 보다 명확한 대답을 전제로 '우리에게 필요한' 것은 무엇인가를 찾아야 할 것이다.

제2절 세계화 시대의 지방자치

1. 세계화 시대의 지방자치 현실

세계화 시대에서 역설적인 현상은 지방의 중요성이 더욱 부각되고 있다는 점이다. 세계화란 사회적, 문화적 제도에 대한 지리학적 구속이 약해지고, 그러한 사실을 사람들이 점점 많이 인식하게 되는 사회적 과정이다. 기존의 체제는 국가 중심적 발전을 도모하는 것이 주된 입장이었으나, 지방의 독특한 특성을 배경으로 지방이 세계로 연결되어 국가 내의 지방 단위적 발전이 궁극적으로는 국가발전과 연계되는 양상을 보여주고 있다(안용식 외, 2007: 685~695).

국가전력으로서의 세계화는 매우 중요한 이슈가 되고 있다. 정책 패러다임으로서 세계화는 '자유무역', '규제완화'. '지속성장'이라는 세 가지 핵심원리에 입각해서 국가경쟁력을 향상시키고자 하는 국가정책의 기조 혹은 지배원리라고 할 수 있다. 세계화가 국가의 원대한 발전전략으로 규정될 경우 지구촌 네트워크시대에 국가의 모든 부문을 세계 수준으로 발전시키려는 노력이 있게 된다. 즉, 국민소득, 사회간접자본, 금융 등과 같은 경제적, 물량적 국력은 물론 복지서비스, 교육, 문화, 사회통합과 같은 삶의 질에 있어서도 세계적 수준을 지향하게 된다.

결국 세계화는 세계가 정치, 경제, 사회, 문화의 모든 영역에 있어서 점차로 더 밀접하게 네트워크로 연결되어 통합되어 가고 있음을 의미함과 동시에 한 국가가 지향해야 할 중장기적 발전목표를 설정하고 이를 실현하기 위해 설정한 여러 가지 발전전략의 핵심원리라고 할 수 있다.

이러한 무한경쟁을 추구하는 세계화 시대에 지방자치단체는 존속과 발전을 위해 충분한 대응과 전략을 가지고 있어야 함에도 불구하고 다음과 같은 문제를 가지고 있다.

1) 제도적 장치의 미흡

현행 지방행정 기능 및 조직은 국제 교류를 추진할 때 각 시·도에 국제통상 부서를 설치하여 국제통상 및 투자 유치 업무를 종합하고 있으나, 장기적인 입장에서 계획을 수립하고 조정하는 기능이 미약하며 지역경제 발전을 위한 자율적인 추진기구가 없는 실정이다. 즉 세계화 추진 관련 부서가 기존 조직 속으로 용해되어 세계화 시대의 경쟁력 있는 수준의 지방자치단체로의 수준으로 끌어올리는 견인차 역할을 할 수 있는 제도적 장치가 미흡하다.

2) 열악한 조직과 인사

국제 교류에 대한 정보가 매우 미약한 실정이며 공무원들의 잦은 인사이동으로 통상 분야에 관한 전문 인력과 전문성 축적이 부족한 실정일 뿐 아니라 지나치게 단기적 성과에 집착하는 경우가 많다. 특히 세계화 추진 부서의 신설이 지방의 필요에 의해서라기보다는 중앙의 지시에 의하여 설립되는 하향적 모습을 보여주고 있으며, 소규모의 인력으로 대규모 공무원들의 의식과 제도를 개혁하는 것은 현실적으로 불가능하다.

3) 소극적인 세계화 대비

국제질서의 새로운 추세와 흐름으로서의 세계화가 의미하는 바는 한마디로 '상호 호혜적 경쟁'의 세계적 확산이라 할 수 있다. 이는 국가 간 정치, 경제, 사회, 문화 등 다방면에 걸쳐 상호의존성이 증대되어 세계가 하나의 지구촌 네트워크를 형성해 나가는 현상이다. 지역 간 혹은 국가 간의 상호의존성 증가는 하나로 통합된 세계시장의 형성을 이끌게 되고 여기서는 상품 및 서비스, 인적자원, 자본은 물론 정보까지도 국경을 넘어 자유롭게 교환되는 현상이 나타난다. 또한 세계화는 경제적 상호의존관계를 심화시킬 뿐 아니라 기존에 인류가 갖고 있던 시간과 공간의 개념을 변화시키고 확장시킨다.

이러한 의미의 세계화에 대한 충분한 대비가 필요함에도 우리나라의 대응은 매우 미약한 실정이다. 국제 교류에 대한 지방자치단체의 대응은 경직된 권력체계와 운영체계를 그대로 유지하고 있을 뿐만 아니라 단기 해외연수나 자매결연을 통한 형식적 교류확대 등 단편적이고 소극적인 대응에 주력하고 있다.

4) 지역사회의 참여부족

세계화 시대에 있어서 지역사회는 지역사회의 이슈 제기과정이 미미하거나 관심부족이라는 참여부족의 문제점을 지니고 있다. 실제 지방자치단체 차원에서 지금까지 진행된 국제교류의 대부분은 영리적 목적을 가진 지역 내 기업체들을 제외하고는 지역사회 주민들과의 연대활동이라고 보기는 힘들다.

5) 자매결연의 문제점

지방자치단체가 해외 단체와 교류협력활동을 하기 위해서는 우선 자매결연이라는 절차를 대부분 거치게 된다. 여기서 자매결연이란 두 행위자의 향후 교류활동을 보장하는 장치를 말한다. 하지만 자매결연할 자치단체를 선정할 때, 외형적 측면만을 강조하고 현실적 필요성만을 지나치게 고려하는 문제점이 있다.

2. 세계화에 대한 우리나라 정부의 대응

세계화는 "1990년대의 개념"이라고 일컬을 만큼 최근에 새롭게 등장한 개념이라 할 수 있으며 우리나라에서도 세계화에 대한 논의가 1990년대에 접어들면서 활발하게 이루어지기 시작하였다. '세계화'라는 개념이 본격적으로 등장한 것은 1992년 문민정부의 출범 이후라고 할 수 있다. 물론 그 이전에도 단편적으로 국제화에 대한 논의가 있었지만 이는 단순히 우리나라를 전 세계에 널리 홍보하자는 수준에 불과하였다고 볼 수 있다. 전 세계 여러 나라들과 어깨를 나란히 하며 그들과의 경쟁에서 이길 수 있도록 국가 전체적으로 경쟁력을 갖춰야 한다는 의미의 진정한 세계화에 대한 논의로 발전하지는 못했다.

1) 김영삼 정부

김영삼 정부 후반부터 세계화에 대한 논의가 국가정책의 핵심으로 등장하게 되었다. 특히 1994년 1월에 국정의 목표를 '국가경쟁력 강화'에 두겠다고 밝히고 1994년을 국제화의 원년으로 삼겠다고 선언한 것은 시대적으로 매우 중요한 의미가 있다.

그러나 김영삼 정부의 세계화 정책은 여러 가지 국내외 장벽에 부딪혀 많은 한계점을 드러내었으며, 정치, 경제, 사회, 문화 등 국가 전반에 걸쳐 세계화를 위한 산적한 과제를 드러내 놓는 수준에 만족해야 했다. 세계화의 기치를 내세웠던 김영삼 정부의 말기는 '사회의 총체적 부실'이라는 치명적인 오명을 받으며 막을 내렸다. 결국 세계화의 필요성에 대해서는 사회 모든 구성원이 동의하면서도 세계화를 위한 사회적 기반이 전무한 상태에서 시작된 여러 정책들은 세계화에 대한 다양한 저항을 야기함으로써 그 효과를 제대로 발휘하지 못했으며 이로 인해 세계화의 흐름에 효과적으로 대응하지 못함으로써 그 동안 감춰져 왔던 우리 사회의 총체적 부실이 한꺼번에 드러났다고 해석할 수 있다.

2) 김대중 정부

김대중 정부 들어서도 세계화 시대의 국가경쟁력 강화는 국정전반에 걸쳐 영향을 미친 정책기조 혹은 정책패러다임이었다고 할 수 있다. 국가경쟁력 강화를 위한 국정개혁의 4대 과제로 '기업부문', '노사부문', '금융부문', '정부부문'의 개혁을 제시하고 4대 부문을 세계적인 수준으로 향상시킨다는 야심찬 계획을 제시하였다. 각 재벌기업에 이른바 구조조정본부를 설치하도록 하였으며 노사정 위원회를 발족하고 금융체제를 획기적으로 개혁하고자 하였다. 정부부문의 개혁을 위해서도 각종 개혁위원회를 설치하였다.

김대중 정부의 이러한 국가경쟁력 강화 정책은 어느 정도 성공을 거두었다고 평가되고 있지만 여전히 세계화를 위한 많은 과제가 해결되지 못한 상태로 남았다.

특히 사회의 여타 부문을 포함하여 정부부문이 4대 개혁과제로 제기된 것은 행정이 아직도 세계화 시대에 적합한 효과적인 체계로 정립되지 못했다는 위기의식에서부터 생겨난 것이라고 할 수 있다. 행정은 사회의 다른 부문, 즉 기업, 노사, 금융부문의 경쟁력 강화를 위해서 반드시 개혁되어야 할 선생대상으로 인식된 것이다.

3) 노무현 정부

2002년 새로운 개혁정부로 출범한 노무현 정부는 '3대 국정목표'와 '12대 국정과제'를 제시하고 있지만 기존의 세계화에 대한 패러다임을 유지하였다. 특히 '동북아중심국가'나 '균형발전사회' 등은 여전히 세계화라는 패러다임을 기초로 구성된 정책방향이라 할 수 있으며 한-칠레간 FTA비준, 한미 FTA비준 등 역시 세계화의 흐름에 동참하여 국가경쟁력을 높이기 위한 노력의 일환으로 볼 수 있다.

3. 자치단체의 세계화 사업현황

1) 세계화 대응능력 배양

지방자치단체에서 실시하는 세계화 대응능력 배양 대상은 당연히 지역주민이다. 즉 지역주민들이 정체성을 확립하고 주인의식을 배양하게 하면서 동시에 인류의 보편적인 가치관을 지니게 하여야 한다. 우리나라의 경우, 자치지역 주민을 대상으로 한 스포츠교류, 각종 전시회, 합창단과 예술단의 상호교환 등 다양하게 이루어지고 있다.

결국 이런 과정들은 지역주민들의 국제적 감각을 성장시키고 향후 세계화의 심화단계에서 요구되는 주민들의 지식과 교양, 그리고 능력을 강화시킬 수 있다.

2) 시장개척지원 및 투자유치

경제적 측면에서 지방자치단체의 세계화는 해당 지역만의 경쟁력 있는 상품을 개발하고 육성하는 데 큰 비중을 두고 있다. 그중 지역주민들의 세계화 자질함양을 위해 자매도시 간에 각종 교류활동을 하고 있는데 이는 경제적 측면에서의 상호이익 추구의 형태로 발전할 가능성을 가지고 있다.

3) 인적 문화교류

국내외 지방자치단체 간 인적 문화교류는 자매도시 내의 일반시민들의 교류를 포함해서 지방공무원의 국제교류, 문화, 예술, 체육 분야에서의 다채로운 교류를 포함한다. 이들 중 문화예술교류의 세부종류로는 민속축제참가, 합창단, 시립가무단 및 민속무용단 공연, 사진전 개최, 서적기증, 바둑 및 서예교류전, 국악연수, 민속품 전시회 등이 있다.

4) 지방행정의 세계화

오늘날 지방행정 세계화 과제의 주 내용은 국제문제와 관련된 조직 및 인력의 강화, 행정절차의 선진화, 기술정보화, 민간부문과의 협력체제 구축 및 지역정보 인프라 구축이다.

또한 현대의 행정은 정보화가 진행되고 시민들의 다양한 요구를 충족시키기 위해 적절한 메커니즘을 개발해야 하는 시대적 책무를 가지고 있다. 아울러 지방행정의 세계화는 지역 내 수출입 기업의 시장 확보 및 투자유치에 관련된 행정절차를 간소화시키고 지원하며, 각종 민간교류에 필요한 행정상의 효율화를 꾀하는 데 주요 목적을 갖고 있다.

4. 세계화 시대에서 지방자치단체의 역할

1) 지방자치단체의 기본방향

성급하고 무분별한 세계화는 오히려 지방자치단체의 혼란을 야기할 수 있기 때문에 각 지방자치단체들의 특성을 고려하고, 세계화의 이념과 목적에 부합되는 지방자치가 이루어져야 한다.

따라서 세계화 시대에서의 지방자치의 기본방향은 다음과 같다.

첫째, 외국 지방정부와 지속적인 교류와 협력 또는 각종 법·제도 등의 정비와 개혁을 통해서 능률적이고 효율적인 지방자치로 거듭나야 한다. 특히 국가나 중앙이 모든 것을 결정하고 단순히 지방은 사무를 집행하는 구조 아래서 지방의 창조적 경쟁력은 기대하기조차 힘들고 오히려 세계화 시대에서 지방자치는 낙오될 우려가 있기 때문에 지방자치단체는 국제적 기준에 부합하면서, 지역의 특성을 고려하는 경쟁력 있는 지역사회의 제도와 관행을 창출해야 한다.

둘째, 지방자치단체가 주체가 되어 지역의 개성을 창출하고 지역경제의 대외 개방과 국제적 노출의 기회를 활용하여 국제 교류를 활성화하고 지역에 있는 기업의 국제 경쟁력을 향상시킴으로써 지역경제의 발전과 주민의 복지를 증진시켜야 할 것이다.

셋째, 지방자치단체는 구체적인 계획의 수립과 추진, 국제 업무에 효과적으로 대응할 수 있는 전문 인력의 확충 등의 노력도 함께 수행되어야 한다.

2) 지방자치단체의 역할방안

(1) 세계화 기구의 필요

세계화 시대에서 세계화 업무의 효율성 제고를 위해서는 지방자치단체 간의 협력이 필수적이다. 특히 협력의 필요성은 일반적인 교류보다는 국제통상 교류 분야에서 비중이 크다. 그러므로 먼저, 지방자치단체의 국제교류업무를 지원하고, 연구 및 조사 기능을 수행하고 있는 세계화재단들의 기능 확충이 필요하다. 즉 세계화재단들은 국제교류관련 지방자치단체 간의 협의 조정 및 지원 등의 기능을 수행하도록 한다. 아울러 국제교류 활동을 지원하기 위해 현지 설정, 관련조직, 세계의 교류 실태 및 추세, 국제관행 등에 대한 종합적이고도 구체적인 정보망 구축이 필요하다.

(2) 전문 인력 육성

세계화 시대의 지방자치단체는 지방자치를 위해서 단순히 학력만이 아닌 해당 분야의 실무 경험이나 능력을 가진 전문 인력의 육성이 시급하다. 이러한 인재육성은 두 가지 측면으로 나누어 살펴볼 수 있다. 첫째, 기존 전문 인력의 활용이다. 국제 업무에 종사하였던 공·사 단체의 전·현직자를 채용하여 이들의 경험과 지식을 활용하는 것이다. 둘째, 신규 인력 양성이다. 물론, 외국과의 교류가 잦은 세계화 시대라고 해서 모든 공무원들이 외국어 전문가가 될 필요는 없다. 다만 정확한 국제인식, 어학력, 국제관련 문서 등에 대한 지식을 갖춘 인재를 양성하여 배치함과 동시에 국제감각을 가진 전문가를 폭넓게 육성해야 한다.

(3) 세계화 관련 재정 강화

세계화 시대의 지방자치단체는 세계화와 관련된 업무를 수행하기 위해서 세계화 추진경비와 같은 재정을 확보해야 한다. 현 지방자치단체는 열악한 재정 상태로 세계화 관련 예산을 독립적으로 확보하기가 힘들다. 그러므로 중앙정부의 재정지원이 불가피하다. 요약하건데 세계화 시대의 업무를 경쟁적으로 추진함과 동시에 세계화 시대의 업무를 효율적으로 달성할 수 있도록 세계화 관련 재정 강화가 필요하다.

(4) 활발한 국제 교류

세계화 시대의 지방자치단체는 주민, 민간단체, 국제기관 등의 활발한 교류를 필요로 한다. 특히 가장 전형적인 유형인 자매결연 및 우호단체와의 교류 활성화가 필요하다. 따라서 미술전, 콘서트, 연극, 영화 등과 같은 문화교류와 국제학술회의를 유지 및 지원하는 학술교류의 활성화가 필요하다.

연 습 문 제

1. 국가 및 지역 간에 존재하던 상품, 서비스, 자본, 노동, 정보 등에 대한 인위적 장벽이 제거되어 세계가 일종의 거대한 단일시장으로 통합되어 나가는 추세를 무엇이라고 하는가?

① 국제화 ② 세계주의
③ 세계화 ④ 근대화

〈정답〉 ③ 세계화
〈해설〉 국가 및 지역 간에 존재하던 상품, 서비스, 자본, 노동, 정보 등에 대한 인위적 장벽이 제거되어 세계가 일종의 거대한 단일시장으로 통합되어 나가는 추세를 세계화(globalization)라고 한다.

2. 다음 중 세계화의 특징이 아닌 것은?

① 현실적 ② 지구환경 보존
③ 물질주의 ④ 자유경쟁

〈정답〉 ② 지구환경 보존
〈해설〉 지구환경 보존은 세계주의의 특징이다.

3. 다음 중 세계화의 부정적 충격이 아닌 것은?

① 국가주권의 침해 ② 경제주체의 대외의존도 심화
③ 비교열위산업의 퇴출 ④ 규모의 경제이익 초래

〈정답〉 ④ 규모의 경제이익 초래
〈해설〉 세계화의 부정적 충격은 세계경제에 대한 일부 선진국의 패권적 지배, 국가주권의 침해, 자주적 경제정책의 제약, 경제주체의 대외의존도 심화, 비교열위산업의 퇴출, 국가 및 계층 간 소득의 양극화 확대 등이다. 규모의 경제이익 초래는 긍정적 측면이다.

4. 정보사회의 패러다임에 대한 설명이 아닌 것은?(2006 경북9급)

① 사회체제에서 분권화의 초래
② 생산부문이 소품종 대량체제로 전환
③ 인간의 육체노동이 정신노동으로 전환
④ 획일적 대량주의에서 개성존중의 다원주의로 전환

〈정답〉 ② 생산부문이 소품종 대량체제로 전환
〈해설〉 정보화사회에서는 개인의 다양성이 존중되면서 다품종 소량생산체제로 전환된다.

핵심정리

세계화의 정의 – 세계화(Globalization)란 각 국가경제의 세계경제로의 통합. 즉 국가 및 지역 간에 존재하던 상품, 서비스, 자본, 노동, 정보 등에 대한 인위적 장벽이 제거되어 세계가 일종의 거대한 단일시장으로 통합되어 나가는 추세, 상품, 서비스, 자본 등의 국제적 이동을 촉진시키는 생산, 금융, 정보 등의 새로운 거대한 조직.

세계화의 반응 –세계화로 인해 자유로운 경쟁으로부터 얻어지는 혜택을 공유할 것이라는 긍정적 입장과 달리 세계화가 빈부격차나 사회적 배제 등의 부정적인 영향을 미칠 것이라는 반세계 운동(anti–globalization movement)은 날로 거세지고 조직화되는 양상을 보임.

세계화와 세계주의 – 근본적으로 다르며, 상반된 관념. 세계주의가 이념적인 면에서 좌파적(Leftist) 성격, 세계화는 우파적(Rightist) 성격. 세계주의가 윤리적·도덕적 기초 위에 입각하고 있다면 세계화는 비윤리적 · 비도덕적 바탕 위에 놓여 있음. 세계주의가 이상적 관념을 가지고 있다면 세계화는 현실적 관념을 보유. 세계주의는 자연주의를 추구하지만 세계화는 물질주의를 추구함. 세계주의는 다양성을 존중하지만 세계화는 표준화 · 동종화 · 획일화를 요구함. 세계주의는 인류 전체의 공존공영을 염원하지만 세계화는 개인이나 특정국가, 특정집단의 이익만을 추구하는 경향. 세계주의는 지구환경과 자연자원의 보전을 바라지만 세계화는 지구환경을 파괴하고 자원을 약탈하는 경향. 세계주의에서는 상호의존 정신이 필요하지만 세계화 속에서는 야수적인 초이전투구식 경쟁(Dog–Eat–Dog Competition)이 치열하게 전개

세계화와 국제화 – 국제화는 국가와 국가, 그리고 그 국가 내의 기업과 기업 또는 그 개인과 개인 간의 관계가 양자적 관계(Bilateral Relationship)로 전개되는 경향, 세계화는 이러한 모든 관계가 다자적 관계(Multilateral Relationship)의 확대로 진전되는 추세

세계화의 충격 – 긍정적 충격: ① 효율의 극대화 ② 자원배분의 합리화 ③ 규모의 경제이익 초래 ④ 자유무역 이익의 실현. 부정적 충격: ① 세계경제에 대한 일부 선진국의 패권적 지배 ② 국가주권의 침해 ③ 자주적 경제정책의 제약 ④ 경제주체의 대외의존도 심화 ⑤ 비교열위산업의 퇴출 ⑥ 국가 및 계층 간 소득의 양극화 확대

세계화 시대의 지방자치 현실 – 제도적 장치의 미흡, 열악한 조직과 인사, 소극적인 세계화 대비, 지역사회의 참여부족, 자매결연의 문제점

지방자치단체의 세계화 사업 – 세계화 대응능력 배양, 시장개척지원 및 투자유치, 인적 문화교류

제 11 장

세계화 현상

♧ 들어가기 : 학습목표 및 목차

학습 목표	1. 자유무역협정(FTA)의 의의에 대하여 이해한다. 2. GATT(관세 및 무역에 관한 일반협정)에 대하여 이해한다. 3. WTO(세계무역기구)에 대하여 이해한다.
학습 목차	1. 자유무역협정의 의의와 종류 및 현황 2. GATT의 정의 및 역할 3. WTO의 정의와 원칙

☞ 사전학습

1. 협정을 체결한 국가 간에 상품 및 서비스 교역에 대한 관세 및 무역장벽을 완전히 철폐함으로써 마치 하나의 국가처럼 자유롭게 상품, 서비스를 교역하게 하는 협정은 무엇인가?
   〈정답〉 자유무역협정(FTA, Free Trade Agreement)
   〈해설〉 자유무역협정(FTA)은 협정을 체결한 국가 간에 상품 및 서비스 교역에 대한 관세 및 무역장벽을 완전히 철폐함으로써 마치 하나의 국가처럼 자유롭게 상품, 서비스를 교역하게 하는 협정이다.

2. 관세 등 무역장벽을 다자협상을 통해 제거하고 무역분쟁 해결절차를 마련함으로써 자유무역을 확대해 나가기 위해 1947년 제네바에서 미국을 비롯한 23개국이 서명하고 1948년에 발효된 조약은 무엇인가?
   〈정답〉 GATT(General Agreement on Tariffs and Trade, 관세 및 무역에 관한 일반협정)
   〈해설〉 GATT(관세 및 무역에 관한 일반협정)는 관세 등 무역장벽을 다자협상을 통해 제거하고 무역 분쟁 해결절차를 마련함으로써 자유무역을 확대해나가기 위해 1947년 제네바에서 미국을 비롯한 23개국이 서명하고 1948년에 발효된 조약이다.

3. 1995년에 출범한 국제기구로 관세 및 무역에 관한 일반협정(GATT)과 동 협정 사무국을 승계하였고, 세계화 시대에 있어 자유·공정무역을 더욱 강화한 기구는?
   〈정답〉 WTO(World Trade Organization, 세계무역기구)
   〈해설〉 WTO는 세계화 시대에 맞춰 상품, 서비스, 지적재산권 등 모든 교역분야에서 자유무역질서를 확대하기 위해서 1995년 출범하였다.

제1절 자유무역협정

1. 자유무역협정(free trade agreement: FTA)의 의의

1) 자유무역협정의 정의

자유무역협정(自由貿易協定, FTA)은 협정을 체결한 국가 간에 상품 및 서비스 교역에 대한 관세 및 무역장벽을 완전히 철폐함으로써 마치 하나의 국가처럼 자유롭게 상품, 서비스를 교역하게 하는 협정이다. 이러한 자유무역협정은 다양한 형태의 지역무역협정(Regional Trade Agreement) 중 가장 낮은 단계의 경제통합으로 특징적인 것은 회원국 간의 관세 및 무역장벽을 철폐하되 비회원국에 대해서는 각각 다른 관세율을 적용하고 있다. 초기 자유무역협정의 협상 대상은 상품에 대한 관세 및 비관세장벽 철폐였으나 최근에 서비스, 투자, 지적재산권, 정부조달, 경쟁정책, 환경, 노동 등 협상 대상이 확대되고 있다.

2) 자유무역협정의 확산 이유

자유무역협정은 1950년대부터 등장하기 시작했으며 체결지역은 주로 서유럽과 미주지역에 치중되어 있었다. 1950년대 이후부터 자유무역협정은 다자간 무역체제인 GATT 체제와 공존하면서 그 숫자가 조금씩 늘어났으나, 1995년 WTO 출범 이후에는 '자유무역협정의 시대'라고 할 만큼 협정체결이 전 세계로 급속히 확산되었다. WTO라는 다자간 무역체제가 존재함에도 불구하고 이렇게 자유무역협정이 확산되는 이유는 다음과 같다.

첫째, 자유무역협정에 소극적인 입장을 고수해 왔던 미국이 90년대 이후 적극적 입장으로 선회하여 자유무역협정 체결을 추진하기 시작했다. 즉 세계경제의 중심국인 미국의 입장변화가 상당한 파급효과를 불러일으켰다.

둘째, WTO라는 다자간 무역체제는 회원국이 너무 많기 때문에 국가 간 협상을 타결하는 데 오랜 시간이 걸린다. 따라서 급속도로 변화하는 통상환경 속에서 비롯되는 새로운 광범위한 무역자유화 요구에 즉각적으로 대응하는 데 있어 한계를 드러내고 있는 것이 사실이다. 이에 국가들은 협상이 용이하고 상대적으로 단기간에 타결이 가능한 자유무역협정을 선호하게 되었다.

셋째, 이제 세계경제의 주체는 국가가 아닌 개별 기업이라고 할 수 있다. 즉 기업의 세계화로 인해 탄생한 다국적 또는 초국적 기업들은 전 세계적인 무역자유화보다는 자신의 거점국가의 관세인하나 무역장벽 철폐를 위한 자유무역협정에 더 많은 관심을 보이는 것이 당연하다고 할 수 있다.

2. 자유무역협정의 종류

지역무역협정은 체결국 간 경제통합의 심화 정도에 따라 구분될 수 있다.

1) 자유무역협정(FTA: Free Trade Agreement)

지역무역협정에서 가장 낮은 수준의 경제통합으로 체결국 간에 관세를 철폐하되 역외국에 대해서는 각기 다른 관세율을 적용하게 된다. 대표적으로 NAFTA의 예를 들면 NAFTA의 회원국인 미국, 캐나다, 멕시코 삼국 간 무역에는 무관세가 적용되지만 세 국가가 비회원국과 무역을 할 경우 각기 다른 관세율을 적용하고 있다.

2) 관세동맹(CU: Customs Union)

회원국 간에 관세철폐는 물론 역외국에 대해 공동 관세율을 적용하는 것을 관세동맹이라고 한다. 남미공동시장(MERCOSUR)이 관세동맹의 대표적인 예로 남미공동시장 회원국 간에 무관세가 적용되는 것은 물론 각각의 회원국이 비회원국과 무역을 할 경우 공동 관세율을 적용한다.

3) 공동시장(Common Market)

경제공동체는 회원국 간에 금융, 재정정책 등에서 공동의 정책을 수행하는 것이다. 단일시장인 EU 이전단계인 EC(European Community)가 대표적인 예이다.

4) 단일시장(Single Market) – 완전경제통합

단일통화, 회원국의 공동의회 설치와 같은 정치·경제적 통합을 달성하는 완전경제통합 수준을 의미한다. 대표적인 예로는 마스트리히트 조약발효 이후의 EU를 들 수 있는데, 현재 EU 내에서는 단일통화가 통용되고 공동의회인 EU Council이 설치되어 있으며, EU 집행위(EU Commission)가 EU 공동의 정책수행을 담당하고 있다.

〈표 11-1〉 지역무역협정의 종류와 포괄범위

<table>
<tr><th>역내관세 철폐</th><th>역외공동 관세부과</th><th>역내생산요소 자유이동보장</th><th>역내공동경제 정책 수행</th><th>초국가적 기구 설치 및 운영</th></tr>
<tr><td>1) 자유무역협정</td><td></td><td></td><td></td><td></td></tr>
<tr><td colspan="2">2) 관세협정</td><td></td><td></td><td></td></tr>
<tr><td colspan="3">3) 공동시장</td><td></td><td></td></tr>
<tr><td colspan="5">4) 단일시장</td></tr>
</table>

3. 자유무역협정의 현황 및 효과

1950년대부터 시작된 자유무역협정은 WTO 출범(1995. 1.) 이후 확산되는 추세이며, 2006년 3월 자유무역협정을 포함하여 193개의 지역무역협정이 체결되었고, 이 중 124개의 자유무역협정이 발효 중이다. 최근 FTA체결과 이미 발효된 협정은 매우 빠른 속도로 증가되고 있다. 2012년 9월 현재 WTO에 통보되어 발효 중인 지역무역협정(RTA)는 총 340건이며, 그 가운데 FTA는 197건을 차지한다. 이러한 자유무역협정은 다양한 형태의 지역무역협정(Regional Trade Agreement) 중 가장 낮은 단계의 경제통합으로, 특징적인 것은 회원국 간의 관세 및 무역장벽을 철폐하되 비회원국에 대해서는 각각 다른 관세율을 적용한다.

〈표 11-2〉 시기별 지역무역협정 증가 추이

	'55~'60	'61~'70	'71~'80	'81~'90	'91~'95	'96~'00	'01~'06. 3.	2012. 9 현재
신규	3건	3건	11건	10건	33건	42건	91건	
누계	3건	6건	17건	27건	60건	102건	193건	340건

1) 정태적 효과

협정체결 전에 소비하던 고가의 국산제품이 상대적으로 저가인 역내산으로 대체되는 것을 무역창출효과라 말한다. 즉 역내국들이 관세인하로 비교우위를 갖게 되는 재화를 중심으로 상호교역을 하게 되고, 따라서 역내국들은 비싼 국산재화를 값싼 역내상품으로 대체하는 것이다. 부언하면, 무역창출을 통해 각 역내국의 비교우위상품의 시장이 확대됨은 동 상품의 생산을 증가시킬 뿐만 아니라 수출을 증대시키는 것을 의미한다. 다시 말하면 비교우위산업에 대한 특화가 강화되는 것이다. 따라서 각 경제 내의 생산요소들이 자연스럽게 비교우위산업으로 이동하게 됨으로써, 생산 측면에서 볼 때는 자원배분의 효율성이 증가되고, 소비 측면에서는 보다 값싼 제품을 소비할 수 있게 되어 후생수준이 향상되게 된다.

그러나 이는 체결국 간 관세철폐가 교역상의 왜곡을 가져올 수 있는 문제점을 지니고 있다. 관세철폐 이전에 보다 효율적인 생산구조를 가진 역외교역국이 존재하고 있었다면, 특혜적인 관세철폐로 역외 저가상품의 수입이 저해될 것이고, 이 경우 체결국의 후생수준은 악화될 수 있다. 이러한 현상을 무역전환효과라 할 수 있다. 무역전환효과란 역내관세철폐로 인하여 상대적으로 더 저가인 역외 외국재화가 고가의 역내상품으로 대체된 경우를 말한다.

다시 말해 FTA 체결 이전에는 역외국의 재화가 비교우위에 있었으나, 역내산 상품이 상대적으로 비싸더라도 관세상의 우위로 인해 역외산 상품보다는 가격 면에서 비교우위를 지니게 함으로써 이에 따라 체결국은 비효율적인 생산구조를 가진 산업에 대해 자원을 투입하게 되고, 그 결과 회원국 간 자원배분의 효율성이 더 악화되는 결과가 나타나게 된다. 무역창출효과와 무역전환효과의 상대적인 크기는 산업구조, 경쟁성, 포괄범위 등 다양한 요소에 의해 결정되지만, 일반적으로 무역창출효과가 무역전환효과를 훨씬 능가한다. 또한 역외국에 대한 관세가 점차 낮아짐에 따라 무역전환의 손실이 발생할 수 있는 여지가 줄어들게 된다.

2) 동태적 효과

경제통합으로 인한 효과가 단기간 내에는 가시화되지 않더라도 어느 정도 시간이 지남에 따라 서서히 나타나는 효과를 동태적 효과라 한다. 동태적 효과는 협정 내용에 따라 동태적 효과가 정태적 효과보다 더 중요할 수도 있다. 특히 규모 경제, 경쟁촉진 요인, 외국인직접투자 등이 동태적인 측면에서 역내 경제활동의 효율성을 증대하는 데 기여하는 중요한 요인으로 지적될 수 있으며, 이들의 동태적 효과에 대한 연구가 활발하게 진행되고 있다.

FTA 체결로 역내시장이 확대되자 역내경제에 규모 경제가 작용할 수 있는 여건이 마련되는 가운데 시장점유율을 높이기 위한 기업 간 경쟁이 촉진됨으로써 효율적인 자원배분을 요구하는 힘이 역내경제에 긍정적으로 작용한다. 규모의 경제가 작용할 수 있는 산업의 경우에는 역내시장의 확대로 생산량이 증가하면 제품단위당 평균생산비용이 감소하게 된다. 그 결과 역내재화가 역외재화에 대해 비교우위를 가질 수도 있으며, 단기적으로 발생하였던 무역전환효과가 줄어들 수 있다. 그리고 단위당 생산비용이 감소하여 소비자 후생이 향상되는 데에도 기여하게 된다.

시장의 확대는 기업들 간의 경쟁을 촉진시킬 뿐만 아니라, FTA가 규정하는 관세철폐와 각종 비관세장벽이 제거되면서 관세장벽이 완화되고, 역내 다른 회원국 기업은 자국시장 내 진출을 유도하면서 국내 기업들 간의 경쟁을 촉진시키게 한다. 경쟁촉진은 여러 가지 측면에서 긍정적인 효과를 가지게 된다. 이러한 효과로서는 기업 간에 경쟁이 격화되는 가운데, 기업이 시장을 지속적으로 유지하거나 확대하기 위해 가격인하 경쟁을 벌이게 되고, 이로 인해 상품가격의 인하는 물론 재화공급과 각종 서비스 측면에서도 질적 향상이 촉진되는 것이 있다.

또한 경쟁의 격화로 새로운 제품, 양질의 제품, 효율적인 생산기법 등을 개발하려는 기업들의 연구개발 경쟁을 유발시키게 하고, 그로 인한 신기술의 개발, 기술의 축적 및 파급 등은 산업기술의 발달을 촉진시킨다. 이는 결국 생산성의 증대로 이어지면서 경제성장에 기여하게 된다. 이러한 일련의 긍정적 효과들은 역내 상품교역과 기술교류 등을 통하여 역내경제 전반에 걸쳐 파급될 것이고, 이로 인해 역내경제는 성장을 가속화시킬 수 있게 된다. 즉 규모의 경제와 경쟁촉진이 동시에 실현됨으로써 역내 경제활동의 효율성이 배가 될 수 있다. 또한 특혜원산지규정을 충족시키기 위해 역내국 간 투자도 활성화된다.

4. 우리나라의 자유무역협정

1) 우리나라에서 자유무역협정의 의의

우리나라는 GATT(General Agreement on Tariffs and Trade)와 WTO (World Trade Organization)로 대표되는 다자무역체제의 가장 큰 수혜국이며, 우리의 경제발전은 대외교역을 통해 성장을 이룬 전형적인 사례로 인용되고 있다. 또한 우리나라는 명실상부한 통상국가로서 지속적인 경제발전을 위해서는 교역의 확대가 필수적이다. 요컨대 열린 세계시장이 우리의 경제적 생존과 직결된다. 한국은 2012년 현재 45개국과 FTA 8건을 발효 중이며, 12개국과는 협상, 17개국과는 공동연구 중이다.

최근의 세계 통상환경을 보면, 자유무역협정(FTA: Free Trade Agreement)을 중심으로 한 지역주의(Regionalism)가 가속화되고 있는 상황이다. 이러한 지역주의의 경향은 과거 GATT 체제보다 현재의 WTO 체제에서 오히려 급속도로 확산되는 경향을 보이고 있다. 각국의 FTA 체결 경쟁은 현재 진행 중인 도하개발아젠다(DDA) 협상이 의미 있는 합의 도출에 난항을 겪고 있어 많은 국가들이 양자 간 지역협정에 의존하는 경향이 더욱 뚜렷

해졌다.

이러한 상황에서 우리나라가 적극적으로 FTA를 추진해야 하는 이유를 크게 두 가지가 있다. 첫째, 1992년 EU의 출범과 1994년 NAFTA의 발효를 계기로 지역주의가 세계적으로 확산되면서 FTA 네트워크 역외국가로서의 피해를 최소화하고, 나아가 이러한 도전에 적극적으로 대응하기 위해 FTA를 추진하게 되었다. 특히 우리의 대외경제 규모가 국내총생산(GDP)의 90% 이상을 차지하고 있는 점을 고려할 때[국내총생산(GDP)에서 대외교역(수출+수입)이 차지하는 비중은 2006년 69.8%, 2009년 82.3%, 2010년 87.9%, 2012년 현재 96.9%], 주요 경쟁국이 FTA를 앞 다투어 추진하고 있는 통상환경하에서 우리나라가 기존 수출시장을 유지하고 새로운 시장에 진출하기 위해 FTA 확대에 전력을 다하는 것은 당연하다고 할 수 있다. 주요 교역국이 여타 국가와 먼저 FTA를 체결한다면 우리 상품은 고관세 적용에 따른 가격경쟁력의 저하로 점차 그 시장을 잃을 수밖에 없기 때문이다. 따라서 우리 상품의 수출경쟁력을 유지하고 안정적인 해외시장을 확보하기 위해서는 주요 교역 국가들과의 FTA 체결이 필수적이다.

둘째, 보다 적극적인 측면에서, 능동적인 시장개방과 자유화를 통해 국가 전반의 시스템을 선진화하고 경제체질을 강화하기 위해 FTA 추진이 필요하다. 우리 경제가 양적인 성장뿐만 아니라 질적인 발전을 통해 진정한 선진 경제로 거듭나기 위해서는 우리의 주요 통상정책으로 자리 잡은 FTA를 능동적・공세적으로 활용할 필요가 있다.

전 세계적으로도 각국은 산업경쟁력과 국가경쟁력을 신장시키는 주요 정책수단으로서 FTA 및 이에 수반되는 무역자유화(trade liberalization)가 효과적임을 깨닫고 적극적으로 FTA 네트워크 구축에 나서고 있다.

2) 우리나라의 자유무역협정 추진방향

정부는 2003년 이래 동시다발적으로 FTA를 추진해 왔으며, 2009년부터는 거대경제권과 자원부국 및 주요 거점 경제권을 중심으로 전략적인 FTA 체결 확대 전략을 통한 FTA 네트워크를 구축해 나가고 있다. 동시다발적인 FTA 추진을 통해 그동안 지체된 FTA 체결 진도를 단기간 내에 만회하였으며, 현재 FTA 체결 네트워크를 전략적으로 구축하기 위해 노력 중이다. 이를 통해 우리 기업의 세계시장 확보를 지원하고, 동아시아 FTA 허브 국가로 발돋움하려고 한다.

좀 더 구체적으로 살펴보면, 내용 면에서는 FTA 체결 효과를 극대화하기 위해 상품분야에서의 관세철폐뿐만 아니라, 서비스, 투자, 정부조달, 지적재산권, 기술표준 등을 포함하는 포괄적인 FTA를 지향하고 있다. 또한 WTO의 상품과 서비스관련 규정에 일치하는 높은 수준의 FTA 추진을 지향함으로써 다자주의를 보완하고, FTA를 통해 국내제도의 개선 및 선진화를 도모하고 있다.

제2절 GATT(관세 및 무역에 관한 일반협정)와 세계무역기구

1. GATT(General Agreement on Tariffs and Trade)

1) GATT의 정의

GATT는 관세 등 무역장벽을 다자협상을 통해 제거하고 무역분쟁 해결절차를 마련함으로써 자유무역을 확대해 나가기 위해 1947년 제네바에서 미국을 비롯한 23개국이 서명하고 1948년 1월에 발효된 조약을 말한다. 정식명칭은 관세 및 무역에 관한 일반협정(General Agreement on Tariffs and Trade)으로 당초 제2차 세계대전 후 자유무역 확대를 위하여 UN의 특별기구로서 설립을 추진하던 국제무역기구(ITO: International Trade Organization) 헌장(Havana Charter)의 일부로 추진되었으나, ITO가 미 의회의 반대로 무산되면서 일부 국가 간의 협정으로 잠정 출범하였다. 원래는 상품무역과 관련된 관세인하가 주된 관심영역이었으나, 점차 비관세장벽 등도 규율대상에 포함한다. 이러한 GATT는 법적 기구(legal entity)로서의 성격은 없었으나, 불완전한 제도적 형태로 인하여 발생되는 문제들을 현실적인 협정을 통하여 해결함으로써 WTO 출범 이전까지 사실상(de facto)의 국제기구로서의 역할도 수행하였다.

2) GATT의 역할

GATT는 국제무역규범으로서 사실상의 국제기구로서의 역할을 수행하며 국제무역에 지대한 영향을 미쳤다. 즉 일련의 무역혜택과 원칙을 제시하는 GATT 규범은 국제무역의 총체적인 기본질서를 규율하였으며, 세계무역의 확대에 크게 공헌하였다.

이러한 GATT의 역할은 다음과 같다.

첫째, GATT는 관세 및 기타 무역장벽을 감축 또는 철폐하기 위한 장(場)을 제공하였다. 1947년 4월 스위스 제네바에서 개최된 1차 협상을 시작으로 제6차 케네디라운드, 제7차 도쿄라운드, 제8차 다자간 무역협상(우루과이라운드)을 통하여 세계무역기구(WTO)를 출범시켰다.

둘째, GATT 계약체결국의 무역정책상 행동을 규율하는 국제무역 규범을 제시하는 것이다. WTO 설립 이전까지 GATT의 규범에 의하여 국제무역이 규율되어 국제무역법전의 성격을 가지고 있다.

끝으로 GATT는 국제무역규범에 관한 해석기관이자 무역규범을 둘러싼 대립과 분쟁의 조정기관으로서의 역할을 수행한다.

3) GATT의 기본원칙

GATT는 무역차별원칙(Non-discrimination)을 그 기본원칙으로 하고 있으며, GATT의 무차별원칙은 체약국의 어떤 국가에도 타 국가보다 특혜를 베풀지 않는다는 소위 최혜국대우의 조항에 나타나 있다. 즉 GATT는 이국 간의 특혜조치는 인정하지 않으며, 다국 간의 협정을 그 기본원칙으로 하고 있다. 또한 GATT는 보호무역 정책수단으로서 관세 이외의 기타의 수량할당을 포함한 비관세장벽을 철폐할 것을 규정하고 있으며, 관세인하교섭의 방법으로는 한 체약국이 관세를 인하하면 상대교역국 역시 관세를 인하해야 된다는 호혜주의를 기본원칙으로 하고 있다.

(1) 최혜국대우(MFN) 원칙

최혜국대우(MFN: Most-Favoured-Nation Treatment) 원칙은 특정 국가에 대하여 다른 국가보다 불리한 교역조건을 부여해서는 안 된다는 것으로, 모든 체약국이 그 상호 간의 무역에 있어서 서로 동등하고 가장 유리한 조건하에서 무역을 하는 것을 골자로 하고 있다.

(2) 내국민대우 원칙

무차별원칙의 또 다른 기본원칙은 내국민대우(National Treatment) 원칙이다. 이는 수입물품에 대하여 국세 및 국내규범에 의하여 같은 종류의 국내 상품에 대하여 주어지는 대우보다도 불리하지 않은 대우를 부여하여야 한다는 원칙이다. 즉 국내거래에서의 무차별대우를 확보하기 위한 것이다.

4) GATT의 한계

GATT 체제 출범 이후 수차에 걸친 다자간 무역협상은 관세인하 교섭에 있어서 상당한

성과를 보여 GATT 체제는 소기의 성과를 얻었지만 다음과 같은 한계를 지니고 있다.

먼저, 무역자유화는 세계경제확대에 크게 기여했으나 동시에 시장 기구는 그 자신의 움직임에 의해 경제실체에 영향을 주고, 특히 경제적·정치적 힘의 변동을 초래했다. 즉 불균등한 성장과 발전은 시장 기구에 따라 자극되고 혹은 그것을 통하여 전해지고, 부단히 힘의 재편성, 변동을 만들어내는 것이다. 한마디로 GATT 체제는 기존의 국제권력구조를 유동화시키는 요인을 포함하고 있는 것이다.

다음으로, GATT의 내재적인 문제에 관하여 살펴보면 관세의 인하교섭이 진전됨에 따라 넓은 의미에서의 비관세장벽(NTB)이 더욱 커다란 장벽으로 나타나게 된 것도 중요하다. 비관세장벽을 통해 세계무역에 크게 이바지하였지만, 국내 산업 및 국내의 정치적 조건을 고려하지 않은 GATT의 활동으로 사회 내에 더 큰 장벽이 나타나기도 하였다.

2. 세계무역기구(World Trade Organization: WTO)

1) 세계무역기구의 정의

세계무역기구(世界貿易機構, WTO)는 관세 및 무역에 관한 일반협정(GATT)과 동 협정 사무국을 승계한 국제기구이다. 즉 세계화 시대에 있어 자유·공정무역의 기능을 더욱 강화하고 WTO 협정의 이행을 감독하여 상품, 서비스, 지적재산권 등 모든 교역 분야에서 자유무역질서를 확대하기 위해 1995년 1월 1일 출범한 국제기구이다. 아울러 기존의 GATT가 단순히 계약, 협정 형태로 되어 있어 회원국들이 GATT상의 의무를 효과적으로 이행시키지 못했던 점을 감안, 약속이행의 감시 등 회원국들의 의무이행을 강력히 뒷받침할 수 있는 기능을 갖춘 국제기구이다.

2) WTO의 설립목적

세계무역기구의 설립목적은 다음과 같다.

첫째, 국제무역 불균형에 따른 보호주의 및 지역주의에 대처하기 위해서이다.

둘째, 국제교역구조의 다양화에 따른 국제규범보완 제정의 필요성 증대이다.

셋째, GATT 체제 자체의 한계에 대처하기 위해 국제교역분야를 규율할 수 있는 국제기구 설립의 필요성 등이다.

이러한 WTO는 GATT와는 달리 법인격(Legal Personality)과 기능 수행을 위해 필요한 사법적 권한을 보유하고 있다.

3) 세계무역기구의 원칙

세계무역기구는 광범위한 교역활동을 관장하기 때문에 방대하고 복잡하다. 그러므로 무역체제의 기초를 이루는 원칙을 가지고 있다(박영기, 2008: 68~73)

(1) 차별 없는 교역

WTO 체제하에서 국가들이 일반적으로 교역상대국들을 차별할 수 없다. 즉 특정국가에 대하여 특혜, 예를 들어 특정국가의 상품에 대해 낮은 관세를 부과하는 것 등의 혜택을 부여한다면 다른 모든 WTO 회국에게도 그와 동등한 대우를 해야 하는 것이다. 그러므로 몇 가지 예외가 허용되는 것을 제외하고 모든 국가들은 동등한 대우를 받고 있다.

(2) 점진적 자유화

무역장벽을 낮추는 것은 무역을 장려하는 가장 확실한 수단이다. 문제의 무역장벽에는 통관부과금 및 선별적으로 수량을 제한하는 수입 금지나 쿼터와 같은 조치가 해당된다. 즉 WTO 체제는 '점진적 자유화'를 통해 점차적으로 변화를 수용할 수 있도록 하고 있다.

(3) 공개경쟁의 촉진

WTO는 불공정한 무역으로부터 야기되는 피해를 보상하기 위해 산정된 추가적 수입부과금을 부과하는 등 정부의 대응조치를 설정하기 위해 노력한다.

4) 세계무역기구의 조직

2012년 현재 가입국가 158개의 세계무역기구의 조직은 총회 · 각료회의 · 무역위원회 · 사무국 등이 있으며 그 밖에 분쟁해결기구와 무역정책검토기구가 있다. 분쟁해결기구는 법적 구속력과 감시기능을 갖추고 무역 관련 분쟁을 담당하며 무역정책검토기구는 각국 무역정책을 정기적으로 검토하여 정책을 투명하게 운영하도록 하고 사전에 분쟁을 예방하여 다자간 무역체제의 효율성을 높이도록 한다.

5) 세계무역기구의 방향

지금까지 세계무역기구는 산업 및 무역의 세계화와 함께 국경 없는 무한경쟁시대로 돌입하는 새로운 국제무역환경 기반을 조성하였고, 오늘날 국가 간의 경제 분쟁에 대한 판결권과 그 판결의 강제집행권 이용, 규범에 따라 국가 간 분쟁이나 마찰을 조정하였다. 하지만 세계무역기구가 지금보다 더 발전하기 위해서는 다음과 같은 노력의 지속이 필요하다.

첫째, 회원국의 생활수준 향상과 완전고용 달성, 실질소득과 유효수요의 지속적인 양적 확대를 추구하며, 상품과 서비스의 생산 및 교역의 증진을 위해 노력해야 한다.

둘째, 지속가능한 개발과 부합되는 방법으로 세계 자원의 효율적인 이용을 도모하고, 회원국의 상이한 경제수준에 상응하는 환경보전 노력과 보호수단을 허용해야 한다.

셋째, 상호호혜의 바탕 위에서 관세 및 여타 무역장벽의 실질적인 삭감과 함께 국제무역상 차별대우를 폐지해야 한다.

끝으로, 다자간 무역체제 구축과 그 기본 원칙을 보존해야 한다.

연 습 문 제

1. 다음 중 지역무역협정이 아닌 것은?

① FTA(자유무역협정) ② 관세동맹(CU)
③ 공동시장 ④ GATT

〈정답〉 ④ GATT
〈해설〉 지역무역협정에는 ① FTA(자유무역협정) ② 관세동맹(CU) ③ 공동시장 ④ 단일시장(완전경제통합)이 있다.

2. WTO(세계무역기구)의 설립목적이 아닌 것은?

① 국제무역 불균형에 따른 보호주의 및 지역주의에 대처하기 위해서이다.
② 국제무역구조의 다양화에 따른 국제규범보완 제정의 필요성 증대이다.
③ GATT체제 자체의 한계에 대처하기 위해 국제교역분야를 규율할 수 있는 국제기구 설립의 필요성 때문이다.
④ 무역차별원칙을 실현하기 위해 필요하게 되었다.

〈정답〉 ④ 무역차별원칙을 실현하기 위해 필요하게 되었다.
〈해설〉 세계무역기구는 차별 없는 교역의 원칙(무차별원칙)을 가지고 있다.

3. 다음 중 세계화의 효과라고 볼 수 없는 것은?

① 국가주권의 제약 ② 정부지출의 확대
③ 바닥을 향한 경주(race to the bottom) ④ FTA의 체결 확산

〈정답〉 ② 정부지출의 확대
〈해설〉 세계화란 개별 주권국가의 경계와 역할이 약화되고 국가 간 상호작용 관계와 협력적 의존성이 심화된 상태이며, 정부지출의 감소에 의한 작은 정부를 추구한다. 바닥을 향한 경주(race to the bottom)란 중산층의 몰락을 의미하는 것으로 세계화의 폐단 중의 하나이다.

4. 다음 중 UN에서 본 전자거버넌스로서의 전자적 참여의 형태가 진화하는 단계로 옳은 것은?(2010 서울 9급)

① 전자정보화 - 전자자문 - 전자결정 ② 전자문서화 - 전자결정 - 전자자문
③ 전자자문 - 전자문서화 - 전자결정 ④ 전자정보화 - 전자결정 - 전자문서화

〈정답〉 ① 전자정보화 - 전자지문 - 전자결정
〈해설〉 전자거버넌스(e-Governance)란 전자정부를 활용하여 거버넌스를 구현하는 것.
전자정보(e-information): 전자정부(정부웹사이트)를 통해 국민에게 정보공개
전자자문(e-consulting): 시민과 선거직 공무원 간에 소통과 청원 및 직접적인 토론이 이루어지고 피드백 되는 단계
전자결정(e-decision): 시민의 의견이 정책과정에 반영되는 단계

핵심정리

자유무역협정(自由貿易協定, free trade agreement: FTA)의 의의 - 다양한 형태의 지역무역협정(Regional Trade Agreement) 중 가장 낮은 단계의 경제통합으로 특징적인 것은 회원국 간의 관세 및 무역장벽을 철폐하되 비회원국에 대해서는 각각 다른 관세율을 적용함.

자유무역협정 확산 이유 - 첫째, 자유무역협정에 소극적인 입장을 고수해 왔던 미국이 90년대 이후 적극적 입장으로 선회하여 자유무역협정 체결을 추진하기 시작함 둘째, 급속도로 변화하는 통상환경 속에서 비롯되는 새로운 광범위한 무역자유화 요구에 즉각적으로 대응하기 위해 국가들은 협상이 용이하고 상대적으로 단기간에 타결이 가능한 자유무역협정을 선호함 셋째, 기업의 세계화로 인해 탄생한 다국적 또는 초국적 기업들은 전 세계적인 무역자유화보다는 자신의 거점국가의 관세인하나 무역장벽 철폐를 위한 자유무역협정에 더 많은 관심을 보임

자유무역협정의 종류 - 지역무역협정은 체결국 간 경제통합의 심화 정도에 따라 구분.

첫째, 자유무역협정(FTA: Free Trade Agreement) 둘째, 관세동맹(CU: Customs Union) 셋째, 공동시장(Common Market) 셋째, 단일시장(Single Market)-완전경제통합

GATT(General Agreement on Tariffs and Trade) - GATT는 관세 등 무역장벽을 다자협상을 통해 제거하고 무역 분쟁 해결절차를 마련함으로써 자유무역을 확대해나가기 위해 1947년 제네바에서 미국을 비롯한 23개국이 서명하고 1948년 1월에 발효된 조약을 말한다. 정식명칭은 관세 및 무역에 관한 일반협정(General Agreement on Tariffs and Trade).

GATT의 기본원칙 - GATT는 무역차별원칙(Non-discrimination)을 그 기본원칙으로 하고 있으며, 첫째, 최혜국대우(MFN: Most-Favoured-Nation Treatment) 원칙: 특정 국가에 대하여 다른 국가보다 불리한 교역조건을 부여해서는 안 된다는 것으로, 모든 체약국이 그 상호 간의 무역에 있어서 서로 동등하고 가장 유리한 조건하에서 무역을 하는 것 둘째, 내국민대우 원칙(National Treatment): 수입물품에 대하여 국세 및 국내규범에 의하여 같은 종류의 국내 상품에 대하여 주어지는 대우보다도 불리하지 않은 대우를 부여하여야 한다.

세계무역기구(世界貿易機構, World Trade Organization: WTO) - 관세 및 무역에 관한 일반협정(GATT)과 동 협정 사무국을 승계한 국제기구

세계무역기구의 원칙 - 첫째, 차별 없는 교역: WTO 체제하에서 국가들이 일반적으로 교역상대국들을 차별할 수 없다. 둘째, 점진적 자유화: WTO 체제는 '점진적 자유화'를 통해 점차적으로 변화를 수용할 수 있도록 함 셋째, 공개경쟁의 촉진

제 12 장

세계화 시대에 나타난 문제들(1)

♧ 들어가기 : 학습목표 및 목차

학습 목표	1. 지적재산권 보호에 관한 국제협약의 기본원칙에 대하여 이해한다. 2. 식량위기 상황과 원인에 대하여 이해한다. 3. 식량위기의 국제관계와 우리나라 현황과 대책에 대하여 이해한다.
학습 목차	1. 지적재산권 보호에 관한 국제협약의 기본원칙 2. 식량위기 상황과 원인 3. 식량위기의 국제관계와 우리나라 현황과 대책

☞ 사전학습

1. 사람의 두뇌에서 나오는 지적 창작물로서 경제적 가치가 있는 무형의 소산물 또는 재산을 무엇이라 하는가?

〈정답〉 지적재산권(Intellectual property right)

〈해설〉 지적재산권(intellectual property right)은 사람의 두뇌에서 나오는 지적 창작물로서 경제적 가치가 있는 무형의 소산물 또는 재산으로 지적소유권이라고도 한다.

2. 국제곡물가격 상승과 농산물 가격 급등으로 인한 인플레이션을 무엇이라고 하는가?

〈정답〉 애그플레이션(Agflation)

〈해설〉 농산물 가격 급등으로 인한 인플레이션을 농업(agriculture)과 물가상승(inflation)의 합성된 신조어로 애그플레이션(Agflation)이라고 한다.

3. 식량문제를 해결하기 위한 방안으로 수입국 입장에서 곡물가격 변동위험 회피, 신속한 구매절차와 대량구매에 따른 수입가격 폭등 방지, 장기적 구매계획 수립이 가능한 이점이 있는 거래방식을 무엇이라고 하는가?

〈정답〉 선물시장(future market)

〈해설〉 수입국 입장에서 곡물가격 변동위험 회피, 신속한 구매절차와 대량구매에 따른 수입가격 폭등 방지, 장기적 구매계획 수립이 가능한 이점이 있는 거래방식을 선물시장(future market)이라 한다.

제1절 지적재산권

1. 지적재산권의 의의

1) 개념 및 중요성

인류의 문제해결을 위한 창조적인 노력은 신기술, 신제품 및 서비스를 창출한다. 이러한 지적 노력의 결과가 시장에서 거래되어 일정한 경제적 가치를 가지며 소유권이 설정되면 지적재산이 되며 이러한 지적재산에 대한 법적인 권리를 지적재산권이라 한다.

지적재산권(intellectual property Right)이란 사람의 두뇌에서 나오는 지적 창작물로서 경제적 가치가 있는 무형의 소산물 또는 재산을 말한다. 이러한 지적재산이 법적인 권리로 발전 또는 규정될 때 지적재산권 또는 지적소유권이라 한다. 지적재산권을 유체물의 재산권에 대비되는 개념으로 무체재산권[1]이라고도 하며, 최근에는 지식재산권[2]이라고 부르기도 한다. 이는 인간이 내놓은 창작적 지식의 산물 자체가 재산권이 된다는 의미이다.

세계지적재산권기구(World Intellectual Property Organization: WIPO[3]) 규정에서 "지

1) 유체재산을 대상으로 하는 권리를 유체재산권이라 한다. 유체재산은 동산·부동산이 대표적이나 이에 국한되지 않는다. 채권을 비롯하여 전기·열·바람 등 관리 할 수 있는 자연력도 여기에 포함된다. 유체재산은 이를 소유할 수 있고 이용이 유한하다는 특성을 지닌다. 유체재산권은 그 연원이 오래된 것으로, 일반 사회인이 이를 중시하는 경향을 보인다.
무체재산권은 발명·고안·디자인·상표·저작물 등 무체물을 대상으로 하는 권리가 무체재산권이다. 근래 지적소유권, 지적재산권, 지식재산권으로 일컬어지고 있으나 그 개념은 동일하다. 무체재산(intangible property) 또는 지적재산(intellectual property)은 이를 소유할 수 없고 이용이 유한하다는 특성을 가진다. 무체재산권은 대개 산업사회 이후 인정된 것으로 유체재산권에 비하여 짧은 역사를 지녔다.

2) '지식재산권'이라는 용어는 인간의 지적 활동으로 얻은 창작물에 대한 권리를 표현한 영어의 intellectual property rights로서, 한자권에서의 지식재산권 등에 대응하며 기존에 사용해온 '지적재산권'과 의미에 큰 차이는 없다. 지식재산권은 인간의 지적 활동의 성과로 얻어진 정신적 산물로 경제적 가치가 있는 것으로서 법적으로 보호되는 것을 의미한다고 할 수 있다. 종래 지식재산권은 크게 산업재산권과 저작권으로 구분되어 왔으나, 최근에는 컴퓨터프로그램, 반도체집적회로배치설계, 종자신품종, 영업비밀 등 새로운 유형의 신지식재산권도 개별 법률에 의하여 보호되고 있다.

3) 세계지적재산권기구(World Intellectual Property Organization: WIPO)는 지적재산권의 국제적 보호의 촉진과 국제협력을 목적으로 1967년에 설립된 국제기구로서, 약칭하여 WIPO라고 부른다. WIPO는 1974년 국제연합(United Nations)의 전문기구가 되었으며 정책결정기관인 총회를 3년마다 개최하고 회의를 연다.
WIPO는 지적재산권의 국제적 보호 촉진, 국제협력을 목적으로 하여, 이를 위하여 조약의 체결이나 각국 법제의 조화를 도모하고, 개발도상국에 대해서는 지적소유권에 관한 법률 제정이나 기술 등에 대하

적재산권이라 함은 문학·예술 및 과학적 저작물, 실연자의 실연, 음반 및 방송, 인간의 노력에 의한 모든 분야에서의 발명, 과학적 발견, 디자인 상표, 서비스표, 상호 및 기타의 명칭, 부정경쟁으로부터의 보호 등에 관련된 권리와 그 밖에 산업, 과학, 문학 또는 예술 분야의 지적 활동에서 발생하는 모든 권리를 포함한다."고 규정하고 있다.

즉 저작권, 지적재산권, 특허권, 과학적 소유권, 디자인권, 상표권, 상호권이나 서비스표권, 부정경쟁방지법에 의하여 보호되는 원산지표시나 영업비밀 등 일체의 것으로 종래 상업재산권과 저작권이 모두 지적재산권에 포함된다.

경제적으로 정보가 엄청난 고부가가치를 낳는 정보화시대에는 정보창작이 개인은 물론 국가의 부를 결정짓는다. 개인의 개성과 창의성이 곧바로 산업경쟁력으로 연결되어 개인의 부와 국가의 부를 결정짓게 되는 것이다. 이처럼 정보가 필수적인 경제자원으로 기능하는 정보시대에서 지적재산권(intellectual property rights)의 중요성 부각은 필연이다. 일정 정보를 재산권의 대상으로 삼아 그 창작자에게 독점·배타적인 권리를 부여하는 지적재산권이 있음으로 정보 창작자는 법적 보호를 받게 되고, 그에 힘입어 양질의 정보가 확대·재생산되는 길이 열리게 된다. 그러한 점에서 지적재산권은 정보가 재산으로 발전하는 데 결정적 역할을 수행하며, 정보재산의 기본권으로 자리한다.

2) 범주 및 특징

(1) 지적재산권의 범주

세계지식재산권 기구(World Intellectual Property Organization: WIPO)에 따르면 지적재산권은 다음과 같은 범주를 포함한다.

① 문학, 예술적 및 과학적 작품

② 예술가, 음악가 및 방송자의 실연행위

③ 인간의 노력에 의한 모든 분야에서의 발명

④ 과학적 발견

⑤ 의장

⑥ 상표, 서비스표 및 사업적 명칭과 표시

⑦ 부정경쟁 방지 및 산업적 과학적 문학적 혹은 예술적 분야에 있어서의 지적인 활동으로부터 나오는 다른 모든 권리

여 원조한다. 또한 음반·비디오 등 음악·시청각 재료의 해적판 범람을 규제하기 위하여 각국에 입법조치를 강구하는 등의 결의를 채택하였다. 우리나라는 1973년 옵서버로 참석하였다가 1979년 3월에 가입하였다. 2009년 현재 가입국은 180여 개국이며, 국제사무국은 스위스 제네바에 있다.

다만 이제까지 인식되고 검증되지 않은 물질세계에 대한 현상·특성 또는 법칙의 인식은 특허대상이 아니다.

(2) 지적재산권의 근원과 특징

지적재산권의 근원에 관해서 논의하면 지적재산권의 근본적인 성질, 즉 지적재산권의 본질은 지적재산권 제도가 왜 존재하는가에 대한 근거와도 관련될뿐더러, 그 해석운용에 대한 기본적인 지침을 제공한다. 지적재산권의 근원에 관한 논의는 크게 자연권설과 장려설로 대별할 수 있다. 입장을 달리하는 두 가지 주장은 지적재산권의 본질을 다음과 같이 각각 파악한다.

첫째, 자연권설은 기본권설, 노동권설 또는 소유권설이라고도 한다. 이는 마치 노동자가 자기의 노동에 대하여 대가를 받는 것처럼 자신의 지적 노력에 의한 산물에 대하여 천부불가양의 권리를 갖는다는 견해이다. 프랑스 대혁명 이후 프랑스 학자에 의하여 전개된 이 설은 권리의 근거에 대한 설명에는 훌륭하지만 지적재산권의 한계 내지 제한에 대해서는 설명하지는 못한다. 또한, 이 견해에 따르면 지나친 권리보호가 이루어진다.

둘째, 장려설은 유인설이라고 하는데 지적 산출물 생산을 장려하여 결국 산업이나 문화발전을 꾀하기 위하여 설치된 것이 지적재산권이라는 견해이다. 즉 독점·배타적인 지적재산권을 그 창작자에게 부여함으로써 지적 산물의 확대재생산을 유인한다는 설이 장려설의 입장이다. 이 견해는 산업과 문화발전을 꾀하기 위한다는 우리나라 법을 비롯한 각국의 법 목적과 상통하고, 지적재산권 제도의 현실을 잘 반영하고 있다는 장점이 있다. 그러나 근본적으로 지적재산권의 근거에 대한 설명은 미흡하다.

지적재산권은 다음과 같은 특징들이 있다.

첫째, 지적재산권은 무형의 재화인 지적재산을 그 보호대상으로 하고 있으므로 권리의 범위가 매우 관념적이고 추상적이다.

둘째, 제3자에 의한 일방적인 실험이나 실시가 가능하며, 그 침해행위의 발견이나 인식이 어렵다. 따라서 모방이나 무단사용 등에 의한 권리침해발생 소지가 많다.

셋째, 독점·배타적 성격의 지적재산권은 그 창작자가 향유한다. 그러나 한편으로는 지적재산에 대한 자유로운 접근도 필요하다. 왜냐하면 창조는 선행의 지적재산에 대한 접근 없이는 어려운 것이기 때문이다.

넷째, 지적재산권은 정신적 창조에 바탕을 둔 것으로서 인격적 요소가 매우 강하다.

다섯째, 지적재산권은 국가정책과 밀접한 관련이 있다.

여섯째, 무한한 이용이 가능하고 전파성 또한 매우 강하다.

일곱째, 각국의 법이 다르면 지적재산권자는 권리 행사에 어려움을 겪게 되기 때문에 국제적인 공조가 필수이다. 따라서 국제성을 띠게 된다.

3) 종류

(1) 산업재산권

산업재산권은 신규 공업기술의 창출, 기술제품의 의장, 그런 제품의 동일성을 나타내는 상표에 대한 법적 보호가 주어지는 지적재산권으로 특허권, 실용신안권,[4] 상표권,[5] 의장권[6]으로 나누어진다. 특허는 크게 물질특허, 제법특허, 용도특허로 나누어지는데, 물질특허는 신물질의 발명에, 제법특허는 새로운 제조기술에, 용도특허는 새로운 용도개발에 주어지는 배타적인 지배권이다.

(2) 저작권

저작권은 사람의 학술, 문예, 미술 혹은 음악상의 사상이나 감정의 창작적인 표현을 보호하는 권리이다. 예를 들면 학술서, 사상서, 각종 설계서, 광고문안, 도면, 컴퓨터 프로그램 등은 사람의 학술적 사상을 창작적으로 표현한 저작물이며, 사진, 필름, 회화, 조각, 악보, 음반, 테이프나 CD 등은 사람의 사상 혹은 감정을 창작적으로 표현한 저작물이다. 저작권자는 자신이 창작한 저작물에 대한 공표, 출판, 번역, 복제, 공연, 방송, 연주, 전시 등의 권한을 독점적으로 가지며 저작권 존속기간 동안 저작권자는 저작물에 대한 독점적·배타적 권리를 누리게 된다.

(3) 신지적재산권

신지적재산권은 그 성질에 따라 산업적 저작권, 첨단산업 재산권과 정보재산권으로 크게 나눌 수 있다. 산업저작권은 산업재산권과 저작권의 복합어로서 창작의 방법과 내용에 있어서는 저작권적 성격이 강하지만 산업재산권과 같이 산업적 활용이 주요기능인 지적산물에 대한 재산권을 말한다. 그 예로는 컴퓨터 프로그램과 반도체 집적회로 배치설계를 들

---

4) 특허에 비하여 상대적으로 작은 발명에 주어지는 것으로 주로 상품의 형태 또는 구조, 조합에 관한 기술적 창작에 대하여 인정되는 지배권을 말한다.

5) 어떤 상품을 타 상품과 구별하기 위하여 사용된 문자, 도형, 기호, 색체 등의 결합으로 표현된 상징에 대한 독점적 사용권을 말한다. 상표권은 타 재산권과 달리 어떠한 상징을 선택하여 등록함으로써 그 상징의 배타적 사용권을 취득하는 점이 특이하다.

6) 상품의 새롭고 독창적인 모양이나 형태 등 외관의 전체적인 효과를 그 독점적 지배의 대상으로 하는 권리로서 특정상품의 제조 방법 또는 물질 자체에 대한 것이 아니라는 점에서 특허와는 구별된다.

수 있다. 예를 들면, 컴퓨터 프로그램은 기계언어로 쓰인 논리체계를 쉽게 복제가 가능한 저작물과 같은 성격을 띠고 있으나 그 용도는 하드웨어를 움직이게 하는 산업적 활용에 있다. 첨단산업 재산권은 첨단기술에 의해 탄생된 신기술(BT, IT 등)에 관한 것이다. 유전공학, 정보산업 또는 반도체 집적회로 설계권 등 첨단기술의 보호와 관련된다. 정보산업권은 상품의 제조, 판매, 영업, 기획 분야에서 상품화될 수 있는 정보와 이의 전달 수단에 관한 권리이다. 영업비밀, 데이터베이스, 멀티미디어 등이 이에 속한다.

지식재산권체계		
산업재산권	특허	기술적 창작인 원천 핵심기술(대발명)
	실용신안	Life-cycle이 짧고 실용적인 주변개량기술(소발명)
	디자인	심미감을 느낄 수 있는 물품의 형상이나 모양
	상표	타 상품과 식별할 수 있는 기호, 문자, 도형
저작권	협의의 저작권	문학 예술분야 창작물
	저작인접권	실연가, 음반제작자, 방송사업자의 권리
신지식재산권	산업저작권	컴퓨터 프로그램, 데이터베이스, 디지털콘텐츠
	첨단산업 재산권	반도체 배치설계, 생명공학, 인공지능, 인터넷 사업방법
	정보재산권	영업비밀, 멀티미디어
	신 상표권 의장권 등	캐릭터, 트레이드 드레스(Trade dress), 프랜차이징, 퍼블리시티권(Publicity), 지리적 표시, 인터넷 도메인 네임, 새로운 상표(색채상표, 입체상표, 소리, 냄새상표 등)

〈그림 12-1〉 지적재산권 구성도

2. 지적재산권의 국제적 보호의 배경 및 그 필요성

1) 지적재산권의 국제적 보호의 배경

지적재산권은 기술개발의욕 자극을 위해 새로운 물건이나 사상 등의 창작자에게 일종의 배타적 독점권을 부여한 것으로서 1980년대 이후 국제적 관심이 고조되기 시작하였다. 특히, 두 차례의 석유파동 이후 기술이 국제 경쟁력의 주요 결정요인으로 등장하던 시기에 한국을 비롯한 개도국들이 선진국의 기술을 모방하여 첨단기술제품 분야에서 경쟁적 우위를 확보하자 자신들의 경쟁력 확보를 위해 선진국들이 자신들의 통상교섭력을 바탕으로 GATT/UR(우루과이라운드) 등 국제적 협상을 통해 지적재산권 보호문제를 통상문제로 확대시킨 것이다(송하성, 2000). 이러한 배경은 미국정책의 변화와 맥을 같이한다. 미국은 레이건 행정부 이후 지적재산권 보호가 미국 산업의 경쟁력 강화와 직결된다는 인식을 하고 지적재산권 보호가 미흡하다고 생각하는 국가들을 상대로 양자 협상을 통한 보호압력도 병행하였다.[7)]

2) 지적재산권의 국제적 보호의 필요성

인간은 창작물의 생산을 통해 자신의 노력과 창의를 드러낸다. 이러한 인간의 의식은 교육과 문화, 예술, 기술과 산업 등 여러 방면에 걸쳐 교류, 확산되는 과정을 밟는다. 창작물을 통한 인간의 의식 향상은 과거와 현재를 넘나들 뿐만 아니라 국경의 구애도 받지 않는다. 인간의 창작물이 어느 국가에서 충분히 보호된다고 하더라도 다른 국가에서 보호되지 않거나 보호가 충분하지 않다면 창작자는 자신의 창작물로부터 나오는 인격적・재산적 권리를 부당하게 침해받게 된다. 지적재산권 보호의 근본취지는 창작물의 생산 장소가 어디냐 또는 창작자의 의도가 무엇이냐를 불문하고, 그의 창작적 노력에 대한 대가를 부여하자는 데 있다. 이런 점에서 지적재산권의 국제화 내지 국제적 보호 필요성이 존재한다. 현대 사회에서의 교통과 통신의 발전에 비추어 볼 때 지적재산권 보호는 종래의 경우에 비해서 보다 절실하게 요청된다.

오늘날 새로운 의약품을 개발하는 데는 약 10년 동안 5천만 달러의 비용이 든다고 한다. 그러나 이들 제품을 모방하는 데는 최초 개발자가 들인 노력의 1,000분의 1 또는 10,000분의 1 이하의 비용으로도 충분할 것이다. 따라서 이러한 상태를 용인하면 어느 누구도 위험부담을 무릅쓰고 신약 개발에 몰두하지 않을 것이다. 이런 상황이 발생하면 그 어떤 발전도 기대하기 어려울 것이다. 그러므로 이러한 면에서 지적재산권 제도는 의미가 있다고 할 것이다.[8)]

---

7) 미국은 1988년 종합무역법을 제정하면서 1974년 무역법을 개정하여 미국의 통상 압력과 제재가 지적재산권의 불완전한 보호에 의거해 행사될 수 있는 근거를 마련했다. 이 조항은 1974년 무역법 제301조와의 관계를 고려해 이른바 슈퍼 301조라고 했다. 미국은 이 규정에 따라 1991년 4월 중국을 우선협상대상국으로 지정했다. 지적재산권의 보호에 대한 불만이 전반적인 무역 제재로 연결될 수 있다는 점은 미국이 지적재산권 보호에 얼마나 집착하고 있는지를 말해준다. 중국은 1991년 5월 24일 컴퓨터 소프트웨어의 보호에 관한 규정을, 그리고 같은 해 6월 1일의 저작권법 시행에 맞추어 5월 31일 시행조례를 각각 채택했다. 1992년 초에는 미국과 지적재산권 보호에 관한 양해각서에 서명했다. 이 양해각서에서 합의한 바대로 1992년 7월 24일 세계저작권협약과 베른협약에 가입서를 기탁해 같은 해 10월에 이들 협약의 당사국이 되었고, 1992년 9월 4일에는 특허법을, 1993년 2월 22일에는 상표법을 개정했으며, 1993년 9월 2일에는 부정경쟁방지법을 제정했다.

8) 참고로, 영업표지보호는 영업자가 장기간에 걸쳐 쌓아올린 신용이 타인의 영업표지 모방으로 훼손되는 것을 막고, 또한 소비자가 의도하지 않은 상품을 사게 됨으로써 피해를 입는 것을 막기 위함이다. 결국, 영업표지의 독점적 사용을 허용하는 것은 영업자는 물론 소비자에게도 이익이 되며 이를 통해 산

3. 우리나라의 지적재산권 실태와 이해득실

1) 우리나라의 지적재산권 실태

지적재산권제도는 기술보호법으로서, 특허법, 실용신안법, 산업디자인 보호법으로서의 디자인보호법, 영업상 사용되는 각종의 표지에 대한 보호법으로서 상표법, 상법 중 상호에 관한 부분, 부정경쟁방지 및 영업비밀보호에 관한 법률 등 이른바 산업재산권제도와 학문, 예술상의 창작물에 관한 보호법인 저작권법(컴퓨터프로그램보호법 포함)으로 대별된다. 이른바 신지적재산권으로 불리는 반도체집적회로의 배치설계에 관한 법률은 특허법과 저작권법의 중간영역에 있다.

우리나라의 지적재산권과 관련된 주요조약 내용을 살펴보면 다음과 같다.

〈표 12-1〉 지적재산권 관련 대한민국 발효 조약 현황[9)]

발효일	조약명	체결일
2009.03.18.	세계지적재산기구 실연 및 음반 조약(WPPT)	1996.12.20.
2009.03.18.	실연자, 음반제작자 및 방송사업자의 보호를 위한 국제협약(로마협약, 인접권협약)	1961.10.26.
2004.06.24.	세계지적재산권기구 저작권 조약(WCT)	1996.12.20.
2003.04.10.	표장의 국제등록에 관한 마드리드협정에 대한 의정서	1989.06.27.
2003.02.25.	상표법조약	1994.10.27.
1999.10.08.	국제특허분류에 관한 스트라스부르그 협정	1971.03.24.
1999.01.08.	표장의 등록을 위한 상품 및 서비스의 국제분류에 관한 니스협정	1957.06.15.
1996.08.21.	문학·예술적 저작물의 보호를 위한 베른협약(1971년 파리개정)	1886.09.09.
1995.01.01.	세계무역기구설립을 위한 마라케쉬협정(WTO) 부속서: 무역관련 지적재산권에 관한 협정(TRIPs)	1994.04.15.
1988.03.28.	특허절차상 미생물 기탁의 국제적 승인에 관한 부다페스트 조약	1977.04.28.
1987.10.10.	음반의 무단 복제로부터 음반제작자를 보호하기 위한 협약(레코드협약)	1971.10.29.
1987.10.01.	세계저작권협약(UCC) (1971년 파리개정)	1952.09.06.
1984.08.10.	특허협력조약(PCT)	1970.06.19.
1980.05.04.	공업소유권의 보호를 위한 파리 협약	1883.03.20.
1979.03.01.	세계지적소유권기구 설립협약(WIPO)	1967.07.14.

업질서가 유지된다.

9) 한국이 20년 만에 처음으로 미국이 지정하는 '지적재산권 감시대상국'에서 탈피한다. 문화체육관광부는 "미국무역대표부가 '2009년 스페셜 301조 보고서'에서 한국을 지적재산권 감시국에서 제외했다."고 밝혔다. 미국의 지적재산권 감시제도는 매년 4월 말까지 각국 지재권 보호수준을 평가해 그 수준이 미흡한 나라들을 '우선협상대상국', '우선감시대상국', '감시대상국'의 3개 그룹으로 분류하는 걸 이른다. 지

2) 이해득실

지적재산권의 보호의 강화는 단기적으로는 기술 대가의 상승 등 부정적인 효과가 발생하지만, 중장기적으로는 선진국의 기술공개 여하에 따라 기술의 공개로 기술이전 및 발명창작이 촉진될 수 있다. 또한 우리나라가 기술수출국이 되었을 때 지적재산권 보호주장에 대한 명분을 갖게 된다.

국내 첨단산업의 기술수준을 살펴보면, 최종제품의 조립기술은 선진국에 접근된 상태이나 가공기술은 이에 미치지 못하는 수준에 머물고 있으며, 제품의 설계기술은 크게 뒤떨어지는 상황이다. 또한 21세기에는 첨단제품의 세계시장 무역비중이 60%까지 확대될 것이라는 전망을 고려할 때, 첨단제품의 원천기술 또는 개량기술의 개발 없이는 막대한 로열티를 지불해가면서 만든 상품은 동일 제품에 비해 경쟁력이 없을뿐더러, 특허기술이 지배하는 21세기에서 국제경쟁력을 확보하기가 곤란하게 될 것이다. 더구나 최근 기술에 대한 시장가치는 독점적인 특허권자가 부르는 게 값일 정도로 제한 없이 상승일로에 있다(송하성, 2000).

4. 지적재산권 보호에 관한 국제협약의 기본원칙

지적재산권 제도의 기본원리를 살펴보면 다음과 같다. 특정 정보에 대하여 일정의 독점적·배타적 권리를 일정기간 그 창작자에게 부여하여 문화 내지 산업발전을 꾀하고자 하였던 지적재산권제도는 창작자 보호를 제1의 목표로 한다. 정보 창작자를 법적으로 보호하는 것이 그들로 하여금 새로운 창작을 일구어내도록 유인할 수 있기 때문이며, 이러한 독점적·배타적인 권리부여라는 강력한 법적 보호에 의하여 그 창작의 대가 등 창작의 동인을 얻게 된 창작자가 새로운 정보를 만들어내게끔 하는 방식은 지금까지 나타난 발명 중에서 가장 위대한 것으로 평가되기도 한다.

그렇다고 지적재산권제도가 정보 창작자를 무한정 보호하지는 않는다. 정보의 이용촉진책을 마련하여 문화 내지 산업발전을 꾀하도록 하고 있는 것이 지적재산권제도의 또 다른 한 면이다. 일정기간만 보호하도록 하는 권리의 보호기간(존속기간)제도는 지적재산권제도가 취하는 예의 대표적인 것이다.

재권 침해우려가 가장 높은 '우선협상대상국'은 무역보복 조치도 받을 수 있다. 한국은 1989년 이후 20년간 '우선감시대상국' 또는 '감시대상국'으로 분류돼 왔다(머니투데이, 2009. 5. 1. 참조).

이렇듯 지적재산권제도는 창작자 보호와 정보의 이용촉진책을 제도화함으로써 궁극적으로 문화 내지 산업발전이라는 목적을 추구한다. 창작자 보호와 이용촉진을 양축으로 정보의 확대재생산을 도모함으로써 문화 내지 산업발전을 추구하는 지적재산권제도의 근본 취지이다.

1) 보호의 요건: 연결점

(1) 파리협약과 베른협약 규정

지적재산권의 국제적 보호라고 해서 외국인의 창작물이 무조건 보호를 받는 것은 아니다. 일정한 기준을 충족한 경우에 한하여 협약상의 보호를 향유하게 된다. 그 기준이 곧 연결점이다. 연결점은 창작자(발명자, 저작자 등) 또는 창작물(발명, 저작물 등)을 특정 국가에 연결시켜 그 국가의 협약 관계를 통해 지적재산권 보호를 국제적으로 확보하는 기능을 하는 것이다. 파리협약은 제2조[10]와 제3조[11]를 통해 국적, 주소 및 영업소를 연결점으로 삼았고, 베른협약은 제3조[12]를 통해 국적, 발행 및 상시거소를 연결점으로 삼았다.

베른협약의 원래 명칭은 '문화적 및 예술적 저작물의 보호에 관한 베른협약'으로 저작권법의 국제적인 보호를 목적으로 체결된 협약이다. 이 협약은 문학적 및 예술적 저작물에 대하여 저작자의 권리를 보호하기 위하여 1886년 9월 9일 스위스 베른에서 국제회의를 개최하였으며 스위스, 독일, 벨기에, 스페인, 프랑스, 이탈리아, 영국, 아이티, 라이베리아, 튀니지 등 10개국에 의하여 처음 협약되었다.

베른협약은 일반적인 성격의 조문으로 저작권 보호를 위하여 저작물을 임의로 복제할 수 없음을 규정하고 있으며, 이러한 저작권에 대한 제한에 대한 규정을 별도로 규정하고 있다. 즉 제9조 제2항에서 "특별한 경우에 있어서 그러한 저작물의 복제를 허용하는 것은 동맹국의 입법에 맡긴다. 다만 그러한 복제는 저작물의 통상적인 이용과 충돌하지 아니하여야 하며 저작자의 합법적인 이익을 부당하게 해치지 아니하여야 한다."고 규정하고 있으며, 제19조에서는 저작권에 대한 제한으로서 "이미 적법하게 공중에 제공된 저작물을 이용하는 것은 허용된다. 다만, 그 이용이 공정한 관행에 합치되고 또한 목적상 정당한 범위

10) 파리협약 제2조 "동맹국 국민은 다른 모든 동맹국에서 산업재산권의 보호에 관하여 본 협약에서 특별히 정하는 권리를 침해하지 아니하고 각 동맹국의 법령이 내국민에 대하여 현재 부여하고 있거나 또한 장래에 부여할 이익을 향유한다."

11) 파리협약 제3조 "비동맹국의 국민으로서 어느 동맹국의 영역 내에 주소 또는 진정하고 실효적인 산업상 또는 상업상의 영업소를 가진 사람은 동맹국의 국민과 같이 취급된다."

12) 베른협약 제3조 "이 협약상의 보호는 다음에 적용된다. 제1항(a) 동맹국 국민인 저작자, 제1항(b) 동맹국 국민이 아닌 경우 동맹국에서의 최초 발행 또는 동맹국과 비동맹국에서의 동시 발행된 저작물의 저작자, 제2항 비동맹국 국민인 경우 동맹국에 상시거소를 가지는 저작자."

내에서 행해져야 한다."고 규정하여 일정한 요건하에서 저작물의 공정한 이용을 보장하고 있다.

(2) 세계 저작권협약

세계 저작권협약은 스위스의 제네바에서 1952년 9월 6일 체결된 것으로 '저작권 보호에 관한 국제협약'을 말하며 유네스코협약이라고도 한다. 세계 저작권협약은 저작권에 관한 무방식주의와 방식주의에서 오는 불편함을 해소하기 위하여 채택되었다. 즉 유럽, 아시아, 아프리카의 대부분 국가가 가입국인 베른협약의 무방식주의와 미국 및 라틴아메리카의 대부분 국가가 가입국인 범미협약의 방식주의로 나뉘어 있었다. 유네스코는 양 협약을 통일하는 대신에 방식주의를 완화하여 방식주의 국가에서 요구하는 방식을 'ⓒ표시'를 하는 것으로 간략히 하고 이것으로써 갈음하고 베른협약과 같은 실체 규정을 두지 아니하고 체약국의 국내법에 입법을 위임하였다.

세계저작권협약은 공정이용과 관련한 명시적 규정은 두고 있지 않으며 제4조 제2항에서 "각 체약국은 자국의 국내법으로 제1항에서 규정한 권리에 대해 본 협약의 정신과 규정에 반하지 아니하는 예외를 정할 수 있다. 다만, 국내 법령으로 이러한 예외를 정하고자 하는 체약국은 예외로 규정된 각 권리에 대하여 합리적 수준의 효과적인 보호를 해야 한다."고 규정하고 있다.

세계 지적재산권기구(WIPO) 저작권 조약(WCT)은 기존 저작권관련 협약의 미비점을 보완하고 디지털 기술의 국제적인 법적 보호를 위하여 1996년 12월 성립되었다. 이 조약도 베른협약 제1조 내지 제21조 및 부속서를 적용하도록 하고 있으며 제10조 제1항 및 제2항에서 "체약 당사자는 저작물의 통상적인 이용과 충돌하지 아니하고 저작자의 합법적인 이익을 부당하게 해치지 아니하는 특별한 경우에는 이 조약에서 저작자에게 부여한 권리에 대한 제한과 예외를 규정할 수 있다."고 규정하고 있다.

(3) WIPO 실연·음반 조약

WIPO 실연・음반조약 제16조 제1항 및 제2항은 "체약 당사자는 실연자와 음반제작자의 보호에 관하여 실연이나 음반의 통상적인 이용과 충돌하지 아니하고 실연자나 음반제작자의 합법적인 이익을 부당하게 해치지 아니하는 경우에는 저작권에 대하여 규정한 바와 같은 제한이나 예외를 규정할 수 있다."고 규정하고 있다.

2) 무차별 원칙: 내국민대우와 최혜국대우의 원칙

(1) 내국민대우의 원칙

첫째, 원칙은 다음과 같다.

지적재산권관련 국제협약에서는 모두 내국민대우의 원칙에 따라 외국인의 창작물을 보호하고 있다. 즉 파리협약 제2조 제1항에 의하면, "동맹국 국민은 다른 모든 동맹국에서 산업재산군의 보호에 관하여, 이 협약에서 특별히 규정하는 권리를 해치지 아니하는 한, 각 동맹국의 법률이 내국민에 대하여 현재 부여하거나 장래에 부여할 이익을 향유한다. 따라서 동맹국의 국민은 내국민에게 부과하는 조건 및 방식에 따를 것을 조건으로 내국민과 동일한 보호를 받으며, 또한 권리의 침해에 대하여 내국민과 동일한 법률상의 구제를 받는다", 베른협약 제5조 1항에서는 "저작자는 이 협약에 따라 보호되는 저작물에 관하여, 본국 이외의 동맹국에서 각 법률이 현재 또는 장래에 자국민에게 부여하는 권리 및 이 협약이 특별히 부여하는 권리를 향유한다."고 하고 있다. 또한 TRIPS협정 제3조 1항에서는 "각 회원국은…… 지적재산권의 보호에 관하여 자국 국민보다 불리한 대우를 다른 회원국의 국민에게 부여할 수 없다."고 하고 있다.

둘째, 예외는 다음과 같다.

내국민대우의 원칙이 협약상 무조건적으로 인정되는 것은 아니다. 파리협약 제2조 3항에서는 "사법상 또는 행정상의 절차, 재판관할권 및 산업재산권에 관한 법률에서 요구될 수 있는 송달 주소의 지정 또는 대리인의 선임에 대하여는 각 동맹국의 법률 규정에 명시적으로 유보된다."고 해서 각국이 절차, 재판관할권 등 내국민대우의 구체적 적용을 위한 조건을 정할 수 있도록 하고 있다. 대표적인 예외로서, 다른 동맹국 국민에 대한 차별로서는 대륙법계 국가에서 인정되는 소송비용의 담보제도가 있다.[13)]

(2) 최혜국대우의 원칙

첫째, 원칙은 다음과 같다.

TRIPS 협정(Agreement Trade-Related Aspects of Intellectual Property Rights, 무역관련 지적재산권에 관한 협정)은 내국민대우에 더해 최혜국대우의 원칙까지 표명하고 있다. 이 원칙은 지적재산권 분야에서는 생소한 것이다. 이전까지 모든 지적재산권관련 협약에서

---

13) 대한민국 민사소송법 제107조 1항에 의하면 "원고가 대한민국에 주소, 사무소와 영업소를 두지 아니한 때에는 법원은 피고의 신청에 의하여 소송비용의 담보를 제공할 것을 원고에게 명하여야 한다."라고 하고, 제114조 1항에서는 "원고가 담보를 제공할 기간 내에 제공하지 아니하는 때에는 법원은 변론 없이 판결로 소를 각하할 수 있다."라고 하고 있다.

는 최혜국대우의 원칙을 정한 바도 없다. 이것은 내국민대우와 '최소한의 보호'의 원칙만으로 지적재산권의 국제적 보호는 충분하다고 보았기 때문이다. 최혜국대우는 더 나은 조건을 어느 국가나 그 국가 국민에게 제공한 경우 그 조건은 그대로 다른 국가나 그 국가 국민에 대해서도 인정하는 것이라 할 수 있다. 이는 국가 간의 교역에 차별을 두지 않기 때문에 비교우위의 원리가 정상적으로 작동하여 시장의 왜곡을 억제하게 되고, 일부 국가의 높은 보호수준은 결국 다수 국가의 보호수준을 연쇄적으로 높이게 된다.

둘째, 예외는 다음과 같다.

사법공조에 관한 국제협정상의 의무는 최혜국대우의 원칙을 적용하지 않는다. 이러한 조약은 양자적인 것이므로 TRIPS 협정에서 다룰 문제가 아니기 때문이다. 또한 내국민대우의 원칙이 적용되지 않는 기존 베른협약이나 로마협약의 이익 등이 다른 국가에 제공되는 경우 최혜국대우 원칙의 예외가 된다. 이러한 예로는 베른협약에서 개발도상국 특례규정상 개발도상국에게 부여되는 강제허락 제도[14]가 있다. 그리고 WTO 설립협정 전에 체결된 지적재산권관련 국제조약으로서 이러한 조약이 다른 회원국 국민을 자의적으로 또는 불합리하게 차별하지 않는 한 최혜국대우 원칙 적용의 예외가 된다. 이 조약은 TRIPS 이사회에 통지하여야 한다.

TRIPS 협정은 무역관련 지적재산권 협정의 약칭으로 세계무역기구를 설립하는 마라케시협정(일명 세계무역기구협정)의 부속협정인 다자간 무역협정의 하나로 지적재산권에 대한 국제조약이다. 이 협정은 저작권과 저작인접권을 비롯하여 특허, 상표, 의장 등 지적재산권 전반적인 내용을 규정하고 있다.

이 협정은 저작권의 제반 내용에 대하여 베른협약 제1조 내지 제21조 및 부속에서의 내용을 적용하도록 하고 있으며, 제13조에서 "회원국은 배타적 권리에 대한 제한 또는 예외를 저작물의 통상적인 이용과 충돌하지 아니하고 권리자의 합법적인 이익을 부당하게 해치지 아니하는 일부 특별한 경우로 한정한다."고 규정하고 있다. 다만, 베른협약과 달리 제한되는 권리를 한정하지 않고 있다.

3) 최소한의 보호 원칙

최소한의 보호 원칙은 지적재산권의 보호대상, 권리의 종류 및 내용, 권리의 제한 및 예

14) 저작물은 선진국에서 주로 창작되는 반면, 개발도상국은 이러한 저작물을 주로 소비하는 것이 보통이다. 따라서 개발도상국에 대해서 과도한 거래 비용과 사용료 지급을 요구하는 경우 저작권 보호가 학문과 예술의 발전에 장애로 작용할 수 있다. 이러한 개발도상국의 요구에 따라, 베른협약은 복제와 번역에 한정해 저작자의 권리를 제한할 수 있도록 하고 있다.

외, 보호기간 등에 관한 원칙이다. 이는 사인 간의 권리·의무에 작용하는 것으로서, 협약상 실체 규정의 대부분을 차지하고 있다. 국제조약에서 내국민대우를 인정했다고 해서 외국인의 권리보호가 충분한 것은 아니다. 내국민대우의 원칙이 국제규범으로서 지니는 의미 외에, 사인의 권리·의무에 직접 구체적으로 작용하기 위해서는 다른 원리가 작용하여야 한다. 왜냐하면 보호국가의 국내법이 내국인의 권리에 대해서도 충분한 보호를 부여하지 않거나 부여한다고 하더라도 이를 시행할 행정능력이 갖추어지지 않은 경우가 적지 않기 때문이다.

지적재산권 관련 국제협약에서는 이 점을 염두에 두고 '협약상의 최소한' 또는 '최소한의 보호' 규정을 두고 있다. 지적재산권의 직접적인 보호를 염두에 둔 협약마다 이러한 실체 규정을 두고 있다. 이러한 협약 규정은 국가 간의 협약에서는 자주 볼 수 없는 것으로, 내국민대우의 원칙과 더불어 지적재산권관련 협약의 또 다른 특징이라고 할 수 있다. 이러한 점에서 최소한의 보호의 원칙은 내국민대우의 원칙을 보충한다.

4) 섭외사법에 관한 원칙: 준거법의 결정

(1) 속지주의 원칙

지적재산권 조약은 '속지주의 원칙'을 근간으로 하고 있다. 구체적 예로서 베른조약의 동맹국인 X국 국민의 저작물에 관하여 같은 동맹국인 Y국에서는 동일저작물에 대해서 Y국의 법을 적용하는 것을 속지주의 원칙이라 한다. Y국에서 X국의 저작권법을 적용하거나 반대로 X국에서 Y국의 법을 적용하면 주권문제가 제기될 수 있다. 국제조약에 따라 각 동맹국들의 국내법의 구속력이 국제적 범위로 확대되는 것은 아니다.

(2) 보호국법주의 원칙

지적재산권의 보호를 요구하거나 보호가 문제되고 있는 법 정지를 보호국이라고 하며 그 나라의 법을 보호국법이라고 한다. 예컨대, X국과 Y국 모두 동일 조약의 당사국이고, 저작물의 본국인 X국이 저작물에 관하여 Y국의 법정에서 저작권의 보호를 주장하고 있는 경우 Y국의 법을 보호국법이라고 한다. 위의 예에서 보호국인 Y국법을 적용하는 것은 속지주의 원칙을 따른 것이다. 즉 '보호국법주의'는 속지주의 원칙의 논리적 귀결이라 할 수 있다.

5. 사례

1) 사례 1

서울중앙지법 2007.8.30. 선고 2006가합53066 판결【도메인이전결정취소등】: 확정 'Myspace' 도메인이름 사건. [각공 2007.10.10. (50), 2150]

(1) 사실관계

피고는 'MySpace.Inc'라는 상호의 미국 법인[15]으로 1996년 도메인 'Myspace.com'을 등록하고, 2003년 'www.myspace.com'을 개설하였으며, 2004년 'MYSPACE'를 미국특허상표청에 등록하였다.

우리나라 법인인 원고[16]는 피고의 도메인 이름을 이용하여 유사한 형태의 도메인 이름을 등록한 로드릭슨으로부터 'myspce.com'이라는 도메인 이름을 미화 22,000달러에 매수하여 도메인이름을 (주)사이덴터티(도메인이름등록기관)에 등록하였고, 이 사건 소송 계속 중 'myspce.com' 이름을 이용하여 웹사이트 'www.myspce.com'를 개설하였다.

이에 피고는 2006년 4월 7일 미국의 국가중재위원회에 원고를 상대로 하여 그 도메인이름을 피고에게 이전등록을 명하여 줄 것을 요구하는 분쟁처리신청을 하였다. 미국의 국가중재위원회는 원고에 대하여 그 도메인 이름을 피고에게 이전하라는 내용의 결정을 하였고, 원고는 이에 불복하여 서울중앙지법에 소를 제기하였다.

(2) 미국 국가중재위원회의 결정

원고의 도메인 이름이 피고의 상표에서 모음인 'a'자만이 빠진 것으로서 피고의 상표와 혼동을 일으킬 정도로 유사하고, 원고가 피고의 상표를 잘못 입력한 인터넷 사용자들을 원고의 웹사이트로 유인하고자 할 목적으로 그러한 도메인 이름을 보유하고 있으므로 원고에게는 그 도메인 이름에 관한 정당한 권리 내지 이익이 없고, 악의가 인정된다는 이유로 원고에 대하여 그 도메인 이름을 피고에게 이전하라는 결정을 내렸다.

---

15) 피고는 미국 법인으로서 웹사이트를 운영하면서 이용자들의 친교 공간과 대화방의 운영과 같은 인적 네트워킹 서비스나 각종 정보제공 검색 서비스, 음악 서비스 등을 제공하고 있다. 전 세계적으로 1억 3,000만 명 이상이 회원으로 가입되어 있고, 우리나라의 회원은 3만 명을 초과하고 있다.

16) 원고는 이 사건 도메인이름(myspce.com)으로 원고가 운영하는 다른 웹사이트로 연결되어 서비스가 되도록 도메인 포워딩(forwarding)을 시켜 놓았다. 그 카테고리를 검색하면 인터넷상에서의 이용자들 사이의 만남이나 대화를 주선하거나 음악 서비스 등을 제공하는 또 다른 개별 웹사이트로 링크되도록 설정되어 있었으며 그 링크된 웹사이트 중에는 속칭 음란사이트도 포함되었다.

(3) 서울지방법원의 판결

우리나라는 상표권에 관해서 속지주의의 원칙을 채용하고 있고, 그에 따르면 각국의 상표권은 해당국의 영역 내에서만 효력을 가진다. 또한, 우리나라와 미국 사이에서 서로 상대국의 상표권의 효력을 자국에 있어서도 인정하여야 하는 내용을 정한 조약도 존재하지 않으므로, 미국 ACPA[17]를 적용하지는 않는다. 따라서 우리나라의 부정경쟁방지법에 따라 원고의 이 사건 도메인이름의 사용이 피고에 대하여 부정경쟁행위에 해당하는지를 살펴보아야 한다.

부정경쟁방지법 제2조 제1호 (아)목은 정당한 권원이 없는 자가 상업적 이익을 얻을 목적으로 국내에 널리 인식된 타인의 성명, 상호, 상표, 그 밖의 표지와 동일하거나 유사한 도메인이름을 등록・보유・이전 또는 사용하는 행위를 부당경쟁행위로 규정하고 있는 바, 피고의 'Myspace'는 부정경쟁방지법 제2조 제1호 (아)목에 정해진 '타인의 표지'에 해당하고, 'myspce' 부분과 'Myspace'를 비교하여 보면 서로 유사하며, 원고에게 피고의 도메인이름을 입력하려다가 일부 철자를 잘못 입력한 인터넷 이용자들을 원고가 운영하는 웹사이트로 유인하여 그 유인된 이용자들에게 피고와 유사한 인터넷 서비스를 제공하고 피고의 신용을 손상시킬 수 있는 웹사이트로 연결되도록 함으로써 원고가 적극적으로 재산상 이익을 얻음은 물론 피고에게 유형・무형의 손해를 가하여 반사적으로 이익을 얻고자 하는 목적이 있었다고 추인할 수 있다. 따라서 원고는 피고에 대하여 이 사건 도메인이름을 사용하지 않을 의무가 있다. 그러나 부정경쟁방지법상 부정경쟁행위 금지의 효과로서 그 도메인이름의 등록말소에 갈음하여 부정경쟁행위자가 가진 도메인이름을 자기에게 이전할 것을 청구할 수 있는 도메인이름의 등록이전청구권을 가진다고까지 해석할 수는 없다.

2) 사례 2－삼성전자와 일본 샤프 간 특허권 분쟁[18]

삼성전자와 일본 샤프 간 특허권 분쟁에서 삼성전자가 승리한 사례이다. 삼성전자가 일본 샤프와의 액정표시장치(LCD) 특허권 분쟁에서 패소 판결을 받았지만 이는 오히려 삼성이 승리한 것이라고 파이낸셜 타임스(FT)가 11일 평가했다. 미 국제무역위원회(ITC)는 전날 삼성전자와 샤프 간의 특허권 소송에서 삼성에 패소 판결을 해 삼성이 앞으로 미국 시

---

17) 미국 반사이버스쿼팅 소비자보호법(Anticybersquatting Consumer Protection Act, ACPA): 소비자사기, 전자상거래 침해, 상표권자의 수입 감소 또는 소비자신용 감소 등(제2조)으로 이어지는 불법 도메인선점행위(cybersquatting)에 대하여, 권리침해에 대한 회복조치로서 1,000달러 이상 10만 달러 이하의 범위 내에서 법원이 적절하다고 생각하는 금액을 법정 손해액으로서 청구할 수 있다.

18) 머니투데이, 2009. 11. 11.

장에서 LCD TV와 컴퓨터 모니터를 팔 수 없을 것이라는 우려를 낳았다. FT는 이날 '월드뷰' 논평에서 삼성의 패소 판결과 관련, 삼성의 패배는 패배가 아니라며 "이번 특허 분쟁은 한국 삼성전자가 일본 경쟁사들과의 전쟁에서 어떻게 철저하게 승리하는지를 보여주는 좋은 예가 될 것"이라고 밝혔다. FT는 우선 ITC의 특허 침해 판결이 삼성전자에 미치는 직접적 영향은 제한적이라고 진단했다. 특히 삼성전자는 특허를 침해하지 않은 형태로 설계를 바꿔 제품을 생산할 수 있는 차선책을 갖고 있다고 지적했다. 그리고 통상의 특허 분쟁은 막판에 가서는 지적재산권에 대한 상호 라이선싱 협약을 맺는 것으로 끝을 맺지, 수출 금지 등 파국으로 끝나는 경우는 거의 없다고 말했다. FT는 삼성전자가 ITC 특허권 분쟁에서 '베테랑'인 점도 부각했다. 최근 ITC 웹사이트에 올라온 30개 소송 가운데 삼성전자 이름이 피고로 오른 것은 5개나 된다. 그리고 삼성전자가 제소한 것도 몇 개가 있다. 삼성전자가 특허권 분쟁에 매우 익숙하다는 것을 보여주는 예다.

FT는 가격경쟁을 할 수 없을 때 경쟁사들이 꼬투리를 잡는 것이 바로 특허 소송이라며 이 같은 전략은 삼성전자가 싸구려 물품을 만들 때에만 가능한 것이라고 밝혔다. 삼성전자가 강력한 독자 기술력을 갖추고 있다는 점을 높이 평가한 것이다

3) 사례 3-한국 피죤과 일본 피죤 간 상표권 분쟁[19)]

한국 피죤과 상표권 분쟁을 벌이고 있는 일본 피죤이 '한국 피죤의 주장은 사실이 아니다'며 법적 대응에 나서겠다고 밝혔다. 일본 피죤은 10일 법무법인 태평양을 통해 배포한 보도자료에서 "한국 피죤과의 대리점 계약해지와 관련한 보도에는 사실에 반하는 내용과 근거 없이 일본 피죤을 일방적으로 폄훼하는 내용이 많이 들어 있다"라며 "법적인 대응조치를 취해 한국 소비자들에게 진실을 알리겠다"라고 밝혔다.

일본 피죤은 "한국 피죤과 맺은 대리점계약 및 상표사용계약은 지역적 범위가 한국 내로 한정돼 있어 이외의 국가에서 상호협력관계는 존재하지 않는다"라며 "따라서 중국 등 해외에서 일본 피죤의 상표출원 및 등록은 비즈니스 판단에 따라 이뤄진 사업영역의 범위에 속하는 것으로 한국 피죤과는 무관하다"라고 주장했다. 또 한국 피죤이 해외에서 'PIGEON' 상표를 사용할 경우 로열티를 지급할 것을 요구했다는 주장에 대해서도 "그런 사실이 없다"라고 반박했다. 일본 피죤은 이어 "합작법인을 설립해 한국 비즈니스를 더 적극적으로 추진하자는 논의가 오고 간 것은 사실이나 한국 피죤이 합작법인 설립을 먼저 제안했음에도 협상 진행 도중에 일방적으로 대화를 단절했다"라며 "지금까지 한국에서의 사업 진행과정에

19) 파이낸셜 뉴스, 2009. 11. 11.

서 한 번도 부도덕하거나 신뢰를 해치는 행위를 한 바 없다"라고 강조했다.

이에 대해 한국 피죤 관계자는 "일본 피죤에서 로열티 지급을 구두로 요구한 사실이 있다"라며 "합작법인 설립 논의도 역시 구두로 이뤄지다 중간에 결렬된 것이라 우리에게 책임을 떠넘기는 것"이라고 말했다. 한국 피죤은 추후 일본 피죤의 주장에 대한 반박자료를 다시 내놓을 방침이다. 한국의 생활용품기업 피죤과 똑같은 '피죤(PIGEON)'이라는 단어를 회사이름에 쓰고 있는 일본 피죤은 1957년에 설립돼 젖병, 유축기 등 육아·임신용품을 주로 생산하는 회사다. 한국 피죤과 일본 피죤은 1999년부터 한국에서 상호상표사용계약 및 대리점계약을 체결하고 일본 피죤의 제품을 한국에 들여와 판매해 왔으나 최근 해외에서 'PIGEON' 상표 등록출원을 놓고 갈등을 겪고 있다.

제2절 식량위기

지구상에 소리 없는 쓰나미가 몰려오고 있다. 곡물가격 급등으로 인한 전 세계적 식량위기가 쓰나미와 같은 재앙을 예고하고 있다. 얼마 전까지만 해도 식량안보[20]라는 말을 하면 시대에 뒤떨어진 소리라도 하는 사람처럼 바라보던 시절이 있었다. 최근 들어서 식량값이 폭등해서 식량안보의 중요성이 강조되고 있고 식량 수출 통제와 사재기가 국제 사회의 주요 현안으로 떠올랐다. 애그플레이션[21]이 본격화되고 있는 것으로 보인다. 현재 세계 2위 쌀 생산국인 인도와 3위인 베트남·중국·이집트 등이 쌀 수출 통제에 나서 '쌀값 쓰나미' 우려가 확산되고 있고, EU와 IMF에서는 잇따라 '식량보호주의'를 경고하고 나섰다. 유엔 식량농업기구(FAO)는 2007년과 2008년에 세계 곡물가격 급등으로 최소 37개국이 심각한 식량위기에 직면했으며, 특히 2009년은 세계적인 기아현상이 악화할 것이라고 경고했다. 경고는 현실로 다가왔고 반기문 유엔 사무총장은 세계적인 식량 부족 사태가 '비상 상황'에 이르렀다고 밝혔다. 식량위기로 인한 폭동과 소요사태는 아이티와 모리타니, 필리핀 등을 휩쓸고 있다.

세계 곡물가격이 또 다시 요동치고 있다. 시카고상품거래소(CBOT)의 옥수수·대두·밀 가격이 6월 중순 이후 급등하기 시작하여 옥수수와 대두 가격은 사상 최고치를 갱신하였

20) 세계식량농업기구(FAO)와 세계은행(World Bank)에서는 식량안보(food security)를 모든 사람들이 언제든지 건강하게 활동하는 데 필요한 식량을 물리적으로든, 경제적으로든 안정되게 획득할 수 있는 것이라고 정의하고 있다.

21) Agflation, 농산물 가격 급등으로 인한 인플레이션.

다. 이처럼 국제 곡물가격이 급등세를 나타내자 2007~2008년의 식량위기와 애그플레이션(agflation)이 또 다시 발생하는 것이 아닌가하는 우려가 확산되고 있다. 한국은 다른 나라보다 국제 곡물가격 급등에 특히 취약한 편이다. 2010년 옥수수, 밀, 콩의 자급률이 각각 0.8%, 0.8%, 8.7%에 불과하다. 그리고 연간 1,500만 톤의 양곡을 수입하는 세계 곡물수입 5위권의 국가이기 때문에, 국제 곡물가격 급등에 경제가 매우 민감하게 반응할 수밖에 없다. 지난 7월 소비자물가 상승률이 2000년 5월 이후 가장 낮은 전년 동월 대비 1.5%로 안정세를 나타내는 가운데 곡물가격 급등이 물가에 새로운 악재로 떠올랐고, 가뜩이나 어려운 서민생활은 더욱 쪼들리게 되었다. 특히 사료를 수입에 의존하고 있는 축산업은 또 다시 큰 타격을 입을 것으로 예상된다(배민식, 2012).

1. 식량위기 상황과 원인

세계 곡물가격이 급등하면서 '애그플레이션'을 넘어 '식량전쟁' 위기가 지구촌을 강타하고 있다. 세계적인 곡물수급 불균형으로 2006년부터 급등하기 시작한 밀, 콩, 옥수수, 쌀 등 주요 곡물 가격은 2~3배로 뛰어 사상 최고수준이 되었다. 곡물 재고율은 사상 최저수준으로 떨어지고 있다. 최근 아이티 · 이집트 · 필리핀 등 많은 개발도상 국가에서 식량난으로 소요사태가 일어나고, 사회적 불안에 직면한 국가가 최소한 33개국이 넘는 것으로 나타나고 있다(세계은행, 2008).

국제 곡물가격은 1980년대부터 2006년 중반까지 수차례 등락이 있었으나, 대체로 일정한 가격변동 범위에서 장기간 안정추세를 유지하였다. 그런데 2006년 국제 곡물수급 불안으로 2007~2008년 가격이 급등하면서 사상최고치를 갱신하였고, 애그플레이션이 발생하였다. 그리고 2010년 중반 러시아 등의 이상기후 발생으로 2011년 중반까지 또 다시 곡물가격이 급등하였다.

이후 안정세를 유지하던 곡물가격이 불과 1년 만에 다시 급등하기 시작하여, 올 7월 들어서는 옥수수와 대두 가격이 연일 사상 최고치를 갱신하였다. 먼저 옥수수를 보면, 7월 20일 톤당 325달러로 사상 최고치를 기록하였고, 그 후 약간 등락하면서 8월 9일 현재 톤당 322달러로 2달 전인 6월 11일에 비해 35.6% 상승하였다(배민식, 2012).

우리나라는 다행히 녹색혁명을 통해 주곡인 쌀만큼은 자급하고 있어 최근의 곡물대란에서 비교적 안정을 유지하고 있다. 우리나라의 전체 식량 자급도('07)는 25.9%이지만, 밀(0.2%), 옥수수(0.7%) 등 주요 곡물은 해외시장에 전적으로 의존하고 있어 세계 5위의 곡물 수입국이다. 지구온난화에 따른 기상이변 등으로 공급은 불안정하고, 중국·인도 등 신흥국가의 식량 및 사료곡물 수요증가와 고유가에 따른 바이오 에너지용 곡물수요는 증가하고, 카길 등 메이저의 곡물시장 영향력 확대 등 앞으로도 국제 식량전망은 밝지 않다. 밀, 콩, 옥수수, 쌀 등 세계 곡물가격이 급상승하면서 각국의 물가상승 압박도 그만큼 커지고 있다. '애그플레이션(Agflation)'은 영어로 농업(agriculture)과 물가상승(inflation)이 합성된 신조어로 '국제곡물가격 상승이 식품가격 전반을 상승시켜 결국 농산물 가격이 인플레이션을 유발하는 현상'을 말한다. 초기에는 곡물가격이 급등하는 현상 정도로 이해하다가, 이제는 곡물 수출국들의 수출제한으로 이어져 식량을 구하기 어려워지는 식량위기로 치닫고 있다.

결과적으로 애그플레이션에 따른 세계 식량위기는 유가급등, 금융위기와 함께 세계 3대 위기(Global crisis)의 하나가 되고 있다. 세계식량계획(WFP) 사무총장은 식량위기를 '소리 없는 쓰나미'라고 하였고, 미국 CBS 방송은 식량부족에 따른 시위와 폭동이 일어나는 현상을 '신기아시대'가 도래했다고 표현했다. 국제통화기금(IMF) 총재는 곡물가격 폭등이 계속되면 전쟁이 벌어질지도 모르며, 과거 경제성장의 성과가 파괴될 것이라고 경고하고 있다(한국일보 2008. 4. 14).

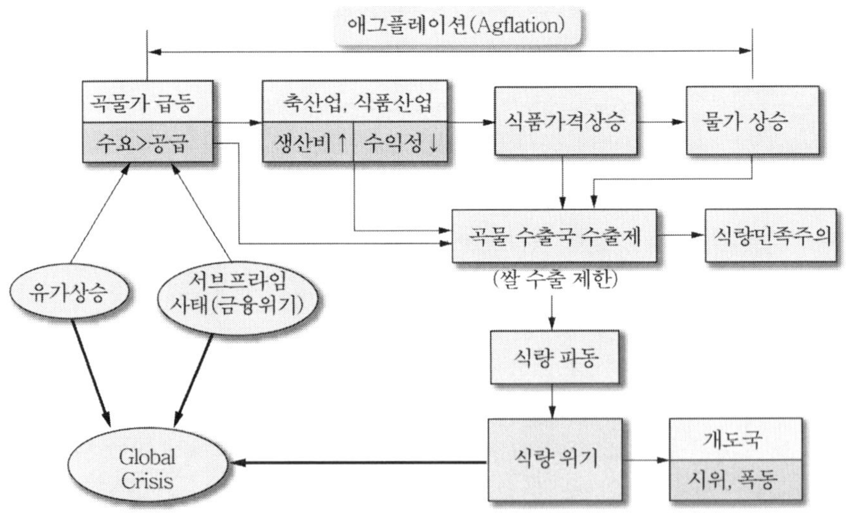

〈그림 12-2〉 애그플레이션 흐름도

1) 식량위기 상황

위 그림은 1980년 이후 세계의 월별 식품가격 지수를 나타낸다. 여기에서 식품은 곡물,

식물성 유지, 육류, 해산물, 설탕, 그리고 여타의 인류가 식용으로 소비하는 품목들이 포함된다. 명목가격이 적용되었음에도 불구하고, 1980년부터 2002년까지의 식품가격은 하락하는 추세를 보이며, 전년도에 비하여 가격이 상승했던 시기는 1980, 1983, 1988, 1996년으로 파악된다. 2001년부터 2004년까지 식품가격은 상승하기 시작해서 2004년에 세계 식품가격은 1980년대 중반 수준을 회복하게 된다. 2006년 초반부터 식품가격은 보다 급격하게 상승하기 시작한다.

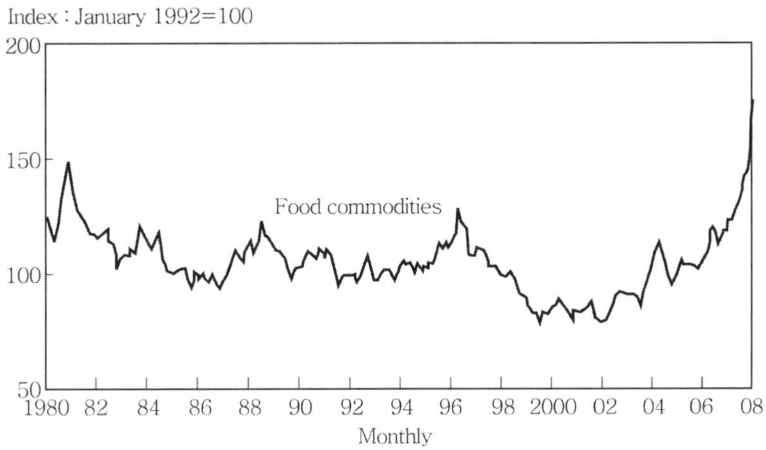

〈그림 12-3〉 세계 식품가격 추이

자료: 한국농촌경제연구원(원 자료는 시카고상품거래소)

〈그림 12-4〉 국제 곡물가격 추이

세계 곡물수급 동향을 보면, 2000년대 들어오면서부터 세계적으로 곡물소비 증가가 계속 일어났고, 생산은 기상이변 등으로 불안정한 상황으로 빠져들었다. 미국 농무부(USDA)

전망에 따르면, 세계 곡물재고율은 1999/2000년 31.5%에서 계속 하락하여 2008년에 16.0%로, 식량농업기구(FAO)가 권장하는 적정재고율 17~18%에 못 미치는 사상 최저수준이다. 현재 세계 식량위기는 유가 급등, 금융위기와 함께 세계 3대 위기의 하나가 되고 있다.

미국 농무부(USDA)가 2012년 10월 11일에 발표한 세계 곡물 수급 전망에 의하면 2012/13년도 세계 전체 곡물 생산량은 전년대비 3.5% 감소된 22억 2,827만 톤이 될 것으로 전망된다. 전년대비 곡물 생산량은 소맥 6.1%, 옥수수 4.4% 줄어들 것으로 전망되었다. 2012/13년도 총 공급량은 전년 기말재고량 4억 6,839톤과 생산량을 합친 26억 9,666만 톤으로 전년대비 2.7% 줄어들 것으로 보인된. 이는 전년보다 약 7,400만 톤 줄어든 수준이다.

2012/13년도 세계 전체 곡물 소비량은 전년보다 1.2% 줄어든 22억 7,538만 톤을 기록할 것으로 보여 소비량이 생산량을 4,700만 톤 초과할 것으로 전망된다.

세계 고물 교역량(수출량 기준)은 전년보다 14.4% 감소된 2억 8,274만 톤이 될 것으로 전망되며, 생산량에서 차지하는 비중은 12.7%가 될 것으로 전망된다. 2012/13년도 기말재고량은 전년보다 10.1% 감소된 4억 2,128만 톤으로 전망된다. 기말재고율은 2011/12년도보다 1.8% 낮은 18.5%가 될 것으로 전망된다.

2012/13년도 쌀 생산량은 전년도와 비슷한 4억 6,510만 톤 수준으로 전망되며, 태국, 중국, 미국의 생산량은 늘어나는 반면에 인도, 일본의 생산량은 감소될 것으로 보인다. 2012/13년도 쌀 소비량은 전년대비 2.3% 증가한 4억 6,858만 톤으로 사상 최고 수준을 기록할 것으로 전망되어 식량문제가 심각한 수준이 될 것이다.

〈표 12-2〉 전체 곡물수급 동향 및 전망

(단위: 백만 톤)

구 분	2010/11	2011/12(추정)	2012/13(전망)		변동률(%)
			2012.9	2012.10	전년대비
생산량	2,198.62	2,309.39	2,236.25	2,228.27	-3.5
공급량	2,691.14	2,770.54	2,713.24	2,696.66	-2.7
소비량	2,230.00	2,302.15	2,281.35	2,275.38	-1.2
교역량	283.81	330.31	287.64	282.74	-14.4
기말재고량	461.15	468.39	431.88	421.28	-10.1
기말재고율	20.7	20.3	18.9	18.5	

자료: USDA, World Agricultural Supply and Demand Estimates, WASDE-511, October 11. 2012.

(1) 쌀과 밀 가격 & 농지가격의 상승

2008년 1년 동안 밀의 국제가격은 135%, 콩 87%, 옥수수 73%, 쌀 74%로 급등했다. 국제 쌀 재고량도 1976년 이후 32년 만에 최저수준이다. 미국 농무부는 올해 말 세계 곡물 재고율이 14.6%로 떨어질 것으로 예측하고 있는데, 이는 1970년대 초 세계 곡물 파동이 일어났던 15.4%보다도 낮은 수준이다.

태국산 중질미의 수출가격도 톤당 1,000달러를 돌파해 사상 최고치를 기록했다. 연초 가격은 383달러였다. 미국 시카고상품거래소(CBOT)에서는 인도분 쌀 선물가가 한때 100파운드(45.36㎏)당 25달러를 넘어서 사상 최고치를 기록했다. 이는 1년 전에 비해 2.5배로 뛴 가격이다.

인도네시아 수도 자카르타 대통령 궁 앞에서는 시민, 노동자 1만여 명이 시위를 했다. 전년도 125% 급등한 콩 값이 다시 50% 올라 식품회사들이 아예 공장 문을 닫아버리자 시민들이 거리로 뛰쳐나와서 시위를 한 것이다. 영국은 최근 4년 사이에 농지가격이 두 배로 뛰었고 프랑스 농지가격 역시 2003년보다 50% 급등한 6,000유로에 거래되고 있다.

(2) 아시아 쌀 대란 미 · 유럽으로 확산

개도국 식량위기로 비쳤던 국제 쌀값 파동이 미국과 유럽 전역에 빠르게 확산되고 있다. 월마트 계열인 샘스클럽과 코스트코 등 도매점은 각각 1인당 쌀 구매량을 쌀 4포대(36㎏)로 제한했다. 이는 주 고객인 식당과 식품점에서 쌀값 파동 확산을 대비해 쌀 사재기에 나서고 있다는 관측 때문인 것으로 풀이되고 코스트코는 역시 이미 일부 매장을 중심으로 쌀 대량 판매를 제한하고 있다.

(3) 식량수출국들의 식량보호주의

보호무역주의가 식량위기를 부채질하고 있다. 태국 · 베트남 등 쌀 수출국들이 국내 인플레를 맞아 쌀값이라도 안정시키기 위해 수출 통제에 나서면서 국제 쌀값이 폭등하고 있다. 거기에다 중간 도매상들의 사재기가 기승을 부리고 전 세계의 투기자본까지 가세하면서 쌀 가격이 통제 불능 상태에 빠져 버렸다. 이로 인해 가난한 쌀 수입국들에는 폭동이 빈발하기 시작했다.

2) 식량위기의 원인

(1) 중국·인도인들의 식량소비증가와 식량공급의 문제

경제성장으로 소득이 높아진 중국과 인도가 곡물 자원을 빨아들이고 있다. 수요 증가에 따른 가격 급등이 발생했는데 중국·인도 등 인구대국의 경제발전으로 국민소득이 증가함에 따라 식품수요가 늘어나고, 특별히 육류 소비가 크게 늘어나기 때문에 사료곡물에 대한 수요가 급격하게 증가하는 것이 큰 원인이다. 중국인들은 1985년 1인당 20kg씩 먹던 고기를 2006년에는 50kg씩을 먹었다. 쇠고기 1kg에는 곡물 8kg이 들어간다. 그러다 보니 중국 내에서 자급이 힘들다며 수출까지 제한하고 있다.

다음은 식량 공급에 따른 가격 급등의 문제이다. 지구온난화 등으로 최근에 가뭄, 폭우 등 기상이변이 많이 일어나 부분적으로 곡물생산량이 감소하였다는 점이다. 예를 들면 호주에서는 극심한 가뭄으로 밀 생산량이 2005/2006년 2,500만 톤에서 2006/2007년 980만 톤으로 격감하였고, 쌀 생산면적도 크게 줄어들었다. 프랑스 등 유럽에서도 가뭄과 홍수 등 기상이변으로 곡물생산이 차질을 빚어 곡물재고가 전반적으로 감소하였다. 또한 바이오에너지 원료가 되는 옥수수 재배면적 증가로 밀과 콩의 재배면적이 감소하였다. 그리고 최근 곡물수급이 불안정해지자 러시아, 중국, 인도, 아르헨티나 등 수출국들이 밀, 보리, 옥수수 등에 수출세를 부과하거나 수출제한 조치를 강화하고 있다. 연초 카자흐스탄의 밀, 베트남 등의 쌀 수출제한으로 가격이 폭등하는 현상을 보이기도 하였다. 이처럼 세계 곡물수급이 불안하여 가격이 폭등하자 1973년 세계 식량파동 때처럼 식량자원 민족주의가 확산되는 추세에 있다.

(2) 곡물자원을 이용한 바이오산업의 발전

바이오에너지가 대체에너지로 부각되면서 정책적으로 연료용 농산물 생산 비중을 늘린 것도 식량난의 원인이 됐다. 특히 '에너지 독립'과 '친환경 연료'라는 명분하에 강행해온 미국의 옥수수 기반 바이오연료 정책은 이 두 가지 목적에서 완전 실패했을 뿐만 아니라 세계 곡물가격을 폭등시킨 주요 요인으로 지목되고 있다. 유가상승과 에너지 고갈에 따라 바이오 연료용 곡물수요가 급격하게 증가하고 있는 것이 주요 요인으로 이는 장기적으로 지속될 전망이다. 바이오 에탄올용 곡물 소비는 '03년 3,400만 톤에서 '07년 1억 톤으로 3배 증가했고, 미국의 경우 옥수수 생산량의 1/3이 바이오 연료에 사용되고 있다.

세계은행의 한 최근 보고서에 따르면 세계 곡물가격이 급등하기 시작한 2004년부터 2007년까지 세계 옥수수 생산 증가분의 거의 전부가 미국에서 바이오연료 생산에 사용되었고, 미국에서는 몇 년 전부터 옥수수와 콩, 사탕수수 등을 식용이 아니라 연료용으로 재배하는 경우가 늘고 있다. 물론 옥수수가 유일한 식품은 아니나 옥수수는 그 자체로 주요 곡물이며 다수의 다른 식품들의 주요 원료일 뿐만 아니라 소와 닭, 돼지의 주된 사료곡물이다. 따라서 지난해 미국 전체 생산량의 1/4에 해당하는 옥수수가 에탄올 생산에 전용되고 여타 곡물 재배 농민들이 에탄올용 옥수수 재배로 돌아서면서 이른바 '길버트 법칙'[22]의 곡물가격 폭등 현상이 촉발되었다. EU 역시 바이오에너지 비율을 늘리는 방침을 고수하고 있고 수송연료 중 바이오연료 비율을 2010년 5.75%, 2030년에는 25%까지 높인다는 계획이다

(3) 각국이 펼쳐온 잘못된 농업정책

식량농업기구(FAO)에 따르면 최근의 식량위기는 지난 20년간 각국이 펼쳐온 잘못된 농업정책 때문이라고 분석했다. 즉 주요생산국들이 그동안 채산성을 높이기 위해 경작지를 줄이고 대체연료용 농산물 생산비중이 높아지면서 위기는 예고됐다는 것, 한마디로 천재가 아닌 인재라는 지적이다. 자크 디우프 FAO 총장은 "지난 20년간의 잘못된 정책으로 특히 1990년대 이후 구호 목적의 식량지원 규모는 이전보다 절반으로 줄었다."라고 밝혔다. 이어 선진국들이 자국 농업 보호를 위해 만든 농업 보조금 제도가 개발도상국들의 농업 발전을 가로막았다고 지적했다. 아시아국들도 과거 정책으로 공급에 차질이 생기긴 마찬가지다. 일본은 2015년까지 식량자급률을 45%까지 끌어올린다는 계획이지만 농업인구의 감소와 고령화, 유휴지 증가 등으로 실현은 미지수이다. 중국도 인구는 증가한 반면 경작지는 줄어 현 90%인 자급률을 유지하기가 어려울 전망이다.

(4) 농업경시풍조

일각에서는 국제유가 상승이나 기근, 기상이변과 같은 이유보다 '농사의 중요함을 잊은 것'이 근본적 원인이라고 본다. 예로 세계 최대 쌀 수입국인 필리핀이 농사를 기피한 이유로는 타이와 같이 좋은 경작지를 가진 주변국들에 비해 석유 값 상승으로 인한 비료 값과 운송료 상승 등이 꼽히나 실제로는 식량 수요-생산 예측 과정에서 오류를 저질러 농업정책실패를 자초했다는 분석이 우세한다. 필리핀에서 2002년 농업으로 100달러의 수입이 발생하면 46센트만 재투자에 들어갔는데 이는 선진국의 2달러에는 턱없이 못 미치며 전 세계 평균인 70센트에도 뒤진다.

22) 길버트 법칙이란 식량생산이 10% 감소하면 가격이 30% 상승하고, 20% 감소하면 80%, 50% 감소하면 무려 450% 상승한다고 밝혔다. 식량의 수급균형이 깨어질 경우 그 가격의 충격은 200여 년 전이나 지금이나 변함없이 파멸적이라는 것이다.

(5) 기타 요인

또한, 거시경제적 측면에서의 가격 급등의 문제가 있다. 달러화 약세와 미국의 주택경기 침체로 서브프라임 모기지 부실현상이 나타나는 등 금융위기로 연방준비제도이사회(FRB)에서 연속적으로 금리를 인하하게 되니까 카길, ADM 등 곡물메이저의 유동성 투자자본이 단기적으로 곡물이나 원유, 원자재 등으로 이동함으로써 곡물가격 상승을 촉발하는 계기가 되었다. 또한 유가상승으로 인한 생산비와 물류비 상승도 곡물가격 상승의 원인으로 작용하였다.

식량위기의 기타 요인을 살펴보면 다음과 같다.

첫째, 국제유가 폭등으로 쌀 생산에 들어가는 비료나 수송비용이 증가한 것이다.

둘째, 호주의 극심한 가뭄으로 쌀 재고량이 급감한 것을 들 수 있다.

셋째, 중산층 인구의 증가로 쌀과 함께 육류 소비량이 늘면서, 쌀 생산에 필요한 물과 노동력 등의 자원이 분산되고 있는 것도 한 요인이다.

넷째, 필리핀의 경우 2000년 이래 연 2%라는 높은 인구 증가율을 보이고 있어 인구 폭발을 따라잡을 쌀 생산 증대가 시급한 상황이다.

다섯째, 초국적 자본들이 식물성 연료를 생산하겠다고 열대우림을 파괴하며 새로운 농경지를 찾아 나서고, 기존에 농사짓던 땅은 사막화되어 농지가 절대 부족한 상황이다.

〈표 12-3〉 최근 세계 곡물가격 상승의 원인과 전망

주요 요인	주요 요인별 내용과 전망
수요와 공급의 불일치	· 지난 10년 전부터 수요 성장률이 공급 성장률을 초과 -개도국의 소득 증가에 따른 식량 수요 증가 -개도국의 육류소비 증가에 따른 사료용 곡물 수요 증가 -전 세계 재배면적 성장률은 38년간 0.15% 증가에 불과 -전 세계 농업의 성장률은 향후 10년간 매년 1.2% 하락 전망 -전 세계의 식량 기말재고와 재고율은 1970년 이래 최저수준 · 향후 10년간 국제 곡물가격은 현 상황에서 하락하지 않을 것임(USDA)
바이오연료 원료 곡물 수요 증가	· 브라질과 미국 주도의 에탄올 생산에 의한 국제 곡물가격 상승 -미국은 옥수수, 브라질은 사탕수수를 주원료로 사용 -전 세계에서 소비되는 곡물의 총량에 비하면 극소량에 불과 · 몇 년 후 전 세계 바이오연료 생산의 증가 속도가 낮아질 것임 -USDA의 2009~2017년까지의 장기예측 결과 -곡물, 식물성유지의 생산량은 향후 5년간 보합세를 보일 전망
농산물 생산비 증가 (에너지 가격)	· 비료, 연료, 농약 등 에너지와 관련한 투입비용이 증가 -석유 등의 에너지 가격 상승에 의함
상품 선물 수요 증가	· 펀드 투자자의 포트폴리오 다각화에 의한 헤지펀드 등의 수요증가 -농산물, 비철금속, 에너지 부문 -선물가격 상승이 현물가격 상승을 부추기는 왜그더도그(wag the dog) 현상
기상 악화	· 2007년의 기상악화로 곡물 및 식물성유지 평균 생산량이 2년 연속 감소 -곡물과 식물성유지의 주산지에 가뭄, 냉해 등이 발생
미국 달러화 약세	· 미국 달러화 가치하락에 따른 수입비용 하락과 수입량 증가 -농산물 수입국들의 미국으로부터의 농산물 수입 증가 · 미 달러화 가치하락에 따른 달러표시 국제농산물 가격 상승
풍부한 외환보유고	· 풍부한 외환을 바탕으로 높은 국제 곡물가격에도 불구하고 수입을 지속함 -석유 수출국과 아시아(중국, 일본 등) 국가들 -상대적으로 외환보유고가 낮은 나라는 식량안보 문제가 심각해짐
무역 정책	· 식량 수출국과 수입국의 국내정책이 국제가격을 상승시킴 -수출국: 수출세 부과, 수출보조금 폐지, 수출물량 규제, 수출금지 -수입국: 낮은 수입관세 적용, 소비자 보조금 등 -수출국 무역정책에 의해 교역량 감소, 수입국 정책에 의해 수입수요 증가

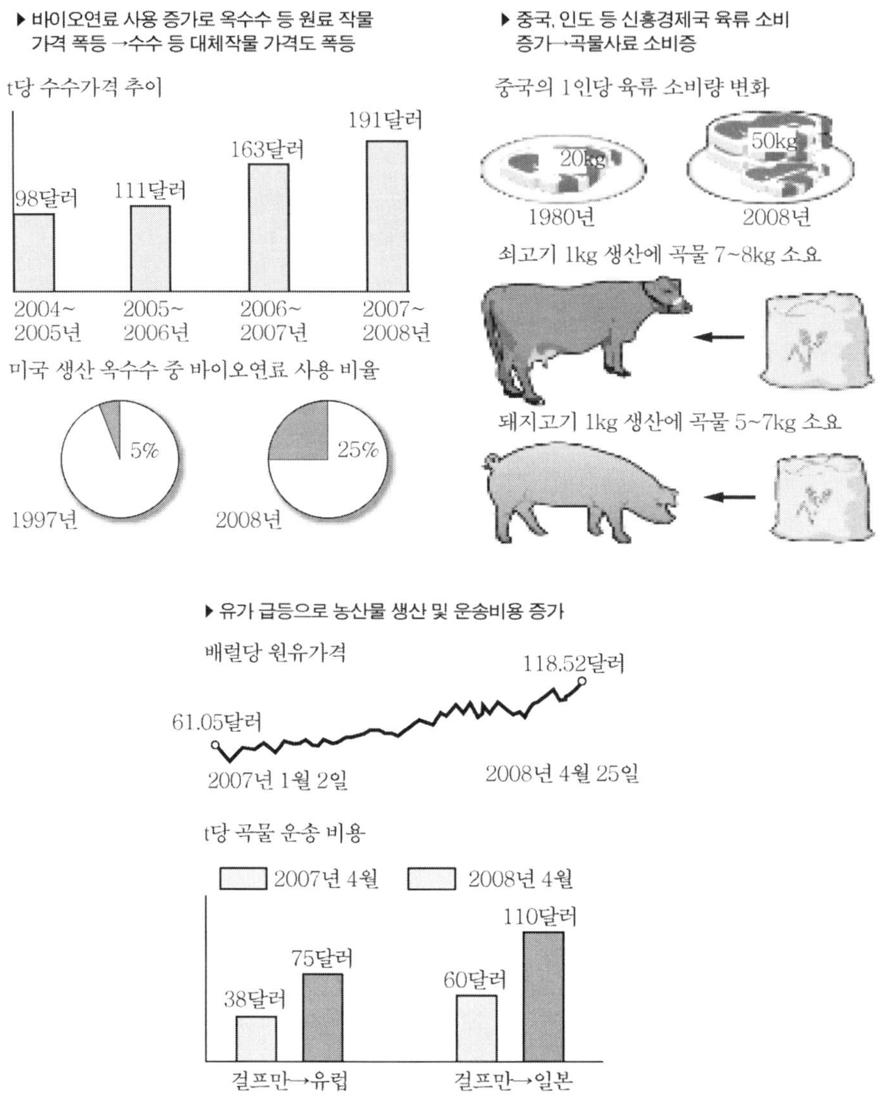

〈그림 12-5〉 식량소비변화의 추이

2. 식량위기의 국제관계와 우리나라의 현황과 대책

1) 식량위기와 국제관계

세계 주요 곡물생산국이 자국 내 곡물가격 폭등과 공급 부족사태를 염려해 잇따라 수출을 금지하고 나서면서 전 세계가 식량전쟁의 위기로 가고 있다. 개개인에게 기반이 되는 식량은 국가적 차원에서 정권의 안위와 직결되는 필수 재화이며 '정치적 무기'이다. 식량가격의 폭등은 주요 식량 수출국들에게 있어 영향력을 확대할 절호의 기회로 자리매김하면서 국제정치의 지형 전반을 바꾸어 놓을 태풍의 눈으로 부상하고 있다.

첫째, 식량수출국은 쌀값이 오름에도 불구하고 곡물수출을 제한하고 있다. 이것은 식량난에 기댄 보호무역이며, 국가이기주의적 발상이다.

둘째, 식량수입국은 식량위기에 따른 폭동과 사회불안이 야기될 수 있다.

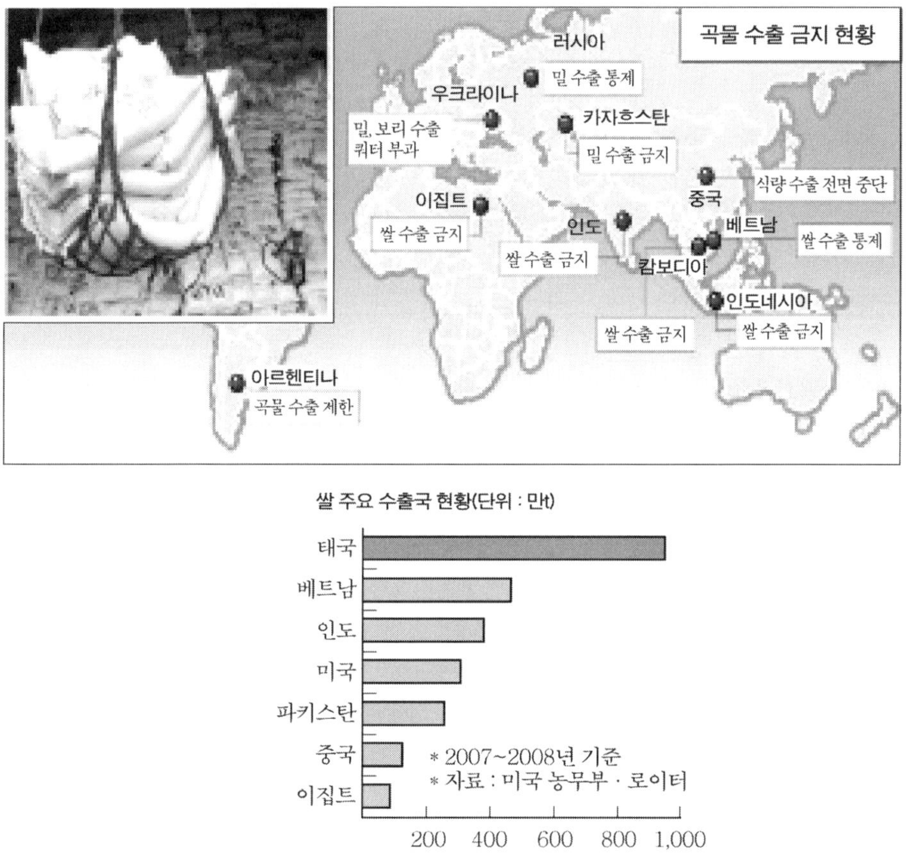

출처: 매일경제, 2008. 4. 16.

〈그림 12-6〉 곡물수출의 추이

최근 곡물가격 폭등은 여러 나라에서 사회적 불안을 야기하였다. 인도네시아(콩과 육류시장), 파키스탄(밀 판매업자) 등에서 평화적 시위가 있었다. 페루에서는 농업인들이 기찻길을 점거하고 비료 값 상승에 항의하였다. 남아프리카에서는 전국노동자연맹이 식량가격과 전기료 상승에 대해 항의시위를 벌였다. 이외에 식량가격 상승으로 인한 소비자들의 분노와 공포에 의한 보다 과격한 시위들이 있었다. 일반적으로 뉴스에서는 이를 '식량폭동'이라고 언급했다. 이러한 사회적 불안의 대부분은 식량 부족국, 저소득 국가에서 발생하였다.

곡물가격 상승으로 인해 소요사태까지 발생하고 있는 현실이다. 식량가격이 상승하면 일반적으로 소득이 높은 소비자보다는 소득이 낮은 소비자에게 더 악영향을 미친다. 첫째, 저소득층 소비자는 소득에서 식료품비가 차지하는 비율이 높다. 둘째, 밀·쌀·콩·옥수수 등 기본 식료품은 저소득층 가구의 식료품비에서 차지하는 비중이 높다. 셋째, 식량부족국의 저소득층 소비자들은 높은 국제가격에 거래되는 수입된 식량에 의존해야만 하므로 식량안보에 취약하다. 넷째, 제약된 예산하에서 식량 원조를 받는 나라는 기존에 비해 원조받는 절대량이 감소하게 된다.

〈표 12-4〉 곡물가격 상승으로 인한 소요사태

국가	주요 사태	국가	주요 사태
아이티	시위로 6명 사망, 총리 퇴진	필리핀	쌀배급 감독, 대통령 퇴진 요구
태 국	쌀 도둑 방지 위해 군대경비	아프가니스탄	국경 암거래와 사회불안 가중
방글라데시	식량폭동으로 28명 부상	부르키나파소	수천 명 시위, 300여 명 체포
트리니다드 토바고	식량 노상강도	카메룬	24명 사망, 1,500명 부상
이집트	빵 구입 줄서기 중 6명 사망	예 멘	식량폭동 12명 사망
아이보리	1명 사망, 20명 부상	파키스탄	배급제 실시, 수천 명 식량시위
소말리아	시위대에 발포, 5명 사망	카자흐스탄	빵 값 상승 300만 명(18%) 고통
에티오피아	도시 저소득층에 대한 보조	인도네시아	콩, 쌀 부족 만 명 이상 시위
세네갈	18개 노동연합 시위, 24명 체포	모리타니	2명 사망, 10명 부상
모로코	식량폭동 혐의로 34명 감옥	우즈베키스탄	수백 명 식량 시위에 가담

2) 우리나라의 현황

농림수산식품부에 따르면 한국의 식량자급률은 51.1%다. 쌀(자급률 95.5%)을 제외하고는 밀(0.2%)이나 옥수수(0.7%), 콩(9.8%) 등은 거의 대부분을 수입에 의존하고 있다. 식량과 사료용 곡물을 모두 합한 곡물자급률로 따지면 2010년 26.7%에 불과하다. 축산농가 사료도 대부분 수입에 의존하기 때문이다. 한국의 곡물자급률은 경제협력개발기구(OECD) 30개 회원국 가운데 26위로 최하위권이다. 식량위기의 심각성이 커지자 우리 정부도 다각적인 노력을 하고 있는데 정부는 우선 해외식량기지 확보에 적극적이다. 해외식량기지를 만들려면 우리의 관세정책도 손질해야 한다.

현재 농가보호를 위해 옥수수·콩·밀 등 수입곡물에 대한 관세는 최고 482%에 이른다. 해외 식량기지에서 생산된 곡물을 국내에 무관세로 반입한다면 농민들의 반발은 물론 미국·호주 등 곡물 수출국들도 무관세 혜택을 요구할 가능성을 배제할 수 없다. 곡물산업은 '거미줄 이론'이 적용되는 위험한 시장이다. 농산물은 자라는 데 상당한 시간이 필요한 만큼 급변하는 수요에 비해 공급량을 제때에 조절하기 힘들다. 일정한 시차를 두고 초과 수요와 초과 공급, 이에 따른 가격 폭등과 폭락이 반복되기 십상이다. 따라서 해외식량기지는 정부와 기업이 손을 맞잡고 치밀하게 추진해야 할 사업이다.

3) 식량위기의 대책

식량안보에 대하여 국제연합 식량농업기구(FAO)는 "자국민에게 만족할 만한 품질의 식량을 필요한 시기, 필요한 장소에서 입수가능하고 이러한 상태를 장기적으로 보증할 수 있는 상태"로 정의하고 있다. 즉 식량은 가용성(availability)·접근성(accessability)·안정성(stability)·안전성(safety)의 조건이 충족되어야 한다.

부족한 식량자원을 안정적으로 확보하는 방법은 다음과 같다.

첫째, 부존자원 활용과 기술개발을 통해 국내생산을 최대한 늘리는 방법이다. 먼저, 생산성 및 재배 안정성 증대로 자급하고 있는 쌀은 수입쌀과의 품질차별화를 위해 고품질을 지향하면서 동시에 식량부족 상황에 대비하여 초다수성 품종개발도 병행하고, 가공식품 개발로 밀 등 수입곡물 수요를 최대한 대체할 수 있도록 한다. 다음은, 농지의 유지 보존 및 경지이용도 제고로 새만금 간척지 등 새로 조성되는 토지는 최대한 농지로 이용되도록 하고, 휴경 및 타 용도 전환을 억제하는 시책과 경지이용률 제고를 위한 작부체계 개발이 필요하다. 또한, 기후변화 대응 및 국제곡물생산 모니터링 연구가 필요하다. 전 지구적으로 빠른 속도로 온난화가 진행되고 있는데, 우리나라는 과거 100년 동안 1.5℃ 상승하여 세계 평균보다 2배 가까이 빠르다. 기후변화의 특징은 여름이 길어지고 겨울이 줄어들고, 최저기온의 상승이 커서 일교차가 작아지고, 강수일수는 감소하나 호우빈도가 높아 강수량은 증가하고 있다. 기후변화는 작물의 재배지역, 시기, 생산성에 큰 영향을 미치므로 농업 기후 변화를 면밀히 분석하여 작부체계 개선과 품종개발 및 재배시기 조절을 고려해야 한다.

둘째, 비상시를 대비해 식량을 비축하는 방법이다. 우리나라는 에너지자원의 경우 안보적 차원에서 높은 비용을 들여 비축제도를 시행하고 있다. 곡물의 경우도 경제성을 고려하여 쌀 이외의 작물도 점차 비축제도를 확대할 필요가 있다. 비축관리제도는 전쟁 등과 같은 사태로 인해 발생하는 공급이 단절되는 긴급사태를 대비하기 위한 것이었으나, 최근의 세계경제 상황에서는 가격안정을 위해 활용하고 있다. 비축제도는 많은 비용이 소요되므로, 비축시설과 체계적인 운영시스템의 설계와 운영이 필수적이다. 비축관리제도를 운영할 때 중요하게 고려할 사항은 비축물량의 경제성을 보장할 수 있는 적정물량 파악과 국제곡물 가격이 급등할 때 비축곡물을 방출할 시기와 규모 등이다. 비축관리제도는 막대한 재정지출이 소요되므로 본격시행에 앞서 단기적으로 항만 저장시설 확대와 물류 효율화를 통하여 곡물 비축효과를 얻는 것이 필요하다.

셋째, 해외시장으로부터 안정적으로 식량을 수입하는 방법이다. 단기적인 방안으로 식량 수급을 안정적으로 하기 위해서는 수입선 다변화와 선물시장 거래 활성화, 비축관리제도 운영 등을 들 수 있다. 우리는 곡물수입이 일부 국가에 편중되어 있고, 전체 수입의 70% 이상을 일괄현물거래 방식으로 수입하고 있다. 현물거래 방식은 가격위험이 높고 담합에 의한 가격조정에 무방비여서 곡물메이저의 영향력이 점점 커지는 상황에서 위험성이 크다. 일본, 중국 등 주요 곡물 수입국들은 선물시장(future market)을 적극 활용하고 있다. 수입국 입장에서 선물거래는 곡물가격 변동위험 회피, 신속한 구매절차와 대량구매에 따른 수입가격 폭등 방지, 장기적 구매계획 수립이 가능하다는 이점이 있다.

〈표 12-5〉 선물거래와 주요내용

구분	주 요 내 용
선물거래의 효과	-곡물가격 변동 위험 회피 -신속하고 대량구매에 따른 구입가격 폭등 방지 -장기적인 구매계획 수립 가능
선물시장 활용방안	-사료곡물협회, 사료업체에 선물거래 유도 • 사료곡물 구입자금 지원과 연계 -국영무역의 일부분에 대한 선물거래 시범 실시
선물거래 전문가 확보	-농산물 전문가 현지 파견 • 현지 현물시장과 선물시장 현황 파악 • 현지 종사자들과 유대관계 구축

넷째, 국내자원의 부족을 대체하기 위해 해외식량기지를 개발하고 필요시 국내로 들여오는 방법이다. 우리나라가 식량 확보를 확대하기 위해 진출한 지역은 여러 국가가 있으며, 한국농촌공사가 2007년도에 조사한 자료에 의하면 총 521,271ha를 투자한 것으로 나타났다. 우리나라가 농림어업 분야로 많이 투자한 나라는 아시아에서 중국, 인도네시아, 베트남, 북미에서는 미국과 캐나다, 중남미에서는 아르헨티나, 파나마, 온두라스, 유럽에서는 러시아 연방, 그중에서도 러시아와 동남아 지역의 비중이 높은 것으로 나타났다. 러시아 지역에서도 특히 옌하이저우(연해주) 지역에 많이 진출하였다. 2011년 5월 기준으로 73개 민간기업체가 18개국에 진출해 2만3,567ha를 경작하고 있다. 2018년까지 주요곡물인 밀·콩·옥수수 수입량이 10%인 138만톤 확보를 목표로 전략을 수립하고 추진 중이다.

그러나 2007년까지 해외농업개발투자에 참여한 많은 기업들이 사전타당성 검토와 현지 정보수집 미흡, 전문경영인 및 현지전문가 확보 실패, 유통 및 판매전략 부재, 관련 사업에 대한 사후관리 미흡, 정책지원 부족, 명확한 비전과 전략 부재 등으로 현지에서 철수하거나 사업을 중단하고 다른 기업에게 넘기는 등 대부분 성과가 부진한 것으로 평가되고 있다.

해외 식량기지 건설을 추진하기 위해서는 투자수익률이 낮고 자본 회수기간이 긴 농업 개발의 특성상 장기적인 관점에서 대상지역과 작물에 대한 충분한 사전검토와 전략을 수립하여 진출해야 한다. 정부는 진출국가와의 협약체결, 제도적 및 외교적 지원, 정보 기술 제공, 금융지원 등의 역할을 담당하고, 민간이나 공기업이 철저한 사전 타당성 조사를 하고 착수해야 할 것이다. 특히 재배기술과 생산기반 전문가가 반드시 포함되도록 하고, 건조 · 저장 · 유통 등 수확 후 처리방안을 중점적으로 검토하여, 유통인프라가 확보되어야 위험관리 측면에서도 효과적으로 생산할 수 있을 것이다.

〈표 12-6〉 지역별 해외농업 진출현황

지역별	해외농업 진출현황	면적(ha)
남미	-아르헨티나, 브라질, 칠레 등 농업이민 형식의 해외농업개발 -10~500ha의 소규모농장 일부만 운영: 대부분 실패	36,829
북미	-미국, 캐나다 등 180~1,800ha 규모 민간 투자농장 운영	3,847
동남아	-베트남 3,700ha, 곡물생산 민간기업 투자 -인도네시아 114,300ha, 민간투자(산림 및 농업)	118,000
대양주	-호주, 뉴질랜드에 민간농장 30,100ha -사슴, 면양 사육 및 관광농업 현지교민 농장	30,100
아프리카	-가나, 리비아, 남아공 등에 60~100ha 민간농장 -자이르 50,000ha 규모, 통일교 재단에서 운영	50,167
러시아 (연해주)	-중앙아시아 약 7,600ha 민간투자 -옌하이저우 지역에 233,900ha 민간투자 · 고합(31,600ha), 대순진리회(130,923ha, '06년 15,364ha 파종) · 남양알로에(8,400ha, '98년 영농시작, 한약재 생산 미국 수출) · 기타 새마을운동본부(11,000ha), 한국농촌복구회(1,000ha) 등	241,570
중국	-지린(길림)성, 산둥성 등 민간투자, 지자체 지원 -투자는 40,000여ha, 대부분 500ha 이하의 소규모 투자	40,758
합계		521,271

다섯째, 국가 곡물조달계획 및 전략이다. 곡물조달시스템구축 사업을 실시하여 해외농장에서의 곡물생산과 국내 유통을 연계하여 해외곡물 확보전략을 추진해야 한다. 곡물조달시스템 구축 사업은 해외농장에서의 우선 구매, 현재 생산농가의 계약재배, 현재 중개인을 통한 현물구매의 방법으로 현지에서 물량을 확보하는 방법이다. 일본은 자국의 조달시스템을 통하여 2012년 현재 수입량(27백만톤)의 70% 정도를 확보하고 있다.

우리나라는 농림수산식품부가 곡물조달시스템구축 사업을 통해 2015년까지 총 400만 톤의 곡물을 국내 도입하고 2020년까지 이 사업의 정착을 목표로 삼고 있다.

현재로서는 식량문제의 완전한 정책이나 대안이 없는 실정이다. 왜냐하면 식량에 대한 예측이 힘들고, 그 정책의 실효성에 확신이 없기 때문이다. 그러나 다음과 같은 정책의 실시가 필요할 것이다.

첫째, 국제기구나 선진국들이 낙후된 아프리카 농업기술의 발전을 위해 연구, 개발에 집중 투자해야 한다.

둘째, 바이오연료 개발이 곡물가격 인상을 부추겼으므로 바이오연료정책 및 정부보조금 정책을 당분간 억제해야 한다. 대신 바이오연료 개발에 드는 1달러마다 아프리카 등 저소득 농업생산국의 농업을 개발할 수 있도록 1달러씩 지원하는 전략을 시행한다.

셋째, IMF 등 국제기구가 식량부족 국가들의 무역적자를 메울 수 있도록 기금을 제공한다.

넷째, 가축을 기름으로써 생기는 곡물자원의 소비와 환경오염은 가축이 주는 편익보다 더욱 클 것이므로 식량위기가 일어나도록 한 중국과 인도의 돼지고기 수요를 당분간 억제시키는 방안을 제시한다.

다섯째, 유전자조작농산물(GMO)이 비록 안정성 논란은 계속되고 있지만 곡물가격 급등과 식량위기로 거부반응이 줄어들고 있어서 GMO가 식량위기의 대책으로 부상하고 있는 실정이다. 그렇지만 최근 유엔과 세계은행의 지원으로 전 세계 60여 개국 정부와 기업, 비영리 단체 등이 공동 발표한 미래농업보고서에서도 GMO가 세계 식량위기의 해답이 되지 못하고 있음을 보여줬다.

여섯째, 세계은행은 만약 선진국들이 자국의 농업보조금과 농작물 수입제한을 철폐한다면 중·저소득 국가들의 소득은 600억 달러로 상향되고 1,500억 달러 상당의 원조효과가 발생할 것으로 추정할 수 있는데 이는 다른 어떤 대책보다도 효과가 높을 것으로 보인다.

연 습 문 제

1. 지적재산권 보호에 관련하여 다음 중 무차별원칙이 아닌 것은?

① 내국민대우의 원칙 ② 최혜국대우의 원칙
③ 국내법우선의 원칙 ④ 최소한의 보호원칙

〈정답〉 ③ 국내법우선 원칙
〈해설〉 지적재산권 보호의 무차별원칙에는 ① 내국민대우의 원칙 ② 최혜국대우의 원칙 ③ 최소한의 보호원칙 ④ 섭외사법에 관한 원칙 등이 있다.

2. 다음 중 식량위기와 직접 관련이 적은 용어는 무엇인가?

① stagflation ② agriculture
③ inflation ④ Agflation

〈정답〉 ① stagflation
〈해설〉 농산물 가격 급등으로 인한 인플레이션을 농업(agriculture)과 물가상승(inflation)의 합성된 신조어로 애그플레이션(Agflation)이라고 한다.

3. 다음 중 식량위기의 대책으로 바람직하지 않은 것은 무엇인가?

① 부존자원활용과 기술개발을 통해 국내생산을 최대한 늘린다.
② 비상시를 대비해 식량을 비축한다.
③ 해외시장으로부터 수입을 통제한다.
④ 해외식량기지를 개발하고 필요시 국내로 들여온다.

〈정답〉 ③ 해외시장으로부터 수입을 통제한다.
〈해설〉 식량위기의 대책으로 해외시장으로부터 안정적으로 식량을 수입해야 한다. 수입선 다변화와 선물시장 거래 활성화, 비축관리제도 운영 등을 실시해야 한다.

4. 다음 중 지적재산권의 종류에 들지 않는 것은 무엇인가?

① 저작권 ② 산업재산권
③ 창작권 ④ 신지식재산권

〈정답〉 ③ 창작권
〈해설〉 지적재산권의 종류에는 ① 저작권 ② 산업재산권 ③ 신지식재산권이 있다.

핵심정리

지적재산권(intellectual property Right) – 사람의 두뇌에서 나오는 지적 창작물로서 경제적 가치가 있는 무형의 소산물 또는 재산으로 지적소유권이라고도 함. 유체물의 재산권에 대비되는 개념으로 무체재산권이라고도 하며, 최근에는 지식재산권이라고 부름.

세계지적재산권기구(World Intellectual Property Organization: WIPO) 규정 – "지적재산권이라 함은 문학·예술 및 과학적 저작물, 실연자의 실연, 음반 및 방송, 인간의 노력에 의한 모든 분야에서의 발명, 과학적 발견, 디자인 상표, 서비스표, 상호 및 기타의 명칭, 부정경쟁으로부터의 보호 등에 관련된 권리와 그 밖에 산업, 과학, 문학 또는 예술 분야의 지적 활동에서 발생하는 모든 권리를 포함한다."고 규정

지적재산권의 종류 – (1) 산업재산권: 신규 공업기술의 창출, 기술제품의 의장, 그런 제품의 동일성을 나타내는 상표에 대한 법적 보호가 주어지는 지적재산권으로 특허권, 실용신안권, 상표권, 의장권 (2) 저작권: 사람의 학술, 문예, 미술 혹은 음악상의 사상이나 감정의 창작적인 표현을 보호하는 권리 (3) 신지적재산권: 신지적재산권은 그 성질에 따라 산업적 저작권, 첨단산업 재산권과 정보재산권 등

지적재산권 보호에 관한 국제협약의 기본원칙 – 첫째, 파리협약과 베른협약 규정: 파리협약은 제2조와 제3조를 통해 국적, 주소 및 영업소를 연결점으로 삼았고, 베른협약은 제3조를 통해 국적, 발행 및 상시거소를 연결점으로 삼았음, 베른협약의 원래 명칭은 '문화적 및 예술적 저작물의 보호에 관한 베른협약' 둘째, 세계 저작권협약: 스위스의 제네바에서 1952년 9월 6일 체결된 것으로 '저작권 보호에 관한 국제협약'을 말하며 유네스코협약이라고도 함 셋째, WIPO 실연 · 음반 조약: "체약 당사자는 실연자와 음반제작자의 보호에 관하여 실연이나 음반의 통상적인 이용과 충돌하지 아니하고 실연자나 음반제작자의 합법적인 이익을 부당하게 해치지 아니하는 경우에는 저작권에 대하여 규정한 바와 같은 제한이나 예외를 규정할 수 있다."고 규정

식량위기 상황 – 세계 곡물가격이 급등하면서 '애그플레이션'을 넘어 '식량전쟁' 위기가 지구촌을 강타(1) 쌀과 밀 가격 & 농지가격의 상승: 2008년 1년 동안 밀의 국제가격은 135%, 콩 87%, 옥수수 73%, 쌀 74%로 급등했다. 국제 쌀 재고량도 1976년 이후 32년 만에 최저수준 (2) 아시아 쌀 대란 미 · 유럽으로 확산 (3) 식량수출국들의 식량보호주의: 태국 · 베트남 등 쌀 수출국들이 국내 인플레를 맞아 쌀값이라도 안정시키기 위해 수출 통제에 나서면서 국제 쌀값이 폭등함

식량위기의 원인 – (1) 중국·인도인들의 식량소비증가와 식량공급의 문제 (2) 곡물자원을 이용한 바이오산업의 발전 (3) 각국이 펼쳐온 잘못된 농업정책 (4) 농업경시풍조

제 13 장

세계화 시대에 나타난 문제들(2)

♧ 들어가기 : 학습목표 및 목차

학습 목표	1. 에너지문제의 원인에 대하여 이해한다. 2. 에너지 문제의 해결방안에 대하여 이해한다. 3. 세계화와 시민사회, 시민사회의 특성과 영향에 대하여 이해한다.
학습 목차	1. 에너지문제 2. 세계화와 시민사회

☞ 사전학습

1. 저온고압상태에서 천연가스와 물이 결합해 만들어진 결정체로 $1m^3$의 결정체에서 $164m^3$의 천연가스가 방출될 만큼 고농도인데다 연소될 때 발생하는 이산화탄소가 적어 화석연료로 대체할 차세대 에너지로 각광받는 것은 무엇인가?
   〈정답〉 가스하이드레이트(Gas Hydrate, 가스수화물)
   〈해설〉 저온고압상태에서 천연가스와 물이 결합해 만들어진 결정체로 화석연료로 대체할 차세대 에너지는 가스하이드레이트(Gas Hydrate, 가스수화물)이다.

2. 정부가 개입하여 복지사회를 이룩하려 했으나 다수결의 원리, 획일성의 원칙, 관료제의 원리 등으로 인해 시민의 다양한 욕구를 충족시키는데 많은 한계를 가지게 된 것을 무엇이라고 하는가?
   〈정답〉 정부실패(government failure)
   〈해설〉 정부실패(government failure)는 정부가 개입하여 복지사회를 이룩하려 했으나 다수결의 원리, 획일성의 원칙, 관료제의 원리 등으로 인해 시민의 다양한 욕구를 충족시키는데 많은 한계를 가지게 된 것을 말한다.

3. 정보화의 진전이 급속하게 이루어져 지식과 정보가 생산성 경쟁력을 위한 의미 있는 자원이 되는 사회를 무엇이라고 하는가?
   〈정답〉 지식정보화사회
   〈해설〉 지식정보화사회는 정보화의 진전이 급속하게 이루어져 지식과 정보가 생산성 경쟁력을 위한 의미 있는 자원이 되는 사회를 말한다.

제1절 에너지 문제

1. 에너지문제의 의의와 발단

1) 에너지문제의 의의

원시시대부터 사람들은 어두운 밤을 밝히고 추운 날 따뜻하게 지내기 위해서 불을 이용해 왔다. 농경사회로 넘어오면서 소나 말과 같은 가축이 농사짓는 데 이용되기 시작하였다. 원시시대의 불이나 농경사회의 가축은 모두 사람들에게 에너지를 제공한 것인데 이와 같이 인류는 오랜 옛날부터 일상생활에서 에너지를 사용해 왔다.

현재 지구에 사는 인류가 사용하는 에너지 대부분은 석유, 석탄, 천연가스를 태워서 얻거나 원자력 발전소로부터 얻는다. 석유, 석탄, 천연가스는 수백만 년 전에 지구에서 살았던 식물이나 작은 바다 생물 화석에서 만들어졌기 때문에 화석연료라고 부른다. 현재 전 세계의 인류가 소비하는 에너지의 약 80%가 화석연료이다. 화석연료는 지질지대의 생물이 죽어 땅속에 묻힌 후 높은 압력과 열, 지형적 특성 등의 요인으로 만들어진 것으로서, 무한정 공급받을 수 있는 것이 아니라 그 양이 한정되어 있다. 그러나 인간들은 아직까지 대부분의 에너지를 화석연료에 의존하고 있으며, 화석연료 대신 사용하는 원자력도 우라늄의 매장량이 한정되어 있기 때문에 새로운 에너지자원을 개발하는 것이 시급하다. 우리나라에서 사용하는 에너지의 97%는 해외에서 수입해서 들어오고 있다. 에너지 수입에 사용하는 돈도 일 년에 수십조 원이 들어간다. 과학기술이 발달하고 산업화됨에 따라 에너지소비는 더 늘어나게 되었다.

인류는 현재 에너지자원 부족으로 곤란을 겪고 있다. 석유나 천연가스와 같은 화석연료가 점점 사라져가고 있기 때문이다. 인류가 에너지 고갈문제에 대해 관심을 가지고 그 해결책을 강구하기 시작한 것은 중동지역의 석유 수출국들이 원유의 가격을 인상함과 동시에 원유 생산을 제한하여 세계 여러 나라의 경제적인 혼란을 가져왔던 1973년 석유파동 이후부터이다. 게다가 1991년 이라크가 쿠웨이트를 침공함으로써 일어난 걸프전쟁과 동구권의 정치·경제의 변화로 인하여 에너지 문제는 점점 더 중요한 문제로 부각되었다. 오늘날 인류가 해결해야 할 가장 중요한 문제가 바로 에너지 수급조절과 그것을 둘러싼 문제라고 할 수 있다.

2) 세계 제1, 2차 석유파동

세계 제1, 2차 석유파동은 원유 값이 급등하여 전 세계 각국에 경제적 타격을 준 석유파동(Oil Shock)을 말하며, 지금까지 가장 큰 영향을 끼친 2차례의 석유파동은 각각 1973년과 1979년에 일어났다. 제1차 석유파동은 1973년 10월 6일 발발한 제4차 중동전쟁이 10월 17일부터 석유전쟁으로 비화하여 1973년 10월 16일 페르시아 만의 6개 석유수출국들은 석유수출기구(OPEC)회의에서 원유고시 가격을 17% 인상한다고 발표한 데 이어 매월 원유생산을 5%씩 감산하기로 결정하였다고 발표함으로써 석유를 정치적인 무기로 사용할 것을 선언하였다. 이에 따라 73년 초 배럴당 2달러 59센트였던 중동산 기준원유 값은 1년 만에 11달러 65센트로 무려 4배 가까이 올랐다. 이는 석유 수입국들에게 석유공황이라고 할 만한 사태를 초래하였다.

세계경제 전체의 경제 성장률이 크게 떨어져 75년에는 서방 선진국들이 마이너스 성장을 하게 되었고 각국의 국제수지도 대폭적인 적자를 기록하였다. 1차 석유파동으로 인해 OPEC는 국제석유자본(Oil Major)이 독점하고 있던 원유가격의 결정권을 장악하게 되었으며, 자원민족주의를 강화시키는 결과를 가져왔다.

제2차 석유파동은 제1차 석유파동이 1978년 일단 진정되었으나 78년 말 이란의 국내혼란과 79년 초의 이슬람 혁명을 계기로 일어났다. 세계 석유공급의 15% 수준을 점하고 있던 이란은 석유의 전면 수출금지조치를 취하였다. 여기에 석유업자들의 매점매석과 투기성 시장조작까지 횡행하면서 국제석유시장은 급격히 혼란에 빠져들었다. 1978년의 12달러 70센트에서 무려 168% 올라 1981년 10월 34달러 선까지 치솟았다. 제2차 석유파동의 여파는 제1차 석유파동과 마찬가지로 경제성장률 하락과 소비자 물가의 급상승 등 세계경제에 큰 영향을 미쳤다. 한국경제는 제1차 석유파동 때는 다른 국가에 비해 크게 영향을 받지는 않았으나, 제2차 석유파동 때는 극심한 피해를 받았다. 이는 제1차 석유파동 이후 중화학공업 중심의 확대정책에 중점을 둔 데에 원인이 있었다.

2. 최근 국제유가의 흐름 및 석유에너지의 고갈

1) 최근 국제유가의 흐름

세계 제1, 2차 석유파동 이후 국제유가는 꾸준히 상승하여 2007년 10월 뉴욕 상업거래소에서 거래된 서부 텍사스 원유 가격이 배럴당 80달러를 넘어섰다. 달러 약세와 지정학적 불안정이 복합적으로 작용하는 가운데 국제유가가 향후 더 오를 것이라는 전망이 나오기도 하였다.

유가는 2008년 초 나이지리아의 폭력 사태와 파키스탄 정정 불안으로 100달러를 넘어선 후, 2008년 3월 미국 달러 가치하락, 중국과 인도의 수요 증가와 그에 따른 투기 수요 증가로 배럴당 110달러를 넘어섰다. 이어 미국 경제의 침체 완화 기대에 따른 수요 증가로 120달러를 돌파했고, 이스라엘의 이란 핵시설 공격 위협과 달러 가치하락으로 140달러대에 육박했다. 그러나 최근에는 OPEC의 석유생산을 줄이지 않겠다는 발표와 세계경제 둔화에 따른 수요 감소, 그리고 미국을 강타할 것으로 예상됐던 허리케인의 약화 등에 힘입어 100달러를 하회하였고, 2009년 3월 이후는 약 50달러 정도의 가격을 형성하고 있다. 아랍에미리트 아부다비 국영석유회사는 복합적인 요인들 때문에 국제유가가 더 뛸 수밖에 없다고 전망하며 원유가가 배럴당 60~80달러에 안정되는 것이 바람직하지만 앞으로 어떻게 될지는 좀 더 지켜보아야 한다고 했다. 2013년 현재 국제유가는 100~110달러 정도를 유지하고 있다.

미국, 영국, 러시아, 멕시코 등은 제품가격 인상 등으로 유가 상승에 따른 충격을 소비자가 흡수하도록 하는가 하면, 일본, 중국, 인도, 이태리, 프랑스, 베트남 등은 유가 통제와 고속도로 통행료 할인 등의 고육지책으로 대응하고 있을 뿐이다. 한국은 저소득층과 자영업자, 대중교통 및 물류사업자, 농어민 등에게 지난 2008년 7월 1일부터 1년간 10조 5000억 원의 보조금을 지급하는 '고유가 극복 민생 종합대책'을 발표한 바 있다. 또한 유류소비를 줄이기 위해 자가용 승용차의 5부제나 홀짝제 운행을 권고 또는 시행하고 있다. 이와는 달리 브라질은 과거 두 차례의 오일쇼크 이후 사탕수수를 이용한 에탄올을 대중화하여 휘발유와 겸용함으로써 유가 상승에 크게 영향을 받지 않고 있다. 독일 역시 태양열, 풍력, 바이오 등 대체 에너지 개발에 노력한 결과 고유가 파동에 그다지 영향을 받지 않고 있다.

2) 석유에너지의 고갈

2004년 세계 에너지 통계자료에 의하면 전 세계의 석유 매장량은 1조 1,886억 배럴로 가채연수(可採年數)는 40년 정도로 예상되며, 국가별로는 사우디아라비아가 전체의 22.1%, 이란 11.1%, 이라크 9.7%, 쿠웨이트 8.3%, UAE 8.2%, 베네수엘라 6.5%, 러시아연방 6.1% 등이다. 그리고 2004년 세계 석유생산량은 8천26만 배럴로 사우디아라비아 13.1%, 러시아연방 11.9%, 미국 8.5%, 이란 5.2%, 멕시코 4.9%, 중국 4.5% 등이다.

석유의 가채연수가 40년으로 추정되고 있지만 채굴에 따른 추정 매장량의 감소와 함께 유가가 올라가면 아직 발견되지 않은 유전이 있을 수 있어 가채연수는 더 늘어날 수도 있다. 그러나 석유는 종국적으로 바닥을 드러낼 수밖에 없는 고갈성 자원(exhaustible resource)임에는 틀림없다. 따라서 향후 에너지 문제는 석유 고갈을 염두에 두고 접근해야 할 것이다.

석유자원의 고갈을 걱정하는 것은 어찌 보면 당연한 것이다. 석유자원의 고갈 징후가 최근 전반적인 유가 상승에서 감지되고 있기 때문이다. 미래의 가격상승을 예측한 투기현상도 이를 뒷받침한다. 최근의 유가폭등이 몇몇 산유국의 정정(政情) 불안과 일부 국가의 석유산업 국유화 등에도 그 한 이유가 있지만, 중국과 인도를 비롯한 신흥 석유 다량소비국의 수요 증가와 향후 공급 감소 예상에 따른 항구적인 것이라면 유가의 하향 안정은 크게 기대할 수 없을 것이다.

에너지 공급에 문제가 발생하면 우리 생활은 혼란에 빠지게 될 것이다. 그러므로 에너지의 소중함에 대해서 올바로 알고 적당하게 사용하며 장기적인 정책을 세우는 것이 중요하다.

3) 에너지 갈등문제

(1) 북극전쟁

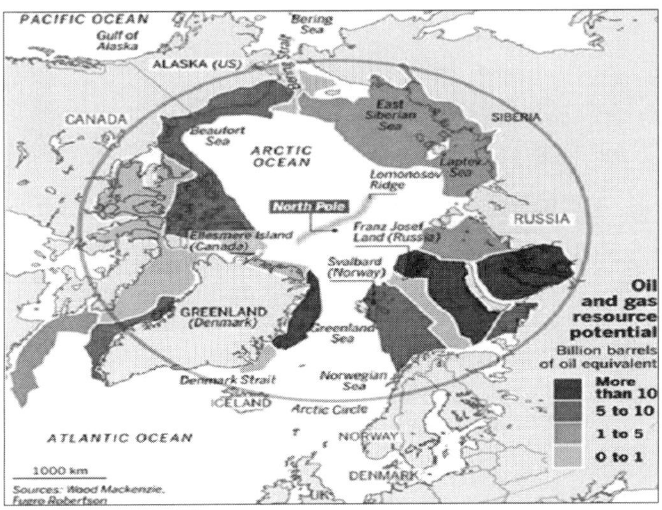

북극지방은 세계 석유 매장량의 약 13%와 천연가스 30%를 매장하고 있는 것으로 밝혀졌다.(약 900억 배럴)
이런 막대한 천연자원을 확보하기 위해 각 나라들은 경쟁적으로 개발에 뛰어들고 있다.
러시아, 캐나다, 덴마크, 미국, 노르웨이 등 5개국이 대표적이다. 2008년 5월 위 5개국은 북극 지역의 평화와 협력을 다짐하는 회합을 열고 공동연구에 착수한다는 공식적인 입장을 표명하였지만, 지금 북극권은 세계에서 가장 빠르게 군사화되어 가는 지역 중 한 곳이 되어 가고 있다.

〈그림 13-1〉 북극지역 자원 분포 현황

(2) 한·일 자원 분쟁

한·일 자원 분쟁의 예로는 가스 하이드레이트 분쟁을 들 수 있다. 가스 하이드레이트는 저온·고압상태에서 천연가스와 물이 결합해 만들어진 결정체로 1㎥의 결정에서 164㎥의 천연가스가 방출될 만큼 고농도인 데다 연소될 때 발생하는 이산화탄소가 적어 화석연료를 대체할 차세대 에너지로 각광받고 있다. 겉모습이 드라이아이스와 비슷하며 불을 붙이면 타는 성질을 가지고 있어 일명 '불타는 얼음'이라고도 불린다. 다만, 고체상태의 가스 하이드레이트에서 가스를 저렴하게 분리하는 기술은 아직 개발되지 않은 상태이다.

독도에 매장되어 있는 가스 하이드레이트의 양은 우리나라가 30년간 소비할 수 있는 가스양인 6억 톤 정도로 추정되고 있으며 좀 더 효율적인 정제 방법을 찾는다면 그 매장량은 어마어마한 것이다. 일본이 역사를 왜곡하면서까지 독도 영유권을 주장하는 이유가 여기에 있다. 일본은 독도 근해를 포함한 동해를 비롯하여, 일본 주변 5~6개 해저에서 희귀금속 및 에너지자원 개발을 위한 10년 계획을 수립해 2009년 4월부터 시행하고 있다. 이 방침대로 독도 주변의 해저 자원조사를 시작할 경우 한·일 간 배타적 경제수역(EEZ)을 둘러싼 갈등이 재연될 우려가 제기된다.

3. 한국정부의 노력과 대체에너지 개발

1) 한국정부의 노력

정부는 2002년부터 대체에너지 3대 중점분야(태양광, 연료전지, 풍력발전) 기술개발사업을 실시하고 있으며, 2002년 3월 「대체에너지개발 및 이용보급촉진법」을 개정하여 대체에너지 이용 의무화 조항(제11조)을 신설하였다. 그리고 2004년 4월 「대체에너지개발 및 이용보급촉진법 시행령」 개정안이 확정됨에 따라 2004년부터 국가기관, 지자체, 투자·출자·출연기관, 특별법인 등 공공기관은 건축 연면적 3천㎡ 이상의 건축물을 신축할 경우 건축 공사비의 5% 이상을 대체에너지 설비에 투자해야 한다. 공공기관이 설치하는 대체에너지 설비는 태양광, 태양열, 지열 등 11개 대체에너지원별 설비로서, 해당 기관은 자율적으로 설비를 선택해 설치할 수 있다.

그 밖에도 산업자원부는 에너지절약효과가 높은 제품을 고효율기자재로 인증하여 보급을 촉진하기 위하여 고효율인증 대상품목을 확대하고 효율기준을 강화하는 내용의 「고효율에너지기자재 보급촉진에 관한 규정」을 개정 고시(2007. 7. 23.)하였다.

고효율기자재인증제도는 산업 및 건물설비 등에 에너지효율이 높은 품목을 고효율기자재로 인증하여 고효율인증서 교부 및 고효율기자재 마크를 제품에 표시토록 함으로써 고효율기자재의 보급을 촉진하는 제도이다. 고효율기자재로 인증된 제품은 공공기관에서 의무적으로 사용하여야 하며, 고효율기자재 설치 시 자금융자 및 세액공제, 장려금 지원 등을 통하여 보급촉진을 지원하고 있다.

2) 대체에너지와 청정에너지 개발

대체에너지란 1970년대에는 석탄, 석유 등 화석연료를 대체한다는 의미에서 사용되었으나, 1980년 이후 천연가스, 원자력 등의 사용이 증가되고, 환경오염의 문제가 심각해짐에 따라 최근에는 청정에너지(Clean Energy)로서의 재생에너지, 신에너지, 미래에너지 등을 의미한다.

현재 선진 각국에서 기술개발이 활발히 진행되어 실용화 단계에 접어든 대체에너지로는 태양에너지, 풍력에너지가 주종을 이루며, 바이오매스, 지열, 파도력, 조력을 이용한 대체에너지 개발이 활발히 진행되고 있다. 국내에서는 「대체에너지개발 및 이용·보급촉진법」에 의해 석유, 석탄, 원자력, 천연가스가 아닌 에너지로 다음과 같은 분야를 '대체에너지'로 지정하고 있다. 태양에너지, 바이오에너지, 풍력, 소수력(小水力), 연료전지, 석탄을 액화가스화한 에너지 및 중질잔사유(원유를 정제하고 남은 최종 잔재물)를 가스화한 에너지, 해양에너지, 폐기물에너지, 지열에너지, 수소에너지, 그 밖에 대통령령이 정하는 에너지(석탄에 기타 물질을 혼합한 유동성 연료) 등이 이에 해당한다.

대체 에너지의 종류를 살펴보면 다음과 같다.

첫째, 태양에너지로 태양의 열을 한곳으로 모아 그 열로 물을 데워 수증기로 터빈을 돌려 전력을 생산한다.

둘째, 풍력에너지로 바람이 부는 데에 바람개비 모양의 날개를 꽂아 터빈을 돌려 전력을 생산한다. 최소 15m/s 이상의 바람이 필요하고 초기 생산 비용이 많이 든다.

셋째, 지열에너지로 겨울엔 난방으로 여름엔 냉방으로 사용하는데 땅속의 온도가 15도로 일정한 것을 이용한다.

넷째, 파력에너지로 파도의 높낮이를 이용하여 전력을 생산한다.

다섯째, 소수력발전으로 작은 하천을 유인해서 소규모로 발전하는 방식이다.

여섯째, 수력발전으로 댐의 위치에너지를 이용해서 터빈을 돌려 전력을 생산한다.

일곱째, 해양온도차를 이용한 에너지 생산으로 난류와 한류가 만나는 곳을 이용한다.

다음으로는 인공적인 대체에너지가 있다.

첫째, 바이오생태에너지로 월드컵공원(난지도)에서 사용 중 쓰레기 매립장에서 나오는 매탄가스를 이용하는 경우에 1년에 약 35억 원의 절약 효과가 있다.

둘째, 연료전지로 물을 전기분해할 때 나오는 에너지를 이용(아폴로우주선에 최초 사용)하는데 가솔린보다 열효율이 2배에 이른다.

셋째, 바이오디젤로 식물성 오일과 메탄올이 섞인 연료로 열 효율성이 좋고 발화점이 높아 안전하고 발암물질이 없어서 마셔도 되며, 경유차에 직접 사용할 수 있어 주목받는 대체에너지이다.

하지만 이런 대체에너지에도 약점이 존재한다. 대표적인 예가 풍력에너지이다. 실제로 바람은 엄청난 에너지를 보유하고 있다. 그러나 이 풍력에너지는 에너지 밀도가 낮고, 우리가 사용할 수 있는 에너지로 전환할 장소가 극히 제한적일뿐더러 초기비용이 엄청나게 많이 들어간다. 이는 조력에너지, 파도력에너지, 수력에너지도 마찬가지이다. 태양에너지의 경우 인류가 멸망할 때까지 계속적으로 에너지를 공급할 수 있을 것이다. 하지만 밤에는 보조에너지를 사용해야 한다는 점과 그리고 원하는 만큼의 에너지를 얻기 위해서는 방대한 면적을 확보하여 효율적인 집광을 해야 한다는 단점 등이 있다.

최근에 세계 각국은 무공해 에너지 개발에 많은 투자를 하고 있다. 무공해 에너지는 클린에너지 또는 새로운 에너지라고도 한다. 석유로 대표되는 화석연료의 사용이 급증함에 따라, 적외선을 흡수하여 늘어나자 그 대체에너지로 지목되고 있는 에너지를 말한다. 즉 석탄·원유·원자력 등의 하드에너지(hard energy)와는 다르게 환경을 오염시키지 않는 태양·지열·풍력·조력(潮力) 등의 그린에너지(green energy)와 생물체를 에너지원(源)으로 하는 바이오매스에너지(biomass energy), 액화석탄·가스화석탄 등의 합성연료, 그리고 수소에너지 등이다.

온실효과를 주도하는 이산화탄소 농도는 산업혁명 이전 260~290ppm으로 추정되었고 1960년대에 316ppm, 1980년에 388ppm으로 증가하였으며, 이러한 추세가 계속되면, 2025년에 600ppm에 이를 것으로 예상된다. 이와 같이 대기 중의 이산화탄소 농도가 600ppm에 이르면, 온실효과의 가중으로 지구의 평균기온이 1.5~3.0℃ 상승하고 극지방의 빙산이 녹아 해수면이 약 70m 상승하게 된다. 이렇게 되면 생태계의 균형 파괴는 물론 해안에 발달된 대도시의 대부분이 침수되는 등 심각한 문제가 일어난다. 이러한 온실효과 문제의 대두와 함께 무공해에너지들이 미래의 대체 에너지로서 주목을 받게 되어 세계 각국이 그 개발과 실용화를 추진하고 있다.

3) 에너지를 절약하는 생활실천

에너지문제를 근본적으로 해결할 수는 없지만 에너지를 절약하는 생활을 통해 현재의 상황에서 어느 정도 도움이 될 수는 있다. 가정에서나 생활상의 에너지 절약의 방법들을 살펴보면 다음과 같다.

첫째, 주택의 단열시공을 철저히 하여 열이 새어나가지 않게 한다. 단열이 잘 된 집은 그렇지 않은 집보다 50% 이상 난방에너지가 절감된다. 온돌바닥으로의 열손실이 크므로 바닥 단열을 철저히 해야 하며, 배관 전에 바닥을 고르게 한 콘크리트 위에 방습층과 방수층을 시공한다.

둘째, 창문은 이중창이나 복층유리로 하고 틈새 바람을 막는다. 주택, 빌딩에서는 이중창이나 단열창호를 시공하여 단열효과를 높이고, 겨울철에는 창문에 문풍지 등을 붙여 새어나가는 열을 차단한다. 겨울에는 채광, 여름에는 차광에 신경을 쓰며, 창 내부에 블라인드를 설치하면 35% 정도, 차양을 창 외부에 달면 75% 정도의 열 흡수량을 줄일 수 있다.

셋째, 에어컨을 효율적으로 사용한다. 여름철 적정냉방온도 26~28°C를 지킨다. 에어컨을 약하게 틀고 선풍기를 함께 이용하면 냉방효율도 높이고 건강에도 좋다.

넷째, 조리기의 불꽃은 적절히 조절해서 사용한다. 조리기가 불꽃 가운데 위치하도록 조절하며, 바닥이 넓은 조리기구를 사용하고 불꽃을 알맞은 크기로 조절하여 열기가 새어나가지 않도록 한다.

다섯째, 압력밥솥을 사용하여 조리시간을 단축한다. 압력솥은 일반 솥보다 조리시간이 1/3 정도 단축되며 밥맛도 좋다. 가스압력솥이 전기압력솥보다 에너지비용에서 유리하다.

여섯째, 목욕물을 아껴 쓴다. 욕조에 물을 받아 놓고 목욕하기보다는 가급적 샤워를 한다. 샤워를 할 때도 물살을 너무 세게 하지 않도록 한다.

일곱째, 어릴 때부터 에너지의 중요성을 알려준다. 에너지절약 교육을 통해 어릴 때부터 에너지절약과 재활용 정신을 심어주며, 어른들의 솔선수범으로 어린이의 절약습성을 길러준다.

여덟째, 백열등을 전구형 형광등으로 교체한다. 백열등을 전구형 형광등으로 교체하면 65~70%의 절전이 가능하고, 8배의 수명 연장 효과가 있다. 또한 작은 램프 여러 개보다 큰 것 하나를 사용하는 것이 좋다. 조명은 실내넓이에 알맞은 밝기로 하며, 거실, 서재, 응접실, 공부방 등 용도에 따라 적절한 밝기를 맞추는 것이 좋다. 반 삿갓을 이용하면 밝기가 30% 정도 밝아진다.

아홉째, 빈방 등 쓰지 않는 곳과 외출 시에는 반드시 소등을 확인한다. 전기를 껐다가 다시 켜는 데 많은 에너지가 소비된다는 것은 잘못된 상식이다. 쓰지 않는 가전기기는 플러그를 빼어 대기전력낭비를 막는다. 전원을 꺼도 플러그를 통해 소모되는 전력을 대기전력이라고 하며 가정소비전력의 약 11%를 차지한다. 대기전력만 효과적으로 줄여도 1년에 한 달은 전기를 공짜로 쓸 수 있는 것과 같은 효과를 얻는다.

열째, 가전제품을 구입할 때는 에너지소비효율이 높은 제품을 선택한다. 효율등급은 1~5등급으로 구성되며, 1등급이 가장 좋다. 1등급 제품을 구입하면 5등급 제품에 비하여 30~45%의 에너지가 절약되므로 반드시 효율등급을 확인하며, 냉장고, 에어컨, 보일러 등에 부착된 최저소비효율 라벨을 확인하고 소비효율이 높은 제품을 사용한다.

호주의 탄소저감전문회사 카본 플래닛(Carbon Planet)은 일상 속 실천법 10가지를 다음과 같이 제안하고 있다.

첫째, 세탁할 때 차가운 물을 사용하라. 세탁물 중 90%는 뜨거운 물이 필요 없는 세탁물들이다. 옷감을 보존하기 위해서도 차가운 물이 더 좋다.

둘째, 잉여 음식물을 버리기보다는 퇴비로 사용하라. 잉여 음식물을 퇴비로 사용한다면 음식물 쓰레기 운반차를 사용하는 데 필요한 에너지와 쓰레기 매립장을 줄여 가는 데 도움을 줄 수 있다.

셋째, 남성용 소변기를 물이 필요 없는 제품으로 바꾸어라. 그러면 화장실에서 당신이 사용하는 물과 에너지의 90%를 아낄 수 있을 것이다. 이를 통해 당신은 온실가스를 줄이는 동시에 돈도 아낄 수 있다.

넷째, 옷을 자연 건조시켜라. 건조기는 당신의 옷감과 지구를 상하게 할 뿐이다.

다섯째, 겨울에 집의 온도를 낮춰라. 만약 춥다고 느낀다면 더 많은 옷을 껴입어라. 집의 온도를 1도 높이기 위해서는 엄청난 양의 에너지가 들어간다.

여섯째, 여름에는 창문을 열어라. 창문을 열고 집 안을 환기시키는 것이 시끄러운 에어컨을 틀어 놓는 것보다 집 안을 더 시원하게 만들고 당신의 건강을 지켜준다. 당신의 피부와 지갑, 지구는 이러한 선택에 고마워할 것이다.

일곱째, 당신이 세탁기나 냉장고 등 대형가전제품을 사러 시장에 갔을 때 이 제품들의 에너지 효율등급을 확인하라. 높은 등급의 상품을 구입하면 당신은 돈을 절약하고 지구를 지킬 수 있다.

여덟째, 단지 공짜로 폰을 준다는 이유로 당신의 휴대전화를 바꾸지 마라. 이러한 이유로 매년 100만 개의 정상적인 휴대전화들이 아무 이유 없이 쓰레기가 되어 간다.

아홉째, 계단을 이용하라. 다이어트를 위해서도 좋다.

열째, 재래시장에서 신토불이 음식물을 구입해라. 무역을 통해 들어오는 음식물들은 그 과정에서 온실가스를 발생시킨다. 직접 농작물을 재배한다면 더 좋다. 그러면 당신은 돈도 아끼고 지구를 구하는 데도 도움이 될 것이다.

제2절 세계화와 시민사회

1. 시민사회의 의미

1) 시민사회의 의의

넓은 의미에서 시민사회는 시민과 국가 혹은 정부와의 관계를 매개하는 집단들의 집합체를 지칭하는 개념이다. 시민사회는 국가로부터 그리고 민간의 기업이나 가족, 개인으로부터 상대적인 독자성을 유지하면서 공익 또는 집단적 이익의 보호, 증진을 위해 집단행동을 하는 자발적, 매개적 집단들의 집합체이다.

2) 시민사회의 변천

(1) 근대적 의미의 시민사회

근대적인 의미에서 시민사회는 유럽에서 출발했는데 정치적으로는 절대주의 국가가 위기에 직면하게 되고, 경제적으로는 산업자본주의가 점차 확산됨에 따라 부르주아 세력이 부상하면서 사회는 분화의 과정을 겪게 되었다. 16~17세기 이후의 시민혁명과 18세기 이후 산업혁명을 계기로 시민의 기본적 인권과 정치적 자유와 법 앞에서의 평등을 내세우게 되었고, 산업자본주의가 확산됨에 따라 부르주아 세력이 부상했다. 이러한 과정에서 국가와 시민사회의 분리라는 역사적 현상이 나타나게 되었는데, 국가라는 공적인 권위에 대항하는 순수한 자율성 영역으로서의 시민사회가 등장하게 된 것이다. 한편 국가와 시민사회의 분리와 함께 시민사회 내부도 공적 영역과 사적 영역으로 분리되기 시작했다. 가족은 물질적 생산단위에서 순수한 인간관계인 친밀성의 영역으로 재구조화되었으며, 이 영역을 바탕으로 공적인 문제에 대해 합리적이고도 비판적인 토론이 이루어지는 공적 영역이 나타나게 되었다.

(2) 현대적 의미의 시민사회

근대적인 의미의 시민사회는 20세기에 접어들면서 다시 강화되기 시작한 정부의 역할로 인해서 행정과의 상호작용 영역에서 상당 부분 영향력을 상실하게 되었다. 행정국가로의 경향에 따라 강화된 정부의 권한 때문에 시민사회는 상호작용의 한 주체로서 역할을 상실하게 되었고, 거대해진 관료제의 역기능으로 말미암아 사회는 부전현상에 처하게 되었다. 그 결과 이에 대한 대안으로서 신자유주의의 등장 및 참여민주주의의 확산과 함께 1970년대 말부터 다시 부활된 것이 현대적인 의미의 시민사회이며, 한국사회도 이 같은 조류에 동참하게 되었다.

시민사회의 부활을 가져온 세계사적 흐름은 크게 두 가지로 나누어 볼 수 있다. 첫째는 1980년대에 들어서면서부터 한국을 비롯한 제3세계 국가와 동구사회주의 국가에서 일기 시작한 민주화의 물결이다. 둘째는 서구 국가들에서 나타난 복지국가의 퇴조현상이다. 이러한 결과들로 인해 시민들은 국가에 대항하는 신사회운동을 낳게 되었고, 비계급적이면서 규범적인 사회운동의 원천으로 시민사회에 대한 새로운 인식을 불러일으켰다. 시민사회의 부활은 이처럼 전 세계적인 민주화 흐름과 비효율적인 정부와 깊은 관계를 맺고 있다. 현대사회의 시민사회는 공공서비스의 생산, 민주주의적 가치의 재생산, 인간소외의 극복 등 문제들과 밀접하게 관련되어 있으므로 각종 사회문제에 대한 진단과 해결대안을 제시하는 데 없어서는 안 될 사회의 주된 구성요소로 자리를 잡았다.

2. 시민사회의 주요 특성과 영향

1) 시민사회의 특성과 우리나라 시민사회의 급성장

시민사회의 특성은 다음과 같다.

첫째, 시민사회는 사회적 집단의 집합체로 시민사회의 구성단위는 사회적 집단이다. 사회적 집단에는 시민운동단체, 이익집단, 압력단체, 비영리조직, 비정부조직 등이 포함된다.

둘째, 시민사회구성 집단들은 구성원들의 자발적 참여에 의해 구성된 자발적 집단들이다.

셋째, 시민사회는 매개적 집단으로 시민사회구성 집단들은 국가와 시민(기업, 가족, 개인)의 교호작용을 매개하는 집단들이다.

넷째, 느슨한 연계로 국가와 시민에 대한 시민사회구성 집단들의 관계는 느슨한 것이다. 어느 한쪽에 완전히 소속되는 것이 아니라 상대적 독자성을 가진다.

다섯째, 시민사회의 전제는 자유국가로서 시민사회의 구성과 활동은 언론, 결사의 자유가 보장된 자유국가에서만 가능하다.

한국의 시민사회운동은 서양의 시민사회와 비교하면 짧은 역사를 갖고 있다고 볼 수 있다. 1980년대 말의 민주화운동 이후에야 시민사회단체들이 조직화되면서 시민사회운동이 크게 활성화되어 오늘날에 이르게 된 것이다. 이 짧은 기간에 시민사회가 급성장할 수 있었던 요인은 여러 가지가 있다.

첫째, 민주화이다. 우리나라 민주화는 1987년 6월 항쟁에서 보여주었듯이 일반 시민의 힘으로 쟁취해낸 결실이었다. 이때부터 권위주의 정권은 권위의 위기를 맞게 되며, 이와는 대조적으로 시민의 힘을 동원하고 조직화하는 경실련 등 시민단체들의 등장과 역할이 정치·경제·사회 전반에 걸쳐 적지 않은 영향력을 발휘해갔다. 한국 시민사회의 급성장에 대한 이해는 무엇보다도 먼저 1980년대 말의 민주화운동 맥락에서 이해되어야 하며 지금도 많은 시민사회단체들이 정부와 기업과 같은 거대 조직의 횡포를 견제하고 비판하며 '제도권 투쟁'을 중시하고 있다는 것은 우리나라의 민주화가 영향력을 발휘했다고 할 수 있다.

둘째, 국제화이다. 지구촌 곳곳에서의 시민사회의 급성장을 관찰했던 샐러먼(Salamon, 1994)은 이에 대한 유력한 해석으로 위로부터의 변화, 아래로부터의 압력 그리고 밖으로부터의 영향 등 '삼박자 변화'를 지적했다. 위로부터의 변화는 지도층 스스로가 시민사회의 필요성을 인정하고 시민사회의 활성화를 위해 지원하고 공조하는 변화를 하는 경우이다. 이것은 아래로부터 위로의 변화가 아니라 위에서 아래로의 변화를 의미한다. 그리고 밖으로부터의 영향은 UN 등 국제기구와 국제사회, 인접 국가들로부터 받는 영향이다.

셋째, 정보화이다. 시민사회단체들은 조직의 특성상 커뮤니케이션과 네트워킹을 생명력으로 삼고 있기 때문에 글로벌 차원에서 진행 중인 정보화가 시민사회의 발전에 막대한 영향력을 미치고 있다. 정보화의 덕분에 열악한 농촌지역에서 활동하는 비영리단체들도 점차 도시지역 단체들에 못지않은 정보와 네트워킹을 갖추고 조직력을 배양해서 전문적인 활동을 할 수 있게 되었다.

2) 세계화가 시민사회에 미치는 영향

(1) 글로벌 자본주의

글로벌 자본주의는 지난 20여 년간 세계화현상을 규정하는 가장 일반적 특징이다. 이는 무역을 중심으로 하는 상품의 전 지구적 이동과, 생산을 중심으로 하는 초국적기업의 전 지구적 이동에 더하여 금융을 중심으로 하는 자본의 전 지구적 이동을 수반함으로써 이제

전 지구적 수준에서 시장논리의 극단적 팽창을 의미한다.

글로벌 자본주의는 미국식 자본주의가 글로벌 스탠더드가 되어 모든 국가들에게 미국식의 경제운영방식을 요구하는 한편, 미국이 국제기구를 통해 세계경제를 조정하는 것으로 특징지을 수 있다. 현재 전개되고 있는 세계화는 국제 금융시장의 주요 매니저들과 IMF나 세계은행 등 미국자본이 주도하는 몇몇 국제기구들이 만들어가고 있다. 각국의 구조조정을 강요함으로써 시장과 국가와 시민사회의 관계를 신자유주의적 질서로 재편하고자 하는 의도된 행위를 하고 있다.

(2) NGO의 광범위한 성장과 세계화에 순응

시민사회, NGO, 시민운동 등은 명확한 개념화가 쉽지 않을 뿐 아니라 서로 다른 관점들을 가지고 있다. 현대 지구촌은 개별국가보다 더욱 강력한 구속력을 갖는 WTO, 개별국가보다 더 막강한 경제력을 가진 초국적기업, 개별국가보다 더욱 광범위한 글로벌 네트워크를 가진 NGO가 현대사회의 특징으로 나타난다.

이것은 시장의 팽창이나 국가의 축소 그리고 NGO의 성장은 글로벌 자본주의의 세계화 프로젝트가 만들어낸 동반적 효과이다. 한국사회의 주요 NGO들은 빠르게 성장해서 거대조직화의 경향을 보이고 있으며, 이들은 정부나 시장의 조직에 상응할 수 있는 요소를 갖추고 영향력을 확대할 수 있도록 제도화의 수준을 높여가고 있는 상황이다

제도화의 수준이 높은 주요 NGO들은 국가 및 시장을 매개로 글로벌 자본주의에 적합성을 가진 순응적 시민사회를 형성한다. 제도로서의 NGO는 국가 순응성과 시장 순응성을 가지고 있는데 이러한 순응성을 보여주는 것이 정부 및 기업과의 거버넌스이다. 이러한 협조체제는 글로벌 거버넌스라는 세계화 경향을 통해 그 의의가 크게 확산되었다. 국가 및 시장과의 교호적인 NGO의 역할을 통해 적어도 NGO 자신도 글로벌 스탠더드를 갖추도록 요구된다.

거버넌스는 정부로부터, 또 정부 밖으로부터 참여한 일련의 제도와 행위자들을 가리키는 것이고 이러한 개념은 전통적으로 정부가 '통치한다'라고 하는 입헌적이고 공식적인 해석에 대한 도전으로 다양한 이해당사자들을 정부정책의 결정과정에 참여시키는 새로운 정부운영방식을 의미하는 것이다. 정부가 독점적인 권위를 행사하던 시기와는 달리 거버넌스시대에는 정부가 기업, 시민사회단체 등 비정부 대표들을 동등한 파트너로 삼아 국정을 운영하고, 국가와 사회발전을 모색하는 전략을 수립해야만 하는 시대적 요청을 받아들여야만 한다. 거버넌스는 정부의 통치방식과 관련된 것이지만 그보다는 오히려 한계적 정부의 역할에 적극적으로 관여하는 NGO의 역할 확대라는 측면이 크게 부각될 수 있다.

① NGO[1] 등장과 기능

NGO의 등장은 먼저, 시장실패와 정부실패에 기인한다. 시장은 오랫동안 경쟁을 통해 자원을 효율적으로 배분하고 인간의 일상생활에 필요한 상품과 서비스를 제공하는 중요한 사회제도로 인식되어 왔다. 그러나 공공재 제공의 한계, 부정적 외부효과(negative externality),[2] 사회적 불평등의 초래 등으로 시장실패(market failure)가 일어났다. 따라서 정부가 개입하여 복지사회를 이룩하려 했으나 다수결의 원리, 획일성의 원칙, 관료제의 원리 등으로 인해 시민의 다양한 욕구를 충족시키는 데 많은 한계를 가지고 있다. 이를 정부실패(government failure)라고 한다. 이때 정부가 해결할 수 없는 각종 사회문제를 해결하기 위해 NGO가 발생하게 된다.

다음은, 시민사회 내의 민주화이다. 시민사회에는 계급적 분열 이외에도 성・지역・직업・세대 간의 갈등이 있다. 그리고 공익을 추구하는 집단과 사익을 추구하는 집단 간의 투쟁이 존재한다. 공익을 추구하는 영역에서도 비용의 지불 없이 이득을 보려는 무임승차가 발생한다. 특히 한국 사회는 이기주의와 배타적 연고주의가 만연되어 있다. 이러한 시민사회의 분열과 비합리성은 국가와 시장의 영향이 크지만 국가나 시장이 해결할 수 있는 것은 아니다. 이러한 문제를 해결하기 위해 크고 작은 NGO들이 자생적으로 결성된다. NGO와 같은 자발적 결사체가 익명의 불특정 다수가 행동하는 사회의 비도덕성 문제를 스스로 해결하지 않으면 시민사회는 스스로 재봉건화되거나 국가에 의해 식민화되는 전철을 밟게 된다.

② NGO의 기능

오늘날과 같은 정보화사회에서는 자발적 커뮤니티가 사화활동의 주체가 되어 시민사회의 자율적이고 상호 보완적인 수평적 기능에 의해 사회질서가 유지될 것이다. NGO는 정부와 기업보다 더 잘 기능할 수 있는 분야가 있다. NGO는 개인에 대한 동정과 헌신을 필요로 하고, 고객의 입장에서 신뢰를 요구하거나 직접적이고 개인적인 관심을 필요로 하며,[3] 도덕적 행동과 책임을 필요로 하는 업무에 적합하다. NGO는 다양한 문화적 특성과 가치를 가진 개인의 자발적이고 집합적인 행동을 통해 정부와 기업이 수행하는 데 한계가 있는 개인과 집단의 욕구를 충족하고 공익을 실현하는 역할을 수행한다. NGO는 종전의 공공 영역이라고 인식되었던 영역에서 다음과 같이 여섯 가지 기능을 수행하고 있다.

---

1) Non-governmental organization(비정부기구)의 약칭으로, 정부 간의 협정이 아닌, 민간단체가 중심이 되어 만들어진 비정부(非政府) 국제 조직을 뜻한다.
2) 사적 이익을 극대화하기 위해 공해와 같은 사회적 불이익을 초래하는 것을 의미한다.
3) 예를 들면 유아 보호, 장애자 보호, 병자 간호 등이 여기에 속한다.

첫째, 국가권력과 경제권력 견제 기능이다.

NGO는 국가권력을 견제하는 역할을 한다. 정부는 공익의 생산자이며 공익활동에 대한 규제자일 뿐만 아니라 공익의 소비자이다. 정부의 이러한 특성이 민간이 정부활동을 감시해야 할 필요성을 야기한다. 정부활동에 대한 민감한 감시의 대표적인 집합 세력이 바로 NGO이다. 따라서 NGO는 정부의 부정과 안일을 고발하고 공공정책을 비판하며 정책제안을 위해 입법을 위한 로비를 하기도 하고 캠페인과 시위를 하기도 한다. 또 경제권력을 견제한다. 즉 경제권력에 대해서도 고발하고 감시하는 기능을 수행한다. 그뿐만 아니라 경제권력과 각종 재화 및 서비스의 소비자인 개인 사이의 갈등을 조정하는 기능을 수행하기도 한다.

둘째, 감시기능이다.

정부기구를 대상으로 하거나 정부 간 기구에서의 국가 대표단이나 기구 자체의 사무국 스텝을 대상으로 한다. NGO는 정부로 하여금 조약 체결 노력에 참여하도록 압력을 가하기도 하고 연대를 형성하고 대중을 동원하여 조약을 둘러싼 협상에서 국가가 취할 입장에 영향을 미치기 위한 노력도 한다.

셋째, 정책집행 기능이다.

NGO는 공공재화와 서비스 공급에서 정부 역할을 지원하는 효율적인 파트너가 되며 또 정부와 시장이 역할을 하기 어려운 상황에서 자율적인 역할을 수행한다는 것이다. 서비스 공급 대리점 역할을 하면서 정부정책의 비효율성, 역기능 등 문제를 수정·보완·보충하는 역할을 수행한다. 즉 정부가 직접 하는 것보다 NGO가 정책집행의 책임을 맡는 경우 상당한 비용이 절감되며 효과도 높아진다는 보고들이 많이 있다.

넷째, 대변자의 기능이다.

NGO의 활동은 사회적 약자의 권익을 대변하는 기능과 밀접하게 관련되어 있다. 오늘날 인권과 복지가 강조됨에 따라 사회적 약자가 단체를 결성하여 자신의 권익을 추구할 뿐만 아니라, 선도적인 지식인들도 사회적 약자의 권익을 옹호하기 위하여 활발하게 활동하고 있다. 사회적 약자를 위한 활동은 단체의 집단이익을 추구하는 경향이 있으나, 전체적으로 볼 때 공공의 이익으로 연결된다.

다섯째, 갈등·조정 기능이다.

NGO는 정부와 정부, 정부와 이익집단, 이익집단과 이익집단 간의 분쟁 발생 시에 조정자로 나서 일반 시민의 피해를 줄이는 역할을 한다. 또한 시민의 권리 확보를 위해 NGO는 상호 협력과 연대를 통해 시민의 각종 생활 권리를 옹호하는 역할을 한다.

여섯째, 교육 기능이다.

교육 역할로서 NGO는 대중교육 캠페인을 통해 일반 대중들을 교육시켜 여론을 형성하고 이들 대중들을 동원함으로써 이들이 소속되어 있는 국가정부의 특정 국제기구에서의 정책에 영향을 미쳐 더 나은 결정을 하도록 한다. NGO의 활동은 바로 시민으로 하여금 리더십을 학습하고 공동체 의식을 배양하며, 참여 민주주의를 교육하는 실천 현장으로서의 교육 기능도 수행한다.

(3) NGO 질서의 구축

자본과 시장은 그 자체만으로는 무자비한 이윤의 증식과 가혹한 경쟁 논리로 인해 사회의 죽음을 초래할 수밖에 없다. 이런 점에서 NGO의 확대는 사회의 회생을 가능케 하면서 시장의 팽창을 보장하는 새로운 질서의 구축이라고 말할 수 있다. 두 가지 점에서 사회의 존립과 세계 시장주의의 팽창을 가능케 하고 있다.

첫째, NGO의 확대는 글로벌 자본주의를 정당화하는 기능을 수행한다. 일국적 단위에서 자본주의 축적의 정당화기능은 국가의 몫이었지만 이제 국가를 축소시킨 글로벌 자본주의의 정당성은 NGO에 의해 분점되고 있는 것이다. 또한, 사회의 통합과 합의의 구축은 국가 역할로부터 NGO로 다원적 확산을 보여준다. 글로벌 자본주의의 논리로 볼 때 국가는 당연히 시장 활동의 장애로 작용할 수밖에 없다. 따라서 국가보다는 NGO가 국가경계를 넘어서는 특유의 자율적 소통을 기반으로 하여 세계화의 프로젝트를 순항시키는 데 유리하다. 즉 NGO는 개별사회가 글로벌 자본주의에 대한 내적 합의를 가능케 하는 중심적 역할을 하는 것과 아울러 세계사회의 소통구조를 확장하는 데 기능적으로 작용하는 것이다.

둘째, NGO는 글로벌 자본주의에 적응적인 사회적 자본을 확충하는 데 기여한다. 대부분의 시민사회 특히, 제3세계의 시민사회는 전통적 가족주의와 연고주의를 바탕으로 사적 신뢰의 구조가 지배함으로써 합리적 시장질서의 구축에 근본적인 장애로 작용한다. 민주사회와 시장경제가 효율적으로 작동되기 위해서는 상호신뢰의 약속을 만들고 유지하는 것이 필수적이며 NGO는 사적 신뢰의 고리보다 공적 신뢰를 바탕으로 시민적 규칙에의 복종을 강조한다.

NGO의 팽창을 통해 만들어지는 시민적 덕목들은 현재의 글로벌 자본주의를 선도하는 글로벌 스탠더드의 시민사회 내적 구축이라고 말할 수 있을 것이다. 주요 NGO 중심의 시민사회질서는 사회운동의 시민사회 내적 제도화 경향과 함께하며 그것은 곧 글로벌 자본주의의 영향을 받고 그것에 순응하는 순응적 시민사회로의 재편을 의미하는 것으로 볼 수 있다.

셋째, NGO는 세계화에 대한 저항적 측면도 가지고 있다. 시민사회의 질서가 제도화된 NGO 중심으로 재편되는 경향은 세계화에 대한 순응적 시민사회를 구축하게 되었지만 다른 한편으로는 많은 NGO들이 세계화에 대한 저항적 활동을 전개하고 있다. 시민단체들의 국제적 연대활동은 시애틀과 다보스 그리고 서울, 방콕 등에서 반WTO, 반세계은행, 반ASEM운동을 통해 신자유주의에 저항하는 반세계화의 세계적 연대운동으로 가시화되었다. 반세계화운동의 세계화경향은 무엇보다도 지구시민의식에 기초한 지구시민사회의 가능성을 보여주었다는 점이 중요하다.

3. 세계화에 대응하는 시민사회

세계화는 전 지구적인 상호의존을 심화시키면서 국민국가의 정체성을 흔들게 한다. 근대성의 가장 중요한 구성물이었던 국민국가의 정체성은 이제 다양한 하위정치의 과정을 통해 개인과 집단의 자기정체성을 찾고자 하는 시도로 변화되고 있다. 이러한 변화 가운데 그동안 가장 주목되었던 것은 무엇보다도 신사회운동이었다. 한국의 사회운동 역시 새로운 사회운동으로서의 시민운동이 크게 주목되었었다.

이 같은 시민운동의 등장과 함께 제도 내적인 영역에서 활동하는 시민운동의 새로운 주체로서의 NGO가 시민사회의 가장 중요한 행위자로 부각되는 것은 당연한 일이었고, 이제 한국사회에서 NGO가 시민사회의 자발적 결사체로서 시민사회의 정체성 구축에 핵심적 요소로 작동하게 될 것이다. 이러한 상황에서 우리 시대에 시민사회의 주요한 과제는 NGO 활동을 통해 우리에게 적합하게 세계화경향을 주도적으로 통제하고 관리해나가는 것이다. 이를 위해서는 시민사회 내 구성요소들의 자생적이고 자율적인 운동의 활성화가 중요하다. 특히 현재 제도화의 수준이 높은 거대 시민단체들이 스스로를 성찰함으로써 시장성으로부터 공공성을 강화하는 방식으로, 거대 상층조직 주체로부터 구성원 주체로 변화시키는 모색이 있어야 한다.

또한 세계화에 대응하기 위해서는 시민 참여와 교육의 확대, 전문성의 증대, NGO 간에 연대의 강화, 효율성의 증대 등 자체 역량의 강화를 위한 노력을 경주해야 한다. 특히 재정적 독립은 국가와 시장 사이에서 자율성을 확보하는 중요한 요인이며, 시민의 신뢰를 확보하고 국가의 경쟁력을 배제하기 위해 재정적 투명성이 요구된다.

또한, 국제적 연대의 강화가 필요한데 자본운동의 범지구화는 국가적으로 분절화된 투쟁만으로는 문제를 해결할 수 없다. 즉 NGO들 간의 국제적 연대를 필요로 한다. 세계화가 초국적 자본의 지배를 확장하기도 하지만 인권, 환경 평화 등과 같은 보편적인 가치도 확산시킨다는 점이다. 이를 기회로 삼아 국민국가 틀에 갇혀 있는 시민사회운동의 공론 공간을 범지구적으로 확장할 필요가 있다.

이처럼 NGO 스스로의 노력과 함께 NGO가 자생력을 갖도록 하기 위해 정부 및 기업과의 건강한 관계정립도 새롭게 모색되어야 한다. 이를 위해서는 정부 및 기업 측이 NGO를 적대시해서도 안 되며, 정부나 기업이 NGO를 도구화하려는 의도를 가져서도 안 된다. 세계화는 수 세기에 걸쳐 지속적으로 진행되어 왔는데, 특히 최근에는 정보사회화에 힘입어 더욱 빠르고 확대된 세계화의 경로에 접어들었다. 이제 이러한 세계화의 과정이 신자유주의적 · 세계시장주의적으로 획일화된 세계화 프로젝트로부터 벗어나 다양성과 공존, 그리고 상호성의 윤리에 바탕을 둔 세계화를 가능케 해야 한다. 이를 위해 NGO의 도구화를 벗어나는 데 주력해야 하며, 우리 사회는 정부와 시민사회와 기업관계의 거대 시스템의 지속적이고 긴밀한 협력적 관계가 요구된다.

연 습 문 제

1. 1978년 말 이란의 국내혼란과 79년 초의 이슬람 혁명을 계기로 석유 전면 수출금지를 취하여 12달러 70센트에서 168% 올라 1981년 34달러까지 올랐던 석유파동은 몇 차인가?

① 1차 석유파동 ② 2차 석유파동
③ 3차 석유파동 ④ 4차 석유파동

〈정답〉 ② 2차 석유파동
〈해설〉 2차 석유파동은 1978년 말 이란의 국내혼란과 79년 초의 이슬람 혁명을 계기로 가격이 급등하여 세계경제에 큰 영향을 미쳤다.

2. 정부가 개입하여 복지사회를 이룩하려 했으나 다수결의 원리, 획일성의 원칙, 관료제의 원리 등으로 인해 시민의 다양한 욕구를 충족시키는데 많은 한계를 가지게 된 것을 무엇이라고 하는가?

① 시장개입 ② 시장실패
③ 정부개입 ④ 정부실패

〈정답〉 ④ 정부실패
〈해설〉 정부실패(government failure)는 정부가 개입하여 복지사회를 이룩하려 했으나 다수결의 원리, 획일성의 원칙, 관료제의 원리 등으로 인해 시민의 다양한 욕구를 충족시키는데 많은 한계를 가지게 된 것을 말한다.

3. 다음 중 미래 한국사회의 변화 전망이 아닌 것은?

① 세계화 ② 획일화
③ 민주화 ④ 지식정보사회화

〈정답〉 ② 획일화
〈해설〉 미래 한국사회의 변화 전망은 ① 세계화 ② 민주화 ③ 지식정보사회화 ④ 지방화 등이다.

4. 시민헌장제도의 필요성이 아닌 것은?(2004 대전 9급)

① 대응성과 책임성을 강화시키기 위해서이다
② 모든 사람들에게 골고루 서비스를 제공하고 형평성 강조를 위해서이다.
③ 시민헌장제도 하에서는 시민의 참여가 어렵다.
④ 비용가치의 증대를 위해서이다.

〈정답〉 ③ 시민헌장제도 하에서는 시민의 참여가 어렵다.
〈해설〉 시민헌장제도는 공공서비스를 차별 없이 공평하게 공급하기 위한 제도이며, 불평처리를 위한 고객의 참여가 이루어져야 한다.

핵심정리

세계 제1, 2차 석유파동 – 원유 값이 급등하여 전 세계 각국에 경제적 타격을 준 석유파동(Oil Shock)

제1차 석유파동: 1973년 10월 6일 발발한 제4차 중동전쟁이 10월 17일부터 석유전쟁으로 비화하여 1973년 10월 16일 페르시아 만의 6개 석유수출국들은 석유수출기구(OPEC)회의에서 원유고시 가격을 17% 인상한다고 발표한 데 이어 매월 원유생산을 5%씩 감산하기로 결정하였다고 발표함으로써 석유를 정치적인 무기로 사용.

제2차 석유파동: 78년 말 이란의 국내혼란과 79년 초의 이슬람 혁명을 계기로 세계 석유공급의 15% 수준을 점하고 있던 이란은 석유의 전면 수출금지조치를 취하여 석유업자들의 매점매석과 투기성 시장조작까지 횡행하면서 국제석유시장은 급격히 혼란에 빠짐.

석유의 가채연수 – 40년으로 추정되고 있지만 채굴에 따른 추정 매장량의 감소와 함께 유가가 올라가면 아직 발견되지 않은 유전이 있을 수 있어 가채연수는 더 늘어날 수 있으나 종국적으로 바닥을 드러낼 수밖에 없는 고갈성 자원(exhaustible resource).

대체 에너지의 종류 – 첫째, 태양에너지 둘째, 풍력에너지 셋째, 지열에너지 넷째, 파력에너지 다섯째, 소수력발전 여섯째, 수력발전 일곱째, 해양온도차를 이용한 에너지 생산

인공적인 대체에너지 – 첫째, 바이오생태에너지 둘째, 연료전지로 물을 전기분해할 때 나오는 에너지 셋째, 바이오디젤로 식물성 오일과 메탄올이 섞인 연료

시민사회의 의의 – 국가로부터 그리고 민간의 기업이나 가족, 개인으로부터 상대적인 독자성을 유지하면서 공익 또는 집단적 이익의 보호, 증진을 위해 집단행동을 하는 자발적, 매개적 집단들의 집합체

시민사회의 특성 – 첫째, 시민사회는 사회적 집단의 집합체로 시민운동단체, 이익집단, 압력단체, 비영리조직, 비정부조직 등이 포함 둘째, 시민사회구성 집단들은 구성원들의 자발적 참여에 의해 구성된 자발적 집단들 셋째, 시민사회는 매개적 집단으로 시민사회구성 집단들은 국가와 시민(기업, 가족, 개인)의 교호작용을 매개하는 집단들 넷째, 느슨한 연계로 국가와 시민에 대한 시민사회구성 집단들의 관계는 어느 한쪽에 완전히 소속되는 것이 아니라 상대적 독자성을 가짐 다섯째, 시민사회의 전제는 자유국가로서 시민사회의 구성과 활동은 언론, 결사의 자유가 보장된 자유국가에서만 가능함.

세계화가 시민사회에 미치는 영향 – (1) 글로벌 자본주의 (2) NGO의 광범위한 성장과 세계화에 순응 (3) NGO 질서의 구축

제 14 장

지방행정개혁과 미래

♧ 들어가기 : 학습목표 및 목차

학습 목표	1. 우리나라 행정개혁의 발전방안에 대하여 살펴본다. 2. 신공공관리론(New Public Management)과 뉴거버넌스(New Governance)에 대하여 이해한다. 3. 벤치마킹(Bench Marking)과 혁신사례를 살펴본다.
학습 목차	1. 우리나라 행정개혁의 발전방안 2. 신공공관리론(New Public Management)과 뉴거버넌스(New Governance)를 통한 행정개혁 3. 벤치마킹(Bench Marking) 및 혁신사례

☞ 사전학습

1. 일하지 않고 살아남으려는 무사안일주의나 보신주의 행태를 지칭하는 말은 무엇인가?
   〈정답〉 복지부동
   〈해설〉 복지부동은 일하지 않고 살아남으려는 무사안일주의나 보신주의 행태를 지칭하는 말로 고전적 인간관리 전략으로는 해결하기가 어렵다.

2. 지난 20여 년간 행정개혁을 주도해온 이론으로, 비효율적인 정부에 대한 비판으로 보다 작고, 보다 효율적이며, 보다 국민의 요구에 민감하게 대응하는 정부에 대한 요구로 나타났으며 '관리는 중요하고 좋은 것이며 따라서 행정은 민간부문의 경영기법을 받아들임으로써 합리화 할 수 있다'는 일종의 이념은 무엇인가?
   〈정답〉 신공공관리론(New Public Management)
   〈해설〉 신공공관리론(New Public Management, NPM)은 비효율적인 정부에 대한 비판으로 보다 작고, 보다 효율적이며, 보다 국민의 요구에 민감하게 대응하는 정부에 대한 요구로 나타났다.

3. 기업이 어느 특정 분야에서 세계 최고로 인정되는 기업과 어느 정도 차이가 있으며, 얼마나 개선해야 하는지를 알기 위해 그들의 상품과 서비스 그리고 운영 프로세스 등을 비교 평가하고 배움으로서 자기 변화를 시도하는 경영혁신의 노력이자 전략을 무엇이라고 하는가?
   〈정답〉 벤치마킹(Bench Marking)
   〈해설〉 벤치마킹(Bench Marking)은 기업이 어느 특정 분야에서 세계 최고로 인정되는 기업과 어느 정도 차이가 있으며, 얼마나 개선해야 하는지를 알기 위해 그들의 상품과 서비스 그리고 운영 프로세스 등을 비교 평가하고 배움으로써 자기 변화를 시도하는 경영혁신의 노력이자 전략이다.

제1절 행정개혁

1. 행정개혁의 의의

1) 개념

행정개혁이란 용어는 학문적으로나 행정의 실제에서 흔히 사용되어 왔지만 그 의미는 매우 다양하여 한마디로 정의하기 어려운 개념이다. 행정개혁은 행정서비스의 질을 높이기 위해 노력하는 일련의 과정이다. 물론 행정조직도 하나의 살아 움직이는 역동적 존재인 이상 자기개선의 노력을 계속한다. 그러나 우리가 행정개혁이라 할 때 그것은 행정이 스스로의 필요에 따라 또는 사회로부터의 압력에 따라 스스로 변화하고 적응해가는 것 이상을 의미한다. 케이든(Gerald Caiden)은 행정개혁에 관한 개념의 규정을 다음과 같이 요약하고 있다. 첫째, 행정에서의 모든 개선에 적용되는 용어로 보는 견해, 둘째, 잘못된 행정에 대한 특별한 치유로 파악하는 입장, 셋째, 좀 더 훌륭한 행정의 제안으로 보는 입장이라고 규정한다. 행정개혁에 대한 처방도 다양하다. 행정개혁을 위한 구체적인 처방과 결과 사이의 인과관계도 대단히 복잡하고 불확실하다.

드로어(Yehezkel Dror)는 행정개혁은 행정체제의 주요특징을 의식적으로 변화시키는 것을 의미하며, 행정개선과 행정개혁 간에는 하나의 연속체의 관념이 존재한다고 한다.

행정개혁이란 개념에 관한 우리나라 학자들의 견해를 살펴보면 다음과 같다.

먼저, 이한빈은 행정개혁을 국가발전이란 적극적인 목적을 향하여 행정체계를 개선하고자 하는 명백한 의도를 가지고 새로운 아이디어나 그 아이디어의 결합을 행정체제에다 적용하려는 노력으로 보는 입장이다.

박동서는 개혁을 쇄신과 거의 같은 뜻으로 이해하면서, 행정개혁을 행정의 성과향상을 위한 새로운 방법의 의식적인 고안 및 적용이라고 규정하였고, 주요내용으로는 목표지향성, 새로운 방법의 고안 및 적용, 의식적 · 인위적인 노력 등이라 한다.

조석준은 행정개혁이란 행정인의 행태와 업적에 변화를 도입하려는 의식적인 노력이며, 목표에 의하여 그 방향이 결정된다고 한다. 행태적인 면을 강조하는 입장이다.

오석홍은 행정개혁을 행정체제가 더 나은 상태로의 계획적인 변동을 의미하는 경우로 행정 발전과 동일한 의미로 파악하는 입장이다.

2) 행정개혁의 필요성과 복잡성

(1) 행정개혁의 필요성

국가경쟁력 제고를 위한 행정개혁의 필요성이 대두되었다. 행정체제는 그 적응능력을 향상시키고 행정의 합리화를 위하여 개혁을 필요로 하게 된다. 행정체제는 그 자체로서 언제나 완전하다고 할 수 없으며, 개혁을 해야 할 요인은 언제나 존재하는 것으로 불합리한 요소들의 제거와 새로운 개선을 위한 개혁의 여지는 항상 존재한다. 행정개혁은 우리나라만의 관심사가 아니라 일본을 비롯해 미국, 영국, 뉴질랜드, 캐나다 등이 선진 민주주의 국가 경쟁력을 높이기 위해 대대적인 정부개혁을 시도하고 있다. 이러한 의미에서 우리는 개혁의 시대에 살고 있다.

행정개혁의 요구는 특정 국가의 행정체제의 성격, 직능 국가로서의 규모, 역사적·문화적 요인, 정치·행정 발전의 수준 등에 따라 여러 가지로 지적될 수 있다. 일반적으로 행정환경으로부터의 행정수요 변화와 행정서비스의 불일치 등에서 오는 국민들의 불만이나 낭비, 비능률 등의 요인으로 행정개혁의 필요성은 높아지게 된다.

구체적으로 행정개혁의 촉진 요인 및 필요성에 대하여 살펴보면 다음과 같다.

첫째, 정치체제 또는 정치권력의 변동이나 행정의 이념 및 목적의 변동이 행정개혁을 가져오는 중요한 원인이 되는 경우가 많다. 또한 행정에서의 지배적인 이념인 민주성, 능률성, 효과성, 사회적 형평성이나 개혁을 필요로 할 정도의 변동이 있는 경우에 이에 대응하여 행정개혁이 필요하게 된다.

둘째, 새로운 과학·기술이나 제도·절차·방법·기법 등을 행정체제에 도입함으로써 행정의 전문화·능률화·현대화의 요청에 부응하려 할 때 행정개혁을 촉진한다. 과거의 몇 차례에 걸친 행정개혁 기구통폐합 과정에서 새로운 제도나 방법 등을 변경·채택하거나 새로운 과학·기술을 이용함으로써 예산의 효율적 이용, 비능률을 제거한다거나 절차의 합리화·간소화 등을 개혁의 주체로 내세운 이유들이다.

셋째, 행정개혁은 인구 및 사회 문제 등 사회적 환경의 변화에 의해서도 촉진되는 경우가 있다. 예컨대 인구의 급격한 증가 또는 인구구조의 변동이나 기타 사회적·경제적 여건의 변동에 따른 노인문제, 청소년문제, 실업문제, 노사문제, 주택문제 등 각종 사회문제들은 행정기구의 신설·폐지·변경 등을 유발하게 하는 원인이 된다.

넷째, 행정개혁은 불필요한 행정기구의 확대, 기능의 중복, 각종 부패나 부조리 등을 이유로 국민으로부터의 강한 비판과 요구가 있을 때 필요하다. 예컨대 특정인의 자리 마련을 위한 새로운 기구의 설치 또는 기존의 기구 확장이나 특정 행정기구가 부정부패 또는 권력 남용의 온상이라는 비판이 있을 때이다. 또한 특별한 행정의 부정적 측면에서가 아닌 좀 더 긍정적인 면에서의 행정서비스 내지 편익증대를 위한 국민들의 요구도 행정개혁을 촉진하는 원인이 된다.

다섯째, 행정개혁으로 인하여 정치인이나 또는 행정 관료들에게 이익이 있는 경우 개혁은 촉진되며, 행정개혁을 유발하게 되는 전문적인 조사연구기관의 건의에 의해서도 행정개혁이 추진되는 경우가 있다.

(2) 행정개혁의 상징성과 복잡성

행정은 그 자체적인 규모가 엄청나게 커서 국민경제에 미치는 파급효과가 지대하며, 국민과 기업활동에 커다란 영향을 미친다. 따라서 다양한 이해관계를 갖고 있는 국민과 기업의 입장에서 볼 때 행정은 항상 불만과 개혁의 대상이 된다. 다른 한편으로는 정치지도자는 자신이 정부를 통제하고 있는 한, 국민의 요구에 맞게 정부를 개혁할 수 있는 충분한 능력을 보유하고 있다고 생각한다. 정권이 바뀔 때마다 행정개혁이 중요한 개혁과제로 부상하는 것은 이 때문이다.

바뀐 정권의 책임자는 항상 행정개혁을 약속한다. 행정개혁의 정치적 상징성은 정치가에게 대단히 중요하다. 그것은 정치가의 신념을 반영하는 것일 뿐 아니라 국민들의 합의와 지지가 뒷받침되는 의미 있는 행동을 취할 수 있음을 상징한다. 국민은 항상 정치지도자가 행동하기를 기대하고 행정개혁은 정치지도자에게 행동을 상징화할 수 있는 기회를 제공한다. 행정개혁은 실제로 그렇게는 이루어지지 않고 이루어질 수도 없는 진보(progress)가 이루어진 것처럼 환상을 만들어낸다. 행정개혁을 약속한 지도자가 실질적 의미에서 행정개혁을 성공적으로 이룩해 내느냐 아니냐는 문제가 되지 않는다. 간혹 행정개혁이 지향하는 목적과 가치를 분명히 제시하고 그것들을 달성하겠다는 의도를 선언하는 것으로 족하다. 행정개혁이 성공적 결과를 가지고 오지 못한 경우에도 개혁의 실패를 비판하기보다는 행정개혁의 추진이 충분하게 강력하지 못하고 장기적이지 못한 것을 주로 비판의 표적으로 삼는다.

행정개혁이 갖고 있는 정치적 상징성만큼 행정개혁의 실제적 효과가 큰 것은 아니다. 행정개혁이 행동적 의도나 이상만으로 이룩될 수 있는 것이 아니기 때문이다. 행정개혁은 뜻은 좋으나 성과는 미심스러운 영역에 속한다. 그러므로 행정개혁은 단기적인 안목에서의 성공 여부보다는 장기적인 관점에서 그것이 행정에 대한 국민들의 이해를 증진시키고, 행정개혁에 내포된 사회적 가치를 재확인시켜 주며, 여론의 환기를 통하여 행정조직이 스스로 적응적인 노력을 계속해 나가도록 압력을 가한다는 점에서 의의가 있다.

행정개혁을 상징으로서만이 아니라 실제적 사업으로 추진하는 일은 복잡한 과정이다. 행정개혁과정에 관련되는 사람들이 다양하다. 개혁을 주도하는 부류와 개혁 대상이 되는 부류, 개혁을 옹호하는 세력과 비판하는 세력, 그리고 조직화된 세력과 유동적인 세력 등등이 개혁 내용에 따라 각각 서로 다르게 행동한다. 개혁과정에서도 수많은 요인을 고려해야 한다. 개혁의 방향, 개혁의 폭, 개혁에 대한 관심의 동원, 유관기관의 협조, 제도화를 위한 자원과 기술과 지식 등등이 상호작용하고 있다. 수많은 사람들이 개혁과정에서 상호작용하면서, 동시에 그들이 서로 다른 입장에서 수많은 요인을 조작하여 자기에게 유리한 결과를 얻으려고 노력할 것이다. 이러한 복잡한 과정은 하나의 네트워크관계를 형성한다. 그리고 그 관계는 안정적인 것이 아니라 역동적이며 유동적이고 때로는 혼돈에 가까운 양상을 나타내게 된다.

행정개혁은 여러 수준에서 일어난다. 개별적인 관행의 개선이나 행정지도의 변화에서부터 개별정책의 변화나 공공서비스의 개선, 그리고 부처수준의 정책지향의 변동, 나아가서 정부조직의 개편까지 포함한다. 더 위로는 헌법적 권력구조의 변동까지 관련된다. 행정개혁은 진공 속에서 이루어지는 과정이 아니며, 기존의 윤리적 규범과 사회적 문화를 무시하면서 행정개혁을 추진하지는 못한다. 행정개혁은 행정의 변화를 표적으로 하지만 행정환경으로서 문화와 규범에 적절한 변화를 수반하지 않고는 성공할 수가 없다.

행정개혁은 행정이 이루어야 할 수많은 사회적 가치들을 포함한다. 그러나 이 속에서는 문제(problem)가 해결책(solution)을 만들어내고, 해결책이 또다시 문제를 만들어내며, 여러 가지 상징과 수많은 복잡한 이해관계가 나타나게 된다. 이 과정에서 참여자들의 범위와 해결책에 대한 정의도 서로 다르다. 따라서 무엇을 위해 행정개혁을 해야 하고 무엇이 행정개혁이어야 하는지 분명하지 않다. 여기에서 이루어지는 의사결정은 마치 쓰레기통 모형과도 같이 복잡하고 무질서하다. 어떤 한순간에 어떠한 문제와 해결책과 참여자가 어떻게 동시적으로 연결되느냐에 따라 결론이 다르게 나타난다. 이와 같은 이유로 많은 불확실성을 내포하는 조직개편문제나 국가정책의 우선순위조정 등은 행정개혁과정에서 특히 신중하게 다루어져야 한다.

2. 행정의 환경변화

아프리카 대륙의 어느 강 유역에 원주민이 살고 있었는데 어느 날 갑자기 백인들이 나타나 그 인근 상류에 거대한 댐을 건설하기 시작했다. 10년쯤 후 댐이 완성되면 강물이 말라 그들의 생활환경에 커다란 변화가 일어날 것인데도 이를 모르는 원주민들은 그들의 후손에게 생활하는 방법으로 물고기를 잡는 법, 카누를 타는 법, 농사짓는 방법 등을 여전히 가르치고 있었다. 그러던 어느 날 댐이 완성되자 그 원주민들과 그들의 문화는 지구상에서 자취를 감추게 되었다(강영철, 2001). 이 이야기는 아프리카의 많은 원주민들이 새로운 변화에 대응하지 못해 몰락해 가는 상황을 잘 보여주고 있으며, 21세기를 맞이한 우리에게도 동일한 상황이 적용될 수 있음을 시사해 준다.

1) 한국사회의 현실과 문제점

(1) 경제적 여건

한국은 1960년대 이후 수출주도형 경제발전을 추진하여 왔다. 그 후 약 30여 년 동안 연 9%의 경이적인 성장을 하였다(한국개발연구원, 2001). 그러다 1990년대 정보화와 세계화의 물결로 인해 급변하는 경제적 변혁을 맞이하게 되었다. 1997년 OECD 가입으로 한국경제의 본격적인 개방화가 이루어지게 되었다. 그러나 경제개방에 대응할 수 있는 경제와 행정체제의 미비로 외환위기를 맞이하여 IMF에 구제 금융을 신청하는 등 경제적 위기를 맞이한 것(축배의 샴페인을 너무 서둘러 터뜨렸다)으로 평가한다.

21세기를 맞이한 현재 우리나라의 경제사정을 살펴보면, 안정적 경제발전, 물질생활의 풍요, 경제적 민주화 · 복지화, 의미 있는 일의 창출과 재적응 강화, 개혁의 촉진 · 변동의 연쇄화, 경제의 세계화 등이 이루어지고 있다. 우리나라는 다음과 같은 경제적인 문제점을 안고 있다. 빈부의 격차심화, 기업구조조정과 공적 자금회수의 미비, WTO 체제에의 대응 미비, 노동시장의 비유연화, 지식기반경제 인프라미비, 세계다국적기업의 유치미비 등이다.

지난 수십 년간의 고도성장에 수반된 부작용, 후유증, 폐단을 극복하는 일, 그리고 내외 경제사정의 변화에 따라 새로이 안게 될 부담을 덜어가는 일이 상당히 힘들 것이다. 불균형성장과 부의 불공평배분에서 비롯된 빈부의 격차, 공해문제, 교통난, 주거와 휴식 공간의 부족, 노사분규 등은 고도성장을 따라온 후유증의 중요한 예이다. 그리고 앞으로 국제 간 정보격차 · 기술격차 · 자본격차로 인한 종속 문제, 국제사회의 다원화 · 다극화와 경쟁의 세계화가 심화되는 과정에서 생겨날 수 있는 마찰과 무역적자의 문제가 심각해질 수 있다.

(2) 사회적 여건

우리나라는 혼재된 사회의 특성을 가지고 있다. 조선시대의 가부장적 문화·일제식민지 시대의 통제문화·서구의 합리주의 특징을 모두 가지고 있다.

1960년 5·16군사쿠데타 후 군사정권의 수출 주도적 경제개발계획을 통해 절대빈곤 경제상황을 빠르게 개선시켰고, 중앙집권적인 통치구조는 사회 각 분야에 권위적 군사문화를 내면화시켰다. 1980년대 후반부터 시민단체 활동과 시민들의 힘의 결집이 나타나기 시작하였고, 1991년 지방자치제의 실시로 지방분권 문화가 형성되는 계기가 되었다.

1990년대 세계화와 정보화의 물결은 사회 전 분야에 무한경쟁의 인식을 확산시켰다. 한국사회 현황은 다원적 사회의 구축, 사회의 유동성의 증대, NGO의 역할 확대, 교통·통신의 발달, 고령화·고학력화·여성의 사회참여 확대, 지적 창조생활의 기회 확대, 조직사회의 변모 등 특징을 나타내고 있다.

한국 사회부문에 나타난 문제점으로는 생산적 복지 미비, 평생교육체제 구축 미비, 수도권 집중현상 심화, 노인복지와 아동복지 미비, Nimby(not in my backyard, 주변에 꺼림칙한 건축물 설치를 반대하는 주민운동) 현상 심화 등이다.

(3) 정치적 여건

해방 이후 대한민국 정부가 수립되자마자 좌·우익의 이념 논쟁으로 인해 사회는 극도한 혼란이 나타났다. 1950년 6·25사변으로 동족상잔의 비극을 경험했고, 1960년 4·19혁명과 1961년 5·16 군사쿠데타로 박정희 대통령의 제3공화국이 탄생하였다. 그 후 새마을운동과 권위적 통치가 계속되었다. 그러다가 1979년 궁정동 대통령시해사건으로 1980년 전두환 정부가 탄생하였고, 대기업 중심의 경제발전정책이 시행되었다.

1988년 노태우 정권이 들어서서는 민간부문에 의존하는 통치방식으로 변모하였고, 1993년 3당 통합과 김영삼 문민정부시대가 들어섰고, 후기에 IMF가 발생하는 어려움을 당하였다. 1998년 탄생한 김대중 정부는 구조조정, 노동시장의 유연성과 경제개방의 확대, 공적자금투입을 통하여 경제회생에 노력하는 한편 햇볕정책을 통하여 북한에 화해의 제스처를 취하면서 많은 돈을 퍼부었다.

현 한국정치의 실태와 특징으로는 지방자치제 정착, 국제적 위상강화, 민주주의의 제도화, 정보화기술의 발달과 주민참여확대, 통상외교의 강화 등을 꼽을 수 있다. 한국정치의 문제점으로는 정치의 후진성, 지역·계층 간의 갈등, 남북관계 문제의 심각이다.

국민의 정치의식 계발은 참여정치로 향한 압력을 가중시킬 것이며 국민의 참여능력도 향상될 것이다. 정권의 효율성보다는 국민지지라는 정당성이 도덕적으로 중요시될 것이다. 따라서 정치구조의 개방화 · 분권화 그리고 정치행정의 참여적 · 자율적 국면 확대는 불가피할 것이다. 소득 향상과 탈물질화 경향의 대두, 고학력화, 도시화, 수평적 사회관계의 발전, 국민의 다양한 욕구표출증대와 이익집단의 발달, 정치의식수준의 향상 등은 모두 국민의 정치적 자율성과 참여정치의 확장을 유도하는 데 기여하게 될 것이다.

(4) 행정적 여건

한국의 행정은 1960년대 군대에서 활용되던 조직, 인사, 재무 관리방법이 중요한 역할을 담당하여 경제개발5개년계획과 공무원교육훈련 등 과학적 행정관리를 도입하게 되었다. 1970년대까지 두 자리 숫자의 경제성장을 하면서 1970년대 형성된 대기업과 1980년대 중반 이후의 시민단체들의 발생으로 정부기능의 역할이 변화되기 시작하였다. 1990년대가 되면서 정보화시대의 등장으로 전자정부구현, 행정정보공개와 행정실명제시행 등으로 시민들의 행정참여증대, 시민지향적 행정업무추진의 기초가 되었다.

21세기 초의 한국행정 실태로는 전자정부의 추진, 서비스헌장제 도입, 목표관리제 도입, 행정정보공개제도 도입, 정책실명제 실시, 개방형직위 확대, 책임운영기관제도 도입, 정부업무평가제도 시행 등이 나타났다.

현재 한국의 행정부문이 당면한 문제점은 다양한 행정수요에 대응하는 행정서비스의 공급 부족, 예산집행의 비신축성, 행정부문의 생산성 부족, 정책 · 사업의 타당성분석능력 미비, 정책 · 사업의 사후평가제도 미비, 경력관리체계의 미비와 비체계적 순환보직으로 전문인력육성의 한계, 장기적인 조직혁신체계의 결의 등이다.

고도산업화 · 정보화가 진행되는 과정에서 행정체제에 기대되는 역할은 많이 변화될 것이다. 민간부문의 확대, 경제발전의 민간주도화가 촉진되고 작은 정부실현에 대한 압박이 커질 것이지만 행정의 중요성은 결코 위축되지 않을 것이다. 오히려 행정서비스의 질적 고도화에 대한 기대는 높아지고, 국민의 개별적 선택과 선호에 따른 주장이 강화되고 행정수요의 분화가 촉진되는 데 따라 다원주의적 행정서비스에 대한 요청도 커질 것이다. 행정체제가 추구하는 수단적 가치기준은 다원화될 것이며 행정기능의 분화는 촉진될 것이다. 격동하는 환경에서 정부는 급속한 기술변화와 기타 환경적 변화에 대응하여 행정체제의 유연성과 적시성을 높여야 한다.

2) 미래 한국사회의 변화 전망

2015년경 미래 사회의 세계상황을 추정해보면 세계 인구는 약 72억 명이 될 것으로 예상되며, 천연자원과 환경 측면에서는 에너지 수요 50% 증대, 물 부족현상 심화, 환경문제가 심각해질 것으로 예측된다. 과학과 기술에서는 획기적인 정보기술과 과학이 발달될 것으로 예측되며, 세계경제와 세계화 측면에서는 금융 불안과 위험성, 빈부격차가 심화될 것으로 예상하고 있다. 국가별·국제적 통치형태는 기업, 비영리기구의 영향력이 커지고 국가의 영향력이 축소될 것으로 전망되고 있다.

(1) 세계화(Globalization)

세계화(Globalization)는 국가 간의 상호관계가 강화되고, 복합적인 '상호의존성·무한경쟁'이 심화되는 현상이다. UR 협상의 타결에 이어 1995년 1월 1일 WTO 체제의 출범을 계기로 세계는 모든 분야에서 무한경쟁의 시대로 진입하였다. 시장개방과 정보통신기술의 혁신적 발달 등으로 인하여 세계는 점차 하나의 사회와 하나의 시장이 되어 물적·인적 교류가 급속하게 확대되고 있다. 앞에서 살펴본 지방화시대의 도래와 무한경쟁시대인 세계화 시대의 도래로 인하여 이제는 각 지방이 새로운 경쟁의 단위이자 주체로 등장하고 있다. 국내의 지방자치단체들이 상호 경쟁함은 물론이고, 다른 나라의 지방자치단체들과 직접 경쟁하는 상황이 조성되고 있다. 이러한 무한경쟁시대에 효율적으로 대처해 나가기 위해서는 지역단위의 총체적인 경쟁력제고가 중요한 과제로 등장하고 있다.

분명한 것은 지방화·세계화 시대에 있어서 핵심적인 주체는 지방자치단체라는 사실이다. 따라서 국가의 미래는 지방자치단체가 격변하는 세계의 상황에 얼마나 유연하고 기민하게 대처해 나가며, 능동적으로 적용할 수 있는 능력을 갖추었느냐에 달려 있다고 할 수 있을 것이다.

세계화에 따른 행정의 대응방안들을 살펴보면 다음과 같다. 첫째, 정부역할의 재조정으로 국가발전의 주체가 사회발전의 조력자가 되는 것이다. 둘째, 국가경쟁력의 강화, 민간자율성 확대, 불필요한 규제 철폐이다. 셋째, 지방정부와 민간, 다국적기업 등과 PPP(Public Private Partnership) 형성이다.

(2) 민주화

민주화는 국정운영에서 민주적 운영(참여, 공개, 책임, 투명, 신뢰)이 내면화·일상화·제도화되는 현상을 말한다. 민주화는 오늘날 전 세계적으로 추구되는 보편적 가치이지만 정치적 구호로서 너무나 오랫동안 남용되어 왔기 때문에 그 본래의 의미가 많이 퇴색되어 버렸다. 그러나 오랜 군부 중심의 권위주의시대에 이어 소위 문민정부의 신권위주의를 경험한 우리로서도 정치는 물론 행정 내부의 민주화를 비롯한 사회 모든 부문의 민주화는 이미 흘러간 구호가 아니라 바로 우리가 앞으로 달성해야 할 시대적 과제인 것이다.

그런 의미에서 새 정부의 우선적 사명은 민주행정의 기틀을 다지는 데 두어야 할 것이다. 지금까지의 한국행정은 불필요한 규칙과 절차를 양산하고 그러한 규칙과 절차에 얽매여 시간과 자원을 낭비한 점도 문제지만 더욱 심각한 것은 이러한 절차와 규칙이 관료들의 자의적 판단에 따라 불공정하게 적용되는 경우가 많다고 믿는 사람들이 많다는 것이다. 따라서 정부가 경제회복과 민주발전을 국정의 최우선 목표로 설정해야 하며 경제의 지속적 발전에 사회의 민주화가 얼마나 중요한가를 올바르게 인식해야 한다.

행정민주화 차원은 크게 두 가지로 볼 수 있다. 첫째는 사회 전체의 민주화수준을 높이는 데 행정이 어떤 역할을 했으며 앞으로는 무슨 역할을 할 것인가 하는 것이다. 이는 정부와 민간의 관계에 관한 것이다. 둘째는 행정민주화의 차원은 행정조직 내부의 의사결정 과정 또는 중앙정부와 지방정부 간의 권한분배에 관한 문제로 요약할 수 있다.

민주화에 따른 행정의 대응방안들을 살펴보면 다음과 같다. 첫째, 권위적 행정관행에서 민주적 행정관행으로 전화한다. 둘째, 사회적 갈등의 조정방식 변화로 권위적 조정에서 타협과 협상을 한다. 셋째, 행정 내적 측면에서 관리의 민주화, 부하의 참여확대, 권한위임이 필요하다.

(3) 지식정보화사회의 도래

지식정보화는 지식과 정보가 생산성 경쟁력을 위한 의미 있는 자원이 되는 사회를 말한다. 현대사회는 국가마다 상대적인 차이는 있지만 정보화의 진전이 급속하게 이루어지고 있다. 정보화의 진전은 정보통신기술의 급속한 발달, 인간의식과 생활조건의 변화, 창조 지식과 정보의 중요성 제고, 정보수요와 정보창출의 증대 등 여러 가지 복합적인 동인에 의하여 이루어지고 있다. 이러한 정보화의 진전에 따라 지방행정에 있어서도 정보통신기술의 활용이 급격히 확대되고 있다. 이에 따라 지방행정은 기존의 문서처리시스템에서는 수행할 수 없는 새로운 활동들을 하게 될 것이며, 정보기기의 활용에 따른 많은 영향들이 나타나게 될 것이다.

먼저, 행정정보화의 진전에 따라 행정조직 내적 구조 측면에서 많은 변화가 있을 것이다. 행정업무의 전산화에 따라 의사전달체계의 변화, 중간 관리층 규모의 축소, 계층구조의 단순화 등과 같은 조직행태 및 구조의 변화가 이루어지고 있다. 따라서 행정정보화의 진전에 따른 조직구조 및 절차의 정비가 요구된다. 또한 정보화의 진전에 따라 국가와 사회의 관계가 종래의 수직적 관계에서 수평적 관계로 변화되고 있으며, 국가의 독점적 지위가 약화되고 있다.

정보화사회 진행과정에서 정보 창출·활용의 완전한 평준화는 기대하기 어렵다. 정보유통의 기술발전에도 불구하고 사람들의 의지에 따라서는 정보개방이 제약될 수 있다. 사회 내에서 정보 부유층과 정보 빈곤층이 생기고, 정보 선진국에서 후진국으로 정보가 흐르는 과정에서 계층화·종속화의 문제가 생길 수 있다. 정보공개·정보통제의 기술발전은 개인의 프라이버시 침해, 정보의 오용·남용에 의한 인권침해, 낭비·범죄 등의 위험도 크게 증대될 것이다.

지식정보화사회에 따른 행정의 대응방안들을 살펴보면 다음과 같다. 첫째, 정보사회인프라 확충으로 행정정보화, 국가정보화, 정보관리체계, 정보교육 등이 있다. 둘째, 개방적·민주적 행정체제로의 전환으로 정보욕구에 대응, Digital Divide 시정을 한다. 셋째, 전자정부의 지속적 Upgrade, 정보정책의 내실화를 만든다.

(4) 지방화

지방화는 지방자치의 지속적 확대를 말한다. 지방화시대라는 의미는 정치활동의 다극화 및 지방분권화, 복지의 균형적 충실화, 환경의 중시, 인구의 지방분산 등을 지향한다는 의미이다. 이러한 지방화시대는 지금까지 중앙정부에의 의존을 심화시켜 왔던 개발행정의 속성인 종합성·집권성에서 벗어나 지방주민의 참여라는 민주성과 지방행정의 자율적 주체성을 회복하여 불확실하고 어려운 사회문제를 원만히 해결할 수 있는 시대를 말한다. 즉 지방분권시대의 지방정부가 주민복지의 기반을 국가발전으로 응집시켜 가는 수렴 과정을 거쳐 국가정책이 집행되는 시대를 의미하는 것이다.

지방화시대의 기본적인 관점을 크게 중앙의 논리에서 지방의 논리로 전환, 관청문화에서 주민중심의 문화로의 변환이라는 두 가지 시각에서 설명할 수 있다. 첫째, 판단과 결정의 기준을 중앙에 두고 지방의식의 타율성을 조장했던 집권, 능률, 획일, 불균형, 관리 위주의 중앙 논리에서 지방의 특수성과 주민의 자치의식에 기반을 둔 분권, 민주, 다양, 균형, 자립을 추구하는 지방 논리로의 전환을 들 수 있다. 둘째, 관 중심문화에서 주민 중심문화로의 변환으로 전통적으로 권위주의적이고 관 지배주의적인 행정문화유산을 토양으로 해서 권력을 독점하는 집권적 행정문화로부터 탈피하여 관이 주민입장에서 여건 조성과 지역사회 내 모든 가치의 상충을 조정하고 공동 가치를 종합하는 역할을 수행하는 주민 중심문화로의 변화이다.

지방행정의 수요는 그의 환경으로부터 발생하고 이러한 수요를 충족시키기 위한 지방행정의 활동결과는 다시 환경으로 투입되는 피드백의 과정을 거쳐 새로운 환경요소로 기능을 담당한다. 따라서 지방행정과 환경과의 관계는 지방화시대의 행정환경변화와 지방행정의 대응이라는 관점에 있을 것이다. 즉 지방화시대의 행정환경으로 작용하게 될 정치·행정·경제·사회·문화의 지방화시대와 다양성은 새롭고 증대된 행정수요를 창출하고 지방행정은 양과 질을 달리하는 행정의 공급으로 대응하는 과정이 환류되면서 지방화를 촉진하게 될 것이다. 이는 지방정부의 권한증대, 행정에 대한 주민참여의 확대, 지방의 거점도시화에 따른 광역행정, 행정에 대한 주민의 욕구증대, 공무원의 책임의식과 가치관의 변화, 지역경제의 활성화와 국제화, 복지 분야 서비스의 수요증대를 가져오게 된다.

지방화에 따른 행정의 대응방안들은 다음과 같다. 첫째, 중앙정부는 지방정부에 실질적인 권한을 이양하고, 재정, 인력 등 실질적 지원을 해야 한다. 둘째, 지방정부 스스로 재정능력 확보 노력이 필요하고, 민주성을 확보하기 위한 노력 역시 병행해야 한다.

(5) 미래 한국사회의 변화 추정

미래 한국사회의 가장 큰 특징은 지식기반사회, 세계화된 사회, 복잡성과 불확실성의 증대일 것으로 예측되고 있다.

첫째, 경제적인 측면에서는 선진국에 진입하게 될 것이며, 첨단 및 성장산업의 발전, 동북아 경제권의 중심지, 민간부문의 경쟁력 강화, 지식경제 확대에 따른 전략적 인력개발, 첨단과학과 기술정보 및 관리지식의 각 부분에의 확산, 태평양시대에 따른 국제교역의 중심지, 노동시장의 유연화, WTO 체제의 주도적 역할 담당, 지식기반경제 인프라확립 등 장밋빛 전망을 하고 있다. 그러나 문제점으로는 빈부격차의 문제, 기업구조조정 문제, 성장산업과 비성장산업의 이원화 문제, 농축수산업의 보완책미비, 노동인력의 부족과 비전문직근로자의 고용문제 등이 제기될 것으로 전망된다.

둘째, 사회적 측면에서는 개방화사회가 도래하며, 중국, 러시아, 일본과의 교류증대와 전국토의 반일 생활권, 사회적 유동성증대, 평생교육시스템 확립, 정보화사회 구축과 지식기반사회의 도래, NGO의 기능 확대가 예상된다. 그러나 이에 비하여 문제점으로는 노인문제, 여성문제, 사회적 소외계층문제, 범죄문제, 지역갈등, Nimby현상의 지속화, 국민적 기대와 요구 증대가 심화될 것으로 예상된다.

셋째, 정치적 측면에서는 책임정치의 구현과 정치민주화, 정당제도의 정비, 국제적인 외교통상력 확대, 지방자치제의 정착과 참여정치의 활성화, 정치의 투명성 확대와 부패 근절, 남북통일이나 협력 확대가 나타날 것으로 예상된다. 그러나 다음과 같은 문제점이 발생할 것으로 예측한다. 지역 간의 갈등문제, 남북문제의 관리, 외국인 근로자의 문제, 다원화된 이해관계집단의 조정 등이다.

넷째, 행정적 측면에서는 전자정부의 구축, 행정의 투명성과 전문성강화, 개방형 직위제도 확대, 인력풀제의 도입, 정부조직에 대한 감시확대, 책임경영기관 확대, 국제적인 교류업무 확대, 지방자치제의 발전, 고객 지향적 행정체계 구축, 지식기반행정체제 등이 이루어질 것으로 예측한다. 행정적 측면에서의 문제점으로는 행정수요의 증대, 행정의 국제경쟁력 미비, 국가재정의 부족 등이 나타날 것으로 예측된다.

3. 우리나라 행정개혁의 발전방안

1) 행정환경변화와 행정의 병폐

우리의 전체적인 사회체제는 격동적인 변화를 겪어 왔고 앞으로도 그러할 것이다. 각 이익부문의 요구 사항의 증대로 이익집단의 요구는 더욱 격렬하고 첨예한 대립이 발생할 것이다. 이러한 사회의 변화에 부응하기 위해 행정 또한 변혁이 요구되고 있다. 21세기의 정보혁명은 이러한 변화를 더욱 부추기는 요인이자 원동력이 되고 있다. 한국행정의 병폐는 다음과 같은 것들이 있다.

첫째, 행정의 과잉팽창이다. 우리나라는 산업화의 추진으로 인한 지나치게 강력한 행정국가가 되었고, 행정의 양적확대에 따른 절대관료제적 국가이며, 양적인 팽창에 비해 행정의 질적 향상은 미비한 실정이다.

둘째, 정당성의 결여와 부패문제이다. 정치와 행정의 분리가 미비하고 경제발전정책을 행정부의 주도로 시행하였다. 효과성과 수단적 능률성의 절대적 강조와 기업과 행정부 간의 유착현상이 심화되었다.

셋째, 전통 관료제적 구조의 폐단이다. 집권화된 피라미드형 조직구조와 부처이기주의의 심화 및 권위주의적 문화에서 온 권력집착형 조직증설, 구조의 경직화로 인한 능동적인 대응성의 저하가 나타났다.

넷째, 비통합적 · 권위주의적 관리 작용이다. 한국행정 관리체제는 지위 중심적 · 권한 중심적 성격이 강하며, 비통합적인 구조는 조직구성원을 피동적 · 미성숙적으로 만들었다. 권위주의적 행정문화는 국민의 억압에 대한 면역을 약화시키는 역할을 하였다.

다섯째, 취약한 변동대응력과 부정적 관료행태이다. 여러 요인으로 인해 행정은 경직화되어 번문욕례, 형식주의가 되었고, 급변하는 사회의 요구에 대한 신속한 변화를 저해하게 되었으며, 피동적인 공무원들은 가치혼란을 경험하며 복지부동화되는 경향을 보였다.

2) 주요 개혁현안의 논의

(1) 행정기구의 개혁

행정기구란 행정체제의 구조적 골격을 구성하는 행정기관들의 양태와 전체적인 배열을 의미한다. 행정기구는 국가의 행정을 수행하는 기초로서 행정기구를 조정 또는 통폐합하는 개혁의 구조적 접근방법은 오래된 것이며 개혁의 현장에서는 가장 널리 쓰이고 있다. 우리나라에서는 특히 가시적인 결과를 빨리 보여줄 수 있기 때문에 개혁의지를 천명하고 싶은 정치지도자들이나 개혁추진자들은 구조적 접근방법을 자주 사용하여 왔다.

우리나라정부의 중앙행정기구는 전근대적 전통과 개발연대의 산업화관료제적 전통을 물려받았다. 그런가 하면 시대적 요청의 변화에 따라 느리게 적응해가는 낙후된 과도체제의 성격을 가지고 있었다. 우리 행정기구의 특성과 문제점들을 보면 다음과 같다.

첫째, 행정기구는 거대정부의 특성을 반영하고 낭비적인 거대규모를 대체로 유지하고 있다.

둘째, 구조형성에서 기능분립의 원리를 거의 그대로 답습하며 기능구조들 사이의 횡적 연계는 취약하다.

셋째, 집권화 구조의 기본체제를 유지하고 있다. 이러한 현상은 구조상의 형식주의를 심화시키고 정부활동조정 실패라는 과도적 혼란을 빚고 있다.

넷째, 전형적인 관료적·계서적 구조의 특징인 고층의 피라미드형 구조가 기본적 양태로 되어 있다.

다섯째, 구조가 너무 획일적이며 경직되어 변동 저항적이므로 격동하는 상황의 요청이나 적시성의 요청에 제대로 부응하지 못한다.

행정기구개혁은 다음과 같은 기본적인 원리를 필요로 한다.

첫째, 구조조정과 감축이다. 행정수요와 여건의 변화에 따른 구조조정과 구조감축의 필요에 보다 효과적으로 대처해야 한다. 규제개혁, 정보화, 국가발전단계별 환경변화 등은 전통적 관료제구조를 재편해야 한다는 커다란 압력을 형성하고 있다.

둘째, 협동적 조정체제 구축이다. 조직 간 업무배분 그리고 조직 간 관계설정에서 기능분립주의를 완화하고 협동적 조정체제를 구축하도록 해야 한다. 누가 명령할 권한을 갖느냐는 생각보다 어떻게 일을 함께 성취하느냐는 생각을 더 많이 하게 되어야 한다. 기관 간의 협조체제를 강화하기 위해서는 인사교류와 파견근무제의 활용을 확대하고 통합적 정보관리를 촉진해야 할 것이다.

셋째, 구조의 연성화를 촉진해야 한다. 구조를 연성화한다는 것은 적응성을 높여 유기체화한다는 뜻이다. 관료제구조의 경직성을 완화하여 적응성을 높이는 것은 격동하는 시대의 필수조건이다.

넷째, 분권화·자율화를 촉진하는 구조개혁을 계속해야 한다. 분권화를 촉진하려면 통솔의 범위는 넓히고 행정계층의 수는 줄이는 저층구조화를 지향해야 한다.

다섯째, 조직구성을 다원화하는 개혁이 있어야 한다. 행정조직의 목적과 기능의 다양성에도 불구하고 획일적으로 계서제적 구조설계를 적용하려는 것은 무리한 일이다.

여섯째, 지방화에 대응한 기구개편과 통합적 정보관리체제를 조정할 수 있도록 발전시켜 나가야 한다.

일곱째, 한시적·임시적 조직의 항구화를 막기 위한 특단의 노력이 필요하며, 위원회형 조직의 남설을 경계해야 한다. 모든 행정기관에 어떤 종류의 위원회를 획일적으로 구성하게 하는 법령의 제정은 엄격히 제한해야 한다.

여덟째, 경계 완화와 구조적 왜곡 시정이다. 경직한 조직의 경계로 인하여 관청의 문턱이 높다는 말이 나오게 설계되고 운영되는 행정기구는 개편하고 고객의 접근이 용이한 구조를 만들어야 한다.

(2) 행정과정의 개혁

행정과정이란 일정한 행정목표성취를 지향하는 일련의 행동 또는 교호작용을 말한다. 행정과정의 구체적인 모습은 매우 다양하다. 행정의 실제에서는 과정보다는 절차라는 말이 더 많이 쓰인다. 우리나라의 행정과정의 문제점들은 다음과 같다.

첫째, 행정과정의 정보화 등 기술개발이 부진하다.

둘째, 행정과정의 폐쇄성이 높고 정보유통을 방해하는 구조적·행태적 요인들이 많다.

셋째, 번문욕례와 형식주의가 심하고 경직성이 높다.

넷째, 행정과정에서의 환류작용이 부실하다.

다섯째, 행정과정의 공급자중심주의적 성향이 강하다.

이러한 문제점들을 해결하기 위해서는 다음과 같은 행정과정의 개혁이 필요하다.

첫째, 행정과정의 기술 집약화에 주력해야 한다. 특히 정보화기술의 개발·활용을 촉진해야 한다. 행정과정의 기술개발을 추진할 때에는 기술적 요청과 사회적 요청의 괴리 때문에 빚어질 수 있는 대립과 갈등을 최소화하도록 노력해야 한다.

둘째, 정보유통을 원활하게 해야 한다. 원활한 정보유통을 방해하는 구조적·기술적·행태적 장애들을 제거해야 한다. 특히 계서제의 역기능으로 나타나는 정보유통 장애를 극복하는 데 주력해야 한다. 또한 정보처리의 분권화와 통로의 다원화를 모색하고 정보선별기준 및 능력을 발전시켜야 한다.

셋째, 공개와 고객의 참여를 촉진해야 한다. 문제해결과정의 참여적·협동적 성격을 강화해야 한다. 행정과정의 민주화 요청뿐만 아니라 환경의 격동성과 미래예측의 불확실성이 또한 참여의 필요를 증대시키고 집단적 협동에 의한 문제해결방법의 적용확대를 요구한다. 참여는 행정과정의 공개를 전제로 한다.

넷째, 격동하는 환경에 대응하려면 행정과정의 적응성을 높여야 한다. 행정과정의 효율화를 위해 표준화를 촉진해야 하지만 그것이 지나치면 안 된다. 지나친 획일주의, 과잉규제, 번문욕례는 행정의 대응능력을 약화시킨다.

다섯째, 행정과정은 고객의 편의와 권익을 보호하는 정당한 것이라야 한다. 이를 위해 행정과정을 민주화하고 과정운영자들의 부패, 형식주의 등 부정적 행태를 바로잡아야 한다.

여섯째, 환류에 의한 행동수정 능력을 향상시켜야 한다. 예컨대 신뢰성 없는 각종 보고의 형식적 제출, 왜곡된 정보의 제출, 중복적인 보고의 요구, 불필요한 보고요구 등은 배제해야 한다.

(3) 복지부동 해소대책

복지부동은 일하지 않고 살아남으려는 무사안일주의·보신주의 행태를 지칭하는 말이다. 고전적 인간관리 전략(처우개선, 승진, 통제)을 이용한 정부의 시책은 성공적이라고 보기 어렵다. 복지부동의 개선대책으로는 다음과 같은 것들이 있다.

첫째, 전통적인 방법의 개선이다. 공무원들의 처우수준 개선, 형평성 개선, 성과주의 통제체제 개선, 부패질서 확립, 조직 내 인간관계 개선, 공직윤리의 행동규범의 시대적 조건에 부합한 수정노력 등이다.

둘째, 직무지향적인 방법의 강화이다. 직무재설계를 촉진하여 공직자 개개인이 맡은 업무에 심리적 영양소를 주입한다. 임용관리를 개선하여 일과 사람의 부적응을 최소화하며, 조직과 인간 사이의 일체감을 증진시킨다. 책임 있고 능동적인 직무수행, 직무수행을 통한 자기실현의 방해 또는 교란하는 조건들을 제거하고 정치와 행정의 정당성을 확보한다.

(4) 인사제도의 혁신

인사제도의 혁신을 위해서는 첫째, 정치와 행정 분야에서 민주화의 진전이 있어야 한다. 정치안정과 민주화의 진전 없이 관리기술의 개선만으로 진정한 인사행정의 발전을 담보하거나 기대하기 어렵다. 예를 들면 인사행정에 대한 정치적 간섭이 제거되어야 한다.

둘째, 인사제도에서 유연화가 필요하다. 조직의 수요변동에 따라 신축적으로 채용수준을 조정하여 조직이 필요로 하는 인력의 실제 채용된 인력의 규모를 일치시킨다. 여기에는 임용형태의 유연화(계약제, 파트타임 시간제 등), 근무형태의 유연화(변형근로시간제, 변형근로일제도 등), 작업의 유연화(외부민간위탁, 파견근로자 임용, 자원봉사자 활용) 등이 있다.

셋째, 공무원들의 국제적 대응능력 향상이 필요하다. 기업에서 국제인사관리의 중요성이 부각된 지는 이미 오래이나 정부분야에서는 여기에 대한 관심과 대응이 상대적으로 부실하였다. 최근에 국제사회의 흐름이나 국제무대에서 적극적으로 대처할 수 있는 공무원을 양성하는 것이 중요한 과제로 등장하게 되었다. 또한 분야별 국제협력 등에서 협상력을 제고하기 위해서는 공무원들의 국제적 대응능력 향상이 매우 중요한 과제로 등장하고 있다.

인사제도의 혁신으로는 임용차별 철폐와 임용체제의 개방화가 중요하다. 임용차별 철폐는 대표관료제적 이상의 구현을 말한다. 우리나라 정부는 여성에 대한 임용차별을 해소하기 위한 시책들을 채택해 왔다. 5급 이하 공무원 채용시험에서 여성합격자의 비율에 관한 일종의 할당제를 실시하였다. 내부임용에서도 여성 관리자의 수를 늘리는 인사원칙을 정하여 인사권자들에게 그 준수를 권고하고 있다. 정무직의 임용에서도 여성배려가 소폭이지만 행해지고 있다. 정당법은 국회의원 및 시・도의원 비례대표의원 후보자 중 30%를 여성에게 할당해야 한다고 규정하고 있다. 이런 일련의 조치들은 대표관료제적 아이디어에 연계하여 이해할 수 있다.

다음은, 임용체제의 개방화이다. 임용체제의 개방형은 공직의 모든 계층에 대한 신규채용을 허용하려는 제도이다. 우리나라 정부의 관료제는 오랫동안 전통적인 직업공무원제의 틀에 안주해 왔다. 폐쇄형임용체제는 공직을 침체시키고 관료집단을 외부의 요청과 변화에 둔감하게 만든다는 약점을 지니기 때문이다. 임용체제개방화의 대안으로는 고급관리자에 대한 신분보장조항 폐지, 임기제와 재임용제 적용, 여러 형태의 비정규직에 대한 계약제임용의 확대, 중・상위계층에 대한 공개채용시험제 도입, 특별채용확대, 복수직제의 확대, 계급정년제 채택, 임의퇴진의 촉진 등이다.

(5) 민원행정의 개혁과 문화콘텐츠산업의 진흥

행정과 행정개혁의 성과주의적 처방은 시대적 조류이다. 성과급 제도는 직무수행의 실적을 보수결정의 기준으로 삼는 제도이다. 성과급 성공의 조건으로는 행정문화의 개혁, 평가·급여방법의 개선, 재정적 지원, 관리체제의 개선이 전제가 되어야 한다.

민원행정은 집행적·전달적 행정 가운데서 고객의 특정적 요구행위가 있을 때 그에 대응하는 행정을 말한다. 민원행정의 개혁방향은 민원처리절차의 간소화·능률화, 민원행정의 공개성과 능동성 제고, 민원실·민원창구의 개선, 행정규제완화와 민원사무 민간위탁 확대, 행정절차제도의 운영내실화와 입증책임의 방향전환, 청렴성·친절성의 함양, 집단민원처리능력의 향상, 행정관리체제의 개혁이다.

최근 지식과 감성이라는 무형자본의 가치가 급부상하고 있다. Ross(2003)는 산업구조가 과거의 제조업기반경제에서 지식기반경제로, 다시 콘텐츠기반경제로 발전하리라고 전망한다. 이는 21세기 들어 문화콘텐츠부문이 미래의 유망산업이 아닌 주력산업으로 곧 대두할 조짐을 보이고 있는 것이다. 그러나 전문 인력의 부족, 제작자금의 부족, 원 소스 멀티 유즈(One Source Multi Use)를 통한 가치창출구조를 살리지 못하는 산업장르 간 연계 미비, 유통체계 미흡, 해외진출기반 취약 등이 문제점으로 지적된다. 그러므로 지방자치단체에서는 향후에 이런 문제점에 대한 체계적 정비와 더불어, 문화산업정책을 유기적으로 연계시켜 시너지효과를 창출하도록 해야 한다.

(6) 공직부패 방지와 통제

우리나라에서 공직부패를 방지하고 통제하는 문제는 행정개혁의제 가운데서 가장 심각한 현안이며 최대 난제이다. 부패방지를 위해서는 다음과 같은 방법이 사용될 수 있다.

첫째, 정경유착을 단절시킨다. 우리나라의 고질적 비리인 정경유착의 문제를 해결하는 것이 가장 시급한 문제이다. 정경유착을 해소하는 방안으로 정치권의 개혁, 행정부문의 부패 추방, 민간기업의 윤리성이 확보되어 상호 상승작용을 할 수 있도록 배려되어야 할 것이다. 정경유착을 없애기 위해서는 무엇보다도 경제정책의 투명성 확보가 요구된다.

둘째, 행정부문의 개선이 필요하다. 행정부문의 부패를 개선하기 위해서는 행정의 투명성, 규제완화 및 행정개혁, 공직자윤리 확립 등이 필수적 과제로서 거론될 수 있다. 행정의 투명성 확보를 위해서는 민원처리 온라인 공개시스템이 필요하다. 규제완화 및 행정개혁은 불합리한 인·허가 등 행정규제를 줄임으로써 규제를 피하기 위한 부패의 소지를 감소시키는 효과를 도모할 수 있다. 공직자윤리 확립은 이권개입·이익충돌 금지, 선물·경조금

수수제한 등의 내용을 담은 공무원으로서 준수해야 할 표준적 행동규범을 마련한다.

셋째, 부패방지제도의 개선이 필요하다. 부패를 적발하고 예방하는 등의 부패방지시스템이 선진화되지 않으면 방지전략들이 탁상공론에 그칠 우려가 있다. 이를 위해서는 먼저, 부패 적발 및 처벌의 실효성을 가져야 하는데 검찰의 정치적 독립성 확보와 엄격한 수사, 부패행위자에 대한 사면·복권 제한, 정치자금에 대한 중앙선관위의 조사 강화 등이 필요하다. 다음은, 고위공직자 비리조사기구를 설치하는 것인데 국가권익위원회에 조사권을 부여하는 방안, 특별검사제를 도입하는 방안, 비리조사기관의 인사·예산상 독립성을 확보토록 하는 방안 등이 있다. 마지막으로 법률의 정비로는 돈세탁방지법의 정치자금 예외조항을 삭제하고, 부패방지법을 개정하여 내부제보자에 대한 실효성 있는 보호 및 이해관계 있는 사항에의 개입금지 등을 명문화해야 한다.

제2절 NPM과 New Governance를 통한 행정개혁

1. 신공공관리론(New Public Management)과 행정개혁

지난 20여 년간 행정개혁을 주도해온 행정학의 새로운 경향은 신공공관리론(New Public Management)이라 할 수 있다. 비효율적인 정부에 대한 비판으로 보다 작고, 보다 효율적이며, 보다 국민의 요구에 민감하게 대응하는 정부에 대한 요구가 급증하였다. 그 결과 공공부문에 대한 근본적인 개혁의 필요성이 대두되게 되었다. 학자들뿐만 아니라 일반시민들 사이에서까지도 전통적인 행정학이론과 이에 근거한 행정에 근본적으로 심각한 결함이 있다는 사실에 대한 광범위한 공감대가 형성되었다.

이러한 반정부적(anti-governmental)이고 반관료제적(anti-bureaucratic)인 정서가 전 세계적으로 확산하였고, 세계 주요 국가들은 신공공관리론에 근거한 획기적이고 광범위한 행정개혁을 추진하기에 이르렀다. 그 결과, 신공공관리론을 통한 행정개혁이 전 세계적으로 보편적인 현상이 되었다.

1) 신공공관리론의 이론적 기초

작고 효율적인 정부에 대한 사회적 요구의 증가로 뉴질랜드, 영국, 미국, 캐나다 등 서구 국가들에서 행정개혁이 진행되면서 신공공관리론이 '관료주의적 패러다임'에 근거한 전통적 행정학의 대안으로 부상하였다(Gore, 1994; Mascarenhaus, 1993). 관료주의적 패러다임은 계층제적 통제와 전문화, 명확하게 규정된 규정과 절차 등을 통해서 '좋은 행정'을 구현할 수 있다고 주장하는 반면, 신공공관리론은 전통적인 행정학의 이러한 처방들이 오히려 많은 문제들을 초래하였다고 비판한다.

서구의 행정개혁은 개혁의 규모, 성격, 접근방법의 차이에도 불구하고 소위 신공공관리론이라고 불리는 새로운 패러다임으로 통합될 수 있는데, 이러한 새로운 패러다임은 관리주의(managerialism)와 신제도주의 경제학(new institutional economics)이라는 두 가지의 이론적 기초에 근거한다.

(1) 관리주의

먼저, 신공공관리론은 관리주의에 근거하는데 "관리는 중요하고 좋은 것이며, 따라서 행정은 민간부문의 경영기법을 받아들임으로써 합리화될 수 있다."는 일종의 이념(ideology)이다.[1] 일반적으로 효율적이고 대응적인 정부를 만드는 것이 관리주의적 개혁의 주목적으로 이해되고 있다. 그러나 이러한 목적은 결코 새로운 것이 아니므로 관리주의와 전통적인 행정학을 구분하는 기준이 될 수 없다. 관리주의와 전통적 행정학을 구분하는 기준이 되는 것은 관리주의가 처방하는 개혁전략이다. 신공공관리론은 어떻게 효과적이고 대응적인 정부를 구현할 것인가 하는 문제에 대한 근본적인 관점의 변화를 의미한다(Terry, 1998). 신공공관리론은 민간부문의 경영기법의 도입을 통해 효과적이고 대응적인 정부를 구현할 수 있다고 주장한다. 즉 정부는 기업과 같이 운영되어야 하며, 관료는 공공기업가(public entrepreneurs)가 되어야 한다는 것이다.

구공공관리론은 사회문제해결에 필요한 인간의 합리성에 대한 확신에 근거하여, 중앙집권화된 관료제에 의한 합리적 기획을 강조하였고 결과적으로 관료제의 팽창을 초래하였다. 이렇게 구공공관리론이 민간기업에서 사용되는 의사결정기법의 도입에 의한 정부 관료제의 의사결정 능력의 향상에 관심을 두었던 반면, 신공공관리론의 주된 관심사는 어떻게 하면 치열한 시장경쟁에서 민간기업을 살아남게 하는 관리기법을 정부 관료제에 도입하여 정부의 성과를 향상시킬 수 있는가 하는 것이다.

한국의 경우, 신공공관리론은 소위 신자유주의라는 정치이념에 근거하고 있다는 주장이 있는데(김태룡, 1999; 허철행, 2000) 이것은 정부의 역할을 대폭 시장에 맡겨야 한다는 것

1) Terry(1998)에 의하면, 계량적/분석적 관리론(quantitative/analytic management), 정치적 관리론(political management), 해방관리론(liberation management), 시장원리관리론(market-driven management) 등 다양한 공공관리론의 접근들이 존재하지만 이들이 모두 이 특성을 공유한다고 한다.

을 의미하는 것이 아니다. 신공공관리론이 주장하는 것은 정부 관료제의 운영체제가 시장을 모방해서, 시장경쟁의 원리가 관료제와 계층제적 통제를 대체해야 한다는 것이다. 신공공관리론은 민간기업의 관리 전략, 기법을 적용하여 정부 관료제의 내부적 운영을 합리화하려는 관리개혁으로, 이론, 경험, 그리고 실제에 의해 개발된 이론이며, 이념적 편향에 의해 영향을 받는 것은 아니다.

(2) 신제도경제학(new institutional economics)

신공공관리론이 영향은 받은 것은 신제도경제학(new institutional economics) 또는 신제도주의(new institutionalism)이다. 이러한 영향으로 신공공관리론은 공공선택이론, 특히 관료제에 관한 공공선택이론과 그 이론적 기초를 공유한다. 비록 관료들이 훌륭한 관리기술은 가지고 있지만 관료들은 신뢰할 수 없다는 전제하에, 신공공관리론은 주인-대리인 이론과 거래비용이론의 처방을 통해서 "도덕적 해이를 유발하는 행동을 할 선천적인 경향"(Donaldson, 1990: 372)을 어떻게 하면 합리적인 인간들을 동기부여할 수 있는 유인체제(incentive structure)로 설계할 수 있는가에 관심을 가진다. 이와는 대조적으로 구공공관리론은 관료들이 개인적인 효용을 극대화하지 않는다는 가정하에 어떻게 하면 관료들의 예측 및 기획능력을 향상시킬 수 있는가에 관심을 가진다.

신공공관리론의 이러한 측면은 시장원리관리론(market-driven management)이라 불리기도 한다. 시장원리관리론이 주장하는 유인체제는 경쟁이다. 여기에서 경쟁은 공공부문의 내부적 시장(internal market)에서의 경합가능성(rivalry)을 의미한다. 시장원리관리론 옹호자들은 관료들이 내부적 시장압력에 노출될 경우 그들의 성과를 향상시킬 수밖에 없게 될 것이라고 주장한다. 즉 내부적 시장을 구축하는 것이 정부 관료제의 통제기제로서 전통적인 행정학의 계층제나 내부적 규제보다 훨씬 우월하다는 것이다.

2) 신공공관리론의 행정개혁전략

민간부문의 관리기법이 공공부문의 관리기법보다 우월하며, 공공부문과 민간부문의 관리가 본질적으로 다를 것이 없다는 신념을 가지고 다음과 같은 행정개혁전략을 주장한다.

첫째, 규정과 규제의 완화, 분권화 및 관료의 재량권확대를 통한 관리의 탈규제화가 이루어져야 한다.

둘째, 성과에 대한 명시적인 기준과 측정에 의한 투입통제 및 관료제적 절차의 대체가 필요하다.

셋째, 계약제, 외부계약 등을 통한 공공부문에의 경쟁과 경합가능성의 도입이 필요하다.

넷째, 공공부문의 대규모 관료제의 준자율적 단위로의 정책결정과 정책집행기능의 분리가 이루어져야 한다.

다섯째, 민간기업 형태의 관리기법의 도입으로 기업가정신에 근거한 행정이 전통적인 관료제적 행정을 대체하여야 한다.

여섯째, 자원배분과 보상을 측정된 성과와 연계하는 금전적인 유인체제에 의한 비금전적 유인체제의 대체가 있어야 한다.

일곱째, 비용절감, 효율성 및 인원감축이 강조된다.

그러므로 신공공관리론의 행정개혁전략의 핵심은 경쟁의 원리가 적용되는 유인체제를 마련하고, 그 체제하에서 관료를 관료제적 규제로부터 해방시켜 공공기업가(public entrepreneur)로서 자유롭게 활동할 수 있게 하는 것이라 할 수 있다.

3) 신공공관리론의 비판

1980년대와 1990년대에 신공공관리론의 적실성은 거의 의심받지 않았다. 그러나 신공공관리론이 세계적으로 새로운 패러다임으로 인정되고 행정개혁전략으로서 인기를 누렸지만 몇 가지 이유로 비판을 받고 있다.

첫째, 공공부문은 민간부문과 다르기 때문에 민간부문의 관리기법을 공공부문에 적용하는 것은 불가능하다는 주장이 있다. 행정환경은 민간기업들과는 근본적으로 다르다. 특히, 좋은 행정의 구현에 핵심적인 역할을 담당하는 사회와 정부 간의 관계, 그리고 정치와 행정과의 관계 등은 민간부문에는 존재하지 않는다. 정부 관료제는 시장노출성의 정도, 공식적·법적 제약, 정치적 영향력, 강제성, 영향의 범위, 대중의 기대, 그리고 목표의 다양성 등의 측면에서 민간기업과는 근본적으로 다르다.

둘째, 민주적 책임성과 기업가적 자율성과 재량권 간의 갈등으로 신공공관리론은 정부관료제의 효율성을 향상시킬 수 없다는 비판이 있다. 공공부문의 성과측정이 어렵거나 혹은 불가능한 경우가 많으므로, 투입에 대한 통제나 행정적 절차가 성과측정의 대리변수로 사용된다. 즉 관료제의 규칙과 규제는 행정의 책임성을 확보하는 전통적 행정학의 도구였던 것이다. 공공부문의 성과측정이 곤란한 경우, 행정의 효율성 향상의 도구로 기업가적 재량권을 선호하는 신공공관리론적 처방은 심각한 공공책임성의 문제를 야기할 가능성이 있다.

셋째, 신공공관리론은 행정의 다른 중요한 가치들과 상충관계에 놓일 가능성이 있다. 만일 신공공관리론의 주장대로 효율과 절약이라는 가치만 추구하게 될 경우 다른 중요한 가치들이 희생되고 결과적으로 행정의 성과를 오히려 악화시킬 가능성이 존재한다.

넷째, 신공공관리론의 고객 중심 논리가 국민을 단순히 행정서비스를 좋아하거나 싫어하고 많은 국민이 반대할 경우 관료가 행정서비스를 향상시켜 줄 것을 기대하는 수동적인 존재로 전락시킨다는 비판이 있다. 행정의 경우 소비자의 만족(consumer satisfaction)과 소비자의 주권(consumer sovereignty)은 엄밀히 구분되어야 한다.

다섯째, 신공공관리론의 보편적인 적용가능성에 대한 비판이 존재한다. 신공공관리론은 아직까지 경험적인 과학적 이론의 수준에 이르지 못한 단순히 성공사례를 모방하는 방법론에 불과하다는 것이다.[2)]

여섯째, 신공공관리론은 관리주의논리이다. 행정의 경우 매우 중요한 많은 정치적인 문제들을 교묘히 회피하는 과오를 범하고 있다는 비판이 존재한다. 행정을 정치로부터 분리하여 기업처럼 운영되게 하는 것은 잘못 정의된 문제의 문제(wrong-problems problem)를 야기한다. 즉 진정한 공공문제를 다루는 데 필요한 매우 어려운 정치적 선택을 의도적으로 무시하고, 좋은 관리를 모든 공공문제를 해결할 수 있는 보편적인 해결책으로 강조하는 오류를 범하게 된다는 것이다. 관리 측면의 개혁이 모든 정부개혁의 구성요소가 되어야 하는 것은 사실이나 관리 측면의 개혁만으로 정부성과를 향상시키는 것은 불가능하다.

2. 뉴 거버넌스(New Governance)와 행정개혁

1) 뉴 거버넌스론의 이론적 기초

전통적 행정에 대한 행정개혁의 또 하나의 대안으로 뉴 거버넌스론을 제시하는 학자들도 있다. 뉴 거버넌스론은 때로는 신공공관리론과 동의어로 인식되기도 한다.[3)] 이는 두 가지 개념, 특히 뉴 거버넌스가 상당히 모호하게 정의되는 개념이기 때문이다. Metcalfe(1993)는 공공관리(public management)와 공공부문관리(public sector management)를 구분하면서, 전자를 "다른 조직과의 협조를 통해서 공적인 일을 수행하는 것", 후자를 "공공부문의 조직을 관리하는 것"이라 정의하고 있다. 그리고 Peters(1996)는 시장적 정부(market government), 참여적 정부(participative government), 유연한 정부(flexible government),

2) Caiden(1994)에 의하면, 탈관료제화나 탈규제와 같은 신공공관리론의 개혁이 행정 서비스의 질을 오히려 악화시켰다는 경험적인 증거가 존재한다고 한다.

3) 문헌에 따라서, 신자유주의, 신공공관리론, 그리고 뉴 거버넌스가 모두 같은 개념으로 취급되기도 한다(박재완, 1999; 송하중, 1999). 한편 뉴 거버넌스는 공공거버넌스(public governance)라 불리기도 한다(Kickert, 1997).

탈규제정부(deregulated government) 등 네 가지 미래 거버넌스 유형을 제시하고 있는데, 이들은 모두 해방관리와 시장원리관리로 요약되는 신공공관리론의 아이디어와 매우 밀접한 연관성을 갖고 있다.

그러나 신공공관리론과 뉴 거버넌스론은 근본적으로 상이한 개념이다. 뉴 거버넌스론이 정부와 사회 간의 새로운 상호작용의 형태를 의미하는 반면, 신공공관리론은 정부 관료제를 조직·관리하는 새로운 방법을 의미한다. 또한 신공공관리론이 비정치적인 개념인 반면, 뉴 거버넌스론은 정치적인 개념이다. 거버넌스라는 용어는 정부의 의미의 변화 또는 공적인 업무의 수행방법 변화를 지칭한다. 정부는 공식적인 권위에 근거한 활동을 지칭하는 반면, 거버넌스는 공유된 목적에 의해 일어나는 활동을 의미한다.

거버넌스의 가장 중요한 특징은 중앙과 지방정부, 정치적, 사회적 단체, NGO, 민간조직 등 다양한 구성원들로 이루어진 네트워크를 강조한다. 사회·정치적 환경과의 상호작용이 중요하게 다루어지므로 행정의 질을 향상시키기 위해서는 내부적인 조직관리 문제뿐만 아니라 복잡한 조직 간의 상호작용의 문제에 대한 고려가 필요하다는 것이 뉴 거버넌스론의 입장이다. 다양한 참여자로 구성된 네트워크 상황은 참여자들이 상호 독립적이라는 것을 의미한다. 그러나 상호 독립적이라는 것이 모든 참여자가 동등하다는 것을 의미하는 것은 아니다. 비록 네트워크 상황에서 정부의 역할이 전통적인 정부처럼 우월한 것은 아니지만 정부가 다른 사회적 참여자들과 동등한 것은 아니다.

뉴 거버넌스론에서는 국민은 고객이 아니라 주인으로 간주된다. 신공공관리론과 같은 고객 중심적 접근(customer-centered orientation)이 시민을 수동적인 존재로 국한시키는 반면, 주인 중심적 접근(owner-centered orientation)인 뉴 거버넌스론은 국민을 정부의 의제와 정책을 결정하는 능동적인 존재로 인정한다. 행정을 단순히 수동적인 소비자만족에 의해 통제되는 서비스의 전달로 이해하는 것은 네트워크 상황에서의 행정의 근본적인 역할에 대한 이해를 어렵게 한다. 행정의 질을 측정하기가 힘들고 관료들이 실패하는 경우가 많으므로, 시민들이 행정서비스가 공급된 후에 성과를 사후적으로 평가하는 것은 적절하지 못하다는 것이다. 행정구조의 개선이 중요하지만 국민들이 행정에 적극적으로 참여하지 않는 한 정부는 적절하게 작동하거나 혹은 기업처럼 운영될 수 없다는 것이 뉴 거버넌스론의 논리이다. 뉴 거버넌스는 상호 독립성, 자원교환, 게임적 상호작용, 국가로부터의 높은 자율성 등을 특징으로 하는 자치적인 조직 간 네트워크라 할 수 있다.

2) 뉴 거버넌스론의 행정개혁전략

사회문제가 보다 복잡하고 역동적이고 다양해짐에 따라, 뉴 거버넌스는 전통적 행정학에 대한 유용하고 현실적인 대안이 되고 있다. 공·사를 막론하고 어떠한 조직도 혼자의 힘으로는 해결할 수 없는 사회문제가 증가함에 따라, 사회 구성원 간의 협조가 절실히 요구되고 있다. 또한, 공공부문에서 경쟁이 불가능한 경우 신공공관리론의 행정개혁전략은 성공할 수 없다. 피상적인 조직구조나 조직운영체제의 변화에도 불구하고 관료들의 유인체제가 그대로 남아 있기 때문이다. 더욱 중요한 것은 행정은 어떤 민간기업도 다루어본 적이 없는 매우 어렵고도 복잡한 관리의 문제를 해결해야 한다는 것이다.

뉴 거버넌스론은 몇 가지 행정개혁전략을 제시하는데 첫째, 정부의 새로운 정책수단을 요구한다. 많은 경험적 연구에서 발견된 바와 같이 최고책임자가 존재하지 않는 네트워크 상황에서 상의하달식 해결책은 무의미하므로, 정부는 네트워크 관리자(network manager)의 역할을 담당하여야 한다. 둘째, 국민 권한부여(public empowerment)의 강화가 요구되는데, 행정 관료가 적극적인 역할을 담당하고, 국민들은 행정의 소비자로 간주되는 신공공관리론과는 다르게 뉴 거버넌스론에서는 효율적인 시민정신이 요구된다. 셋째, 보다 많은 정보가 국민이 실제로 손쉽게 이용할 수 있는 형태로 국민에게 제공되어야 한다. 그러나 대다수의 경우 정부가 정보를 독점하고 있어 국민들이 행정에 대한 정보입수의 기회는 크게 제한되어 있는 실정이다. 적절한 정보 없이는 국민들이 주인으로서의 적극적인 역할을 적절히 수행할 수 없다. 따라서 다양한 행정부 내부 정보가 광범위하게 국민에게 제공되어야 한다. 그러므로 행정에 대한 정보를 입수하고, 이를 국민에게 알리고, 이에 대한 전문적인 해석까지 국민에게 제공하는 등 역할을 수행할 수 있는 NGO의 활동이 요구된다.

한국정부는 현재까지 수십 차례 중앙정부 차원의 행정개혁을 단행했었다. 그러나 이러한 행정개혁에도 불구하고 여전히 경직성, 낮은 생산성 등으로 비난의 대상이 되고 있다. 심지어 한국정부가 발전국가로서의 기능을 계속 확장하고 있으며, 예전보다도 더 경직된 정부가 되어 가고 있다는 비판까지 존재한다. 권위적인 행정명령, 시장에 대한 빈번한 간섭, 불필요하고 과다한 정부규제 등이 한국경제와 한국사회 전체의 발전에 걸림돌이 된다는 사실에 대한 광범위한 공감대가 형성되고 있다.

우리나라의 경우 행정개혁의 대안으로 뉴 거버넌스론을 심각하게 고려할 필요가 있다. 뉴 거버넌스론의 논리인 네트워크 관리자로서의 행정 관료의 아이디어를 강조하고 이를 현실에 적용하면 한국의 정부주도 경제정책의 관행을 극복할 수 있을 것이다. 신공공관리론이 주장하는 방향잡기(steering)만으로는 부족하며, 정부에 의한 중앙집권적 방향잡기는 정부에 의해서 조장되고 촉진되는 사회의 스스로 방향잡기(self-steering)에 의해 대체되어야 한다. 특히 정부가 여전히 사회에서 주도적인 역할을 담당하는 한국의 경우, 정부 관료제가 담당하던 영역의 다양한 참여자에 의한 민주적 결정으로 행정의 질을 향상시킬 수 있을 것이다.

제3절 벤치마킹(Bench Marking) 및 혁신사례

1. 벤치마킹(Bench Marking)의 의의 및 현황

1) 벤치마킹의 의의

벤치마킹(Bench Marking)은 다의적인 개념이다. '모방을 통한 경영혁신'이나 '남의 우수한 실무를 부끄럼 없이 훔치는 것'에서부터 '개선을 위한 성과측정' 등에 이르기까지 매우 다양하게 정의된다. 그러나 정의의 다양함에도 불구하고 벤치마킹이 전면적 경영혁신, 즉 비즈니스 리엔지니어링의 핵심전략으로서 '앞서가는 조직으로부터 우수한 실무를 배워 자기 조직에 활용하는 것'이라는 데 큰 이견이 없다.

벤치마킹(Bench Marking)을 정의하면 기업이 어느 특정 분야에서 세계 최고로 인정되는 기업과 어느 정도 차이가 있으며, 얼마나 개선해야 하는지를 알기 위해 그들의 상품과 서비스 그리고 운영 프로세스 등을 비교·평가하고 배움으로써 자기 변화를 시도하는 경영혁신의 노력이자 전략을 의미한다.

또한 벤치마킹은 최고의 성과를 낸 다른 조직의 관행과 경험을 구체화하고 도입하는 것으로, 국내외 우수기업들에서 이미 성공을 거둔 합리적인 우수경영방식 등을 발굴, 수용하여 공공부문이 이를 채택하는 방식을 말한다.

벤치마킹 종류는 네 가지로 분류할 수 있다.

첫째, 내부 벤치마킹으로 자사 내 타 부서와 비교하고 효율적인 부서의 방법을 도입하는 것이다.

둘째, 경쟁자 벤치마킹으로 경쟁사와 비교하여 유사 업무처리과정을 비교하는 것이다.

셋째, 기능 벤치마킹으로 업종에 관계없이 문제가 되는 부문의 최우수기업을 대상으로 한다.

넷째, 원천적 벤치마킹으로 위에서 언급한 모든 대상을 종합한 것이다.

2) 지방자치단체의 벤치마킹

(1) 현황

지방자치단체도 그 나름대로 남의 제도와 문물을 배워 활용해 왔다. 지방자치단체가 현대적 의미의 벤치마킹에 관심을 가지기 시작한 것은 1990년대 후반의 일이다. 기록상 1995년 6·27지방선거 전 서울 일부 구청이 민간기업에서 행하고 있는 벤치마킹을 본떠 직원들에게 국내외의 우수 실무사례를 벤치마킹하게 한 것이 그 시작으로 되어 있다.

지방자치단체 소속의 공직자가 해외 벤치마킹이란 이름을 걸고 해외시찰과 연수를 하기도 했었다. 지방자치단체들의 벤치마킹은 빠르게 확산되었다. 특히 1990년대 후반에 들어서는 각종 경영평가가 이루어지면서 우수 사례로 선정된 국내외 지방자치단체를 벤치마크로 한 벤치마킹이 적지 않게 이루어져 왔다. 현재 시점에 있어서 벤치마킹은 지방자치단체의 중요한 자기혁신 전략의 하나로 자리 잡고 있다.

그러나 이러한 활동에도 불구하고 지방자치단체의 벤치마킹은 민간부문에 비해 여전히 크게 뒤떨어진 수준에 있다. 체계적이고 조직적이며, 지속적인 접근을 한 경우를 찾아보기가 어렵다. 벤치마킹으로 이름이 붙여진 활동의 상당 부분도 실행과 연결되지 않은 단순 견학에 지나지 않는 경우가 많다. 또 이러한 활동을 지원하기 위한 공공조직과 민간조직이 잘 갖추어져 있는 미국 등 경영화에 앞선 나라들과는 달리 우리의 경우 이러한 지원조직이 잘 갖추어져 있지 않다.

(2) 지방자치단체 벤치마킹의 부정적 요소와 긍정적 요소

지방자치단체가 민간부문과 같은 활발한 활동을 전개하지 못하는 이유는 공공부문으로서의 특성과 국가의 일부분인 지방자치단체로서의 지위가 어우러지면서 민간부문이 경험하지 않는 문제들을 겪게 되기 때문이다.

① 부정적 요소

벤치마킹 활동이 원활히 이루어지기 위해서는 여러 가지 조건이 충족되어야 한다. 무엇보다 먼저 최고관리자를 포함한 주요 의사결정자들의 의지가 매우 중요하다. 벤치마킹이 추구하는 혁신과 개선에는 으레 자원과 권한의 재배분이 요구되고 이에 대한 조직 내외의 저항과 불순응이 따르게 된다. 따라서 벤치마킹에 필요한 인적·물적 자원을 확보하고 이러한 저항과 불순응을 적절히 관리할 수 있어야 하므로 주요 의사결정권자의 입장은 매우 중요하다. 벤치마킹을 단순히 허가하고 인정하는 수준이 아니라 조직혁신에 대한 강한 의지가 표명되어야 하며, 조직구성원의 지원을 이끌어내는 데 있어서도 선도적인 역할을 담당해주어야 한다.

그리고 보다 세부적인 사항으로서 올바른 주제와 대상을 정하고 적절한 정보를 획득하는 일이 큰 과제가 된다. 생산성향상에 결정적 공헌을 하게 되는 성공요소를 올바로 파악하지 못하거나, 타 조직에 대한 정보가 부족하여 벤치마크를 잘못 선정하여 그 벤치마크로부터 필요한 정보를 제공받지 못하는 경우도 큰 문제가 된다. 아울러 자료와 정보의 정확한 분석과 개선의 올바른 실행도 벤치마킹의 성공과 관련하여 중요한 의미를 지닌다. 지방자치단체가 어떤 성공조건들을 갖추고 있느냐가 중요하다.

첫째, 자치단체장과 지방의회를 비롯한 주요의사결정자의 개혁 내지는 개선의지를 확보하고 있느냐 하는 문제인데, 이 점과 관련하여 우리는 확신할 수 없는 상황이다. 지방자치 실시 이전보다는 나아진 것은 확실하지만 민간부문에 비해 여전히 크게 떨어지는 상태에 있다고 할 수 있다. 민간부문이 무한대의 경쟁 속에 있는 반면 지방자치단체는 일정구역 내에서 독점적 내지는 반 독점적 지위를 누리고 있다. 또한 고질적인 지역감정 등으로 인해 선거가 제 기능을 다하지 못하고 있다. 개혁에 힘을 쏟기보다는 지역감정에 기반을 둔 정당의 공천을 받는 데 더 많은 힘을 기울이게 된다.

둘째, 생산성향상에 결정적 공헌을 하는 요소로서의 성공요소를 파악하여 이를 벤치마킹 주제로 선정하는 문제인데, 이 점에 있어서도 지방자치단체는 적지 않은 문제를 안게 된다. 기업의 경우는 불량률의 최소화 등 조직성과와 직결된 성공요소를 파악하기가 비교적 쉬우나 공공부문의 지방자치단체는 그렇지가 못하다. 어떤 요인이 이러한 생산성과 품질에 결정적인 기여를 하는지, 또 가장 큰 장애가 되고 있는지를 파악하기가 쉽지 않다. 또 설령 파악하였다고 해도 지방자치단체가 이를 개선할 수 있는 법률적 권한이 주어져 있느냐 하는 것도 문제이다.

셋째, 민간부문과 달리 지방자치단체들 스스로의 경쟁력과 타 조직의 경쟁력을 비교하는 데 있어 많은 어려움을 겪는다. 판매율이나 수익성 등 조직성과를 측정하기가 비교적 용이한 민간부문과 달리 지방자치단체를 포함하는 공공부문에는 합의된 척도를 얻기가 힘들다. 당연히 벤치마크를 선정하기도 그만큼 어렵다.

넷째, 지방자치단체가 벤치마킹을 실시할 수 있는 인적 자원을 지니고 있느냐의 문제이다. 일부 대규모 지방자치단체를 제외하면 체계적인 작업을 추진할 수 있을 만한 인력구조를 지니지 못하고 있다. 민간부문 연구소와 자문기관 등 외부의 인적 자원을 활용할 수 있겠으나 이 경우 두 가지 점에서 우려가 발생한다. 공공부문의 특성이 무시될 수 있다는 것이 그 하나이고, 비용이 과다하게 지출될 수 있다는 것이 또 다른 하나이다.

이러한 네 가지 문제 외에도 벤치마킹을 올바로 실행하기 위해 많은 시간이 걸리는 경우가 있는데, 최고관리자인 자치단체장의 임기가 한정되어 있어 어려움을 겪는 경우도 발생할 수 있다. 개혁정책의 지속성이 보장되는 일반기업과 상당한 차이가 있을 수 있다.

② 긍정적 요소

지방자치단체가 벤치마킹과 관련하여 어려운 점만 지니고 있는 것은 아니다. 민간부문에 비해 크게 유리한 점도 있다.

먼저, 공익을 위해 활동하는 공공부문인 시민사회가 지닌 정보와 자원을 동원하고 활용하는 데 있어 민간기업보다 유리한 입장에 있다. 그리고 대부분 지방자치단체가 공공서비스라는 동종 제품을 유사한 조건과 환경에서 생산하고 있다는 것도 큰 이점이 된다. 그리고 이보다 더 중요한 것은 벤치마킹에 필요한 정보를 획득하는 데 있어 유리한 입장에 있다는 점이다. 경영과 관련된 자료를 외부, 특히 경쟁기업에 잘 공개하지 않는 민간기업에 비해 공공부문은 그 특성상 대부분 정보를 공개하고 있다. 정보공개제도 등에 의해 공개와 개방이 의무화되어 있기도 하다. 벤치마크를 자치단체가 아닌 민간기업으로 하는 경우도 마찬가지이다. 따라서 민간기업과 지방자치단체는 같은 업종의 경쟁자가 아닌 만큼 정보를 얻기가 그만큼 용이하다. 벤치마킹을 추진하는 입장에서 볼 때 가장 어려운 문제 중의 하나가 해결되는 셈이다. 민간부문의 경우 벤치마크로부터 필요한 정보를 충분히 얻지 못해 벤치마킹을 시작하지 못하거나 아니면 중도에 그만두는 사례가 적지 않기 때문이다.

2. 우리나라 지방자치단체의 벤치마킹 사례들

1) '전주천 배우자' 공무원 방문 러시

서울시 청계천복원사업 추진팀 공무원 10여 명이 전주를 방문했다. 이에 앞서 인천광역시 공무원·시민단체 회원 등 50여 명도 지난해 말 전주를 다녀갔다. 전국 지방자치단체들의 전주시 벤치마킹 방문이 줄을 잇고 있다. 자연형 하천으로 조성된 전주천을 보기 위해서다. 지난해 8월 이후만도 17곳의 지자체 및 환경단체에서 2백 명 이상 다녀갔다. 경기도 등 전국 지자체에서 전주천 현장학습을 문의하는 전화가 끊이질 않고 있다.

전주천이 이처럼 관심 대상이 된 것은 하천 주변의 주택에서 생활하수가 유입되는 데도 상수원으로 쓸 수 있는 맑은 물(1급수)을 유지하고 있기 때문이다.

전주시는 2001년부터 120억 원을 들여 교동 한벽루~삼천동 합류 지점 7.5㎞ 구간의 콘크리트 구조물을 뜯어내고 정화기능이 강한 수초를 심었다. 그 결과 지난해 7월 상류는 2급수, 하류는 4급수였던 수질이 각각 1급수, 2급수로 맑아졌다. 수질이 맑아지자 쉬리 등 1백여 종의 어류도 몰려왔다. 시의회의 반대로 자연형 하천조성사업이 난관에 봉착했던 천안시는 지난해 11월 초 시의원 20여 명에게 전주천을 견학시킨 뒤 사업을 순조롭게 추진하게 됐다며 감사의 뜻을 전해오기도 했다(중앙일보: 2003. 2. 14).

2) 광주 신세계 '지역 친화' 모델 지방자치단체들 벤치마킹 잇따라

서울 본점과 별도 법인으로 출범한 광주신세계백화점이 노무현 대통령 당선자가 주창한 지방분권화와 맞물려 지역친화기업모델로 주목을 받고 있다. 최근 광주신세계백화점에는 영남권, 충청권 지방자치단체들의 문의와 언론사들의 취재가 잇따르고 있다. 광주신세계는 1995년 4월 신세계백화점 광주지점이 아닌 광주신세계백화점으로 출발했다. 서울 신세계와 별도의 법인을 설립한 것이다. 중앙에서 지방에 출점한 대형 백화점이나 할인점으로서는 매우 드문 경영방식을 취하고 있는 것이다. 별도 법인으로 운영되다 보니 지역사회에 기여하는 바가 매우 크다.

광주신세계가 개점 이후 광주시에 내거나 납부할 예정인 지방세 중 법인세 할(割) 주민세(國稅인 법인세액의 10%)만도 약 19억 5,000만 원에 이른다. 광주시 유민걸(柳珉杰. 57) 세정과장은 "지점 형태였다면 종업원 수 등에 따라 일부만 광주시에 배분되고 나머지는 서울시 금고로 들어갔을 것"이라고 말했다. 이 때문에 지자체들이 지점보다 별도 법인형태를 선호하고 기업들의 본사를 지역에 유치하려 한다. 외지에서 들어온 기업들이 항상 눈총받는 지역자금의 역외유출도 상대적으로 적다. 지점 백화점들은 대개 매출금이 며칠가량 지역금융기관에 머물다 서울 본사로 올라간다.

그러나 광주신세계의 매출액(2002년 2,997억 원, 임대매장 매출, 부가가치세 제외)은 역외상품구입대금을 빼곤 거의 광주 밖으로 나가지 않는다. 순수익도 주거래은행인 광주은행의 계좌를 중심으로 지역 내에서 맴돌고 있다. 자연히 지역 내 재투자와 친(親)지역 경영에서 유리하다. 광주신세계는 그간 지역 주민을 위한 장학, 사회봉사, 문화예술, 체육 사업에 34억 원을 썼다. 별도 법인은 사실 기업으로서 부담이 적지 않다. 광주 신세계의 총무, 인사, 경리 부문 인력은 50여 명이나 된다. 지점이었다면 절반이면 충분하다.

광주신세계는 지난해 2월 광주, 전남지역 기업 중 여덟 번째로 증권거래소에 상장, 150억 원의 투자유치에 성공했다. 중앙기업이 지방에 진출하면서 현지에 법인을 따로 세우고 상장까지 한 사례는 국내 기업계에서 거의 없다. 박건현(朴建鉉.48) 광주신세계백화점 대표이사는 "벤치마킹의 대상이 되다 보니 책임감을 더 무겁게 느낀다."고 말했다. 그는 "현지법인은 무한한 성장에너지가 될 수 있는 지역 친화에 매우 유리하며, 지방분권화 시대에 걸맞은 지방 진출 형식이라고 생각한다."고 덧붙였다(동아일보: 2003. 1. 24).

3) '로터리 교통대책 울산서 배우자' 교통체증의 대명사에서 교통대책의 새로운 모델로

울산지역 3개 로터리가 '유 순환형'에서 신호체계로 바뀐 이후 교통사고와 교통체증이 크게 줄어들자 타 도시 교통관계자들이 벤치마킹을 위해 울산을 잇달아 방문하고 있다. 울산지역 로터리는 공업탑로터리가 2000년 7월부터 신호체계로 전환된 것을 시작으로 신복로터리(2001 4월)와 태화로터리(2002년 2월)가 각각 신호체계로 변경됐다.

로터리 내부에 신호등을 설치해 대기차량을 로터리 반경 안으로 끌어들인 것이 새로운 로터리 신호체계의 특징이다. 이 신호체계가 도입된 이후 하루 평균 6건의 사고가 발생해 전국 단일지점 교통사고 발생률 1위였던 공업탑로터리는 0.3건으로, 신복로터리는 신호체계 도입 이후 1년간 사고가 단 두 건밖에 발생하지 않는 등 사고가 크게 줄어들었다. 로터리로 진입하는 도로에는 차량 지체시간이 다소 늘어났지만 차량 뒤엉킴 현상은 완전히 없어져 운전이 미숙한 사람도 쉽게 로터리를 통과할 수 있게 됐다.

울산시가 로터리 교통대책에 성공을 거두었다는 사실이 알려지면서 경기도 성남시 교통담당자 등이 지난달 29일부터 울산을 방문했으며, 충남 천안시는 지금까지 4차례, 경남 창원시는 3차례 울산을 각각 방문했다. 서울 청량리역 앞 로터리 교통체계 변경용역을 맡은 회사 관계자도 최근 울산 로터리를 둘러봤다. 시 송병기(宋炳琪) 교통정책연구담당은 "로터리는 교통대책을 가장 수립하기 어려운 곳 가운데 하나"라며 "울산의 로터리 교통체계성공이 교통관련 학회로부터도 새로운 모델로 꼽히고 있다."고 밝혔다(동아일보: 2002. 4. 1일).

4) 대구시의 밀라노 벤치마킹

대구지역 섬유산업육성 방안(일명: 밀라노프로젝트)은 직물부문의 경쟁력을 높이면서 궁극적으로 그 직물을 사용하는 패션산업이 지역에서 뿌리를 내릴 수 있도록 기반을 구축하는 사업이다. 국내 최대의 섬유산지이면서도 소품종 대량생산방식, 미들 스트림에 편중된 산업구조, 차별화 제품의 개발능력 부족, 낮은 기술력과 기획력 부족 등으로 인하여 국제경쟁력이 약화되어 가고 있는 대구·경북지역의 섬유산업을 21세기의 첨단 고부가가치형

섬유산업으로 구조를 개편하고, 세계적인 섬유・패션산업의 메카로 육성・발전시킨다는 것이 밀라노 프로젝트의 목표이며, 그 발전 모델로 세계적인 섬유・패션산업의 경쟁력을 확보하고 있는 이태리의 밀라노를 벤치마킹한 것이다.

'97년 대구경북개발연구원이 대구경북 섬유산업협회의 용역을 받아 '대구경북 섬유산업 주조 개선방안'을 마련하며 구체화되기 시작했다. 이어 1998년 9월 산업자원부가 대구 경북지역 섬유산업 육성방안(밀라노 프로젝트)을 발표, '99년부터 5년 시한의 프로젝트가 시작됐다. 밀라노프로젝트는 섬유제품의 고급화 및 고부가가치화, 패션디자인산업의 활성화 기반 구축, 섬유산업의 인프라 구축, 경영안정 및 지원기능강화 등 4개 분야 19개 사업으로 구성돼 있다. 국비 3,670억, 시비 515억, 민자 2,615억 원 등 총 6,800억 원이 투입되는 거대 사업이다. 사업형태는 기업에 대한 직접지원 대신, 연구개발을 효율적으로 뒷받침하는 인프라구축에 초점을 맞추고 있다. 한국섬유개발연구원의 신제품개발센터, 섬유정보지원센터, 대구 북구 종합유통단지 내의 패션디자인개발지원센터, 패션정보실 등과 동구 봉무동에 들어설 패션어패럴 밸리 등이 그것이다.

5) 광주 서구 365봉사실 전국서 벤치마킹

광주 상무지구에서 운영되고 있는 365일 민원봉사실을 전국 지방자치단체에서 벤치마킹하고 있다. 광주 서구는 "오는 30일 행정안전부 관계자 및 전국 지자체 관계 직원 200여 명이 상무지구 365일 민원봉사실에서 벤치마킹 교육을 진행한다."고 27일 밝혔다.

행정안전부와 공동으로 주관하는 이번 행사는 2007년 10월 경기 고양시 킨텍스에서 펼쳐졌던 2007 지방행정혁신우수사례 경진대회에서 대통령상을 수상한 서구의 '비즈니스 365일 24시간 업무지원시스템 구축사업'을 보급 확산하기 위해 마련됐다. 상무지구 예술의 전당 5층 연회장에서 펼쳐질 이번 행사는 전주언 서구청장의 환영사, 비즈니스 365일 24시간 업무지원시스템 구축사업에 대한 사례발표, 참석자들의 질의응답도 이어질 예정이다.

또 사례발표 및 행정안전부의 지방행정혁신 특강이 끝난 뒤에는 365일 현장민원실을 방문, 구체적인 운영상황 등 견학의 기회도 마련됐다. 특히 서구는 이날 사례발표를 통해 "상무지구를 호남 최고의 비즈니스 허브로 조성하기 위해 365일 민원봉사실을 행정, 금융, 세무 등기, 구인구직, 유통, 창업컨설팅, 택배 등 포털 서비스 망을 구축하게 됐다."는 추진배경 설명과 앞으로 비전도 제시할 계획이다. 전주언 구청장은 "앞으로도 주민을 위해 발로 뛰며 감동을 줄 수 있는 행정서비스를 지속적으로 발굴해 추진하겠다."고 말했다(뉴시스: 2007. 11. 27).

6) 벤치마킹의 활성화 방안

지방자치단체의 벤치마킹을 활성화하기 위해서는 앞서 지적한 문제점과 제약요인이 해결 또는 완화될 필요가 있다.

지방자치단체 벤치마킹의 활성화방안을 정리하자면 지방자치단체가 스스로 변화시킬 수 있는 권한이 없는 부분은 지방자치단체 차원의 벤치마킹 주제가 될 수 없다. 그러므로 적절한 분권화가 이루어져야 한다. 우리나라의 경우 지방자치단체의 자치권이 과도하게 제약되고 있는 바, 적절한 수준의 분권화를 가속화함으로써 이러한 문제를 완화해줄 필요가 있다. 또한 효과적인 정보관리 체계를 확립할 필요가 있다. 벤치마킹이 활성화되려면 벤치마킹을 행하는 주체들 간의 데이터베이스 등 서로 정보를 공유할 수 있는 분위기가 필요하다.

민간기업 부문의 벤치마킹을 지방자치단체에 도입하여 적용하게 되는 경우 지방자치단체는 국내 여타 지방자치단체는 물론, 외국 지방자치단체 그리고 국내외 민간기업을 벤치마킹 대상으로 선정하고, 특정 분야 혹은 특정 서비스의 제공과 관련한 프로세스를 혁신하는 한편 지방자치단체가 비탄력적이고 폐쇄적인 업무과정을 탄력적이고 개방적으로 쇄신할 수 있도록 해야 한다. 그러나 지방자치단체 벤치마킹의 활성화를 위해 무엇보다도 조직 구성원 모두가 벤치마킹의 필요성과 위기의식을 공유하고 민간기업이든 여타 지방자치단체이든 간에 자신의 조직보다 나은 것이 있다면 배워야 한다는 인식을 가져야 한다. 특히 민간부문에 대한 공무원의 권위적 사고방식과 밀실행정에 친숙해진 폐쇄적 행태를 청산하고 필요하면 어디든 달려가 배워야 한다는 식의 창조적 벤치마킹의 정신을 구현해야 한다.

3. 지방행정의 혁신사례

1) 경북 안동시 버스승강장 불법주차 해결

이 사례는 운전자 눈높이로 표지판을 낮추자 불법주차가 대폭 감소된 경우이다.

안동시의 경우 버스승강장 불법주차는 고질적인 문제였다. 141개에 이르는 버스승강장을 일일이 주차단속원을 배치시켜 단속할 수 없는 형편이기 때문에 한계가 있었다. 반상회보를 통해 운전자 의식개선노력도 했지만 가시적인 성과는 없었다.

해답은 눈높이에 있었다. 안동시는 버스승강장에 있는 주차금지 표지판의 위치에 주목했다. 그리고 이 표지판들이 운전자들의 눈높이보다 훨씬 높은 곳에 있다는 중요한 사실을 발견했다. 길가에 주정차를 하면서 1.8미터 이상의 높이에 설치해 둔 표지판을 주시하기란

쉬운 일이 아니다. 그래서 대부분의 운전자들이 별 경각심 없이 편의대로 주차했던 것이다.

그렇다면 주차하는 운전자들의 눈높이는 어디일까? 안동시는 조사 결과 운전자의 눈높이는 바로 자동차 오른쪽 방향의 아래쪽임을 확인했다. 수차례의 부서 토론결과 운전자들이 주차할 때 반드시 눈이 가게 되는 보·차도 경계석 부근에 표지판을 설치하기로 하고 2003년 11월 바로 실행에 들어갔다. 눈에 잘 띄는 빨강, 노랑, 파랑 바탕의 '버스승강장', '절대주차금지', '견인지역' 표지판을 운전자가 가장 잘 볼 수 있는 보·차도 경계석 부근에 부착했다.

이 계획을 부정적으로 보는 시각도 없지 않았다. "괜히 돈만 낭비하게 될 것이다.", "표지판을 새로 부착한다고 문제가 해결될 것 같으면 불법주정차 문제는 벌써 사라졌을 것이다." 등의 비판도 많았다.

비용은 불과 846만 원에 불과했다. 그러나 효과는 기대 이상이었다. 종전 하루 10~12건의 승강장 불법주차 단속건수가 3~4건으로 크게 줄어든 것이다. 운전자들의 의견을 물어본 결과 표지판이 불법주차 감소에 결정적 역할을 했음을 확인할 수 있었다. 운전자들의 심리는 주차할 곳에 이르러서야 비로소 주차 여부를 결정하게 되는데, 이때 1.8미터 높이의 주차금지 표시판은 볼 수가 없어 사실상 무용지물이 되고 만다. 그런데 운전자들이 주차를 하려고 오른쪽 차·보도 경계 부분을 보았을 때 '버스승강장', '절대주차금지', '견인구역' 등 표시가 보이게 되면 심리적으로 포기하게 된다는 것이다.

혁신은 반드시 거창한 구호나 막대한 예산투입이 필요한 것이 아니다. 발상을 바꾸고 주민의 눈높이에서 생각하면 적은 예산으로도 할 수 있는 일이 얼마든지 있다. 표지판 위치를 바꾸는 것만으로 버스승강장 불법주차 문제를 해결하면서 얻은 교훈이다.

2) 전남 여수시 재난관리시스템

이 사례는 공단인근 가정에 신속한 전화통보 틀을 갖춰 효과를 얻은 경우이다.

세계최대 석유화학단지가 위치한 전남 여수시 역시 임해 공업도시로 공단의 각종 안전사고를 예방할 수 있는 제도적 안전장치 마련과 함께 신속한 사고전파로 재난피해를 최소할 수 있는 방법을 찾는 것이 그 어느 곳보다 시급하였다.

재난사고가 발생했을 때 주민들에게 어떻게, 어떤 방법으로 신속히 전파할 것인가가 핵심이었다. 이에 대한 기존 시스템은 사고가 발생하면 회사에서 유관기관과 인근 마을 통장에게 유선으로 알리고, 통장은 각 마을 방송을 통해 주민들에게 전파하며, 또다시 사고를 접하지 못한 주민들 간에 연락을 취하는 등 4단계의 절차를 거쳐 시행하는 것이었다. 그러나 이와 같은 다단계 전파방법으로는 모든 주민들에게 신속히 상황을 전파하지 못하는 어려움이 있었다. 게다가 사고내용을 접하지 못한 주민들이 사고회사와 유관기관에 개별적으로 문의함으로써 신속한 사고수습이 지연되는 등 여러 측면에서 시간적·경제적 낭비를 초래했다.

여수시의 국가산업단지 안전관리업무를 맡고 있는 담당자들의 고민도 여기에 있었다. 어떻게 하면 정보화시대에 적절하게 대응해나가면서도 신속한 사고 상황전파를 할 수 있을까를 모색하던 끝에 해법은 전파단계를 축소해 주민 개개인에게 메시지와 음성으로 동시에 전파하는 방법이 최선이라는 결론에 도달한다. 이를 가능하게 해주는 시스템은 '메시지를 변환(Xro, cross)시켜 대량으로 전송(shot)시킨다'는 의미를 담은 크로샷(Xroshot) 서비스였다. 여수산업단지 내 석유화학업체에 재난이 발생할 경우 상황 전파와 조치를 위해 산업단지 인근 마을 주민들에게 음성 및 문자메시지를 신속히 전파하는 시스템을 도입기로 한 것이다.

여수시는 이를 위해 지난해 1~2월 산업단지 주변마을 거주세대를 중심으로 전화번호 일제조사를 벌였고, 여수산업단지 석유화학안전관리위원회 회원사에 대한 의견수렴작업에 들어갔다. 이를 통해 가입신청을 한 공단 내 27개 사업체와 주변마을 4개 동 3,094세대를 대상으로 8월부터 데이터베이스를 구축하고, 시청 재난관리상황실에는 KT에서 실시 중인 문자와 음성을 동시에 전파할 수 있는 시스템을 설치했다. 이렇게 해서 사고가 발생하면 행정기관 및 관련 회사에서 사고내용을 작성해 KT에 전송하고, KT는 이를 문자메시지와 음성녹음으로 변환시켜 사전에 데이터베이스를 구축한 사업체와 각 가정으로 문자메시지 또는 전화음성을 신속하고 정확하게 전파하는 시스템이 마련됐다.

여수시는 새로운 시스템 도입으로 기존의 4단계 전파방법을 2단계로 대폭 축소한 결과 그동안 사고가 발생했을 때 어디서 사고가 났으며, 어떻게 대처해야 하는지 몰라 재난소식을 알기 위해 동분서주하던 혼란을 피할 수 있게 됐다. 또 재난이 발생하더라도 상황변화에 따라 행동요령을 알려줘 피해를 최소화할 수 있었다. 여수시는 향후 업체의 설비증설 및 보수기간 중에 발생할 수 있는 소음, 진동 등 각종 환경저해 요인에 대해서도 인근 주민들에게 사전에 공지하는 등 크로샷 서비스를 평상시에도 확대 운영할 계획이다.

정보화를 적극 활용한 행정기관의 노력이 주민들에게 더욱 편안하고 안전한 생활환경을 제공한 사례다.

연 습 문 제

1. 다음 중 한국행정의 병폐가 아닌 것은?

① 비권력적 관리 작용 ② 행정의 과잉팽창
③ 전통 관료제적 구조의 폐단 ④ 정당성의 결여와 부패문제

〈정답〉 ① 비권력적 관리 작용
〈해설〉 한국행정의 병폐로는 행정의 과잉팽창, 정당성의 결여와 부패문제, 전통 관료제적 구조의 폐단, 비통합적, 권위주의적 관리 작용, 취약한 변동대응력과 부정적 관료행태 등이 있다.

2. 신공공관리론(New Public Management, NPM)이 대두되는 요인과 관련이 없는 것은 무엇인가?

① 반정부적(anti-governmental)
② 반관료제적(anti-bureaucratic)
③ 신도제도주의 경제학(new institutional economics)
④ 세계주의(globalism)

〈정답〉 ④ 세계주의(globalism)
〈해설〉 신공공관리론(New Public Management, NPM)의 대두는 반정부적(anti- governmental), 반관료제적(anti-bureaucratic) 정서와 신도제도주의 경제학(new institutional economics)의 영향이 있었다.

3. 다음 중 벤치마킹(Bench Marking)의 종류가 아닌 것은?

① 내부 벤치마킹 ② 경쟁자 벤치마킹
③ 비교우위 벤치마킹 ④ 원천적 벤치마킹

〈정답〉 ③ 비교우위 벤치마킹
〈해설〉 벤치마킹(Bench Marking)의 종류에는 ① 내부 벤치마킹 ② 경쟁자 벤치마킹 ③ 기능 벤치마킹 ④ 원천적 벤치마킹 등이 있다.

4. 행정개혁의 적절한 방법이 아닌 것은?(2010 특채8/9급)

① 저항의 가능성이 있으므로 고객의 참여를 가급적 배제한다.
② 행정환경의 변화는 개혁을 요구한다.
③ 저항에 대한 진단과 적절한 대응이 필요하다.
④ 정치적 변혁이 개혁의 동기가 되는 경우가 많다.

〈정답〉 ① 저항의 가능성이 있으므로 고객의 참여를 가급적 배제한다.
〈해설〉 대내외적인 참여를 배제하고 일방적이고 폐쇄적인 개혁을 추진할수록 저항이 커지고 성공적인 개혁이 어렵게 된다.

핵심정리

행정개혁 – 행정서비스의 질을 높이기 위해 노력하는 일련의 과정

행정개혁의 필요성 – 특정 국가의 행정체제의 성격, 직능 국가로서의 규모, 역사적·문화적 요인, 정치·행정 발전의 수준 등에 따라 다르며 행정환경으로부터의 행정수요 변화와 행정서비스의 불일치 등에서 오는 국민들의 불만이나 낭비, 비능률 등의 요인으로 행정개혁의 필요성은 높아짐

한국행정의 병폐 – 첫째, 행정의 과잉팽창 둘째, 정당성의 결여와 부패문제 셋째, 전통 관료제적 구조의 폐단 넷째, 비통합적 · 권위주의적 관리 작용 다섯째, 취약한 변동대응력과 부정적 관료행태

행정기구개혁 기본적인 원리 – 첫째, 구조조정과 감축 둘째, 협동적 조정체제 구축 셋째, 구조의 연성화를 촉진 넷째, 분권화자율화를 촉진하는 구조개혁 다섯째, 조직구성을 다원화하는 개혁 여섯째, 지방화에 대응한 기구개편과 통합적 정보관리체제를 조정 일곱째, 한시적 · 임시적 조직의 항구화를 막기 위한 특단의 노력이 필요 여덟째, 경계 완화와 구조적 왜곡 시정

우리나라의 행정과정의 문제점 – 첫째, 행정과정의 정보화 등 기술개발 부진 둘째, 행정과정의 폐쇄성이 높고 정보유통을 방해하는 구조적 · 행태적 요인들이 많음 셋째, 번문욕례와 형식주의가 심하고 경직성이 높음 넷째, 행정과정에서의 환류작용이 부실 다섯째, 행정과정의 공급자중심주의적 성향이 강함

행정과정의 개혁 – 첫째, 행정과정의 기술 집약화에 주력 둘째, 정보유통 원활 셋째, 공개와 고객의 참여 촉진 넷째, 격동하는 환경 대응위해 행정과정의 적응성 높임 다섯째, 행정과정은 고객의 편의와 권익을 보호하는 정당한 것이라야 함 여섯째, 환류에 의한 행동수정 능력 향상

신공공관리론(New Public Management) – 비효율적인 정부에 대한 비판으로 보다 작고, 보다 효율적이며, 보다 국민의 요구에 민감하게 대응하는 정부에 대한 요구 급증

NEW 거버넌스론 – 국민은 고객이 아니라 주인으로 간주, 신공공관리론과 같은 고객 중심적 접근(customer–centered orientation)이 시민을 수동적인 존재로 국한시키는 반면, 주인 중심적 접근(owner–centered orientation), 국민을 정부의 의제와 정책을 결정하는 능동적인 존재로 인정

NEW 거버넌스론 행정개혁전략 – 첫째, 정부의 새로운 정책수단을 요구, 정부는 네트워크 관리자(network manager)의 역할을 담당 둘째, 국민 권한부여(public empowerment)의 강화가 요구, 효율적인 시민정신이 요구 셋째, 보다 많은 정보가 국민이 실제로 손쉽게 이용할 수 있는 형태로 국민에게 제공되어야 함

벤치마킹(Bench Marking) – 기업이 어느 특정 분야에서 세계 최고로 인정되는 기업과 어느 정도 차이가 있으며, 얼마나 개선해야 하는지를 알기 위해 그들의 상품과 서비스 그리고 운영 프로세스 등을 비교 · 평가하고 배움으로써 자기 변화를 시도하는 경영혁신의 노력이자 전략. 벤치마킹은 최고의 성과를 낸 다른 조직의 관행과 경험을 구체화하고 도입하는 것으로, 국내외 우수기업들에서 이미 성공을 거둔 합리적인 우수경영방식 등을 발굴, 수용하여 공공부문이 이를 채택하는 방식

벤치마킹의 종류 – 첫째, 내부 벤치마킹: 자사 내 타 부서와 비교하고 효율적인 부서의 방법을 도입 둘째, 경쟁자 벤치마킹: 경쟁사와 비교하여 유사 업무처리과정을 비교 셋째, 기능 벤치마킹: 업종에 관계없이 문제가 되는 부문의 최우수기업을 대상 넷째, 원천적 벤치마킹: 위에서 언급한 모든 대상을 종합

참고문헌

1. 국내 저서 및 논문

21세기 정책개발연구소(1997). “한국과 외국의 지방자치행정환경 차이점 비교분석”, 「연구보고서」, 01.
강동식(2001). 「지방자치의 이해」, 제주대학교 출판부.
강성철 외(1996). 「새인사행정론」, 서울: 대영문화사.
강용기(1998). 「현대지방자치론」, 서울: 대영문화사.
강윤호(2000). “지방정부 재정지출의 특성”, 「한국정책학회보」, 12(1). 한국정책학회.
강인재 외(2005). 「지방재정론」, 서울: 대영문화사.
강정석(2005). 「정부혁신의 이해」, 한국행정연구원.
강창현(2001). “사회복지서비스 공급네트워크에 관한 연구: 서울시 노인지역보호서비스의 정부·시장·NGO간 협력을 중심으로”, 연세대학교 대학원 박사학위논문.
강현화(2005). 「행정법 각론」, 서울: 박영사.
강형기(2001). 「향부론」, 서울: 비봉출판사.
강황선(2001). “로컬 거버넌스 모델의 도입을 위한 탐색적 연구”, 「서울시정의 로컬 거버넌스 도입전략」, 서울시정개발연구원 정책토론회 논문집.
거버넌스연구회(2002). 「거버넌스의 정치학」, 서울: 법문사.
고두갑(2003). “국고보조금과 지방의 재정행동”, 「한국지방재정논집」, 8(2). pp.67-84.
구민상(1998). 「지방자치의 이론과 실천」, 대전: 한남대학교 출판부.
______(1999). 「지방자치의 재정이론과 경영방안」, 대전: 한남대학교 출판부.
국세청(2004). 「국세행정 운영방향」.
국종호(2002). “한일 지방세 구조와 세부담 특성비교”, 한국조세연구원.
권오혁(2000). 「미국의 시정부와 지방자치」, 서울: 도서출판 지샘.
권오철(1996). 「중앙정부-지방자치단체 간 갈등 해소 방안」, 한국지방행정연구원.
권형신·이상용·이재성(1998). 「한국의 지방재정」, 서울: 해냄.
길종백·정병걸(2009). “녹색성장과 환경·경제의 통합: 변형과 전환 사이에서”, 「정부학연구」제15권 제2회. 45-70.
김구(2009). “녹색성장과 차세대 지역정보화의 위상”, 「한국지역정보화학회 하계발표논문집」.
김규정(1998). 「행정학원론」, 서울: 법문사.
김기옥(1996). 「지방자치행정론」, 서울: 법문사.
______(2005). 「지방정부론」, 서울: 법영사.
김남진(2005). 「행정법Ⅱ」, 서울: 법문사.
김동기(2004). 「한국지방재정학」, 서울: 법문사.
김동원 외(2006). 「전자정부론」, 서울: 대영문화사.
김동희(2007). 「행정법Ⅱ」, 서울: 박영사.
김대영(2002). “과세자주권 확충방안: 주행세를 중심으로”, 「지방행정연구」, pp.12-13. 지방행정연구원.
김번웅・김동현・김판석(1997).「한국행정개혁론」, 서울: 법문사.
김범열(2002). "혁신의 성공적 실행을 위한 5가지 원칙",「LG주간경제」.
김병국 외(1998).「지방자치 행정체제의 개편 방안」, 한국지방행정연구원.
김병률・이명기(2008).「애그플레이션의 동향 및 전망과 대응방안」, 서울: 한국농촌경제연구원.
김병준(1998). "지방의회의 구성과 운영",「한국행정연구」, 7(1).
______(2000).「한국지방자치론」, 서울: 법문사.
______(2002). "지방자치 시대의 중앙-지방 관계: 권한 및 사무배분 문제를 중심으로",「사회연구」, 제3호. 광주사회조사연구소.
김병훈・김남일(2004). "국가발전전략으로서 국토균형발전에 관한 연구",「사회과학논총」, Vol.21. pp.19-30.
김복규(1998). "지방공무원의 효율적 관리방안",「한국행정연구」, 7(1).
김상묵(2000). "지식정부의 바람직한 조직모형 검토",「한국행정학회 동계발표논문집」.
김선기・한표환(2003). "자치단체간 협력관계의 실태분석과 정책 방향",「한국지방자치학회보」, 15(2). pp.107-126.
김석준・이선우・문병기・곽진영(2000).「뉴거버넌스연구」, 서울: 대영문화사.
김석태(2005). "지방분권의 근거로서 보충성원리의 한국적 적용",「지방정부연구」, 9(4). 한국지방정부학회.
김성호(1997).「외국의 지방선거제도 분석」, 한국지방행정연구원.
김수신(2004).「지방자치행정론」, 한국방송통신대학교 출판부.
김순은(2004). "지방분권정책의 집행에 영향을 미친 요인분석: 일본사례를 중심으로",「지방정부연구」, 7(4). 한국지방정부학회.
______(2006a). "일본과 영국의 자치계층 개편논의의 실태와 지향점",「동계학술대회 논문집」, 한국지방정부학회.
______(2006b). "지방의회 출범 15년의 성과와 과제",「지방의정」, 제8권 제4호. 지방의회발전연구원.
김영기(1997).「지방자치행정론」, 서울: 대영문화사.
______(1999).「지방자치제의 이해」, 서울: 대영문화사.
김영종(2000).「지방자치론」, 서울: 형설출판사.
김영지(1997).「지방자치행정론」, 서울: 대영문화사.
김용철 외(2006).「지방정부와 혁신정책」, 서울: 대영문화사.
김용택(2008).「세계 식량위기와 우리의 대응전략」, 서울: 한국쌀연구회.
김웅기(2001).「미국의 지방자치」, 서울: 대영문화사.
김원웅(2006).「지방자치: 어떻게 참여할 것인가」, 서울: 앎과 함.
김익식(1996).「지방행정의 세계화 대응전략」, 서울: 한국지방행정연구원.
김재운(1996).「중앙과 지방과의 행정사무 배분을 위한 기준 및 지표 개발」, 서울: 한국지방행정연구원.
김재훈(1996).「지방화 시대의 정부간 협력체제의 구축방안」, 서울: 한국지방행정연구원.
______(2003). "국고보조금의 효과성 제고를 위한 비교정책적 분석",「한국지방재정논집」, 8(1). pp.25-48.
김정렬(2000). "정부의 미래와 거버넌스: 신공공관리와 네트워크",「한국행정학보」, 34(1). pp.21-39.
김정훈 외(2000). "지방재정조정제도의 개편방안", 24(2). 한국조세연구원.

______(2000).「국고보조금의 개편 방안」, 한국조세연구원.
김종순(1995). "외국의 지방재정위기와 재정진단제도",「지방재정」, 제74호. 한국지방행정공제회.
______(2000). "영국 지방정부 서비스 공급방식의 개혁 노력",「한국정책학회보」, 9(2).
김종표(1997).「신지방행정론」, 서울: 법문사.
김종호(1996).「지방공무원 인사제도」, 마산: 도서출판경남.
김중양(1994).「한국인사행정론」, 서울: 법문사.
______(1996).「한국인사행정론」, 서울: 대영문화사.
김판석 · 권경득(1999). "지방자치단체의 인사제도 개혁",「한국행정학보」, 33(12). 한국행정학회.
김필두 · 금창호(1999). "지방공무원 공직분류체계의 개선방안",「연구보고서」, 99-12. 한국지방행정연구원.
김형렬(1994). "국제화에 대응한 정치 · 행정의 역할", 노화준 · 송희준,「세계화와 국가경쟁력」, 서울: 나남 출판사.
김형식(1997).「지방재정의 이해」, 서울: 그린북.
김홍래(2005).「지방재정의 이론과 실제」, 서울: 박영사.
김홍배(1997). "지방화시대 지방공무원 교육전략",「한국지방자치학회보」, 9(4). 한국지방자치학회.
김홍일(1998).「세계를 향한 지방자치」, 서울: 나남출판.
노기성 · 정원조(1997).「사회간접자본시설에 대한 민자유치제도의 개선방안」, 서울: 한국개발연구원.
노화준 · 송희준 공편(1994).「세계화와 국가경쟁력」, 서울: 나남출판.
녹색성장위원회(2009).「녹색서장 국가전략」.
녹색성장위원회(2009).「녹색서장 5개년계획」.
류영달(1998). "지방자치단체 정보화조직 및 인력진단",「지역정보화」, 제4호.
모성은(2000). "지방자치단체의 민자 유치 의의",「지방재정」, 19(6). pp.25-46. 지방재정공제회.
문재우(1997). "중앙정부의 행정통제",「지방자치연구」, 9(2).
박균조(2003).「일본의 지방자치와 정부간 관계」, 서울: 책사랑.
박동서(1997).「인사행정론」, 서울: 법문사.
______(2001).「새정부혁신의 전략과 과제」, 서울: 법문사.
박상철 · 박정원(1996).「북한의 선거법제」, 한국법제연구원.
박승주 외(1999).「마지막 남은 개혁@2001」. 서울: 교보문고.
박영도(1998).「자치입법의 이론과 실제」, 서울: 한국법제연구원.
박영주(2000). "뉴거버넌스와 사회계약: 시민, 정부, 시장 간 역할과 책임의 모색",「한국행정학보」, 34(4). pp.19-39.
박용주(2002).「지방자치론」, 서울: 형설출판사.
박우서(2001).「지방자치와 광역행정」, 서울: 대영문화사.
박우서 · 김병국 · 왕지군(2003).「중국 지방정부의 이해」, 서울: 대영문화사.
박응격(1996). "통일이후를 대비하는 정부인력관리의 과제와 대책",「연구보고서」, 96-01. 한국행정연구원.
______(1999).「지방행정론」, 서울: 신조사.
______(2002).「지방자치 성공시대」, 서울: 백산자료원.
박종민 외(2000).「한국 지방정치와 도시권력 구조」, 서울: 대영문화사.
박종흡(1990).「국정감사 · 조사와 청문회」, 서울: 법문사.

박천오 외(2004). 「인사행정의 이해」, 서울: 법문사.
박희대(1997). "사회간접자본 확충을 위한 민자유치 활성화 방안", 대구대 대학원 박사학위논문.
배민식(2012). "국제 곡물가격 급등과 원인, 그리고 대응", NARS 이슈와 논점 514호, 국회입법조사처.
배준구(1989). "프랑스 지방자치단체의 조직과 권한배분에 관한 연구", 부산대학교 행정대학원 지방행정연구소.
______(1997). "프랑스 지방자치의 역사적 발전과 교훈", 「경성대학교논문집」, 18(2). pp.159-171.
백완기(1998). 「행정학개론」, 서울: 박영사.
백윤철·윤광재(2000). 「프랑스 지방자치학」, 서울: 형설출판사.
서기준(2003). 「현대지방자치론」, 광주: 조선대출판부.
서울특별시(2004). 「지방세정 운영지침」.
서정섭(1996). 「지방재정지표의 합리적 개선방안」, 서울: 한국지방행정연구원.
______(1997). "최근의 재원 확충과 경영수익사업의 동향", 「지방행정정보」, 통권 제60호. 한국지방행정연구원.
서필언(2005). 「영국의 행정개혁론」, 서울: 대영문화사.
소진광(2005). 「지방자치와 지역발전」, 서울: 박영사.
손재식(2001). 「현대지방행정론」, 서울: 박영사.
손희준(1995). "경영수익사업의 대상영역 확대 방안", 「자치경영」, 봄호. 지방자치경영협회.
______ 외(2005). 「지방재정론(개정판)」, 서울: 대영문화사.
송기창(2002). "지방교육자치단체와 교육부 및 지방자치단체의 관계: 지방교육자치제의 발전방향", 「교육진흥」, 15(1). 중앙교육진흥연구소.
송하성(2000). "한·미 지적재산권 분쟁과 대응방향", 한국통상정보학회.
시도지방공무원교육원(2004). 「자치입법실무 및 지방자치관계법 해설」.
신무섭(2006). 「재무행정학」, 서울: 대영문화사.
신상명(2000). "학교단위 책임경영을 위한 학교운영위원회의 발전과제", 「교육행정학연구」, 18권 1호.
심정근 외(1997). 「지방재정학」, 서울: 박영사.
신창호(2000). "외국의 지방자치단체 민자유치 사례", 「지방재정」, 19(6). pp.110-122. 지방재정공제회.
안광현(2007). 지방자치단체장의 부패인식에 관한 연구, 숭실대대학원.
안병영(2000). "21세기 국가 역할의 변화와 국정관리", 「계간사상」, 봄호.
안성호(1995). 「한국지방자치론」, 서울: 대영문화사.
______(2001). "연방주의적 정부간 관계의 논거와 실천 방안", 「경기논단」, 봄, 25-45.
안영훈(1997). 「프랑스 행정계층간 기능배분에 관한 분석」, 한국지방행정연구원.
안용식 외(2006). 「지방행정론」, 서울: 대영문화사.
양영철·한세억(2001). 「지역정보화론」, 제주대학교 출판부.
오석홍(2005). 「인사행정론」, 서울: 박영사.
______(2006). 「행정개혁론」, 서울: 박영사.
오성호(1998). 「지방정부와 인사자치」, 서울: 자유기업센터.
오재일(2005). "참여정부의 지방분권화 정책과 지역사회의 대응", 「행정논총」, 17(1). 서울대 행정대학원.
우명동(2001). 「지방재정론」, 서울: 도서출판 해남.
우천식(2002). "지방교육자치제도의 개편: 자율과 책무의 학교개혁", 한국지방행정연구원.
유병욱(1994). "지방정부 관리체제의 개편", 「행정개혁의 이론과 실제」, 호암 노정현 교수 정년기념논문집.
육동일 · 원구환(1998). "광역자치단체의 주민만족모형 정립을 위한 변수 추정에 관한 연구", 「한국행정학보」, 32(3). pp.127-144.
육동일(1999). "지방자치단체 개혁의 평가와 개선과제", 「공공부문개혁의 평가와 앞으로의 방향」, 제56회 국가정책과정 세미나 발표논문. 서울대 행정대학원.
윤여중 역(2006). 「매가트렌드 2010」, 서울: 청림출판.
윤영진(2001). 「지방정부개혁」, 서울: 대영문화사.
원구환(1993). "지방공공서비스의 공급체계에 관한 연구: 지방공기업 대상사업 및 경영수익사업을 중심으로", 「지역사회개발논총」, 제4집. 연세대학교 지역사회개발연구소.
______(1998). "지방정부 비전형적 지출로서의 기금관리제도에 관한 연구", 「지방재정학보」, 3(1). 한국지방재정학회.
원윤희(2004). "지방자치 실시와 지방자치단체의 재정행태 변화에 관한 연구: 서울시 자치구의 지방제 징수율을 중심으로", 「한국행정학보」, 38(3). 한국행정학회.
이규방 · 김민철(1998). 「경제 구조조정에 따른 민자유치제도 개선방안」, 서울: 국토연구원.
이규환(1999). 「한국지방행정론」, 서울: 법문사.
______(2000). "도시재정의 계획적 운영에 관한 연구", 중앙대학교 대학원 박사학위논문.
______(2004). 「한국의 도시행정론」, 서울: 법문사.
______(2006). 「한국지방행정학」, 서울: 법문사.
이기우(1996). 「지방자치이론」, 서울: 학현사.
______(2003a). 「지방분권과 시민참여」, 서울: 도서출판 역사넷.
______(2003b). "지방분권화의 방향과 미래", 「경기논단」, 봄호. pp.41-55.
______(2004). "지방분권추진 로드맵의 개요", 「지방분권 추진전략 워크샵」, 1-9. 한국정책분석평가학회.
이기우 · 하승수(2007). 「지방자치법」, 서울: 대영문화사.
이달곤(1988). "지방자치실시와 행정관리방식의 대안개발", 「행정논총」, 26(1). 서울대 행정대학원.
______(2004). 「지방정부론」, 서울: 박영사.
이상운 · 장권(2002). 「정부의 재정개혁」, 서울: 법문사.
이상윤 · 박홍식(1995). "플렉스타임제의 도입: 기대효과 및 적용 한계에 관하여", 「한국행정학보」, 29(3). 한국행정학회.
이석희(2004). "국가균형발전을 위한 공공기관 지방이전정책 추진방향", 「한국공공관리학보」 Vol.18, No.1, 2004, pp.179-209.
이성복(1993). 「도시행정론: 한국의 도시를 중심으로」, 서울: 법문사.
이수만 외(1997). 「미국 대도시의 지방자치」, 한국지방행정연구원.
이순철(1996). 「신경영기법」, 서울: 매일경제신문사.
이승종(1993). "지방정부의 공공서비스 배분", 「연구보고서」, 92-3. 한국지방행정연구원.
______(2000). "지방의원의 유급제 문제", 「지방자치제도 개선을 위한 국민대토론회」, 12월. 한국지방자치학회 · 한국지방행정연구원.
______(2002). "한국지방자치의 평가: 제도의 집행측면을 중심으로", 「한국지방자치학회보」, 14(1). pp.5-22.
______(2004). "지방차원의 정책혁신 확신과 시간", 「한국지방자치학회보」, 17(3).

______(2005). 「지방자치론」, 서울: 박영사.
이시경 외(1995). 「도시행정론」, 서울: 대영문화사.
이원희(1995). "지방공무원의 교육훈련 강화해야 한다", 「월간 지방자치」, 현대사회연구소.
이윤식(2009). "이명박 정부의 국가정보화 기본계획 및 실행계획에 관한 비판적 검토", 「한국지역정보화학회지」, 한국지역정보화학회. 제12권 제4호. 1-38.
______(2004). "지방분권시대의 공무원의 역할과 과제", 「지방자치연수」, 45: 17-22.
______(1996). 「행정정보체계론」, 서울: 박영사.
______(2009). 「행정정보체제론」, 대영문화사.
이은구 외(2003). 「로컬 거버넌스」, 서울: 박영사.
이은재(1994). "지방자치단체의 국제화에 관한 연구", 「지방정부의 경쟁력과 지방정부의 쇄신」, 한국행정학회 하계지역학술대회 발표논문집.
이재규 역(1999). 「21세기 지식경영」, 서울: 한국경제신문사.
______(2002). 「Next Society」, 서울: 한국경제신문사.
이재성 외(2001). 「한국의 지방재정 이론과 실무」, 도서출판 해남.
이재율(1997). "영국의 지방행정경영화전략: 의무경쟁입찰제도를 중심으로", 「지방행정정보」, 58호.
이재은(2003). "지방소비세제의 도입효과와 대응방향", 「제63회 국가정책세미나」, 서울대학교 행정대학원.
이재원 · 류민우 외(1995). 「지방정부와 지방정치: 해석과 비판」, 서울: 장원출판사.
이종수(1997). "지방행정 옴부즈만제도의 도입실태 분석과 발전 방향의 모색", 「한국지방자치학회보」, 9(2). pp.21-41.
______(2002). 「지방정부이론」, 서울: 박영사.
이종수 · 윤영진 외(2002). 「새행정학」, 서울: 대영문화사.
이주희(2004). "지방분권의 전략적 사고", 「지방자치연수」, 45: 12.
이호철(1996). 「일본의 지방자치」, 서울: 삼성경제연구소.
이희승(1999). 「엣센스 국어사전 제4판」, 서울: 민중서림.
임규진 · 임연기(2003). 「교육행정학의 이해」, 서울: 보성.
임경호(1996). "지방자치시대의 갈등과 해결방안", 「자치행정」, 제105호.
임성일(2003). "우리나라의 재정분권 상태에 대한 분석과 중앙 · 지방간 재원배분체계의 재구축", 「한국지방재정논집」, 8(2). pp.129-160.
임승빈(1996). "중앙 · 지방간 인사교류 활성화", 「지방행정정보」, 제55호. 한국지방행정연구원.
______(1997). "지방공무원 직렬재조정방안에 관한 연구", 「연구보고서」, 96-24(제245)조정. 한국지방행정연구원.
______(2000). "효율적인 행정계층 및 구역에 관한 연구", 한국행정연구원.
______(2005). 「지방자치론」, 서울: 법문사.
______(2006). "자치행정구역 개편 논의와 방향성에 관한 연구", 「경기논단」, 제8권 1호. 경기개발연구원.
장병구(2000). 「지방자치행정론」, 서울: 형설출판사
______(2003). 「일본의 분권과 지방자치」, 서울: 북피디닷컴.
장지호(1995). 「지방행정론」, 서울: 대왕사.
전기성(2004). "한국형 지방일괄이양법을 만들자", 「자치의정」, 7(1). pp.49-63.
전국시 · 도지사협의회 지방분권특별위원회(2003). 지방자치행정분야 지방분권주요과제.

전상경(2007). 「현대지방재정론」, 서울: 박영사.

정부혁신추진위원회(2002). 「활동보고서」.

정부혁신지방분권위원회(2003). 참여정부 지방분권 추진 로드맵.

__________(2004). 「정부혁신관리매뉴얼」, 혁신관리전문위원회.

__________(2005). 「21세기 혁신국가」.

__________(2006). 「참여정부의 혁신과 분권」, 백서 1.

정덕주(2003). "일본 중앙정부의 지방정부에 대한 관여 관계 변화", 「한국지방자치학회보」, 15(2). pp.127-144.

정성호·조임곤(1993). 「우리나라 지방자치발전을 위한 지방자치 단체장의 역할」, 서울: 집문당.

정세욱(1997a). 「정부간관계」 서울: 법문사.

______(1997b). 「한국지방자치의 과제」, 서울: 법문사.

______(2000). "지방교부세율조정의 내용과 효과", 「월간 지방재정」, 제2호 통권 103호. 한국지방재정공제회.

______(2002). 「지방자치학」, 서울: 법문사.

______(2003). 「지방행정학」, 서울: 법문사.

정일섭(2006). 「한국지방자치론」, 서울: 대영문화사.

정정길(2002). "행정과 정책연구를 위한 시차적 접근방법: 제도적 정합성 문제를 중심으로", 「행정학회보」, 36(1).

______(2004). 「행정학의 새로운 이해」, 서울: 대명출판사.

정재근(2005). "지방자치단체의 총액인건비제도의 도입과 지방분권", 「자치행정」, 4월호.

정재길(1995). 「지방의회론(개정판)」, 서울: 박영사.

정재욱(2005) "일본의 지방분권개혁과 시정촌 복지행정제도의 구조변화", 「지방정부연구」, 8(4).

정재화(2006). 「지방자치의 이해」, 서울: 도서출판 세진사.

정정목(1996). 「지방자치원론」, 서울: 법문사.

정진호 외(1995). 「지방경쟁력 강화를 위한 기업가형 지방경영」, 서울: 한국경제연구원.

정충식(2009). 「전자정부론 2009(2판)」, 서울경제경영.

정하용(2006). 「새지방자치론」, 서울: 백산출판사.

조경호·김명수(1995). "한국 기초지방의회의 주민대표성과 입법전문성 평가", 「한국행정학보」, 29(1). 한국행정학회.

조계표(2002). "지방재정 건전성을 위한 인센티브와 페널티제도의 발전방향", 인하대 대학원.

조석주(2006). 「지방자치단체의 주민참여수준 진단과 발전방안」, 서울: 한국지방행정연구원.

조석진(2006). 「농업과 미래사회」, 경북: 영남대학교.

조창현(1997). 「지방자치론」, 서울: 박영사.

______(2000). 「지방재정론」, 서울: 박영사.

______(2005). 「정책학연구」, 서울: 박영사.

중앙선거관리위원회(2002). 「지방자치제도」.

진영재(2000). "지방의회의원 선거제도 개선", 「지방자치제도 개선을 위한 국민대토론회」, 12월. 한국지방자치학회·한국지방행정연구원.

차병권 외(1988). "지방재정조정제도의 개선연구", 「연구보고서」, 제27권. 한국지방행정연구원.

천광길(1997). "지방선거에 있어서 정당참여에 관한 탐구", 호남대 논문.

최근열(2006). “지방자치단체 인적자원개발의 현황과 과제”, 「한국지방자치연구」, 7(3). 대한지방자치학회.

최길수(2003a). “지방정부행정개혁의 목적과 수단에 관한 연구”, 「한국행정연구」, 12(3).

______(2003b). “영유아보육정책의 정부간 관계 모형 정립에 관한 연구: Wright의 모형을 중심으로”, 「한국지방자치학회보」, 15(20. pp.163-181.

최민수(1998). 「지방의회 운영」, 서울: 서강출판사.

최봉기(1995). “자치단체장과 지방의회간의 갈등방지에 관한 연구”, 「사회과학논총」, 14. 계명대 사회과학연구소.

______(1996a). “지방정부의 자치역량강화와 국제화 전략”, 「지방자치연구」, 8(3). 한국지방자치학회.

______(1996b). “중앙과 지방의 정부간 갈등실태와 합리적 조정방안”, 「사회과학논총」, 15. 계명대 사회과학연구소.

______(1997). “현정부의 개혁평가와 차기정부의 개혁과제”, 「사회과학논총」, 16. 계명대사회과학연구소.

______(2000). “지방정부의 정책기획역량제고방안에 관한 연구”, 「한국지방자치학회보」, 1(1).

______(2005). “한국지방의회의원의 전문성 제고방안”, 「대구경북행정학회보」, 제5집.

______(2006). 「지방자치론」, 서울: 법문사.

최병선(1992). 「지방규제론」, 서울: 법문사.

최유성(1998). 「지방자치단체의 경영수익사업에 관한 연구」, 한국행정연구원.

______(2002a). “국민의 정부의 지방행정개혁에 대한 평가와 향후 개혁과제”, 「한국행정연구」, 11(2).

______(2002b). 「정부간 관계에 대한 공무원 인식조사」, 한국행정연구원.

최종술(2002). “우리나라 자치경찰제 도입의 갈등요인에 관한 연구”, 「정부학연구」, 8(2).고려대학교 정부학 연구소.

최준렬(2003). “지방교육행정체제의 지원기능 강화 방안”, 「제4회 한국교육개발원 교육연구개발 연계체제 세미나 발표논문집」, 한국교육개발원.

최창호(1985). 「한국지방행정의 재인식」, 서울: 삼영사.

______(1995). 「지방자치학」, 서울: 삼영사.

______(2003). 「지방자치의 이해」, 서울: 삼영사.

최홍석(1995). “지역정보통신 기반 구축을 위한 제도구성 방식에 관한 연구”, 「한국정책학회보」, 4(2). 한국정책학회.

타카기 켄지, 이정만 역(2003). 「일본 지방분권 개혁의 도달점」, 서울: 도서출판 두남.

통계청(2008). 국제통계연감.

피에르 피터스, 정용덕 역(2003). 「거버넌스, 정치 그리고 국가」, 서울: 법문사.

하미승(1992). “중앙-지방간 기능배분 업무의 효율화를 위한 전문가 지원체계(ESS)”, 「한국행정학보」, 26(2). 한국행정학회.

______(1994). “정부기능 민간이관의 논리와 추진전략”, 「한국행정연구」, 3(2). 한국행정연구원.

하봉운 · 김영철(2003). “경기도 지역간 교육격차 해소방안 연구”, 03-01. 경기개발연구원.

하재룡(1996). “중앙-지방간 행정사무의 배분방안”, 「지방행정연구」, 11(2).

하정봉 · 소진광(2007). “중앙정부 사무의 지방이양에 대한 실태분석” 한국도시행정학회.

하태권(1995). “지방공무원의 임용실태와 개선방안”, 「연구보고서」, 한국행정연구원.

하혜수 · 최영출(2000). 「지방정부의 자치권 확대 방안 연구」, 경기개발연구원.

하혜수 · 정정화(2004). "신공공관리론적 지방행정개혁의 성과평가", 「한국지방자치학회보」, 16(1).
한국농촌경제연구원(2008). 「세계 곡물 수급동향」, 서울: 한국농촌경제연구원.
한국조세연구원(2003). 「국세행정 개혁방안」.
한국지방자치학회(1995). 「한국지방자치론」, 서울: 삼영사.
한국지방정책연구소(2006). 「민선지방자치 10년 백서」, Ⅰ, Ⅱ권.
한국지방행정연구원(1995). "일본통일지방선거제도", 「자료집」, 94-6. 한국지방행정연구원.
______________(1996a). 「지방자치시대의 갈등사례」.
______________(1996b). 「지방재정진단체도의 효율적 운용방안」.
______________(1996c). 「지방재정투융자심사제도의 강화 방안」.
______________(1997a). "외국의 지방선거", 「자료집」, 96-14. 한국지방행정연구원.
______________(1997b). 「지방지대의 행정 변화」.
______________(2002). 「주요 선진국의 지방재정제도 비교연구」.
한부영(1997). 「현지에서 본 독일 지방자치제도」, 한국지방행정연구원.
한상우 · 최길수(2006). "지방정부의 행정역량개발에 관한 연구", 「정책분석평가학회보」, 16(1).
한승준(1999). "프랑스의 제3섹터 활용에 관한 연구", 「한국지방자치학회보」, 11(2).
한영수(2005). "지방자치단체간 발전적 관계에 관한 연구", 「지방정부연구」, 9(4).
한국통신출판부(1995). 「정보통신과 환경: 그린네트를 통한 지구환경개선」, 서울: (재) 한국통신 기업 문화진흥회.
함성득 편(2000). 「한국의 대통령과 권력」, 서울: 나남 출판사.
홍성준(2005). 「차별화의 법칙」, 서울: 새로운 제안.
홍정선(2000). 「지방자치법학」, 서울: 법영사.
홍준현(1999). "중앙관리체계의 추진사업의 개선방안", 99-01. 한국행정연구원.
_____(2001). "중앙사무의 지방이양에 있어서 차등이양제도의 도입방향", 「한국지방자치학회보」, 13(3).
홍준형(1998). "지방자치단체 조직개편에 대한 평가", 「자치행정」, 제129호. 지방행정연구소.
행정안전부(2007). 「u-Life21 기본계획」.
행정안전부(2009). 「녹색정보화 추진계획(안)」.
행정안전부(2009). 「2009정보화연차보고서」.
행정자치부(2000a). 「자치운영과 내부자료」.
_________(2000b). 「보통교부세 산정내역」.
_________(2000c). 「선진외국의 지방자치제도 Ⅰ」.
_________(2000d). 「지방재정연감」.
_________(2002a). 「시 · 도 지방공무원 교육원」.
_________(2002b). 「지방세해설」.
_________(2003). 「재정분석종합 보고서」.
_________(2004a). 「지방세개요」.
_________(2004b). 「지방자치단체 예산개요」.
_________(2004c). 「지방의 시대 분권의 길」.
_________(2005a). 「행정자치통계연보」.
_________(2005b). 「행정자치백서」.

_________(2006). 「행정자치백서」.

_________(2007). 「행정자치백서」.

환경부(2009). 「UNEP 한국 녹색서장 평가 보고서」.

황병천(2009). "녹색성장을 위한 지역정보화 활성화 전략 및 방향", 「한국행정학회 공동춘계학술대회 발표논문집」.

황아란(1995). "지방선거 개선방안에 관한 연구", 05-01. 한국지방행정연구원.

_____(1998). "지방자치단체의 기관구성모형", 「연구보고서」, 292권. 한국지방행정연구원.

황종성(2004). "정보사회의 비판적 이해", 「정보보안정책」, 한국정보사회진흥원. 104-110.

황종성 · 이혜정 · 박상현(2009). "저탄소 녹색성장을 위한 그린 IT 정책 추진 방향", 「정보와 사회」, 한국정보사회진흥원. 3-28.

2. 국외 저서 및 논문

Abueva, Jose(1970). Administrative reform and Culture, Administrative reform and Culture in Asia, Manila Philippines: EROPA.

Albert C. Hyde & Jay M. Shafritz(1985). "Position classification and staffing", Steven W Hays & Richard C. Kearney edited, Public Personnel Administration: Prentice-Hall.

Aldrich, J. H. & Nelson F. D.(1984). Linear Probability, Logit, and Probit Models: Sage Publications.

Anwar Shah & Zia Qureshi(1994). "Intergovernmental Fiscal Relations in Indonesia", Issues and Reform Options. World Bank Discussion Paper.

Ashford, D. E(1982). British Dogmatism and French Pragmatism, Central-local policymaking in welfare state: George Allen & Unwin. Ltd.

Bahl, Roy(1995). The Decentralization of Government.

Bahl, Roy & J. F. Linn(1992). Urban Public Finance in Developing Countries, Oxford University Press.

Bahl, Roy & L. Schroeder(1984). The Role of Multi-year Forecasting in the Annual Budgeting Process for Local Government. Public Budgeting and Finance, Vol.a, No.1(Spring).

Bauman, Paul & Louis Weschler(1992). "The Rockey Mountain Program: Advanced Learning for the Complexities of Public Management", Public Productivity &Management Review, 15(4).

Becker and Whisler(1967). The Innovative Organization: A selective view of current theory and research, Journal of Business, No.40.

Blank, Rebecca(1985). "The impact of economic differentials on household welfare and labor force behavior", Journal of Public Economics 28.

Braswell, Ronald, Karen Fortin & Jerome S. Osteryoung(1984). Financial Management for Not-for-Profit Organizations, New York: John Wiey & Sons.

Breanan, G. & Grewal, B. S. & Groenrwegen, P.(1988). "Taxation and Fiscal Federalism", Australian National University Press.

Brudney, J. L. & Selden S. C.(1995). The Adoption of Innovation by Smaller Local

Governments: the Case of computer Technology. American Review of Public Administration, 25(1).

Byrne, Tony(1985). Local Government in Britain, Middlesex: England: Penguin Books.

Cancian, Frank(1979). The Innovator's Situation: Upper-Middle-Class Conservatism in Agricultural Communities.

Charles R. Adrian(1998). "Forms of City Government in American History": in the Municipal YearBook.

Coe, Charles K.(1988). "The Effects of Cash Management Assistance By States to Local Government", Public Budgeting & Finance. 8(2).

David Osborne & Ted Gaebler(1993). "Reinventing Government", New York: Plume.

Delbert, C. Miller(1991). Handbook of Design and Social Measuremant(5th edition), London · NewDelhi: Sage Publication.

Deutsch, Karl W.(1985). On Theory and Research in Innovation, Innovation in The Public Sector, Beverly Hills: Sage Publication.

Dougherty, Deborah & Cynthia Hardy(1996). Sustained Product Innovation in Large, Mature Organization: Overcoming Innovation-to-Organization Problems, Vol.39, No.5.

Elderveld, Samuel J. & Lars stromberg & Wim Derksen(1995). Local elites in western democracies, A comparative analysis of urban political leaders in the U.S. Sweden, The Netherlands. San Francisco: Westview Press.

Fabozzi, F. J. & T. D. Fabozzi & S. G. Feldstein(1995). Municipal Bond Portfolio Management, New York: Irwin, Inc.

Ferris, J.(1986). The Decision To Contract Out, An Empirical Analysis. Urban Affairs Quarterly 22.

Fichard C.(1985). Public Personnel Administration, Kearney edited: Prentice-Hall.

Fry, Brian and Richard Winters(1970). The politics of redistribution. American Political Science Review, 50.

Gray, Virginia(1976). Models of Comparative State Politics: A Comparison of Cross-Sectional and Time Series Analysis. American Journal of Political Science, 20.

Gregory, William(1992). "Local Government for Profit", Local Government Studies. Vol.18. No.3(Autumn).

Hage, Jerald & Michael Aiken(1970). Social Change in Complex Organizations, New York: Randum House.

Harrison, Michael I.(1987). Diagnosing Organizations: Methods, Models, and Processes: Sage.

Heller, Walter W.(1966). New Dimension Economy, Cambridge-Harvard Uni. Press.

Hibbs, Douglas(1987). The American Political Economy: Macroeconomics and Electoral Politics in the United States, Cambridge: Harvard University Press.

Hill, Hermann & Helmut Klages(1996). Quality, Innovation and Measurement in the Public Sector, Frankfurt am Main · Berlin · Bern · New York: Peter Lang.

Hogwood, Brian and Lewis Gunn(1984). Policy Analysis for the Real World, New York: Oxford University Press.

Hood, Christopher(1991). A Public Management for All Seasons? Public Administrative, Vol.69(Spring), pp.3-19.

Jackman, R.(1988). "Local Government Finance and Microeconomic Policy", in S. J. Bailey and R. Paddition ed., The Reform of Local Finance in Britain, London: Routledge.

J. David Roessner(1997). "Incentives to Public and Private Organizations", Administration and Society, Beverly Hills, California: Sage Publications.

Johnson, H.(2000). Biting the Bullet: Civil Society, Social Learning and the transformation of Local Governance. World Development, 28/11.

Jones, G. & Stewart, J.(1983). The Case for Local Government, London: George Allen & Unwin.

Karning, Albert, K.(1997). "Local Elections in the U.S.: Seperate and Publices in American Cities", APSR, Vol.61.

Kenneth, Howard(1968). "Budget Execution vs. Flexibility", Midwest Review of Public Administration. Vol.2(Feb).

Key, V. O.(1949). New York: Random House. Southern Politics, Ch. 4.

Kimberly, J. R. & Evanisko M. J.(1981). Organizational Innovation: The Influence of Individual and Contextual Factors on Hospital Adoption of Technological and Administrative Innovation. Academy of Management Journal, 24(4).

King, Nigel & Neil Anderson(1995). Innovation and Change in Organizations, London · New York: Routledge.

Kingdom, John(1991). Local Government and Politics in Britain, New York: Philip Allan.

Korthals Altes, W. K.(2002). Local Government and the Decentralization of Urban Regeneration Policies in The Netherlands, Urban Studies, 39(8).

Leach, S. & J. Stewart(1992). The Politics of Hung Authorities, London: Unwin-Hyman.

Leavitt, H. J.(1965). Applied Organizational change in Industry: Structural, Technological and Humanitic Approaches, James G. March(ed.), Handbook of Organizations, Rand McNally.

Lineberry, R. L. & E. P. Fowler(1967). Reformism and Public Politics in American Cities. American Political Science Review.

Lundahl, L.(2002). Sweden: Decentralization, Deregulation, Quasi-Markets and then What, Journal of Educational Policy, 17(6).

McGuire, R. & R. Osfeldt & N. van Cott(1987). The Determinants of Choice Between Public and Private Production of Publicly Funded Service. Public Choice 54.

Marcus, Leonard J.(1988). Processes of New Organizations. A Case Study, Administration in Social Work, Vol.12.

Morgan, D. & England, R.(1988). The Two Faces of Privatization. Public Administration Review, 48/3.

Musgrave, Richard A. & Peggy B. Musgrave(1984). "Public Finance in Theory and Finance", New York: McGraw-Hall.

Naisbitt John(1984). Megatrend, New York: A Warner Communication Company.

Newman, J. et al.(2001). Transforming Local Government: Innovation and Modernization, Public

Money & Management, April－June.

Oates, Wallace E.(1972). "Fiscal Federalism", New York: Harcourt Brace.

______________(1977). The Political Economy of Fiscal Federalism, New York: Health and company.

Osborne D. & Gaebler T.(1992). Government: How the Entrepreneurial Spirit is Transforming the Public Sector, Reading, Mass.: Addison－Wesley.

_______________________(1992). Reinventing Government, Mew York: Penguin Group.

_______________________(1993). Reinventing Government, Addison－Wesley Publishing Company, Inc.

Paddison, R.(1999). Decoding Decentralization: The Marketing of Urban Power? Urban Studies, 36(1).

Pondy, Louis R.(1967). "Organizational Conflict: Concepts and Models", Administration Science Quarterly, 12(2).

Remy Prud'homme(1994). "On Dangers of Decentralization", Policy Research Working Paper: World Bank.

Rhodes, R. A. W.(1981). Control and Power in Central－Local Government Relations, Aldershot, Hants: Gower Publishing Co., Ltd.

______________(1983). Control and Power in Central－Local Governments, Aldershot: Gower Publishing Co., Ltd.

Rich, R. C.(1977). Distribution of Service: Studying the Products of Urban PolicyMaking. in D. R. Marshall, ed., Urban Policy Making, Beverly Hills: Sage.

Robert, L. Morlan(1980). "Consolidation vs. Confederation in European Municipal Reform", NCR. 69(11).

Rogers, E. M. & Kim J. I.(1985). Innovation in the Public Sector. In Merritt. R. L. & Colleagues(ed.). Diffusion of innovation in Public Organizations: Sage Publications.

Rowat, Donald. ed.(1980). International handbook on local Government reorganization, Westport, Connecticut: Greenwood Press.

Ryan, J. J.(2004). De－centralization and Democratic Instability, Public Administration Review, 64(1).

Samuel r. Stately & John P. Blair(1995). "Institutions, Quality Competition and Service Provision: The Case of Public Education", Constitutional Political Economy 6. No.1. pp.21－23.

Sanders, Heywood T.(1980). Governmental Structure in American Cities, Washington D.C: ICMA.

Sassen, S.(1994). Cities in a World Economy, Thousand Oaks, CA: Pine Forge Press.

Sato, M.(2002). Intergovernmental Transfers, Governance Structure and Fiscal Decentralization, The Japanese Economic Review, 53(1).

Schneider, A.(2003). Decentralization: Conceptualization and Measurement, Studies in Comparative International Development, 38(3).

Schneider, M. & P. Teske.(1992). Toward a Theory of the Political Entrepreneur: Evidence

From Local Government. American Political Science Review 86(3).

Simonton, Dean Keith(1985). Individual Creativity and Political Leadership, Innovation in the Public Sector, Beverly Hills: Sage Publication.

Smith, Michael Peter(1991). City, State and Market: The Political Economy of Urban Society, Oxford: Blackwell.

Stalk, G. & P. Evans & L. E. Shulman(1992). Competing on Capabilities: The new rules of corporate strategy, Harvard Business Review, March/April.

Steven Reed(1981). "Is Japanese Government Really Centralized?", Journal of Japanese Studies, October 1981.

Stever, James A.(1988). The Fragmented Philosophy and Ideology of Post-Progressive Public Administration. The End of Public Administration: Problems of the Profession in the Post-Progressive Era, Dobbs Ferry, N. Y: Transnational Publishers, Inc.

Stouffer, W. B.(1991). "State and Local Polities: The individual and the Government", N.Y: Haper Cllins Publishers.

Strumpf. K. S.(2002). "Does Government Decentralization Increase Policy Innovation?", Journal of Public Economic Theory, 4(2).

Teske, P., & M. Schneider(1994). The Bureaucratic Entrepreneur: The Case of City Managers. Public Administration Review 54(4).

Thomas M. Jorde & David J. Teece(1992). Antitrust, Innovation, and Competitiveness, New York: Oxford University Press.

Thynne, Ian(1998) "Government orporations and Managing the Public Business", Political Science Quarterly, 99(1).

Tiebout. C.(1956a). "A Pure Theory of Local Expenditers", The Journal of Political Economy, Vol.64. No.5. pp.416-424.

_________(1956b). "Exports and Regional Economic Growth", The Journal of Political Economy, Vol.64. No.2. pp.160-164.

Tocqueville, A.(1945). Democracy in America, Vol.2. Phillips Bradely, ed., New York: Knopt.

Travers, T.(2002). Decentralization London-style: The GLA and London Governance, Regional Studies, 36(7).

Van, de Ven & Rogers E. M.(1998). Innovation and Organization: Critical Perspectives, Communication Research, No.15.

Verba, Sydney(1967). Democratic Participation in The Annals of the America Academy of Political and Social(Sep).

Vicker, J. & G. Arrow(1989). Privatization: An Economic Analysis, Mass.: The MIT Press.

William, J. D. Boyd(1976). "Local Electoral Systems: Is There a Best Way?", NCR. 65(3).

Winter, William F.(1993). Hard Truths/ Though Choices: An Agenda for State and Local Reform. The First Report of National Commission on the State and Local Public Service, Albany, New York: The Nelson A. Rockfeller Institute of Government.

Wolfinger, Raymond E & John Osgood Field(1966). "Political Ethos and the Structure of City Government", APSR. Vol.60.

Wright, Deil S.(1988). "Understanding Intergovernmental Relations", Pacific Grove, California: Brooks Publishing Company.

Zaltmanm & Gerald & Robert Duncan & Jonny Holbbek(1973). Innovation and Organization, New York: Wiley.

Zimmerman, J. F.(1978). State and Local Government, New York: Barnes & Noble Books.

찾아보기

[저자 약력]

• 안광현

현 영동대학교 경찰행정학부 교수
숭실대학교 행정학석사
San Francisco Theological Seminary(MATS)
숭실대학교 행정학박사
숭실대학교, 한남대학교, 서울기독대학교 강사
(사)한국평가감사연구원 기획팀장, 사회복지법인 하늘행복나눔재단 연구소장
대한수사과학회 이사, 지역학회 이사, 한국지역정보학회 이사
주요 관심 연구 분야 - 지방자치, 행정윤리 및 부패학, 포스트모더니즘

〈주요 저서〉
『신행정학개론』(2013), 『깊은 은혜』(2012), 『파워크리스천』(2011), 『365축복의 통로』(2010), 『현대행정학 개정판』(2010), 『현대지방자치론』(2010), 『지방자치와 세계화』(2009), 『21세기 한국행정과 정책의 주요과제』(2008)
『하늘문을 여는 대표기도』(2008), 『욕구 다스리기』(2008), 『귀기울임』(2008)
외 다수

〈주요 논문〉
「한국의 개신교 부패현상에 대한 고찰」(2012)
「다문화가족 지원정책 기본계획에 관한 비판적 고찰」(2012)
「기독교인들의 한국교회에 대한 인식현황 분석」(2012)
「외국인 고용허가제의 문제점과 중소제조기업의 발전전략」(2011)
「생활서비스에 따른 지역유형분류」(2010)
「지방선거에서의 정당공천부패와 개선방안」(2010)
「서울시 구(區)별 영상산업 입지의 공간적 결정요인 분석」(2009)
「공무원 교육훈련과 멘토링에 관한 연구」(2009)
「온라인 행동주의 발생 예측을 위한 지표설정연구」(2009)
「기초자치단체장의 부패영향요인에 관한 연구」(2009)
「수도권 주택공급량의 결정요인 분석」(2009)
「생활서비스에 기반을 둔 지역유형분류 및 격차연구」(2009)
「자치단체장의 부패사례연구」(2009)
「기초자치단체장의 부패유발요인과 반부패전략에 관한 연구」(2007)
외 다수

e-mail: kwanghyun63@hanmail.net

세계화와 한국지방자치

2013년 3월 2일 초판인쇄
2013년 3월 5일 초판발행

저 자 안 광 현
발행인 유 성 열
발행처 청목출판사
서울특별시 영등포구 신길로 40길 20
전화 (02) 849-6157(代) · 2820 / 833-6090~1
FAX (02) 849-0817
등록 제318-1994-000090호

파본은 바꾸어 드립니다. 값 25,000원

http : //www.chongmok.co.kr

ISBN 978-89-5565-505-6